제 2 판

임지봉 저

헌법
판례
정선

박영사

제 2 판 머 리 말

 헌법판례정선을 처음 세상에 내놓은 것이 2011년 11월의 일이었다. 그 이후 헌법재판소에서 2014년의 통합진보당 해산결정, 2017년의 박근혜 대통령 탄핵인용결정 등 우리 헌정사의 큰 흐름을 바꾸어 놓은 중요한 결정들이 많이 내려졌다. 또한 2015년 형법상의 간통죄 조항에 대한 다섯 번째만의 위헌결정, 2018년 양심적 병역거부자의 형사처벌을 초래한 병역법상의 병역종류조항에 대한 헌법불합치 및 입법촉구결정, 2019년 형법상의 낙태죄 조항들에 대한 헌법불합치 및 입법촉구결정도 우리 사회에 큰 파장을 남기며 '소수자 인권 보호'라는 측면에서 괄목할 만한 사회 발전을 이끌었다. 그런데 그동안 이러한 주옥같은 헌법재판소 결정들이 제때에 헌법판례정선에 반영되지 못하는 상황이 발생하였다. 모두 필자의 게으름 탓이어서, 독자들에게 죄송한 마음이 컸다.

 이에 이번에 그동안의 헌법재판소 결정들 중 정치, 경제, 사회·문화적으로 중요하고 헌법 법리적인 측면에서도 큰 이정표가 된 16개의 판례들을 엄선하여 이를 가급적 네 페이지로 요약하고 "이 결정이 가지는 의미"를 통해 그 헌법재판소 판례의 판결사(判決史)적 중요성과 법리적으로 주목할 점들을 정리하는 작업을 하였다. 이리하여 총 160개의 판례를 실은 헌법판례정선 제2판을 이제 세상에 내놓는다. 앞으로는 더 자주 헌법재판소의 중요한 판례들을 추가한 개정판을 출간할 것을 독자들에게 약속드린다.

 제2판을 출간하는 데에도 많은 분들의 고마운 도움이 있었다. 자료 정리에 정재도 박사와 한정호 박사가 많은 도움을 주었다. 고마움을 전하며 두 헌법학자들의 학문적 대성을 기원한다. 또한 출판과정에 큰 도움을 주신 박영사 안종만 회장님과 조성호 이사님께도 감사드린다. 꼼꼼한 교정과 편집을 통해 제2판을 보다 알찬 책으로 만들어주신 편집부 장유나 과장님께도 깊은 고마움을 전한다. 그리고 무엇보다도 개정판의 출간을 오랜 기간 기다려준 독자들에게 죄송함과 함께 감사의 마음을 전한다.

2021년 2월
신촌 노고산 자락의 학교연구실에서
임 지 봉 씀

머 리 말

　미국 로스쿨 유학시절에 미국에서는 헌법 등 각종 주요 법과목들에 대해 중요한 판례들을 간략하게 요약하고 평석한 책들이 많이 있어 공부에 큰 도움을 받은 기억이 있다. 이 책들은 아무리 복잡하고 긴 판결이라도 이를 한두 페이지로 요약하고 있었다. 중요한 판례들을 한눈에 파악할 수 있게 그 핵심사항을 뽑아 놓은 것이다.

　1988년에 이 땅에 세워진 헌법재판소는 많은 헌법판례들을 쏟아내면서, 우리나라에서 입헌주의 발전을 이끌고 있다. 이러한 헌법재판소의 헌법판례들이 법이론가들에게는 풍부한 판례평석의 대상판결들을 제공하고 있으며, 법실무가들에게는 소송실무의 많은 기준들을 제시하고 있다. 특히, 수업 준비나 변호사시험 준비를 하는 법학전문대학원 학생들과 법과대학에서 법학을 준비하는 법학도들, 그리고 각종 공무원시험에서 헌법을 공부하는 수험생들에게 헌법재판소의 헌법판례들의 내용을 숙지하는 것은 무엇보다 중요한 일이 되었다. 그러나 헌법교과서는 시중에 넘쳐나는 반면에, 이렇듯 중요한 헌법판례에 대해서는 마땅한 교재를 찾아보기 어려웠던 것이 사실이다. 이러한 점 때문에 저자는 「헌법판례정선」의 출간을 결심하게 되었다.

　이 책은 '정선(精選)'이라는 말 그대로, 우선 많은 헌법판례들 중 약 150개의 중요한 판례들을 정성들여 선정하였다. 그리고 그 판례들을 각각 '심판대상,' '사실관계의 요지,' '주문,' '결정이유의 주요논점 및 요지,' '이 결정이 가지는 의미'로 나누어 분석·요약하고 평가하였다. 특히 '결정이유의 주요논점 및 요지' 부분에 가장 많은 지면을 할애하고 상대적으로 '이 결정이 가지는 의미' 부분은 압축적으로 기술함으로써 독자들이 각각의 판례에 대한 필자의 주관적 평가보다는 판례의 주요내용을 쉽게 습득하게 하는 데 주안점을 두었다. 그리고 무엇보다도 모든 판례를 4페이지로 요약한 점이 이 책의 가장 큰 특징이다. 원래의 판례가 길든 짧든, 복잡하든 간결하든, 모든 판례가 책장을 한번만 넘기면 눈에 다 들어올 수 있게 한 것이다. 이러한 형식의 요약은 독자들로 하여금 길고 복잡한 헌법판례의 내용도 쉽게 이해하고 정리하며, 무엇보다 시각적 효과를 통해 판례의 내용을 오랫동안 기억하기 쉽게 하기 위함이다. 지금은 약 150개 정도의 헌법판례들로 시작하지만, 앞으로 중요한 헌법판례들이 나오면 이를 새로이 추가할 것이고 중요도가 떨어진 과거 판례들은 이를 빼나감으로써 전체적인 책의 분량을 일정 분량으로 유지해 나갈 것이다.

　이 책은 헌법판례에 대한 지식을 튼튼히 하고자 하는 이들을 대상으로 쓰여졌다. 따라서 헌법을 공부하는 법학전문대학원생, 학부 법학과 학생, 행정고시, 외무고시, 입법고시, 7급 공무원채용시험 등 각종 공무원시험의 수험생, 승진시험 수험생, 그 밖에 헌법판례에 관심을 가진 모든 이들에게 이 책이 유용한 동반자가 되기를 기대한다.

　이 책을 출간하는 데 여러 분들의 고마운 도움을 많이 받았다. 서강대에서 헌법을 강의하는 성은빈 박사와 미국 로스쿨 유학을 준비하면서 석사학위논문을 쓰고 있는 김정식 조교가 책의 원고를 꼼꼼히 읽고 내용 검토와 교정작업을 맡아 주었다. 바쁜 와중에도 번거로운 작업에 노고를 아끼지 않은 두 제자들에게 고마움을 표한다. 이 책을 출간해 주신 박영사 안종만 회장님, 책의 기획에 많은 도움을 주신 조성호 부장님께도 감사드린다. 그리고 책의 편집과 교정에서 게으른 필자를 상대로 오랜 기간 묵묵히 정성을 쏟아 주신 나경선 과장님께도 꼭 감사의 마음을 전하고 싶다.

　이제 이 책을 어떻게 활용하는가 여부는 독자 여러분들의 몫이다. 저자는 계속해서 중요한 헌법판례들을 엄선해 추가함으로써 여러분들의 노고에 보답할 것을 약속드린다. 독자 여러분들의 건승을 기원한다.

2011년 10월
신촌 노고산 자락의 연구실에서
임 지 봉 씀

차   례

제6장 기본권총론

제7장 헌법 제10조와 기본권

제8장 평 등 권

제9장 자 유 권

제10장 참 정 권

제11장 청 구 권

헌법의 의의, 특질,
분류와 해석

신행정수도건설특별법 사건

— 헌재 2004. 10. 21, 2004헌마554 등 —

Ⅰ. 심판대상

'신행정수도의 건설을 위한 특별조치법'(2004. 1. 16. 제정 법률 제7062호)

Ⅱ. 사실관계의 요지

새천년민주당의 대통령후보 노무현은 선거공약으로 '수도권 집중 억제와 낙후된 지역경제를 해결하기 위해 청와대와 정부부처를 충청권으로 옮기겠다'는 행정수도 이전계획을 발표했다. 2002년 12월에 실시된 제16대 대통령선거에서 노무현 후보가 당선되었고, 이후 수도이전을 위한 후속조치가 이어졌다. 정부가 '신행정수도의 건설을 위한 특별조치법안'을 제안했고 국회가 이 법안을 통과시킴에 따라 '신행정수도의 건설을 위한 특별조치법'이 법률로 공포되었다.

청구인들은 서울특별시 소속 공무원, 서울특별시 의회의 의원, 서울특별시에 주소를 둔 시민 혹은 그 밖의 전국 각지에 거주하는 국민들로서, 위 법률이 헌법개정 등의 절차를 거치지 않은 수도이전을 추진하는 것이므로 법률 전부가 헌법에 위반되며 이로 인하여 청구인들의 국민투표권, 납세자의 권리, 청문권, 평등권, 거주이전의 자유, 직업선택의 자유, 공무담임권, 재산권 및 행복추구권을 각각 침해받았다는 이유로 위 법률을 대상으로 그 위헌의 확인을 구하는 헌법소원 심판을 청구하였다.

Ⅲ. 주 문

'신행정수도 건설을 위한 특별조치법'은 헌법에 위반된다.

Ⅳ. 결정 이유의 주요 논점 및 요지

1. 이 사건 법률의 내용은 수도의 이전

일반적으로 한 나라의 수도는 국가권력의 핵심적 사항을 수행하는 국가기관들이 집중 소재하여 정치·행정의 중추적 기능을 실현하고 대외적으로 그 국가를 상징하는 곳을 의미한다. 이 사건 법률은 제2조 제1호에서 신행정수도를 "국가 정치·행정의 중추기능을 가지는 수도로 새로 건설되는 지역으로서 … 법률로 정하여지는 지역"이라고 하고, 제2조 제2호에서 신행정수도의 예정지역을 "주요 헌법기관과 중앙행정기관 등의 이전을 위하여 … 지정·고시하는 지역"이라고 규정하여, 결국 신행정수도는 주요 헌법기관과 중앙 행정기관들의 소재지로서 국가의 정치·행정의 중추기능을 가지는 수도가 되어야 함을 명확히 하고 있다. 따라서 이 사건 법률은 비록 이전되는 주요 국가기관의 범위를 개별적으로 확정하고 있지는 않지만, 그 이전의 범위는 신행정수도가 국가의 정치·행정의 중추기능을 담당하기에 충분한 정도가 되어야 함을 요구하고 있다. 그렇다면 이 사건 법률은 국가의 정치·행정의 중추적 기능을 수행하는 국가기관의 소재지로서 헌법상의 수도개념에 포함되는 국가의 수도를 이전하는 내용을 가지는 것이며, 이 사건 법률에 의한 신행정수도의 이전은 곧 우리나라의 수도의 이전을 의미한다.

2. 수도가 서울인 점은 우리나라의 관습헌법

우리나라는 성문헌법을 가진 나라로서 기본적으로 우리 헌법전이 헌법의 법원이 된다. 그러나 성문헌법이라고 하여도 그 속에 모든 헌법사항을 빠짐없이 완전히 규율하는 것은 불가능하고 또한 헌법은 국가의 기본법으로서 간결성과 함축성을 추구하기 때문에 형식적 헌법전에는 기재되지 않은 사항이라도 이를 불문헌법 내지 관습헌법으로 인정할 소지가 있다. 특히 헌법제정 당시 자명하거나 전제된 사항 및 보편적 헌법원리와 같은 것은 반드시 명문의 규정을 두지 않는 경우도 있다. 그렇다고 해서 헌법사항에 관하여 형성되는 관행 내지 관례가 전부 관습헌법이 되는 것은 아니고 강제력이 있는 헌법규범으로서 인정되려면 관습헌법의 성립에 요구되는 요건들이 엄격히 요건들이 충족되어야 한다. 수도가 서울로 정하여진 것은 비록 우리 헌법상 명문의 조항에 의하여 밝혀져 있지는 않으나, 조선왕조 창건 이후부터 경국대전에 수록되어 장구한 기간동안 국가의 기본법규범으로 법적 효력을 가져왔던 것이고, 헌법제정 이전부터 오랜 역사와 관습에 의하여 국민들에게 법적 확신이 형성되어 있는 사항으로서, 우리 헌법의 체계에서 자명하고 전제된 가장 기본적인 규범의 일부를 이루어 왔기 때문에 불문의 헌법규범화된 것이라고 보아야 한다.

이를 관습헌법의 요건의 기준에 비추어 보면, 서울이 우리나라의 수도인 것은, 서울이라는 명칭의 의미에서도 알 수 있듯이 조선시대 이래 600여 년 간 우리나라의 국가생활에 관한 당연한 규범적 사실이 되어 왔으므로 오랜 전통에 의하여 형성된 계속적 관행이라고 평가할 수 있고(계속성), 이러한 관행은 변함없이 오랜 기간 실효적으로 지속되어 중간에 깨어진 일이 없으며(항상성), 서울이 수도라는 사실은 우리나라의 국민이라면 개인적 견해 차이를 보일 수 없는 명확한 내용을 가진 것이고(명료성), 나아가 이러한 관행은 장구한 세월동안 굳어져 와서 국민들의 승인과 폭넓은 컨센서스를 이미 얻어(국민적 합의) 국민이 실효성과 강제력을 가진다고 믿고 있는 국가생활의 기본사항이라고 할 것이다. 따라서 서울이 수도라는 점은 우리의 제정헌법이 있기 전부터 전통적으로 존재하여 온 헌법적 관습이며 우리 헌법조항에서 명문으로 밝힌 것은 아니지만 자명하고 헌법에 전제된 규범으로서, 관습헌법으로 성립된 불문헌법에 해당한다.

3. ‘수도 서울’의 관습헌법 폐지를 위한 헌법적 절차

우리나라의 수도가 서울이라는 점에 대한 관습헌법을 폐지하기 위해서는 헌법이 정한 절차에 따른 헌법개정이 이루어져야만 한다. 성문의 수도조항이 존재한다면 이를 삭제하는 내용의 개정이 필요하겠지만 관습헌법은 이에 반하는 내용의 새로운 수도설정조항을 헌법에 넣는 것만으로 그 폐지가 이루어진다. 예컨대 충청권의 특정지역이 우리나라의 수도라는 조항을 헌법에 개설하는 것에 의하여 서울이 수도라는 관습헌법은 폐지될 수 있는 것이다. 다만 헌법규범으로 정립된 관습이라고 하더라도 세월의 흐름과 헌법적 상황의 변화에 따라 이에 대한 침범이 발생하고 나아가 그 위반이 일반화되어 그 법적 효력에 대한 국민적 합의가 상실되기에 이른 경우에는 관습헌법은 자연히 사멸하게 된다. 이와 같은 사멸을 인정하기 위하여서는 국민에 대한 종합적 의사의 확인으로서 국민투표 등 모두가 신뢰할 수 있는 방법이 고려될 여지도 있을 것이다. 그러나 이 사건의 경우에 이러한 사멸의 사정은 확인되지 않는다. 따라서 우리나라의 수도가 서울인 것은 우리 헌법상 관습헌법으로 정립된 사항이며 여기에는 아무런 사정의 변화도 없다고 할 것이므로 이를 폐지하기 위해서는 반드시 헌법개정의 절차에 의하여야 한다.

4. 국민투표권 침해

수도의 설정과 이전의 의사결정은 국가의 정체성에 관한 기본적 헌법사항으로서 헌법이 정하는 바에 따라 국민이 스스로 결단하여야 할 사항이다. 또한 서울이 우리나라의 수도인 점은 불문의 관습헌법이므로 헌법개정절차에 의하여 새로운 수도 설정의 헌법조항을 신설함으로써 실효되지 않는 한 헌법으로서의 효력을 가지는 것이다. 따라서 헌법개정의 절차를 거치지 않은 채 수도를 충청권의 일부지역으로 이전하는 것을 내용으로 한 이 사건 법률을 제정하는 것은 헌법개정사항을 헌법보다 하위의 일반 법률에 의하여 개정하는 것이 된다. 한편 헌법의 개정은 헌법규정들에 의해, 국회의원 재적 과반수 또는 대통령의 발의로 제안되어 재적의원 3분의 2 이상의 찬성에 따른 국회의 의결을 거친 다음 의결 후 30일 이내에 국민투표에 붙여 국회의원 선거권자 과반수의 투표와 투표자 과반수의 찬성을 얻어야만 이루어질 수 있다. 따라서 헌법의 개정은 반드시 국민투표를 거쳐야만 하므로 국민은 헌법개정에 관하여는 찬반투표를 통하여 그 의견을 표명할 권리를 가진다. 그런데 이 사건 법률은 헌법개정사항인 수도의 이전을 위와 같은 헌법개정절차를 밟지 않고 단지 단순법률의 형태로 실현시킨 것으로서 결국 헌법 제130조에 따라 헌법개정에 있어서 국민이 가지는 참정권적 기본권인 국민투표권의 행사를 배제한 것이므로 동 권리를 침해하고 있다.

V. 이 결정이 가지는 의미

　　헌법재판소는 수도 이전을 내용으로 하는 '신행정수도의 건설을 위한 특별조치법'이 우리나라의 수도가 서울이라는 불문의 관습헌법사항을 헌법개정이 아닌 법률제정으로 변경한 것이어서 그 법률 전체가 청구인들을 포함한 국민의 헌법개정 국민투표권을 침해해 위헌이라고 결정했다. 김영일 재판관은 위헌의 결론에는 동의하나 위헌의 이유가 헌법 제130조 제2항의 헌법개정 국민투표권 침해가 아니라 헌법 제72조의 국가안위에 관한 중요정책 국민투표권 침해라는 별개의견을 제시했다. 전효숙 재판관은 유일하게 반대의견을 개진했는데, 헌법개정 국민투표권을 포함한 청구인들의 기본권 침해의 가능성 자체가 인정되지 않음을 그 이유로 들었다.

　　다수의견은 헌법개정 국민투표권 침해를 표면적인 위헌이유로 들고 있으나, 사실상은 '수도는 서울'이라는 관습헌법을 침해해 위헌이라는 논리다. 관습헌법 위반이 이처럼 사실상 유일한 위헌판단의 근거로 사용된 것은 국내는 물론이고 국외에서도 그 유사한 예를 찾아보기 어렵다. 이것은 헌법제정권자도 헌법개정권자도 아닌 헌법재판소가 '관습헌법'의 미명하에 사실상 헌법제정권이나 헌법개정권을 행사할 수 있게 됨을 의미하게 된다. 이런 이유로 학계에서는 이 결정 이후에 관습헌법을 위헌판단의 근거로 사용하는 데 대해서 많은 비판이 뒤따랐다.

국가보안법상의 찬양·고무죄 사건

― 헌재 1990. 4. 2, 89헌가113 ―

Ⅰ. 심판대상

국가보안법

제7조【찬양·고무 등】

① 반국가단체나 그 구성원 또는 그 지령을 받은 자의 활동을 찬양·고무 또는 이에 동조하거나 기타의 방법으로 반국가단체를 이롭게 한 자는 7년 이하의 징역에 처한다.

⑤ 제1항 내지 제4항의 행위를 할 목적으로 문서·도서 기타의 표현물을 제작·수입·복사·소지·운반·반포·판매 또는 취득한 자는 그 각 항에 정한 형에 처한다.

Ⅱ. 사실관계의 요지

제청신청인들은 이 사건 제청법원인 마산지방법원 충무지원에 '국가보안법' 위반 등의 죄로 기소되었다(위 지원 89고단625 사건). 그 기소된 내용 중 '국가보안법' 위반의 점의 요지는 제청신청인들이 반국가단체를 이롭게 할 목적으로 도서 및 표현물을 소지하고 이를 반포하여 국가보안법 제7조 제5항, 제1항의 죄에 해당한다는 것이다. 제청법원은 제청신청인들의 제청신청에 따라 헌법재판소에 위 89고단625 사건 재판의 전제가 되는 '국가보안법' 제7조 제1항 및 제5항의 위헌여부의 심판을 제청하였다.

Ⅲ. 주　문

국가보안법 제7조 제1항 및 제5항(1980. 12. 31. 법률 제3318호)은 각 그 소정 행위가 국가의 존립·안전을 위태롭게 하거나 자유민주적 기본질서에 위해를 줄 경우에 적용된다고 할 것이므로 이러한 해석 하에 헌법에 위반되지 아니한다.

Ⅳ. 결정 이유의 주요 논점 및 요지

1. '국가보안법' 제7조 제1항

'국가보안법' 제7조 제1항의 문언을 그대로 해석·운영한다면 다음과 같은 문제가 생긴다.

(1) 헌법상의 언론·출판, 학문·예술의 자유 위축시킬 염려

헌법상의 언론·출판, 학문·예술의 자유를 위축시킬 염려가 있다. 개인적으로는 자기가 행한 행위가 헌법상 보장된다고 생각되어도 그것이 법률의 문언상 규제 대상에 포함될 수 있기 때문에 북한문제에 관한 한 비난 빼고는 하고 싶은 말, 쓰고 싶은 글, 그리고 학술적 활동이나 예술활동이 일체 금기가 될 소지가 생길 것이며 북한의 남침정책이나 대한민국의 체제전복과 관계가 없는 무해한 표현행위라 하더라도 안심하고 자기 의사의 창달이 힘들게 된다. 다시 말하면 국가의 존립·안전의 법익 수호의 목적도 달함이 없이 국민의 표현의 자유만 위협하고 위축시킬 경우가 나타날 것이다.

헌법 제37조 제2항은 국민의 자유와 권리는 질서유지 또는 공공복리 이외 국가안전보장을 위하여 필요한 경우에 한하여 법률로써 제한할 수 있도록 규정하였다. 따라서 국가의 안전보장의 희생위에 언론·출판의 자유, 학문·예술의 자유가 보장될 수는 없지만, 국가안전보장과 관계없는 경우에는 그것이 북한집단이나 그 구성원인 주민에 관한 것이라 하여도 그와 같은 자유를 보장하는 것이 헌법이다. 국가는 헌법이 수호하려는 최고의 가치인 자유민주적 기본질서를 전복하려는 언동 등에 대하여는 단호히 대처를 할 수 밖에 없지만, 그와 무관한 경우에는 개인이 갖는 기본적 인권을 최대한 보장할 의무를 지는 것이다. 따라서 '국가보안법' 제7조 제1항이 국가안전보장이나 자유민주적 기본질서의 수호에 관계없는 경우까지 확대적용될 만큼 불투명하고 구체성이 결여되어 있다는 것은 분명히 헌법 제37조 제2항을 어겨 헌법 제21조 제1항의 언론·출판의 자유와 헌법 제22조 제1항의 학문·예술의 자유를 침해할 개연성 나아가 그와 같은 자유의 전제가 되는 헌법 제19조의 양심의 자유의 침해가능성을 남긴다.

(2) 법치주의에 위배되고 죄형법정주의에 저촉될 소지

문리 그대로 적용범위가 과도하게 광범위하고 다의적인 것이 되면 법운영 당국에 의한 자의적(恣意的) 집행을 허용할 소지가 생긴다. 차별적으로 법을 집행하는 이른바 선별집행이 가능할 수 있다. 법규의 문언대로 확대적용하느냐 한정적으로 축소적용하느냐는 법운영 당국의 재량의 여지가 있으므로 사람에 따라서는 법규의 문언 그대로 적용하여 합헌적인 행위까지도 처벌하여 기본적 인권을 침해할 수 있는가 하면, 그 운영당국은 가능한 한의 축소해석을 통해 위헌성을 띠는 행위마저 처벌을 면제시킬 수 있다. 다시 말하면 법운영 당국으로서 가장 경계하여야 할 편의적·자의적 법운영이 가능할 수 있다.

무릇 법운영에 있어서 객관적인 자의성을 주는 것은 법치주의 원리에 반하는 것이고 결국 법의 집행을 받는 자에 대한 헌법 제11조의 평등권 침해가 되는 것이다. 나아가 법규의 적용범위가 과도하게 광범위해지면 어떠한 경우에 법을 적용하여야 합헌적인 것이 될 수 있는가, 즉 법을 적용하여도 좋은 경우와 적용하여서는 안 되는 경우가 법집행자에게도 불확실하고 애매해지는 사태가 온다. 이러한 의미에서도 과도한 광범성은 잠재적인 명확성 결여의 경우로 볼 수 있기 때문에 형벌법규에 관한 명확성의 원칙에 위배되는 한 가지 예에 해당될 수 있다. 이리하여 어떠한 것이 범죄인가를 법제정 기관인 입법자가 법률로 확정하는 것이 아니라 사실상 법운영 당국이 재량으로 정하는 결과가 되어 법치주의에 위배되고 죄형법정주의에 저촉될 소지가 생겨날 것이다.

(3) 찬양·고무죄의 처벌범위의 광범성

찬양·고무 죄의 처벌범위의 광범성 때문에 자유민주적 기본질서에 입각한 통일정책의 추구나 단순한 동포애의 발휘에 지나지 않을 경우라도 그 문언상으로는 북한의 활동에 동조하거나 북한을 이롭게 하는 것이 된다는 해석으로 처벌될 위험이 있다.

2. '국가보안법' 제7조 제5항

제7조 제5항 문언대로라면 북한을 비롯한 공산국가 발행의 서적이라면 민주주의 체제를 전복하고 공산화를 획책하기 위한 수단이 아닌 것까지도 이적표현물이 되어 이에 대한 접근이 무제한하게 금기가 될 위험이 있다. 또 국내외 간행의 서적이라도 북한이나 공산계열 국가의 문화·예술활동을 서술한 간행물까지도 접근이 어려워질 것이다. 이로써 앞서 제7조 제1항에 대해서 본 바 같은 표현의 자유 등의 위축문제, 민주체제 전복으로부터의 방어의 차원에서 국가존립·안전에 무해한 서적의 제작·소지 등 까지 처벌되는 자의적 집행의 우려, 또 자유민주적 기본질서에 입각한 평화정착의 노력과 통일정책의 추진을 위한 남북간의 문화교류에 지장을 줄 가능성이 있다.

3. 한정합헌결정형식을 채택한 이유

어떤 법률의 개념이 다의적이고 그 어의의 테두리 안에서 여러 가지 해석이 가능할 때, 헌법을 최고법규로 하는 통일적인 법질서의 형성을 위하여 헌법에 합치되는 해석, 즉 합헌적인 해석을 택하여야 하며, 이에 의하여 위헌적인 결과가 될 해석은 배제하면서 합헌적이고 긍정적인 면은 살려야 한다는 것이 헌법의 일반법리이다. '국가보안법' 제7조

제1항 및 제5항의 규정은 위에서 본 바와 같이 문언 그대로 해석·운영된다면 위헌의 소지가 있지만, 각 소정의 행위가 국가의 존립·안전을 위태롭게 하거나 자유민주적 기본질서에 위해를 줄 명백한 위험이 있을 경우에만 축소적용 되는 것으로 해석한다면 헌법에 위반되지 않는다고 보아야 한다.

V. 이 결정이 가지는 의미

변정수 재판관은 유일한 반대의견에서, '국가보안법' 제7조 제1항과 제5항이 죄형법정주의에 위배되고 신체의 자유 및 표현의 자유의 본질적 내용을 침해하는 것으로 위헌이라고 보았으며 다수의견의 결정주문이 "대한민국의 존립·안전을 위태롭게 하거나 자유민주적 기본질서에 위해를 줄 경우"라는 매우 애매모호한 표현을 쓰면서 한정합헌결정을 내린 것은 그렇지 않아도 불명확하고 광범위한 구성요건에다 또 다시 불명확한 구성요건을 보태는 것이라 비판했다. 여하튼 이 한정위헌결정으로 말 많던 '국가보안법'상의 찬양·고무죄 규정이 전면폐지되는 위기를 넘길 수 있었고, 이듬해인 1991년 5월 31일에 국회는 헌법재판소 결정의 취지를 받아들여 "국가의 존립·안전이나 자유민주적 기본질서를 위태롭게 한다는 정을 알면서"라는 주관적 요건을 찬양·고무죄 규정에 추가하는 법개정을 단행했다. 이렇게 개정된 찬양·고무죄 규정에 대해 헌법재판소는 합헌결정(헌재 1996. 10. 4, 95헌가2)으로 화답하고 있다.

헌법의 제정,
개정과 수호

향토예비군대원의 이중배상금지 사건

— 헌재 1996. 6. 13, 94헌바20 —

I. 심판대상

헌법

제29조

② 군인·군무원·경찰공무원 기타 법률이 정하는 자가 전투·훈련 등 직무집행과 관련하여 받은 손해에 대하여는 법률이 정하는 보상 외에 국가 또는 공공단체에 공무원의 직무상 불법행위로 인한 배상은 청구할 수 없다.

국가배상법(1967. 3. 3. 법률 제1899호로 제정되어 1981. 12. 17. 법률 제3464호로 개정된 것)

제2조(배상책임)

① 국가 또는 지방자치단체는 공무원이 그 직무를 집행함에 당하여 고의 또는 과실로 법령에 위반하여 타인에게 손해를 가하거나, 자동차손해배상보장법의 규정에 의하여 손해배상의 책임이 있는 때에는 이 법에 의하여 그 손해를 배상하여야 한다. 다만, 군인·군무원·경찰공무원 또는 향토예비군대원이 전투·훈련 기타 직무집행과 관련하거나 국방 또는 치안유지의 목적상 사용하는 시설 및 자동차·함선·항공기 기타 운반기구 안에서 전사·순직 또는 공상을 입은 경우에 본인 또는 그 유족이 다른 법령의 규정에 의하여 재해보상금·유족연금·상이연금 등의 보상을 지급받을 수 있을 때에는 이 법 및 민법의 규정에 의한 손해배상을 청구할 수 없다.

II. 사실관계의 요지

청구인들은 청구외 망 이규선 등 12명의 부모, 배우자, 자녀, 형제자매들이다. 청구외 망 이규선 등 12명은 향토예비군대원으로서 경기 연천군에 있는 포병진지에서 동원훈련소집 중 포탄용 폭약폭발사고로 현장에서 사망했다. 청구인들은 위 폭약폭발사고는 현역군인들의 안전주의의무 위반으로 발생했다고 주장하여 인천지방법원에 국가를 상대로 한 손해배상청구소송을 제기하고 같은 법원에 향토예비군대원의 국가배상청구권을 제한하는 근거조항인 헌법 제29조 제2항 중 '기타 법률이 정하는 자' 부분 및 '국가배상법' 제2조 제1항 단서규정 중 '향토예비군대원' 부분에 대한 위헌심판제청신청을 하였으나, 법원이 이 신청을 기각하였다. 이에 청구인들은 '헌법재판소법' 제68조 제2항에 따라 이 사건 헌법소원심판을 청구하였다.

Ⅲ. 주　문

1. 청구인들의 헌법 제29조 제2항 중 '기타 법률이 정하는 자' 부분에 대한 심판청구를 각하한다.
2. 국가배상법 제2조 제1항 단서 중 '향토예비군대원' 부분은 헌법에 위반되지 아니한다.

Ⅳ. 결정 이유의 주요 논점 및 요지

1. 헌법 제29조 제2항 중 "기타 법률이 정하는 자" 부분은 각하

헌법 제111조 제1항 제1호, 제5호 및 '헌법재판소법' 제41조 제1항, 제68조 제2항은 위헌심사의 대상이 되는 규범을 '법률'로 명시하고 있으며, 여기서 "법률"이라 함은 국회의 의결을 거쳐 제정된 이른바 형식적 의미의 법률을 의미한다. 따라서 헌법의 개별규정 자체가 위헌심사의 대상이 될 수 없음은 위 각 규정의 문언에 의하여 명백하다. 헌법규범 상호간의 우열은 추상적 가치규범의 구체화에 따른 것으로서 헌법의 통일적 해석을 위하여 유용한 정도를 넘어 헌법의 어느 특정규정이 다른 규정의 효력을 전면 부인할 수 있는 정도의 효력상의 차등을 의미하는 것이라고는 볼 수 없다. 더욱이 헌법개정의 한계에 관한 규정을 두지 않고 헌법의 개정을 법률의 개정과는 달리 국민투표에 의하여 이를 확정하도록 규정하고 있는(헌법 제130조 제2항) 현행의 우리 헌법상으로는 과연 어떤 규정이 헌법핵 내지는 헌법제정규범으로서 상위규범이고 어떤 규정이 단순한 헌법개정규범으로서 하위규범인지를 구별하는 것이 가능하지 않으며, 달리 헌법의 각 개별규정 사이에 그 효력상의 차이를 인정하여야 할 아무런 근거도 찾을 수 없다.

나아가 헌법은 그 전체로서 주권자인 국민의 결단 내지 국민적 합의의 결과라고 보아야 할 것으로, 헌법의 개별규정을 '헌법재판소법' 제68조 제1항 소정의 "공권력 행사"의 결과라고 볼 수도 없다. 결국 위 헌법조항 부분에 대한 이 사건 심판청구는 위헌심사의 대상이 될 수 없는 헌법의 개별규정에 대한 것으로서 부적법한 것이다.

2. '국가배상법' 제2조 제1항 단서 중 '향토예비군 대원' 부분은 합헌

'국가배상법' 제2조 제1항 단서 부분은 '향토예비군대원'을 헌법 제29조 제2항 중 "기타 법률이 정하는 자"의 하나로 규정함으로써 직무집행과 관련하여 사망하거나 상해를 입은 향토예비군대원의 국가배상청구권 행사를 금지하고 있다. 국가배상청구권은 그 요건에 해당하는 사유가 발생한 개별 향토예비군대원에게는 금전청구권으로서의 재산권임이 분명하므로, 심판대상조항부분은 결국 헌법 제23조 제1항에 의하여 향토예비군대원에게 보장되는 재산권을 제한하는 의미를 갖는다. 그러므로 심판대상조항부분이 기본권 제한입법으로서 헌법상 요구되는 과잉금지의 원칙에 위반되는지의 여부를 본다.

첫째, 목적의 정당성을 보자. 향토예비군대원이 동원되어 임무수행 중에 사망하거나 상해를 입을 경우에 국가가 법령이 정하는 바에 따라 재해보상금, 유족연금, 상이연금 등의 보상을 실시하고 있다. 그런데 이러한 보상을 받는 외에 국가에 대하여 '국가배상법'이나 '민법'규정에 의한 손해의 배상을 청구할 수 있다면, 당해 향토예비군대원은 동일한 사유로 인하여 이중의 보상을 받게 되고, 국가로서는 직무상 당연히 예상되는 위험에 대비한 사회보장적 보상제도를 유지하면서 동시에 손해배상의 책임까지 부담하게 되는 이중의 재정적 지출을 감수하여야 할 것이므로 임무수행 중 상해를 입거나 사망한 개별향토예비군대원의 국가배상청구권을 금지하고자 하는 것으로서 그 목적의 정당성이 인정된다고 할 것이다.

둘째, 수단의 상당성을 보자. 역동하는 국내외 정세와 남북간의 군사적 긴장관계 및 앞서 본 바와 같은 향토예비군의 임무가 갖는 고도의 위험성을 고려할 때 다수의 향토예비군대원이 임무의 수행 중 동시에 혹은 연속적으로 발생되는 사상사고 내지는 재난의 발생가능성은 모름지기 상존하고 있다고 할 것이므로, 비록 그간에 현실적으로 발생한 사상자의 수가 적다고 하더라도 심판대상조항부분은 위와 같이 예상되는 대형사고의 동시다발과 그로 인한 국가재정의 과중한 부담에 대응하기 위한 수단을 정한 것으로서 그 상당성이 인정된다.

셋째, 침해의 최소성을 보자. '국가배상법'에 의한 손해배상은 가동기간을 기준으로 하여 결정되고 일시적인 지급으로 종료되는 것에 비하여 '국가유공자 예우 등에 관한 법률'에 의한 연금 등은 당해 향토예비군대원이 사망한 경우에는 유족의 사망시까지, 장애를 입은 경우에는 자신의 사망시까지 지급되고, 일정한 경우 연금의 수급권이 유족에게 승계되기도 하는 이점이 있을 뿐만 아니라, 당해 향토예비군대원과 그 유족에게는 국가유공자로서의 명예와 아울러 각종의 교육보호·취업보호·의료보험 등의 혜택이 제공된다는 사정을 고려한다면, 현실적으로 수령하는 연금 등의 합계액이 국가배상을 통하여 수령하게 될 배상금액에 비하여 적다고 하여 반드시 양자를 수치상으로만 비교하여 연금 등을 수령하는 것이 국가배상청구권을 행사하는 것보다 불리하다고 단정할 수 없고, 따라서 그러한 사정만으로 심판대상조항부분이 취한 수단이 비례의 원칙에 반한다거나 권리 침해의 최소성을 결하였다고 볼 수 없다.

넷째, 법익의 균형성을 보자. 심판대상조항은 헌법 제29조 제2항의 명시적인 위임에 따라 임무수행 중 사고를 당한 향토예비군대원에 대한 이중의 보상으로 인한 일반인들과의 불균형을 시정하고 국가재정의 지출부담을 절감한다는 공공의 이익을 보호하기 위하여 다른 법령의 규정에 의하여 재해보상금 등을 지급받을 수 있는 권리가 보장된 향토예비군대원의 개별적인 국가배상청구권의 행사를 금지하는 것이므로 그로 인하여 보호되는 법익과 침해되는 법익간에 입법자의 자의라고 할 정도의 불균형이 있다고 볼 수 없다.

그렇다면 심판대상조항부분은 기본권제한규정으로서 헌법상 요청되는 과잉금지의 원칙에 반한다고 볼 수 없고, 나아가 그 자체로서 평등의 원리에 반한다거나 향토예비군대원의 재산권의 본질적인 내용을 침해하는 위헌규정이라고 할 수도 없다.

V. 이 결정이 가지는 의미

조승형 재판관이 '국가배상법' 제2조 제1항 단서의 '향토예비군대원'부분은 합헌결정이 아니라 기각결정을 내려야 한다는 별개의견을 제시한 것을 제외하고는 재판관들이 일치된 의견으로 각하 및 합헌결정을 내렸다. 이 결정은 헌법규정들 상호간에는 상하의 효력상의 차이를 인정할 수 없다고 보아 위헌헌법심사를 부정했고, 헌법은 그 전체로서 주권자인 국민의 결단의 결과라 보아야 할 것이므로 헌법의 개별규정을 '헌법재판소법' 제68조 제1항 소정의 "공권력 행사"의 결과라고 볼 수도 없다는 입장을 밝힌 점에 주목을 요한다.

쟁의행위금지 가처분신청 사건

— 헌재 1997. 9. 25, 97헌가4 —

Ⅰ. 심판대상

노동조합및노동관계조정법(법률 제5244호)

근로기준법중개정법률(법률 제5245호)

노동위원회법개정법률(법률 제5246호)

노사협의회법중개정법률(법률 제5247호)

국가안전기획부법중개정법률(법률 제5252호)

Ⅱ. 사실관계의 요지

당해사건의 신청인 현대정공주식회사는 당해사건의 피신청인 현대정공주식회사 창원공장 노동조합을 상대로 1997. 1. 13. 창원지방법원에 피신청인의 위법한 쟁의행위로 인한 손해배상청구권 및 업무방해금지청구권을 피보전권리로 하여 쟁의행위금지가처분신청을 하였다. 이에 창원지방법원은 "피신청인은 심판대상 개정법의 국회통과절차가 위헌이라는 이유로 쟁의행위를 한 것이고 동 개정법이 위헌일 경우 그 시행을 저지하기 위한 쟁의행위는 헌법질서 수호를 위한 저항권의 행사이므로 정당한 것이다"라고 판단하고 '노동조합 및 노동관계조정법' 외 4건의 법률에 대해 직권에 의한 결정으로 위헌법률심판을 제청하였다.

Ⅲ. 주 문

이 위헌제청을 각하한다.

Ⅳ. 결정 이유의 주요 논점 및 요지

1. 재판의 전제성 판단

헌법 제107조 제1항과 '헌법재판소법' 제41조 제1항에 의하면 법률이 헌법에 위반되는지 여부가 재판의 전제가 된 경우에 법원은 헌법재판소에 제정하여 그 심판에 의하여 재판한다고 규정하고 있다. 여기서 재판의 전제가 되는 법률이라 함은 당해사건에 적용되는 법률을 가리킨다. 법률이 재판의 전제가 되는 요건을 갖추고 있는지의 여부는 제청법원의 견해를 존중하는 것이 원칙이나, 재판의 전제와 관련된 법률적 견해가 유지될 수 없는 것으로 보이면 헌법재판소가 직권으로 조사할 수도 있다.

2. '국가안전기획부법개정법' 위헌제청은 부적법

당해사건의 가처분신청서를 보면 신청인은 피신청인의 노동관계법개정에 따른 쟁의행위는 헌법 제33조 제3항, '방위산업에 관한 특별조치법' 제4조, 제18조, 동법시행령 제5조, '노동쟁의조정법' 제12조 제2항과 단체협약을 위반한 것이라고 주장하고 있다. 그런데 '국가안전기획부법 개정법'이 당해사건의 재판의 전제가 되는 법률이라는 수긍할 수 있는 제청이유나 자료도 없고, 동 개정법의 위헌여부는 당해사건에서 다른 내용의 재판을 하게 되는 관계에 있다고 볼 수도 없다. 따라서 재판의 전제가 되는 요건을 갖추지 못한 '국가안전기획부법 개정법'에 대한 위헌심사는 추상적 규범통제를 하는 결과가 되어 허용할 수 없는 것이므로 이 부분 위헌심판제청은 부적법하다.

3. '노동관계법 개정법' 위헌제청도 부적법

'노동관계법 개정법'은 1996. 12. 31. 공포하고 1997. 3. 1.부터 시행하기로 된 법률이었다. 그러나 이 심판 계속 중인 1997. 3. 13. 공포된 '근로기준법 폐지법률', '노동조합 및 노동관계조정법 폐지법률', '노동위원회법 폐지법률', '근로자참여 및 협력증진에 관한 법률 폐지법률'에 의해 폐지되고, '근로기준법'(법률 제5309호), '노동조합 및 노동관계조정법'(법률 제5310호), '노동위원회법'(법률 제5311호), '근로자참여 및 협력증진에 관한 법률'(법률 제5312호)이 새로 제정·시행되었다. 1997. 3. 13.자 관보는 '노동관계법 개정법'은 1996. 12. 26. 국회 의결절차에 대하여 유·무효의 논란이 있으므로 이를 폐지하고 새로운 법을 마련하기 위한 것으로 이유 설명을 하고 있다. 따라서 '노동관계법 개정법'은 제청 당시에는 아직 시행되지 않았고 이 결정 당시에는 이미 폐지되어 효력이 상실된 법률인 것이다.

우리 헌법이 채택하고 있는 구체적 규범통제인 위헌법률심판은 최고규범인 헌법의 해석을 통해 헌법에 위반되는 법률의 효력을 상실시키는 것이므로 이와 같은 위헌법률심판 제도의 기능적 속성상 법률의 위헌여부 심판의 제청대상 법률은 특별한 사정이 없는 한 현재 시행중이거나 과거에 시행되었던 것이어야 한다. 따라서 제청 당시에 공포는 되었으나 시행되지 않았고 이 결정 당시에는 이미 폐지되어 효력이 상실된 법률은 위헌여부 심판의 대상법률에서 제외되는 것으로 해석함이 상당하다. 더욱이 '노동관계법 개정법'은 당해사건 재판에 적용되는 법률이 아닐 뿐만 아니라 피신청인 조합원들이 쟁의행위를 하게 된 계기가 된 것에 불과한 법률로서, 동 개정법의 위헌여부는 다른 내용의 재판을 하게 되는 관계에 있지도 않으므로 재판의 전제가 되는 법률이라고 볼 수 없다. 따라서 이 부분 위헌심판제청 또한 부적법하다.

4. 저항권 행사에 해당하지 않음

제청법원은 피신청인의 쟁의행위가 헌법질서 수호를 위한 저항권 행사로서 이유있다는 주장이 받아들여질 여지가 있다면, 심판대상개정법의 국회통과절차의 위헌여부는 재판의 전제가 된다고 주장한다. 그러나 저항권이 헌법이나 실정법에 규정이 있는지 여부를 가려볼 필요도 없이 제청법원이 주장하는 국회법 소정의 협의없는 개의시간의 변경과 회의일시를 통지하지 않은 입법과정의 하자는 저항권 행사의 대상이 되지 않는다. 왜냐하면 저항권은 국가권력에 의하여 헌법의 기본원리에 대한 중대한 침해가 행해지고 그 침해가 헌법의 존재 자체를 부인하는 것으로서 다른 합법적인 구제수단으로는 목적을 달성할 수 없을 때에 국민이 자기의 권리·자유를 지키기 위해 실력으로 저항하는 권리이기 때문이다.

당해사건에서 피신청인 조합원들이 집단행동에 의한 자기들의 의사표현 수단으로 쟁의행위인 전면파업을 선택한 것이 당해사건의 신청원인에서 주장하는 실정법과 단체협약 의무 위반과는 어떤 관계가 있으며 쟁의행위인 전면파업이 근로기본권인 단체행동권에 해당되는지 여부, 이와 관련된 사실인정 및 평가, 관계법률의 해석과 개별사례에서의 적용에 관한 문제가 생기는데 이것은 일반적인 권한을 갖고 있는 법원의 임무에 속하는 것이다. 그리고 당해사건의 피신청인 조합원들이 집단행동과 집단시위 등으로 전면파업을 할 당시 심판대상 개정법의 국회통과 절차가 다른 합법적인 구제수단으로는 목적을 달성할 수 없는 국가권력에 의한 헌법의 기본원리에 대한 중대한 침해였고 이 침해행위에 대한 구제수단으로 실력에 의한 전면파업을 선택한 것이 자기들의 권리 자유를 지키기 위한 불가피한 유일한 수단으로 인정할 수 있는지, 그 밖에 제청법원이 주장하는 저항권의 행사로 정당화할 수 있는 다른 사정이 존재하는지 여부 또한 법원이 판단할 문제이다.

5. 결　론

이상의 이유로 이 심판대상법률은 헌법에 위반되는 여부가 재판의 전제가 되는 법률의 요건을 갖추지 못한 부적법한 제청이라고 할 것이다. 이를 각하하기로 한다.

Ⅴ. 이 결정이 가지는 의미

이 각하결정은 만장일치가 아니었고 이재화, 조승형, 정경식, 고중석 재판관의 반대의견이 있었다. 이 4인 재판관의 반대의견은 위헌법률심판에 있어서 법원이 제청한 법률이 재판의 전제가 되느냐의 문제에 관해 헌법재판소는 원칙적으로 그 법률의 위헌여부가 재판을 하는 데 필요하다는 법원의 법률적 견해를 존중하여야 할 것이며 다만 전제성에 관한 법원의 견해가 명백히 유지될 수 없을 때만 예외적으로 이를 직권으로 조사하여 법원의 제청을 각하하여야 할 것이라는 점, 법률이 당해사건에 직접 적용할 법률이 아니더라도 그 위헌여부에 따라 재판의 내용이나 이유가 달라질 경우에도 전제성이 있는 것이고 법원도 이와 같은 뜻에서 전제성이 있다고 판단하여 제청하였으므로 다수의견이 당해사건에 적용할 법률이 아니라는 이유만으로 재판에 필요하다는 법원의 판단을 배척한 것은 부당하다는 점을 들어 법원 제청신청의 각하에 반대하였다.

우리 헌법에는 독일헌법과 달리 저항권에 관한 명문규정이 없다. 종래 우리 법원은 실제 재판에 적용될 수 있는 법적 권리로서의 저항권의 개념 자체를 인정하지 않고 있었다. 이 사건 판결에서 우리 법원 역사상 최초로 헌법재판소가 저항권의 개념을 인정했다는 점이 주목을 끈다. 그러나 법안의 날치기 통과라는 입법절차의 하자가 저항권 행사의 대상이 되지 못한다고 결론 맺고 있음에도 유념할 필요가 있다.

대한민국 헌정사와
국가론

부계혈통주의 국적법 사건

― 헌재 2000. 8. 31. 97헌가12 ―

Ⅰ. 심판대상

구 국적법(1948. 12. 20. 법률 제16호로 제정되고, 1997. 12. 13. 법률 제5431호로 전문개정되기 전의 것)

제2조(국민의 요건)

① 다음 각호의 1에 해당하는 자는 대한민국의 국민이다.

　　1. 출생한 당시에 부가 대한민국의 국민인 자

국적법(1997. 12. 13. 법률 제5431호로 전문개정된 것) **부칙**

제7조(부모양계혈통주의 채택에 따른 모계출생자에 대한 국적취득의 특례)

① 이 법 시행 전 10년 동안에 대한민국의 국민을 모로 하여 출생한 자로서 다음 각호의 1에 해당하는 자는 이 법의 시행일부터 3년 내에 대통령령이 정하는 바에 의하여 법무부장관에게 신고함으로써 대한민국의 국적을 취득할 수 있다.

　　1. 모가 현재 대한민국의 국민인 자

　　2. 모가 사망한 때에는 그 사망 당시에 모가 대한민국의 국민이었던 자

Ⅱ. 사실관계의 요지

제청신청인은 1955. 9. 3. 출생할 당시의 국적취득을 구 '국적법' 제2조 제1항 제1호에서 부계혈통주의로 규정한 것이 헌법에 위반되는지 여부가 재판의 전제가 된다는 이유로 위헌제청신청을 하였고, 제청법원은 이를 받아들여 헌법재판소에 위헌심판을 제청하였다. 이 심판사건 계속 중 제청대상 구법조항은 1997. 12. 13. 법률 제5431호로 '국적법'을 전문개정하면서 부모양계혈통주의로 개정되었고, 부칙 제7조 제1항에서 신법 시행 이전 10년 동안에 대한민국 국민을 모로 하여 출생한 자에 대하여 대한민국 국적을 취득할 수 있도록 하는 경과규정을 두었다.

Ⅲ. 주　　문

1. 구 국적법 제2조 제1항 제1호에 대한 위헌여부심판제청을 각하한다.

2. 국적법 부칙 제7조 제1항 중 "… 10년 동안에" 부분은 헌법에 합치하지 아니한다. 이 법률조항은 입법자가 개정할 때까지 계속 적용된다.

Ⅳ. 결정 이유의 주요 논점 및 요지

1. 구법조항은 재판전제성을 상실해 각하

법원이 이 사건 위헌여부심판을 제청할 당시, 구법조항이 위헌이라면 대한민국 국민을 모로 하여 출생한 제청신청인은 대한민국 국적을 취득할 수 있기 때문에 제청신청인이 외국인임을 전제로 한 강제퇴거명령은 이를 집행할 수 없게 되므로, 구법조항의 위헌여부는 당해사건의 재판에 전제성이 있었다. 그러나 1997. 12. 13. 개정된 신법에서는 제2조 제1항 제1호에 의해 부모양계혈통주의로 개정하였고, 당해사건에서도 부칙 제1조에 따라 1998. 6. 14.부터는 신법을 적용하여야 한다. 따라서 구법조항은 이 심판 계속 중 재판의 전제성을 상실하여 부적법하므로 각하결정을 하기로 한다.

2. 부칙조항은 평등원칙 위배

부칙조항의 위헌여부, 즉 '10년'의 경과규정을 둔 것이 헌법에 위반되는지 여부를 판단하기 위하여는 출생에 의한 국적취득에 있어 부계혈통주의를 규정한 구법조항의 위헌여부에 대한 판단이 전제가 된다.

입법자가 헌법 제11조 제1항의 평등원칙에 어느 정도로 구속되는가는 그 규율대상과 차별기준의 특성을 고려하여 구체적으로 결정된다. 헌법재판소는 '제대군인 지원에 관한 법률' 제8조 제1항 등 위헌확인 사건에서 "평등원칙 위반 여부에 대한 심사척도는 입법자에게 인정되는 입법형성권의 정도에 따라 달라지게 될 것이나 헌법에서 특별히 평등을 요구하고 있는 경우와 차별적 취급으로 인하여 관련 기본권에 대한 중대한 제한을 초래하게 된다면 입법형성권은 축소되어 보다 엄격한 심사척도가 적용되어야 한다"고 판시한 바 있는데 이 결정에서 설시한 평등원칙 위반에 대한 위헌심사기준과 남녀차별이 위헌이라는 취지의 논증은 이 사건에 그대로 이끌어 쓸 수 있다. 그 결과, 부계혈통주의 원칙을 채택한 구법조항은 출생한 당시의 자녀의 국적을 부의 국적에만 맞추고 모의 국적은 단지 보충적인 의미만을 부여하는 차별을 하고 있으므로 위헌이라는 결론에 이르게 된다. 다시 말하면, 한국인 부와 외국인 모 사이의 자녀와 한국인 모와 외국인 부 사이의 자녀를 차별취급하는 것은, 모가 한국인인 자녀와 그 모에게 불리한 영향을 끼치므로 헌법 제11조 제1항의 남녀평등원칙에 어긋남이 분명하고 이러한 차별취급은 헌법상 허용되지 않는 것이다.

헌법은 제36조 제1항은 가족생활이 '양성의 평등'을 기초로 성립, 유지될 것을 명문화한 것으로 이해되므로 입법자가 가족제도를 형성함에 있어서는 이를 반드시 고려할 것을 요구하고 있다. 국적취득에서 혈통주의는 사회적 단위인 가족에로의 귀속을 보장하는 한편 특정한 국가공동체로의 귀속을 담보하며 부모와 자녀간의 밀접한 연관관계를 잇는 기본이 된다. 만약 이러한 연관관계를 부와 자녀 관계에서만 인정하고 모와 자녀 관계에서는 인정하지 않는다면, 이는 가족 내에서의 여성의 지위를 폄하하고 모의 지위를 침해하는 것이다. 그러므로 구법조항은 헌법 제36조 제1항이 규정한 "가족생활에 있어서의 양성의 평등원칙"에 위배된다.

법무부장관은, 구법은 출생시의 적출자는 부의 국적을, 비적출자는 모의 국적을 기준으로 각 국적을 취득할 수 있게 한 것이므로 남녀를 차별하는 것이 아니고, 외국인 부의 적출자는 통상 그 부의 국적을 취득하게 되므로 부계혈통주의는 이중국적 방지를 위한 합리성이 있다고 주장한다. 그러나 구법조항이 자녀와 국가의 관계에서 이중국적을 방지하는 데 기여한다는 사유로도 위와 같은 차별이 정당한 것으로 되는 것은 아니다. 자녀의 입장에서 볼 때, 이중국적으로 인한 불이익은 추가로 모의 국적을 취득함으로써 얻는 이익보다 더 크지 않고 그 자녀가 국가공동체에 들어오는 것을 막아야 할 절대적인 공익이 있는 것도 아니므로 법무부장관의 위 주장은 받아들이지 않는다.

입법자는 1997. 12. 13. 법률 제5431호로 구법을 전문개정하면서 출생에 의한 국적취득에 있어 부계혈통주의를 부모양계혈통주의로 바꾸었다. 이로써 구법조항의 위헌성은 제거되었으나 신법 시행 이전에 출생한, 모가 한국인인 자녀가 구법조항으로 인하여 침해받은 기본권을 회복시켜 줌에 있어 부칙조항은 신법 시행 전 10년 동안에 출생한 자녀에게는 대한민국 국적을 부여한 반면, 청구인과 같이 신법 시행 10년 이전에 출생한 자에게는 국적을 부여하지 않았다. 구법조항의 위헌적인 차별로 인하여 불이익을 받은 자를 구제하는 데 신법 시행 당시의 연령이 10세가 되는지 여부는 헌법상 적정한 기준이 아닌 또 다른 차별취급이므로 부칙조항은 헌법 제11조 제1항의 평등원칙에 위배된다.

3. 결정형식으로 헌법불합치결정을 채택

이 사건의 경우, 구법조항으로 인하여 국적을 취득할 수 없었던 자를 구제하기 위하

4. 대한민국의 구성요소 / (3) 국민―부모양계혈통주의

여는 신법 시행 전에 출생한, 모가 한국인인 자녀에게 대한민국 국적을 취득할 수 있도록 하는 경과규정이 반드시 필요한데, 헌법재판소가 위헌결정 또는 단순한 헌법불합치결정만을 선고할 경우 부칙조항은 헌법재판소가 결정을 선고한 때부터 더 이상 적용할 수 없게 된다. 이 경우 그나마 신법 시행 전 10년 동안에 태어난 자녀에게 국적취득의 길을 열어 놓고 있는 근거규정이 효력을 잃게 됨으로써 법치국가적으로 용인하기 어려운 법적 공백이 생기게 된다. 이와 같이 이 규정으로 혜택을 입을 국적에 관련된 자에 대하여 법을 다시 개정할 때까지 일시적이나마 법적 공백상태를 야기하거나 관련 행정기관 및 해당 가족에 대하여 법적 불안정이라는 새 불씨를 만들고 이를 방치하는 것은 또 다른 위헌 사태에 다름 아니므로, 이 규정은 법률이 개정될 때까지 그 요건에 맞아 한국국적을 취득할 수 있는 자에게는 그대로 적용할 수 있게 하여야 한다. 따라서 부칙조항은 헌법에 합치하지 않지만 입법자가 새로운 입법을 할 때까지 이를 잠정적으로 적용하도록 한다.

V. 이 결정이 가지는 의미

헌법재판소가 모계출생자의 국적취득을 인정하는 경과규정이 '국적법' 부칙조항에서 법 시행 '10년' 동안의 출생자로 한정되어 있는 데 대해, 헌법 제11조 제1항과 헌법 제36조 제1항의 평등원칙 위배를 이유로 새로운 법 개정 시까지의 잠정적용을 전제로 헌법불합치결정을 내린 사건이다. 이 결정 후 국적법 부칙이 개정되어 부칙 제7조 제1항은 "1978년 6월 14일부터 1998년 6월 13일까지의 사이에 대한민국의 국민을 모로 하여 출생한 자로서 다음 각호의 1에 해당하는 자는 2004년 12월 31일까지 대통령령이 정하는 바에 의하여 법무부장관에게 신고함으로써 대한민국의 국적을 취득할 수 있다."고 규정하게 되었다. 즉, 모계출생자에 대한 국적취득대상의 범위를 법 시행 당시 만 20세까지로 확대한 것이다. 이 결정에서 헌법재판소는 부계혈통주의를 취하고 있는 구 '국적법'조항에 따를 경우 출생시의 적출자는 부의 국적을 비적출자는 모의 국적을 기준으로 각 국적을 취득할 수 있게 되어 외국인 부의 적출자는 통상 그 부의 국적을 취득하게 되므로 구 '국적법'조항이 자녀와 국가의 관계에서 이중국적을 방지하는 데 어느 정도 기여한다는 것은 인정했다. 하지만 자녀의 입장에서 볼 때 이중국적으로 인한 불이익은 추가로 모의 국적을 취득함으로써 얻는 이익보다 더 크지 않고 그 자녀가 국가공동체에 들어오는 것을 막아야 할 절대적인 공익이 있는 것도 아니라고 하면서 이것이 차별의 합리적 이유가 될 수 없다고 본 점에 주목을 요한다.

헌법전문, 헌법의 기본원리
및 기본질서

국가에 대한 가집행 금지 사건

― 헌재 1989. 1. 25, 88헌가7 ―

Ⅰ. 심판대상

구 「소송촉진 등에 관한 특례법」(1981. 1. 29. 법률 제3361호)
제6조(가집행의 선고)
① 재산권의 청구에 관한 판결에는 상당한 이유가 없는 한 당사자의 신청유무를 불
　문하고 가집행할 수 있음을 선고하여야 한다. 다만, 국가를 상대로 하는 재산권
　의 청구에 관하여는 가집행의 선고를 할 수 없다.
※ 관련조문
헌법(1987. 10. 29. 개정)
제11조
① 모든 국민은 법 앞에 평등하다. 누구든지 성별·종교 또는 사회적 신분에 의하여 정
　치적·경제적·사회적·문화적 생활의 모든 영역에 있어서 차별을 받지 아니한다.
제23조
① 모든 국민의 재산권은 보장된다. 그 내용과 한계는 법률로 정한다.
제27조
③ 모든 국민은 신속한 재판을 받을 권리를 가진다. 형사피고인은 상당한 이유가 없
　는 한 지체없이 공개재판을 받을 권리를 가진다.

Ⅱ. 사실관계의 요지

　　이 사건 위헌법률심판의 제청신청인은 국가를 상대로 하는 재산권 청구소송에서 승
소를 하였다. 그러나, 국가에 대해서는 가집행 선고를 할 수 없게 하고 있는 '소송촉진
등에 관한 특례법' 제6조 제1항 단서규정에 의해 가집행을 얻을 수 없었다. 이에 제청 신
청인은 담당재판부에 위헌법률심판 제청 신청을 하였고 담당재판부가 이를 받아들여 헌
법재판소에 위헌법률심판을 제청하였다.

Ⅲ. 주 문

'소송촉진 등에 관한 특례법' 제6조 제1항 중 "다만, 국가를 상대로 하는 재산권의 청구에 관하여는 가집행의 선고를 할 수 없다"라는 부분은 헌법에 위반된다.

Ⅳ. 결정 이유의 주요 논점 및 요지

1. 헌법 전문과 헌법 제11조 제1항의 평등원칙

'소송촉진 등에 관한 특례법' 제6조 제1항은 재산권의 청구에 관한 민사소송의 원고 승소판결에는 상당한 이유가 없는 한 법원으로 하여금 반드시 가집행의 선고를 붙이도록 하면서 유독 국가가 피고일 경우에만은 가집행의 선고를 붙일 수 없도록 예외 규정을 두고 있다. 이것은 평등한 수평적 관계에서 진행되는 민사소송에 있어서 사경제의 주체에 불과한 국가에게까지 우월적 지위를 부여하는 것이어서, 헌법 제11조 제1항의 평등의 원칙에 위배되는 위헌 규정이라고 해석될 여지가 있다는 것이 위헌제청의 이유이다.

헌법은 그 전문에 "정치, 경제, 사회, 문화의 모든 영역에 있어서 각인의 기회를 균등히 하고"라고 규정하고, 제11조 제1항에 "모든 국민은 법 앞에 평등하다"고 규정하여 평등의 원칙을 선언하고 있다. 평등의 원칙은 국민의 기본권 보장에 관한 우리 헌법의 최고원리로서 국가가 입법을 하거나 법을 해석 또는 집행함에 있어 따라야할 기준인 동시에, 국가에 대하여 합리적 이유없이 불평등한 대우를 하지 말 것과, 평등한 대우를 요구할 수 있는 모든 국민의 권리로서, 국민의 기본권중의 기본권이다.

2. 재판권과 신속한 재판을 받을 권리의 보장에서 소송당사자를 차별

이러한 평등원칙은 헌법 제23조에 의하여 보장된 "모든 국민의 재산권"과 헌법 제27조 제3항에 의하여 보장된 "모든 국민의 신속한 재판을 받을 권리"의 실현에도 당연히 적용되어야 할 것이므로 재산권 등 사권의 구제절차인 민사소송에서도 당사자가 누구인가에 따라 차별대우가 있어서는 안 되는 것이며, 국가가 민사소송의 당사자가 되었다고 해서 합리적 이유없이 우대받아서도 안 되는 것이다. 왜냐하면 비록 국가라 할지라도 권력적 작용이 아닌, 민사소송의 대상이 되는 국고작용으로 인한 법률관계에서는 사인과 동등하게 다루어져야 하기 때문이다. 나아가서 '소송촉진 등에 관한 특례법' 제6조 제1항을 보건대, 가집행의 선고는 불필요한 상소권의 남용을 억제하고 신속한 권리실행을 하게 함으로써 국민의 재산권과 신속한 재판을 받을 권리를 보장하기 위한 제도인데, 이 규정에 의하면 법원은 국가가 원고가 되어 얻은 승소판결에는 상당한 이유가 없는 한 반드시 가집행의 선고를 하여야 하나, 반면에 국민이 국가를 상대로 한 소송에서 얻어낸 승소판결에는 아무리 확신있는 판결이라고 할지라도 가집행의 선고를 할 수 없게 되어 있어서, 결국 재산권과 신속한 재판을 받을 권리의 보장에 있어 소송당사자를 차별하여 국가를 우대하고 있는 것이 명백하고 이처럼 민사소송의 당사자를 차별하여 국가를 우대할만한 합리적 이유도 찾기 어렵다.

3. 평등원칙 위배

국가에 대해 가집행을 금지한 예외규정을 두었다고 해서 헌법 제11조의 평등의 원칙에 위배된다고 볼 수 없는 이유로, 가집행제도의 근본취지는 집행불능을 사전에 방지하려는 것인데 국가는 성질상 집행불능의 상태가 생길 수 없으므로 국가에 대한 가집행을 불허하더라도 집행불능의 문제가 생길 수 없다는 점, 국가에 대한 가집행을 허용할 경우에는 소송과 직접 관계가 없는 국가기관에 대한 집행 등으로 국가회계질서의 문란이 초래될 우려가 있다는 점, 가집행을 한 후 상소심에서 판결이 번복되었으나 원상회복이 어려운 경우에는 국고손실이 예상되며 회복이 가능한 경우라도 회복에 따르는 인력과 예산낭비 등의 우려가 있다는 점이 정부측에 위해 주장된다.

그러나, 가집행 선고는 불필요한 상소권의 남용을 억제하고 신속한 권리실현을 위해 둔 제도이지 집행불능을 사전에 방지하려는 제도가 아니다. 따라서 국가에 대해 집행이 불가능하게 될 염려가 없다고 해서 가집행 선고의 필요가 없는 것도 아니고, 가집행으로 인한 국가회계질서 문란의 우려는 국가 스스로 얼마든지 이를 예방할 수 있는 것이다. 가집행 후 상소심에서 판결이 번복되었을 경우 원상회복이 어렵게 될 경우를 예상할 수 있으나 이런 문제는 국가가 피고일 경우에만 생기는 문제가 아니라 가집행제도의 일반적인 문제라 할 것이다. 이런 문제는 법원이 판결을 함에 있어 가집행을 붙이지 않을 상당성의 유무를 신중히 판단하고 '민사소송법' 제199조 제1항에 의한 담보제공명령이나 같은 법조 제2항에 의한 가집행 면제제도를 적절하게 운용하면서 '민사소송법' 제473조, 제474조에 의해 법원에 신청하여 가집행 정지명령을 받는 등의 방법으로 사전에 예방할 수 있는 것이므로 위와 같은 문제가 있다고 해서 그것이 국가에 대해 예외적으로 가집행 선고를 금지할 이유가 될 수 없다. 따라서, 정부측의 주장 사유는 국가에 대해 차별적 우대를 하는 예외적 규정을 두어야 할 합리적 이유가 될 수 없다.

Ⅴ. 이 결정이 가지는 의미

이 결정은 1988년 말에 헌법재판소가 세워진 이후 헌법재판소에서 나온 최초의 결정문이다. 이 결정문은 헌법재판소 판결집으로 네 쪽 남짓 되는 적은 분량이다. 헌법재판소는 이 결정에서 재판관 9인의 만장일치 의견으로, 사경제 주체로서 활동하는 국가를 소송에서 일반 사인에 비해 우대하는 것은 합리적 이유가 없는 차별로서 평등원칙에 위배돼 위헌이라 판시했다. 첫 결정부터 과감한 만장일치의 위헌결정을 내리기 시작한 것이다. 이것은 헌법재판소가 과거의 헌법위원회처럼 적극적인 위헌판결을 내리지 못할 것이라는 세간의 우려를 잠재우는 것이었고 헌법재판소에 의한 사법적극주의의 시작을 알리는 청신호였다.

군인연금법 사건 I

─ 헌재 2007. 10. 25, 2005헌바68 ─

Ⅰ. 심판대상

이 사건 심판 대상은, 주위적으로 구 군인연금법 제21조 제5항 제1호 중 '사학연금법 제3조의 학교기관' 부분, 예비적으로 사학연금법 제32조 제1항 중 '군인' 부분의 위헌여부이다.

구 군인연금법

제21조(퇴역연금 또는 퇴역연금일시금)

⑤ 퇴역연금을 받을 권리가 있는 자가 다음 각 호의 1에 해당하는 기관으로부터 보수 기타 급여를 지급받고 있는 때에는 그 지급기간 중 대통령령이 정하는 바에 따라 퇴역연금의 전부 또는 일부의 지급을 정지할 수 있다.

　1. 국가나 지방자치단체의 기관 또는 '사립학교교직원 연금법' 제3조의 학교기관

사립학교교직원 연금법

제32조(재직기간의 합산)

① 퇴직한 교직원·공무원 또는 군인('사립학교교직원 연금법'·공무원연금법 또는 군인연금법의 적용을 받지 아니하였던 자를 제외한다)이 교직원으로 임용되고 그 날부터 2년 이내에 재직기간의 합산을 신청하는 때에는 대통령령이 정하는 바에 따라 종전의 해당 연금법에 의한 재직기간 또는 복무기간을 제31조의 재직기간에 합산할 수 있다.

Ⅱ. 사실관계의 요지

청구인은 20년 이상의 군복무를 마치고 1982년에 퇴직하여 퇴역연금을 지급받아 오다가, 1999년 3월부터 2003년 8월까지 서울 소재 모 대학교에 전임강사로 임용되어 근무하면서 보수 기타 급여를 지급받았다. 청구인은 대학 임용 당시 사립학교교직원연금관리공단에 '사립학교교직원 연금법' 제32조 제1항에 의한 재직기간 합산신청을 하지 않았다.

국방부장관은 학교법인이 구 '군인연금법' 제21조 제5항 제1호에서 정한 연금 지급정지 대상기관인 '사학연금법' 제3조의 '학교기관'에 해당된다는 이유로, 1999년 4월부터 청구인에 대한 퇴역연금의 지급을 정지하였다. 퇴직 후 청구인은 서울행정법원에 대학 재직기간 동안 지급이 정지된 퇴역연금 중 일부의 지급을 구하는 소를 제기하고, 소송 계속 중 퇴역연금의 지급정지를 규정한 구 '군인연금법' 제21조 제5항 제1호가 헌법에 위반된다며 위헌법률심판 제청신청을 하였으나, 법원은 이를 모두 기각하였다. 이에 청구인은 2005년 8월 2일에 구 '군인연금법' 제21조 제5항 제1호 중 '사학연금법 제3조의 학교기관' 및 '사학연금법' 제32조 제1항 중 '군인' 부분이 헌법에 위반된다며, 이를 주위적·예비적 청구로 하여 '헌법재판소법' 제68조 제2항에 의한 이 사건 헌법소원심판을 청구하였고, 그 후 2006년 2월 9일자 준비서면을 통하여 예비적 청구를 '헌법재판소법' 제68조 제1항에 의한 것으로 변경하였다.

Ⅲ. 주 문

1. 「사립학교교직원 연금법」 제32조 제1항 중 '군인' 부분에 대한 청구를 각하한다.
2. 구 군인연금법 제21조 제5항 제1호 중 '사립학교교직원 연금법 제3조의 학교기관' 부분은 헌법에 위반되지 아니한다.

Ⅳ. 결정 이유의 주요 논점 및 요지

1. 소급입법에 의한 재산권 침해가 아님

군인연금과 사학연금은 보험대상이 서로 달라 각기 독립하여 운영되고 있을 뿐, 본질적으로 동일한 사회적 위험에 대비하기 위하여 마련된 통일적인 제도로서 기능하고 있다. 이 사건 정지조항에 대한 경과규정(1988. 12. 29. 법률 제4034호 부칙 제3조)에 의하면, 신설 규정인 이 사건 정지조항은 그 시행 전의 연금수급권자가 시행 이후에 지급받는 연금부터 적용하도록 하여 법 개정 이후의 법률관계만을 규율하고 있을 뿐이므로, 이미 종료된 과거의 사실이나 법률관계에 새로운 법률이 소급적으로 적용되는 진정 소급입법에는 해당하지 않는다. 따라서 소급입법에 의한 재산권 침해는 문제될 여지가 없다.

2. 신뢰보호의 원칙에 위배되지 않음

이 사건 정지조항을 통하여 기존의 연금수급자들에 대한 퇴역연금의 지급을 정지함으로써 달성하려는 공익은 군인연금 재정의 악화를 개선하여 이를 유지·존속하려는 데에 있는 것으로, 그와 같은 공익적인 가치는 매우 크다. 한편 연금수급권의 성격상 급여의 구체적인 내용은 불변적인 것이 아니라, 국가의 재정, 다음 세대의 부담 정도, 사회정책적 상황 등에 따라 변경될 수 있는 것이므로, 연금제도에 대한 신뢰는 반드시 "퇴직후에 현 제도 그대로의 연금액을 받는다"는 데에 둘 수만은 없다. 또한 연금수급자는 단순히 기존의 기준에 의하여 연금이 지속적으로 지급될 것이라는 기대 아래 소극적으로 연금을 지급받는 것일 뿐, 그러한 신뢰에 기하여 어떠한 적극적인 투자 등의 조치를 취하는 것도 아니다. 그렇다면 보호해야 할 연금수급자의 신뢰의 가치는 그리 크지 않은 반면, 군인연금 재정의 파탄을 막고 군인연금 제도를 건실하게 유지하려는 공익적 가치는 긴급하고 또한 중요한 것이므로, 이 사건 정지조항이 헌법상 신뢰보호의 원칙에 위반된다고 할 수 없다.

3. 위임입법의 한계를 일탈하지 않음

구 '군인연금법'상의 퇴역연금 수급권이 재산권적인 성격을 지니면서도 한편으로 사회보장적인 급여로서의 성격이 강하고, 구 '군인연금법'과 '사학연금법'이 유기적이고 호환적인 체계에서 통일적으로 기능하여 근무 직역이 이동되는 경우 재직기간의 합산 및 연금액의 이체가 가능하다. 이에 구 군인연금법상 퇴역연금 수급자가 사학기관의 교직원으로 임용되는 경우 군인으로 복직한 경우와 다름없어 실질적으로 퇴역연금의 지급사유가 있다고 보기 어려운 점 등에 비추어 볼 때, 이 사건 정지조항에 따라 대통령령에 규정될 내용은 퇴역연금의 전액이 지급정지될 것임을 쉽게 예측할 수 있다. 따라서 이 사건 정지조항에 있어 그 내재적인 위임의 범위나 한계는 충분히 확정할 수 있다고 할 것이므로, 이 사건 정지조항이 헌법상 위임입법의 한계를 일탈하였다고 할 수 없다.

4. 헌법 제11조 제1항의 평등조항에 위배되지 않음

구 '군인연금법'상 퇴역연금의 지급정지 사유는 재직기간의 합산 가능성이 열려있는 사학기관 등에 취업하는 경우와 같이 보험적 측면에서 퇴역연금의 지급사유가 소멸되는 경우와, 재직기간 합산이 불가능한 직역에 취업하는 경우와 같이 사회보장적 측면에서 소득이 발생한 경우로 크게 나눌 수 있다. 전자의 경우에는 지급사유가 소멸되어 그 전부가, 후자의 경우에는 소득수준에 따라 그 일부가 지급정지 되는데, 이 사건 정지조항은 전자에 해당되어 전부가 정지되는 것이고, 구 '군인연금법' 제21조 제5항 제2호 내지 제5호는 후자에 해당되어 그 일부가 정지되는 것이다. 이 점에서 양자는 그 성격이 전혀 다른 것이다. 따라서 퇴역연금 수급자가 사학기관으로부터 보수 기타 급여를 지급받는 경우, 구 '군인연금법' 제21조 제5항 제2호 내지 제5호의 기관 등으로부터 보수 등을 지급받는 경우와 달리 퇴역연금의 전부의 지급을 정지하더라도 이러한 차별에는 나름대로의 합리적인 이유가 있으므로, 헌법 제11조 제1항에 위반되지 않는다.

Ⅴ. 이 결정이 가지는 의미

이 외에도 형식적 요건 불비를 이유로 각하된 부분도 있다. 즉, 청구인이 모 대학교 전임강사로 임용된 1999년 3월에 기본권 침해사유가 발생했다고 본다면, 청구인이 이 사건 합산조항에 대한 예비적 청구를 '헌법재판소법' 제68조 제2항에서 같은 조 제1항에 의한 것으로 변경한 2006년 2월 9일은 기본권 침해 사유가 발생한 날부터 1년이 훨씬 지난 후이므로, 이 부분 헌법소원심판 청구는 청구기간이 도과된 것으로 부적법하다는 것이다. 신뢰보호의 원칙 위배 여부와 관련해 연금수급자의 신뢰의 가치와 건실한 군인연금제도 유지의 공익적 가치를 세밀하게 비교형량하고 있음을 눈여겨 볼 필요가 있다.

주택법 제46조 제1항 등 위헌

― 헌재 2008. 7. 31. 2005헌가16 ―

Ⅰ. 심판대상

주택법(2005. 5. 26. 법률 제7520호로 개정되고, 2008. 3. 21. 법률 제8974호로 개정되기 전의 것)

제46조(담보책임 및 하자보수 등)

① 사업주체는 건축물 분양에 따른 담보책임에 관하여 민법 제667조 내지 제671조의 규정을 준용하도록 한 집합건물의 소유 및 관리에 관한 법률 제9조의 규정에 불구하고 공동주택의 사용검사일 또는 건축법 제18조의 규정에 의한 공동주택의 사용승인일부터 공동주택의 내력구조부별 및 시설공사별로 10년 이내의 범위에서 대통령령이 정하는 담보책임기간 안에 공사상 잘못으로 인한 균열·침하·파손 등 대통령령으로 정하는 하자가 발생한 때에는 공동주택의 입주자 등 대통령령이 정하는 자의 청구에 따라 그 하자를 보수하여야 한다.

주택법(2005. 5. 26. 법률 제7520호로 개정된 것)

제46조(담보책임 및 하자보수 등)

③ 사업주체는 제1항의 규정에 의한 담보책임기간 안에 공동주택의 내력구조부에 중대한 하자가 발생한 때에는 하자발생으로 인한 손해를 배상할 책임이 있다.

주택법(2005. 5. 26. 법률 제7520호로 개정된 것)

부칙

③ (담보책임 및 하자보수에 관한 경과조치) 이 법 시행 전에 주택법 제29조의 규정에 의한 사용검사 또는 건축법 제18조의 규정에 의한 사용승인을 얻은 공동주택의 담보책임 및 하자보수에 관하여는 제46조의 개정규정을 적용한다.

Ⅱ. 사실관계의 요지

고양시 소재 甲 아파트의 소유자 441세대는 1996년 8월 14일경 사용검사를 받고 위 아파트에 입주하였다. 그런데 아파트에 각종 하자가 발생하였고 이에 입주자들은 1996년 10월 24일경부터 분양자인 대한주택공사나 시공회사인 乙 주식회사에 대해 하자보수를 요구하였고, 시공회사는 2001년 3월경까지 여러 차례에 걸쳐 하자보수를 실시하였으나 일부 하자는 계속 남게 되었다. 위 441세대는 아파트의 건축상 하자로 인한 손해배상청구권을 甲 아파트 입주자대표회의에 양도하고, 입주자대표회의는 2003년 4월 15일에 대한주택공사를 상대로 하자보수에 갈음하는 손해배상 청구소송을 제기해 대부분 승소하였다. 그러나 대한주택공사가 항소하여 사건이 항소심에 계속 중이다. 항소심 법원은 직권으로 주택법 제46조 제1항, 제3항 및 부칙 제3항의 위헌 여부에 관한 심판을 제청하였다.

Ⅲ. 주   문

1. 주택법 부칙 제3항은 헌법에 위반된다.
2. 주택법 제46조 제1항 및 주택법 제46조 제3항에 대한 위헌제청을 각하한다.

Ⅳ. 결정 이유의 주요 논점 및 요지

1. '주택법' 개정의 배경

'주택법'이 2005년 5월 26일에 개정되기 전에는 공동주택의 하자담보책임에 대하여 '주택법'과 '집합건물법'이 따로 규정을 두고 있었다. 즉 하자담보책임 기간에 있어서 '주택법' 및 '주택법 시행령'이 내력구조의 하자는 10년 혹은 5년, 시설공사의 하자는 1 내지 3년으로 규정하였고, '집합건물법'은 수급인의 담보책임에 관한 '민법' 제667조 내지 제671조를 준용한 결과 철근콘크리트 구조물로 된 아파트 등에 대해서는 10년의 기간이 적용되도록 하였다. 이런 상황에서 공동주택의 하자담보책임에 관해 어느 법이 적용될 것인지가 불분명하게 되었는데, 대법원은 2004. 1. 27. 선고 2001다24891 판결에서 공동주택의 경우 '집합건물법'의 하자담보책임이 주택법상의 하자책임에 우선하여 적용되는 것으로 해석하였다. 그러자 국회는 공동주택의 시설공사 하자에 대해 일률적으로 10년간의 하자담보기간이 적용되는 것이 불합리하다고 보아 2005년 5월 26일에 '주택법'을 개정하여 공동주택의 담보책임 및 하자보수에 관해서는 '주택법' 제46조가 '집합건물법'에 우선하도록 하였다.

2. '주택법' 부칙 제3항은 신뢰보호원칙에 위배되어 위헌

'주택법' 부칙 제3항은 '법 시행 전에 사용검사나 사용승인을 얻은 담보책임이나 하자보수에 관하여는'이라고 규정하고 있어, '주택법'이 시행되기 전에 사용검사나 사용승인을 받았다면 그 하자가 발생한 시점이 '주택법'이 시행되기 전이건 후건 묻지 않고 2005년 5월 26일에 개정된 '주택법'을 적용하도록 하였다. 그런데 신법이 시행되기 전에 이미 하자가 발생하였으나, 구법에 의하면 10년의 하자담보기간 내이지만 신법에 의할 때 내력구조가 아니어서 1 내지 4년의 하자담보기간이 이미 경과된 경우, 당사자로서는 구법질서 아래에서 이미 형성된 하자담보청구권이 소급적으로 박탈되는 결과가 되기 때문에 이와 관련해 신뢰보호원칙의 위배 여부가 문제된다.

일반적으로 국민이 어떤 법률이나 제도가 장래에도 그대로 존속될 것이라는 합리적인 신뢰를 바탕으로 일정한 법적 지위를 형성한 경우, 국가는 그와 같은 법적 지위와 관련된 법규나 제도의 개폐에 있어서 법치국가의 원칙에 따라 국민의 신뢰를 최대한 보호하여 법적 안정성을 도모해야 한다. 이러한 신뢰보호원칙의 위반 여부는 한편으로는 침해받은 신뢰이익의 보호가치, 침해의 정도, 침해의 방법 등을, 다른 한편으로는 새 입법을 통해 실현코자 하는 공익목적을 종합적으로 비교형량하여 판단해야 한다.

신법이 제정되기 전에는 공동주택의 하자담보책임은 아파트에 관해 일률적으로 10년의 책임기간이 적용되었으므로 이에 따라 공동주택 소유자들은 공사상 잘못으로 인한 하자에 대해 그 기간 내에는 분양자에게 하자담보청구권을 행사할 수 있었다. 그런데 부칙 제3항은 이미 '집합건물법'이 정한 기간 내에 성립된 하자에 대해서도 '주택법'을 소급해 적용하도록 하여 구법 아래에서 적법하게 발생한 하자담보청구권을 소급하여 박탈하는 것으로서, 공동주택의 소유자가 구법에 따라 적법하게 지니고 있던 신뢰를 심각하게 침해하는 것이다. 한편 '주택법'이 시설공사에 대해 단기의 하자담보책임을 공동주택에 적용하도록 한 것은 하자담보책임이 장기화되는 것을 방지하고 건축주와 입주자 사이의 이해관계를 조정하기 위한 공익적인 목적 이외에도 건설업체 내지 분양자의 이해관계를 고려한 측면이 없지 않으므로 그 공익적 필요성이 중대한 것이라고 보기는 어렵다. 물론 하자담보책임 제도가 불합리하여 어느 일방이 지나친 불이익을 보는 것은 피해야 할 것이지만, 현실적으로 공동주택의 부실공사가 적지 않은 상황에서 공동주택 소유자의 보호 역시 중요한 사항이 아닐 수 없고, 또 공사상의 하자가 애초부터 적은 것이라면 하자담보 기간이 길다고 해서 그 자체로서 심각한 문제가 되지는 않으며, 또한 구법상 10년간의 하자담보청구권 행사기간이 적용되지만 법원이 물리적인 내구연한을 고려하여 하자담보책임 기간인 10년 내에서 합리적으로 조정할 수 있는 여지도 있으므로, '주택법'의 개정이 중대한 공공복리를 위한 긴요한 것이었다고 단정하기도 어렵다. 따라서 부칙 제3항이 신법 시행 전에 발생한 하자에 대해서까지 '주택법'을 적용하도록 한 것은 당사자의 신뢰를 헌법에 위반된 방법으로 침해하는 것으로서, 신뢰보호원칙에 위배된다.

3. '주택법' 제46조 제1항, 제3항에 대한 위헌제청은 재판의 전제성이 없어 부적법해 각하

'주택법' 부칙 제3항이 위헌인 이상, 신법이 시행되기 전에 하자가 발생한 당해사건에 있어서는 개정된 '주택법' 제46조 제1항, 제3항이 적용되지 않으므로, 이 사건에서 '주택법' 제46조 제1항, 제3항은 당해사건의 재판의 전제가 되지 않기 때문에 이들 법조항에 대한 위헌제청은 재판의 전제성이 없어 부적법하다.

Ⅴ. 이 결정이 가지는 의미

만장일치의견으로 2005년 5월 26일에 주택법이 개정되기 전에 발생한 공동주택의 하자에 대해서도 하자담보기간이 개정된 새로운 법규정을 적용하도록 한 '주택법' 부칙 제3항은 신뢰보호원칙에 위반되는 소급입법이라는 이유로 위헌결정을 내리고 주택법 제46조 제1항, 제3항에 대한 위헌제청은 재판의 전제성이 없다는 이유로 각하결정을 내린 사건이다.

신뢰보호원칙의 위반 여부를 판단함에 있어 종래의 판례대로 침해받은 신뢰이익의 보호가치, 침해의 정도, 침해의 방법 등과 새 입법을 통해 실현코자 하는 공익목적을 종합적으로 비교형량하여 판단하고 있음에 주목을 요한다.

자도소주 구입명령제 위헌
─ 헌재 1996. 12. 26, 96헌가18 ─

I. 심판대상

주세법(1950. 4. 28. 법률 제132호 제정, 1995. 12. 29. 법률 제5036호 최종 개정)

제38조의 7(희석식소주의 자도소주 100분의 50 이상 구입명령)

① 국세청장은 주류판매업자(주류중개업자를 포함한다. 이하 이 조에서 같다)에 대하여 매월 제3조의 3 제2호에 규정하는 희석식소주의 총구입액의 100분의 50 이상을 당해 주류판매업자의 판매장이 소재하는 지역(서울특별시·인천광역시 및 경기도, 대구광역시 및 경상북도, 광주광역시 및 전라남도, 대전광역시 및 충청남도는 이를 각각 1개 지역으로 보며, 부산광역시와 그 밖의 도는 이를 각각 별개의 지역으로 본다. 이하 이 조에서 같다)과 같은 지역에 소재하는 제조장(제5조 제5항의 규정에 불구하고 용기주입제조자를 제외한다. 이하 이 항에서 같다)으로부터 구입하도록 명하여야 한다.

② 제1항의 구입명령은 직전년도의 전국시장점유율이 100분의 10 이상인 제조업자가 소재하는 지역내의 주류판매업자에 대하여는 이를 적용하지 아니한다.

③ 제1항 내지 제2항의 규정에 의한 자도소주 구입비율 계산에 있어서는 수출분을 포함하지 아니하고 수입분을 포함한다.

④ 제1항 내지 제3항의 규정에 의한 자도소주구입에 관하여 기타 필요한 사항은 대통령령으로 정한다.

제18조(주류판매정지 또는 면허취소)

① 주류의 판매업자가 다음 각호의 1에 해당하는 때에는 대통령령이 정하는 구분에 의하여 관할세무서장은 그 판매업을 정지처분하거나 그 면허를 취소하여야 한다.

9. 제38조의 7의 규정에 의한 구입명령을 위반한 때. 다만, 당해 판매업자가 소재하는 지역의 제조장의 생산량이나 출고량이 현저히 감소하는 등 당해 판매업자에게 책임없는 사유로 구입하지 못하는 경우를 제외한다.

Ⅱ. 사실관계의 요지

정부가 70년대 초부터 전국에 400여 개의 소주업체가 난립한 소주시장을 1도1사의 원칙을 최종목표로 하여 통폐합정책을 추진한 결과 소주제조업자의 수는 1981년에 10개 업체로 통합·축소되었다. 한편 정부는 소주제조업체의 통폐합정책을 추진함과 아울러 특정업체의 독과점방지와 지방산업의 균형발전을 위해 1976년부터 자도소주구입제도(1976. 6. 24. 국세청훈령 제534호)를 시행하였고, 이후 자도소주구입제도는 자유경쟁 유도를 위한 경제행정규제완화위원회의 결정에 따라 잠시 폐지되었다가 신설된 주세법 제38조의7 규정에 의해 다시 부활되었다.

제청신청인 주식회사 천안상사는, 천안세무서장이 제청신청인의 '주세법' 제38조의7 위반을 이유로 '주세법' 제18조 제1항 제9호에 근거하여 한 주류판매업 정지처분에 대하여, 그 취소를 구하는 주류판매업 정지처분 취소의 행정소송을 제기하였다. 대전고등법원은 이 사건을 심리하던 중 제청신청인이 '주세법' 제38조의7 및 제18조 제1항 제9호가 위헌법률이고, 그 위헌 여부가 이 사건의 재판의 전제가 된다며 신청한 위헌법률심판제청신청을 받아들여, 헌법재판소에 위헌법률심판제청을 하였다.

Ⅲ. 주   문

주세법 제38조의7 및 제18조 제1항 제9호는 헌법에 위반된다.

Ⅳ. 결정 이유의 주요 논점 및 요지

헌법재판소는 위헌법률심판절차에 있어서 규범의 위헌성을 제청법원이나 제청신청인이 주장하는 법적 관점에서만 평가하는 것이 아니라 심판대상 규범의 법적 효과를 고려하여 모든 헌법적 관점에서 이를 심사한다. 법원의 위헌제청을 통하여 제한되는 것은 오로지 심판의 대상인 법률조항이지 위헌심사의 기준이 아니다.

1. 헌법 제119조 제2항의 '독과점 규제'를 위한 적정한 조치가 아님

헌법 제119조 제2항은 독과점규제라는 경제정책적 목표를 개인의 경제적 자유를 제한할 수 있는 정당한 공익의 하나로 명문화하고 있다. 독과점규제의 목적이 경쟁의 회복에 있다면 이 목적을 실현하는 수단 또한 자유롭고 공정한 경쟁을 가능하게 하는 방법이어야 한다. 그러나 '주세법'의 자도소주구입명령제도는 전국적으로 소주 판매의 자유경쟁을 배제한 채 소주시장이 지역할거주의로 자리잡게 되고 그로써 소주시장에 있어 지역 독과점현상의 고착화를 초래하므로, 독과점규제란 공익을 달성하기에 적정한 조치로 보기 어렵다.

2. 헌법 제123조의 '지역경제 육성'은 기본권 침해를 정당화할 수 있는 공익이 아님

헌법 제123조가 규정하는 지역경제육성의 목적은 일차적으로 지역간의 경제적 불균형의 축소에 있다. 입법자가 개인의 기본권침해를 정당화하는 입법목적으로서의 지역경제를 주장하기 위해서는 문제되는 지역의 현존하는 경제적 낙후성이라든지, 특정 입법조치를 취하지 않을 경우 발생할 지역간의 심한 경제적 불균형과 같은 납득할 수 있는 구체적이고 합리적인 이유가 있어야 한다. 그러나 전국 각도에 균등하게 하나씩의 소주제조기업을 존속케 하려는 '주세법'에서는 수정되어야 할 구체적인 지역간의 차이를 확인할 수 없고, 따라서 1도1소주제조업체의 존속유지와 지역경제의 육성간에 상관관계를 찾아볼 수 없으므로 "지역경제의 육성"은 기본권의 침해를 정당화할 수 있는 공익으로 고려하기 어렵다.

3. 헌법 제123조 제3항의 '중소기업 보호'를 실현하기에 적합한 수단도 아님

우리 헌법은 제123조 제3항에서 중소기업이 국민경제에서 차지하는 중요성 때문에 "중소기업의 보호"를 국가경제정책적 목표로 명문화하고, 대기업과의 경쟁에서 불리한 위치에 있는 중소기업의 지원을 통해 경쟁에서의 불리함을 조정하고, 가능하면 균등한 경쟁조건을 형성함으로써 중소기업과 대기업과의 경쟁을 가능하게 해야 할 국가의 과제를 담고 있다. 중소기업의 보호는 넓은 의미의 경쟁정책의 한 측면을 의미하므로 중소기업의 보호는 원칙적으로 경쟁질서의 범주 내에서 경쟁질서의 확립을 통하여 이루어져야 한다. 중소기업의 보호란 공익이 자유경쟁질서안에서 발생하는 불리함을 국가의 지원으로 보완하여 경쟁을 유지하고 촉진시키려는 데 그 목적이 있으므로, 자도소주구입명령제도는 이러한 공익을 실현하기에 적합한 수단으로 보기 어렵다.

4. 소주판매업자의 직업의 자유 및 평등권과 소비자의 자기결정권 침해

자도소주구입명령제도는 소주판매업자의 직업의 자유는 물론 소주제조업자의 경쟁 및 기업의 자유, 즉 직업의 자유와 소비자의 행복추구권에서 파생된 자기결정권을 지나치게 침해하는 위헌적인 규정이다. 소주시장과 다른 상품시장, 소주판매업자와 다른 상품의 판매업자, 중소소주제조업자와 다른 상품의 중소제조업자 사이의 차별을 정당화할 수 있는 합리적인 이유를 찾아 볼 수 없으므로 이 사건 법률조항은 평등원칙에도 위반된다. 지방소주제조업자는 신뢰보호를 근거로 하여 자도소주구입명령제도의 합헌성을 주장할 수는 없다 할 것이고, 다만 개인의 신뢰는 적절한 경과규정을 통하여 고려되기를 요구할 수 있는데 불과할 뿐이다.

그러므로 이 사건 법률조항 중 '주세법' 제38조의7은 주류판매업자 및 소주제조업자의 직업의 자유 및 평등권과 소비자의 자기결정권을 침해하는 규정이므로 헌법에 위반되고, 같은 법 제18조 제1항 제9호는 위헌적인 법률조항을 근거로 이에 위반한 경우 주류판매업자에 대한 주류판매정지 또는 면허취소를 명하는 규정이어서 역시 헌법에 위반된다고 할 것이다.

Ⅴ. 이 결정이 가지는 의미

이 결정에는 조승형, 정경식, 고중석 재판관의 합헌의견이 반대의견으로 있었다. 주류제조·판매와 관련되는 직업의 자유 내지 영업의 자유에 대해서는 폭넓은 국가적 규제가 가능하고 또 입법자의 입법형성권의 범위도 광범위하게 인정되는 분야라는 점, 자도소주구입명령제도는 독과점규제와 지역경제육성이라는 헌법상의 경제목표를 실현코자 하는 것이므로 정당한 입법목적을 가진 제도라는 점, 이러한 입법목적에 비추어 볼 때 이 제도로 인해 약간의 차별이 생긴다 하여도 그 차별에는 합리적인 이유가 있다는 점 등을 이유로 반대의견은 합헌의 입장을 보인 것이다. 제청법원이나 제청신청인이 '소비자의 자기결정권 침해'를 위헌의 근거로 주장하지 않았음에도 불구하고 헌법재판소가 이를 직권주의에 기해 추가한 것에 주목을 요한다.

제 5 장

제도적 보장과
헌법의 기본제도

지구당 및 당 연락소 폐지 사건

— 헌재 2004. 12. 16, 2004헌마456 —

I. 심판대상

정당법

제3조(구성) 정당은 수도에 소재하는 중앙당과 특별시·광역시·도에 각각 소재하는 시·도당으로 구성한다.

정당법 부칙

제5조(지구당에 관한 경과조치)

① 이 법 시행 전의 지구당의 당원은 그 지구당이 소재하는 시·도를 관할하는 시·도당의 당원으로 본다.

② 이 법 시행 전의 지구당의 재산의 처분에 대하여는 제41조의 규정을 준용한다.

③ 이 법 시행 전의 제24조의2의 규정에 의한 지구당의 관련서류는 중앙당 또는 시·도당에 인계한다.

제7조(지구당 등의 등록말소) 이 법 시행 전의 지구당 및 구·시·군연락소는 이 법 시행일에 그 등록이 말소된다.

II. 사실관계의 요지

정당법이 2004년 3월 12일에 개정되어 정당조직 중 수도에 소재하는 중앙당과 특별시·광역시·도에 각각 소재하는 시·도당은 그대로 두고 종전에 국회의원지역 선거구 단위로 있었던 지구당과 구·시·군 단위로 있었던 당연락소가 폐지되었다. 이에 민주노동당 관악갑 지구당위원장이었던 을의 지구당 등록도 말소되었다. 이후 청구인 민주노동당과 그 관악갑 지구당위원장이었던 청구인 을이 관련 규정인 '정당법' 제3조 및 '정당법' 부칙 제5조, 제7조가 정당의 자유를 침해한다고 주장하면서 이 사건 헌법소원심판을 청구하였다.

Ⅲ. 주   문

청구인들의 심판청구를 모두 기각한다.

Ⅳ. 결정 이유의 주요 논점 및 요지

1. 이 사건 법률조항들은 정당의 자유를 제한

개정된 '정당법' 제3조는 정당을 수도에 소재하는 중앙당과 특별시·광역시·도에 각각 소재하는 시·도당으로 구성하도록 함으로써 중앙당과 시·도당을 필수적인 조직으로 요구하면서도 그 하부조직인 지구당과 당연락소에 관하여는 명시적 규정을 두고 있지 않다. '정당법' 제3조가 지구당과 당연락소에 관하여 명시적 규정을 두고 있지 않은 것은 지구당과 당연락소를 임의적인 조직으로 하여 그 설치여부를 정당의 자율에 맡긴다는 취지가 아니라, 기존의 조직을 폐지하고 이후 그 설립을 금지한다는 취지로 해석된다.

헌법 제8조 제1항은 "정당의 설립은 자유이며, 복수정당제는 보장된다."고 규정하여 국민 누구나가 원칙적으로 국가의 간섭을 받지 않고 정당을 설립할 권리를 국민의 기본권으로 보장하면서 아울러 그 당연한 법적 산물인 복수정당제를 제도적으로 보장하고 있다. 헌법 제8조 제1항이 명시하는 정당설립의 자유는 설립할 정당의 조직형태를 어떠한 내용으로 할 것인가에 관한 정당조직 선택의 자유 및 그와 같이 선택된 조직을 결성할 자유를 포함한다. 정당조직의 자유는 정당설립의 자유에 개념적으로 포괄될 뿐만 아니라, 정당조직의 자유가 완전히 배제되거나 임의적으로 제한될 수 있다면, 정당설립의 자유가 실질적으로 무의미해지기 때문이다. 또한 헌법 제8조 제1항은 정당활동의 자유도 보장한다. 정당의 설립만이 보장될 뿐 설립된 정당이 언제든지 다시 금지될 수 있거나 정당활동이 임의로 제한될 수 있다면, 정당설립의 자유는 사실상 아무런 의미가 없기 때문이다. 이와 같이 헌법 제8조 제1항은 정당설립의 자유, 정당조직의 자유, 정당활동의 자유 등을 포괄하는 정당의 자유를 보장하고 있다. 이러한 정당의 자유는 국민이 개인적으로 갖는 기본권일 뿐만 아니라, 단체로서의 정당이 가지는 기본권이기도 하다.

이 사건 법률조항들은 정당의 조직 중 기존의 지구당과 당연락소를 강제적으로 폐지하고 이후 지구당을 설립하거나 당연락소를 설치하는 것을 금지함으로써 정당을 설립하려는 국민 개인들의 정당조직의 자유가 제한을 받게 되었고, 정당 및 정당조직원들의 정당활동의 자유를 제한받게 되었다.

2. 정당의 자유의 본질적 내용의 침해가 아님

우리 헌법은 정당의 핵심적 기능과 임무를 '국민의 정치적 의사형성에의 참여'로 설정하고 있고, 이러한 정치적 의사형성은 민주적인 과정을 통하여 이루어질 것을 요구하고 있다. 그러므로 이 사건 법률조항들이 정당으로 하여금 위와 같은 핵심적인 기능과 임무를 전혀 수행하지 못하도록 하거나 이를 수행하더라도 전혀 비민주적인 과정을 통할 수밖에 없도록 하는 것이라면, 이는 정당의 자유 그 자체를 무의미하게 하고 이를 형해화하는 것으로서 기본권의 본질적 내용을 침해하는 것이 된다.

그러나 첫째, 지구당이나 당연락소의 설치를 금지하고 있지 않은 나라에서 지구당이 모든 선거구에 설립되어 있지 않음에도 불구하고 정당이 그 기능을 충실히 수행하고 있는 사례를 흔히 발견할 수 있다는 점, 둘째 지구당이 선거기간 동안 활발하게 활동하다가 선거가 끝난 후에는 그 활동이 약화되거나 미미하고 경우에 따라서는 거의 운영되지 않고 있는 것이 많은 나라들의 운영실태이지만 정당은 의연하게 그 기능을 하며 존재하고 있다는 점, 셋째 특히 오늘날과 같이 교통과 인터넷 등의 통신 및 대중매체가 발달한 상황에서는 지구당이 국민과 정당을 잇는 통로로서 가지는 기능 및 의미가 상당부분 완화되었다는 점 등을 고려할 때, 지구당이 없다고 하더라도 정당은 국민의 정치적 의사형성에 참여하여 핵심적 기능과 임무를 수행할 수 있다. 따라서 이 사건 법률조항들이 지구당의 설립을 금지하더라도 이를 들어 정당의 자유의 본질적 내용을 침해한다고는 할 수 없다.

3. 정당의 자유에 대한 과잉제한도 아님

첫째, 목적의 정당성이 인정된다. 이 사건 법률조항들은 '고비용 저효율의 정당구조를 개선함'을 그 입법목적으로 하고 있고 이러한 입법목적은 그 정당성을 인정할 수 있다. 둘째, 수단의 적정성도 인정된다. 상시조직으로서의 지구당은 그 운영에 막대한 자금이 소요되어 왔는데 이를 폐지한다면 적어도 그로 인한 자금은 소요되지 않는다는 점, 지구당은 선거브로커의 활동창구역할을 할 위험에 노출되어 있어 이를 통하여 합법을 가장한 불법적인 자금유통이 이루어질 가능성이 높은데 지구당을 폐지한다면 이러한 가능성을 원천적으로 봉쇄할 수 있다는 점, 지구당이 폐지된다면 이를 대신하는 음성적인 사조직이 심화되어 또 다른 고비용구조를 창출할 위험은 내포되어 있지만 이러한 조직은 대부분 불법조직으로서 허용되지 않을 것이고 또 그로 인한 비용이 지구당으로 인한 비용을 능가하리라고 단정할 수 없다는 점 등이 인정될 수 있기 때문에 앞에서 본 입법목적을 위하여 지구당을 폐지하는 것은 효과적이고 적절한 수단이라고 할 수 있어 수단의 적정성도 인정할 수 있는 것이다. 셋째, 침해의 최소성도 인정된다. 한국 정당정치의 현실을 볼 때, 고비용 저효율의 병폐는 지구당이라는 정당조직에 너무나 뿌리 깊게 고착화되어 양자를 분리할 수 없을 정도의 구조적인 문제로 되어버렸기 때문에 지구당을 폐지하지 않고 위와 같은 보다 완화된 방법만을 채용하여서는 이러한 문제점을 해결할 수 없다는 것이 이 사건 법률조항을 입법할 당시의 한국 정당정치 현실에 대한 입법자의 진단이고, 이러한 진단은 그 타당성을 인정할 수 있다. 더구나 이 사건 법률조항들에 의하더라도, (i) 종전에 지구당에 소속되었던 당원들은 시·도당의 구성원으로서 정당활동을 계속할 수 있을 뿐만 아니라, (ii) 교통수단, 인터넷 등 통신수단, 대중매체 등이 고도로 발달된 오늘날 지구당의 부재로 인한 활동의 위축을 최소화할 방법이 널리 열려 있고, (iii) 공직선거 및 선거부정방지법 제61조, 제61조의2에 따라 선거기간 동안에는 선거운동기구와 정당선거사무소를 설치할 수 있어 적어도 이 기간 동안에는 종래 지구당이 수행하던 기능을 하는 조직을 가질 수 있으므로, 이 사건 법률조항들에 의한 정당자유의 제한을 상당한 정도 완화하고 있다. 넷째, 법익의 균형성도 인정된다. 이 사건 법률조항들이 지구당을 폐지함으로써 달성하려고 하는 공익과 이로 인하여 침해되는 청구인들의 정당의 자유를 비교해볼 때, 양자 사이에 현저한 불균형이 있다고 보기는 어렵다.

Ⅴ. 이 결정이 가지는 의미

기존의 지구당 및 당연락소를 폐지한 개정 '정당법'조항들에 대해 헌법재판소가 만장일치의견으로 합헌결정을 내린 사건이다. 이 조항들로 인해 정당을 설립하려는 국민 개인들의 정당조직의 자유와 정당 및 정당조직원들의 정당활동의 자유가 제한되는 것을 사실이나, 이러한 제한은 이들 정당의 자유의 본질적 내용을 침해하거나 정당의 자유를 과잉금지원칙에 위배되게 과잉제한하는 것은 아니라고 본 것이다. "정당의 설립은 자유이며, 복수정당제는 보장된다"고 규정한 헌법 제8조 제1항이 정당설립의 자유뿐만 아니라 정당조직의 자유, 정당활동의 자유까지도 포괄하는 정당의 자유를 보장하고 있다고 본 점에 주목을 요한다.

경찰청장 퇴임 2년 내 정당활동 금지 사건

─ 헌재 1999. 12. 23, 99헌마135 ─

I. 심판대상

경찰법(1991. 5. 31. 법률 제4369호로 제정되어 1997. 1. 13. 법률 제5260호로 개정된 것)
제11조(경찰청장)
④ 경찰청장은 퇴직일부터 2년 이내에는 정당의 발기인이 되거나 당원이 될 수 없다.
경찰법 부칙
제2조(다른 법률의 개정) 정당법 중 다음과 같이 개정한다. 제6조에 제5호를 다음과 같이 신설한다.
5. 경찰법 제11조 제4항의 규정에 의한 경찰청장 퇴직 후 2년 이내인 자

II. 사실관계의 요지

청구인 甲은 치안총감으로 승진하여 경찰청장으로 근무하다가 퇴직하였고, 청구인 乙은 서울지방경찰청장으로 근무하다가 같은 날 치안총감으로 승진하여 경찰청장에 임명되었으며, 청구인 丙과 丁은 이 사건 헌법소원심판을 청구할 당시 치안정감으로서 각 경찰청 차장, 경찰대학장으로 근무하고 있던 사람들이다. 청구인들은, 경찰청장은 퇴직일부터 2년 이내에는 정당의 발기인이나 당원이 될 수 없도록 정한 '경찰법' 제11조 제4항의 규정과 이에 상응하는 내용을 '정당법'에 신설할 것을 정한 위 법 부칙 제2조의 규정이 청구인들의 기본권을 침해하고 있다며 '헌법재판소법' 제68조 제1항에 의하여 헌법소원심판을 청구하였다.

III. 주 문

1. 경찰법 제11조 제4항 및 부칙 제2조는 헌법에 위반된다.
2. 청구인 丙과 丁의 심판청구를 모두 각하한다.

Ⅳ. 결정 이유의 주요 논점 및 요지

1. 청구인 丙과 丁의 심판청구는 각하

이 사건 헌법소원심판을 청구할 당시, 청구인 丙과 丁은 치안정감으로서 각 경찰청 차장, 경찰대학장으로 근무하고 있었던 사람들이고, 지금도 경찰청장인 사람이 아니다. 치안정감 중에서 누군가가 장래에 경찰청장에 임명될 가능성이 있다는 사정만으로는 경찰청장의 기본권을 제한하는 이 사건 법률조항에 의하여 현재 치안정감의 직위에 있는 위 청구인들의 기본권이 침해되었다고 볼 수 없다. 따라서 위 청구인들에게는 헌법소원 심판을 청구할 당시는 물론 지금도 이 사건 법률조항의 위헌여부를 다툴 수 있는 기본권 침해의 자기관련성이 결여되어 있다고 할 것이므로 위 청구인들의 헌법소원청구부분은 부적법하여 각하하여야 한다. 그러므로 이하에서는 청구인 甲과 乙의 심판청구 부분만 다룬다.

2. 정당의 자유의 제한

이 사건 법률조항이 경찰청장에 대하여 퇴직일부터 2년간 '정당설립과 당적취득의 금지'라는 수단을 택한 것은, 정당으로부터 경찰청장의 직에서 물러난 뒤에 지구당위원장 의 임명이나 정당공천 등 반대급부를 기대하여 재직중 경찰청장이 특정정당에 유리하게 직무를 수행할 수 있다는 우려에 기인한 것으로 보인다.

경찰청장으로 하여금 퇴직 후 2년간 정당의 설립과 가입을 금지하는 이 사건 법률 조항은, '누구나 국가의 간섭을 받지 아니하고 자유롭게 정당을 설립하고 가입할 수 있는 자유'를 국민의 기본권으로서 보장하는 '정당의 자유'(헌법 제8조 제1항 및 제21조 제1항)를 제한하는 규정이다. 정당에 관한 한, 헌법 제8조는 일반결사에 관한 헌법 제21조에 대한 특별규정이므로, 정당의 자유에 관하여는 헌법 제8조 제1항이 우선적으로 적용된다. 그러나 정당의 자유를 규정하는 헌법 제8조 제1항이 기본권의 규정형식을 취하고 있지 않고 또한 '국민의 기본권에 관한 장'인 제2장에 위치하고 있지 아니하므로, 이 사건 법률 조항으로 말미암아 침해된 기본권은 '정당설립과 가입에 관한 자유'의 근거규정으로서 '정당설립의 자유'를 규정한 헌법 제8조 제1항과 '결사의 자유'를 보장하는 제21조 제1항에 의하여 보장된 기본권이라 할 것이다.

헌법 제8조 제1항은 단지 정당설립의 자유만을 명시적으로 규정하고 있지만, 헌법 제21조의 결사의 자유와 마찬가지로 정당설립의 자유만이 아니라 누구나 국가의 간섭을 받지 아니하고 자유롭게 정당에 가입하고 정당으로부터 탈퇴할 수 있는 자유를 함께 보장한다. 정당의 설립만이 보장될 뿐 설립된 정당이 언제든지 다시 금지될 수 있거나 정당의 활동이 임의로 제한될 수 있다면, 정당설립의 자유는 사실상 아무런 의미가 없기 때문이다. 따라서 정당설립의 자유는 당연히 정당의 존속과 정당활동의 자유도 보장한다.

3. 정당의 자유에 대한 과잉한 제한으로 위헌

첫째, 입법목적의 정당성은 인정된다. '경찰청장 직무의 독립성과 정치적 중립의 확보'라는 입법목적이 입법자가 추구할 수 있는 헌법상 정당한 공익이라는 점에서는 의문의 여지가 없다. 또한, 이러한 공익은 매우 중요한 것이라고 보아야 할 것이고, 이러한 공익을 실현해야 할 현실적인 필요성이 존재한다는 것도 과거의 경험에 비추어 이를 부정하기 어렵다 할 것이다.

둘째, 수단의 적합성은 충족시키지 못했다. 정당설립의 자유에 대한 제한은 오늘날의 정치현실에서 차지하는 정당의 중요성 때문에 원칙적으로 허용되지 않는다는 것이 헌법의 결정이므로 정당설립의 자유를 제한하는 법률의 경우에는 입법수단이 입법목적을 달성할 수 있다는 것을 어느 정도 확실하게 예측될 수 있어야 한다. 이러한 측면에서 본다면, 경찰청장이 퇴직후 공직선거에 입후보하는 경우 당적취득금지의 형태로써 정당의 추천을 배제하고자 하는 이 사건 법률조항이 어느 정도로 입법목적인 '경찰청장 직무의 정치적 중립성'을 실현할 수 있을지 그 효율성이 의문시된다. 더욱이 선거직이 아닌 다른 공직에 취임하거나 공기업의 임원 등이 될 수 있는 그 외의 다양한 가능성을 그대로 개방한 채, 단지 정당의 공천만을 금지하는 경우에는 더욱 그러하다.

셋째, 최소침해성의 원칙도 충족시키지 못했다. 정당공천을 통하여 공직선거에 입후보할 수 있는 가능성을 차단하려는 것이 입법자의 진정한 의도라면, 정당의 설립 및 가입 그 자체를 포괄적으로 금지하지 않고서도 '지구당위원장으로의 임명'이나 '정당추천의 금지' 등 개인의 정당의 자유를 보다 적게 침해하는 방법으로도 충분히 입법목적을 달성할 수 있다고 할 것이다. 따라서 이 사건 법률조항은 위와 같은 이유로 '입법자는 입법목적을 달성하기 위하여 고려되는 여러 가지의 방법 중에서 국민의 기본권을 가장 존중하고 가장 적게 침해하는 수단을 택해야 한다'는 내용의 최소침해성의 원칙에도 위반된다.

넷째, 법익의 균형성도 충족시키지 못했다. 이 사건 법률조항이 입법목적의 달성에 기여할 수 있다는 일말의 개연성 때문에 국민의 민주적 의사형성에 있어서 중요한 정당설립 및 가입의 자유를 금지하는 것은, 제한을 통하여 얻는 공익적 성과와 제한이 초래하는 부정적인 효과가 합리적인 비례관계를 현저하게 일탈하고 있다.

4. 평등권도 침해

'정당법' 제6조 제1호 및 제3호에 열거된 공무원, 특히 직무의 독립성이 강조되는 대법원장 및 대법관, 헌법재판소장 및 헌법재판관과 감사원장 등의 경우에도 경찰청장과 마찬가지로 정치적 중립성이 요구된다는 점, 1980년 이래 퇴직한 경찰청장 중 퇴직 후 2년 내에 정당공천을 통하여 국회의원이나 지방자치단체의 장으로서 선출된 경우가 한번도 없다는 사실에 비추어 경찰청장의 경우에만 퇴직 후 선거직을 통한 공직진출의 길을 봉쇄함으로써 재직중 직무의 공정성을 강화해야 할 필요성이 두드러진다고 볼 수 없으므로 다른 공무원과 경찰청장 사이에는 차별을 정당화할 만한 본질적인 차이가 존재하지 않는다. 따라서 이 사건 법률조항이 유독 경찰청장에 대하여만 퇴직한 뒤 일정기간 정당의 발기인이 되거나 당원이 될 수 없도록 규정한 것은 평등의 원칙에 위반된다.

Ⅴ. 이 결정이 가지는 의미

헌법재판소가 경찰총장 퇴직일부터 2년 이내에 정당의 발기인이나 당원이 될 수 없도록 한 '경찰법' 규정과 그 부칙조항에 대해 정당의 자유에 대한 과잉제한, 평등권 침해를 이유로 만장일치의 위헌결정을 내린 사건이다. 헌법재판소가 헌법에 보장된 정당의 자유 제한에 대해 과잉금지원칙을 적용하면서 '수단의 적합성' 및 '최소침해성'을 심사할 때, 입법자의 판단이 명백하게 잘못되었다는 소극적인 심사에 그치는 것이 아니라, 입법자로 하여금 법률이 공익의 달성이나 위험의 방지에 적합하고 최소한의 침해를 가져오는 수단이라는 것을 어느 정도 납득시킬 것을 요청한다고 하면서, 헌법상의 중요한 기본권인 정당의 자유에 대해 과잉금지원칙을 엄격하게 적용하는 모습을 보여주고 있음에 주목할 필요가 있다. 그리고 '경찰청장'이 아닌 '검찰총장'에 대해 퇴직 후 2년 이내에 공직취임이나 정당의 발기인 혹은 당원이 될 수 없도록 한 '검찰청법' 제12조 제4항 등에 대해 헌법재판소는 이 결정 2년 전인 1997년 7월 16일의 97헌마26 결정에서 직업선택의 자유, 공무담임권, 정치적 결사의 자유, 참정권을 침해했다는 이유로 위헌결정을 내린 바 있다.

국회의원 지역선거구구역표 사건 I

― 헌재 2001. 10. 25, 2000헌마92 · 240 병합 ―

I. 심판대상

'공직선거 및 선거부정방지법'(2000. 2. 16. 법률 제6265호로 개정된 것) 제25조 제2항에 의한 [별표 1]의 「국회의원 지역선거구구역표」 중 "경기 안양시 동안구 선거구란" 및 "인천 서구 · 강화군 을선거구란"

Ⅱ. 사실관계의 요지

1. 2000헌마92 사건

청구인은 '공직선거 및 선거부정방지법' 제25조 제2항에 의한 [별표 1] 「국회의원지역선거구구역표」상의 "경기 안양시 동안구 선거구"에 주소를 두고 2000년 4월에 실시될 예정인 제16대 국회의원선거에서 선거권을 행사하려는 자이다. 1999년 12월말 현재 위 선거구의 인구수는 331,458명으로서, 전국선거구의 평균인구수 208,502명과 비교해 + 59%의 편차를 보이고 있고, 위 선거구구역표상의 최소선거구인 "경북 고령군 · 성주군 선거구"의 인구수 90,656명에 비하여 3.65 : 1의 편차를 보이고 있다.

이에 청구인은 위 선거구구역표에 의한 선거구획정으로 인하여 자신의 투표가치가 "경북 고령군 · 성주군 선거구" 선거권자의 3.65분의 1밖에 되지 않게 되어 평등선거의 원칙에 반할 뿐만 아니라, 청구인의 헌법상 보장된 평등권 및 선거권이 침해되었다고 주장하면서 헌법소원심판을 청구하였다.

2. 2000헌마240 사건

청구인들은 '공직선거 및 선거부정방지법' 제25조 제2항에 의한 [별표 1] 국회의원지역선거구구역표상의 '인천 서구 · 강화군 을선거구'에 주소를 두고 제16대 국회의원선거에서 선거권을 행사하려는 자들이다. 청구인들은 위 국회의원 지역선거구구역표 중 '인천 서구 · 강화군 을선거구란'에 자신들의 거주지인 인천 서구 검단동과 지리적으로 분리되어 있고, 사회·경제적으로 유대감이 거의 없는 인천 강화군이 하나의 선거구로 규정됨으로써 자신들의 헌법상 보장된 선거권, 평등권 등이 침해되었다고 주장하면서 헌법소원심판을 청구하였다.

Ⅲ. 주 문

1. '공직선거 및 선거부정방지법' 제25조 제2항에 의한 [별표 1]「국회의원 지역선거구구역표」는 헌법에 합치되지 아니한다.

2. 위 선거구구역표는 2003년 12월 31일을 시한으로 입법자가 개정할 때까지 계속 적용된다.

Ⅳ. 결정 이유의 주요 논점 및 요지

1. 평등선거의 원칙과 선거구 획정에 관한 입법재량의 한계

선거구획정에 관하여 국회의 광범위한 재량이 인정된다고 하여도 그 재량에는 평등선거의 실현이라는 헌법적 요청에 의하여 다음과 같은 일정한 한계가 있을 수밖에 없다. 첫째, 선거구획정에 있어서 인구비례원칙에 의한 투표가치의 평등은 헌법적 요청으로서 다른 요소에 비하여 기본적이고 일차적인 기준이기 때문에 합리적 이유없이 투표가치의 평등을 침해하는 선거구 획정은 자의적인 것으로서 헌법에 위반된다. 둘째, 특정 지역의 선거인들이 자의적인 선거구 획정으로 정치과정에 참여할 기회를 잃게 되었거나 그들이 지지하는 후보가 당선될 가능성을 의도적으로 박탈당하고 있음이 입증되어 특정 지역의 선거인들에 대하여 차별하고자 하는 국가권력의 의도와 그 집단에 대한 실질적인 차별효과가 명백히 드러난 게리맨더링의 경우, 그 선거구 획정은 입법재량의 한계를 벗어난 것으로 헌법에 위반된다.

2. '경기 안양시 동안구 선거구란'은 투표가치의 평등에 위배

인구편차의 허용한계에 관한 다양한 견해 중 인구편차가 상하 33⅓ % 편차(이 경우 상한 인구수와 하한 인구수의 비율은 2:1)를 기준으로 하는 방안은 행정구역 및 국회의원 정수를 비롯한 인구비례의 원칙 이외의 요소를 고려함에 있어 적지 않은 난점이 예상된다. 특히 우리 재판소가 선거구 획정에 따른 선거구간의 인구편차의 문제를 다루기 시작한지 겨우 5년여가 지난 현재의 시점에서 너무 이상에 치우친 나머지 현실적인 문제를 전적으로 도외시하는 이러한 기준을 사용하기는 어렵다. 따라서, 이번에는 인구편차 상하 50% 편차(이 경우 상한 인구수와 하한 인구수의 비율은 3 : 1)를 기준으로 하는 방안을 사용하여 위헌 여부를 판단하기로 한다. 그러나 앞으로 상당한 기간이 지난 후에는 인구편차가 상하 33⅓ % 또는 그 미만의 기준에 따라 위헌 여부를 판단하여야 할 것이다.

이 기준을 적용해 봤을 때, '경기 안양시 동안구 선거구'의 경우 전국 선거구의 평균 인구수로부터 +57%의 편차를 보이고 있으므로, 그 선거구의 획정은 국회의 재량 범위를 일탈한 것으로서 청구인의 헌법상 보장된 선거권 및 평등권을 침해한다.

3. '인천 서구 · 강화군 을선거구란'은 합헌

'인천 서구·강화군 을선거구란'의 제정 경위 등에 비추어 봤을 때, 국회는 제16대 국회의원선거를 앞두고 강화군이 최소인구수 기준에 미달되어 이를 하나의 독립한 선거구로 할 수 없게 되자, 지리적으로 계양구보다 가까운 서구의 일부를 분할하여 강화군에 합쳐 하나의 선거구로 하기로 하면서, 서구 중에서 강화군과 비교적 가까우면서도 서구의 여러 동 중 가장 인구수가 많아 최소인구수의 기준을 충족시키기에 가장 적합하다고 판단되는 검단동을 분할하기로 한 것으로 보인다. 이를 두고 입법자가 서구 검단동에 대하여 차별의 의도를 가지고 자의적인 선거구 획정을 하였다고 볼 수는 없다. 따라서, '인천 서구· 강화군 을선거구란'은 청구인들의 선거권, 평등권을 침해한다거나 기타 사유로 헌법에 위반된다고 할 수 없다.

4. 선거구구역표의 불가분성과 헌법불합치결정

따라서, 청구인의 헌법상 보장된 평등권 및 선거권을 침해하는 것은 이 사건 선거구구역표 중 '경기 안양시 동안구 선거구란'에 관한 부분뿐이어서 이 사건 선거구구역표의 전부에 관하여 위헌선언을 할 것인지, 선거구구역표의 가분성을 인정하여 '경기 안양시 동안구 선거구란' 부분만 위헌선언을 할 것인지가 문제될 수 있다. 우리 재판소는 95헌마224 등 결정에서 선거구구역표는 전체가 불가분의 일체를 이루는 것으로서 일부 선거구의 선거구획정에 위헌성이 있다면, 선거구구역표의 전부에 대하여 위헌선언을 하는 것이 상당하다는 취지의 판시를 함으로써 불가분설을 취하였다. 이것은 객관적 헌법질서의 보장이라는 측면이나 적극적인 기본권 보장의 측면에서 보더라도 타당한 것으로 보이므로 이러한 입장을 계속 유지하기로 한다.

이 사건 선거구구역표에 기한 국회의원선거가 이미 실시된 상황에서 단순위헌의 결정을 하게 되면, 선거구구역표의 성격상 그 개정입법이 빠른 시일 내에 이루어지기 어렵다고 할 것이어서, 추후 재선거 또는 보궐선거가 실시될 경우 국회의원 지역선거구구역표가 존재하지 않게 되는 법의 공백이 생기게 될 우려가 큰 점, 국회의 동질성 유지나 선거구구역표의 변경으로 인한 혼란을 방지하기 위하여도 재선거나 보궐선거 등이 치러지는 경우에는 이 사건 선거구구역표에 의하여 이를 시행하는 것이 바람직한 점 등에 비추어, 입법자가 2003년 12월 31일을 시한으로 이 사건 선거구구역표를 개정할 때까지 이 사건 선거구구역표의 잠정적 적용을 명하는 헌법불합치결정을 하기로 한다.

Ⅴ. 이 결정이 가지는 의미

다수의견 이외에도 권성 재판관의 별개의견과, 95헌마224 등 결정의 상하 60%의 편차(이 경우 상한 인구수와 하한 인구수의 비율은 4 : 1) 기준을 적용했을 때 "경기 안양시 동안구 선거구"는 +57%의 편차를 보이므로 합헌이라고 본 한대현, 하경철 재판관의 반대의견도 있었다. 여하튼 선거구 획정의 선거인 수 불균형이 계속 선거권과 평등권을 침해할 수 있다고 보면서, 위헌의 기준으로 인구편차 상하 50% 편차(이 경우 상한 인구수와 하한 인구수의 비율은 3 : 1)를 사용하고 있는 점에 유의할 필요가 있다. 그리고 앞으로 상당한 기간이 지난 후에는 인구편차 상하 33⅓% 또는 그 미만의 기준에 따라 위헌 여부를 판단하여야 할 것이라고 미리 천명한 점, 선거구구역표의 전체 불가분성을 인정한 점, 법의 공백이나 혼란 방지를 위해 헌법불합치결정을 내리면서 이 선거구구역표의 잠정 적용을 명한 점도 눈길을 끈다.

국회의원 지역선거구구역표 사건 Ⅱ

― 헌재 2014. 10. 30. 2012헌마190 등 ―

I. 심판대상

공직선거법(2012. 2. 29. 법률 제11374호로 개정된 것)

제25조(국회의원지역구의 획정)

① 국회의원지역선거구(이하 "국회의원지역구"라 한다)는 시·도의 관할구역 안에서 인구·행정구역·지세·교통 기타 조건을 고려하여 이를 획정하되, 자치구·시·군의 일부를 분할하여 다른 국회의원지역구에 속하게 하지 못한다.(단서 생략)

② 국회의원지역구의 명칭과 그 구역은 별표 1과 같이 한다.

(선거구구역표의 상세한 내용은 생략)

※ 일부 청구인들이 자의적인 선거구획정이라고 주장하고 있는 "경기도 수원시 병선거구" 부분, "경기도 용인시 갑선거구" 및 "경기도 용인시 을선거구" 부분, "충청남도 천안시 갑선거구" 부분을 '문제된 4개 선거구'라고 특정하기로 한다.

Ⅱ. 사실관계의 요지

대전광역시 동구, 수원시 권선구 서둔동, 용인시 기흥구 마북동, 동백동 및 수지구 상현2동, 천안시 서북구 쌍용2동과 쌍용3동, 충북 청주시 상당구 금천동, 서울 강남구 역삼동, 도곡동, 서울 강서구 등촌2동, 인천 남동구 구월동, 논현동에 주민등록을 마친 선거권자들인 청구인들은 자치구의 분할만을 금지하고 행정구는 그 일부를 분할하여 다른 지역구로 통합할 수 있도록 한 공직선거법 제25조 제1항 및 인구편차 상하 50%를 기준으로 작성되었을 뿐만 아니라 일부 행정구를 분할하여 자의적으로 다른 구에 통합한 공직선거법 제25조 제2항 별표1 국회의원지역선거구구역표가 청구인들의 선거권과 평등권을 침해한다며, 위 조항들의 위헌확인을 구하는 이 사건 헌법소원심판을 청구하였다.

Ⅲ. 주　문

1. 공직선거법(2012. 2. 29. 법률 제11374호로 개정된 것) 제25조 제1항 본문 중 "자치구" 부분에 대한 심판청구를 각하한다.

2. 공직선거법(2012. 2. 29. 법률 제11374호로 개정된 것) 제25조 제2항 별표1 국회의원지역선거구구역표는 헌법에 합치되지 아니한다.

3. 공직선거법(2012. 2. 29. 법률 제11374호로 개정된 것) 제25조 제2항 별표1 국회의원지역선거구구역표는 2015. 12. 31.을 시한으로 입법자가 개정할 때까지 계속 적용된다.

Ⅳ. 결정 이유의 주요 논점 및 요지

1. 이 사건 분할금지조항에 대한 심판청구는 각하

청구인들이 주장하는 기본권 침해가 이 사건 분할금지조항이 아니라 심판대상 선거구구역표에 의하여 비로소 발생하게 되는 이상, 이 사건 분할금지조항에 대하여 기본권 침해의 직접성을 인정할 수 없으므로, 이 사건 분할금지조항에 대한 심판청구는 부적법하다.

2. 심판대상 선거구구역표가 투표가치의 평등을 침해함

우리 재판소는 국회의원의 지역대표성, 도시와 농어촌 간의 인구편차, 각 분야에 있어서의 개발불균형 등을 근거로 국회의원지역선거구의 획정에 있어 인구편차의 허용기준을 인구편차 상하 50%로 제시한 바가 있다. 그러나 다음의 점들을 고려할 때, 현재의 시점에서 헌법이 허용하는 인구편차의 기준을 인구편차 상하33⅓%, 인구비례 2 : 1을 넘어서지 않는 것으로 변경하는 것이 타당하다.

첫째, 인구편차 상하 50%의 기준을 적용하게 되면 1인의 투표가치가 다른 1인의 투표가치에 비하여 세 배의 가치를 가지는 경우도 발생하는데, 이는 지나친 투표가치의 불평등이다. 더구나, 단원제 하에서는 인구편차 상하 50%의 기준을 따를 경우 인구가 적은 지역구에서 당선된 국회의원이 획득한 투표수보다 인구가 많은 지역구에서 낙선된 후보자가 획득한 투표수가 많은 경우가 발생할 가능성도 있는데, 이는 대의민주주의의 관점에서도 결코 바람직하지 않다. 둘째, 국회를 구성함에 있어 국회의원의 지역대표성이 고려되어야 한다고 할지라도 이것이 국민주권주의의 출발점인 투표가치의 평등보다 우선시될 수는 없다. 특히 현재는 지방자치제도가 정착되어 지역대표성을 이유로 헌법상 원칙

인 투표가치의 평등을 현저히 완화할 필요성 또한 예전에 비해 크지 않다. 셋째, 인구편
차의 허용기준을 완화하면 할수록 과대대표되는 지역과 과소대표되는 지역이 생길 가능
성 또한 높아지는데, 이는 지역정당구조를 심화시키는 부작용을 야기할 수 있다. 특히,
이러한 불균형은 같은 농·어촌 지역 사이에서도 나타나게 되는데, 같은 농·어촌 지역
간에 존재하는 이와 같은 불균형은 농·어촌 지역의 합리적인 변화를 저해할 수 있으며,
국토의 균형발전에도 도움이 되지 않는다. 넷째, 다음 선거까지 약 1년 6개월의 시간이
남아 있고, 국회가 국회의원지역선거구를 획정함에 있어 비록 상설기관은 아니지만 공직
선거법 제24조에 따라 전문가들로 구성된 국회의원선거구획정위원회로부터 다양한 정책
적 지원을 받을 수 있음을 고려할 때, 선거구 조정의 현실적인 어려움 역시 인구편차의
허용기준을 완화할 사유가 될 수는 없다. 다섯째, 점차로 인구편차의 허용기준을 엄격하
게 하는 것이 외국의 판례와 입법추세임을 고려할 때, 우리도 인구편차의 허용기준을 엄
격하게 하는 일을 더 이상 미룰 수 없다.

　　따라서 심판대상 선거구구역표 중, 인구편차 상하 33⅓%를 넘어서는 "경기도 용인
시 갑선거구", "경기도 용인시 을선거구", "충청남도 천안시 갑선거구", "충청남도 천안시
을선거구", "서울특별시 강남구　갑선거구" 및 "인천광역시 남동구 갑선거구" 부분은 해
당 선거구가 속한 지역에 거주하는 청구인들의 선거권 및 평등권을 침해한다.

3. 문제된 4개 선거구가 자의적인 선거구획정에 해당하는지 여부

　　국회가 문제된 4개 선거구를 획정함에 있어 행정구의 일부를 분할하여 다른 구와
합구하거나 통합한 주된 이유는 이러한 방법 외에 선거구 간의 인구편차를 줄일 수 있는
다른 방법을 찾기 어려웠기 때문이다. 또한, 분구된 지역은 행정구역도상으로 합구된 지
역에 인접해 있어 양 지역 사이에 생활환경이나 교통, 교육환경에 큰 차이가 없고, 달리
국회가 특정 지역에 주소지를 두고 있는 선거인들의 정치참여 기회를 박탈하거나 특정
지역의 선거인을 차별하고자 하는 의도를 가지고 있었다고 볼 만한 사정이 없으며, 이들
에 대한 실질적인 차별효과가 명백하게 드러났다고 볼 수도 없다. 따라서 문제된 4개 선
거구구역표는 모두 합리적인 이유가 있는 것으로, 이를 입법재량의 범위를 벗어난 자의
적인 선거구획정으로 볼 수 없다.

4. 위헌선언의 범위 및 헌법불합치 결정의 필요성

　　단순 위헌결정을 할 경우 법적 공백이 발생할 우려가 큰 점 등을 고려하여, 입법자
가 2015. 12. 31.을 시한으로 이 사건 선거구구역표 전체를 개정할 때까지 이 사건 선거

구구역표 전체의 잠정적 적용을 명하는 헌법불합치결정을 하기로 한다.

Ⅴ. 이 결정이 가지는 의미

　　법정의견이 된 다수의견 이외에 국회의원지역선거구를 획정함에 있어 헌법상 허용되는 기준은 인구편차 상하 50%이므로 공직선거법 제25조 제2항 별표1 국회의원지역선거구구역표는 청구인들의 선거권 및 평등권을 침해하지 않아 합헌이라고 본 박한철, 이정미, 서기석 재판관의 반대의견도 있었다. 이 사건에서 헌법재판소는 '일표일가(一票一價)의 원칙'을 뜻하는 표의 결과가치 평등의 측면에서 평등선거의 원칙을 위반되지 않는 선거구 획정의 선거인 수 불균형의 편차를 종래의 상하 50%의 편차(이 경우 상한 인구수와 하한 인구수의 비율은 3 : 1)에서 상하 33⅓ %(이 경우 상한 인구수와 하한 인구수의 비율은 2 : 1)로 더 엄격한 기준으로 변경하였다. 그 외에 자치구의 분할 및 통합을 금지하고 있는 공직선거법 제25조 제1항 본문 중 "자치구" 부분에 대한 심판청구를 기본권 침해의 직접성 불충족을 이유로 각하한 점도 눈길을 끈다.

공직선거시 기부행위 제한기간 사건

─ 헌재 2006. 12. 28, 2005헌바23 ─

I. 심판대상

구 공직선거 및 선거부정방지법(2004. 3. 12. 법률 제7189호로 개정되기 전의 것)

제112조(기부행위의 정의 등)

① 이 법에서 "기부행위"라 함은 당해 선거구 안에 있는 자나 기관·단체·시설 및 선거구민의 모임이나 행사 또는 당해 선거구의 밖에 있더라도 그 선거구민과 연고가 있는 자나 기관·단체·시설에 대하여 금전·물품 기타 재산상 이익의 제공, 이익제공의 의사표시 또는 그 제공을 약속하는 행위를 말한다.

3. 입당원서를 받아 주는 대가의 제공행위(※ 2004년 3월 12일의 법개정을 통해 제3호는 삭제되었음)

※ 관련조문

제113조(후보자 등의 기부행위제한)

① 국회의원·지방의회의원·지방자치단체의 장·정당의 대표자·후보자(후보자가 되고자 하는 자를 포함한다)와 그 배우자는 당해 선거구 안에 있는 자나 기관·단체·시설 또는 당해 선거구의 밖에 있더라도 그 선거구민과 연고가 있는 자나 기관·단체·시설에 기부행위(결혼식에서의 주례행위를 포함한다)를 할 수 없다.

② 누구든지 제1항의 행위를 약속·지시·권유·알선 또는 요구할 수 없다.

II. 사실관계의 요지

청구인은 2004년 4월 15일에 실시될 제17대 국회의원선거에서 전남 나주·화순 선거구의 국회의원후보 출마예정자이었고, 김 모 씨와 원 모 씨는 청구인을 위한 선거운동원이었는데, 공직선거의 후보자나 후보자가 되고자 하는 자는 기부행위제한기간 중 당해 선거에 관한 여부를 불문하고 일체의 기부행위를 할 수 없음에도 공모하여 청구인은 청구인의 사무실에서 김 모 씨와 원 모 씨에게 현금 500만 원을 건네주면서 발기인신청서

모집비용 등으로 사용하라고 지시하였다. 이에 김 모 씨와 원 모 씨는 식당에서 종친회 청년회에 참석한 회원들에게 청구인의 출마 및 당선을 위하여 주민들로부터 창당발기인 신청서를 모집하여 달라는 부탁과 함께 창당발기인 신청서와 10만 원씩이 들어있는 봉투들을 건네주고 이 모임에 참석한 사람들에게 시가 2십여만 원 상당의 음식을 제공하였다. 또한 청구인의 사무실에서 청구인의 지시를 받은 위 김 모 씨가 최 모 씨에게 청구인의 국회의원 출마 및 당선을 위하여 나주지역 주민들로부터 열린우리당 창당발기인신청서를 모집하여 달라고 부탁하면서 현금 10만 원을 건네주어, 각 기부행위 제한기간 중에 기부행위를 하였다.

　　이 때문에 청구인은 '구 공직선거 및 선거부정방지법'(이하 '구 공선법'이라고 한다) 위반으로 기소되어 제1심에 이어 항소심인 광주고등법원으로부터도 유죄판결을 받았다. 청구인은 항소심 판결에 불복하여 대법원에 상고한 후 상고심 계속 중 적용법조항인 구 공선법 제112조가 정당설립 및 활동의 자유 등 정당보호에 관한 헌법 제8조 등에 위반한 것이라는 이유로 위헌심판제청을 신청하였다가 그 신청이 기각되자 헌법소원을 제기하였다.

Ⅲ. 주 　 문

　　공직선거및선거부정방지법 제113조의 '기부행위' 부분 중 같은 법 제112조 제1항 제3호의 '입당원서를 받아 주는 대가의 제공행위' 부분은 헌법에 위반되지 아니한다.

Ⅳ. 결정 이유의 주요 논점 및 요지

1. 구 공선법 제113조에 대한 합헌결정 선례

　　헌법재판소는 이미 2005. 6. 30, 2003헌바90 결정에서 이 사건 법률조항 부분이 포함된 구 공선법 제113조에 대하여 공무담임권과 참정권, 행복추구권을 침해하였거나 평등권에 위배되는 법률조항이라고 할 수 없으므로 합헌이라고 판시하였다. 다음은 그 이유이다.

(1) 선거운동의 자유 보장과 그 제한

　　합리적인 선거제도를 마련하고 선거제도를 공정하게 운영하는 것이 대의제도의 성패를 좌우하는 것이고 국민의 선거과정에의 참여행위는 원칙적으로 자유롭게 행하여질 수 있도록 최대한 보장되어야 하며 선거도 공정하게 행하여지지 않으면 안 된다. 즉, 공정한 선거에 영향을 미칠 수 있는 금전이나 관권, 폭력 등의 개입을 배제함으로써 불공정, 타락선거를 방지하고, 무제한적이고 과열된 선거운동으로 인한 사회적·경제적 손실과 부작용을 최소화하고 실질적인 기회균등이 보장될 수 있도록 선거운동의 자유와 선거의 공정성이 확보되어야 한다. 그러나 선거의 공정성을 확보하기 위해서는 어느 정도 선거운동에 대한 규제가 불가피하며 이것은 곧 선거운동의 자유를 제한하는 것이 된다. 그러나, 그 제한은 무제한적으로 허용되는 것이 아니라 헌법상의 기본권 제한의 요건과 한계에 따라야 하고 구체적으로는 국가 전체의 정치적·사회적 발전단계와 국민의식의 성숙도, 종래의 선거풍토나 그 밖의 경제적·문화적 제반여건을 종합하여 합리적으로 결정되어야 한다.

(2) 공무담임권, 참정권, 행복추구권, 평등권에 대한 합헌적 제한

구 '공선법' 제113조의 입법취지가 선거의 공정성을 보장하기 위한 것이라는 점 등을 종합해 고려하면, 심판대상 법률조항은 헌법 제37조 제2항에서 기본권 제한입법의 목적상의 한계로 규정하고 있는 질서유지 내지 공공복리에 합치되는 선거운동자유의 제한으로서 그 '목적의 정당성'이 인정된다. 청구인은 심판대상 법률조항이 지나치게 광범위하게 기부행위를 규정하고 금지함으로써 선거를 이유로 후보자등의 일상적인 활동과 타인간의 교섭을 제한하고 있어 과잉금지의 원칙에 위배된다고 주장한다. 그러나, 선거운동의 자유를 과잉으로 제한하는가 여부를 판단함에 있어서는 국가전체의 정치적·사회적 발전단계와 국민의식의 성숙도, 종래의 선거풍토나 그 밖의 경제적·문화적 제반여건을 종합하여 합리적으로 결정해야 한다. 이런 관점에서 봤을 때 심판대상 법률조항이 '피해의 최소성'에서 말하는 수인의 한계점을 일탈했다고 볼 수도 없다. 심판대상 법률조항은 적용시기가 기부행위의 제한기간으로 한정되어 있다. 법문상 '일체의' 기부행위라는 표현을 쓰고 있으나 기부행위의 개념이 법률상 한정되어 있으며, '당해선거에 관한 여부를 불문하고'라는 표현을 쓰고 있으나 선거가 임박한 시기에는 후보자 등이 제공하는 금품 등은 선거에 영향을 미칠 것이 분명하거나 최소한 미칠 개연성이 있어 선거의 불가매수성을 위해서는 설혹 당락 등의 목적을 입증할 수 없더라도 처벌하여야 할 필요성이 있다. 따라서, 그 제한이 비례상 과다하고 그 제한의 폭이 넓다고도 볼 수 없어 '법익의 균형성'에도 위배되지 않는다. 그러므로, 구 '공선법' 제113조는 공무담임권과 참정권, 행복추구권, 평등권을 과잉금지원칙에 위배되지 않게 합헌적으로 제한하고 있는 합헌적 규정이다.

2. 이 사건 법률조항 부분에 대한 판단

위 헌재 2003헌바90 결정이 구 공선법 제113조의 '일체의 기부행위'라는 표현에 대하여 구 '공선법' 제112조 제1항, 제2항에 의하여 그 개념이 한정되어 있다는 이유로 합헌을 선고한 것은, 결국 구 공선법 제112조 제1항 각호의 기부행위 유형 전부에 대하여 함께 합헌판단을 한 취지로 볼 수 있다. 따라서 위 합헌결정의 이유는 구 '공선법' 제112조 제1항 5호의 일부인 이 사건 법률조항 부분에 대하여 그대로 적용될 수 있다. 이 사건에서 청구인이 정당설립의 자유 등에 관련된 헌법 제8조 등 위반 여부를 주장하였다 해도 다를 바 없으며, 위 선례 결정 이후 그 판단을 달리할 특별한 사정의 변경도 없다.

V. 이 결정이 가지는 의미

헌법재판소의 2003헌바90 결정에서 이 사건 법률조항 부분이 포함된 구 공선법 제113조에 대해 합헌결정이 내려진 바 있었고, 이 결정에 기반해 본 사건에서 관여재판관 전원의 일치된 의견으로 공직선거에서 기부행위 제한기간을 두어 그 기간 중의 기부행위를 처벌하는 구 '공선법' 제113조의 '기부행위' 부분 중 같은 '공직선거법' 제112조 제1항 제3호의 '입당원서를 받아 주는 대가의 제공행위' 부분에 대해 합헌결정이 내려졌다. 헌법재판소가 '선거운동의 자유'보다는 '선거의 공정성' 확보에 더 주안점을 두고 있음을 엿볼 수 있는 결정이다.

선거운동시 탈법적 문서 배부 금지 사건

─ 헌재 2007. 1. 17, 2004헌바82 ─

I. 심판대상

공직선거 및 선거부정 방지법(2004. 3. 12. 법률 제7189호로 개정되고, 2005. 9. 4. 법률 제7681호 공직선거법으로 전문개정되기 전의 것)

제93조(탈법방법에 의한 문서·도화의 배부·게시 등 금지)

① 누구든지 선거일전 180일(보궐선거 등에 있어서는 그 선거의 실시사유가 확정된 때)부터 선거일까지 선거에 영향을 미치게 하기 위하여 이 법의 규정에 의하지 아니하고는 정당(창당준비위원회와 정당의 정강·정책을 포함한다. 이하 이 조에서 같다) 또는 후보자(후보자가 되고자 하는 자를 포함한다. 이하 이 조에서 같다)를 지지 추천하거나 반대하는 내용이 포함되어 있거나 정당의 명칭 또는 후보자의 성명을 나타내는 광고, 인사장, 벽보, 사진, 문서, 도서 인쇄물이나 녹음·녹화테이프 기타 이와 유사한 것을 배부·첩부·살포·상영 또는 게시할 수 없다.

제255조(부정선거운동죄)

② 다음 각호의 1에 해당하는 자는 2년 이하의 징역 또는 400만 원 이하의 벌금에 처한다.

　　5. 제93조 제1항의 규정에 위반하여 문서·도화 등을 배부·첩부·살포·게시·상영하거나 하게 한 자

II. 사실관계의 요지

청구인은 제17대 국회의원선거 의정부을 선거구 낙선자인 민주노동당 후보의 선거사무원으로서 같은 당 후보를 지지하는 내용의 벽보를 버스정류장에 부착하였다는 등의 사실로 의정부지방법원에 공소제기 되었다. 청구인은 재판계속 중에 의정부지방법원에 '공직선거 및 선거부정 방지법' 제93조 제1항 본문, 제255조 제2항 제5호(2004. 3. 12. 법률 제7189호로 개정되고, 2005. 8. 4. 법률 제7681호 공직선거법으로 전문개정되기 전의 것, 이하

'이 사건 법률조항'이라 한다)에 대하여 위헌제청신청을 하였으나 기각되자 해당조항에 대해 위헌확인을 구하는 이 사건 헌법소원심판을 청구하였다.

Ⅲ. 주　　문

'공직선거 및 선거부정 방지법'상의 탈법방법에 의한 문서 배부 등 금지 및 처벌조항(제93조 제1항 본문과 제255조 제2항 제5호 중 제93조 제1항 본문에 관련된 부분)은 헌법에 위반되지 아니한다.

Ⅳ. 다수의견의 주요 논점 및 요지

이 사건 법률조항은 다음과 같은 이유로 헌법이 정하고 있는 과잉금지의 원칙, 명확성의 원칙, 평등의 원칙에 위반되지 않는다.

1. 과잉금지원칙에 따른 선거운동의 자유 및 언론의 자유에 대한 합헌적 제한

선거와 관련하여 법이 정한 것 이외의 문서·도화 등의 배포행위를 제한하는 것은 선거운동의 부당한 경쟁 및 후보자들간의 경제력 차이에 따른 불균형이라는 폐해를 막고, 선거의 자유와 공정의 보장을 도모하여 국민 전체의 공동이익을 위한다는 합목적적 제한이므로 목적의 정당성이 인정된다. 그리고, 선거에 영향을 미치게 하기 위한 문서·도화 등의 제작·배포 등을 방임할 경우 초래될 폐해의 방지를 위해서는 일정한 기간 동안 이를 금지하는 것 외에 달리 효과적인 수단을 상정하기 어렵고, 특히 '선거에 영향을 미치게 하기 위하여'라는 전제 하에 그 제한이 이루어진다는 점에서 이 사건 법률조항이 규정하는 규제의 수단은 입법목적 달성을 위하여 합리적인 필요성이 인정되는 범위에 속한다. 뿐만 아니라 행위 주체에 관계없이 선거일 전 180일부터 선거일까지의 기간 동안 그러한 배포행위를 금지하는 것은 불가피한 조치로서 최소침해의 원칙에 위반한다고 볼수 없다. 또한, 이러한 제한은 선거운동방법의 전반에 대한 전면적인 제한이 아니라 특히 폐해의 우려가 크다고 인정되는 인쇄물, 녹음 등의 배부, 살포 등 특정한 선거운동 방법에만 국한되는 부분적인 제한이므로 이로써 선거운동의 자유 내지 언론의 자유가 전혀 무의미해지거나 형해화된다고 단정할 수 없다.

2. 명확성의 원칙에 반하지 않음

이 사건 법률조항 중 '선거에 영향을 미치게 하기 위하여'라는 부분은 '공직선거 및 선거부정 방지법'(이하에서는 공선법) 전체 및 공선법 제93조 제1항의 입법목적, '공선법'에 규정된 다른 규제 조항들과의 체계적인 대비 및 그 조항들의 내용 등을 종합적으로 고려하면 이는 선거의 준비과정 및 선거운동, 선거결과 등에 어떤 작용을 하려는 의도를 가리키는 것으로 해석할 수 있다. 건전한 상식과 통상적인 법 감정을 가진 사람이라면 누구나 선거에 영향을 미치게 하기 위한 의사 아래 이루어지는 행위와 선거와 관계없이 단순한 의사표현으로서 이루어지는 행위를 구분할 수 있고, 법률적용자에 대한 관계에서도 자의가 허용될 소지는 없다. 따라서 이 사건 법률조항은 그 규정 내용이 명확성의 원칙에 반한다고 할 수 없다.

3. 평등원칙에 반하지 않음

이 사건 법률조항은 '누구든지' 선거일 전 180일부터 선거일까지 선거에 영향을 미치게 하기 위하여 이 법의 규정에 의하지 않은 문서·도화 등의 배부를 하지 못한다고 규정함으로써 선거운동의 특정한 방법에 대한 제한을 가하고 있을 뿐이다. 그 행위주체에 관하여는 아무런 제한도 가하고 있지 않고 그 누구와 대비하여서도 부당하게 차별대우를 하지 않고 있다. 따라서 이 사건 법률조항은 평등의 원칙에 반하지 않는다. 법이 정한 방법 이외의 방법에 의한 문서·도화의 배부 등의 행위를 무제한적으로 허용할 경우 그로 인하여 선거운동의 과열경쟁을 초래하여 후보자들 간의 경제력 차이에 따른 불균형이 두드러지게 될 뿐 아니라, 무분별한 흑색선전의 난무로 인하여 선거질서의 혼란이 매우 클 것으로 예상되며 실제로 이러한 폐해와 혼란이 아직도 계속되고 있는 점을 감안하면 이러한 금지규정에 위반하는 행위를 형사처벌의 대상으로 삼는 것은 불가피하다.

Ⅴ. 조대현 재판관의 반대의견(위헌의견)

공선법은 문서에 의한 선거운동으로서 선전벽보(제64조)·선거공보(제65조)·소형인쇄물(제66조)을 허용하고, 신문광고(제34조)·방송광고(제35조)와 정보통신망을 이용한 선거운동(제82조의4) 등을 허용하고 있지만, 어느 것이나 규격과 내용이 한정되어 있어서 그 밖의 문서에 의한 선거운동을 허용할 필요가 없을 정도로 충분한 것이라고 할 수 있는지 의문이다. 문서에 의한 선거운동을 무제한 허용한다고 하여 선거의 공정을 해친다고 보기 어려우며, 문서의 내용에 허위사실이 포함되지 않도록 규제할 필요가 있을 뿐이다. 또한, 문서에 의한 선거운동을 무제한 허용하면 선거비용이 한없이 증대된다고 하더라도 선거운동 비용의 총액을 제한하면 충분할 것이므로, 선거운동 비용을 규제하기 위하여 문서에 의한 선거운동을 제한할 필요가 있다고 보기 어렵다.

선거는 국민주권의 행사방법이므로 국민들이 선거의 주체로서 주권을 올바로 행사하기 위하여 스스로 선거운동하는 자유도 국민주권과 선거권의 내용에 포함된다고 보아 적극적으로 보아야 할 것이므로 이 사건 법률조항이 모든 국민을 수범자로 하여 선거운동의 자유를 제한하고 있는 부분은 재검토되어야 한다. 따라서 이 사건 법률조항은 국민주권주의에 어긋나고 정치적 표현의 자유를 부당하게 제한하며 선거권의 올바른 행사를 제약하여 헌법에 위반된다.

Ⅵ. 이 결정이 가지는 의미

헌법재판소는 이 결정을 통해 탈법방법에 의한 문서배부 등을 금지하고 처벌하는 '공직선거법' 조항에 대해 합헌결정의 면죄부를 부여하였다. 그러나, 이것이 만장일치의 의견은 아니었으며 조대현 재판관의 위헌의견도 반대의견으로 개진되었다. 우리 헌법재판소는 종래 헌재 2006. 5. 25, 2005헌바15, 헌재 2002. 5. 30, 2001헌바58, 헌재 2001. 8. 30, 99헌바92 등, 헌재 2001. 12. 20, 2000헌바96 등에서 선거운동 규제와 관련해 국회의 입법형성권을 최대한 존중하는 입장을 견지하면서 선거운동 방법에 대한 '공선법'상의 제한을 가급적 합헌으로 인정해 오고 있다. 이 결정도 이러한 판결성향의 한 연장선으로 이해될 수 있다.

선거여론조사결과 공표금지 사건

— 헌재 1998. 5. 28, 97헌마362·394 병합 —

I. 심판대상

공직선거및선거부정방지법

제108조(여론조사의 결과공표금지 등)

① 누구든지 선거기간개시일부터 선거일의 투표마감시각까지 선거에 관하여 정당에 대한 지지도나 당선인을 예상하게 하는 여론조사(모의투표나 인기투표에 의한 경우를 포함한다. 이하 이 조에서 같다)의 경위와 그 결과를 공표하거나 인용하여 보도할 수 없다.

※ 참조조문

대통령선거법(1994. 3. 16. 법률 제4739호 공직선거및선거부정방지법 부칙 제2조에 의하여 폐지)

제65조(여론조사의 결과 공표 금지)

① 누구든지 선거일공고일부터 선거일까지에는 선거에 관하여 정당에 대한 지지도나 당선인을 예상하게 하는 여론조사(인기투표나 모의투표를 포함한다)의 경위와 그 결과를 공표하여서는 아니된다.

II. 사실관계의 요지

청구인 국민신당은 1997. 11. 26. 청구외 甲을 제15대 대통령선거 후보자로 추천·등록하였다. 청구인 乙은 1997. 11. 6. 결성된 시민단체인 공정선거민주개혁국민위원회의 대표이고, 청구인 丙, 丁은 1997. 1. 30. 및 같은 해 5. 9. 각 만 20세가 되어 선거권을 갖게 되었다. '공선법' 제108조 제1항은 제15대 대통령 선거기간 개시일인 1997. 11. 26.부터 투표일인 1997. 12. 18.까지 정당에 대한 지지도나 당선인을 예상하는 여론조사의 경위와 그 결과의 공표를 금지함으로써 청구인들의 알권리와 언론의 자유, 참정권을 제한하고 있다. 청구인 국민신당은 1997. 12. 14. 나머지 청구인들은 1997. 11. 24. 위 기본권 침해를 원인으로 헌법재판소에 위 조항에 대한 각 위헌확인 심판청구를 하였다.

III. 주　　문

1. 청구인 乙의 심판청구를 각하한다.
2. 청구인 국민신당, 丙, 丁의 심판청구를 모두 기각한다.

IV. 결정이유의 주요 논점 및 요지

1. 청구인 乙의 심판청구는 부적법하여 각하

이 법률조항으로 인하여 기본권의 침해를 받는 자는 그 사유가 발생한 것을 안 날로부터 60일 이내에, 그 사유가 발생한 날로부터 180일 이내에 위 조항에 대한 위헌여부 심판청구를 하여야 한다. 청구인은 1934년생이고 1995. 6. 27. '공선법'에 따라 시행된 지방의회의원과 지방자치단체의 장 선거 당시에 선거권자였다. 따라서 청구인으로서는 적어도 위 선거당시에 여론조사결과를 일정기간 공표하지 못하게 한 사실을 알았다고 볼 것이고, 이 심판청구는 이미 그 청구기간이 도과된 것이 분명한 1997. 11. 24.에 제기되었으므로 부적법하다.

2. 청구인 국민신당, 丙, 丁의 심판청구는 기각

헌법소원은 심판청구 당시에 기본권의 침해가 있었다 할지라도 결정 당시 이미 그 침해 상태가 종료되었다면 심판청구는 권리보호의 이익이 없음이 원칙이다. 청구인들은 1997. 12. 18. 실시 예정인 대통령선거에서 선거기간 개시일인 1997. 11. 26.부터 투표일인 1997. 12. 18.까지 정당에 대한 지지도나 당선인을 예상하게 하는 여론조사의 경위와 그 결과를 알 수 없게 됨으로써 알권리와 언론의 자유, 참정권을 침해받고 있다는 이유로 이 헌법소원 심판청구를 하였으나 대통령선거는 이미 끝났으므로 이 법률조항에 의한 주관적인 기본권의 침해상태는 종료되었다. 하지만 통합선거법인 '공선법'이 새로 제정되었고 이 사건은 선거기간에 여론조사의 경위와 결과를 공표할 수 없게 한 것은 기본권을 침해하는지 여부를 헌법적으로 해명할 필요가 있고, 앞으로도 각종 선거에서 계속·반복될 성질의 사안인 것이다. 이 심판청구는 대통령 선거일에 임박하여 제기된 관계로 우리 재판소로서는 선거일 이전에 결론을 내리지는 못하였으나, 헌법판단의 적격은 갖추고 있는 것으로 인정되어 본안판단을 하기로 한다.

헌법재판소는 1995. 7. 21, 92헌마177 등(병합) '대통령선거법' 제65조에 대한 위헌확인 사건에서 합헌임을 이유로 심판청구를 기각하는 결정을 선고한 바 있다. 이 결정의 요지는 다음과 같다. 대통령선거에 관한 여론조사는 그것이 공정하고 정확하게 이루어졌다 하여도 그 결과가 공표되게 되면 투표자로 하여금 승산이 있는 쪽으로 가담하도록 만드는 이른바 밴드왜곤효과(bandwagon effect)나, 이와 반대로 불리한 편을 동정하여 열세에 놓여 있는 쪽으로 기울게 하는 이른바 열세자효과(underdog effect)가 나타나게 된다. 따라서 결과적으로 선거에 영향을 미쳐 국민의 진의를 왜곡하고 선거의 공정성을 저해할 우려가 있다. 더구나 선거일에 가까워질수록 여론조사결과의 공표가 갖는 부정적 효과는 극대화되고 특히 불공정하거나 부정확한 여론조사결과가 공표될 때에는 선거의 공정성을 결정적으로 해칠 가능성이 높지만 이를 반박하고 시정할 수 있는 가능성은 점점 희박해진다고 할 것이다. 그러므로 대통령선거의 중요성에 비추어 선거의 공정을 위하여 선거일을 앞두고 어느 정도의 기간동안 선거에 관한 여론조사결과의 공표를 금지하는 것 자체는 그 금지기간이 지나치게 길지 않은 한 위헌이라고 할 수 없다. 선거에 관한 여론조사결과의 공표금지기간을 어느 정도로 할 것인가는 그 나라의 입법당시의 시대적 상황과 선거문화 및 국민의식수준 등을 종합적으로 고려하여 입법부가 재량에 의하여 정책적으로 결정할 사항이라 할 것이다. 우리나라에서의 여론조사에 관한 여건이나 기타의 상황 등을 고려할 때, 대통령선거의 공정성을 확보하기 위하여 선거일 공고일로부터 선거일까지의 선거기간 중에는 선거에 관한 여론조사의 결과 등의 공표를 금지하는 것은 필요하고도 합리적인 범위 내에서의 제한이라고 할 것이다. 그러므로, 이 규정이 헌법 제37조 제2항이 정하고 있는 한계인 과잉금지의 원칙에 위배하여 언론·출판의 자유와 알권리 및 선거권을 침해하였다고 할 수 없다.

그런데 1994. 3. 16. 선거관리의 효율성을 제고하고 새로운 선거문화의 정착을 도모하기 위하여 종전에 여러 갈래로 나누어졌던 '대통령선거법', '국회의원선거법', '지방의회의원선거법', '지방자치단체의장선거법' 등을 통합한 '공선법'을 새로 제정하였다. 공선법은 제2조에서 대통령선거·국회의원선거·지방의회의원 및 지방자치단체의 장의 선거에 적용하는 것으로 규정하고 있다. 이것은 대통령선거가 국회의원선거·지방의회의원 및 지방자치단체의 장의 선거와 특별히 다르지 않다는 점을 염두에 두었기 때문이다. 따라서 '대통령선거법' 제65조 제1항에 대한 헌법재판소의 위 결정 이유는 이 법률조항에서도 그대로 타당하고, 위 결정 선고 이후에 그 이유와 결론을 달리할 만한 사정 변경이 있는 것도 아니다. 그리고 이 법률조항과 '대통령선거법' 제65조 제1항의 규정을 서로 비교하면 그 내용이 거의 같으므로 이 법률조항은 헌법에 위반되는 규정으로 볼 수 없다.

V. 이 결정이 가지는 의미

　　선거기간 개시일부터 선거일의 투표 마감시각까지 선거여론조사결과의 공표를 금지한 '공선법'조항에 대해 헌법재판소가 합헌결정을 내린 사건이다. 이 결정 이전인 1995. 7. 21, 92헌마177 등(병합) 결정에서도 선거일 공고일부터 선거일까지의 여론조사 결과공표 금지를 규정한 구 '대통령선거법' 제65조에 대해 헌법재판소가 비슷한 이유로 합헌결정을 내린 바 있었다.

　　물론 이 결정에서도 이영모 재판관은 이 사건 법률조항이 대통령후보자를 추천·등록한 정당과 선거권을 갖는 국민의 알권리와 참정권을 침해하여 위헌이라는 반대의견을 냈다. 위헌의 이유로 오늘날 수많은 정보가 위성방송이나 인터넷 등 공권력이 제대로 제어하지 못하는 통신매체에 의하여 국적과 남녀노소·시간과 장소를 가리지 않고 가장 빠른 시간안에 아무런 장애없이 누구나 손쉽게 접근할 수 있게 되어 우리들이 알고 싶어하는 여론조사결과는 물론 공정성과 객관성이 없는 조사결과가 정보로 제공될 가능성도 있고 이와 같은 정보에 대한 규제는 기술적으로도 불가능한 영역에 속하게 되어 이 법률조항의 실질적인 효력면에서 의문이 들고 국제화·정보화 시대에 걸맞지 않다는 점, 이 법률조항이 규정하는 기본권 제한의 내용은 선거기간에 여론조사는 할 수 있으나 그 결과의 공표를 금지하여 형성된 여론을 알 수 없도록 하는 데 있으며 이는 민주주의가 자유로운 의견교환을 필요·불가결한 조건으로 하고 있고 선거가 대의민주제의 근간이며 여론조사결과의 공표는 선거권자들의 의견을 알 수 있는 유일한 수단이라는 것에 맞지 않다는 점 등을 들었다.

　　이 사건 심판계속 중 대통령 선거가 이미 끝나 권리보호의 이익이 상실되었으나, 이러한 쟁점에 대해 헌법적으로 해명할 필요가 있고 앞으로도 각종 선거에서 계속·반복될 성질의 사안임을 이유로 헌법소원심판 제기요건의 하나인 권리보호이익에 대한 예외를 인정하여 본안판단을 내리고 있는 점에도 주목을 요한다.

온천개발 사건

─ 헌재 2008. 4. 24, 2004헌바44 ─

I. 심판대상

구 온천법(2000. 1. 12. 법률 제6119호로 개정되고, 2001. 1. 26. 법률 제6390호로 개정되기 전의 것)

제2조(정의) 이 법에서 "온천"이라 함은 지하로부터 용출되는 섭씨 25도 이상의 온수로서 그 성분이 인체에 해롭지 아니한 것을 말한다.

제7조(온천개발계획)

① 제3조 제1항의 규정에 의하여 온천지구가 지정된 때에는 관할 시장·군수는 대통령령이 정하는 기간 내에 온천개발계획을 수립하여 시·도지사의 승인을 얻어야 한다. 다만, 시장·군수가 온천개발계획을 수립하지 아니한 때에는 그 기간이 만료된 날부터 15일 이내에 시·도지사가 6월 이내의 기간을 정하여 서면으로 그 이행을 명하여야 하며, 시장·군수가 그 기간 내에 이를 이행하지 아니한 때에는 당해 온천공이 있는 토지소유자로서 제18조의 규정에 의하여 온천의 우선 이용을 허가받을 수 있는 자가 온천개발계획을 수립하여 시·도지사의 승인을 얻을 수 있다.

※ 관련조문

온천법

제3조(국가 등의 책무)

① 국가는 온천에 대한 효율적인 보전·관리를 통하여 모든 국민이 양질의 온천을 이용할 수 있도록 하는 데 필요한 시책을 강구하여 이행하고 온천 발전을 위한 종합적인 정책을 수립할 책무를 진다.

제18조(온천의 이용허가)

① 공중의 목욕용 또는 음용에 제공하거나 산업용 또는 난방용으로 사용하기 위하여 온천을 이용하고자 하는 자는 대통령령이 정하는 바에 의하여 시장·군수의 허가를 받아야 한다. 이 경우 이용을 허가할 수 있는 온천수의 수량은 적정한 양

수량을 초과할 수 없다.

② 시장·군수는 온천의 이용으로 인하여 보건·위생상 위해가 있다고 인정하는 때에는 제1항의 규정에 의한 허가를 하지 아니할 수 있다. 이 경우 그 사유를 서면으로 명시하여 신청인에게 통지하여야 한다.

③ 제1항의 규정에 의한 온천이용허가를 받지 아니한 자는 대통령령이 정하는 바에 따라 온천으로 오인할 우려가 있는 행위를 할 수 없고 온천과 관련된 허위 또는 과장의 표시·광고행위를 할 수 없으며, 행정안전부령이 정하는 온천표시를 사용할 수 없다.

④ 제1항의 규정에 따른 온천이용허가의 유효기간은 5년으로 하며, 5년 단위로 이를 연장할 수 있다. 이 경우 시장·군수는 제24조의 규정에 의한 온천자원조사 결과를 반영하여 연장기간을 결정하거나 허가량을 조정하여야 한다.

Ⅱ. 사실관계의 요지

청구인 甲은 울진군수로서 '온천법'상 온천개발계획수립의무자이다. 그는 경북 울진군 근남면 수곡리 토지에서 온천공이 발견되어 수곡리 일대 지역이 '성류온천지구'로 지정되었음에도 온천개발계획을 수립하지 않았다. 또한 경상북도지사의 온천개발계획수립 및 승인신청 이행명령에도 응하지 않았다. 이에 온천우선이용권자인 온천개발회사는 구 '온천법' 제7조 제1항 단서에 따라 온천개발계획을 수립하여 경상북도지사에게 승인신청을 하였으나 경상북도지사가 승인을 거부하는 처분을 하자 경상북도지사를 상대로 위 불승인처분의 취소를 구하는 행정소송을 제기하여 제1심에서 승소하였고, 경상북도지사가 이에 불복하여 항소하였다.

청구인 甲은 위 항소심 계속중 경상북도지사를 위하여 보조참가하고 구 '온천법' 제2조 및 제7조 제1항 등에 대하여 위헌법률심판제청신청을 하였다. 그러나 위 항소심 법원이 이를 기각하자 온도 기준만으로 온천을 정의하고 있는 구 '온천법' 제2조와 온천개발계획의 수립과정에서 지방자치단체를 배제하고 있는 구 '온천법' 제7조 제1항 단서가 위헌이라는 이유로 이 사건 헌법소원심판을 청구하였다.

Ⅲ. 주   문

구 온천법 제2조와 제7조 제1항 단서는 헌법에 위반되지 않는다.

Ⅳ. 결정 이유의 주요 논점 및 요지

1. 위헌법률심사형 헌법소원제기의 적법요건을 갖춤

행정청은 기본권의 주체가 아니므로 '헌법재판소법' 제68조 제1항의 헌법소원을 청구할 수는 없다. 그러나 '헌법재판소법' 제68조 제2항에 의한 헌법소원심판은 구체적 규범통제의 헌법소원으로서, 기본권의 침해가 있을 것을 그 요건으로 하고 있지 않을 뿐만 아니라 청구인적격에 관하여도 '법률의 위헌여부심판의 제청신청이 법원에 의하여 기각된 때에는 그 신청을 한 당사자'라고만 규정하고 있다. 이 때, 위 '당사자'는 행정소송을 포함한 모든 재판의 당사자를 의미하는 것으로 새겨야 할 것이고, 행정소송의 피고인 행정청만 위 '당사자'에서 제외하여야 할 합리적인 이유도 없다.

행정청이 행정처분 단계에서 당해 처분의 근거가 되는 법률이 위헌이라고 판단하여 그 적용을 거부하는 것은 권력분립의 원칙상 허용될 수 없지만, 행정처분에 대한 소송절차에서는 행정처분의 적법성·정당성뿐만 아니라 그 근거법률의 헌법적합성까지도 심판대상으로 인정된다. 그러므로 행정처분에 불복하는 당사자뿐만 아니라 행정처분의 주체인 행정청도 헌법의 최고규범력에 따른 구체적 규범통제를 위하여 근거법률의 위헌 여부에 대한 심판의 제청을 신청할 수 있고 '헌법재판소법' 제68조 제2항의 헌법소원을 제기할 수 있다.

2. 제2조 합헌

무엇을 온천으로서 개발하고 보호할 것인지는 지리적·지질학적 특성, 수자원의 현황, 온천에 대한 수요 등을 고려하여 입법자가 추구하는 입법목적에 따라 정책적으로 결정해야 할 사항이다. 또한 '정의규정'에 불과한 구 '온천법' 제2조 자체에 의하여 무분별한 온천개발이나 그로 인한 폐해가 생긴다고 보기 어려울 뿐만 아니라 '온천법' 및 그 하위 법규의 관련규정들은 온천을 국가자원으로서 효율적으로 개발·이용하도록 하면서도 무분별한 온천개발로 인한 폐해를 최소화하는 데 필요한 다양한 재량권을 행정청에게 부여하고 있다. 그러므로 구 '온천법' 제2조는 헌법에 위반된다고 볼 수 없다.

3. 제7조 제1항 단서도 합헌

시장·군수가 온천개발계획을 수립하지 않는 경우에 시·도지사가 시장·군수에게 일정한 기간 내에 온천개발계획을 수립하도록 이행명령을 하여야 하고, 시장·군수가 그 이행명령에서 정한 기간 내에 이행하지 않은 때에는 온천의 우선이용권자가 직접 온천개발계획의 수립 및 승인신청을 할 수 있도록 규정하고 있는 구 '온천법' 제7조 제1항 단서는 온천개발계획과 관련하여 시·도지사가 시장·군수를 감독할 수 있는 제도적 장치를 보완하여 온천의 적정한 개발을 추진할 수 있도록 하기 위한 것이다. 그리고 이것은 시장·군수에게 부여된 온천개발계획 수립권한을 부정하는 것이 아니라 시장·군수가 온천개발계획 수립에 관한 직무를 이행하지 않는 경우에 시·도지사가 시장·군수를 감독할 수 있도록 한 것이므로, 시장·군수의 지방자치권한을 침해하는 것이라고 볼 수는 없다. 구 '온천법' 제7조 제1항 단서가 온천개발계획 수립권한을 가지는 시장·군수를 제치고 온천의 우선이용권자가 온천개발계획을 수립할 수 있게 하였지만, 이것은 시장·군수가 스스로 온천개발계획을 수립하지 않고 상급 지방자치단체인 시·도지사의 이행명령에도 불응하는 경우에 비로소 시장·군수의 권한을 배제시키는 것이고 온천우선이용권자가 수립한 온천개발계획에 대해서는 시·도지사의 승인을 받도록 하고 있으므로, 지방자치제도의 본질적인 내용을 침해한다고 보기 어렵다.

V. 이 결정이 가지는 의미

　　헌법재판소는 만장일치의견으로, 온천의 정의를 규정한 구 '온천법' 제2조와, 시장·군수가 온천개발계획을 수립하지 않은 경우에 시·도지사가 시장·군수에게 일정한 기간 내에 온천개발계획을 수립하도록 이행을 명하여야 하고 시장·군수가 그 이행명령도 이행하지 않은 때에는 온천의 우선이용권자가 직접 온천개발계획의 수립 및 승인신청을 할 수 있도록 규정한 제7조 제1항 단서에 대해 시장·군수의 자치권을 침해하거나 지방자치권의 본질적인 내용을 침해하지 않는다는 등의 이유를 들어 합헌결정을 내렸다. 이 사건 결정문에서 헌법재판소가 행정처분의 주체인 행정청도 소송절차에서는 행정처분의 근거 법률의 위헌 여부에 대한 심판의 제청을 신청할 수 있고 위헌법률심사형 헌법소원심판도 청구할 수 있음을 분명히 하고 있다는 점에 주목을 요한다.

자치사무에 대한 정부부처 합동감사 사건

— 헌재 2009. 5. 28. 2006헌라6 —

Ⅰ. 심판대상

구 지방자치법(1994. 3. 16. 법률 제4741호로 개정되고 2007. 5. 11. 법률 제8423호로 개정되기 이전의 것, 이하 '구 지방자치법'이라 한다)

제158조(지방자치단체의 자치사무에 대한 감사) 행정자치부장관 또는 시·도지사는 지방자치단체의 자치사무에 관하여 보고를 받거나 서류·장부 또는 회계를 감사할 수 있다. 이 경우 감사는 법령위반사항에 한하여 실시한다.

Ⅱ. 사실관계의 요지

피청구인 행정자치부장관은 청구인 서울특별시에게 자치사무에 대한 정부합동감사를 통보하고 2006년 9월에 약 보름에 걸쳐 이 사건 합동감사를 실시하였다. 이에 청구인은 이 사건 합동감사대상으로 지정된 자치사무에 관하여 법령위반사실이 밝혀지지 않았고 법령위반 가능성에 대한 합리적인 의심조차 없는 상황에서 구 '지방자치법' 제158조 단서에 위반하여 사전적·포괄적으로 이 사건 합동감사를 실시하는 것은 헌법과 '지방자치법'이 청구인에게 부여한 자치행정권, 자치재정권 등 지방자치권을 침해하였다고 주장하며 이 사건 권한쟁의심판을 청구하였다.

Ⅲ. 주   문

피청구인이 2006. 9. 14.부터 2006. 9. 29.까지 청구인의 [별지] 목록 기재의 자치사무에 대하여 실시한 정부합동감사는 헌법 및 지방자치법에 의하여 부여된 청구인의 지방자치권을 침해한 것이다.

Ⅳ. 결정 이유의 주요 논점 및 요지

피청구인 등 중앙행정기관의 장이 청구인 등 지방자치단체의 자치사무에 관하여는 합법성 감사만 할 수 있고 합목적성 감사는 할 수 없다는 점에 대하여는 청구인과 피청구인 사이에 다툼이 없다. 그런데 청구인의 자치사무에 관하여 법령위반사항이 드러나지 않은 상황에서 피청구인이 청구인의 자치사무 등에 대하여 실시하는 포괄적·일반적인 이 사건 합동감사가 "감사는 법령위반사항에 한하여 실시한다"는 구 '지방자치법' 제158조 단서의 해석상 허용되는 것인지 여부가 문제된다.

1. 현행 헌법으로의 헌법개정으로 인한 지방자치제의 전면 실시

1987년에 현행 헌법으로의 헌법개정이 이루어졌고 그 개정을 통해 지방자치제 실시를 유보하던 부칙 제10조가 삭제됨으로써 지방자치에 관한 헌법 규정도 그 실효성을 회복하게 되었다. 이와 같은 헌법개정으로 인한 지방자치제의 전면 실시에 따라 지방자치단체의 사무전체에 대하여 포괄적 감사규정을 두었던 '지방자치법'은 자치사무에 관한 감사규정은 존치하되 '위법성 감사'라는 단서를 추가하여 자치사무에 대한 감사를 축소하는 이 사건 관련규정으로 개정되었다. 헌법은 제117조와 제118조에서 제도적으로 보장하고 있는 지방자치제의 본질적 내용은 자치단체의 보장, 자치기능의 보장 및 자치사무의 보장이고, 특히 자치사무는 지방자치단체가 법령의 범위 안에서 그 처리 여부와 방법을 자기책임 아래 결정할 수 있는 사무로서 지방자치권의 최소한의 본질적 사항이므로 지방자치단체의 자치권을 보장한다고 한다면 최소한 이 같은 자치사무의 자율성만은 침해해서는 안 된다.

2. 지방자치단체의 자체사무에 대해서는 합목적성 감사가 사전·포괄적으로 허용될 수 없음

구 '지방자치법' 제155조, 제156조, 제156조의2 및 제157조의 각 규정은 중앙행정기관의 감독권 발동이 지방자치단체의 구체적 법위반을 전제로 하여 작동되도록 되어 있다는 점과 중앙행정기관과 지방자치단체 간의 분쟁관계를 대등한 권리주체로서의 "외부 법관계"로 보아 규정하고 있으므로, 중앙행정기관의 지방자치단체의 자치사무에 대한 합목적성 감사가 사전 포괄적으로 허용될 수 없음을 "사후적으로" 정해두고 있는 것이다. 감사원의 지방자치단체에 대한 감사는 합법성 감사에 한정되지 않고 자치사무에 대하여도 합목적성 감사가 가능하여 국가감독권 행사로서 지방자치단체의 자치사무에 대한 감사원의 사전적·포괄적 감사가 인정된다. 여기에다 중앙행정기관에도 사전적·포괄적 감사를 인정하게 되면 지방자치단체는 그 자치사무에 대해서도 국가의 불필요한 중복감사를 면할 수 없게 된다.

3. 정부합동감사는 헌법 및 지방자치법에 의하여 부여된 청구인의 지방자치권을 침해

이상에서 본 헌법 및 '지방자치법'의 개정취지, 이 사건 관련규정 단서의 신설경위, 자치사무에 관한 한 중앙행정기관과 지방자치단체의 관계가 상하의 감독관계에서 상호보완적 지도·지원의 관계로 변화된 법의 취지, 중앙행정기관의 감독권 발동은 지방자치단체의 구체적 법위반을 전제로 하여 작동되도록 제한되어 있는 점, 그리고 국가감독권 행사로서 지방자치단체의 자치사무에 대한 감사원의 사전적·포괄적 합목적성 감사가 인정되므로 국가의 중복감사의 필요성이 없는 점 등을 종합하여 보면, 지방자치단체가 스스로의 책임 하에 수행하는 자치사무에 대해서까지 국가감독이 중복되어 광범위하게 이루어지는 것은 지방자치의 본질을 훼손할 가능성마저 있으므로 지방자치권의 본질적 내용을 침해할 수 없다는 견지에서 중앙행정기관의 지방자치단체의 자치사무에 대한 이 사건 관련규정의 감사권은 사전적·일반적인 포괄감사권이 아니라 그 대상과 범위가 한정적인 제한된 감사권이라 해석함이 마땅하다. 결국 중앙행정기관이 이 사건 관련규정상의 감사에 착수하기 위해서는 자치사무에 관하여 특정한 법령위반행위가 확인되었거나 위법행위가 있었으리라는 합리적 의심이 가능한 경우이어야 하고, 또한 그 감사대상을 특정해야 한다고 봄이 상당하다. 따라서 전반기 또는 후반기 감사와 같은 포괄적·사전적 일반감사나 위법사항을 특정하지 않고 개시하는 감사 또는 법령위반사항을 적발하기 위한 감사는 모두 허용될 수 없다. 왜냐하면 법령위반 여부를 알아보기 위하여 감사하였다가 위법사항을 발견하지 못하였다면 법령위반사항이 아닌데도 감사한 것이 되어 이 사건 관련규정 단서에 반하게 되며, 이것은 결국 지방자치단체의 자치사무에 대한 합목적성 감사는 안 된다고 하면서 실제로는 합목적성 감사를 하는 셈이 되기 때문이다.

그런데 이 사건 합동감사의 경우를 살펴보면, 피청구인이 감사실시를 통보한 사무는 청구인의 거의 모든 자치사무를 감사대상으로 하고 있어 사실상 피감사대상이 특정되지 않았다고 보여질 뿐만 아니라 피청구인은 이 사건 합동감사 실시계획을 통보하면서 구체적으로 어떠한 자치사무가 어떤 법령에 위반되는지 여부를 전혀 밝히지 않았다. 그렇다면 이 사건 합동감사는 위에서 본 이 사건 관련규정상의 감사의 개시요건을 전혀 충족하지 못하였다 할 것이다. 따라서 피청구인이 청구인의 자치사무에 대하여 실시한 정부합동감사는 헌법 및 지방자치법에 의하여 부여된 청구인의 지방자치권을 침해하였다고 할 것이므로 청구인의 이 사건 심판청구는 이유 있어 이를 인용한다.

Ⅴ. 이 결정이 가지는 의미

헌법재판소는 재판관 7 : 2의 의견으로 피청구인 행정안전부장관 등이 2006년 9월에 약 보름간 청구인 서울특별시를 상대로 자치사무에 대하여 실시한 합동감사가 지방자치권을 침해하는지에 대한 권한쟁의심판청구사건에서, 위 감사가 이 사건 관련규정상의 감사의 개시요건을 전혀 충족하지 못하여 헌법 및 '지방자치법'에 의하여 부여된 청구인의 지방자치권을 침해하였다는 이유로 인용결정을 선고하였다. 이에 대하여 이동흡, 목영준 재판관은 이 사건 관련규정의 입법경위 등에 비추어 볼 때, 위 규정이 감사개시요건을 규정한 것으로는 도저히 볼 수 없어 피청구인에게 관련규정에 따라 청구인의 자치사무에 대하여 법령위반사항이 있는지 감사할 수 있는 적법한 권한이 있고, 따라서 위 감사는 적법한 감사로서 이 사건 권한쟁의심판 청구는 이유 없다는 반대의견을 개진했다.

이 권한쟁의심판 인용결정의 핵심취지는 지자체의 위법행위가 드러났을 때에 한해 정부 부처가 합동감사를 실시해야 하고 위법성이 드러나지 않은 상황에서는 정부부처의 합동감사가 아닌 감사원의 감사에 맡겨야 한다는 것임에 주목할 필요가 있다.

종합부동산세 사건

― 헌재 2008. 11. 13, 2006헌바112 ―

Ⅰ. 심판대상

구 종합부동산세법 제7조 제1항과 개정 종합부동산세법 제7조 외 여러 규정들.

Ⅱ. 사실관계의 요지

청구인들은 주택 또는 종합합산과세대상 토지를 소유하고 있어 관할 세무서장으로부터 종합부동산세의 부과처분을 받고, 이에 대해 그 처분의 취소를 구하거나 납부 후 경정청구에 대한 거부처분의 취소를 구하는 소송절차에서 위 처분의 근거법률인 구 '종합부동산세법' 또는 '종합부동산세법'의 관련 규정에 대해 각각 위헌법률심판 제청신청을 하였다. 이에 대해 법원이 개정 '종합부동산세법' 중 세대별 합산 관련규정에 대해서만 이를 받아들여 위헌심판 제청을 하고 나머지 제청신청을 기각하자, 청구인들이 구 '종합부동산세법'과 개정 '종합부동산세법'에 대해 헌법소원심판을 각각 청구하였다.

Ⅲ. 주   문

1. 종합부동산세법 제7조 제1항 중 전문의 괄호 부분 및 후문, 제2항·제3항, 제12조 제1항 제1호 중 본문의 괄호 부분 및 단서 부분, 제2항은 헌법에 위반된다.

2. 구 종합부동산세법 제7조 제1항, 제8조, 제9조 전단, 종합부동산세법 제7조 제1항 전문 중 괄호 부분을 제외한 부분, 제8조 제1항, 제9조 제1항·제2항은 헌법에 합치되지 아니한다. 위 각 법률조항은 2009. 12. 31.을 시한으로 입법자가 개정할 때까지 계속 적용된다.

3. 구 종합부동산세법 제12조 제1호, 제13조 제1항·제3항 중 '또는 제2항' 부분을 제외한 부분, 제14조 제1항 전단, 종합부동산세법 제12조 제1항 제1호 본문 중 괄호 부분을 제외한 부분, 제13조 제1항·제3항 중 '또는 제2항' 부분을 제외한 부분, 제14조 제1

항·제2항, 구 종합부동산세법 제16조 제1항 및 제17조 중 '납세지 관할 사무서장', '납세지 관할 지방국세청장' 부분은 헌법에 위반되지 아니한다.

IV. 결정 이유의 주요 논점 및 요지

1. 종합부동산세제 자체는 합헌

　　첫째, 이중과세의 문제와 관련해, 재산세와 사이에서는 동일한 과세대상 부동산이라고 할지라도 지방자치단체에서 재산세로 과세되는 부분과 국가에서 종합부동산세로 과세되는 부분이 서로 나누어져 재산세를 납부한 부분에 대해 다시 종합부동산세를 납부하는 것이 아니고, 양도소득세와 사이에서는 각각 그 과세의 목적 또는 과세 물건을 달리하는 것이므로, 이중과세의 문제는 발생하지 않는다. 둘째, 소급입법 과세의 문제와 관련해, 구 '종합부동산세법' 부칙 제2조는 구 '종합부동산세법'이 그 시행 후 최초로 납세의무가 성립하는 종합부동산세에 대해 적용됨을 명백히 규정하고 있으므로, 구 '종합부동산세법'이 시행된 후 과세기준일 현재 과세대상 부동산에 대해 종합부동산세를 부과하는 것은 소급입법에 의한 과세라고 하기는 어렵다. 셋째, 미실현 이득에 대한 과세 및 원본잠식의 문제와 관련해, 종합부동산세는 본질적으로 부동산의 보유사실 그 자체에 담세력을 인정하고 그 가액을 과세표준으로 삼아 과세하는 것으로서, 일부 수익세적 성격이 있다 하더라도 미실현 이득에 대한 과세의 문제가 전면적으로 드러난다고 보기 어렵고, 그 부과로 인해 원본인 부동산가액의 일부가 잠식되는 경우가 있다 하더라도 그러한 사유만으로 곧바로 위헌이라 할 수는 없다. 넷째, 자치재정권 침해의 문제와 관련해, 부동산 보유세를 국세로 할 것인지 지방세로 할 것인지는 입법정책의 문제에 해당하고, 입법정책상 '종합부동산세법'이 부동산 보유세인 종합부동산세를 국세로 규정하였다 하더라도 지방자치단체의 자치재정권의 본질을 훼손하는 것이라고 보기 어려우므로 종합부동산세를 국세로 규정한 '종합부동산세법' 제16조 제1항 및 제17조 중 '납세지 관할 세무서장', '납세지 관할 지방국세청장' 부분은 헌법에 위반되지 않는다. 다섯째, 헌법 제119조 위반의 문제와 관련해, 국가에 대해 경제에 관한 규제와 조정을 할 수 있도록 규정한 헌법 제119조 제2항이 보유세 부과 그 자체를 금지하는 취지로 보이지 않으므로 주택 등에 보유세인 종합부동산세를 부과하는 그 자체를 헌법 제119조에 위반된다고 보기는 어렵다. 여섯째, 헌법상 체계정당성 원리 위반의 문제와 관련해, 종합부동산세는 지방세인 재산세와는 별개의 독립된 국세로서 구 '조세특례제한법'상의 중과세 특례라고 할 수 없을 뿐만 아니라, 종합부동산세가 재산세나 다른 조세와의 관계에서도 규범의 구조나 내용 또는 규범의 근거가 되는 원칙면에서 상호 배치되거나 모순된다고 보기도 어려우므로, 입법 체계의 정당성에 위반되지 않는다. 일곱째, 입법권 남용의 문제와 관련해, 조세 관련 법률이라 하여 정부가 제출하는 방식으로 입법해야 한다는 헌법적인 관행이 확립되어 있다고 보기 어렵고 헌법 제40조에 의하면 입법권은 본래 국회에 속하는 것이므로, '종합부동산세법'이 비록 국회의원이 제출하는 형식으로 입법되었다 하여 이를 들어 입법권의 남용이라 하기도 어렵다.

종합부동산세 부과로 인해 청구인들의 평등권, 거주 이전의 자유, 생존권, 인간다운 생활을 할 권리는 침해되지 않으며, 종합합산 과세대상 토지가 개발제한구역 특조법상의 개발제한구역의 지정으로 인하여 재산권 행사에 제한을 받고 있다 하더라도 청구인의 재산권, 평등권은 침해되지 않는다.

2. 세대별 합산과세는 헌법 제36조 제1항에 위반되어 위헌

이 사건 '세대별 합산규정'에 의하여 혼인한 부부 또는 가족과 함께 세대를 구성한 자에게 더 많은 조세를 부과하는 것이 혼인과 가족생활을 특별히 더 보호하도록 한 헌법 제36조 제1항에 위반되는지 여부가 문제되고, 특정한 조세 법률조항이 혼인이나 가족생활을 근거로 부부 등 가족이 있는 자를 혼인하지 않은 자 등에 비해 차별 취급하는 것이라면 비례의 원칙에 의한 심사에 의해 정당화되지 않는 한 헌법 제36조 제1항에 위반된다.

이 사건 세대별 합산규정은 생활실태에 부합하는 과세를 실현하고 조세회피를 방지하고자 하는 것으로 그 입법목적의 정당성은 수긍할 수 있다. 그러나, 가족 간의 증여를 통해 재산의 소유 형태를 형성하였다고 하여 모두 조세회피의 의도가 있었다고 단정할 수 없고, 정당한 증여의 의사에 따라 가족간에 소유권을 이전하는 것도 국민의 권리에 속하는 것이다. 또한 우리 민법은 부부별산제를 채택하고 있고 배우자를 제외한 가족의 재산까지 공유로 추정할 근거규정이 없으며 공유재산이라고 하여 세대별로 합산하여 과세할 당위성도 없다. 부동산 가격의 앙등은 여러 가지 요인이 복합적으로 작용하여 발생하는 것으로서 오로지 세제의 불비 때문에 발생하는 것만이 아니며, 이미 헌법재판소는 자산소득에 대하여 부부간 합산과세에 대하여 위헌 선언한 바 있으므로 적절한 차별취급이라 할 수 없다. 또한 '부동산실명법'상의 명의신탁 무효조항이나 과징금 부과조항, 상속세 및 증여세법상의 증여 추정규정 등에 의해서도 조세회피의 방지라는 입법목적을 충분히 달성할 수 있어 반드시 필요한 수단이라고 볼 수 없다. 그리고 이 사건 세대별 합산규정으로 인한 조세부담의 증가라는 불이익은 이를 통하여 달성하고자 하는 조세회피의 방지 등 공익에 비하여 훨씬 크고, 조세회피의 방지와 경제생활 단위별 과세의 실현 및 부동산 가격의 안정이라는 공익은 입법정책상의 법익인데 반해 혼인과 가족생활의 보호는 헌법적 가치라는 것을 고려할 때 법익균형성도 인정하기 어렵다. 따라서 이 사건 세대별 합산규정은 혼인한 자 또는 가족과 함께 세대를 구성한 자를 비례의 원칙에 반하여 개인별로 과세되는 독신자, 사실혼 관계의 부부, 세대원이 아닌 주택 등의 소유자 등에 비하여 불리하게 차별하여 취급하고 있으므로, 헌법 제36조 제1항에 위반된다.

3. 주택분 종합부동산세 부과규정 중 주거목적 일주택보유자 부분 헌법불합치 및 잠정적용 명령

이 사건 주택분 종합부동산세 부과규정은, 이 사건 종합부동산세의 납세의무자 중 적어도 주거 목적으로 한 채의 주택만을 보유하고 있는 자로서, 그 중에서도 특히 일정한 기간 이상 이를 보유하거나 또는 그 보유기간이 이에 미치지 않는다 하더라도 과세대상 주택 이외에 별다른 재산이나 수입이 없어 조세지불 능력이 낮거나 사실상 거의 없는 자 등에 대해 주택분 종합부동산세를 부과함에 있어서는 그 보유의 동기나 기간, 조세지불능력 등과 같이 정책적 과세의 필요성 및 주거생활에 영향을 미치는 정황 등을 고려하여 납세의무자의 예외를 두거나 과세표준 또는 세율을 조정하여 납세의무를 감면하는 등의 과세 예외조항이나 조정장치를 두어야 할 것임에도 이와 같은 주택 보유의 정황을 고려하지 않은 채 다른 일반 주택 보유자와 동일하게 취급하여 일률적 또는 무차별적으로, 그것도 재산세에 비해 상대적으로 고율인 누진세율을 적용하여 결과적으로 다액의 종합부동산세를 부과하는 것이므로, 그 입법 목적의 달성에 필요한 정책수단의 범위를 넘어 과도하게 주택 보유자의 재산권을 제한하는 것으로서 피해의 최소성 및 법익 균형성의 원칙에 어긋난다. 법적 공백과 혼란 방지를 위해 헌법불합치 결정을 선고하며, 다만 입법자의 개선입법이 있을 때까지 계속 적용을 명하기로 한다.

V. 이 결정이 가지는 의미

이에 대해 목영준 재판관은 헌법불합치 부분에 대한 일부 합헌의견을, 조대현, 김종대 재판관은 전체 합헌의견을 냈다. 헌법재판소는 이미 2002년 8월 29일과 2005년 5월 26일에 자산소득에 대하여 부부간 합산과세를 하던 구 '소득세법' 규정들에 대해, 혼인한 부부를 사실혼 관계의 부부나 독신자에 비해 차별 취급하는 것으로서 헌법상 정당화되지 않아 헌법 제36조 제1항에 위반된다는 이유로 위헌결정(2001 헌바82, 2004헌가6)을 내린 바 있었다. 본 결정에서 종합부동산세의 부부간 합산과세 규정에 대해서도 이 논리를 적용해 위헌결정을 내린 것이다. 또한 위헌결정은 아니지만, 주택분 종합부동산세 부과규정 중 주거목적 일주택보유자 부분에 대해서는 헌법불합치결정과 함께 잠정적용 명령을 내렸다. 부부간 합산과세에 대해 위헌결정을 내림으로써 종합부동산세의 과세대상은 현격히 줄게 되었고, 따라서 이 결정은 종합부동산세 자체에 대해서는 합헌결정을 내렸지만 결과적으로 종합부동산세를 껍데기만 남은 유명무실한 세제로 만들어 놓았다.

제 6 장

기본권
총론

영화인협회 사건

— 헌재 1991. 6. 3, 90헌마56 —

I. 심판대상

영화법(1973. 2. 16. 법률 제2536호 제정)

제12조

① 영화(그 예고편을 포함한다)는 그 상영전에 공연법의 의하여 설치된 공연윤리위원회의 심의를 받아야 한다.

② 제1항의 규정에 의한 심의를 필하지 아니한 영화는 이를 상영하지 못한다.

③ (삭제 1984. 12. 31. 법률 제3776호)

④ 제1항의 규정에 의하여 심의를 받은 극영화를 텔레비전방송에 방영하고자 할 때에는 다시 방송법에 의하여 설치된 방송위원회의 심의를 받아야 한다.

제13조

① 공연윤리위원회 또는 방송심의위원회는 제12조 제1항 또는 제4항의 규정에 의한 심의에 있어서 다음 각호의 1에 해당된다고 인정되는 영화에 대하여는 이를 심의필한 것으로 결정하지 못한다. 다만, 그 해당부분을 삭제하여도 상영에 지장이 없다고 인정될 때에는 그 부분을 삭제하고 심의필을 결정할 수 있다.

1. 헌법의 기본질서에 위배되거나 국가의 권위를 손상할 우려가 있을 때

2. 공서양속을 해하거나 사회질서를 문란하게 할 우려가 있을 때

3. 국제간의 우의를 훼손할 우려가 있을 때

② 제2항 제1항의 심의 기준에 따르는 세부사항은 대통령령으로 정한다.

제32조　다음 각호의 1에 해당하는 자는 2년이하의 징역 또는 500만원 이하의 벌금에 처한다.

5. 제12조 제1항 또는 제4항의 규정에 의한 심의를 받지 아니하고 영화를 상영한 자

Ⅱ. 사실관계의 요지

청구인 사단법인 甲협회는 영화제작에 관여하는 영화인 상호간의 친목도모 및 영화예술의 발전과 영화시책의 개선 건의 등을 목적으로 설립된 사단법인이며, 청구인 甲협회 감독위원회는 청구인 사단법인 甲협회의 산하에 있는 영화감독들의 모임이다. 청구인들은 그 회원들이 영화를 제작·상영함에 있어서 공연윤리위원회의 사전심의를 반드시 거치도록 하여 사전검열을 규정하고 있는 '영화법' 제12조 제1항 때문에 그 심의과정에서 제작된 영화의 일부를 삭제당하거나 사회비판적 소재를 다루는 영화의 경우 기획단계에서 중단하여야 하는 등 영화제작활동상 큰 피해를 입고 있다고 주장하면서 이러한 심의와 관련된 법률조항들의 위헌여부에 대한 이 사건 헌법소원심판의 청구하였다.

Ⅲ. 주　　문

이 사건 심판청구를 모두 각하한다.

Ⅳ. 결정 이유의 주요 논점 및 요지

1. 영화인협회 감독위원회는 헌법소원심판청구능력이 없음

우리 헌법은 법인의 기본권향유능력을 인정하는 명문의 규정을 두고 있지 않지만, 본래 자연인에게 적용되는 기본권규정이라도 언론·출판의 자유, 재산권의 보장 등과 같이 성질상 법인이 누릴 수 있는 기본권을 당연히 법인에게도 적용하여야 하는 것으로 본다. 따라서 법인도 사단법인·재단법인 또는 영리법인·비영리법인을 가리지 않고 위 한계 내에서는 헌법상 보장된 기본권이 침해되었음을 이유로 헌법소원심판을 청구할 수 있다. 또한, 법인 아닌 사단·재단이라고 하더라도 대표자의 정함이 있고 독립된 사회적 조직체로서 활동하는 때에는 성질상 법인이 누릴 수 있는 기본권을 침해당하게 되면 민사소송법 제48조에 근거해 그의 이름으로 헌법소원심판을 청구할 수 있다.

청구인 사단법인 甲협회(이하 영화인협회라고 줄여 쓴다)는 "영화예술인 상호간의 친목도모 및 자질향상, 민족영화예술의 창달발전을 기함을 목적으로, 그 목적을 달성하기 위하여" 설립된 민법상의 비영리사단법인으로서 성질상 법인이 누릴 수 있는 기본권에 관한 한 그 이름으로 헌법소원심판을 청구할 수 있다. 그러나 청구인 甲협회 감독위원회는 영화인협회로부터 독립된 별개의 단체가 아니고, 사단법인 甲협회의 정관 제6조에 의할 경우 영화인협회의 내부에 설치된 8개의 분과위원회 가운데 하나에 지나지 않는다. 달리 단체로서의 실체를 갖추어 당사자 능력이 인정되는 법인 아닌 사단으로 볼 자료도 없다. 따라서 감독위원회는 그 이름으로 헌법소원심판을 청구할 수 있는 헌법소원심판청구능력이 있다고 할 수 없는 것이므로 감독위원회의 이 사건 헌법소원심판청구는 더 나아가 판단할 것 없이 부적법하다.

2. 영화인협회의 헌법소원심판청구도 자기관련성이 없어 부적법

'헌법재판소법' 제68조 제1항에 의하면 공권력의 행사 또는 불행사로 인하여 헌법상 보장된 기본권을 침해받은 자는 헌법소원심판을 청구할 수 있도록 규정하고 있고, 위 규정에 정한 공권력에는 입법권도 포함된다고 할 것이므로 당연히 법률에 대한 헌법소원심판의 청구도 가능하다. 그러나 직접 법률에 대한 헌법소원심판을 청구하려면 먼저 청구인 스스로가 당해 법률 또는 법률조항과 법적인 관련성이 있어야 할 뿐만 아니라 당해 법률 또는 법률조항에 의하여 별도의 구체적인 집행행위의 매개없이 직접·현재 헌법상 보장된 기본권을 침해당하고 있는 경우이어야 한다. 이 사건 헌법소원심판청구의 청구원인에 의하면, 영화인협회는 그 자신의 기본권이 침해당하고 있음을 이유로 하여 이 사건 헌법소원심판을 청구한 것이 아니고, 그 단체에 소속된 회원들이 영화를 제작·상영함에 있어서 공연법에 의하여 설치된 공연윤리위원회의 사전검열로 말미암아 헌법상 보장된 기본권인 예술의 자유와 표현의 자유를 각 침해당하고 있음을 이유로 하여 이 사건 헌법소원심판을 청구한 것임이 명백하다. 그러나 단체와 그 구성원을 서로 별개의 독립된 인격체로 인정하고 있는 현행의 우리나라 법제 아래에서는 헌법상 보장된 기본권을 직접 침해당한 사람만이 원칙적으로 헌법소원심판 절차에 따라 권리구제를 청구할 수 있는 것이고, 단체의 구성원이 기본권을 침해당한 경우 단체가 구성원의 권리구제를 위하여 그를 대신하여 헌법소원심판을 청구하는 것은 원칙적으로 허용될 수 없다.

'헌법재판소법' 제68조 제1항에 정한 헌법소원의 기능이 객관적 헌법보장제도의 기능도 가지고 있는 것이지만, 주관적 기본권의 보장이 보다 중요한 기능의 하나인 것으로 본다면 더욱 그러하다. 왜냐하면 특정의 기본권을 침해당한 경우, 그 권리구제를 받기 위한 헌법소원심판을 청구할 것인가 아니할 것인가의 여부는 오로지 그 본인의 뜻에 달려 있다 할 것이고, 또 그 본인이야말로 사건의 승패에 따른 가장 큰 이해를 가진 사람이라 할 것이므로 누구보다도 적극적으로, 또한 진지하게 헌법소원절차를 유지·수행할 사람이기 때문이다. 따라서 단체는 특별한 예외적인 경우를 제외하고는 헌법소원심판제도가 가진 기능에 미루어 원칙적으로 단체 자신의 기본권을 직접 침해당한 경우에만 그의 이름으로 헌법소원심판을 청구할 수 있을 뿐이고, 그 구성원을 위하여 또는 구성원을 대신하여 헌법소원심판을 청구할 수 없는 것으로 보아야 할 것이다.

이 사건 심판의 대상이 된 법률조항은 '영화법' 제2조 제8호·제9호, 제4조, 제5조의 2에 비추어 볼 때 영화를 제작하여 상영하려는 영화업자·기타 영화제작자 또는 영화의 제작에 참여하는 감독·연기인 등 영화인을 그 적용대상으로 하는 것이며, 영화인협회는 영화인협회의 정관 제4조에 비추어 볼 때 스스로 영화제작 또는 상영사업을 수행하지 않는 이상 직접 위 법률조항의 적용을 받는 것으로 보기 어렵다. 뿐만 아니라 위 법률조항이 영화업자 또는 영화인협회 회원인 감독·연기인 등 영화인들의 헌법상 기본권을 제한한다고 하여 이로써 영화인협회가 직접적으로 회복할 수 없는 손해를 입게 된다는 특별한 사정이 있음을 인정할 자료가 없다. 더구나 이 사건에서는 영화업자 또는 영화인협회의 회원인 영화인들이 스스로 헌법소원심판을 청구하여 그들의 헌법상 보장된 기본권의 침해에 대한 구제를 받을 수 있는 길이 막혀있다거나, 그 행사가 심히 여려운 것으로 보아야 할 사정도 찾아볼 수 없다. 따라서 영화인협회의 이 사건 헌법소원심판청구는 자기관련성의 요건을 갖추지 못한 부적법한 것이다.

Ⅴ. 이 결정이 가지는 의미

한국 영화인협회나 동협회의 감독위원회가 그 회원인 감독의 기본권 침해를 이유로 제기한 헌법소원심판에 대해 헌법재판소가 다수의견을 통해 감독위원회의 심판청구는 헌법소원청구능력이 없는 자의 청구인 경우에, 영화인협회의 심판청구는 자기관련성이 없는 경우에 해당하여 부적법한 것이라 하면서 각하결정을 내린 사건이다. 헌법재판소가 이 사건에서 법인 아닌 사단 또는 재단이라고 하더라도 대표자의 정함이 있고 독립된 사회적 조직체로서 활동하는 때에는 성질상 법인이 누릴 수 있는 기본권을 침해당하게 되면 그의 이름으로 헌법소원심판을 청구할 수 있다고 판시한 점에 주목을 요한다. 또한 이 결정의 심판대상이 되었던 '영화법' 제12조 및 제13조의 공연윤리위원회에 의한 영화 사전심의제는 그 후 영화인 스스로의 헌법소원심판 제기를 통해 1996년 10월 4일의 헌법재판소 93헌가13 결정에서 사전검열에 해당한다는 이유로 위헌결정을 받게 된다.

서울대학교 대학입학고사 주요요강 사건
—헌재 1992. 10. 1, 92헌마68·76 병합—

Ⅰ. 심판대상

서울대학교 1994학년도 대학입학고사 주요요강

Ⅱ. 사실관계의 요지

　　서울대학교는 1년간의 연구·검토 끝에 1992년 4월 2일에 2년간의 준비기간을 두고 '94학년도 대학입학고사 주요요강'을 발표하였다. 이것은 교육부가 마련한 네 가지 입시유형 중 제4유형을 선택한 것으로서 고등학교 내신성적 반영비율을 40%로 하고 대학수학능력시험성적 반영비율을 20%로 하며, 대학별 고사의 반영비율을 40%로 하되 인문계열의 경우 국어(논술), 영어, 수학1 등 3과목을 필수과목으로 하고 한문, 프랑스어, 독일어, 중국어, 에스파냐어 등 5과목을 선택과목으로 정하여 그 중 1과목을 선택하도록 하는 등을 내용으로 한 것이었다.

　　대원외국어고등학교 일본어과 1학년에 재학 중이어서 1995학년도 대학입학고사에 응시예정인 청구인 甲과, 같은 고등학교 2학년에 재학 중이어서 1994학년도에 대학입학고사에 응시예정인 청구인 乙은, 서울대학교가 대학별 고사방법을 정함에 있어 인문계열의 선택과목에서 일본어를 제외시킨 것을 문제 삼아 각각 이 사건 헌법소원을 제기하였다.

Ⅲ. 주　　문

　　심판청구를 기각한다.

Ⅳ. 결정 이유의 주요 논점 및 요지

1. 공권력 행사에 해당됨

국립대학인 서울대학교는 특정한 국가목적인 대학교육에 제공된 인적·물적 종합시설로서 공법상의 영조물이다. 그리고 서울대학교와 학생과의 관계는 공법상의 영조물이용관계로서 공법관계이며, 서울대학교가 대학입학고사 시행방안을 정하는 것은 공법상의 영조물이용관계설정을 위한 방법, 요령과 조건 등을 정하는 것이어서 서울대학교 입학고사에 응시하고자 하는 사람들에 대하여 그 시행방안에 따르지 않을 수 없는 요건·의무 등을 제한설정하는 것이기 때문에 그것을 제정·발표하는 것은 공권력의 행사에 해당된다.

2. 보충성의 원칙도 충족함

서울대학교의 '94학년도 대학입학고사 주요요강'은 교육부가 마련한 대학입시제도 개선안에 따른 것으로서 대학입학방법을 규정한 교육법시행령 제71조의2의 규정이 교육부의 개선안을 뒷받침할 수 있는 내용으로 개정될 것을 전제로 하여 제정된 것이고 위 시행령이 아직 개정되지 아니한 현 시점에서는 법적 효력이 없는 행정계획안이어서 이를 제정한 것은 사실상의 준비행위에 불과하고 이를 발표한 행위는 앞으로 그와 같이 시행될 것이니 미리 그에 대비하라는 일종의 사전안내에 불과하다. 따라서 위와 같은 사실상의 준비행위나 사전안내는 행정심판이나 행정쟁송의 대상이 될 수 있는 행정처분이나 공권력의 행사가 될 수 없다. 그러나 이러한 사실상의 준비행위나 사전안내라도 그 내용이 국민의 기본권에 직접 영향을 끼치는 내용이고 앞으로 법령의 뒷받침에 의하여 그대로 실시될 것이 틀림없을 것으로 예상될 수 있는 것일 때에는 그로 인하여 직접적으로 기본권 침해를 받게 되는 사람에게는 사실상의 규범작용으로 인한 위험성이 이미 발생하였다고 보아야 할 것이므로 이러한 것도 헌법소원의 대상은 될 수 있다고 보아야 하고 헌법소원 외에 달리 구제방법도 없다.

3. 현재성이 인정됨

서울대학교가 위 요강을 작성하여 발표하게 된 경위에 비추어 볼 때 그 요강은 1994학년도 서울대학교 신입생선발부터 실시될 것이 틀림없어 보이고 1995학년도 신입생선발에도 적용될 가능성을 충분히 예측할 수 있다. 그리고 고등학교에서 일본어를 배우고 있는 청구인들은 서울대학교 대학별 고사의 선택과목에서 일본어가 제외되어 있는 입시요강으로 인하여 그들이 94학년도 또는 95학년도에 서울대학교 인문계열 입학을 지원할 경우 불이익을 입게 될 수도 있다는 것을 현재의 시점에서 충분히 예측할 수 있는 이상 기본권 침해의 현재성이 인정된다.

4. 대학은 학문의 자유라는 기본권의 주체

헌법 제31조 제4항은 "교육의 자주성·전문성·정치적 중립성 및 대학의 자율성은 법률이 정하는 바에 의하여 보장된다"라고 규정하여 교육의 자주성과 대학의 자율성을 보장하고 있는데 이는 대학에 대한 공권력 등 외부세력의 간섭을 배제하고 대학구성원 자신이 대학을 자주적으로 운영할 수 있도록 함으로써 대학인으로 하여금 연구와 교육을 자유롭게 하여 진리탐구와 지도적 인격의 도야라는 대학의 기능을 충분히 발휘할 수 있도록 하기 위한 것이다. 교육의 자주성이나 대학의 자율성은 헌법 제22조 제1항과 제2항이 보장하고 있는 학문의 자유의 확실한 보장수단으로 꼭 필요한 것으로서 이는 대학에게 부여된 헌법상의 기본권이다. 따라서 국립대학인 서울대학교는 다른 국가기관 내지 행정기관과는 달리 공권력의 행사자의 지위와 함께 기본권의 주체라는 점도 중요하게 다루어져야 한다. 여기서 대학의 자율은 대학시설의 관리·운영만이 아니라 학사관리 등 전반적인 것이라야 하므로 연구와 교육의 내용, 그 방법과 대상, 교과과정의 편성, 학생의 선발, 학생의 전형도 자율의 범위에 속해야 하고 따라서 입학시험제도도 자주적으로 마련될 수 있어야 한다. 다만 이러한 대학의 자율권도 헌법상의 기본권이므로 기본권제한의 일반적 법률유보의 원칙을 규정한 헌법 제37조 제2항에 따라 국가안전보장·질서유지·공공복리 등을 이유로 필요, 최소한의 범위 내에서 제한될 수 있는 것이며, 대학입학방법을 규정하고 있는 '교육법' 제111조의2 및 '교육법 시행령' 제71조의2의 규정은 바로 헌법 제37조 제2항에 의한 대학자율권 규제법률이다.

5. 교육상의 평등권 침해되지 않음

현재 고등학교에서 일본어를 외국어 선택과목으로 배우고 있는 학생들 중 94학년도에 대학진학 예정인 2학년생과 95학년도에 대학진학 예정인 1학년생은 그들이 서울대학교 인문계열 진학을 희망할 경우 일본어를 선택과목으로 시험을 치를 수 없게 되어 고등학교에서 독일어, 프랑스어, 에스파냐어, 중국어 중 하나를 외국어 선택과목으로 배우고 있는 학생들보다 불리한 입장에 놓이게 되었다고 주장할 수도 있을 것이다. 그러나 이러한 불이익은 서울대학교가 학문의 자유와 대학의 자율권이라고 하는 기본권의 주체로서 자신의 주체적인 학문적 가치판단에 따른, 법률이 허용하는 범위 내에서의 적법한 자율권 행사의 결과 초래된 반사적 불이익이어서 부득이한 일이다. 대학인에게 보장된 강학의 자유 등 학문의 자유나 대학의 자율권도 교육의 기회균등 못지않게 중요하고 청구인들과 서울대학교와의 관계는 기본권 주체와 공권력 주체와의 관계뿐만 아니라 아울러 기본권주체 상호간의 관계이기도 하기 때문이다. 더구나 서울대학교는 일본어를 선택과목에서 뺀 대신 고등학교 교육과정의 필수과목으로서 모든 고등학교에서 가르치고 있는 한문을 다른 외국어와 함께 선택과목으로 채택하였다. 또한 '94학년도 대학입학고사 주요요강'을 적어도 2년간의 준비기간을 두고 발표함으로써 청구인 등 요강 발표 당시 고등학교에서 일본어를 배우고 있는 1·2학년생 학생들로 하여금 2년 후 또는 3년 후에 서울대학교 입학시험을 치르는 데 그다지 지장이 없도록 배려까지 하고 있다. 따라서 서울대학교가 일본어를 시험과목에서 배제하였다고 해서 그들이 갖는 교육상의 평등권이 침해되지는 않는다.

Ⅴ. 이 결정이 가지는 의미

김진우, 이시윤 재판관의 별개의견과, 김양균 재판관의 반대의견 및 조규광 헌법재판소장의 청구인 乙사건에 대한 반대의견이 있는 등 재판관들의 의견이 합치된 결정은 아니었다. 고등학교 교육과정의 필수과목으로 모든 고등학교에서 가르치고 있는 '한문'을 선택과목에 넣어 놓았고 94학년도 대학입학고사 주요요강을 2년 일찍 발표해 2년간의 준비기간을 두었으므로 일본어를 선택과목에서 제외하더라도 청구인들의 교육상의 평등권을 침해하지 않아 합헌이라는 것이 핵심내용이다. 국립대학인 서울대학교가 다른 국가기관 내지 행정기관과는 달리 공권력의 행사의 주체인 동시에 학문의 자유라는 기본권의 주체라는 점을 지적한 것에도 주목할 필요가 있다.

흡연권 사건

— 헌재 2004. 8. 26, 2003헌마457 —

Ⅰ. 심판대상

국민건강증진법 시행규칙

제7조(금연구역의 지정기준 및 방법)

① 공중이용시설 중 청소년·환자 또는 어린이에게 흡연으로 인한 피해가 발생할 수 있는 다음 각 호의 시설 소유자 등은 당해 시설의 전체를 금연구역으로 지정하여야 한다.

　　1. 제6조 제6호의 규정에 의한 학교 중 초·중등교육법 제2조의 규정에 의한 학교의 교사

　　2. 제6조 제8호의 규정에 의한 의료기관, 보건소·보건의료원·보건지소

　　3. 제6조 제16호의 규정에 의한 보육시설

② 제1항의 규정에 의한 시설 외의 공중이용시설의 소유자 등은 당해 시설 중 이용자에게 흡연의 피해를 줄 수 있는 다음 각 호에 해당하는 구역을 금연구역으로 지정하여야 한다.

　　1. 제6조 제1호의 규정에 의한 건축물의 사무실·회의장·강당 및 로비

　　2. 제6조 제2호의 규정에 의한 공연장의 객석, 관람객 대기실 및 사무실

　　3. 제6조 제3호의 규정에 의한 학원의 강의실, 학생 대기실 및 휴게실

　　4. 제6조 제4호의 규정에 의한 지하도에 있는 상점가 중 상품의 판매에 제공되는 매장 및 통로

　　5. 제6조 제5호의 규정에 의한 관광숙박업소의 현관 및 로비

　　6. 제6조 제6호의 규정에 의한 학교 중 고등교육법 제2조의 규정에 의한 학교의 강의실, 휴게실, 강당, 구내식당 및 회의장

　　7. 제6조 제7호의 규정에 의한 체육시설의 관람석 및 통로

　　8. 제6조 제9호의 규정에 의한 사회복지시설의 거실, 작업실, 휴게실, 식당 및 사무실

9. 제6조 제10호의 규정에 의한 교통관련시설 및 교통수단 중 공항·여객선터미널·역사 등의 승객 대기실 및 승강장, 국내선항공기, 선실, 철도의 차량내부 및 통로, 전철의 지하역사·승강장 및 차량, 지하보도 및 16인승 이상의 승합자동차

10. 제6조 제11호의 규정에 의한 목욕장의 탈의실 및 목욕탕 내부

11. 제6조 제12호의 규정에 의한 게임 및 멀티미디어 문화컨텐츠설비 제공업소의 영업장 내부 중 2분의 1 이상의 구역

12. 제6조 제13호의 규정에 의한 휴게음식점 및 일반음식점영업소의 영업장 내부 중 2분의 1 이상의 구역

13. 제6조 제14호의 규정에 의한 만화대여업소의 영업장 내부 중 2분의 1 이상의 구역

14. 제6조 제15호의 규정에 의한 청사의 사무실 및 민원인 대기실

15. 제1호 내지 제14호의 시설에 설치된 승강기의 내부, 복도, 화장실 그 밖에 다수인이 이용하는 구역

③ 제1항의 규정에 따라 소유자 등이 당해 시설의 전체를 금연구역으로 지정한 경우에는 당해 시설의 전체가 금연구역이라는 사실을 알리는 표지를 설치 또는 부착하여야 한다.

④ 제2항의 규정에 따라 소유자 등이 당해 시설을 금연구역과 흡연구역으로 구분하여 지정한 경우에는 금연구역 또는 흡연구역으로 지정된 장소에 이를 알리는 표지를 설치 또는 부착하여야 한다.

⑤ 제3항 및 제4항의 규정에 의한 금연구역과 흡연구역의 표시 및 흡연구역의 시설기준은 별표 3과 같다. (별표 3 생략)

Ⅱ. 사실관계의 요지

'국민건강증진법' 제9조 제6항, 제4항은 공중이 이용하는 시설 중 시설의 소유자·점유자 또는 관리자가 당해 시설의 전체를 금연구역으로 지정하거나 당해 시설을 금연구역과 흡연구역으로 구분하여 지정하여야 하는 시설을 보건복지부령에 의하여 정하도록 규정하고 있다. 그리고, 이에 기하여 보건복지부령인 '국민건강증진법시행규칙' 제7조는 각 해당시설을 구체적으로 규정하고 있으며, '국민건강증진법' 제9조 제5항은 시설이용자가 이와 같이 지정된 금역구역에서 흡연하는 것을 금지하고 있다. 청구인은 '국민건강증진법

시행규칙' 제7조가 청구인의 기본권을 침해한다는 이유로 위 조문이 위헌임을 확인하여
달라는 이 사건 심판청구를 하였다.

Ⅲ. 주   문

청구인의 심판청구를 기각한다.

Ⅳ. 결정 이유의 주요 논점 및 요지

1. 과잉금지원칙에 위배되지 않는 흡연권의 합헌적 제한임

흡연자들이 자유롭게 흡연할 권리를 흡연권이라고 한다면, 이러한 흡연권은 인간의
존엄과 행복추구권을 규정한 헌법 제10조와 사생활의 자유를 규정한 헌법 제17조에 의
하여 뒷받침된다. 반면에 비흡연자들에게도 흡연을 하지 않을 권리 내지 흡연으로부터
자유로울 권리인 '혐연권'이 인정된다. 혐연권은 흡연권과 마찬가지로 헌법 제17조, 헌법
제10조에서 그 헌법적 근거를 찾을 수 있다. 나아가 흡연이 흡연자는 물론 간접흡연에
노출되는 비흡연자들의 건강과 생명도 위협한다는 면에서 혐연권은 헌법이 보장하는 건
강권과 생명권에 기하여서도 인정된다. 그런데 흡연권은 위와 같이 사생활의 자유를 실
질적 핵으로 하는 것이고 혐연권은 사생활의 자유뿐만 아니라 생명권에까지 연결되는 것
이므로 혐연권이 흡연권보다 상위의 기본권이라 할 수 있다. 이처럼 상하의 위계질서가
있는 기본권끼리 충돌하는 경우에는 상위기본권우선의 원칙에 따라 하위기본권이 제한될
수 있으므로, 결국 흡연권은 혐연권을 침해하지 않는 한에서 인정되어야 한다.

흡연권은 공공복리를 위하여 개인의 자유와 권리를 제한할 수 있도록 한 헌법 제37
조 제2항과 보건권을 규정한 헌법 제36조 제3항에 따라 법률로써 제한될 수 있다. 이 사
건 조문은 국민건강증진법 제1조 및 국민건강증진법시행규칙 제1조에 잘 나와있는 바와
같이 국민의 건강을 보호하기 위한 것으로서 목적의 정당성을 인정할 수 있고, 흡연자와
비흡연자가 생활을 공유하는 곳에서 일정한 내용의 금연구역을 설정하는 것은 위 목적의
달성을 위하여 효과적이고 적절하여 방법의 적절성도 인정할 수 있다. 또한 이 사건 조
문으로 달성하려고 하는 '국민의 건강'이라는 공익이 제한되는 '흡연권'이라는 사익보다
크기 때문에 법익균형성도 인정된다. 나아가 이 사건 조문이 일부 시설에 대해서는 시설
전체를 금연구역으로 지정하도록 하였지만, 이러한 시설은 세포와 신체조직이 아직 성숙
하는 단계에 있는 어린이나 청소년들의 경우 담배로 인한 폐해가 심각하다는 점을 고려

하여 규정한 보육시설과 초·중등교육법에 규정된 학교의 교사 및 치료를 위하여 절대적인 안정과 건강한 환경이 요구되는 의료기관, 보건소·보건의료원·보건지소에 한하고 있다는 점, 시설의 일부를 금연구역으로 지정하여야 하는 시설도 모두 여러 공중이 회합하는 장소로서 금역구역을 지정할 필요성이 큰 시설이라는 점, 이 사건 조문은 '청소년·환자 또는 어린이에게 흡연으로 인한 피해가 발생할 수 있는 다음 각 호의 시설' 또는 '이용자에게 흡연의 피해를 줄 수 있는 다음 각 호에 해당하는 구역'을 금연구역지정의 요건으로 함으로써, 형식적으로 이 사건 조문의 각 호에 규정된 시설에 해당하더라도 실제로 피해를 주지 않는 곳에서는 금연구역지정의 의무를 부과하지 않고 있는 점 등에 비추어 볼 때, 흡연자들의 흡연권을 최소한도로 침해하고 있다고 할 수 있다. 그러므로 이 사건 조문은 과잉금지원칙에 위반되지 않는다.

2. 평등권도 침해하지 않음

이 사건 조문이 비흡연자들의 이익을 도모하는 반면 흡연자들의 권리는 제한하고 있어 흡연자들의 평등권을 침해하였다고 할 것인지에 관하여 본다. 헌법 제11조 제1항의 평등의 원칙은 일체의 차별적 대우를 부정하는 절대적 평등을 의미하는 것이 아니라 입법과 법의 적용에 있어서 합리적 근거 없는 차별을 하여서는 안 된다는 상대적 평등을 뜻하고, 따라서 합리적 근거있는 차별 내지 불평등은 평등의 원칙에 반하는 것이 아니다. 그런데 앞서 본 바와 같이 이 사건 조문은 국민의 건강과 혐연권을 보장하기 위하여 흡연권을 제한하는 것으로서 그 제한에 합리적인 이유가 있다 할 것이므로 평등권을 침해하였다고 할 수 없다.

V. 이 결정이 가지는 의미

금연구역지정으로 인한 흡연권 제한에 대해 헌법재판소가 만장일치로 합헌결정을 내린 사건이다. 흡연권과 혐연권을 모두 인정하면서도 혐연권을 흡연권보다 더 상위의 기본권으로 보면서 두 기본권끼리 충돌하는 경우에는 상위기본권우선의 원칙에 따라 혐연권을 우선시해야 한다는 논리를 펴고 있음에 주목할 필요가 있다.

정정보도청구제도 사건

— 헌재 1991. 9. 16, 89헌마165 —

I. 심판대상

정기간행물의 등록 등에 관한 법률(1987. 11. 28. 법률 제3979호)

제16조(정정보도청구권)

③ 발행인 또는 편집인이 정정보도게재청구를 받은 때에는 지체없이 피해자 또는 그 대리인과 정정보도의 내용, 크기 등에 관하여 협의한 후 일간신문과 주 1회 이상 발행하는 정기간행물 및 통신은 요구를 받은 날로부터 9일 이내에 같은 정기간행물에, 그 밖의 정기간행물은 편집이 완료되지 아니한 다음 발행호에 이를 무료로 게재하여야 한다. 다만, 피해자가 정정보도청구권의 행사에 정당한 이익을 갖지 않는 경우나 청구된 정정보도의 내용이 명백히 사실에 반하는 경우 또는 상업적인 광고만을 목적으로 하는 경우에는 이의 게재를 거부할 수 있다.

제19조(정정보도청구사건의 심판)

③ 제1항의 규정에 의한 청구에 대하여는 민사소송법의 가처분절차에 관한 규정에 의하여 재판하며, 청구가 이유있는 경우에는 법원은 제16조 제3항 내지 제5항이 정하는 방법에 따라 정정보도의 게재를 명할 수 있다. 다만, 민사소송법 제697조 및 제705조는 이를 적용하지 아니한다.

II. 사실관계의 요지

청구외 파스퇴르유업주식회사는 이 사건 청구인이 발행하는 중앙일보의 특정 기사가 자신과 관련된다고 주장하면서 '정기간행물의 등록 등에 관한 법률' 제19조에 의하여 서울민사지방법원에 그 기사내용에 대한 정정보도게재청구의 심판을 제기하여 인용판결을 받았다. 이에 위 사건의 피신청인인 이 사건 청구인이 서울고등법원에 항소를 제기하였고, 항소심 계속 중 법원에 정정보도청구권을 규정한 이 법 제16조 제3항 및 그 절차를 규정한 이 법 제19조 제3항이 헌법상의 평등권 및 언론의 자유의 보장에 위반된다는 이유를 들어 제청을 신청하였으나, 법원은 이를 기각하였다. 이에 청구인은 헌법재판소에 이 법 제16조 제3항 및 제19조 제3항에 대하여 헌법재판소법 제68조 제2항에 의한 헌법소원심판을 청구하였다.

Ⅲ. 주　　문

정기간행물의 등록 등에 관한 법률 제16조 제3항, 제19조 제3항은 헌법에 위반되지 아니한다.

Ⅳ. 결정 이유의 주요 논점 및 요지

1. 정정보도청구권의 '정정'이라는 명칭이 위헌의 근거가 될 수는 없음

이 법 제16조 및 '방송법' 제41조에 규정한 정정보도청구권은 정기간행물이나 방송에 공표된 사실적 주장에 의하여 피해를 받은 피해자가 발행인이나 편집인 또는 방송국의 장이나 편성책임자에 대하여 그 피해자의 사실적 진술과 이를 명백히 전달하는 데 필요한 설명을 게재 또는 방송하여 줄 것을 요구할 수 있는 권리이다. 즉, 위 법률조항은 비록 그 표제 및 법문 가운데 "정정"이라는 표현을 쓰고 있기는 하나 그 내용을 보면 명칭과는 달리 언론기관의 사실적 보도에 의한 피해자가 그 보도내용에 대한 반박의 내용을 게재해 줄 것을 청구할 수 있는 권리인 이른바 "반론권"을 입법화한 것이다. 그럼에도 불구하고 이 법률조항은 이를 "정정보도청구권"이라 표현하고 있고 이에 관한 실무도 "정정보도문"이라는 제목을 사용하고 있어 마치 언론기관이 자신의 보도에 대하여 잘못을 시정하는 내용의 정정문을 싣는 것인 양 오해를 불러일으킬 수 있다. 보도내용의 진위를 가리지 않은 채 정정보도문을 게재해야 하는 현행법 아래에서 정정보도문이 만약 이름 그대로 언론보도의 잘못된 보도내용을 바로 잡는다는 정정의 성격을 갖고 그와 같은 의미로 게재된다면, 이는 보도의 자유와 편집·편성의 자유에 대한 본질적인 내용의 침해가 될 수 있을 것이다. 그러나 정정보도문은 그 명칭의 표현과는 달리 보도된 사실적 주장에 대한 반박을 내용으로 하는 반박문의 성질을 가지고, 정정보도청구인의 이름으로 게재되고 있는 실무를 고려한다면 비록 "정정"이라는 다소 오해의 소지가 있는 표현을 사용하였다고 하더라도 그 점만으로 인격권의 실현과 관련하여 부적법한 수단을 입법화함으로써 언론자유의 본질적 내용을 침해하였다고 보기는 어렵다.

2. 언론의 자유에 대한 합헌적 제한

반론권에 따른 보도기관이 누리는 언론의 자유에 대한 제약의 문제는 결국 피해자의 반론권과 서로 충돌하는 관계에 있는 것으로 보아야 할 것이다. 이와 같이 두 기본권이 서로 충돌하는 경우에는 헌법의 통일성을 유지하기 위하여 상충하는 기본권 모두가 최대한으로 그 기능과 효력을 나타낼 수 있도록 하는 조화로운 방법이 모색되어야 할 것이고, 결국은 이 법에 규정한 정정보도청구제도가 과잉금지의 원칙에 따라 그 목적이 정당한 것인가 그러한 목적을 달성하기 위하여 마련된 수단 또한 언론의 자유를 제한하는 정도가 인격권과의 사이에 적정한 비례를 유지하는 것인가의 여부가 문제된다.

첫째, 제한의 목적의 정당성이 있다. 이 법이 정한 정정보도청구권은 "반론권"을 뜻하는 것으로서 헌법상 보장된 인격권, 사생활의 비밀과 자유에 그 바탕을 둔 것이며, 나아가 피해자에게 반박의 기회를 허용함으로써 언론보도의 공정성과 객관성를 향상시켜 제도로서의 언론보장을 더욱 충실하게 할 수도 있다는 뜻도 함께 지닌 것이다. 따라서 그 제도의 목적은 정당하다. 둘째, 제한의 방법의 적정성도 있다. 이 법은 반론의 대상을 사실적인 주장에 국한함으로써 의견의 진술 등 가치판단의 표현에 관한 언론의 자유를 보장하고 있고, 사실적 주장이라고 하더라도 피해자가 정정보도청구권의 행사에 정당한 이익을 갖지 않거나 청구된 정정보도의 내용이 명백히 사실에 반하는 경우 또는 사업적인 광고만을 목적으로 하는 경우에는 정정보도문의 게재를 거부할 수 있도록 하여 청구권의 행사범위를 축소하여 있으며, 정정보도청구권의 행사는 일간신문 또는 통신의 경우에는 14일 이내 그 밖의 정기간행물인 경우에는 1월 이내로 제한하여 단기의 제척기간을 채택하여 언론기관이 장기간 불안정한 상태에 빠져 있는 위험을 방지하고 있고, 정정보도는 사실적 진술과 이를 명백히 전달하는 데 필요한 설명에 국한되고 위법한 내용을 포함할 수 없으며 정정보도문의 자수는 이의의 대상이 된 공표내용의 자수를 초과할 수 없고, 정정보도사건의 심판청구의 전심절차로서 언론중재위원회의 중재를 필요적으로 규정함으로써 당사자간의 자율적인 교섭에 의한 해결의 기회를 보장하고 있다. 또한 내용상 반론의 제도인 점에서 언론기관의 이름으로 하는 정정보도가 아니라 피해자의 이름으로 해명한다는 점에서 언론기관의 명예 및 신뢰성을 직접적으로 떨어뜨리는 것으로는 되지 않도록 장치가 되어 있다. 따라서 현행의 정정보도청구권은 언론의 자유를 일부 제약하는 성질을 가지면서도 반론의 범위를 필요·최소한으로 제한함으로써 양쪽의 법익 사이의 균형을 도모하고 있다.

3. 재판청구권을 침해하지 않음

심판절차와 관련해, 피해자는 언론기관의 보도에 대하여 즉시 반박을 함으로써 실효성 있게 자신의 인격권 침해에 대한 방어를 할 수 있게 된다. 피해자가 본안소송절차에 의하여만 그 권리를 구제받게 된다면 대중이 그 사실을 망각한 다음에야 비로소 구제조치가 가능해질 것이므로 실효를 거둘 수가 없다. 반론은 그것이 너무 늦게 집행된 나머지 현안성을 상실하여 독자나 시청자가 반론의 전제가 된 원래의 보도내용이 무엇인지를 알 수 없는 지경에 이르면 반론권을 인정하는 근거 중의 하나인 공정한 여론형성에 참여할 자유나 객관적 질서로서의 언론제도를 보장하는 데도 반하는 것이 된다. 반론권으로서의 정정보도청구권은 그 자체가 인격권을 보호하고 공정한 여론의 형성을 위한 도구인 것일 뿐 진실을 발견하여 잘못을 바로잡아줄 것을 청구하는 권리가 아니기 때문에 그 행사요건은 비교적 형식적인 사유에 기한 제한적 예외사유가 없는 경우에는 이를 인용하도록 완화되어 있다. 또한 예외사유도 이 법의 문언자체에 의하여 용이하게 판단이 가능한 경우들이므로 반론권을 제도로서 인정하고 있는 한 그 심리를 위하여 시간이 많이 걸리게 되는 '민사소송법'에 정한 본안절차에 따르게 하기보다는 오히려 가처분절차에 따라 신속하게 처리하도록 함이 제도의 본질에 적합하다.

Ⅴ. 이 결정이 가지는 의미

이 사건에서 헌법재판소 다수의견은 정정보도청구권을 반론권으로 이해하면서 이것을 언론기관의 언론의 자유와 개인의 인격권 및 사생활의 비밀과 자유라는 기본권간의 '기본권 상충'의 문제로 파악하고, 이를 전체적으로 보아 상충되는 기본권 사이에 합리적 조화를 이루는 내용을 규정한 합헌규정으로 판단했다. 이에 비해 한병채, 이시윤 재판관의 반대의견은 정정보도청구권이 용어상으로나 내용상으로 반론권이라고 단정되기 어려움에도 불구하고 이에 대해 민사소송법의 가처분절차에 관한 규정을 준용하는 것은 공정한 재판을 받을 권리 등 절차적 기본권을 침해해 위헌이라고 보았다. 이 판결 이후에 제정된 '언론중재 및 피해구제 등에 관한 법률'은 반론보도청구와 정정보도청구를 명확하게 구분하고 있다.

실화책임에 관한 법률 사건

— 헌재 2007. 8. 30. 2004헌가25 —

I. 심판대상

실화책임에 관한 법률(1961. 4. 28. 법률 제607호로 제정된 것)

민법 제750조의 규정은 실화의 경우에는 중대한 과실이 있을 때에 한하여 이를 적용한다.

※ 관련조문

민법

제750조(불법행위의 내용) 고의 또는 과실로 인한 위법행위로 타인에게 손해를 가한 자는 그 손해를 배상할 책임이 있다.

II. 사실관계의 요지

제청신청인들과 주식회사 동산화학은 부산 부산진구 가야동 일대에 있는 가야집단 공장에서 사업체를 운영하고 있었는데, 동산화학 소유 건물의 2층 바닥에 깔린 전선 중 반 단선된 부분의 과열로 전선피복이 탄화되면서 합선되어 화재가 발생하였고, 그 불이 인근에 있던 신청인들의 건물로 번져서 건물과 사무실 집기, 자재, 공장시설 등이 소훼되었다. 제청신청인들은 동산화학을 상대로 위 화재로 인한 손해배상청구소송 등을 제기하였고, 위 소송 진행 중 경과실로 인한 실화의 경우에 손해배상청구권을 제한하고 있는 '실화책임법'이 신청인들의 재산권 등을 침해한다는 이유로 위헌법률심판의 제청을 신청하였다. 법원은 그 신청을 받아들여 이 사건 위헌법률심판을 제청하였다.

III. 주 문

'실화책임에 관한 법률'은 헌법에 합치되지 아니한다. 법원 기타 국가기관과 지방자치단체는 입법자가 위 법률을 개정할 때까지 그 적용을 중지하여야 한다.

Ⅳ. 결정 이유의 주요 논점 및 요지

1. '실화책임에 관한 법률'은 과잉금지원칙에 위배됨

'민법' 제750조는 "고의 또는 과실로 인한 위법행위로 타인에게 손해를 가한 자는 그 손해를 배상할 책임이 있다"고 규정하여, 과실책임주의를 불법행위와 손해배상책임에 관한 기본원칙으로 삼고 있다. 그런데 '실화책임에 관한 법률'은 경과실로 인한 실화의 경우에는 '민법' 제750조의 적용을 배제하여 과실책임주의를 수정함으로써 실화피해자의 손해배상청구권을 특별히 제한한다는 특징을 갖는다. '실화책임에 관한 법률'은 불법행위 책임의 일반원칙에 대한 예외로서 실화피해자의 손해배상청구권을 특별히 제한하는 것이므로, 헌법 제37조 제2항의 정신에 따라 위와 같이 불법행위 책임을 예외적으로 특별히 제한하는 것은 그 필요성이 인정되는 한도에서 최소한도로 그쳐야 한다.

불의 특성으로 인하여 화재가 발생한 경우에는 불이 생긴 곳의 물건을 태울 뿐만 아니라 부근의 건물 기타 물건도 연소함으로써 그 피해가 예상 외로 확대되는 경우가 많고, 화재피해의 확대 여부와 규모는 실화자가 통제하기 어려운 대기의 습도와 바람의 세기 등의 여건에 따라 달라지게 된다. 그래서 입법자는 경과실로 인한 실화자를 지나치게 가혹한 손해배상책임으로부터 구제하기 위하여 '실화책임에 관한 법률'을 제정한 것이고, 헌법재판소 1995. 3. 23. 선고 92헌가4 등 결정이 밝힌 바와 같이 오늘날에 있어서도 '실화책임에 관한 법률'의 필요성은 여전히 존속하고 있다고 할 수 있다.

'실화책임법'은 위와 같은 입법목적을 달성하는 수단으로서, 경과실로 인한 화재의 경우에 실화자의 손해배상책임을 감면하여 조절하는 방법을 택하지 않고, 실화자의 배상책임을 전부 부정하고 실화피해자의 손해배상청구권도 부정하는 방법을 채택하였다. 그러나 화재피해의 특수성을 고려하여 과실 정도가 가벼운 실화자를 가혹한 배상책임으로부터 구제할 필요가 있다고 하더라도, 그러한 입법목적을 달성하기 위하여 '실화책임에 관한 법률'이 채택한 방법은 입법목적의 달성에 필요한 정도를 벗어나 지나치게 실화자의 보호에만 치중하고 실화피해자의 보호를 외면한 것이어서 합리적이라고 보기 어렵다. 또한 경과실의 경우에는 '민법' 제765조에 의하여 구체적인 사정에 맞추어 실화자의 배상책임을 경감시킴으로써 실화자의 가혹한 부담을 합리적으로 조정할 수 있음에도 경과실로 인한 화재의 경우에 실화자의 책임을 전부 부정하고 그 손실을 모두 피해자에게 부담시키는 것은 실화피해자의 손해배상청구권을 입법목적상 필요한 최소한도를 벗어나 과도하게 많이 제한하는 것이다.

게다가 화재 피해자에 대한 보호수단이 전혀 마련되어 있지 않은 상태에서, 화재가 경과실로 발생한 경우에 화재와 연소의 규모와 원인, 피해의 대상과 내용·범위, 실화자의 배상능력, 피해품에 대한 화재보험 가입 여부, 피해자의 재산정도 등 손해의 공평한 분담에 관한 여러 가지 사항을 전혀 고려하지 않은 채, 일률적으로 실화자의 손해배상책임과 피해자의 손해배상청구권을 부정하는 것은, 일방적으로 실화자만 보호하고 실화피해자의 보호를 외면한 것으로서 실화자 보호의 필요성과 실화피해자 보호의 필요성을 균형있게 조화시킨 것이라고 보기 어렵다.

2. 결정형식으로 헌법불합치결정을 채택하고 적용중지 명령을 내린 이유

'실화책임에 관한 법률'이 위헌이라고 하더라도, 앞서 본 바와 같이 화재와 연소의 특성상 실화자의 책임을 제한할 필요성이 있고, 그러한 입법목적을 달성하기 위한 수단으로는 구체적인 사정을 고려하여 실화자의 책임한도를 경감하거나 면제할 수 있도록 하는 방안, 경과실 실화자의 책임을 감면하는 한편 그 피해자를 공적인 보험제도에 의하여 구제하는 방안 등을 생각할 수 있을 것이고, 그 방안의 선택은 입법기관의 임무에 속하는 것이다. 따라서 '실화책임에 관한 법률'에 대하여 단순위헌을 선언하기보다는 헌법불합치를 선고하여 개선입법을 촉구함이 상당하다고 할 것이다. 다만 '실화책임에 관한 법률'을 계속 적용할 경우에는 경과실로 인한 실화피해자로서는 아무런 보상을 받지 못하게 되는 위헌적인 상태가 계속되므로, 입법자가 '실화책임법'의 위헌성을 제거하는 개선입법을 하기 전에도 '실화책임법'의 적용을 중지시킴이 상당하다.

V. 이 결정이 가지는 의미

헌법재판소 전원재판부는 일반 불법행위와는 달리 경과실에 의한 실화의 경우에는 민법 제750조의 적용을 배제하고 있는 '실화책임에 관한 법률'이 헌법에 합치되지 않는다고 선고하면서, 이 법률의 적용중지를 명하였다. 이 결정은 '실화책임에 관한 법률'이 헌법에 위반되지 않는다고 결정한 헌법재판소 1995. 3. 23. 선고 92헌가4 등 결정을 깨고 판례를 변경하면서 헌법불합치결정을 내린 것이라는 데 주목할 필요가 있다.

물론 이공현, 송두환 재판관의 단순위헌의견도 있었다. 단순위헌의견은 '실화책임에 관한 법률'이 실화자를 지나치게 가혹한 부담으로부터 구제하려는 입법목적을 달성하기 위하여 경과실로 인한 실화의 경우 실화피해자의 손해배상청구권을 완전히 부정하고 있고 이는 다수의견도 지적하고 있는 바와 같이 실화자의 보호에만 치중하고 실화피해자의 보호는 외면한 것으로서 현저하게 불합리하고 불공정한 수단의 선택이라고 보았다. 따라서 '실화책임에 관한 법률'은 헌법 제37조 제2항에서 정하고 있는 기본권제한입법의 한계를 일탈하여 실화피해자의 재산권을 침해하는 것으로서 헌법에 위반된다고 보았다. 다만 이와 같이 '실화책임에 관한 법률'이 실화피해자의 재산권을 침해하는 것으로서 위헌으로 판단되는 이상, 헌법재판소로서는 '실화책임에 관한 법률'의 외관을 형식적으로 존속시키고 입법부의 개정입법이 있을 때까지 그 적용을 중지시킬 것이 아니라 단순위헌을 선고하여 '실화책임에 관한 법률'을 법질서에서 제거함으로써 헌법질서를 수호하는 단호한 태도를 취해야 하므로 다수의견과 달리 단순위헌의견을 개진해야 한다고 보았다.

　　이동흡 재판관의 보충의견도 있었다. 이 보충의견은 경과실로 인한 실화의 경우 실화피해자에 대한 별도의 보호수단을 전혀 인정하지 않은 채 일률적으로 실화피해자의 손해배상청구권 자체를 배제하고 있는 '실화책임에 관한 법률'은 불의 특성과 실화자의 구제만을 지나치게 강조하여 필요한 정도 이상으로 실화피해자의 재산권을 제한하는 것으로서 위헌이라고 보았다. 다만 '실화책임에 관한 법률'의 위헌성은 제정 당시부터 있었던 것이라기보다는 그 후의 건축양식의 변화와 소방행정의 발달 및 관계법령의 정비 등 현실적인 상황의 변경에 의하여 발현된 것이라 보여지고 그 위헌성을 제거하는 방법도 다양할 것이므로, 입법자의 개선입법이 있을 때까지 '실화책임에 관한 법률'의 적용을 중지하는 헌법불합치의견에 동의한다고 밝혔다.

공직선거법상 과태료 사건

— 헌재 2009. 3. 26, 2007헌가22 —

Ⅰ. 심판대상

구 공직선거법(2004. 3. 12. 법률 제7189호로 개정되고 2008. 2. 29. 법률 제8879호로 개정되기 전의 것)

제261조(과태료의 부과·징수 등)

⑤ 제116조(기부의 권유·요구 등의 금지)의 규정을 위반하여 다음 각 호의 1에 해당하는 자는 그 제공받은 금액 또는 음식물·물품 가액의 50배(주례의 경우에는 200만원)에 상당하는 금액의 과태료에 처하되, 그 상한은 5천만 원으로 한다.

1. 물품·음식물·서적·관광 기타 교통편의를 제공받은 자

공직선거법(2008. 2. 29. 법률 제8879호로 개정된 것)

제261조(과태료의 부과·징수 등)

⑤ 제116조(기부의 권유·요구 등의 금지)의 규정을 위반하여 다음 각 호의 어느 하나에 해당하는 자(그 제공받은 금액 또는 음식물·물품 가액이 100만 원을 초과하는 자는 제외한다)는 그 제공받은 금액 또는 음식물·물품 가액의 50배(주례의 경우에는 200만 원)에 상당하는 금액의 과태료에 처한다.

1. 물품·음식물·서적·관광 기타 교통편의를 제공받은 자

※ 원래 이 사건 심판의 대상은 구 공직선거법 제261조 제5항 제1호의 위헌여부이다. 그런데 2008. 2. 29. 법률 제8879호로 개정된 공직선거법 제261조 제5항 제1호 또한 이 사건에서 위헌성이 문제되는 과태료의 기준 및 액수에 있어서는 이전의 법률조항과 차이가 없으므로, 이 사건 심판대상에 포함시켜 함께 위헌여부를 판단하였다.

Ⅱ. 사실관계의 요지

A당 당원이던 갑은 전국동시지방선거에서 B당 소속 시장후보예정자였던 을을 발송인으로 표시하여 제청신청인들과 당해 사건 항고인들에게 9,000원 상당의 건어물 1상자씩

을 발송하였다. 부산광역시 선거관리위원회는 신청인들이 위 건어물 1상자씩을 받았다고 보고 '공직선거법' 제261조 제5항 제1호에 따라 신청인들에게 물품가액의 50배인 과태료 각 450,000원을 부과하였다. 그러자 신청인들은 이의절차를 거쳐 법원의 과태료 결정에 대한 즉시항고를 제기하였고, 제청법원은 '공직선거법' 제261조 제5항 제1호가 위헌이라고 인정할만한 상당한 이유가 있다며 위헌제청결정을 하였다.

Ⅲ. 주　문

1. 구 공직선거법 제261조 제5항 제1호 및 공직선거법 제261조 제5항 제1호는 헌법에 합치되지 아니한다.
2. 법원 기타 국가기관과 지방자치단체는 입법자가 위 법률조항을 개정할 때까지 그 적용을 중지하여야 한다.

Ⅳ. 결정 이유의 주요 논점 및 요지

1. 과태료의 기준 및 액수가 책임원칙에 부합되지 않게 획일적임

이 사건 심판대상조항은 의무위반자에 대하여 부과할 과태료의 액수를 감액의 여지 없이 일률적으로 '제공받은 금액 또는 음식물·물품 가액의 50배에 상당하는 금액'으로 정하고 있는데, 과태료 부과대상인 '기부행위금지규정에 위반하여 물품·음식물·서적·관광 기타 교통편의를 제공받은 행위'의 경우에는 그 위반의 동기 및 태양, 기부행위가 이루어진 경위와 방식, 기부행위자와 위반자와의 관계, 사후의 정황 등에 따라 위법성 정도에 큰 차이가 있을 수밖에 없음에도 이와 같은 구체적, 개별적 사정을 고려하지 않고 오로지 기부 받은 물품 등의 가액만을 기준으로 하여 일률적으로 정해진 액수의 과태료를 부과한다는 것은 구체적 위반행위의 책임 정도에 상응한 제재가 되기 어렵다.

2. 과잉금지원칙에 위배

또한 이러한 획일적인 기준에 따른 과태료의 액수는 제공받은 금액 또는 음식물·물품 가액의 '50배'에 상당하는 금액으로서 제공받은 물품 등의 가액 차이에 따른 과태료 액수의 차이도 적지 않은데다가 그와 같은 50배의 과태료가 일반 유권자들에게 소액의 경미한 제재로 받아들여질 수도 없는 것이다. 특히 이 사건 심판대상조항이 규정한 과태료 제재의 과중성은 형사처벌조항인 '공직선거법' 제257조 제2항에서 규정한 벌금형의 법정형의 상한이 500만 원인 데 비하여, 이보다 경미한 사안, 예컨대 100만 원의 물품을 제공받은 경우 이 사건 심판대상조항에 따라 일률적으로 5,000만 원의 과태료를 부담하게 된다는 점에서 분명해진다. 나아가 소액의 위법한 기부행위를 근절함으로써 선거의 공정성을 확보한다는 입법목적의 달성은, 과태료의 액수를 '50배'가 아니라 '50배 이하'로 정하는 등 보다 완화된 형식의 입법수단을 통하여도 가능한 것이다.

3. 헌법불합치결정과 적용중지결정

따라서 이 사건 심판대상조항은 그 의무위반행위에 대하여 부과되는 과태료의 기준 및 액수가 책임원칙에 부합되지 않게 획일적일 뿐만 아니라 지나치게 과중하여 입법목적을 달성함에 필요한 정도를 일탈함으로써 과잉금지원칙에 위반된다고 할 것이므로, 원칙적으로 위헌결정을 하여야 할 것이지만, 그 위헌성은 과태료 제재 자체가 아니라 그 기준 및 액수에서 비롯된 점, 위헌결정에 따라 이 사건 심판대상조항의 효력을 상실시킬 경우 법적 규제의 공백상태가 되어 법 집행상의 혼란과 형평의 문제가 발생할 수 있는 점, 위헌적인 조항들을 합헌적으로 조정하는 임무는 원칙적으로 입법자의 형성재량에 속하는 사항이라는 점 등을 고려하여 헌법불합치결정을 선고하기로 하되, 국가기관 등은 입법자에 의한 개선 입법이 있을 때까지 이 사건 심판대상조항의 적용을 중지하도록 하는 것이 상당하다.

Ⅴ. 이 결정이 가지는 의미

헌법재판소가 관여 재판관 7(헌법불합치) : 2(합헌)의 의견으로 구 '공직선거법' 제261조 제5항 제1호 및 공직선거법 제261조 제5항 제1호는 그 의무위반행위에 대해 부과되는 과태료의 기준 및 액수가 책임원칙에 부합되지 않게 획일적일 뿐만 아니라 지나치게 과중하여 입법목적을 달성함에 필요한 정도를 일탈함으로써 과잉금지원칙에 위반된다고 하면서 헌법불합치결정 및 적용중지결정을 내린 사건이다. 위헌결정으로 인한 법적 규제의 공백상태와 위반행위자간의 형평의 문제 등을 감안하여 헌법불합치결정을 선고하기는 했지만, 입법자가 개선입법에 의하여 위헌성을 제거할 때까지 위 법률조항의 적용 중지를 명함으로써 '공직선거법'의 다른 조항들은 그대로 두면서 심판대상이 된 조항은 사실상 그 효력을 상실케 하고 있음에 주목을 요한다.

이에 대하여 위 법률조항은 소액의 위법한 기부행위를 근절하기 위한 적절하고 효과적인 수단으로서 100만 원 이하의 물품 등을 받은 경우에만 적용되며 그 자체가 지닌 상징성과 실효성을 감안할 때 입법재량의 범위를 벗어난 것으로 볼 수 없으므로, 헌법에 위반되지 않는다는 이공현 재판관과 김희옥 재판관의 반대의견이 있었다. 즉, 이 2인의 반대의견은, 연혁적으로 우리나라의 선거풍토에서 유권자에 대한 후보자측의 금전이나 물품 혹은 음식물 제공행위를 규제하여야 할 입법적 필요성은 매우 크며, 위반행위가 있을 경우 제공받은 물품 등 가액의 50배에 상당한 과태료를 부과하도록 정한 이 사건 심판대상조항은 유권자들에게 확실한 경각심을 새겨주는 효과적이고 신속한 제재수단으로서 입법목적 달성을 위한 적절한 수단에 해당한다고 보았다. 더욱이 이 사건 심판대상조항이 정한 '50배'의 과태료는 100만 원 이하의 물품 등을 제공받은 경우에만 적용되는 것이고, 질서위반행위규제법의 시행에 따라 고의 또는 과실이 없거나 정당한 이유가 있는 위법성의 착오의 경우에는 과태료를 부과하지 않도록 되어 위반행위와 책임간의 불균형이 보완된 점 등을 감안할 때 이 사건 심판대상조항은 입법재량의 범위를 벗어난 것이라고 볼 수 없으므로, 헌법에 위반되지 않는다는 주장을 하고 있다.

원자력이용시설 방사선환경영향평가서 사건

─ 헌재 2016. 10. 27. 2012헌마121 ─

Ⅰ. 심판대상

원자력이용시설 방사선환경영향평가서 작성 등에 관한 규정(2012. 1. 20. 원자력안전위원회고시 제2012-4호)

　제5조(평가서 등의 구성 및 작성요령)

　① 평가서 등에는 다음 각 호에 정하는 사항이 포함되어야 하며, 평가서초안은 별표 1 "원자력이용시설 방사선환경영향평가서초안 작성요령", 평가서는 별표 2 "원자력이용시설 방사선환경영향평가서 작성요령"에 의거하여 각각 작성하여야 한다.

　[별표 1] 원자력이용시설 방사선환경영향평가서 초안 작성요령(제5조 관련)

　[별표 2] 원자력이용시설 방사선환경영향평가서 작성요령(제5조 관련)

　○ 발전소 운영 중 발생 가능한 사고를 유형별로 가정하고 가정된 사고유형별 발생확률을 평가한다.

　○ 중대사고는 평가대상에서 제외한다.

Ⅱ. 사실관계의 요지

한국수력원자력 주식회사는 울산 울주군 서생면 신암리 일대에 신고리 원자력발전소 5, 6호기를 건설하려는 자이고, 청구인들은 이 사건 원전 인근에 거주하는 자들이다. 전용원자로 및 관계시설의 건설허가를 받으려는 자는 방사선환경영향평가서를 작성하여 원자력안전위원회에 제출하여야 하고, 그 전에 방사선환경영향평가서 초안을 작성하여 공람하게 하는 등의 방법으로 주민의견을 수렴하여야 한다. '원자력이용시설 방사선환경영향평가서 작성 등에 관한 고시'는 이러한 방사선환경영향평가서 초안 및 방사선환경영향평가서의 작성요령 등을 규정하면서 '중대사고'는 그 평가대상에서 제외하도록 하였다. 한수원이 '중대사고'에 대한 평가를 제외하고 방사선환경영향평가서 초안을 작성하여 주민의견 수렴 절차를 진행하자, 청구인들은 위 고시 중 "중대사고는 평가대상에서 제외한다"는 부분이 청구인들의 기본권을 침해한다고 주장하면서, 이 사건 심판청구를 제기하였다.

Ⅲ. 주　　문

청구인들의 심판청구를 모두 기각한다.

Ⅳ. 결정 이유의 주요 논점 및 요지

1. 국가의 기본권 보호의무를 위반하지 않음

발전용원자로 및 관계시설의 건설 허가를 받으려는 자를 수범자로 하여 방사선환경영향평가서 초안 및 방사선환경영향평가서의 작성요령을 정하면서 '중대사고'를 평가대상에서 제외하고 있는 이 사건 각 고시조항에서 방사선환경영향평가 시 '중대사고'를 제외하도록 한 것이 국민의 생명·신체의 안전을 보호하기 위한 적절하고도 효율적인 조치로서 미흡하다면, 이는 국가가 국민의 기본권을 보호할 의무를 위반하여 이 사건 원전의 인근 주민인 청구인들의 생명·신체의 안전에 관한 기본권을 침해하는 것이라고 볼 수 있다. 당시 시행되던 원자력안전법령이나 이 사건 고시에서는 '중대사고'에 대한 정의규정을 두고 있지 않으나, 원자력안전위원회는 2001년 8월 29일에 발표한 '원자력발전소 중대사고 정책'에서 '중대사고'를 '원전에서 설계기준을 초과하여 노심손상이 일어나는 사고'로 정의하였고, 한국원자력안전기술원도 이에 근거하여 '중대사고'와 관련된 규제지침 등을 제정하였으므로, 이 사건 각 고시조항에서의 '중대사고' 역시 '원전의 설계기준을 초과하여 노심손상이 일어나는 사고'를 의미한다. 일본 후쿠시마 원전 사고가 발생하자, 2012년경부터 '중대사고' 관리 및 대책에 관한 법제화를 추진하였고, 이에 따라 원자력안전법이 2015년 6월 22일에 개정되면서 '중대사고'에 대한 규제가 법률 차원에서 이루어지게 되었다.

이 사건 원전의 경우, 이 사건 각 고시조항에 따라 건설허가 신청을 위한 방사선환경영향평가 시 '중대사고'에 대한 평가가 이루어지지는 못한 것은 인정된다. 하지만 개정된 원자력안전법에 따라 추후 운영허가를 신청하는 경우 '사고관리계획서(중대사고 포함)'를 제출하여 이에 대한 심사를 받아야 하고, 운영 허가 후 사용 전 검사 및 정기검사 단계에서도 '중대사고 예방 및 완화시설' 등에 관한 내용을 검사받게 된다. '중대사고'를 비롯한 원전 사고가 본격적으로 문제되는 것은 원전이 운영허가를 받고 실질적으로 운영되기 시작한 이후라는 점과 이 사건 각 고시조항에 따라 방사선환경영향평가를 실시할 당시 시행되던 원전의 안전 관련 조치 등을 종합적으로 고려하면, 이 사건 각 고시조항에서 평가서 초안 및 평가서 작성시 '중대사고'에 대한 평가를 제외하도록 하였다고 하여, 국가가 국민의 생명·신체의 안전을 보호하는 데 적절하고 효율적인 최소한의 조치조차 취하지 않은 것이라고 보기는 어렵다.

　　이 사건 결정은 국가가 국민의 생명·신체의 안전을 보호하는 데 적절하고 효율적인 최소한의 조치조차 취하지 않은 것은 아니라는 취지이지 충분한 조치를 취하였다고 하는 것은 아니다. 원전은 여타의 과학기술을 이용한 기계 장치들과 마찬가지로 완벽하다고 볼 수 없으며, 사고발생의 위험성을 언제나 내포하고 있다는 점에서 그 안전성을 맹신하거나 안이하게 대처해서는 안 된다. 우리는 이미 일본 후쿠시마에서의 원전 사고로 인하여 극심한 피해가 발생하였음을 보았다. 특히 이 사건 원전의 건설 예정 지역은 이미 수많은 원전이 건설되어 있는 원전 밀집 지역으로 원전 사고 발생 시 더 심각한 피해를 초래할 수도 있다 할 것인데, 최근 위 지역에 잇따른 지진 등이 발생하면서 국민들의 원자력 이용에 대한 불안감은 더욱 커지고 있다. 따라서 국가는 우리 사회가 원전과 관련된 위험성에 조금이라도 노출되지 않도록, 최신 과학기술과 정보를 기준으로 하여 원전 사고로 인한 위험에 대비하는 법률과 제도를 헌법적 가치와 원칙에 부합하도록 항상 개선·보완하고, 원자력 안전과 관련된 정보와 자료들을 적극적으로 공개하는 등의 방법으로 국민들의 불안감을 해소하여야 한다.

2. 명확성원칙과 포괄위임금지원칙 위반도 아님

　　청구인들은 이 사건 각 고시조항에서 말하는 '중대사고'의 개념이 포괄적이고 불명확하여 명확성원칙에 위반된다고 주장하나, 앞서 본 바와 같이 '중대사고'란 '원전의 설계기준을 초과하여 노심손상이 일어나는 사고'를 의미함을 충분히 알 수 있으므로, 이 사건 각 고시조항이 명확성원칙에 위반된다고 보기는 어렵다. 또한 청구인들은 이 사건 각 고시조항이 포괄위임금지원칙에 위반되는 상위법령에 근거하였거나 그 위임 범위를 일탈하였다고도 주장한다. 평가서 초안 및 평가서에 기재할 사항이나 그 기재방법 등에 관한 사항은, 전문적인 지식과 기술적인 검토가 요구되는 분야로서 고도의 전문성이 필요할 뿐만 아니라 변화되는 원전 환경이나 기술기준 등을 적시에 반영하기 위하여서라도, 이를 하위법령이나 위원회규칙 등에서 정할 필요가 있고, 방사선환경영향평가제도의 취지 및 당시에 시행되는 원전 관련 규제기준 등을 종합하면, 그 대강의 내용을 알 수 있다. 또한 원자력안전법령이 방사선환경영향평가 시 '중대사고'에 대한 평가를 반드시 실시하도록 규정하고 있지도 않으므로, 이 사건 각 고시조항에서 이를 제외하였다고 하여 상위 법령을 위반하거나 위임 범위를 일탈하였다고 할 수도 없다.

3. 국민주권주의 위반도 아님

청구인들은, 이 사건 각 고시조항이 국민들의 정확하고 공정한 여론 형성을 방해하므로 민주주의 원리에도 위반된다고 주장한다. 민주주의 원리의 한 내용인 국민주권주의는 모든 국가권력이 국민의 의사에 기초해야 한다는 의미일 뿐 국민이 정치적 의사결정에 관한 모든 정보를 제공받고 직접 참여하여야 한다는 의미는 아니므로, 청구인들의 위 주장도 이유 없다.

V. 이 결정이 가지는 의미

헌법재판소는 재판관 전원 일치 의견으로, 원자력발전소 건설허가 신청시 필요한 방사선환경영향평가서 및 그 초안을 작성하는데 있어 '중대사고'에 대한 평가를 제외하고 있는 '원자력이용시설 방사선환경영향평가서 작성 등에 관한 규정' 제5조 제1항 [별표1], [별표2] 중 해당 부분이 헌법에 위반되지 않는다는 합헌결정을 내렸다. 이 결정에서 헌법재판소는 "국가가 국민의 생명·신체의 안전을 보호하는 데 적절하고 효율적인 최소한의 조치"를 취했는가를 국가의 기본권보장의무 위반 여부를 판단하는 심사기준으로 삼음으로써 '과소보호금지원칙'을 적용하고 있음에 주목을 요한다.

헌법 제10조와
기본권

보건범죄 단속에 관한 특별조치법 사건

— 헌재 2007. 11. 29, 2005헌가10 —

Ⅰ. 심판대상

보건범죄단속에 관한 특별조치법(1990. 12. 31. 법률 제4293호로 개정된 것)

제6조(양벌규정) 법인의 대표자 또는 법인이나 개인의 대리인·사용인 기타 종업원이 그 법인 또는 개인의 업무에 관하여 제2조 내지 제5조의 위반행위를 한 때에는 행위자를 처벌하는 외에 법인 또는 개인에 대하여도 각 본조의 예에 따라 처벌한다.

※ 관련조항

보건범죄단속에 관한 특별조치법

제5조(부정의료업자의 처벌) 의료법 제25조의 규정을 위반하여 영리를 목적으로 의사가 아닌 자가 의료행위를, 치과의사가 아닌 자가 치과의료행위를, 한의사가 아닌 자가 한방의료행위를 업으로 한 자는 무기 또는 2년 이상의 징역에 처한다. 이 경우에는 100만원 이상 1천만 원 이하의 벌금을 병과한다.

의료법

제25조(무면허의료행위등 금지)

① 의료인이 아니면 누구든지 의료행위를 할 수 없으며 의료인도 면허된 이외의 의료행위를 할 수 없다.

Ⅱ. 사실관계의 요지

당해사건의 피고인 갑 및 을은 서울서부지방법원에 '보건범죄 단속에 관한 특별조치법' 위반(부정의료업자)으로 공소제기되었다. 공소사실의 요지는, 피고인 을에 대하여는 "상피고인 갑이 운영하는 기공소의 직원으로서 치과의사면허 없이 위 기공소에서 사흘간 7명에 대한 치과치료를 해주고 그 대가로 합계 320만 원을 교부받아 무면허 치과의료행위를 업으로 하였다"는 것이다. 피고인 갑에 대해서는 "위 기공소를 운영함에 있어서 그 사용인인 상피고인 갑이 위 범죄사실과 같이 치과의료행위를 업으로 하였다"는 것이다.

　　1심에서, 피고인 을은 징역 1년 6월 및 벌금 100만 원에 집행유예 3년의 형을 선고받아 그 판결이 확정되었다. 또한 피고인 갑은 을의 치과의료행위가 객관적 외형상 치과기공업무의 범주에 포함되지 않는다는 이유로 무죄판결을 받았다. 갑에 대한 무죄판결에 대하여 검사가 항소하여 당해사건의 소송계속 중, 제청법원은 직권으로 '보건범죄 단속에 관한 특별조치법' 제6조의 양벌규정 중 제5조에 의하여 개인인 영업주에게 벌금형 외에 무기 또는 2년 이상의 징역형까지 부과하도록 한 규정이 형벌과 책임 간의 비례성의 원칙에 위반된다며 그 위헌 여부의 심판을 제청하였다.

Ⅲ. 주　　문

　　영업주에 대한 양벌규정인 보건범죄 단속에 관한특별조치법 제6조 중 제5조에 의하여 개인인 영업주를 처벌하는 부분이 헌법에 위반된다.

Ⅳ. 결정 이유의 주요 논점 및 요지

1. 4인의 재판관 : 책임주의에 반해 법치국가원리와 헌법 제10조에 위반하여 위헌

　　'책임없는 자에게 형벌을 부과할 수 없다'는 형벌에 관한 책임주의는 형사법의 기본원리이다. 또한 헌법상 법치국가의 원리에 내재하는 원리인 동시에, 국민 누구나 인간으로서의 존엄과 가치를 가지고 스스로의 책임에 따라 자신의 행동을 결정할 것을 보장하고 있는 헌법 제10조의 취지로부터 도출되는 원리이다. 이 사건 법률조항은 영업주가 고용한 종업원이 그 업무와 관련하여 무면허의료행위를 한 경우에, 영업주가 그와 같은 종업원의 범죄행위에 가담했다거나 종업원의 지도, 감독을 소홀히 했다는 등 영업주 자신의 비난받을 만한 행위가 있었는지 여부와는 전혀 상관없이 종업원의 범죄행위가 있으면 자동적으로 영업주도 동일하게 처벌하도록 규정하고 있다.

　　그렇다고 이 사건 법률조항을 그 문언상 명백한 의미와 달리 "종업원의 범죄행위에 대해 영업주의 선임감독상의 과실 기타 영업주의 귀책사유가 인정되는 경우"라는 요건을 추가하여 해석할 수도 없다. 그것은 문리해석의 범위를 넘어서는 것으로서 허용될 수 없기 때문이다. 따라서 이 사건 법률조항은 법정형에 나아가 판단할 것 없이 다른 사람의 범죄에 대해 그 책임 유무를 묻지 않고 형벌을 부과함으로써 형사법의 기본원리인 책임주의에 반하므로 결국 법치국가의 원리와 헌법 제10조의 취지에 위반하여 헌법에 위반된다.

2. 다른 4인의 재판관 : 형벌에 관한 책임원칙에 반해 위헌

일정한 범죄에 대해 형벌을 부과하는 법률조항이 정당화되기 위해서는 범죄에 대한 귀책사유를 의미하는 책임이 인정되어야 하고, 그 법정형 또한 책임의 정도에 비례하도록 규정되어야 한다. 이 사건 법률조항은, 종업원의 무면허의료행위에 대한 영업주의 관여나 선임감독상의 과실 등과 같은 책임을 구성요건으로 규정하지 않은 채 종업원의 일정한 범죄행위가 인정되면 그 종업원을 처벌하는 동시에 자동적으로 영업주도 처벌하는 것으로 규정하고 있다. 종업원의 범죄에 아무런 귀책사유가 없는 영업주에 대해서도 처벌할 수 있는 것처럼 규정하고 있는 것이다.

뿐만 아니라 이 사건 법률조항을 종업원에 대한 선임감독상의 과실 있는 영업주를 처벌하는 규정으로 보는 경우라고 하더라도, 과실밖에 없는 영업주를 고의의 본범인 종업원과 동일한 법정형으로 처벌하는 것은 각자의 책임에 비례하는 형벌의 부과라고 보기 어렵다. 무면허의료행위가 아무리 중대한 불법이라고 본다 하더라도, '종업원에 대한 선임감독상 등의 과실'에 대해 무려 '무기 또는 2년 이상의 징역형'이라는 형벌을 가하는 것은 그 책임에 비해 지나치게 무거운 법정형이기 때문이다. 따라서 이 사건 법률조항은 종업원의 범죄행위에 대해 아무런 책임이 없는 영업주에 대해서까지 처벌할 수 있는 가능성을 열어놓고 있을 뿐만 아니라 책임의 정도에 비해 지나치게 무거운 법정형을 규정함으로써 형벌에 관한 책임원칙에 반한다.

3. 결　　론

그러므로, 이 사건 법률조항이 위헌이라는 의견이 8인으로서 위헌심판의 정족수를 넘으므로 이 사건 법률조항에 대하여 위헌을 선언하기로 결정한다.

V. 이 결정이 가지는 의미

헌법재판소 전원재판부는 재판관 8 : 1의 의견으로 영업주에 대한 양벌규정인 '보건범죄 단속에 관한 특별조치법' 제6조 중 제5조에 의하여 개인인 영업주를 처벌하는 부분이 헌법에 위반된다는 위헌결정을 선고하였다. 홀로 합헌의 반대의견을 낸 이동흡 재판관의 경우, 일반적으로 어떤 법률에 대한 여러 갈래의 해석이 가능할 때에는 원칙적으로 헌법에 합치되는 합헌적 법률해석을 해야 할 것인데, 이 사건 법률조항은 그 문언에 의하더라도 구성요건에 해당하는 영업주의 범위는 자신의 '업무'에 관하여 종업원의 '위반행위'가 있는 경우에 한정되는 것으로서, 대법원 판례에서 말하는 '영업주의 종업원에 대한 선임감독상의 과실'이 영업주의 '업무'와 종업원의 '위반행위'를 연결해 주는 주관적 구성요건 요소로서 추단될 수 있는 것이고, 따라서 이 사건 법률조항의 문언상 '영업주의 종업원에 대한 선임감독상의 과실'이 명시되어 있지 않더라도 그와 같은 과실이 있는 경우에만 처벌하는 것으로 해석하는 것은 문언해석의 범위 내에 있는 것으로서 합헌적 법률해석에 따라 허용되기 때문에, 대법원의 합헌적 법률해석을 전제로 판단해 보면 이 사건 법률조항은 형벌에 관한 책임주의 원칙에 위반되지 않는다고 보았다. 또한 이 사건 법률조항이 국민건강에 대한 위해의 측면에서 보호법익에 대한 침해가 중대할 뿐 아니라 종업원의 위반행위가 이익의 귀속주체인 영업주의 묵인 또는 방치와 관련되는 등 영업주라는 지위에 대한 비난가능성이 크다는 점 등에 비추어 종업원의 행위에 대한 영업주의 선임감독상 과실의 죄책은 직접행위자와 동등하게 평가될 수도 있는 것이므로 이 사건 법률조항에서 종업원에 대한 처벌규정을 전제로 하여 양벌규정으로서 그 영업주에게도 종업원과 동일한 법정형을 규정하였다고 하여 입법재량의 한계를 벗어났다고 볼 수는 없기 때문에, 이 사건 법률조항은 책임과 형벌의 비례성 원칙에도 위반되지 않는다고 보았다.

이 결정이 헌법재판소가 형벌조항에 관한 책임원칙을 천명한 최초의 위헌결정이라는 점에 주목을 요한다.

군형법상의 상관살해죄 사건

— 헌재 2007. 11. 29, 2006헌가13 —

Ⅰ. 심판대상

군형법(1962. 1. 20. 법률 제1003호로 제정된 것)
제53조(상관살해와 예비, 음모)
① 상관을 살해한 자는 사형에 처한다.

Ⅱ. 사실관계의 요지

　　제청신청인은 상관살해죄 등으로 기소되어 3군사령부 보통군사법원에서 사형을 선고받았다. 이에 항소하였으나 국방부 고등군사법원에서 항소 기각 판결을 선고받았고, 상고하여 대법원 재판 계속 중 상관살해죄에 관한 '군형법' 제53조 제1항에 대하여 위헌법률심판제청신청을 하였다. 대법원은 위 신청을 받아들여 헌법재판소에 위헌법률심판제청을 하였다.

Ⅲ. 주　　문

　　군형법 제53조 제1항이 헌법에 위반된다.

Ⅳ. 결정 이유의 주요 논점 및 요지

1. 재판의 전제성은 인정됨

　　헌법재판소가 이 사건 위헌심판제청을 받아들여 사형만을 유일한 법정형으로 규정하고 있는 이 사건 법률조항에 대하여 위헌선언을 하는 경우 위 법률조항이 소급하여 효력을 상실하게 되어 이 사건 법률조항을 적용법조로 한 공소사실에 대하여는 적용할 수 없게 된다. 따라서 법원이 심리 중인 당해 사건의 재판의 주문에 영향을 미치게 되고, 제청신청인에 대한 처벌조항으로 예컨대 형법상 단순살인죄와 같이 이 사건 법률조항이 아닌 다른 법률조항으로 적용법조를 변경하는 공소장 변경이 있는 경우에도 당해 사건의 재판의 이유가 달라지게 되어 결국 이 사건 법률조항의 위헌 여부에 따라 이 사건 재판의 내용은 달라질 수밖에 없다. 그러므로 재판의 전제성이 인정된다.

2. 책임과 형벌간의 비례원칙과 인간존엄성을 존중하려는 실질적 법치국가원리에 반함

법정형의 종류와 범위를 정하는 것은 기본적으로 입법자의 권한에 속하는 것이지만, 법정형의 종류와 범위를 정할 때에는 형벌 위협으로부터 인간의 존엄과 가치를 존중하고 보호하여야 한다는 헌법 제10조의 요구에 따라야 하고, 형벌개별화의 원칙이 적용될 수 있는 범위의 법정형을 설정하여 실질적 법치국가의 원리를 구현하도록 하여야 하며, 형벌이 죄질과 책임에 상응하도록 적절한 비례성을 지켜야 한다. 이러한 요구는 형벌을 가중하는 경우에도 마찬가지이다. 입법취지에서 보아 중벌(重罰)주의로 대처할 필요성이 인정되는 경우라 하더라도 그 가중의 정도가 통상의 형벌과 비교하여 현저히 형벌체계상의 정당성과 균형성을 잃은 것이 명백하다면, 그러한 입법의 정당성은 부인되고, 인간의 존엄성과 가치를 보장하는 헌법의 기본원리에 반하여 위헌적인 법률이 될 것이다.

이 사건 법률조항은 상관을 살해한 경우 그 동기와 행위태양이 어떤가를 묻지 않고 그 죄질을 동일하게 평가하여 법정형으로 사형만을 규정하고 있다. 상관을 살해한 책임이 아무리 중대하다고 하더라도 다양한 동기와 행위태양의 범죄를 동일하게 평가하여 사형만을 유일한 법정형으로 규정하고 있는 것이 과연 정당화될 수 있는가가 문제된다. 우리 형법은 사람의 생명을 박탈한 고의적인 살인범을 고살과 모살의 구분없이 사형, 무기 또는 5년 이상의 징역형으로 규정하여 구체적 사건을 재판하는 법관에게 범행의 정상과 범죄인의 죄질을 참작한 후 탄력적으로 형을 선택하여 선고하고 작량감경할 사유가 있는 경우에는 집행유예의 선고가 가능하도록 폭넓은 법정형을 정하고 있다. 존속살인의 경우에도 사형, 무기 또는 7년 이상의 징역형에 처하도록 하고 있으며, 군형법상 초병살해의 경우에도 사형 또는 무기징역에 처하도록 하고 있는 점을 비교 교량해 보면 평시에 일어난 군대 내 상관살해를 그 동기와 행위태양을 묻지 않고 무조건 사형으로 다스리는 것은 형벌체계상의 정당성을 잃은 것으로서 범죄의 중대성 정도에 비하여 심각하게 불균형적인 과중한 형벌이고, 형사정책적인 관점에서 보거나 세계적인 입법추세에 비추어 보더라도 적정한 형벌의 제정이라고 보기 어렵다.

이 사건 법률조항은 일반예방적 차원에만 치중한 전근대적인 중형 위주의 가혹한 응보형주의에 따른 입법규정은 될 수 있지만 범죄인의 교육개선과 사회복귀를 기본으로 하는 우리 헌법의 기본취지에 일치한다고 보기 어렵고, 군대 내 명령체계 유지 및 국가 방위라는 이유만으로 전시인지 평시인지를 구분하지 않고, 가해자와 상관 사이에 명령복종관계가 있는지 여부를 불문하고 상관을 살해하기만 하면 사형에 처하도록 규정하고 있는 것은 형벌이 죄질과 책임에 상응하는 적절한 비례성을 갖추고 있다고 보기 어렵다. 비록 법관이 작량감경을 할 수 있다고는 하나, 법정형 자체가 죄질과 책임에 상응하는 적절한 비례성을 갖추지 못하고 있다면 작량감경 제도의 존재만으로 그러한 흠결이 치유되는 것이라 보기 곤란하다.

상관폭행, 상관상해 등 다른 군형법 조항이 적전인 경우와 기타의 경우로 구분하여 법정형을 따로 규정하고 있는 것을 보면 상관살해 역시 적전인 경우와 기타의 경우, 또는 전시와 평시로 구분할 수 있을 것이고, 적어도 적전이 아니거나 평시의 경우 그 동기와 살해에 이르게 된 정황, 살해방식 등을 고려하여 합리적 양형이 가능하도록 규정되어야 할 것이다. 다른 나라의 입법례를 살펴보더라도 이 사건 법률조항과 같이 상관살해에 대하여 사형만을 유일한 법정형으로 규정하고 있는 법제가 없을 뿐만 아니라 군형법상 상관살해에 대하여 일반 살해죄에 비하여 가중하여 처벌하는 규정을 둔 국가조차 찾기 어렵다. 비록 남북한 대치상태가 존재하는 특수상황이 있다 하더라도 군의 기강과 전력은 법정형의 위하적인 효과만으로 기대하기는 어렵다는 점을 고려할 때 그러한 법제를 더 이상 유지시킬 실익이 적다고 할 것이다. 또한, 법정형을 사형으로 한정한 것이 지니는 강력한 심리적 위하효과를 부정할 수는 없겠으나, 그것이 구체적인 정황에서 상관살해행위를 어느 정도 배제시키는 일반예방 효과를 지니는지 여부가 불분명하며, 범행동기와 죄질에 무관하게 사형만을 유일한 법정형으로 규정하고 있는 것은 형벌이 죄질과 책임에 상응하는 적절한 비례성을 갖추고 있다고 보기 어렵고, 인간의 존엄과 가치를 존중하고 형벌을 죄질과 책임에 상응하도록 정하여야 한다는 실질적 법치국가의 이념에 반한다.

이상에서 살펴본 바와 같이 이 사건 법률조항은 범죄의 중대성 정도에 비하여 심각하게 불균형적인 과중한 형벌을 규정함으로써 죄질과 그에 따른 행위자의 책임 사이에 비례관계가 준수되지 않아 인간의 존엄과 가치를 존중하고 보호하려는 실질적 법치국가의 이념에 어긋나고, 형벌체계상 정당성을 상실하였다.

V. 이 결정이 가지는 의미

상관 살해에 대해 사형만을 유일한 법정형으로 규정하고 있는 '군형법' 제53조 제1항에 대해 조대현 재판관의 헌법불합치의견, 김종대 재판관의 각하의견이 있는 외에 헌법재판소 다수의견은 이 법조항을 위헌이라 선언하였다. 조대현 재판관은 헌법불합치의견에서, 군형법 제53조 제1항이 군대의 지휘계통과 명령계통을 확립하여 국가방위라는 특수사명의 달성에 이바지하려는 것이므로 그 입법목적은 정당하지만, 피살자가 명령권을 가진 상관인 경우와 명령복종관계가 없는 상계급자나 상서열자인 경우를 구분하지 않고, 상관살해가 적전에서 이루어진 경우와 그렇지 않은 경우를 구분하지도 않은 채, 모두 "상관 살해"에 포괄시켜 사형으로 처벌하도록 규정하고 있는 것은 입법목적의 달성에 필요한 정도를 구분하지 않고 획일적으로 최고형으로 처벌하도록 하는 것이어서, 범죄의 책임과 형벌은 비례되어야 한다는 원칙에 맞지 않고, 기본권의 제한은 필요한 최소한도에 그쳐야 한다는 원칙에도 어긋난다고 보았다. 그러나, 이 사건 법률조항은 합헌적인 부분과 위헌적인 부분을 아울러 내포하고 있다고 할 것이고 그 구분은 국회의 몫이므로 위헌결정을 내리기보다는 전체적으로 헌법에 합치되지 않는다고 헌법불합치결정을 내리고 개선입법을 촉구함이 상당하다고 보았다. 또한 김종대 재판관은 각하의견을 통해, 제청법원의 제청이유 요지는 상관살해죄 자체가 위헌이라는 것이 아니고 법정형이 사형밖에 없어 사형선고를 피할 수 없다는 데 있으나 제청법원이 원심법원의 사형선고가 정당하다고 판단한다면 위헌제청한 법률이 위헌으로 결정되더라도 적용될 법률조항만을 달리하여 여전히 사형선고를 유지할 것이고, 사형선고가 부당하다고 판단한다면 법률의 위헌제청 없이도 원심판결을 파기하고 사형이 선고되지 않도록 할 수 있으므로 이 사건 위헌제청은 심판의 이익이 없어 부적법하므로 각하되어야 한다고 주장했다. 다수의견이 책임과 형벌 간의 비례원칙을 인간의 존엄과 가치를 존중하고 보호하려는 실질적 법치국가의 이념과 연결시키면서 이에 포함된다고 판단한 점에 주목을 요한다.

친생부인의 소 제척기간 사건

— 헌재 1997. 3. 27. 95헌가14 —

I. 심판대상

민법

제847조(친생부인의 소)

① 부인의 소는 자 또는 그 친권자인 모를 상대로 하여 그 출생을 안 날로부터 1년 내에 제기하여야 한다.

II. 사실관계의 요지

제청신청인 甲과 신청외 여성 乙은 혼인신고를 마친 법률상의 부부이다. 이들은 혼인기간중인 1992년 12월 17일 신청 외 丙을 출산하였다. 그러나 제청신청인 甲은 1994년 8월 21일에 이르러 丙이 자신의 친생자가 아니라는 이유로 서울가정법원에 丙을 상대로 한 친생부인의 소를 제기하였다. 아울러 제청신청인 甲은 '민법' 제847조 제1항이 친생부인의 소의 제소기간을 '그 출생을 안 날로부터 1년 내'로 규정하고 있는 것은 헌법상 기본권을 침해하여 위헌이라는 이유로 서울가정법원에 위 법률조항에 대한 위헌심판제청신청을 하였고, 위 법원은 이 신청을 받아들여 위 법률조항에 대한 위헌심판제청결정을 하였다.

III. 주 문

민법(1958. 2. 22. 법률 제471호로 제정되고 1990. 1. 13. 법률 제4199호로 최종개정된 것) 제847조 제1항 중 '그 출생을 안 날로부터 1년 내' 부분은 헌법에 합치되지 아니한다.

Ⅳ. 결정 이유의 주요 논점 및 요지

1. 제척기간에 관한 입법재량의 한계를 넘어서서 위헌

　　친생부인의 소에 관하여 어느 정도의 제척기간을 둘 것인가의 문제는 父뿐만 아니라 子와 母 및 가족들의 법적 지위와 관계되므로 법률적인 친자관계를 진실에 부합시키고자 하는 父의 이익과 친자관계의 신속한 확정을 통하여 법적 안정을 찾고자 하는 子의 이익을 어떻게 그 사회의 실정과 전통적 관념에 맞게 조화시킬 것인가에 관한 문제는 이해관계인들의 기본권적 지위와 혼인 및 가족생활에 관한 헌법적 결단을 고려하여 결정할 문제로서 원칙적으로 입법권자의 재량에 맡겨져 있다. 그런데 '민법' 제844조에 의하여 인정되는 친생자 추정의 효력은 법률에서 인정하는 다른 추정에 비하여 대단히 강력한 것이어서 친생자로 추정되는 한 생부가 혼인외의 출생자로서 인지를 하는 것이나 子가 생부를 상대로 인지를 청구하는 것 모두 허용되지 않으며, 일단 제소기간이 경과된 경우에는 나중에 그 추정이 진실에 반하는 것임이 명백하여졌다고 하더라도 그 추정을 번복하는 것은 허용되지 않는다. 그 결과 친자관계를 더 이상 다툴 수 없게 된 父로서는 진실에 반하는 친자관계를 그 의사에 반하여 강요당하게 된다는 점에서 인간의 존엄과 가치, 행복추구권을 보장한 헌법 제10조나 혼인과 가족생활의 보호를 규정한 헌법 제36조에 위반할 소지가 있는 것이다. 그러므로 친생부인의 소에 대한 제소기간을 어느 정도로 할 것인가는 중요한 문제이며 원칙적으로 그것이 입법재량에 속한다 하더라도 그 제소기간 자체가 지나치게 단기간이거나 불합리하여 父가 子의 친생자 여부에 대한 확신을 가지기도 전에 그 제척기간이 경과하여 버림으로써 친생을 부인하고자 하는 父로 하여금 제소를 현저히 곤란하게 하거나 사실상 불가능하게 하여 진실한 혈연관계에 반하는 친자관계를 부인할 수 있는 기회를 극단적으로 제한하는 것이라면 이는 입법재량의 한계를 넘어서는 것으로서 위헌이라 아니할 수 없다.

　　일반적으로 친자관계의 존부에 관하여는 특별한 사정이나 어떤 계기가 없으면 친자관계가 존재하지 않음을 알기 어렵거나 의심하지 않는 것이 통례임에도 불구하고 친생부인의 소의 제척기간을 정함에 있어 父가 子와의 사이에 친생자관계가 존재하지 않음을 알았는지의 여부를 전혀 고려하지 않고 오직 '출생을 안 날로부터'라고만 규정하여 父에게 매우 불리한 규정이라고 할 것이다. 나아가서 "1년"이라는 제척기간 그 자체도 여러 사정에 비추어 볼 때 현저히 짧은 것이다. 친생자관계의 존부는 특별한 경우가 아니면 쉽게 알기 어려운 속성에 비추어 보통의 경우 子의 출생을 안 날로부터 1년이란 단기간의 숙려기간은 너무 짧아서 실질적으로 제소의 기회마저 주지 않는 것이나 다름없다. 이러한 심판대상조항은 혼인기간 중에는 정절이 지켜진다는 전통관념을 배경으로 한 규정이지만 현대 사회는 여성의 사회적 활동의 증가와 가치관념의 혼돈 및 윤리의식의 이완으로 전통관념에 많은 변화가 생겼고 또 출산과정도 병원 등 전문기관에서 많은 아이들이 반복적으로 출산되고 있어 서로 뒤바뀔 가능성도 배제할 수 없는 점 등 사회현실여건도 달라져서 진정한 친자관계가 존재하지 않을 가능성이 많아지고 있어서 父에게 친생부인권을 부여할 필요성은 오히려 증가하는 반면, 우리나라는 어느 나라보다 혈통을 중요시하고 혈연에 각별한 애착을 가지는 전통관습을 유지하고 있는 점 등을 종합 고려하면 제소할 수 있는 기간을 자의 출생을 안 날로부터 1년으로 규정한 것은 지나치게 짧다고 할 것이다. 결과적으로 친생을 부인하고자 하는 父로 하여금 제소를 현저히 곤란하게 하거나 사실상 불가능하게 하고 그로 인하여 진실한 혈연관계에 반하는 부자관계를 부인할 수 있는 기회를 극단적으로 제한하고 있는 것이어서 입법재량의 범위를 일탈한 것으로서 다음과 같은 헌법상의 기본권을 침해하고 있다고 할 것이다.

2. 인격권과 행복추구권 침해

헌법 제10조는 모든 국민은 인간으로서의 존엄과 가치를 가지며 행복을 추구할 권리가 있다고 규정하고 있다. 이로써 모든 국민은 그의 존엄한 인격권을 바탕으로 하여 자율적으로 자신의 생활영역을 형성해 나갈 수 있는 권리를 가지는 것이다. 그런데 이 사건의 경우 친생부인의 소의 제척기간을 일률적으로 子의 출생을 안 날로부터 1년으로 규정함으로써 父가 子의 친생자 여부에 대한 의심도 가지기 전에 그 제척기간이 경과하여 버려 결과적으로 父로 하여금 혈연관계가 없는 친자관계를 부인할 수 있는 기회를 극단적으로 제한하고 또 子의 출생 후 1년이 지나서 비로소 그의 子가 아님을 알게 된 父로 하여금 당사자의 의사에 반하면서까지 친생부인권을 상실하게 하는 것이다. 이는 인간이 가지는 보편적 감정에도 반할 뿐만 아니라 자유로운 의사에 따라 친자관계를 부인하고자 하는 父의 가정생활과 신분관계에서 누려야 할 인격권 및 행복추구권을 침해하고 있는 것이다.

3. 혼인과 가족생활의 권리침해금지를 보장한 헌법 제36조 제1항에 위반

헌법 제36조 제1항은 혼인과 가족생활은 개인의 존엄과 양성의 평등을 기초로 하여 성립되고 유지되어야 하며, 국가는 이를 보장한다고 규정하고 있다. 이는 개인의 자율적 의사와 양성의 평등에 기초한 혼인과 가족생활의 자유로운 형성을 국가가 보장할 것을 규정하고 있는 것이다. 그런데 이 사건의 경우 진실한 혈연관계에 부합하지 않고 당사자가 원하지도 않는 친자관계를 부인할 기회를 충분히 주지 않고 친생부인권을 극히 단기간 내에 상실하게 하고 나아가서 子에 대한 부양의무를 비롯한 그 밖의 법적 지위를 계속 유지하도록 강요하는 것은 개인의 존엄과 양성의 평등에 기초한 혼인과 가족생활에 관한 기본권을 침해하는 것이다.

4. 헌법불합치결정과 그 불합치상태의 제거방안

'민법' 제847조 제1항을 단순위헌선언을 한다면 친생부인의 소의 제척기간의 제한이 일시적으로 전혀 없게 되는 법적 공백상태가 되고 이로 인하여 출생 후 상당기간이 경과되어 이미 번복할 수 없는 신분관계로서 이해관계인들에게 받아들여지고 있던 부자관계에 대하여도 개정입법이 행하여지기까지는 언제든지 다시 재론할 수 있게 됨으로써 적지 않은 법적 혼란을 초래할 우려가 있다. 또한 위헌적인 규정에 대하여 합헌적으로 조정하는 임무는 원칙적으로 입법자의 형성재량에 속하는 사항이다. 따라서, 우리 재판소는 입법자가 이 사건 심판대상조항을 적어도 이 결정에서 밝힌 위헌이유에 맞추어 새로이 개정할 때까지는 법원 기타 국가기관은 '민법' 제847조 제1항 중 '그 출생을 안 날로부터 1년내'라는 부분을 더 이상 적용·시행할 수 없도록 중지하되 그 형식적 존속만을 잠정적으로 유지하게 하기 위하여 이 사건 심판대상 조항에 대하여 단순위헌결정을 선고하지 않고 헌법불합치결정을 선고한다.

V. 이 결정이 가지는 의미

이 결정은 김진우 재판관의 별개의견과 조승형 재판관의 반대의견이 있는 외에는, 나머지 재판관의 의견일치에 의한 것이다. 유의할 점은 이 사건 헌법불합치결정은 친생부인의 소에 제척기간을 설정한 것 자체가 잘못이라는 것은 아니고 단지 기간을 정함에 있어 父가 子와의 사이에 친생자관계가 존재하지 않음을 알았는지의 여부에 관계없이 일률적으로 '그 출생을 안 날로부터 1년 내'라고 규정함으로써, 친생부인권의 행사를 현저히 곤란하게 하거나 사실상 박탈하는 것과 같은 결과를 초래하는 것이 잘못이고 헌법에 위반된다는 취지라는 점이다.

유치장내 개방 화장실 사건

─ 헌재 2001. 7. 19, 2000헌마546 ─

Ⅰ. 심판대상

청구인들이 약 이틀간 영등포경찰서 유치장에 수용되어 있는 동안 차폐시설이 불충분하여 사용과정에서 신체부위가 다른 유치인들 및 경찰관들에게 관찰될 수 있고 냄새가 직접 유출되는 실내화장실을 사용하도록 강제한 것.

※ 피청구인과 관련해, 청구인들은 심판청구서에 피청구인을 경찰청장으로 기재하였으나 이 사건 심판대상행위를 행사한 주체는 영등포경찰서장이므로 직권으로 이 사건 피청구인을 영등포경찰서장으로 확정하기로 한다.

Ⅱ. 사실관계의 요지

청구인들은 '집회 및 시위에 관한 법률' 위반의 현행범으로 체포되어 영등포경찰서 유치장에 수용되었다. 청구인들은 위 기간 동안 유치장 밖의 일반화장실의 사용이 허가되지 않아 유치장 내에 설치된 화장실의 사용만 가능하였다. 이 화장실은 차폐시설이 불충분하여 신체부위 등이 노출되는 개방적 구조를 가진 것이다. 이와 같은 화장실의 사용을 강제한 피청구인의 행위로 인하여 청구인들에게 보장된 헌법 제10조의 인간으로서의 존엄과 가치, 제17조의 사생활의 비밀과 자유 등 기본권을 침해당하였다고 주장하면서 청구인들이 헌법소원심판을 청구하였다.

Ⅲ. 주 문

청구인들이 영등포경찰서 유치장에 수용되어 있는 동안 차폐시설이 불충분하여 사용과정에서 신체부위가 다른 유치인들 및 경찰관들에게 관찰될 수 있고 냄새가 유출되는 실내화장실을 사용하도록 강제한 피청구인의 행위는 헌법 제10조에 의하여 보장되는 청구인들의 인격권을 침해한 것으로 위헌임을 확인한다.

Ⅳ. 결정 이유의 주요 논점 및 요지

1. 심판청구의 이익이 인정됨

이 사건 심판대상행위는 피청구인이 우월적 지위에서 일방적으로 강제하는 성격을 가진 것으로서 권력적 사실행위라 할 것이며, 이는 헌법소원심판청구의 대상이 되는 '헌법재판소법' 제68조 제1항의 공권력의 행사에 포함된다. 그런데, 청구인들에 대한 침해행위는 이미 종료되어 이 사건 심판대상행위에 대하여 위헌확인을 하더라도 청구인들에 대한 권리구제는 불가능한 상태이어서 주관적 권리보호의 이익은 소멸되었다고 할 것이다. 그러나 헌법소원제도는 개인의 주관적인 권리구제뿐만 아니라 객관적인 헌법질서를 보장하는 기능도 갖고 있으므로, 헌법소원이 주관적 권리구제에는 별 도움이 되지 않는다 하더라도 그러한 침해행위가 앞으로도 반복될 위험이 있거나 당해 분쟁의 해결이 헌법질서의 수호·유지를 위하여 긴요한 사항이어서 헌법적으로 그 해명이 중대한 의미를 지니고 있는 경우에는 심판청구의 이익을 인정할 수 있다. 이 사건의 자료에 의하면, 전국의 다수 유치장 화장실의 구조와 사용실태가 이 사건에서의 그것과 유사하여 청구인들에 대한 이 사건 심판대상행위와 동종의 조치로 인한 기본권 침해행위는 여러 사람에 대하여, 그리고 반복하여 일어날 위험이 있다고 보여지므로, 심판청구의 이익이 인정된다.

2. 헌법 제10조에 의해 보장되는 인격권 침해

청구인들 유치 당시 이 사건 화장실의 구조는 장방형으로서 2개면은 천장까지 이어져 있는 유치실 벽면에 붙어 있고, 나머지 2개면 중 1개면은 그 높이가 거실 바닥으로부터 약 76㎝인 차폐벽으로, 유치실 전면에서 정면으로 보이는 나머지 1개면은 같은 높이의 차폐벽과 그 높이가 거실 바닥으로부터 약 74㎝인 화장실문으로 가려져 있었고, 화장실문에는 그 상단으로부터 약 4㎝ 아래의 위치에 가로 약 30㎝, 세로 약 10㎝의 직사각형의 유리창이 설치되어 있었다. 그리고 차폐벽이나 화장실문의 윗부분은 거실과의 사이에 차폐시설이 없이 개방된 구조이고, 쪼그려 앉은 자세로 사용하는 방식의 수세식변기가 설치되어 있었으며 이 사건 화장실이나 유치실내에는 창문 등의 별도의 환기시설도 없었다. 이와 같은 상황이었으므로 이 사건 청구인들이 용변을 볼 때는 그 소리와 냄새가 같은 유치실내 거실로 직접 유출될 수 있고, 옷을 벗고 입는 과정에서 둔부 이하가 이 사건 유치실 내의 다른 동료 유치인들에 노출될 수 있으며, 이 사건 유치실 밖에 있는 같은 층의 경찰관들이나 특히 유치실을 앞쪽에서 내려다 볼 수 있는 2층에 있는 경찰관들에게는 옷을 추스르는 과정에서 허벅지 등이 보일 수 있게 되어 있었다.

유치장에 수용되어 있는 유치인들 중에서는 불안한 심리상태에서 자해, 자살을 하거나, 같이 수용된 다른 유치인들에게 가해행위를 하거나, 도주를 기도하는 등의 행동을 하는 자가 있으므로 유치인들의 동태를 감시할 필요성이 있는 점은 부인할 수 없다. 따라서 화장실을 유치실 내에 두어 유치장에 수용되어 있는 다수의 유치인들이 용변을 볼 때마다 유치실 밖으로 드나들 필요가 없도록 하고, 어느 정도 유치실 내 화장실을 포함한 그 내부를 관찰할 수 있는 구조로 설치하는 것에 대해서도 일단 그 타당성을 인정할 수 있다. 그러나 감시와 통제의 효율성에만 치중하여 앞서 본 바와 같이 지나치게 열악한 구조의 화장실 사용을 모든 유치인들에게 일률적으로 강요하는 것은 미결수용자의 자유와 권리에 대한 제한이 구금의 목적인 도망·증거인멸의 방지와 시설 내의 규율 및 안전 유지를 위한 필요최소한의 합리적인 범위를 벗어나서는 안 된다는 원칙에 부합하기 어렵다. 또한 일반적으로 유치인들의 동태에 대한 감시가 필요하다 하더라도 이러한 감시가 가능하면서도 덜 개방적인 다른 구조의 시설 설치가 불가능한 것도 아니다. 예를 들어서, 하체를 가려줄 만한 높이의 하단부 차폐벽 위에 반투명한 재료를 사용한 차폐시설을 설치하여 어느 정도 그 행동을 감시할 수 있도록 하면서도 신체부위의 노출과 냄새의 직접적 유출을 막고, 용변을 보는 자로 하여금 타인으로부터 관찰되고 있다는 느낌을 보다 덜 가질 수 있는 독립적 공간을 만들 수 있는 것이다. 더구나 구속영장이 집행된 미결수용자 또는 유죄판결이 확정된 수형자들이 사용하는 영등포구치소 또는 영등포교도소의 수용실 내 화장실은 내부의 관찰이 어느 정도 가능한 재료로 되어 있기는 하지만, 이 사건 화장실과는 달리 차폐시설이 천장까지 닿도록 되어 있어 독립적인 공간이 어느 정도 확보되어 있고 창문 등 환기시설도 따로 설치되어 있었다.

헌법 제10조에서는 "모든 국민은 인간으로서의 존엄과 가치를 가지며, 행복을 추구할 권리를 가진다"라고 하여 모든 기본권의 종국적 목적이자 기본이념이라 할 수 있는 인간의 존엄과 가치를 규정하고 있는데, 이는 인간의 본질적이고도 고유한 가치로서 모든 경우에 최대한 존중함을 의미한다. 그런데 앞에서 본 사실관계에 비추어 보면, 보통의 평범한 성인인 청구인들로서는 내밀한 신체부위가 노출될 수 있고 역겨운 냄새, 소리 등이 흘러나오는 가운데 용변을 보지 않을 수 없는 상황에 있었으므로 그때마다 수치심과 당혹감, 굴욕감을 느꼈을 것이고 나아가 생리적 욕구까지도 억제해야만 했을 것임을 어렵지 않게 알 수 있다. 나아가 함께 수용되어 있던 다른 유치인들로서도 누군가가 용변을 볼 때마다 불쾌감과 역겨움을 감내하고 이를 지켜보면서 마찬가지의 감정을 느꼈을 것이다. 그렇다면, 이 사건 청구인들로 하여금 유치기간 동안 위와 같은 구조의 화장실을 사용하도록 강제한 피청구인의 행위는 인간으로서의 기본적 품위를 유지할 수 없도록 하는 것으로서, 수인하기 어려운 정도라고 보여지므로 전체적으로 볼 때 비인도적·굴욕적일 뿐만 아니라 동시에 비록 건강을 침해할 정도는 아니라고 할지라도 헌법 제10조의 인간의 존엄과 가치로부터 유래하는 인격권을 침해하는 정도에 이르렀다고 판단된다.

Ⅴ. 이 결정이 가지는 의미

청구인들로 하여금 이 사건 유치실에 수용되어 있는 동안 차폐시설이 불충분한 이 사건 화장실을 사용하도록 강제한 피청구인의 행위는 헌법 제10조에 의하여 보장되는 인격권을 침해한 것으로서 취소되어야 할 것이지만 이 권력적 사실행위는 이미 종료되었으므로 유사한 기본권 침해의 반복을 방지하기 위해 선언적 의미에서 그에 대한 위헌확인을 하기로 하여 헌법재판소가 만장일치로 위헌결정을 내린 사건이다. 헌법재판소가 헌법소원 제기요건 중의 하나인 심판청구이익의 예외를 인정하여 헌법소원이 주관적 권리구제에는 별 도움이 되지 않는다 하더라도 그러한 침해행위가 앞으로도 반복될 위험이 있거나 당해 분쟁의 해결이 헌법질서의 수호·유지를 위하여 긴요한 사항이어서 헌법적으로 그 해명이 중대한 의미를 지니고 있는 경우에는 심판청구의 이익을 인정할 수 있다고 밝히고 있는 점에 주목을 요한다. 또한 피청구인과 관련해 청구인들이 심판청구서에 피청구인을 경찰청장으로 기재했지만 헌법재판소가 직권으로 피청구인을 영등포경찰서장으로 바꾼 점은 우리 헌법재판제도가 직권주의를 취하고 있음을 보여주는 대목이다.

군검찰관의 기소유예처분 사건

— 헌재 1989. 10. 27, 89헌마56 —

Ⅰ. 심판대상

군검찰관의 기소유예처분.

Ⅱ. 사실관계의 요지

청구인은 이 사건 사고 당시 육군 병장으로 근무하다가 이 사건 후 의병제대한 자이다. 청구인은 부대 훈련장에서 총검술 교육을 받게 되었는데, 원래 총검술교관은 하사 정ㅇ철인데 이것이 같은 소대 선임분대장 하사 조ㅇ오에게 위임되었으며, 동인에 의하여 일응 교육을 받다가 재위임을 간청한 제3분대장 하사 배ㅇ열에게 다시 위임되어 동인에 의하여 총검술교육을 받게 되었다. 그런데 하사 배ㅇ열은 총검술 동작이 완만하고 구호소리가 작다는 이유로 소대원 전원에게 얼차려를 하기로 하여 5분 내지 10분 가까이 손등을 지면에 대고 "팔굽혀펴기", 속칭 "한강철교" 그리고 "선착순 구보" 등의 기합을 내렸다. 그리고, 다시 총검술교육에 착수되었다가 훈련 동작이 여전하다는 이유로 재차 약 사오십미터 가량 떨어진 전봇대까지 왕복달리기를 하는 선착순 구보명령을 내렸다. 이에 자신보다 군대생활을 적게 한 위 배ㅇ열로부터 계속 기합을 받는다는 것에 화가 난 청구인은 상병 윤ㅇ노와 함께 뛰어가지 않고, 그 자리에 서 있으면서 이를 거부하였다. 이렇게 되자 당시 총검술 동작의 잘못을 시정해 주며 군데군데 서 있던 분대장 중의 하나인 박ㅇ상이 이를 못마땅하게 생각하여 위 윤ㅇ노를 나무란 것이 발단이 되어 양자간에 싸움이 벌어지게 되었고, 여기에 가세한 또 다른 분대장 하사 임ㅇ철이 휘두른 탄띠에 청구인이 눈을 얻어 맞게 되어 요치 6개월의 눈상해를 입어 이로 인하여 의병제대하게 되었다.

이에 같은 사단 소속 군사법경찰관은 이러한 선착순 구보명령거부를 항명죄로 입건수사하였고, 이 사건을 송치받은 같은 사단 소속의 검찰관은 청구인이 상관의 정당한 명령에 불복종한 사실은 인정되나 제반사정을 참작하여 공소를 제기하지 아니함이 상당하다고 하여 청구인의 항명죄 혐의에 대해 기소유예 처분을 내렸다. 다만 청구인과 같이 위 얼차려명령에 복종하지 않은 윤○노에 대하여는 항명죄로 기소하였으나 보통 군사법원과 고등 군사법원에서 그 부분 각 무죄판결을 받아 판결이 확정되었다.

Ⅲ. 주　　문

　　육군 보병 제2사단 보통군사법원 검찰부 1988년 형제 52호 사건에 있어서 검찰관이 1988년 9월 30일에 청구인에 대하여 한 기소유예처분은 청구인의 평등권과 행복추구권을 침해한 것이므로 이를 취소한다.

Ⅳ. 결정 이유의 주요 논점 및 요지

1. 청구인에 대해 항명죄의 혐의를 인정해서는 안 되는 사안임

　　육군참모총장의 명령으로 육군 예하 부대에 하달된 구타근절 종합대책의 일환인 구타직전 보고제도, 육군 일반명령 제37호 구타행위 엄금 수정내용 및 얼차려 수정 보완 내용과 육군 본부에서 초급장교용으로 만들어진 얼차려 시행에 관한 육군 본부 팜플렛 850-71 '구타 지침서' 등을 종합하면 얼차려 교육은 "법적 제재조치 이전에 정신적, 육체적 특수훈련을 가하여 해이되고 이완된 군인정신을 바로 잡아 잘못을 스스로 깨우치게 하는 데" 그 목적을 두고 있어 총검술교육 훈련 목적과는 그 목적을 달리하고 있고, 그 구체적 방침으로 집행권자를 명확히 임명해 집행하며 얼차려의 방법을 변형하여 악용하는 것을 금지하고 얼차려에 규정된 종목 이외의 변칙적용은 구타 및 가혹행위로 간주한다고 되어 있다. 이에 따른 세부지침으로 중대장급 이상의 지휘관 및 대위급 이상 장교만이 결재없이 얼차려 교육을 시행할 수 있고 모든 소대장 이하 분대장등이 병사에 대하여 얼차려를 실시하려면 반드시 얼차려의 실시시간 및 장소, 방법 등에 관하여 결재권자의 승인 후에 실시하도록 되어 있으며, 집행시기도 일과시간 내의 개인 자유시간이나 일과시간 외의 개인 자유시간으로 제한되어 있다.

　　우선, 이러한 얼차려 규정에 의하면 얼차려 실시권이 하사관에게 당연히 귀속되는 권한도 아니고 반드시 그 실시기간 및 장소, 방법에 관하여 결재권자의 승인을 요하게 되어 있는데 하사 배○열에게 총검술교육 실시에 관한 권한을 위임했던 하사 정○철, 조○오가 얼차려 실시에 관하여 미리 결재권자의 승인을 받아두었다는 특단의 사정도 발견되지 않으므로 배○열의 명령권은 위임받은 총검술 실시의 범위 내에 한정될 수밖에 없을 것이고, 얼차려 교육 권한까지 확대될 성질이 될 수 없다. 따라서 하사 배ㅇ열이 결재 권자의 승인을 받지 않은 채, 더구나 총검술교육 실시를 하던 일과시간으로서 개인 자유 시간이 아닌 때에 청구인에 대하여 얼차려 명령을 하였다면 이는 적법절차를 무시한 명 령으로서 결코 상관의 정당한 명령이 될 수 없다.

　　다음으로, 이 사건 얼차려 명령의 내용을 검토해 보자. 얼차려교육으로는 위의 관련 규정들에 규정된 방법만이 허용되므로 여기서는 오직 구보만이 허용되어 있다 하겠고, 또한 필히 지휘자가 선두에 서야 할 뿐만 아니라 선착순 구보는 비효과적인 것임을 위의 규정들이 이미 밝히고 있다. 그렇다면 이 사건에서 하사 배ㅇ열이 위 총검술교육 중 동 작이 일치하지 않는다는 이유로 소대원을 상대로 손등을 지면에 대고 팔굽혀펴기, 그리 고 속칭 한강철교 등의 얼차려에 규정되지 않은 제재행위를 약 5분 내지 10분 정도 시 킨 다음 약 사오십 미터 정도 떨어진 곳을 왕복하게 하는 이른바 선착순 구보를 2회에 걸쳐 명하고 자신이 선두에 섰다고 인정할 자료가 없는 사안이라면 전체적으로 볼 때 그 내용에 있어서 정당한 얼차려가 아닌 가혹행위에 해당된다고 볼 것이다. 또한 그 중 마 지막 선착순 구보만을 떼어내어 정당한 얼차려 교육의 범주에 든다고 할 수도 없다. 그 러므로 위 배ㅇ열의 이 사건 얼차려 명령은 상관으로서 권한 내의 명령이 아닐 뿐더러, 적법절차를 무시한 무권한의 것이며, 그 내용에 있어서도 가혹한 행위에 해당되어 항명 죄의 객체인 상관의 정당한 명령이 될 수 없음이 명백하여 청구인에 대해 어느 모로 보 아도 항명죄의 혐의를 인정해서는 안 될 사안이라고 할 것이다.

2. 피의자의 행복추구권과 평등권 침해

　　헌법 제10조는 "모든 국민은 인간으로서의 존엄과 가치를 가지며 행복을 추구할 권 리를 가진다. 국가는 개인이 가지는 불가침의 기본적 인권을 확인하고 이를 보장할 의무 를 진다"고 규정하고 있고, 대통령령인 군인복무규율 제34조, 제35조에 의하면 군인은 직권을 남용하거나 사적 제재를 가하여서는 안 되도록 하고 있다. 이와 같은 기본적 인 권보장의 헌법정신과 군인복무규율상의 규정에 입각하여 군인의 기본적 인권을 존중하고 군의 특수사정만 내세워 합리화해오던 전근대적 구타의 폐습을 지양함으로써 군을 민주 화 내지 근대화하여 국민의 신뢰를 받는 군의 새로운 위상정립의 의지로서 일찍이 구타 및 가혹행위를 근절하기 위한 육군 일반 명령 제37호가 발하여졌고, 1985년에도 육군참 모총장이 구타근절 종합대책을 세우고 육군 일반명령 제37호 구타행위 엄금 수정 보완 내용 및 얼차려 수정 보완 내용의 규정을 만들어 이를 준수할 것을 예하 부대에 명령하 고 1985년과 1987년에는 위 내용을 구타지침서라는 팸플릿에 담아 초급장교용으로 각

예하부대에 하달하여 거듭 이를 준수토록 한 것이다.

　　그렇다면 인간으로서의 존엄과 가치존중의 헌법정신과 군인복무규율상의 규정은 차치하고라도, 구타와 가혹행위 근절을 통한 군의 민주화를 위한 군내부의 훈령이라고 볼 위 관계규정에 비추어 보아도, 본 얼차려명령은 군기율을 근본적으로 어긴 위법한 무권한의 명령이고 실질적인 가혹행위를 검찰관이 단순히 군상사의 명령이라는 이유만으로 항명죄의 객체인 정당한 명령으로 단정한 끝에 항명죄까지 성립한다고 보고 이 사건 처분에 이르렀으니, 적어도 자의금지의 원칙을 위배한 처분으로 말미암아 청구인에 대한 평등권이 침해되었음에 틀림없으며 이에 의하여 부당하게 청구인의 행복추구권도 침해되었다고 할 것이다.

V. 이 결정이 가지는 의미

　　제1기 헌법재판소가 관여재판관 전원의 일치된 의견에 의해, 무권한의 정당치 못한 상관의 명령에 따르지 않은 피의자의 행위에 항명죄의 혐의를 인정한 군검찰관의 자의적인 기소유예처분이 피의자인 청구인의 평등권과 행복추구권을 침해해 위헌이라 보면서 그러한 기소유예처분을 취소한 결정이다. 이처럼, '기소유예처분'이 헌법재판소에 의해 위헌선언을 받은 이유는 '피의자'의 평등권과 행복추구권 침해에 있지만, 다른 사건들에서 검사 등의 '불기소처분'이 위헌선언을 받은 이유는 '고소인(피해자)'의 평등권과 재판절차진술권 침해에 있었음을 구분할 줄 알아야 한다.

표준어 규정 사건

— 헌재 2009. 5. 28, 2006헌마618 —

Ⅰ. 심판대상

표준어 규정(1988. 1. 19. 문교부 고시 제88-2호)

제1부   표준어 사정의 원칙

제1장   총칙

제1항   표준어는 교양 있는 사람들이 두루 쓰는 현대 서울말로 정함을 원칙으로 한다.

구 국어기본법(2005. 1. 27 법률 제7368호로 제정되고 2008. 2. 29. 법률 제8852호로 개정되기 전의 것)

제14조(공문서의 작성)

① 공공기관의 공문서는 어문규범에 맞추어 한글로 작성하여야 한다. 다만, 대통령령이 정하는 경우에는 괄호 안에 한자 또는 다른 외국문자를 쓸 수 있다.

② 공공기관이 작성하는 공문서의 한글사용에 관하여 그 밖에 필요한 사항은 대통령령으로 정한다.

제18조(교과용 도서의 어문규범 준수) 교육인적자원부장관은 초·중등교육법 제29조의 규정에 의한 교과용 도서를 편찬하거나 검정 또는 인정하는 경우에는 어문규범을 준수하여야 하며, 이를 위하여 필요한 경우 문화관광부장관과 협의할 수 있다.

Ⅱ. 사실관계의 요지

청구인들은 전국 초·중·고등학교에 재학 중인 학생들이고, 나머지 청구인들은 자녀들에게 초·중등교육을 받게 할 의무가 있거나, 국가기관 등 공공기관에 근무하여 공문서를 작성하거나, 대한민국 국민으로서 공문서를 접해야 하는 사람들이다. 표준어 규정 제1부 제1장 제1항은 "교양 있는 사람들이 두루 쓰는 현대 서울말"을 표준어로 규정하고, 구 '국어기본법' 제14조 제1항은 공공기관의 공문서를 표준어 규정에 맞추어 작성하도록 하며, 제18조는 교육인적자원부장관은 초·중등교육법 제29조의 규정에 의한 교과용 도서를 편찬하거나 검정 또는 인정하는 경우 표준어 규정을 준수하도록 하고 있다.

이에 청구인들은 표준어 규정 제1부 제1장 제1항과, 구 국어기본법 제14조 제1항, 제18조 등이 청구인들의 행복추구권, 평등권 및 교육권 등을 침해한다며 그 위헌확인을 구하는 헌법소원심판을 청구하였다.

Ⅲ. 주　문

이 사건 심판청구 중 표준어규정 제1부 제1장 제1항 및 국가 및 지방자치단체가 초·중등교육과정에 지역어 보전 및 지역의 실정에 적합한 기준과 내용의 교과서를 편성하지 아니한 부작위 부분을 각하하고 나머지 부분을 기각한다.

Ⅳ. 결정 이유의 주요 논점 및 요지

1. 이 사건 표준어 규정에 대한 부분은 각하

이 사건 표준어 규정은 "표준어는 교양 있는 사람들이 두루 쓰는 현대 서울말로 정함을 원칙으로 한다"는 내용이다. 이는 표준어의 개념을 정의하는 조항으로서 그 자체만으로는 아무런 법적 효과를 갖고 있지 않아 청구인들의 자유나 권리를 금지·제한하거나 의무를 부과하는 등 청구인들의 법적 지위에 영향을 미치지 않는다. 따라서 이로 인한 기본권 침해의 가능성이나 위험성을 인정하기 어렵다. 또한, 청구인들은 국가가 특정의 방언을 표준어로 지정함에 따라 다른 방언은 표준에서 벗어나는 것으로 인정되어 이를 사용하는 사람은 상대적으로 교양 없는 사람으로 평가되는 불이익을 입게 된다고 주장한다. 그러나 앞서 본 표준어의 정의는 서울지역어 가운데 교육을 받은 사람이 구사하는 언어라는 의미일 뿐 그 표준어를 쓰는지 여부와 교양이 있는 사람인지 여부에 관한 판단이 관련되어 있다고 보기 어렵다. 따라서 이러한 표준어의 정의만으로 청구인이 주장하는 것과 같은 효과가 발생한다고 보기도 어렵다. 결국, 이 사건 표준어 규정은 청구인들의 법적 지위에 영향을 미친다고 인정하기 어렵다. 그러므로 이 부분에 대한 헌법소원심판 청구는 부적법하다.

2. '국어기본법' 제14조 제1항, 제18조는 행복추구권을 침해하지 않아 합헌

이 사건 법률조항에 의하여 강제되는 표준어 규정의 범위는 공문서의 작성과 교과서의 제작이라고 하는 공적 언어생활의 최소한의 범위를 규율하는 것이다. 따라서 개인적인 차원에서 사용하는 표현으로서 일상생활의 사적인 언어생활은 아무런 제한을 받지 않는다. 표준어를 정립하는 가장 효과적인 방법은 표준어에 기초한 광범위한 공교육을 통해 이를 체계적으로 형성하고, 공적 언어인 법률과 행정언어를 표준어에 의해 통일하는 것이다. 공적 언어의 기준으로 표준어를 형성하기 위하여 국가가 법률 등의 공권력을 통해 이에 개입할 필요가 있는지 또는 그와 같이 개입하는 것이 바람직한지가 문제가 된다. 과거 중국의 강력한 문화적 영향력 아래 있던 우리나라는 근대사회에 들어서기 직전까지도 주로 한문으로 문어생활을 영위하였고, 그 후 일제 강점 과정에서도 모든 공교육과 행정언어를 일본어에 의하도록 강요받는 등, 표준어의 형성에 있어 역사적으로 독특한 진행 과정을 보여 왔다. 우리의 역사와 현실 속에서 표준어를 확립하는 것은 단순히 지방방언 등을 표준어와 구별하는 것만이 아니라 우리의 국어 및 문화의 정체성을 지켜내는 의미를 갖게 되었던 것이다.

　　이 사건 법률조항들 중 공문서의 작성에 관하여 규율하는 부분에 관해 보면, 국민들은 공공기관이 작성하는 공문서에 사용되는 언어의 통일성에 대하여 일정한 신뢰를 가지고 있다 할 것이고, 이는 공문서에 사용되는 국어가 표준어로 통일되지 않는 경우 의사소통상 혼란을 가져올 수 있다는 점에서 필요불가결한 규율이다. 또한, 이 사건 법률조항들 중 교과용 도서에 관하여 규율하는 부분에 관해 보면, 교과용 도서의 경우 각기 다른 지방의 교과서를 각기 다른 지역의 방언으로 제작할 경우 각 지역의 방언을 사용하는 학생들은 표준어를 체계적으로 배울 기회를 상실하게 되고, 이는 국가 공동체 구성원의 원활한 의사소통에 적지 않은 영향을 미칠 것이라는 점에서 공익을 위해 필요불가결한 규율이다. 이 사건 법률조항들은 이 사건 표준어 규정에 따른 표준어의 범위를 그 규율 내용으로 하고 있다. 서울의 역사성, 문화적 선도성, 사용인구의 최다성 및 지리적 중앙성 등 다양한 요인에 비추어 볼 때, 서울말을 표준어의 원칙으로 삼는 것이 기본권을 침해하는 것이라 하기 어렵다. 또한 서울말에도 다양한 형태가 존재하므로 교양 있는 사람들이 사용하는 말을 기준으로 삼는 것은 합리적인 기준이라 할 수 있다.

　　이 사건 표준어 규정은 1970년대부터 1988년에 이르기까지 국어심의회 등을 통한 다양한 국어학 전문가들의 의견수렴과 공동노력에 의하여 성안되었다. 이와 같이 형성된 이 사건 표준어 규정의 구체적 내용에 관한 사법적인 심사는 가급적 신중을 기할 필요가 있다. 결국, 이 사건 심판대상인 '국어기본법' 제14조 제1항, 제18조가 과잉금지원칙에 위배하여 행복추구권을 침해하는 것으로 헌법에 위반된다고 보기 어렵다.

Ⅴ. 이 결정이 가지는 의미

헌법재판소는 표준어 규정 제1조 제1항 등에 대한 위헌확인 사건 중 표준어 규정 제1부 제1장 제1항 부분은 만장일치로 심판청구를 각하하고, 공공기관의 공문서를 표준어 규정에 맞추어 작성하도록 한 구 '국어기본법' 제14조 제1항과 교과용 도서를 편찬하거나 검정 또는 인정하는 경우 표준어 규정을 준수하도록 하고 있는 구 '국어기본법' 제18조 부분은 7대 2로 합헌결정을 내렸다. 그러나, 김종대, 이동흡 재판관은 '국어기본법' 제14조 제1항과 제18조가 '서울말'이라고 하는 기준만으로써 표준어의 범위를 결정하고 이 표준어만을 교과서와 공문서에 쓰도록 강제하는 것은 청구인을 비롯한 국민들의 언어생활에 관한 행복추구권을 침해하여 위헌이라는 반대의견을 개진했다. 위헌의 근거로는, 국어의 표준화와 교육의 질적·양적인 성장, 매스컴의 발달 등을 통하여 오늘날 전국적인 방언 차이는 국민적 의사소통에 별다른 어려움을 주지 않을 만큼 약화되었다는 현재의 언어 환경에 비추어 볼 때 과거의 기준을 엄격하게 고수함으로써 표준어의 기준이 보수적이고 타성적인 규범으로서 작용하도록 한다면 오히려 표준어와 우리 언어의 발달을 저해하게 된다는 점, 서울 이외 지방의 각 지역어도 각 해당 지역 주민들의 역사적·문화적·정서적인 창조물일 뿐만 아니라 누대에 걸쳐 전승된 우리 모두의 문화유산이므로 이들 지역어 모두를 표준어의 범위에서 배제해 해당지역민에게 문화적 박탈감을 주는 것은 표준어 선정의 합리적 방법이라 할 수 없다는 점, 서울지역의 언어라고 하는 기준은 표준어의 범위로서 원활한 의사소통을 위하여 기준이 되는 범위라고 하기에는 지나치게 좁고 획일적인 기준으로서 국민의 문화적 통합에 장애를 초래할 수도 있으므로 이 기준은 서울 이외 지역민의 기본권을 제한할 합리적 기준이 될 수 없다는 점을 들었다. 표준어 규정의 준수 강요가 행복추구권에 대한 과잉한 제한인지를 다루고 있는 사건이라는 점에 주목을 요한다.

화재보험 가입강제 사건

— 헌재 1991. 6. 3, 89헌마204 —

Ⅰ. 심판대상

화재로 인한 재해보상과 보험가입에 관한 법률(1973. 2. 6. 법률 제2482호)

제5조(보험가입의무)

① 특수건물의 소유자는 전조 제1항의 규정에 의한 손해배상책임의 이행을 위하여 그 건물을 손해보험회사가 영위하는 신체손해배상 특약부 화재보험에 가입하여야 한다. 다만, 종업원에 대하여 산업재해보상보험법에 의한 산업재해보상보험에 가입하고 있는 경우에는 그 종업원에 대한 제4조 제1항의 규정에 의한 손해배상책임을 담보하는 보험에 가입하지 아니할 수 있다.

※ 관련조문

화재로 인한 재해보상과 보험가입에 관한 법률

제2조(정의) 이 법에서 사용하는 용어의 정의는 다음과 같다.

1. 생략
2. "신체손해배상특약부화재보험"이라 함은 화재로 인한 건물의 손해와 제4조 제1항에 규정한 손해배상책임을 담보하는 보험을 말한다.
3. "특수건물"이라 함은 다음 각호의 1에 해당하는 건물을 말한다.

　　가. 4층 이상의 건물

Ⅱ. 사실관계의 요지

청구인은 변호사로서 서울 동작구 소재 4층 건물을 소유하고 있는 자이다. 그는 한국화재보험협회와 신체손해배상 특약부 화재보험계약을 체결하고 보험료를 지급하였다. 이후 청구인은 서울지방법원 남부지원에 한국화재보험협회를 피고로 하여 위 보험료의 반환을 구하는 소송을 제기하고(이 사건 헌법소원 제기 후 청구인은 위 건물에 관하여 '화재로 인한 재해보상과 보험가입에 관한 법률' 제5조 제1항의 규정에 의한 보험가입의무가 없음의 확인을 구하는 예비적 청구취지를 추가하였다) 그 소송에서 청구인에게 위 신체손해배상 특약부화재보험의 가입의무를 부과하고 있는 화재로 인한 재해보상과 보험가입에 관한 법률 제5조 제1항의 위헌여부 심판을 헌법재판소에 제청하여 줄 것을 신청하였으나 기각되었다. 이에 청구인은 '헌법재판소법' 제68조 제2항에 의한 이 사건 헌법소원을 제기하였다.

Ⅲ. 주　　문

화재로 인한 재해보상과 보험가입에 관한 법률 제5조의 "특수건물" 부분에 동법 제2조 제3호 가목 소정의 "4층 이상의 건물"을 포함시키는 것은 헌법에 위반된다.

Ⅳ. 결정 이유의 주요 논점 및 요지

'화재로 인한 재해보상과 보험가입에 관한 법률' 제5조 제1항에 의하면 특수건물의 소유자는 동법 제4조 제1항의 규정에 의한 손해배상책임의 이행을 위하여 그 건물을 손해보험회사가 영위하는 신체손해배상 특약부 화재보험에 가입하여야 한다고 규정하였다. 여기의 특수건물이라 함은 위 법률 제2조 제3호에서 정한 바, 첫째로 4층 이상의 건물(가목), 둘째로 국유건물·교육시설·백화점·시장·의료시설·흥행장·숙박업소·공장·공동주택 기타 다수인이 출입 또는 근무하거나 거주하는 건물로서 대통령령으로 정하는 건물(나목)을 말한다. 이렇게 되어 특수건물 소유자의 보험가입은 그 가입이 법적 의무로 되어 있는 강제보험이다.

1. 일반적 행동자유권 내지 경제활동의 자유 등 제한

헌법 제10조 전문은 "모든 국민은 인간으로서의 존엄과 가치를 가지며, 행복을 추구할 권리를 가진다."고 규정하고 있다. 여기의 행복추구권 속에 함축된 일반적인 행동자유권과 개성의 자유로운 발현권은 국가안전보장, 질서유지 또는 공공복리에 반하지 않는 한 입법 기타 국정상 최대의 존중을 필요로 하는 것이라고 볼 것이다. 일반적 행동자유권에는 적극적으로 자유롭게 행동을 하는 것은 물론 소극적으로 행동을 하지 않을 자유 즉 부작위의 자유도 포함되는 것으로, 법률행위의 영역에 있어서는 계약을 체결할 것인가의 여부, 체결한다면 어떠한 내용의, 어떠한 상대방과의 관계에서, 어떠한 방식으로 계약을 체결하느냐 하는 것도 당사자 자신이 자기의사로 결정하는 자유뿐만 아니라 원치 않으면 계약을 체결하지 않을 자유, 즉 원치 않는 계약의 체결은 법이나 국가에 의하여 강제받지 않을 자유인 이른바 계약자유의 원칙도, 여기의 일반적 행동자유권으로부터 파생되는 것이라 할 것이다. 이는 곧 헌법 제119조 제1항의 개인의 경제상의 자유의 일종이기도 하다. 그렇다면 특수건물의 소유자에게 특약부 화재보험계약체결의 강제는 계약자유의 원칙에 대한 제약인 동시에 헌법상의 일반적 행동자유권 내지 경제활동의 자유의 제한이 된다고 할 것이다.

　　보험가입강제는 첫째, 특수건물의 소유자에게 법적 차별이라고 할 무거운 배상책임을 지우면서 이에 대하여 그 이행확보의 방법으로 채택한 예외적 법적 조치인 것이며, 둘째, 보험계약의 체결강제를 위한 간접강제의 방법으로 벌금 이외에 특수건물 소유자가 개인적으로 가진 인·허가의 취소 등을 택함으로써 직업선택의 자유 등에 제약을 주고 인간다운 생활에 큰 위협이 되게 하였고, 셋째, 영리추구를 목적으로 하는 보험회사와의 사적인 보험계약체결의 강제이어서 보험가입자의 재산권보장에 침해요소가 포함되어 있으며, 넷째, 주된 목적과 달리 화재보험만 완벽하게 된 체계부조화의 강제보험제로 되어 국민의 일반행동자유권 내지 경제활동의 자유를 제한하고 있다. 이처럼 특약부 화재보험의 가입강제가 평등권, 직업선택의 자유, 인간다운 생활을 할 권리, 국민의 재산권 나아가 일반적 행동자유권 내지 경제활동의 자유 등 국민의 기본권 제한임에 틀림없는 것이라면, 우선 이 사건 본안 문제인 위 법률 제2조 제3호 가목 소정 4층 이상의 건물도 무조건 가입강제의 특수건물에 포함시킨 입법이 헌법 제37조 제2항에 의하여 정당화될 수 있는 제한이라고 할 수 있는지를 다음에서 검토해보자.

2. 과잉금지원칙에 위배되는 제한으로서 위헌

　　위 법률 제2조 제3호 가목에서는 단순히 "4층 이상의 건물"로서만 규정하고 있을 뿐 그 용도나 연면적, 입주가구수나 인원 등의 표준을 세워 그 규모를 한정하고 있지 않다. 따라서 화재가 발생하여도 대량재해의 염려가 없는 소규모의 하잘 것 없는 4층 건물이라도 보험가입이 강제된다. 한편 4층 이상의 건물이면 가입강제가 되는 것이고 다수인이 출입 또는 근무하거나 거주하는 건물일 것을 요하지 않는다. 따라서 다수인이 출입·근무·거주하지 않는 건물 예를 들면 단독주택용이나 창고용이나 차고용 등의 건물이라도 4층 이상의 건물이면 보험가입이 강제된다. 이러한 건물을 좁은 토지의 효율적 이용을 위하여 오늘날과 같이 토지이용의 입체화가 강조되는 시대에 있어서는 얼마든지 상정할 수 있는 것이다. 보험가입강제의 주된 취의가 건물화재로 인하여 타인에게 재해를 입힌 경우 특히 타인이 사망 또는 부상한 경우에 대인적 배상책임의 이행이라는 공공복리에 있는 것이라면 응당 타인에 재해를 입히기에 적합한 건물에 대해 책임보험에의 가입강제정도로 그쳐야 할 것인데 이에 나아가 책임보험과 무관한 건물화재보험까지로 강제되는 보험의 범위를 넓히고 오히려 화재보험제도를 더 완벽하게 정립하였다. 게다가 위 제2조 제3호 가목에서는 단순히 4층 이상의 건물이라는 이유만으로 가입을 강제함으로써 다수인이 출입하지 않고 화재가 나도 대인적 손해가 크게 문제되지 않을 경우까지 포함되게 가입강제 대상을 더 확장시켰다.

    그렇다면 위 가목에 관한 한 재해를 예방하고 그 위험으로부터 국민을 보호할 수 있는 합리적이고 실효성이 있는 사회보장책으로 배려된 입법으로 단정하기도, 국민의 일반행동자유권 내지 경제활동의 자유의 제약에도 불구하고 헌법 제34조 제6항에 의하여 정당화할 제도로도 보기가 어렵다고 할 것으로, 결국 국민의 기본권을 제한하여도 공공복리를 위해 필요한 경우에 한하게 되어 있는 기본권 제한에 관한 과잉금지원칙에 반하는 것이라고 하겠다.

V. 이 결정이 가지는 의미

    반대의견을 낸 변정수, 김양균 재판관의 합헌의견이 있기는 하지만 7인의 재판관은 다수의견을 통해 위 법률 제5조의 "특수건물"부분에 제2조 제3호 가목 소정의 "4층 이상의 건물"을 포함시키면 그 한도에서 동 규정은 헌법에 위반된다는 한정위헌결정을 선고하였다. 계약자유의 원칙을 행복추구권의 하나인 일반적 행동자유권으로부터 도출하고 있는 점, 여기서 자세히 소개하지는 못했지만 반대의견에서 재산적·경제적 권리에 관한 합헌성의 판단기준으로서의 '이중기준의 원칙'에 대해 정의를 내리고 있는 점에 주목할 필요가 있다.

채권자취소권 사건 Ⅱ
─ 헌재 2007. 10. 25, 2005헌바96 ─

Ⅰ. 심판대상

청구인은 민법 제406조 제1항 전체를 심판대상으로 삼고 있으나, 청구인이 사해행위로 인하여 이익을 받은 자이지 전득한 자가 아님이 명백하므로, 이 사건 심판대상은 민법 제406조 제1항 중 '이익을 받은 자'에 관한 부분으로 한정함이 상당하고, 그 내용은 다음과 같다.

　　민법
　　제406조(채권자취소권)
　　① 채무자가 채권자를 해함을 알고 재산권을 목적으로 한 법률행위를 한 때에는 채권자는 그 취소 및 원상회복을 법원에 청구할 수 있다. 그러나 그 행위로 인하여 이익을 받은 자나 전득한 자가 그 행위 또는 전득 당시에 채권자를 해함을 알지 못한 경우에는 그러하지 아니하다.
　　※ 참조 조문
　　민법
　　제406조
　　② 전항의 소는 채권자가 취소원인을 안 날로부터 1년, 법률행위 있은 날로부터 5년 내에 제기하여야 한다.

Ⅱ. 사실관계의 요지

주식회사 상진케미칼은 신용보증기금과 신용보증약정을 체결한 후 신용보증서를 발행받아 이를 담보로 하여 중소기업은행 등으로부터 거액을 대출받았고, 갑은 상진케미칼의 신용보증기금에 대한 위 신용보증약정에 따른 구상금채무에 관하여 연대보증하였다. 신용보증기금은 상진케미칼이 어음교환소의 거래정지처분을 받게 되자, 중소기업은행에게 상진케미칼의 은행 대출금 중 보증기한이 도래한 원리금을 대위변제함으로써 구상금

채권을 가지게 되었고, 갑은 상진케미칼이 거래정지처분을 받기 직전에 청구인에게 매매를 원인으로 하여 김포시 풍무동 소재 아파트에 관한 소유권이전등기를 경료하였다. 이에 신용보증기금은 위 구상금채권을 피보전채권으로 하여, 위 아파트에 관한 매매계약을 취소함과 아울러 위 소유권이전등기의 말소등기절차를 이행하라는 내용의 사해행위취소소송을 제기하였다. 청구인은 위 소송 계속 중 위 법원에 신용보증기금의 사해행위취소권 행사의 법률상의 근거인 '민법' 제406조 제1항에 관하여 위헌심판제청신청을 하였다가 그 신청이 기각되자 '민법' 제406조 제1항의 위헌확인을 구하는 이 사건 헌법소원을 제기하였다.

Ⅲ. 주　문

민법 제406조 제1항 중 '이익을 받은 자'에 관한 부분은 헌법에 위반되지 아니한다.

Ⅳ. 결정 이유의 주요 논점 및 요지

1. 심판청구는 적법

법무부장관 등은 사해행위 취소소송에서 입증책임을 누구에게 부과할 것인가의 문제는 법률의 해석에 관한 문제이므로 이 부분 청구는 부적법하다고 주장하나, 청구인의 입증책임분배에 관한 주장은 이 사건 법률조항에 대한 해석을 다투는 것이라기보다는 수익자의 악의에 대한 입증책임을 청구인과 같은 수익자에게 부담시키는 이 사건 법률조항 자체의 위헌성을 다투고 있는 것으로서 적법하다.

2. 채무자 및 수익자의 일반적 행동의 자유와 수익자의 재산권을 침해하지 않음

이 사건 법률조항에서 인정하고 있는 채권자취소권이 행사되면 채권자의 재산권인 채권의 실효성은 확보될 수 있는 반면, 채무자와 수익자간의 법률행위가 취소되고 수익자가 취득한 재산이 채무자의 책임재산으로 회복되게 됨으로써 채무자 및 수익자의 일반적 행동의 자유 내지 계약의 자유와 수익자의 재산권이 제한되는 결과를 가져오게 된다. 이와 같이 채무자의 책임재산을 둘러싸고 채권자의 재산권과 채무자와 수익자의 일반적 행동의 자유 내지 계약의 자유 및 수익자의 재산권이 서로 충돌하게 되는 경우, 기본권의 서열이나 법익의 형량을 통해 어느 한 쪽의 기본권을 우선시키고 다른 쪽의 기본권을 후퇴시킬 수는 없으므로, 이러한 경우에는 헌법의 통일성을 유지하기 위해 상충하는 기본권 모두가 최대한으로 그 기능과 효력을 발휘할 수 있도록 조화로운 방법을 모색하되, 법익형량의 원리, 입법에 의한 선택적 재량 등을 종합적으로 참작하여 심사하여야 할 것이다.

채권자취소권 제도는 채권자 보호라는 법의 정적 안정성과 관념적 권리인 채권의 실효성을 확보하려는 데 그 목적이 있고, 이는 로마법 이래 대륙법계 및 영미법계 국가들 대부분이 채택한 제도로서 그 목적의 정당성을 인정할 수 있다. 이 사건 법률조항은 채권자취소의 대상이 되는 법률행위를 채무자가 한 모든 법률행위가 아니라 그 중 재산권을 목적으로 한 법률행위로 한정하고 있고, 그 중에서도 채권자를 해하는 법률행위, 즉 사해행위만을 그 대상으로 하며, 주관적 요건으로 채무자의 사해의사 및 수익자의 악의를 요하고 있다. 또한 채권자취소의 범위도 책임재산의 보전을 위하여 필요한 범위 내로 한정되고, 그 취소의 효과도 절대적인 것이 아니라 악의의 수익자 또는 전득자에 대한 관계에서만 상대적으로 취소하는 것이므로, 채권자취소로 인하여 채무자와 수익자 사이의 법률관계에는 아무런 영향을 미치지 않는다. 그리고 사해행위 취소의 상대방인 수익자는 원상회복으로서 사해행위의 목적물을 채무자에게 반환할 의무를 지게 되지만, 채무자에 대한 부당이득반환청구 또는 담보책임의 추궁에 의해 손해의 전보를 받을 수 있으며, '민법' 제406조 제2항이 채권자취소권의 행사기간도 다른 나라의 입법례나 일반 법률행위의 취소권 행사기간 보다 훨씬 단기간으로 정함으로써 법률관계의 조속한 확정을 도모하고 있다.

입증책임규범은 사실의 존부불명의 경우에 법관으로 하여금 재판을 할 수 있게 하는 보조수단으로서 구체적으로 누구에게 입증책임을 분배할 것인가는 입법자가 입증책임 분배의 기본원칙에 따라 정할 수 있는 입법형성의 영역이라고 보아야 할 것이다. 따라서 입법자가 이 사건 법률조항에서 수익자의 악의를 채권자취소권의 장애사유로 정했고, 이에 따라 대법원이 수익자의 악의에 대한 입증책임을 채권자가 아니라 수익자에게 있다고 해석하고 있는 것은, 직접 거래의 당사자가 아닌 채권자가 수익자의 악의를 입증하게 하는 것보다는 직접적인 거래의 당사자인 수익자가 스스로의 선의를 입증하는 것이 훨씬 용이한 위치에 있다는 점을 고려한 것으로서 그 합리성을 인정할 수 있다 할 것이다. 따라서 이 사건 법률조항은 전체적으로 상충되는 기본권들 사이에 합리적인 조화를 이루고 있고, 그 제한에 있어서도 적정한 비례관계를 유지하고 있다고 보여지므로, 이 사건 법률조항이 채무자 및 수익자의 일반적 행동 자유권이나 수익자의 재산권을 침해하는 것으로 볼 수 없다.

3. 명확성의 원칙에 위배되지 않음

청구인은 이 사건 법률조항이 수익자에 대하여 무엇에 관한 선의를 입증하라는 것인지가 명확하지 않다고 주장하고 있다. 그러나, '채권자를 해함을 알고'라는 의미는 사해행위의 객관적 요건을 구비하였다는 것에 대한 인식, 즉 '채무자의 재산처분행위에 의하여 그 재산이 감소되어 채권의 공동담보에 부족이 생기거나 이미 부족상태에 있는 공동담보가 한층 더 부족하게 됨으로써 채권자의 채권을 완전하게 만족시킬 수 없게 된다는 사실을 인식하는 것'이라고 합리적으로 해석할 수 있다고 할 것이다. 대법원도 이와 같은 의미로 해석하고 있다. 달리 법관의 자의적 해석의 위험성은 없다고 할 것이므로 이 사건 법률조항이 명확성 원칙에 위배된다고 볼 수도 없다.

V. 이 결정이 가지는 의미

헌법재판소는 조대현 재판관의 한정위헌 의견이 있는 이외에 재판관 8인의 다수의견으로, 채권자가 일정한 경우 채무자와 수익자 사이에 이루어진 법률행위를 취소할 수 있도록 규정하고 있는 '민법' 제406조 제1항 중 '이익을 받은 자'에 관한 부분이 합헌이라는 결정을 선고하였다. 조대현 재판관은 '민법' 제406조를 채무자의 책임재산을 감소시켜 채무초과로 되는 한도나 수익자·전득자가 받은 이익의 한도를 넘어서 적용하는 것은 채무자의 재산처분권과 수익자·전득자의 재산권을 필요한 한도를 넘어 과도하게 침해하는 것이어서 헌법 제37조 제2항에 위반된다는 점을 한정위헌의 근거로 제시했다. 본 판결에서는 '일반적 행동자유권'의 헌법적 근거에 대해 자세히 언급되어 있지 않지만, 헌법재판소는 다른 판결들을 통해 '일반적 행동자유권'이 헌법 제10조에서 도출되는 행복추구권의 한 세부적 권리임을 여러 번 천명한 바 있음을 유념할 필요가 있다.

간통죄 사건 Ⅰ

— 헌재 1990. 9. 10, 89헌마82 —

Ⅰ. 심판대상

형법

제241조(간통)

① 배우자 있는 자가 간통한 때에는 2년 이하의 징역에 처한다. 그와 상간한 자도 같다.

② 전항의 죄는 배우자의 고소가 있어야 논한다. 단 배우자가 간통을 종용 또는 유서한 때에는 고소할 수 없다.

Ⅱ. 사실관계의 요지

청구인은 간통죄로 공소 제기되어 부산지방법원에서 징역 1년, 같은 해 같은 법원 항소심에서 징역 8월을 각각 선고받고 대법원에 상고하여 재판을 받던 중, '형법' 제241조의 간통죄 규정이 헌법에 위반된다고 주장하면서 대법원에 위헌제청신청을 하였다. 그러나 대법원에 의해 위헌제청신청이 기각되자, 기각결정이 내려진 그 달에 '헌법재판소법' 제68조 제2항에 의해 헌법소원심판을 청구하였다.

Ⅲ. 주   문

형법 제241조는 헌법에 위반되지 아니한다.

Ⅳ. 결정 이유의 주요 논점 및 요지

1. 성적자기결정권에 대한 합헌적 제한

헌법 제10조는 "모든 국민은 인간으로서의 존엄과 가치를 가지며, 행복을 추구할 권리를 가진다. 국가는 개인이 가지는 불가침의 기본적 인권을 확인하고 이를 보장할 의무를 진다"라고 규정하여 모든 기본권 보장의 종국적 목적이자 기본이념이라 할 수 있는 인간의 본질이며 고유한 가치인 개인의 인격권과 행복추구권을 보장하고 있다. 그리고 개인의 인격권과 행복추구권에는 개인의 자기운명결정권이 전제되는 것이고, 이 자기운명결정권에는 성행위 여부 및 그 상대방을 결정할 수 있는 성적자기결정권이 또한 포함되어 있으며 간통죄의 규정이 개인의 성적자기결정권을 제한하는 것임에 틀림없다. 그러나 개인의 성적자기결정권도 국가적·사회적·공공복리 등의 존중에 의한 내재적 한계가 있는 것이다. 따라서 절대적으로 보장되는 것은 아닐 뿐만 아니라 헌법 제37조 제2항이 명시하고 있듯이 질서유지(사회적 안녕질서), 공공복리(국민공동의 행복과 이익) 등 공동체 목적을 위하여 그 제한이 불가피한 경우에는 성적자기결정권의 본질적 내용을 침해하지 않는 한도에서 법률로써 제한할 수 있는 것이다.

　　그러므로 '형법' 제241조의 간통죄의 규정이 성적자기결정권을 제한하는 법률로서 헌법 제37조 제2항이 규정한 기본권 제한 기준에 합치되는 법률인가를 보자. 배우자 있는 자가 배우자 아닌 제3자와 성관계를 맺는 것은 선량한 성도덕이나, 일부일처주의의 혼인제도에 반할 뿐더러, 혼인으로 인하여 배우자에게 지고 있는 성적성실의무를 위반하는 것이 되어 혼인의 순결을 해치게 된다. 그리하여 간통행위는 국가사회의 기초인 가정의 화합을 파괴하고 배우자와 가족의 유기, 혼외자녀문제, 이혼 등 사회에 여러 가지 해악을 초래하게 되는 것이 엄연한 현실이다. 그러므로 선량한 성도덕과 일부일처주의 혼인제도의 유지 및 가족생활의 보장을 위해서나 부부간의 성적성실의무의 수호를 위해, 그리고 간통으로 인하여 야기되는 사회적 해악의 사전예방을 위해 배우자 있는 자의 간통행위를 규제하는 것은 불가피한 것이다. 따라서, 그러한 행위를 한 자를 2년 이하의 징역에 처할 수 있도록 규정한 '형법' 제241조의 규정은 성적자기결정권에 대한 필요 및 최소한의 제한으로서 자유와 권리의 본질적 내용을 침해하는 것은 아니라고 인정된다. 이런 이유로 간통죄 규정을 개인의 인간으로서의 존엄과 가치 및 행복추구권을 부당하게 침해하는 법률이라고 할 수 없다.

2. 신체의 자유를 침해하지 않음

　　신체의 자유제한은 자유형을 과하는 형사처벌에 당연히 수반되는 것이므로, 그것이 적법절차에 의한 것인 이상은 다른 형벌규정과 마찬가지로 신체의 자유에 대한 부당한 제한이 될 수 없다. 만약 간통죄의 규정이 인간으로서의 존엄과 가치 및 행복추구권이나 신체의 자유 등 기본권을 부당하게 침해하는 것이라고 한다면 민법상의 일부일처제의 혼

인제도에 입각한 중혼금지규정이나 부부간의 동거 및 상호부양의무 등 규정도 헌법위반
이라는 말이 될 것이다.

3. 평등원칙에 반하지 않음

간통죄 규정은 남녀평등처벌주의를 취하고 있어 법 앞의 평등에도 반하지 않는다.
간통죄가 피해자의 인내심이나 복수심의 다과 및 행위자의 경제적 능력에 따라 법률적용
의 결과가 달라지고 경제적 강자인 남자에게보다는 경제적 약자인 여자에게 불리하게 작
용하는 측면이 있음을 무시할 수는 없으나, 이는 개인의 명예와 사생활 보호를 위하여
간통죄를 친고죄로 하는 데서 오는 부득이한 현상으로서 형법상 다른 친고죄에도 나타날
수 있는 문제이지 특별히 간통죄에만 해당되는 것은 아니다. 또한 배우자 있는 자의 간
통행위 규제가 불가피하고 배우자 모두에게 고소권이 인정되어 있는 이상 간통죄의 규정
이 평등권의 본질적 내용을 침해하는 법률이라 할 수는 없다.

간통죄 규정은 선량한 성도덕과 일부일처주의 혼인제도의 유지, 가족생활의 보장 및
부부쌍방의 성적성실의무의 확보 및 간통으로 인해 생길 수 있는 사회적 해악의 사전예
방을 위하여 필요한 법률이어서 그것이 개인이 갖는 인간의 존엄과 가치 및 행복추구권
이나 신체의 자유 및 평등의 원칙에 반하는 것이 아님은 앞에서 설명한 바와 같다. 그렇
다면 간통죄의 규정은 "혼인과 가족생활은 개인의 존엄과 양성의 평등을 기초로 성립되
고 유지되어야 하며, 국가는 이를 보장한다"라고 규정한 헌법 제36조 제1항에 반하는 법
률이 아니라 오히려 위 헌법규정에 의하여 국가에게 부과된, 개인의 존엄과 양성의 평등
을 기초로 한 혼인과 가족생활의 유지·보장의무 이행에 부합하는 법률이라 할 것이다.

결국 '형법' 제241조의 규정이 헌법에 위반된다는 청구인의 주장은 이유없다. 그런데
이 헌법소원은 법률의 위헌여부를 묻는 '헌법재판소법' 제68조 제2항에 의한 것이므로,
청구인의 심판청구를 기각하는 대신에 '형법' 제241조가 헌법에 위반되지 아니한다는 선
언을 하기로 하여 주문과 같이 결정한다.

V. 이 결정이 가지는 의미

이 결정에는 합헌의 결론은 같으나 결론에 이른 이유가 다른 조규광, 김문희 재판관
의 보충의견과, 결론이 위헌으로 반대인 한병채, 이시윤 재판관의 반대의견, 김양균 재판
관의 반대의견이 있었다. 우선 조규광, 김문희 재판관의 보충의견은 일부일처제의 유지와
부부간의 성에 대한 성실의무는 우리사회의 도덕기준으로 정립되어 있어 '형법' 제241조

에 규정된 간통죄는 사회상황·국민의식의 변화에 따라 그 규범력이 약화되었음에도 불구하고 아직은 범죄적 반(反)사회성을 띠고 있는 것으로 보고 있기 때문에 헌법에 위반되지 않는다고 판단했다. 또한 간통이 헌법 제37조 제2항의 제한범위 안에서 법률에 의한 제한을 받을 수 있다고 보나 이에 대해 형사적 제재를 가할 것인지의 여부는 입법정책의 문제로 입법권자의 입법형성의 자유에 속한다고 보았다. 한병채, 이시윤 재판관의 반대의견은 간통행위에 대해 형사처벌을 하는 것 자체가 합헌성이 없는 것이 아니라 징역형 이외에 달리 선택의 여지를 없게 한 응보적 대응의 형벌제도에 문제가 있다고 보면서, 현행 '형법' 제241조에서 간통죄에 대해 징역형만을 둔 것은 필요한 정도를 넘어선 과도한 처벌로서 기본권 최소침해의 원칙에 반하는 것이고, 간통죄를 통하여 보호하려는 공공의 이익과 제한되는 기본권 사이에 적절한 균형이 이루어졌다고 보기도 어렵다고 판단했다. 김양균 재판관의 반대의견은 간통죄가 사생활 은폐권이라는 국민의 기본권을 침해하고 과잉금지의 원칙에 위배되어 원칙적으로 위헌이라 보면서도, 일보를 후퇴하여 동죄 존치의 합헌성, 즉 범죄화는 일응 이를 인정한다고 하더라도 그에 대한 형벌로 징역 2년 이하의 자유형만을 규정하고 있는 벌칙의 규정은 과잉금지의 원칙 중 침해의 최소성 및 법익의 균형성에 위배되어 위헌이라고 보았다.

이 결정에서 유심히 보아야 할 부분은 간통죄의 벌칙규정에 대한 과잉금지원칙의 적용부분이다. 같은 사안을 두고 다수의견은 2년 이하의 징역형으로 처벌하고 있는 간통죄의 벌칙규정이 성적자기결정권 등에 대한 필요최소한의 제한으로서 합헌이라 보았지만, 반대의견들은 이것이 과잉금지원칙 중 침해의 최소성과 법익의 균형성에 위배되는 기본권 제한으로서 위헌이라 본 것이다.

간통죄 사건 Ⅱ

— 헌재 2008. 10. 30, 2007헌가17 등 병합 —

Ⅰ. 심판대상

형법(1953. 9. 18. 법률 제293호로 제정된 것)

제241조(간통)

① 배우자있는 자가 간통한 때에는 2년 이하의 징역에 처한다. 그와 상간한 자도 같다.

② 전항의 죄는 배우자의 고소가 있어야 논한다. 단 배우자가 간통을 종용 또는 유서한 때에는 고소할 수 없다.

Ⅱ. 사실관계의 요지

일부 청구인들은 간통 또는 상간혐의에 관한 형사재판 계속 중 서울북부지방법원, 대구지방법원 경주지원, 의정부지방법원 고양지원, 청주지방법원 영동지원은 피고인의 신청에 따라, 또는 직권으로 간통 및 상간행위를 처벌하는 '형법' 제241조에 대한 위헌법률심판제청결정을 하였다. 나머지 청구인들은 자신들의 상간혐의에 관한 형사재판 계속 중 법원에 '형법' 제241조의 위헌법률심판제청신청을 하였으나 기각되자, 위 조항의 위헌확인을 구하는 헌법소원심판을 청구하였다.

Ⅲ. 주　　문

형법 제241조는 헌법에 위반되지 아니한다.

Ⅳ. 결정 이유의 주요 논점 및 요지

이강국, 이공현, 조대현, 민형기 재판관의 합헌의견의 요지는 다음과 같다.

1. 성적 자기결정권, 사생활의 비밀과 자유에 대한 합헌적 제한

이 사건 법률조항은 개인의 성적 자기결정권, 사생활의 비밀과 자유를 제한하지만 과잉금지원칙에 위반되지는 않는다. 즉 이 사건 법률조항은 국가와 사회의 기초를 이루는 가족생활의 초석인 혼인관계를 보호하고, 사회질서를 유지하기 위한 것으로 입법목적의 정당성이 인정된다. 또한 혼인관계에 파괴적 영향을 미치는 간통 및 상간행위는 법이 개입할 수 없는 순수한 윤리적·도덕적 차원의 문제는 아니므로 이 사건 법률조항이 형벌의 제재를 동원한 행위금지를 선택한 것은 입법목적 달성을 위한 적절한 수단이기도 하다. 다만 '형벌'의 제재 규정이 지나친 것인지 문제될 수 있으나, 이것은 기본적으로 입법정책의 문제로서 입법형성의 자유에 속한다. 간통이 사회질서를 해치고 타인의 권리를 침해하는 경우에 해당한다고 보는 우리의 법의식은 현재에도 여전히 유효하고, 혼인과 가족생활의 해체를 초래할 위험이 있는 간통 및 상간행위에 대한 사전예방의 강한 요청에 비추어 간통 및 상간행위를 형사처벌하기로 한 입법자의 판단이 자의적인 것이라 할 수 없다. 나아가 이 사건 법률조항으로 인하여 침해되는 사익은 법률혼관계가 유지되고 있는 동안 간통할 수 없고, 법률상 배우자 있는 자라는 사실을 알면서 상간할 수 없다는 특정한 관계에서의 성행위 제한으로 비교적 경미함에 비하여 달성되는 공익은 선량한 성도덕의 수호 및 혼인과 가족제도 보장으로 높은 중요성이 있어 법익균형성 역시 인정된다. 그러므로 이 사건 법률조항이 과잉금지원칙에 위배하여 개인의 성적 자기결정권, 사생활의 비밀과 자유를 침해한다고 볼 수 없다.

2. 징역형만 규정한 법정형이 지나치게 과중하지도 않음

이 사건 법률조항은 법정형으로 징역형만을 규정하고 있으나, 그 상한이 높지 않고 죄질이 가벼운 경우 선고유예까지 선고할 수 있으므로 지나치게 과중한 형벌을 규정하고 있다고 보기 어렵다.

이 부분에 대해 민형기 재판관은 별도로 다음과 같은 의견을 개진하였다. '형법'이 간통죄를 범죄로 처벌하는 것 자체는 입법재량의 범위를 벗어난 것이라고 보기 어려워 헌법에 위반되지 않는다. 그러나, 이 사건 법률조항이 구체적인 행위 태양의 개별성이나 특수성을 고려하지 않은 채 간통이라는 하나의 개념으로 일률적으로 형벌을 부과하여 반사회적 성격이 미약한 사례까지 처벌하는 것은 사실상으로나 정책적으로 부당한 결과를 초래할 우려가 있으므로 입법자로서는 사회적인 합의, 국민의 법의식 등을 실증적, 종합적으로 고려하여 이를 입법적으로 개선할 수 있도록 정책적인 노력을 기울여야 한다.

V. 이 결정이 가지는 의미

이 결정에서 재판관들의 의견은 위의 4인 재판관의 합헌의견 이외에도 4인 재판관의 위헌의견, 1인 재판관의 헌법불합치의견으로 첨예하게 나누어졌다. 우선, 김종대, 이동흡, 목영준 재판관은 위헌의견에서, 이 사건 법률조항은 일부일처제에 터잡은 혼인제도와 부부간 성적 성실의무를 보호하기 위하여, 개인의 성적 자기결정권과 사생활의 비밀과 자유를 제한하고 있으나, 우리 사회는 오늘날 성에 대한 국민 일반의 법감정이 변하고 있고 도덕적으로 비난받을 만한 행위 모두를 형사처벌의 대상으로 삼는 것은 바람직하지 않으며 세계적으로도 간통죄를 폐지하는 추세이고 간통 및 상간행위의 형사처벌이 일부일처제와 가정보호·부부간의 성적 성실의무 보호·여성의 보호에 실효적인 기능을 하지도 못한다는 점, 나아가 간통죄의 예방적 기능에도 의문이 있고 오히려 다른 목적을 위하여 악용될 가능성을 배제할 수 없으므로 수단의 적절성 및 피해의 최소성을 갖추었다고 보기 어려운 점, 또한 개인의 내밀한 성생활의 영역을 형사처벌의 대상으로 삼음으로써 국민의 성적 자기결정권과 사생활의 비밀과 자유라는 기본권을 지나치게 제한하여 법익균형성을 상실한 점을 종합해 볼 때, 결국 이 사건 법률조항은 과잉금지원칙에 위배하여 국민의 성적 자기결정권 및 사생활의 비밀과 자유를 침해하는 것으로서 헌법에 위반된다고 보았다.

송두환 재판관은 이유를 달리 하는 별도의 위헌의견을 냈다. 즉, 이 사건 법률조항이 간통 및 상간행위를 형사처벌하도록 한 자체의 위헌 여부에 대하여는 합헌의견에 동의하지만, 간통 및 상간행위에는 행위의 태양에 따라 죄질이 현저하게 다른 수많은 경우가 존재함에도 이 사건 법률조항이 간통 및 상간행위에 대하여 선택의 여지없이 반드시 징역형으로만 응징하도록 한 것은 구체적 사안의 개별성과 특수성을 고려할 수 있는 가능성을 배제 또는 제한하여 책임과 형벌간 비례의 원칙에 위배되어 헌법에 위반된다고 보았다.

김희옥 재판관은 위헌성은 지적하면서도 법적 공백과 혼란 방지 등을 위해 위헌결정은 내리지 않는 헌법불합치의견을 냈다. 즉, 이 사건 법률조항이 규정하는 간통행위의 태양은 매우 광범위하고 다양하여 이들 모든 행위에 대하여 성적 자기결정권, 사생활의 비밀과 자유가 제한되어 위헌이라거나 또는 합헌이라고 할 수는 없고, 다만 이 사건 법률조항은 단순히 도덕적 비난에 그쳐야 할 행위 또는 비난가능성이 없거나 근소한 행위 등 국가형벌권 행사의 요건을 갖추지 못한 행위에까지 형벌을 부과하여 법치국가적 한계를 넘어 국가형벌권을 행사한 것으로 헌법에 합치되지 않는다고 보았다.

따라서, 재판관 4인은 합헌, 재판관 4인은 위헌, 재판관 1인은 헌법불합치 의견을 냈고 헌법불합치의견도 넓은 의미의 위헌의견으로 볼 수 있기 때문에 결과적으로 위헌의견이 다수였다고 볼 수 있다. 그러나 법률의 위헌선언에 필요한 정족수 6인에 미달하여 결과적으로 합헌결정이 법정의견으로 선고된 것이다.

헌법재판소는 '형법'상의 간통죄규정에 대해 이미 1990년 9월 10일, 1993년 3월 11일, 2001년 10월 25일 모두 세 차례에 걸쳐 합헌결정(89헌마82, 90헌가70 및 2000헌바60)을 내린 적이 있었고, 따라서 이 사건 결정이 간통죄 규정에 대한 헌법재판소의 4번째 합헌결정이 된 셈이다. 그러나 헌법재판관의 과반수 이상인 5인이 위헌의견을 낸 것으로 보아 앞으로 다시 간통죄 규정의 위헌성 여부가 헌법재판소에서 다투어진다면 그 때는 위헌결정이 내려질 가능성이 높아 보인다. 그리고 위헌이나 헌법불합치의견을 낸 재판관수에서 뿐만이 아니라, 그 위헌의 이유도 상당히 다양해지고 있다는 점에 주목할 필요가 있다. 즉, 이 사건의 경우 간통 및 상간행위의 처벌 자체가 헌법에 반한다는 의견이 3인, 간통 및 상간행위의 처벌 자체는 헌법에 반하지 않으나 법정형이 과중하여 위헌이라는 의견이 1인, 간통 및 상간유형 가운데 일부 비난가능성이 없는 행위 등에까지 형벌을 부과하는 것은 헌법에 합치되지 않는다는 의견이 1인으로 위헌의 이유가 다양해졌다.

간통죄 사건 Ⅲ

― 헌재 2015.02.26. 2009헌바17 ―

Ⅰ. 심판대상

형법(1953. 9. 18. 법률 제293호로 제정된 것)

제241조(간통)

① 배우자 있는 자가 간통한 때에는 2년 이하의 징역에 처한다. 그와 상간한 자도 같다.

② 전항의 죄는 배우자의 고소가 있어야 논한다. 단 배우자가 간통을 종용 또는 유서한 때에는 고소할 수 없다.

Ⅱ. 사실관계의 요지

청구인들은 간통 내지 상간하였다는 범죄사실로 기소되어 당해 사건 계속 중, 형법 제241조가 위헌이라며 위헌법률심판 제청신청을 하였으나 그 신청이 기각되자 헌법소원 심판을 청구하였다. 의정부지방법원와 수원지방법원은 간통 혐의에 관한 형사재판 계속 중 피고인의 신청에 따라 또는 직권으로 간통 및 상간행위를 처벌하는 형법 제241조에 대한 위헌법률심판 제청결정을 하였다.

Ⅲ. 주 문

형법(1953. 9. 18. 법률 제293호로 제정된 것) 제241조는 헌법에 위반된다.

Ⅳ. 결정 이유의 주요 논점 및 요지

1. 박한철, 이진성, 김창종, 서기석, 조용호 재판관의 5인 위헌의견

심판대상 조항은 선량한 성풍속 및 일부일처제에 기초한 혼인제도를 보호하고 부부간 정조의무를 지키게 하기 위한 것으로서, 헌법상 보장되는 성적 자기결정권 및 사생활의 비밀과 자유를 제한한다. 그런데 사회구조 및 결혼과 성에 관한 국민의 의식이 변화되고, 성적 자기결정권을 보다 중요시하는 인식이 확산됨에 따라, 간통행위에 대하여 이를 국가가 형벌로 다스리는 것이 적정한지에 대해서는 이제 더 이상 국민의 인식이 일치한다고 보기 어렵게 되었다. 또한 비록 비도덕적인 행위라 할지라도 본질적으로 개인의 사생활에 속하고 사회에 끼치는 해악이 그다지 크지 않거나 구체적 법익에 대한 명백한 침해가 없는 경우에는 국가권력이 개입해서는 안 된다는 것이 현대 형법의 추세이고, 이에 따라 전세계적으로 간통죄는 폐지되고 있다. 혼인과 가정의 유지는 당사자의 자유로운 의지와 애정에 맡겨야지, 형벌을 통하여 타율적으로 강제될 수 없는 것이다.

현재 간통행위가 처벌되는 비율, 간통행위에 대한 사회적 비난의 정도에 비추어 보아 형사정책상 일반예방 및 특별예방의 효과를 거두기는 어렵게 되었다. 부부 간 정조의무 및 여성 배우자의 보호는 간통한 배우자를 상대로 한 재판상 이혼 청구(민법 제840조 제1호), 손해배상청구(민법 제843조, 제806조), 자(子)의 양육, 면접교섭권의 제한·배제 등의 결정에서의 불이익 부여(민법 제837조, 837조의2), 재산분할청구(민법 제839조의2) 등에 의해 보다 효과적으로 달성될 수 있다. 오히려 간통죄가 유책의 정도가 훨씬 큰 배우자의 이혼수단으로 활용되거나 일시 탈선한 가정주부 등을 공갈하는 수단으로 악용되고 있기도 하다. 이를 종합해 보면, 심판대상 조항은 그 수단의 적절성과 침해최소성을 갖추지 못하였다. 또한 위와 같이 혼인제도 및 부부 간 정조의무 보호라는 공익이 더 이상 심판대상조항을 통하여 달성될 것으로 보기 어려운 반면, 심판대상조항은 국민의 성적 자기결정권 등의 기본권을 지나치게 제한하고 있으므로 법익균형성도 상실하였다. 결국 심판대상조항은 과잉금지원칙에 위배하여 국민의 성적 자기결정권 및 사생활의 비밀과 자유를 침해하는 것으로서 헌법에 위반된다.

2. 김이수 재판관의 위헌의견

간통죄의 본질은 자유로운 의사에 기하여 혼인이라는 사회제도를 선택한 자가 의도적으로 배우자에 대한 성적 성실의무를 위배하는 성적 배임행위를 저지른데 있다. 간통행위자 및 배우자 있는 상간자에 대한 형사처벌은 부부 간의 성적 성실의무에 기초한 혼인제도에 내포되어 있는 사회윤리적 기본질서를 최소한도로 보호하려는 정당한 목적 하에 이루어지는 것으로서, 개인의 성적 자기결정권에 대한 과도한 제한이라고 하기 어렵다. 또한 이에 대한 형벌적 규제가 아직도 필요하다는 것이 상당수 일반 국민들의 법의식으로 보인다. 그러나, 현실적으로 간통 및 상간 행위 중에는 사실상 혼인관계의 회복이 불가능한 파탄상태로 인해 배우자에 대한 성적 성실의무를 더 이상 부담하지 않는 간통 행위자 및 배우자 있는 상간자의 간통 및 상간 행위와 같이 비난가능성 내지 반사회성이 없는 경우가 있다. 또한 미혼인 상간자의 경우 애당초 배우자에 대한 성적 성실의무의 존재 및 그 위배라는 개념을 상정할 여지가 없으므로, 미혼인 상간자의 성적 자기결정권의 행사인 상간행위에 대하여는 윤리적·도덕적 비난, 민사상 불법행위책임의 추궁 등을 통하여 그에 상응하는 적절한 책임을 묻는 것이 바람직하고, 국가가 형벌로 규제할 대상이 아니다. 다만 미혼인 상간자가 적극적 도발 내지 유혹을 함으로써 간통을 유발한 경우, 그의 상간행위는 반사회적이고 비난가능성이 현저히 크므로 예외적으로 국가형벌권의 행사가 정당화된다.

그럼에도 불구하고, 심판대상조항이 행위자의 유형 및 구체적 행위태양 등에 따른 개별성과 특수성을 고려할 가능성을 아예 배제한 채 일률적으로 모든 간통행위자 및 상간자를 형사처벌하도록 규정한 것은 형벌 본래의 목적과 기능을 달성함에 있어 필요한 정도를 일탈하여 개인의 성적 자기결정권을 과도하게 제한하는 국가형벌권의 과잉행사로서 헌법에 위반된다.

3. 재판관 강일원의 위헌의견

간통죄의 소극적 소추조건인 간통 종용이나 유서의 개념이 불명확하여 명확성원칙에 위배되고, 죄질이 서로 다른 간통행위에 일률적으로 징역형만 부과하도록 규정한 것이 책임과 형벌 사이의 비례원칙에 위반된다.

Ⅴ. 이 결정이 가지는 의미

헌법재판소는 간통 및 상간행위를 처벌하는 형법 제241조에 대하여 과거 4차례 합헌결정을 선고하였으나(89헌마82 결정, 90헌가70 결정, 2000헌바60 결정, 2007헌가17등 결정), 2015년에 선고된 이 결정에서 판례 입장을 변경하여 재판관 7대 2의 의견으로 위헌결정을 내렸다. 이에 대하여 이진성 재판관의 다수의견에 대한 보충의견이 있는 이외에, 간통행위를 처벌하는 것은 헌법에 위반되지 않는다는 이정미, 안창호 재판관의 반대의견도 있었다.

구 헌법재판소법 제47조 제2항은 "위헌으로 결정된 법률 또는 법률의 조항은 그 결정이 있는 날부터 효력을 상실한다. 다만, 형벌에 관한 법률 또는 법률의 조항은 소급하여 그 효력을 상실한다."고 규정하고 있어서 형벌법규에 대해 위헌결정이 내려지면 그 효력이 법 제정 시까지 소급하여 상실되기 때문에 헌법재판관들은 형벌법규에 대해 위헌결정을 내리기를 주저하는 경향이 있었고, 대표적인 예가 바로 이 간통죄 규정이었다. 간통죄에 대해 위헌결정이 내려질 경우 구 헌법재판소법 제47조 제2항에 의하면, 형법 제정 시인 1953년 9월 18일까지 소급하여 간통죄 규정이 효력을 상실하기 때문에 간통죄 규정 위반으로 유죄판결을 받은 당사자들의 재심청구가 쇄도하여 법적 안정성이 깨져 법적 혼란을 초래할 우려가 있었기 때문이다. 이에 이 결정이 있기 약 9개월 전인 2014년 5월 20일에 국회가 헌법재판소법을 개정하여 제47조 제3항 단서에 "다만, 해당 법률 또는 법률의 조항에 대하여 종전에 합헌으로 결정한 사건이 있는 경우에는 그 결정이 있는 날의 다음 날로 소급하여 효력을 상실한다."는 조항을 신설하여 헌법재판관들에게 이러한 부담을 덜어주었고, 드디어 이 사건에서 헌법재판소는 간통죄 규정의 위헌 여부에 대한 판례 입장을 변경하여 위헌결정을 내렸던 것이다. 이 위헌결정으로 형법상의 간통죄 규정은 형법 제정 시가 아니라 최후의 합헌결정이 내려진 2008년 10월 30일의 다음 날인 동년 10월 31일부터 효력을 상실하게 되어 위헌결정으로 인한 큰 법적 혼란을 막을 수 있었다.

형법상의 혼인빙자간음죄 사건

─헌재 2009. 11. 26, 2008헌바58─

Ⅰ. 심판대상

형법

제304조(혼인빙자간음) 혼인을 빙자하거나 기타 위계로써 음행의 상습없는 부녀를 기망하여 간음한 자는 2년 이하의 징역 또는 500만 원 이하의 벌금에 처한다.

Ⅱ. 사실관계의 요지

청구인 甲은 혼인빙자간음, 사기 및 절도죄로 기소되어 징역형을 선고받아 그 판결이 확정되었는데, 그 재판 도중 형법 '제304조'에 대해 위헌심판제청을 하였다가 기각당하자 이 사건 헌법소원심판을 청구하였다. 청구인 乙은 혼인빙자간음죄로 기소되어 1심에서 징역형을 선고받아 상소심 재판이 계속 중인데, 1심 재판 도중 '형법 제304조'에 대하여 위헌심판제청을 하였다가 기각당하자 이 사건 헌법소원심판을 청구하였다.

Ⅲ. 주   문

형법 제304조 중 "혼인을 빙자하여 음행의 상습없는 부녀를 기망하여 간음한 자" 부분은 헌법에 위반된다.

Ⅳ. 결정 이유의 주요 논점 및 요지

1. 남성의 성적 자기결정권 및 사생활의 비밀과 자유에 대한 목적의 정당성에 반하는 과잉제한

이 사건 법률조항은 남성의 성적 자기결정권 및 사생활의 비밀과 자유를 제한한다. 남성의 성적 자기결정권 및 사생활의 비밀과 자유 역시 헌법 제37조 제2항에 따라 필요한 경우에는 법률로써 제한할 수 있겠지만 그 제한이 한계를 넘어 헌법 제37조 제2항에서 정하고 있는 과잉금지원칙에 위배되어서는 안 되므로 동 기본권제한에 대한 위헌성을 판단함에 있어서도 엄격한 비례심사가 이루어져야 한다. 이 사건 법률조항의 경우 우선 형벌규정을 통하여 추구하고자 하는 목적에는 그 정당성이 인정되지 않는다. 남성이 해악적 문제를 수반하지 않는 방법으로 여성을 유혹하는 성적 행위에 대해서 국가가 개입하는 것은 억제되어야 한다. 남성의 여성에 대한 유혹의 방법은 남성의 내밀한 성적자기결정권의 영역에 속하는 것이며, 또한 애정행위는 그 속성상 과장이 수반되게 마련이다. 이러한 관점에서 우리 형법이 혼전 성관계를 처벌대상으로 하지 않고 있는 이상, 혼전 성관계의 과정에서 이루어지는 통상적 유도행위 또한 처벌하여서는 안 되는 것이다. 여성이 혼전 성관계를 요구하는 상대방 남자와 성관계를 가질 것인가의 여부를 스스로 결정한 후 자신의 결정이 착오에 의한 것이라고 주장하면서 상대방 남성의 처벌을 요구하는 것은 여성 스스로가 자신의 성적 자기결정권을 부인하는 행위이다.

또한 혼인빙자간음죄가 다수의 남성과 성관계를 맺는 여성 일체를 '음행의 상습 있는 부녀'로 낙인찍어 보호의 대상에서 제외시키고 보호대상을 '음행의 상습없는 부녀'로 한정함으로써 여성에 대한 고전적 정조관념에 기초한 가부장적·도덕주의적 성 이데올로기를 강요하는 셈이 되고 만다. 이는 결국 이 사건 법률조항의 보호법익이 여성의 주체적 기본권으로서 성적 자기결정권에 있다기보다는 현재 또는 장래의 경건하고 정숙한 혼인생활이라는 여성에 대한 남성우월적 정조관념에 입각한 것임을 보여준다. 이 점에 관해서는 여성인권의 책임을 지고 있는 여성부에서조차 이 사건 법률조항이 여성을 비하한다는 이유로 그 위헌성을 인정하고 있다.

결국 이 사건 법률조항은 남녀평등의 사회를 지향하고 실현해야 할 헌법 제36조의 제1항의 국가의 헌법적 의무에 반하는 것이자, 여성을 유아시함으로써 여성을 보호한다는 미명 아래 사실상 국가 스스로가 여성의 성적 자기결정권을 부인하는 것이 되므로, 결국 이 사건 법률조항이 보호하고자 하는 여성의 성적 자기결정권은 여성의 존엄과 가치에 역행하는 것이다.

2. 남성의 성적 자기결정권 및 사생활의 비밀과 자유에 대한 수단의 적절성, 피해최소성, 법익균형성에도 반하는 과잉제한

가사 이 사건 법률조항에 혼인을 빙자한 남성을 형사처벌함으로써 사회적 약자인 여성의 성적 자기결정권을 보호하고자 하는 입법목적의 정당성을 인정해 준다고 하더라도, 아래의 점들을 고려하면, 그 목적을 달성하기 위하여 혼인빙자간음행위를 형사처벌하는 것은 수단의 적절성과 피해최소성을 갖추지 못하였다. 개인의 성행위와 같은 사생활의 내밀영역에 속하는 부분에 대하여는 그 권리와 자유의 성질상 국가는 간섭과 규제를 가능하면 최대한으로 자제하여 개인의 자기결정권에 맡겨야 하며, 다른 생활영역과는 달리 사생활, 특히 성적 사생활 영역에서 형법적 보호의 필요성과 형벌의 필요성을 판단함에 있어서는 보다 엄격한 기준을 적용해야 하는 것이다. 최근의 우리 사회는 급속한 개인주의적·성개방적인 사고의 확산에 따라 성과 사랑은 법으로 통제할 사항이 아닌 사적인 문제라는 인식이 커져 가고 있으며, 전통적 성도덕의 유지라는 사회적 법익 못지않게 성적 자기결정권의 자유로운 행사라는 개인적 법익이 더 한층 중요시되는 사회로 변해가고 있다. 이처럼 결혼과 성에 관한 국민의 법의식에 많은 변화가 생겨나 여성의 착오에 의한 혼전 성관계를 형사 법률이 적극적으로 보호해야 할 필요성은 이미 미미해졌고, 혼전 성행위를 유발하는 빙자의 방법과 관련하여 혼인빙자에 의한 간음으로부터만 여성을 보호하고자 하는 것은 더 이상 국가의 과제가 아니다. 성인 부녀자의 성적인 의사결정에 폭행·협박·위력의 강압적 요인이 개입하는 등 사회적 해악을 초래할 때에만 가해자를 강간죄 또는 업무상 위력 등에 의한 간음죄 등으로 처벌받게 하면 족할 것이다. 성인이 어떤 종류의 성행위와 사랑을 하건, 그것은 원칙적으로 개인의 자유 영역에 속하고, 다만 그것이 외부에 표출되어 명백히 사회에 해악을 끼칠 때에만 법률이 이를 규제하면 충분하다. 개개인의 행위가 비록 도덕률에 반하더라도 본질적으로 개인의 사생활에 속하고 사회유해성이 없거나 법익에 대한 명백한 침해가 없는 경우에는 국가권력이 개입해서는 안 된다는 사생활에 대한 비범죄화 경향이 현대 형법의 추세이다. 세계적으로도 혼인빙자간음죄를 폐지해 가는 추세이며 일본, 독일, 프랑스 등에도 혼인빙자간음죄에 대한 처벌규정이 없다.

　　과거에 비하여 혼인빙자간음행위가 적발되고 또 처벌까지 되는 비율이 매우 낮아졌고, 고소 이후에도 수사나 재판 과정에서 고소취소되어 공소권 없음 또는 공소기각으로 종결되는 사건이 상당수에 이름으로써 혼인빙자간음죄는 행위규제규범으로서의 기능을 잃어가고 국가 형벌로서의 처단기능이 약화되었다. 아울러 여성의 사회적·경제적 활동이 활발하여짐에 따라 여성의 생활능력과 경제적 능력이 향상됨으로써 여성이 사회적·경제적 약자라는 전제가 모든 남녀관계에 적용되지는 않게 되었고, 여성도 혼인과 상관없이 성적 자기결정을 하는 분위기가 널리 확산되었다. 그럼에도 국가가 나서서 그 상대방인 남자만을 처벌한다는 것은 그 자체가 아직도 여성을 사회적 약자로 보아 여성을 비하하는 것이 된다. 혼인빙자간음죄는 친고죄로서 자기결정에 의하여 자기책임 하에서 스스로 정조를 포기한 여성의 고소취소 여부에 따라 검사의 소추 여부 및 법원의 공소기각 여부가 결정된다. 따라서 이 사건 법률조항이 여성의 성적 자기결정권 보호라는 목적과는 달리 혼인빙자간음 고소 및 그 취소가 남성을 협박하거나 그로부터 위자료를 받아내는 수단으로 악용되는 폐해도 종종 발생한다. 이는 국가의 공형벌권이 정당하게 행사되고 있다고는 볼 수 없는 것이다.

　이 사건 법률조항은 개인의 내밀한 성생활의 영역을 형사처벌의 대상으로 삼음으로써 남성의 성적 자기결정권과 사생활의 비밀과 자유라는 기본권을 지나치게 제한하는 것인 반면, 이로 인하여 추구되는 공익은 오늘날 보호의 실효성이 현격히 저하된 음행의 상습없는 부녀들만의 '성행위 동기의 착오의 보호'로서 그것이 침해되는 기본권보다 중대하다고는 볼 수 없으므로, 이 사건 법률조항은 법익의 균형성도 상실하였다.

V. 이 결정이 가지는 의미

　헌법재판소가 재판관 6 : 3의 의견으로 형법상의 혼인빙자간음죄조항에 대해 남성의 성적 자기결정권 및 사생활의 비밀과 자유를 과잉금지원칙에 위반해 침해한다며 위헌결정을 내린 사건이다. 이에 대해 이강국, 조대현, 송두환 재판관은 반대의견을 통해 위 조항이 처벌대상의 가벌성에 비하여 지나치게 무겁다고 볼 수 없고 법익균형이 잘못되었다고 할 수 없으며 남녀를 불합리하게 차별하는 것이라고 보기도 어려워 합헌이라는 입장을 개진했다. 이는 헌법재판소가 7년 전인 2002. 10. 31, 99헌바40, 2002헌바50(병합) 사건에서, 같은 조항에 대해 성적 자기결정권에 대한 필요 최소한의 제한이고 그 본질적인 부분을 침해하는 것도 아니므로 헌법 제37조 제2항의 과잉금지의 원칙에 위반되지 않는다는 등의 이유로 합헌결정을 내린 것에서 판례입장을 변경한 것이라는 점에 의의가 있다. 성에 대한 사회적 인식의 변화를 반영한 점, 보호대상을 '음행의 상습없는 부녀'로 한정함으로써 여성에 대한 고전적 정조관념에 기초한 가부장적·도덕주의적 성 이데올로기를 강요했던 조항이라는 점, 여성의 생활능력과 경제적 능력이 향상됨으로써 여성이 사회적·경제적 약자라는 전제가 모든 남녀관계에 적용되지는 않게 되었다는 점, 여성의 성적 자기결정권 보호라는 원래 입법목적과는 달리 친고죄임을 이용한 혼인빙자간음 고소 및 그 취소가 남성을 협박하거나 그로부터 위자료를 받아내는 수단으로 악용되는 폐해도 종종 발생했다는 점 등이 위헌의 현실적 근거들로 고려되었다는 점에 주목을 요한다.

동성동본금혼 사건
— 헌재 1997. 7. 16, 95헌가6내지13 병합 —

Ⅰ. 심판대상

민법
제809조(동성혼 등의 금지)
① 동성동본인 혈족사이에서는 혼인하지 못한다.

Ⅱ. 사실관계의 요지

박홍선·박미자 부부 외 6쌍의 부부는 동성동본임을 이유로 호적부 직원이 그들의 혼인신고를 수리하지 않자 이에 불복하여 서울가정법원에 소송을 제기하였으며, 서울가정법원은 7건의 사건을 병합하고(서울가정법원 1995. 5. 17, 95호파3029 내지 3036 병합) '민법' 제809조 1항의 위헌여부가 그 재판의 전제가 된다고 판단하여 1995년 5월 17일에 헌법재판소에 그에 관한 심판을 제청하였고 헌법재판소는 5월 29일에 이 사건을 받아들였다.

Ⅲ. 주 문

1. 민법 제809조 제1항(1958. 2. 22. 법률 제471호로 제정된 것)은 헌법에 합치되지 아니한다.
2. 위 법률조항은 입법자가 1998. 12. 31.까지 개정하지 아니하면 1999. 1. 1. 그 효력을 상실한다. 법원 기타 국가기관 및 지방자치단체는 입법자가 개정할 때까지 위 법률조항의 적용을 중지하여야 한다.

Ⅳ. 각 의견의 주요 논점 및 요지

1. 5인 재판관의 위헌의견

'민법'은 제809조 제1항에서 동성동본간의 혼인을 그 촌수에 관계없이 금지하고 있으며 제816조 제1호에서 이를 혼인취소사유의 하나로 규정하고 있고 '호적법' 제76조 제1항 제1호와 제6호는 호적공무원으로 하여금 동성동본혼의 혼인신고를 접수하지 못하게 하고 있다. 이 동성동본금혼제도의 위헌여부를 결정하기 위해 우선 이 제도가 한국사회에 정착되게 된 과정을 살펴보면, 이 제도는 원래 중국의 주나라 시대에 시작되어 한나라 때에 확립된 동성불혼제도에서 유래하며 한국에는 고려중기 이후에 본격적으로 도입되었는데 중국의 것은 동성간의 혼인을 금지한 데 비해 한국의 것은 동성 가운데에서도 동본간의 혼인만 금지하였다는 점에서 차이가 있다. 이 제도가 법제화된 것은 조선시대부터이고 17세기 말엽에 확실히 한국사회에 정착되었다. 이 제도의 기반이 된 윤리는 충효를 숭상하는 유교사상이었고, 국가정책은 왕족을 중심으로 한 신분적 사회계급의 확립이었으며, 이 제도의 바탕이 된 가족제도는 남계를 강조하는 가부장적 대가족제도였고, 사회경제적 기반은 자급자족을 추구하는 농업사회였다. 이러한 사회에서 동성동본불혼제도는 사회질서를 유지하는 수단으로서 기능했다.

그러나 현대의 한국사회는 사회환경적인 면에 있어 이 제도가 도입되고 정착되던 사회와 비교할 때 많은 변화를 겪었다. 사회를 지배하는 기본적 이데올로기는 유교사상에서 개인의 존엄과 양성의 평등을 내용으로 하는 자유민주주의사상으로 바뀌었고 결혼관도 가문과 가문의 결합이라는 의미에서 개인과 개인의 결합이라는 의미로 바뀌었다. 가족의 형태도 가부장적 대가족형태에서 핵가족형태로 바뀌었고 1950년대 이후의 여성교육의 확대는 여성의 활발한 사회진출과 더불어 여성의 사회적 지휘향상을 낳았다. 경제구조에 있어서도 봉건적·폐쇄적 농업사회로부터 고도로 발달된 산업사회로 바뀌었고, 인구의 폭발적 증가와 인구의 도시집중화현상은 성씨와 본의 의미를 약화시켰다. 1958년의 '민법'제정 이후 동성동본부부들을 구제하기 위해 세 번에 걸쳐 한시적인 '혼인에 관한 특별법'이 시행되었고 이 덕분에 4만여 쌍의 동성동본 부부들이 법적 보호를 받게 되었다. 이것들을 종합해보면, 동성동본불혼제도의 기반이 완전히 와해되었다고 볼 수는 없을 지라도 적어도 더 이상의 지탱이 힘들 정도로 그 기반이 흔들리고 있음이 확실하다. 따라서 이 제도를 법제도로 존치시켜야 할 것인가의 여부는 한국헌법의 규정들이나 정신들에 의해 판단되어져야만 한다.

동성동본혼 금지제도는 헌법 제10조의 '인간의 존엄과 가치 및 행복추구권'에 위배된다. 인격권과 행복추구권은 개인의 자기운명결정권을 전제로 하고 자기운명결정권은 다시 성적 상대방의 결정권, 나아가 배우자결정권을 포함한다. 이 제도는 헌법 제36조 제1항의 혼인과 가족생활에 있어서의 개인의 존엄 및 양성의 평등에도 위배되고, 합리적 이유 없이 남계만을 중심으로 한 혼인금지를 내용으로 하므로 헌법 제11조의 평등권조항에도 배치되며, 입법목적이 "질서유지"나 "공공복리"에 해당할 수 없으므로 헌법 제37조 제2항의 기본권제한규정에도 위배된다. 동성동본혼이 우생학적으로도 좋지 않다는 유림 측의 주장은 그 과학적 근거가 없고 동성동본간 혼인의 허용이 한국의 미풍양속과 전통문화에 배치된다는 유림측 주장도 미풍양속이나 전통도 그 시대와 사회에서 보편적 적합성과 유용성을 가질 때에만 헌법 제9조에 의해 보호받을 수 있다는 점에서 옳지 않다. 따라서 '민법' 제809조 제2항은 위헌이다.

2. 정경식 재판관과 고중석 재판관에 의한 헌법불합치의견

비록 '민법' 제809조 제1항이 위헌적 요소를 가지고 있으나, 본 법원은 그것을 직접 위헌무효로 하기보다는 헌법불합치결정을 내림으로써, 국회로 하여금 제반사항들을 충분히 고려한 후 새로운 혼인제도를 결정할 기회를 가지게 해야 한다.

3. 이재화 재판관과 조승형 재판관에 의한 합헌의견

우리는 다음과 같은 이유로 다수의견에 반대한다.

첫째, 혼인관계를 규율하는 가족법은 그 특성상 합리적으로만 만들어지는 것은 아니며 전통과 관습에 강하게 지배되는 보수성과 역사성을 그 특색으로 한다. 따라서 '민법' 제809조 제1항의 위헌여부는 합리성에 근거한 단순논리뿐만이 아니라 가족법의 이러한 특수성을 감안하여 동성동본불혼제도의 유래, 입법의 타당성과 現 狀況의 변화 등을 고려하여 결정되어야 한다.

둘째, 동성동본불혼제도는 역사적 기록에 의하면 중국 주나라 때의 宗法制에서 유래된 것이 아니고 이보다 천년이나 앞선 고조선 초기에 한국에서 "不取同族"의 도덕률로 비롯되었으며 조선시대에 와서 유교사상의 영향을 받으며 제도화되고 한국의 미풍양속으로 확실하게 자리를 잡았고 그 이후로 전통으로서 계승되어왔다.

셋째, 1970년대 이래로 급속한 경제발전으로 인해 광범위한 사회적 변화가 있었던 것은 사실이지만, 지난 수십 년의 짧은 시간 동안 오랜 동안 정착된 한국의 결혼관습이 본질적으로 변화했다고 볼 증거는 없다. 동성동본금혼제도를 폐지하려는 1957년, 1975년, 1988년의 수차의 노력이 국회를 통과할 수 없었다는 사실도 한국국민의 총체적 의사는 이 제도가 유지되어야 한다는 데에 있음을 보여준다.

넷째, 가족관계에 관한 관습이 어떤 범위에서 법제화되어야 하는가는 입법정책의 문제이며, 입법부의 결정이 명백히 비합리적이지 않은 한 이를 위헌무효로 할 수 없다.

다섯째, '민법' 제809조 제1항은 헌법상의 과잉금지의 원칙(전통적 혼인관습을 법제화함으로써 헌법 제37조 제2항의 "질서유지"를 도모하려는 입법목적은 정당하므로), 행복추구권(행복이라는 개념자체가 모호하고 행복추구권도 헌법 제9조에 규정된 "전통문화의 계승 발전"이라는 국가의무 실현의 범위 내에서만 인정되므로), 평등권(한국의 친족제도는 오랜 기간 동안 남계중심으로 형성 발전되어 왔고 남녀평등의 친족제도는 사회·경제적 요인의 변화에 따라 서서히 이루어져야 할 것이므로)에 위배되지 않는다.

V. 이 결정이 가지는 의미

헌법재판소 재판관들의 의견이 5인의 위헌의견, 2인의 헌법불합치의견, 2인의 위헌의견으로 첨예하게 갈린 사건이다. 동성동본금혼이라는 우리 사회의 오랜 관습을 국회가 아닌 헌법재판소가 헌법불합치결정을 통해 폐지시킨 실로 '혁명적 결정'이라 평가된다. 5인의 위헌의견과 2인의 합헌의견은 과연 동성동본금혼제도가 헌법 제9조에 의해 보호받을 수 있는 우리의 고유한 '전통'인가 하는 점에서부터 견해를 달리하고 있다.

위헌의견에서 여러 위헌의 근거들 중 하나로 배우자결정권 침해를 들면서, 배우자결정권을 헌법 제10조의 '인간의 존엄과 가치 및 행복추구조항'으로부터 나오는 자기운명결정권에서 도출하고 있다는 점에도 유의할 필요가 있다. 이 사건은 비록 6인의 위헌 정족수에 1인이 모자라 5인의 위헌의견이 헌법재판소의 공식의견이 되지는 못했지만 2인의 헌법불합치결정과 합쳐지면서 결국 7인에 의한 헌법불합치결정과 입법촉구결정이 내려진 사건이다. 그런데, 결정주문에서 나타나 있듯이 '민법' 제809조 제1항에 대한 적용 중지 결정이 같이 내려짐으로써 헌법불합치결정에서 일반적으로 인정되는 심판대상 조항에 대한 잠정적 효력이 부정되고 있음에도 주목할 필요가 있다.

탁주 공급구역제한제도 사건

― 헌재 1999. 7. 22, 98헌가5 ―

Ⅰ. 심판대상

주세법(1995. 8. 4. 법률 제4956호로 개정된 것)

제5조(주류제조의 면허)

③ 탁주(대통령령이 정하는 장기보존이 가능한 탁주를 제외한다)의 공급구역은 주류제조장 소재지의 시(서울특별시와 광역시를 포함한다)·군의 행정구역으로 한다. 다만, 주류 공급사정과 주세보전상 그 공급구역을 변경할 필요가 있다고 인정될 경우에는 동일지방국세청관내에 한하여 당해 지방국세청장이 이를 변경할 수 있다.

Ⅱ. 사실관계의 요지

제청신청인은 현재 청주지방법원 조세범처벌법위반 사건의 피고인으로 재판에 계류중인 자이다. 그 공소사실의 요지는 제청신청인은 충북 청원군에 주류제조장을 두고 있는 탁주제조·판매업체로서, 그 피용자인 전무 乙이 관할세무서장으로부터 승인을 받음이 없이 제청신청인의 업무에 관하여 시·군 행정구역이 다른 청주시에 소재하고 있는 탁주판매업체인 명월상사를 경영하는 청구외 丙에게 제청신청인이 제조한 탁주 0.75리터들이 60병을 대금 금 24,000원에 판매하였다는 것이다. '조세범처벌법' 제13조 제6호, 제1조, 제3조는 조세에 관한 법률에 의한 승인을 받지 않은 법인을 처벌하도록 규정하고 있고, 주세법 제42조는 주류제조자 또는 주류판매업자가 판매에 관한 사항에 대하여 관할세무소장의 승인을 받도록 하고 있다. 제청신청인은 탁주의 공급구역을 탁주제조장이 소재하는 시·군의 행정구역으로 제한하고 있는 '주세법' 제5조 제3항의 위헌여부가 재판의 전제가 된다고 하여 위헌심판제청신청을 하였고, 같은 법원은 그 신청을 받아들여 주세법 제5조 제3항에 대하여 위헌심판제청을 하였다.

Ⅲ. 주　문

주세법 제5조 제3항은 헌법에 위반되지 아니한다.

Ⅳ. 결정 이유의 주요 논점 및 요지

1. 직업의 자유에 대한 과잉하지 않은 합헌적 제한

탁주의 공급구역제한제도를 규정하고 있는 이 사건 법률조항이 탁주제조업자에 대하여는 자유경쟁에 의한 시장의 점유를 제한함으로써 직업의 자유를 구성하는 기업의 자유와 경쟁의 자유를 제한하고, 탁주판매업자에 대하여는 공급구역 외의 탁주제조업자로부터 탁주구입을 제한하는 것으로서 직업행사의 자유를 제한하는 측면이 있음을 부인할 수는 없다. 그러나 직업의 자유 중에서도 직업행사의 자유에 관하여는 직업선택의 자유에 비하여 입법자에게 보다 폭넓은 형성의 자유가 인정되는 것으로서, 직업행사의 자유는 공공복리를 합리적으로 고려하여 합목적적이라 판단되는 한 제한될 수 있으며, 다만 그 정도가 너무 지나쳐서 수인할 수 없을 정도의 과잉제한은 허용되지 않을 뿐이다. 특히 국민보건에 직접적인 영향을 미치는 주류의 특성상 주류제조·판매와 관련되는 직업의 자유 내지 영업의 자유에 대하여는 폭넓은 국가적 규제가 가능하고, 또 입법자의 입법형성권의 범위도 광범위하게 인정되는 분야라고 하지 않을 수 없다. 한편 우리 헌법은 자유와 경쟁에 대한 보완원리로서 헌법 제119조 제2항, 제123조 제2항, 제3항에서 사회정의·경제정의와 경제민주화 이념을 채택하고 이를 위한 구체적인 경제목표로서 독과점규제·지역경제육성·중소기업보호를 들고 있으며 이를 실현하기 위해 국가적 규제와 조정을 광범위하게 인정하고 있다. 이러한 경제목표의 달성을 위하여 입법자는 경제현실의 역사와 미래에 대한 전망, 목적달성에 소요되는 경제적·사회적 비용, 당해 경제문제에 관한 국민 내지 이해관계인의 인식 등 제반사정을 두루 감안하여 가능한 여러 정책 중 필요하다고 판단되는 경제정책을 선택할 수 있고, 입법자의 그러한 정책판단과 선택은 그것이 독과점규제·지역경제육성·중소기업보호라는 헌법적 요청을 구체화시키고 실현시키는 것인 한, 그리고 그것이 현저히 합리성을 결여한 것이라고 볼 수 없는 한, 경제에 관한 국가적 규제 조정권한의 행사로서 존중되어야 하고 사법적 판단에 의해 함부로 대체되어서는 안 된다.

이 사건 공급구역제한제도가 비록 탁주제조업자나 판매업자의 직업의 자유 내지 영업의 자유를 다소 제한한다고 하더라도 그 정도가 지나치게 과도하여 입법형성권의 범위를 현저히 일탈한 것이라고 볼 수는 없다. 탁주는 발효주로서 변질의 가능성이 크므로 현재의 냉장운송체계로서는 원거리운송이나 장기간 보존이 곤란한 이상 탁주제조장소재지의 시·군의 행정구역에 대해서만 이를 공급하고 소비하게 하는 공급구역의 제한은 국민보건위생의 차원에서 하나의 적절한 수단으로 평가될 수 있다. 이러한 맥락에서 '장기보존이 가능한 탁주'에 대하여는 이미 공급구역을 제한하지 않고 있다. 또한 유통과정에서의 탁주변질의 방지만을 목적으로 한다면 제조일자나 유통기간, 보관방법을 명시하게 하는 등 유통과정을 통제하는 방식을 취하는 것으로 충분할 수도 있겠으나, 이 사건 공급구역제한제도는 중소기업의 보호·지역경제의 육성이라는 헌법의 경제조항으로부터 직접 요청되는 중대한 공익의 실현까지도 입법목적으로 하고 있음을 감안한다면, 입법자가 위 방식에 그치지 않고 이 사건과 같은 공급구역제한제도를 채택하였다고 하더라도 그것이 중소기업의 보호·지역경제의 육성이라는 목적달성에 전혀 부적합한 것이라 볼 수 없는 이상 이를 두고 입법형성권의 범위를 일탈하여 지나치게 기본권을 제한하는 것이라 하기 어렵다.

뿐만 아니라 이 사건 법률조항은 그 단서에서, "주류공급사정과 주세보전상 그 공급구역을 변경할 필요가 있다고 인정될 경우에는 동일지방국세청관내에 한하여 당해 지방국세청장이 이를 변경할 수 있다"고 규정하여 공급구역제도의 탄력적 운용가능성을 제도화하고 있다. 이는 기본권제한을 최소화하는 가운데 입법목적을 달성하려는 것으로서 공급구역제한제도가 초래할 수 있는 기본권제한의 정도는 이로써 상당히 완화될 수 있다. 그렇다면 이 사건 공급구역제한제도는 그 추구하는 정당한 입법목적 달성에 필요한 정도를 넘어 지나치게 직업의 자유를 제한하는 것이라 볼 수 없고, 기본권제한의 목적·수단 간의 비례성을 현저히 상실하였다고 하기도 어렵다.

2. 평등원칙에도 위반되지 않음

탁주는 요구르트, 생맥주 등과 같이 발효식품에 해당하면서도 요구르트나 생맥주 등과는 달리 이 사건 법률조항에 의하여 공급구역의 제한을 받고 있다. 그런데 탁주는 그 특성상 국민보건위생에 직접적 영향을 미치는 상품인데다, 이 사건 공급구역제한제도는 탁주제조업체간에 과당경쟁을 방지함으로써 중소기업을 보호하고 지역경제를 육성한다는 헌법상의 경제목표를 구체화하고자 하는 제도라는 점에서 요구르트 등의 다른 발효식품과 본질적으로 차이가 있다. 따라서 다른 발효식품과 달리 탁주에 대하여만 공급구역의 제한이 있다고 하더라도 그것은 본질적 차이에 근거한 것으로서 합리적인 이유가 있다고 할 것이다.

3. 행복추구권에서 파생되는 소비자의 자기결정권을 침해하지도 않음

이 사건 공급구역제한제도로 인하여 소비자는 타 지역에서 제조되는 탁주를 선택하여 소비할 수 없기 때문에 소비자의 탁주선택권이 제한된다고 볼 여지가 있으나, 공급구역제한제도의 폐지로 영세한 탁주제조업체가 도산하게 될 경우 그 지역의 주민은 탁주를 원활하게 공급받지 못하게 될 가능성이 충분히 있고, 나아가 기존의 대형주류제조업체가 시장에 참가하여 전국적인 독과점을 형성하게 되면 사실상 소비자결정권이 형해화되는 결과가 초래될 수도 있다는 점을 고려할 때, 이 사건 공급구역제한제도로 인하여 부득이 발생하는 다소간의 소비자선택권의 제한을 두고 헌법에 위반되는 것이라고 할 수는 없다.

Ⅴ. 이 결정이 가지는 의미

이 사건 법률조항에 대해 조승형, 정경식, 고중석, 이영모의 4인 재판관은 합헌의견을, 김용준, 김문희, 이재화, 신창언, 한대현의 5인 재판관은 위헌의견을 내어 과반수의 재판관이 위헌의 입장을 개진했으나 위헌정족수인 6인에 이르지 못해 법정의견으로는 합헌의견이 채택된 사건이다. 5인의 위헌의견은, 냉장시설이나 교통수단이 매우 발달한 오늘날에 있어서는 국민보건위생보호라는 공익이 제조일자나 유통기간, 보관방법을 명시하게 하는 등 유통과정에서의 통제에 의하는 것과 같이 보다 기본권을 적게 침해하면서도 똑같이 효과적인 다른 방법에 의해서도 실현될 수 있으므로 이 사건 법률조항이 탁주제조업자 및 판매업자의 직업의 자유와 소비자의 자기결정권을 침해한다는 점, 탁주제조업자 및 판매업자를 제품의 특성상 탁주와 유사한 변질가능성을 보유하는 다른 식품의 제조업자 및 판매업자에 비해 자의적으로 다르게 취급하는 것으로서 평등의 원칙에 반한다는 점을 위헌의 근거로 들었다.

헌법재판소가 1996년 12월 26일의 96헌가18 결정에서 자도소주 구입명령제에 대해서는 소주판매업자의 직업의 자유 및 평등권과 소비자의 자기결정권을 침해한다는 이유로 위헌선언을 한 것과 크게 대비된다. 탁주는 소주에 비해 유통 중 변질가능성이 크다는 점이 이러한 차이를 낳은 주된 요인으로 보여진다.

낙태죄 사건

─ 헌재 2019. 4. 11. 2017헌바127 ─

Ⅰ. 심판대상

형법(1995. 12. 29. 법률 제5057호로 개정된 것)

제269조(낙태) ① 부녀가 약물 기타 방법으로 낙태한 때에는 1년 이하의 징역 또는 200만 원 이하의 벌금에 처한다.

제270조(의사 등의 낙태, 부동의낙태) ① 의사, 한의사, 조산사, 약제사 또는 약종상이 부녀의 촉탁 또는 승낙을 받아 낙태하게 한 때에는 2년 이하의 징역에 처한다.

※ 관련조항

모자보건법(2009. 1. 7. 법률 제9333호로 개정된 것)

제14조(인공임신중절수술의 허용한계) ① 의사는 다음 각 호의 어느 하나에 해당되는 경우에만 본인과 배우자(사실상의 혼인관계에 있는 사람을 포함한다. 이하 같다)의 동의를 받아 인공임신중절수술을 할 수 있다.

1. 본인이나 배우자가 대통령령으로 정하는 우생학적 또는 유전학적 정신장애나 신체질환이 있는 경우
2. 본인이나 배우자가 대통령령으로 정하는 전염성 질환이 있는 경우
3. 강간 또는 준강간에 의하여 임신된 경우
4. 법률상 혼인할 수 없는 혈족 또는 인척 간에 임신된 경우
5. 임신의 지속이 보건의학적 이유로 모체의 건강을 심각하게 해치고 있거나 해칠 우려가 있는 경우

모자보건법 시행령(2009. 7. 7. 대통령령 제21618호로 개정된 것)

제15조(인공임신중절수술의 허용한계) ① 법 제14조에 따른 인공임신중절수술은 임신 24주일 이내인 사람만 할 수 있다.

Ⅱ. 사실관계의 요지

청구인은 산부인과 의사로서, 2013년부터 2015까지 69회에 걸쳐 부녀의 촉탁 또는 승낙을 받아 낙태하였다는 공소사실(업무상승낙낙태) 등으로 기소되었다. 청구인은 제1심 재판 계속 중, 형법 제269조 제1항, 제270조 제1항이 헌법에 위반된다고 주장하면서 위헌법률심판제청신청을 하였으나 그 신청이 기각되자, 위 조항들의 위헌확인을 구하는 헌법소원심판을 청구하였다.

Ⅲ. 주 문

형법(1995. 12. 29. 법률 제5057호로 개정된 것) 제269조 제1항, 제270조 제1항 중 '의사'에 관한 부분은 모두 헌법에 합치되지 아니한다. 위 조항들은 2020. 12. 31.을 시한으로 입법자가 개정할 때까지 계속 적용된다.

Ⅳ. 결정 이유의 주요 논점 및 요지

1. 유남석, 서기석, 이선애, 이영진 재판관의 헌법불합치 의견

(1) 자기낙태죄 조항은 위헌

1) 임신한 여성의 자기결정권의 제한

헌법 제10조 제1문이 보호하는 인간의 존엄성으로부터 일반적 인격권이 보장되고, 여기서 개인의 자기결정권이 파생된다. 자기결정권은 인간의 존엄성을 실현하기 위한 수단으로서 인간이 자신의 생활영역에서 인격의 발현과 삶의 방식에 관한 근본적인 결정을 자율적으로 내릴 수 있는 권리다. 자기결정권에는 여성이 그의 존엄한 인격권을 바탕으로 하여 자율적으로 자신의 생활영역을 형성해 나갈 수 있는 권리가 포함되고, 여기에는 임신한 여성이 자신의 신체를 임신상태로 유지하여 출산할 것인지 여부에 대하여 결정할 수 있는 권리가 포함되어 있다.

자기낙태죄 조항은 모자보건법이 정한 일정한 예외를 제외하고는 임신기간 전체를 통틀어 모든 낙태를 전면적·일률적으로 금지하고, 이를 위반할 경우 형벌을 부과하도록 정함으로써 임신한 여성에게 임신의 유지·출산을 강제하고 있으므로, 임신한 여성의 자기결정권을 제한하고 있다.

2) 과잉금지원칙의 위반

첫째, 입법목적의 정당성 및 수단의 적합성을 충족한다. 태아는 비록 그 생명의 유지를 위하여 모(母)에게 의존해야 하지만, 그 자체로 모(母)와 별개의 생명체이고, 특별한 사정이 없는 한 인간으로 성장할 가능성이 크므로, 태아도 헌법상 생명권의 주체가 되며, 국가는 태아의 생명을 보호할 의무가 있다. 자기낙태죄 조항은 태아의 생명을 보호하기 위한 것으로서 그 입법목적이 정당하고, 낙태를 방지하기 위하여 임신한 여성의 낙태를 형사처벌하는 것은 이러한 입법목적을 달성하는 데 적합한 수단이다.

둘째, 침해의 최소성 및 법익의 균형성은 충족하지 못한다. 임신·출산·육아는 여성의 삶에 근본적이고 결정적인 영향을 미칠 수 있는 중요한 문제이므로, 임신한 여성이 임신을 유지 또는 종결할 것인지를 결정하는 것은 스스로 선택한 인생관·사회관을 바탕으로 자신이 처한 신체적·심리적·사회적·경제적 상황에 대한 깊은 고민을 한 결과를 반영하는 전인적(全人的) 결정이다. 국가가 생명을 보호하는 입법적 조치를 취함에 있어 인간생명의 발달단계에 따라 그 보호정도나 보호수단을 달리하는 것은 불가능하지 않다. 산부인과 학계에 의하면 현 시점에서 최선의 의료기술과 의료인력이 뒷받침될 경우 태아는 마지막 생리기간의 첫날부터 기산하여 22주 내외부터 독자적인 생존이 가능하다고 한다. 이처럼 태아가 모체를 떠난 상태에서 독자적인 생존을 할 수 있는 경우에는, 그렇지 않은 경우와 비교할 때 훨씬 인간에 근접한 상태에 도달하였다고 볼 수 있다. 한편 자기결정권이 보장되려면 임신한 여성이 임신 유지와 출산 여부에 관하여 전인적 결정을 하고 그 결정을 실행함에 있어서 충분한 시간이 확보되어야 한다. 즉, 여성이 임신 사실을 인지하고, 자신을 둘러싼 사회적·경제적 상황 및 그 변경 가능 여부를 파악하며, 국가의 임신·출산·육아 지원정책에 관한 정보를 수집하고, 주변의 상담과 조언을 얻어 숙고한 끝에, 만약 낙태하겠다고 결정한 경우 낙태 수술을 할 수 있는 병원을 찾아 검사를 거쳐 실제로 수술을 완료하기까지 필요한 기간이 충분히 보장되어야 한다. 이러한 점들을 고려하면, 태아가 모체를 떠난 상태에서 독자적으로 생존할 수 있는 시점인 임신 22주 내외에 도달하기 전이면서 동시에 임신 유지와 출산 여부에 관한 자기결정권을 행사하기에 충분한 시간이 보장되는 시기까지의 낙태에 대해서는 국가가 생명보호의 수단 및 정도를 달리 정할 수 있다고 봄이 타당하다. 임신한 여성의 안위는 태아의 안위와 깊은 관계가 있고, 태아의 생명 보호를 위해 임신한 여성의 협력이 필요하다는 점을 고려하면, 태아의 생명을 보호한다는 언명은 임신한 여성의 신체적·사회적 보호를 포함할 때 실질적인 의미를 가질 수 있다. 원치 않는 임신을 예방하고 낙태를 감소시킬 수 있는 사회적·제도적 여건을 마련하는 등 사전적·사후적 조치를 종합적으로 투입하는 것이 태아의 생명 보호를 위한 실효성 있는 수단이 될 수 있다. 낙태갈등 상황에서 형벌의 위하가 임신한 여성의 임신종결 여부 결정에 미치는 영향이 제한적이라는 사정과 실제로 형사처벌되는 사례도 매우 드물다는 현실에 비추어 보면, 자기낙태죄 조항이 낙태갈등 상황에서 태아의 생명 보호를 실효적으로 하지 못하고 있다고 볼 수 있다. 모자보건법이 정한 일정한 예외에 해당하지 않으면 모든 낙태가 전면적·일률적으로 범죄행위로 규율됨으로 인하여 낙태에 관한 상담이나 교육이 불가능하고, 낙태에 대한 정확한 정보가 충분히 제공될 수 없다. 낙태 수술과정에서 의료 사고나 후유증 등이 발생해도 법적 구제를 받기가 어려우며, 비싼 수술비를 감당하여야 하므로 미성년자나 저소득층 여성들이 적절한 시기에 수술을 받기 쉽지 않다. 또한 자기낙태죄 조항은 헤어진 상대 남성의 복수나 괴롭힘의 수단, 가사·민사 분쟁의 압박수단 등으로 악용되기도 한다. 모자보건법상의 정당화사유에는 다양하고 광범위한 사회적·경제적 사유에 의한 낙태갈등 상황이 전혀 포섭되지 않는다. 예컨대, 학업이나 직장생활 등 사회활동에 지장이 있을 것에 대한 우려, 소득이 충분하지 않거나 불안정한 경우, 자녀가 이미 있어서 더 이상의 자녀를 감당할 여력이 되지 않는 경우, 부부가 모두 소득활동을 해야 하는 상황이어서 어느 일방이 양육을 위하여 휴직하기 어려운 경우, 상대 남성과 교제를 지속할 생각이 없거나 결혼 계획이 없는 경우, 상대 남성이 출산을 반대하고 낙태를 종용하거나 명시적으로 육아에 대한 책임을 거부하는 경우, 다른 여성과 혼인 중인 상대 남성과의 사이에 아이를 임신한 경우, 혼인이 사실상 파탄에 이른 상태에서 배우자의 아이를 임신했음을 알게 된 경우, 아이를 임신한 후 상대 남성과 헤어진 경우, 결혼하지 않은 미성년자가 원치 않은 임신을 한 경우 등이 이에 해당할 수 있다. 자기낙태죄 조항으로 인해 임신한 여성은 임신 유지로 인한 신체적·심리적 부담, 출산과정에 수반되는 신체적 고통·위험을 감내하도록 강제당할 뿐 아니라 이에 더하여 다양하고 광범위한 사회적·경제적 고통까지도 겪을 것을 강제당하는 결과에 이르게 된다. 자기낙태죄 조항은 모자보건법에서 정한 사유에 해당하지 않는다면 결정가능기간 중에 다양하고 광범위한 사회적·경제적 사유를 이유로 낙태갈등 상황을 겪고 있는 경우까지도 예외 없이 전면적·일률적으로 임신의 유지 및 출산을 강제하고, 이를 위반한 경우 형사처벌하고 있다. 따라서, 자기낙태죄 조항은 입법목적을 달성하기 위하여 필요한 최소한의 정도를 넘어 임신한 여성의 자기결정권을 제한하고 있어 침해의 최소성을 갖추지 못하였고, 태아의 생명 보호라는 공익에 대하여만 일방적이고 절대적인 우위를 부여함으로써 법익균형성의 원칙도 위반하였다고 할 것이므로, 과잉금지원칙을 위반하여 임신한 여성의 자기결정권을 침해하는 위헌적인 규정이다.

2. 의사낙태죄 조항도 위헌

자기낙태죄 조항은 모자보건법에서 정한 사유에 해당하지 않는다면, 결정가능기간 중에 다양하고 광범위한 사회적·경제적 사유로 인하여 낙태갈등 상황을 겪고 있는 경우까지도 예외 없이 임신한 여성에게 임신의 유지 및 출산을 강제하고, 이를 위반한 경우 형사처벌한다는 점에서 위헌이므로, 동일한 목표를 실현하기 위하여 임신한 여성의 촉탁 또는 승낙을 받아 낙태하게 한 의사를 처벌하는 의사낙태죄 조항도 같은 이유에서 위헌이라고 보아야 한다.

3. 헌법불합치 및 입법촉구결정 주문 채택

태아의 생명을 보호하기 위하여 낙태를 금지하고 형사처벌하는 것 자체가 모든 경우에 헌법에 위반된다고 볼 수는 없다. 그런데 자기낙태죄 조항과 의사낙태죄 조항에 대하여 각각 단순위헌 결정을 할 경우, 임신 기간 전체에 걸쳐 행해진 모든 낙태를 처벌할 수 없게 됨으로써 용인하기 어려운 법적 공백이 생기게 된다. 입법자는 위 조항들의 위헌적 상태를 제거하기 위해 낙태의 형사처벌에 대한 규율을 형성함에 있어서, 결정가능기간을 어떻게 정하고 결정가능기간의 종기를 언제까지로 할 것인지, 태아의 생명 보호와 임신한 여성의 자기결정권의 실현을 최적화할 수 있는 해법을 마련하기 위해 결정가능기간 중 일정한 시기까지는 사회적·경제적 사유에 대한 확인을 요구하지 않을 것인지 여부까지를 포함하여 결정가능기간과 사회적·경제적 사유를 구체적으로 어떻게 조합할 것인지, 상담요건이나 숙려기간 등과 같은 일정한 절차적 요건을 추가할 것인지 여부 등에 관하여 앞서 우리 재판소가 설시한 한계 내에서 입법재량을 가진다. 따라서 자기낙태죄 조항과 의사낙태죄 조항에 대하여 단순위헌 결정을 하는 대신 각각 헌법불합치 결정을 선고하되, 다만 입법자의 개선입법이 이루어질 때까지 계속적용을 명하는 것이 타당하다. 입법자는 늦어도 2020년 12월 31일까지는 개선입법을 이행하여야 하고, 그때까지 개선입법이 이루어지지 않으면 위 조항들은 2021년 1월 1일부터 효력을 상실한다.

V. 이 결정이 가지는 의미

헌법재판소는 재판관 4(헌법불합치) : 3(단순위헌) : 2(합헌)의 의견으로, 임신한 여성의 자기낙태를 처벌하는 형법 제269조 제1항, 의사가 임신한 여성의 촉탁 또는 승낙을 받아 낙태하게 한 경우를 처벌하는 형법 제270조 제1항 중 '의사'에 관한 부분은 모두 헌법에 합치되지 아니하며, 위 조항들은 2020. 12. 31.을 시한으로 입법자가 개정할 때까지 계속 적용된다는 결정을 선고하였다. 자기낙태죄 조항과 의사낙태죄 조항이 헌법에 위반된다는 단순위헌의견이 3인이고, 헌법에 합치되지 아니한다는 헌법불합치의견이 4인이므로, 단순위헌의견에 헌법불합치의견을 합산하면 법률의 위헌결정을 함에 필요한 심판정족수에 이르게 되기 때문이다. 이에 대하여, 반대의견으로 위 조항들은 헌법에 위반되지 않는다는 조용호, 이종석 재판관의 합헌의견이 있었다.

이 결정으로 헌법재판소는 종전의 판례 입장을 변경하였다. 헌법재판소는 2012년 8월 23일에 선고한 2010헌마402 결정에서 재판관 4(합헌) 대 4(위헌)의 의견으로, 자기낙태죄 조항이 임신한 여성의 자기결정권을 침해하지 않고, 조산사 등이 부녀의 촉탁 또는 승낙을 받아 낙태하게 한 경우를 처벌하는 형법 제270조 제1항 중 '조산사'에 관한 부분이 책임과 형벌 간의 비례원칙이나 평등원칙에 위배되지 않는다는 합헌결정 내린 바 있었기 때문이다. 이런 헌법재판소 결정에도 불구하고 국회는 법 개정 시한인 2020년 12월 31일까지 법을 개정하지 않아 그 다음 날인 2021년 1월 1일부터 형법 제269조 제1항, 의사가 임신한 여성의 촉탁 또는 승낙을 받아 낙태하게 한 경우를 처벌하는 형법 제270조 제1항 중 '의사'에 관한 부분이 효력을 상실하여 법적 공백상태가 발생하게 되었다.

사형제 사건 I

— 헌재 1996. 11. 28, 95헌바1 —

I. 심판대상

형법

제41조(형의 종류)

　1. 사형

형법

제250조 제1항(살인, 존속살해)

　① 사람을 살해한 자는 사형, 무기 또는 5년 이상의 징역에 처한다.

※ 관련조문

제66조(사형) 사형은 형무소내에서 교수하여 집행한다.

제57조(사형의 집행) ① 사형은 교도소와 구치소안의 사형장에서 집행한다.

II. 사실관계의 요지

청구인은 살인과 특수강간 등의 혐의로 기소되어 제1심과 항소심에서 사형을 선고 받고 대법원에 상고를 함과 동시에 살인죄에 대한 법정형의 하나로서 사형을 규정한 '형법' 제250조 제1항, 사형을 형의 종류의 하나로서 규정한 '형법' 제41조 제1호, 사형집행 의 방법을 규정한 '형법' 제66조, 사형집행의 장소를 규정한 '행형법' 제57조 제1항에 대한 위헌여부심판의 제청을 신청하였으나 대법원은 이 신청을 기각하였다. 이에 청구인은 '헌법재판소법' 제68조 제2항에 따라 이 사건 헌법소원심판을 청구하였다.

III. 주　문

　1. 형법 제41조 제1호, 제250조 제1항은 헌법에 위반되지 아니한다.

　2. 청구인의 이 사건 심판청구 중 형법 제66조, 행형법 제57조 제1항에 대한 부분을

각하한다.

Ⅳ. 결정 이유의 주요 논점 및 요지

1. 형법 제66조, 행형법 제57조 제1항은 재판의 전제성 결여

'형법' 제66조, '행형법' 제57조 제1항은 사형이라는 형벌 집행의 방법과 장소를 정하는 규정에 불과하므로 그 위헌여부에 따라 이 사건 관련소송사건 재판의 주문이나 내용 및 효력에 관한 법률적 의미가 달라지는 경우라고 할 수 없다. 따라서 청구인의 이 사건 심판청구 중 '형법' 제66조, '행형법' 제57조 제1항에 대한 청구부분은 재판의 전제성이 인정되지 않아 부적법하다.

2. 형법 제41조 제1호는 합헌

우리 헌법은 개별적인 인간존재의 근원인 생명을 빼앗는 사형에 대하여 정면으로 이를 허용하거나 부정하는 명시적인 규정을 두고 있지 아니하지만, 헌법 제12조 제1항이 "모든 국민은… 법률과 적법절차에 의하지 아니하고는 처벌·보안처분 또는 강제노역을 받지 아니한다"고 규정하는 한편, 헌법 제110조 제4항이 "비상계엄하의 군사재판은… 법률이 정하는 경우에 한하여 단심으로 할 수 있다. 다만, 사형을 선고한 경우에는 그러하지 아니하다"고 규정함으로써 적어도 문언의 해석상으로는 간접적이나마 법률에 의하여 사형이 형벌로서 정해지고 또 적용될 수 있음을 인정하고 있는 것으로 보인다.

인간의 생명에 대하여는 함부로 사회과학적 혹은 법적인 평가가 행하여져서는 안될 것이지만, 비록 생명에 대한 권리라고 하더라도 그것이 헌법상의 기본권으로서 법률상의 의미가 조영되어야 할 때에는 그 자체로서 모든 규범을 초월하여 영구히 타당한 권리로서 남아 있어야 하는 것이라고 볼 수는 없다.

다시 말해, 한 생명의 가치만을 놓고 본다면 인간존엄성의 활력적인 기초를 의미하는 생명권은 절대적 기본권으로 보아야 함이 당연하고, 따라서 인간존엄성의 존중과 생명권의 보장이란 헌법정신에 비추어 볼 때 생명권에 대한 법률유보를 인정한다는 것은 이념적으로는 법리상 모순이라고 할 수도 있다. 그러나 현실적인 측면에서 볼 때 정당한 이유없이 타인의 생명을 부정하거나 그에 못지 않은 중대한 공공이익을 침해한 경우에 국법은 그 중에서 타인의 생명이나 공공의 이익을 우선하여 보호할 것인가의 규준을 제시하지 않을 수 없게 되고, 이러한 경우에는 비록 생명이 이념적으로 절대적 가치를 지닌 것이라 하더라도 생명에 대한 법적 평가가 예외적으로 허용될 수 있다고 할 것이므로, 생명권 역시 헌법 제37조 제2항에 의한 일반적 법률유보의 대상이 될 수밖에 없다.

이에 대해 청구인은 사형이란 헌법에 의하여 국민에게 보장된 생명권의 본질적 내용을 침해하는 것으로 되어 헌법 제37조 제2항 단서에 위반된다는 취지로 주장한다. 그러나 생명권에 대한 제한은 곧 생명권의 완전한 박탈을 의미한다 할 것이므로, 사형이 비례의 원칙에 따라서 최소한 동등한 가치가 있는 다른 생명 또는 그에 못지 않은 공공의 이익을 보호하기 위한 불가피성이 충족되는 예외적인 경우에만 적용되는 한, 그것이 비록 생명을 빼앗는 형벌이라 하더라도 헌법 제37조 제2항 단서에 위반되는 것으로 볼 수는 없다 할 것이다.

인간의 생명을 부정하는 등의 범죄행위에 대한 불법적 효과로서 지극히 한정적인 경우에만 부과되는 사형은 죽음에 대한 인간의 본능적인 공포심과 범죄에 대한 응보욕구가 서로 맞물려 고안된 '필요악'으로서 불가피하게 선택된 것이며 지금도 여전히 제 기능을 하고 있다는 점에서 정당화될 수 있다. 따라서 사형은 이러한 측면에서 헌법상의 비례의 원칙에 반하지 않는다 할 것이고, 적어도 우리의 현행 헌법이 스스로 예상하고 있는 형벌의 한 종류이기도 하므로 아직은 우리의 헌법질서에 반하는 것이라고는 판단되지 않는다.

3. '형법' 제250조 제1항도 합헌

비록 형벌로서의 사형이 위와 같이 그 자체로서 위헌이라고는 할 수 없다고 하더라도 '형법' 제250조 제1항이 살인이라는 구체적인 범죄구성요건에 대한 불법효과의 하나로서 사형을 규정하고 있는 것이 행위의 불법과 행위자의 책임에 비하여 현저히 균형을 잃음으로써 비례의 원칙에 반한다고 평가된다면 '형법' 제250조 제1항은 사형제도 자체의 위헌 여부와는 관계없이 위헌임을 면하지 못할 것이다.

'형법' 제250조 제1항이 규정하고 있는 살인의 죄는 인간생명을 부정하는 범죄행위의 전형이고, 이러한 범죄에는 그 행위의 태양이나 결과의 중대성으로 미루어 보아 반인륜적 범죄라고 규정지어질 수 있는 극악한 유형의 것들도 포함되어 있을 수 있다. 따라서 사형을 형벌의 한 종류로서 합헌이라고 보는 한 그와 같이 타인의 생명을 부정하는 범죄행위에 대하여 행위자의 생명을 부정하는 사형을 그 불법효과의 하나로서 규정한 것은 행위자의 생명과 그 가치가 동일한 하나의 혹은 다수의 생명을 보호하기 위한 불가피한 수단의 선택이라고 볼 수밖에 없으므로 이를 '비례의 원칙'에 반한다고 할 수 없어 헌법에 위반되는 것이 아니다.

V. 이 결정이 가지는 의미

그러나, 이 사형제에 대한 합헌결정은 만장일치의 결정은 아니었으며 재판관 김진우와 재판관 조승형의 위헌의 반대의견이 개진되었다. 우선, 김진우 재판관은 헌법 제10조에 규정된 인간의 존엄에 대한 존중과 보호의 요청은 형사입법, 형사법의 적용과 집행의 모든 영역에서 지도적 원리로서 작용하므로 형사법의 영역에서 입법자가 인간의 존엄성을 유린하는 악법의 제정을 통해 국민의 생명과 자유를 박탈 내지 제한하는 것이나 잔인하고 비인간적인 형벌제도를 채택하는 것은 헌법 제10조에 반하고, 사형제도는 양심에 반하여 법규정에 의해 사형을 언도해야 하는 법관은 물론, 良心에 반해 직무상 어쩔수 없이 사형의 집행에 관여하는 자들의 양심의 자유와 인간으로서의 존엄과 가치를 침해하는 비인간적인 형벌제도이기도 하다고 보았다.

조승형 재판관은 사형제도가 생명권의 본질적 내용을 침해하는 생명권의 제한이므로 헌법 제37조 제2항 단서에 위반된다고 보았다. 가사 헌법 제37조 제2항 단서상의 생명권의 본질적 내용이 침해된 것으로 볼 수 없다고 가정하더라도, 형벌의 목적은 응보·범죄의 일반예방·범죄인의 개선에 있음에도 불구하고 형벌로서의 사형은 이와 같은 목적달성에 필요한 정도를 넘어 생명권을 제한하는 것으로 목적의 정당성, 수단의 적정성·피해의 최소성 등 제 원칙에 반한다고 보았다.

이 결정으로 헌법재판소는 사형제에 대해 일단 합헌의 면죄부를 주었다. 그러나, 다수의견은 생명권 제한과 관련된 부분에서 헌법정신에 비추어 볼 때 한 생명의 가치만을 놓고 본다면 생명권은 절대적 기본권으로 보아야 함이 당연하고 생명권에 대한 법률유보를 인정한다는 것은 이념적으로 법리상 모순이라고 하면서도, 현실적인 측면에서 볼 때 생명에 대한 법적 평가가 예외적으로 허용될 수밖에 없고 생명권도 법률유보의 대상이 될 수밖에 없다고 봄으로써 생명권의 절대적 기본권성과 관련해 아리송한 태도를 취하고 있다.

사형제 사건 Ⅱ

― 헌재 2010. 2. 25, 2008헌가23 ―

Ⅰ. 심판대상

형법(1953. 9. 18. 법률 제293호로 제정된 것)

제41조(형의 종류) 형의 종류는 다음과 같다.

1. 사형

제42조(징역 또는 금고의 기간) 징역 또는 금고는 무기 또는 유기로 하고 유기는 1월 이상 15년 이하로 한다. 단, 유기징역 또는 유기금고에 대하여 형을 가중하는 때에는 25년까지로 한다.

제72조(가석방의 요건)

① 징역 또는 금고의 집행 중에 있는 자가 그 행상이 양호하여 개전의 정이 현저한 때에는 무기에 있어서는 10년, 유기에 있어서는 형기의 3분의 1을 경과한 후 행정처분으로 가석방을 할 수 있다.

제250조(살인, 존속살해)

① 사람을 살해한 자는 사형, 무기 또는 5년 이상의 징역에 처한다.

구 성폭력범죄의 처벌 및 피해자보호 등에 관한 법률(1997. 8. 22. 법률 제5343호로 개정되고 2008. 6. 13. 법률 제9110호로 개정되기 전의 것)

제10조(강간 등 살인·치사)

① 제5조부터 제8조까지, 제8조의2, 제12조(제5조부터 제8조까지 및 제8조의2의 미수범만 해당한다)의 죄 또는 형법 제297조(강간) 내지 제300조(미수범)까지의 죄를 범한 자가 사람을 살해한 때에는 사형 또는 무기징역에 처한다.

Ⅱ. 사실관계의 요지

제청신청인은 2회에 걸쳐 4명을 살해하고 그 중 3명의 여성을 추행한 범죄사실로 구속기소되었다. 1심인 광주지방법원 순천지원에서는 형법 제250조 제1항, 성폭력범죄의 처벌 및 피해자보호 등에 관한 법률 제10조 제1항, 형법 제300조를 적용하여 사형을 선고하였고, 제청신청인이 항소하여 광주고등법원에서 재판을 받고 있다. 광주고등법원은 형법 제250조 제1항, 사형제도를 규정한 형법 제41조 제1호 등이 헌법에 위반된다는 이유로 제청신청인 변호인의 위헌법률심판제청신청을 받아들여 위헌제청결정을 하였다.

Ⅲ. 주   문

1. 형법 제41조 제1호, 제41조 제2호 및 제42조 중 각 '무기징역' 부분, 제250조 제1항 중 '사형, 무기의 징역에 처한다'는 부분, 구 성폭력범죄의 처벌 및 피해자보호 등에 관한 법률 제10조 제1항 중 '사형 또는 무기징역에 처한다'는 부분은 각 헌법에 위반되지 아니한다.
2. 형법 제72조 제1항 중 '무기징역' 부분에 대한 위헌법률심판제청을 각하한다.

Ⅳ. 결정 이유의 주요 논점 및 요지

1. 헌법 제110조 제4항이 사형제도를 간접적으로 인정하고 있음

사형은 기본권 중의 기본권이라고 할 생명권에 대한 박탈을 의미하므로, 만약 그것이 형벌의 목적달성에 필요한 정도를 넘는 과도한 것으로 평가된다면 우리 헌법의 해석상 허용될 수 없는 위헌적인 형벌이라고 하지 않을 수 없다. 헌법 제12조 제1항은 모든 국민은 법률과 적법절차에 의하지 아니하고는 처벌 등을 받지 아니한다고 규정하는 한편, 헌법 제110조 제4항은 비상계엄하의 군사재판은 군인·군무원의 범죄 등의 경우에 한하여 단심으로 할 수 있되, 사형을 선고한 경우에는 그러하지 아니하다고 규정하고 있다. 이는 법률에 의하여 사형이 형벌로서 규정되고, 그 형벌조항의 적용으로 사형이 선고될 수 있음을 전제로 한 것으로서, 우리 헌법은 적어도 문언의 해석상 사형제도를 간접적으로나마 인정하고 있다고 할 것이다.

2. 사형제도는 비례원칙에 위배되지 않는 생명권에 대한 합헌적 제한

우리 헌법은 절대적 기본권을 명문으로 인정하고 있지 않으며, 헌법 제37조 제2항에서는 국민의 모든 자유와 권리는 국가안전보장·질서유지 또는 공공복리를 위하여 필요한 경우에 한하여 법률로써 제한할 수 있도록 규정하고 있다. 이는 어느 개인의 생명권에 대한 보호가 곧바로 다른 개인의 생명권에 대한 제한이 될 수밖에 없거나, 특정한 인

간에 대한 생명권의 제한이 일반국민의 생명 보호나 이에 준하는 매우 중대한 공익을 지
키기 위하여 불가피한 경우에는 생명에 대한 법적 평가가 예외적으로 허용될 수 있다고
할 것이므로, 생명권 역시 헌법 제37조 제2항에 의한 일반적 법률유보의 대상이 될 수밖
에 없다. 또한 생명권에 대한 제한은 곧 생명권의 완전한 박탈을 의미한다는 점을 고려
하면, 생명권 제한이 정당화될 수 있는 경우에는 생명권의 박탈이 초래된다 하더라도 곧
바로 기본권의 본질적인 내용을 침해하는 것이라 볼 수 없다.

　　사형제도는 생명권 제한에 있어서의 헌법상 비례원칙에도 위배되지 않는다. 첫째,
입법목적의 정당성 및 수단의 적합성을 보면, 사형은 이를 형벌의 한 종류로 규정함으로
써, 일반국민에 대한 심리적 위하를 통하여 범죄의 발생을 예방하며, 이를 집행함으로써
극악한 범죄에 대한 정당한 응보를 통하여 정의를 실현하고, 당해 범죄인 자신에 의한
재범의 가능성을 영구히 차단함으로써 사회를 방어한다는 공익상의 목적을 가진 형벌이
다. 이러한 입법목적은 정당하다고 할 것이고, 궁극의 형벌인 사형은 위와 같은 입법목적
달성을 위한 적합한 수단이라고 할 것이다. 둘째, 피해의 최소성을 보면, 사형은 무기징
역형이나 가석방이 불가능한 종신형보다도 범죄자에 대한 법익침해의 정도가 큰 형벌로
서, 인간의 생존본능과 죽음에 대한 근원적인 공포까지 고려했을 때 무기징역형 등 자유
형보다 더 큰 위하력을 발휘함으로써 가장 강력한 범죄억지력을 가지고 있다고 봄이 상
당하다. 또한 잔혹한 방법으로 다수의 인명을 살해한 범죄 등 극악한 범죄의 경우에는,
범죄자에 대한 무기징역형 등 자유형의 선고만으로는 형벌로 인한 범죄자의 법익침해 정
도가 당해 범죄로 인한 법익침해의 정도 및 범죄자의 책임에 미치지 못하게 될 뿐만 아
니라 이로 인하여 피해자들의 가족 및 일반국민의 정의관념에도 부합하지 못하게 된다.
결국, 사형은 무기징역형 등 자유형에 비하여 일반적 범죄예방목적 및 정당한 응보를 통
한 정의의 실현이라는 목적을 달성함에 있어서 더 효과적인 수단이라고 할 것이고, 위와
같은 입법목적의 달성에 있어서 사형과 동일한 효과를 나타내면서도 사형보다 범죄자에
대한 법익침해 정도가 작은 다른 형벌이 명백히 존재한다고 보기 어려우므로 사형제도는
최소침해성 원칙에 어긋난다고 할 수 없다. 한편, 인간이 만들어낸 어떠한 사법제도도 결
점이 없을 수는 없다. 형사재판에 있어서의 오판가능성은 사법제도가 가지는 숙명적 한
계라고 할 것이지 사형이라는 형벌제도 자체의 문제라고 보기는 어렵다. 따라서 오판가
능성 및 그 회복의 문제는, 심급제도, 재심제도 등의 제도적 장치 및 그에 대한 개선을
통하여 오판가능성을 최소화함으로써 해결할 문제이지, 이를 이유로 사형이라는 형벌의
부과 자체를 최소침해성 원칙에 어긋나 위헌이라고 할 수는 없다. 셋째, 법익균형성을 보
면, 모든 인간의 생명은 자연적 존재로서 동등한 가치를 갖는다고 할 것이나 그 동등한

가치가 서로 충돌하게 되거나 생명의 침해에 못지 않은 중대한 공익을 침해하는 등의 경우에는 국민의 생명·재산 등을 보호할 책임이 있는 국가는 어떠한 생명 또는 법익이 보호되어야 할 것인지 그 규준을 제시할 수 있는 것이다. 사형제도에 의하여 달성되는 범죄예방을 통한 무고한 일반국민의 생명 보호 등 중대한 공익의 보호와 정의의 실현 및 사회방위라는 공익은 사형제도로 발생하는 극악한 범죄를 저지른 자의 생명권 박탈이라는 사익보다 결코 작다고 볼 수 없을 뿐만 아니라, 다수의 인명을 잔혹하게 살해하는 등의 극악한 범죄에 대하여 한정적으로 부과되는 사형이 그 범죄의 잔혹함에 비하여 과도한 형벌이라고 볼 수 없으므로, 사형제도는 법익균형성 원칙에 위배되지 않는다.

3. 인간의 존엄과 가치를 규정한 헌법 제10조에도 위배되지 않음

사형제도는 무고한 일반국민의 생명 보호 등 극히 중대한 공익을 보호하기 위한 것으로서 생명권 제한에 있어서의 헌법적 한계를 일탈하였다고 할 수 없는 이상, 법관 및 교도관 등이 인간적 자책감을 가질 수 있다는 이유만으로 사형제도가 법관 및 교도관 등을 공익 달성을 위한 도구로서만 취급하여 그들의 인간으로서의 존엄과 가치를 침해하는 위헌적인 형벌제도라고 할 수는 없다.

Ⅴ. 이 결정이 가지는 의미

헌법재판소는 관여 재판관 5(합헌) : 4(위헌)의 의견으로 사형제도에 대해 여전히 합헌결정을 내리고 있다. 형법 제41조 제1호 규정의 사형제도 자체는 우리의 현행 헌법이 스스로 예상하고 있는 형벌의 한 종류이기도 할 뿐만 아니라, 생명권 제한에 있어서의 헌법 제37조 제2항에 의한 한계를 일탈하였다고 할 수 없고, 인간의 존엄과 가치를 규정한 헌법 제10조에 위배된다고 볼 수 없다는 점을 다수의견은 합헌의 근거로 들었다. '형법' 제41조 제2호, 제42조 중 각 '무기징역' 부분, '형법' 제250조 제1항 중 '사형, 무기의 징역에 처한다'는 부분, 구 성폭력법 제10조 제1항 중 '사형 또는 무기징역에 처한다'는 부분에 대해서도 다수의견은 합헌결정을 내렸으며, 가석방의 요건에 관한 형법 제72조 제1항 중 '무기징역' 부분은 '재판의 전제성' 요건 결여를 이유로 각하하였다. 이는 사형제도에 대해 7(합헌) : 2(위헌)로 합헌결정을 내린 헌재 1996. 11. 28, 95헌바1의 합헌입장을 유지하는 결정이라 평가할 수 있다.

평등권

주민투표법 사건 Ⅰ

― 헌재 2007. 6. 28, 2004헌마643 ―

Ⅰ. 심판대상

주민투표법(2004. 1. 29. 법률 7124호로 제정된 것) 제5조 제1항 중 "그 지방자치단체의 관할구역에 주민등록이 되어 있는 자"에 관한 부분

※ 관련규정

주민투표법

제5조(주민투표권)

① 20세 이상의 주민으로서 제6조 제1항의 규정에 의한 투표인명부 작성기준일 현재 그 지방자치단체의 관할구역에 주민등록이 되어 있는 자(공직선거및선거부정방지법 제18조의 규정에 의하여 선거권이 없는 자를 제외한다)는 주민투표권이 있다.

② 20세 이상의 외국인으로서 출입국관리 관계법령의 규정에 의하여 대한민국에 계속 거주할 수 있는 자격(체류자격변경허가 또는 체류기간연장허가를 통하여 계속 거주할 수 있는 경우를 포함한다)을 갖춘 자로서 지방자치단체의 조례가 정하는 자는 주민투표권이 있다.

주민등록법

제6조(대상자)

③ 「해외이주법」 제2조에 따른 해외이주자는 대통령령으로 정하는 바에 따라 해외이주를 포기한 후가 아니면 등록할 수 없다.

Ⅱ. 사실관계의 요지

청구인들은 모두 대한민국 국적을 보유한 일본 영주권자들로서 현재 대한민국 내에 거주하고 있는 만 20세 이상의 국민들이다. 청구인들은 '주민투표법' 제5조가 국민인 주민 중 주민등록이 되어 있는 자와 일정요건을 갖춘 외국인에 대해서만 주민투표권을 부여함으로써 청구인들과 같이 재외국민으로서 국내거소신고만을 할 수 있고 주민등록을

할 수 없는 주민들을 차별하고 있는 것은 청구인들의 평등권 등을 침해한다고 주장하면서 이 사건 헌법소원심판을 청구하였다.

Ⅲ. 주　문

1. 주민투표법 제5조 제1항 중 "그 지방자치단체의 관할구역에 주민등록이 되어 있는 자"에 관한 부분은 헌법에 합치되지 아니한다. 위 법률조항 부분은 2008. 12. 31.을 시한으로 입법자가 개정할 때까지 계속 적용된다.
2. 청구인들의 나머지 심판청구는 이를 각하한다.

Ⅳ. 결정 이유의 주요 논점 및 요지

1. 평등권 침해

국내거주 재외국민은 '주민등록법' 제6조 제3항에 따라 해외이주를 포기한 후가 아니면 주민등록을 할 수 없고 '재외동포법'에 의한 국내거소신고만을 할 수 있다. 결국 이 사건 법률조항에 의하여 주민투표권을 행사할 수 없게 된다. 국내거주 재외국민은 소득활동이 있을 경우 납세의무를 부담하며 남자의 경우 병역의무 이행의 길도 열려 있다. 또한 그 지방자치단체의 구역 내에서 '주민등록이 된 국민인 주민'과 같은 환경 하에서 생활하면서 동등한 책임을 부담하고 또 권리를 향유한다. 지방자치단체의 구역 안에 주소를 가진 자는 그 지방자치단체의 주민으로서 법령이 정하는 바에 따라 소속 지방자치단체의 재산과 공공시설을 이용할 권리와 균등하게 행정의 혜택을 받을 권리를 가지는 것이다. '주민투표법' 제7조 제1항은 주민투표에 대해 규정하고 있다. 주민에게 과도한 부담을 주거나 중대한 영향을 미치는 당해 지방자치단체의 주요결정사항에 대한 주민투표의 결과는 주민등록이 가능한 국민인 주민은 물론 이 사건 청구인들과 같이 주민등록을 할 수 없는 국내거주 재외국민에게도 그 미치는 영향에 있어 다르다고 보기 어렵다. 또한 주민투표법 제8조 제1항에 근거해 이루어지는 국가정책에 관한 주민투표, 즉 지방자치단체의 폐치·분합 또는 구역변경에 관한 주민투표는 단순히 행정단위나 행정구역의 개편 차원을 넘어 폐치·분합 또는 구역변경의 대상이 되는 지방자치단체의 주민의 이익과 직접적으로 관련되어 있으며, 국내거주 재외국민의 경우에도 예외는 아니다. 주요시설의 설치와 관련하여 주민투표가 실시되는 경우에도 마찬가지다.

'주민투표법' 제5조 제2항은 출입국관리 관계법령의 규정에 의하여 대한민국에 계속 거주할 수 있는 자격을 갖춘 자로서 지방자치단체의 조례가 정하는 '외국인'에게 주민투표권을 부여하고 있고, 현재 각 지방자치단체의 주민투표조례는 20세 이상의 자로서 투표인명부 작성기준일 현재 당해 지방자치단체에 주소를 두고 있으며, 영주의 체류자격을 갖춘 외국인에게 주민투표권을 부여하는 것이 일반적 경향이다. 주민에게 과도한 부담을 주거나 중대한 영향을 미치는 당해 지방자치단체의 주요결정사항에 대한 주민투표나 지방자치단체의 폐치·분합 또는 구역변경, 주요시설의 설치 등 국가정책의 수립에 관하여 주민의 의견을 듣기 위하여 필요하다고 인정하는 사항에 대한 주민투표의 결과가 그 법적 및 사실적 효과라는 측면에서 국내거주 재외국민과 외국인간에 본질적으로 달리 나타난다고 보기 어렵다. 주민투표의 대상이 되는 사항과의 관련성 내지 이해관계의 밀접성이라는 점에서 양자간에 본질적 차이가 존재하지 않는다. '재외동포법'은 재외동포체류자격으로 입국한 외국국적동포에 대해 외국국적동포 국내거소신고를 할 수 있도록 하고, 2년 상한의 체류기간을 초과하여 계속 체류하고자 할 경우 체류기간연장허가를 받아 계속 거주할 수 있도록 하고 있으며, 동법 시행령은 재외동포체류자격외의 자격으로 대한민국에 체류하는 외국국적동포의 경우 법무부장관으로부터 재외동포체류자격으로 변경허가를 받은 때에는 국내거소신고를 할 수 있도록 하고 있다. 그런데 '주민투표법' 제5조 제2항의 문언에 의하면, 외국인으로서 출입국관리 관계법령에 의하여 '대한민국에 계속 거주할 수 있는 자격'을 갖춘 자로서 지방자치단체의 조례가 정하는 자에게 주민투표권을 인정하되, 그와 같이 '대한민국에 계속 거주할 수 있는 자격'에 '체류자격변경허가 또는 체류기간연장허가를 통해 계속 거주할 수 있는 경우'도 포함시키고 있다. 결국 '지방자치단체의 조례가 정하기에 따라서는' 외국국적동포의 경우에도 주민투표권이 인정될 수 있다.

따라서, 이 사건 법률조항 부분은 주민등록만을 요건으로 주민투표권의 행사 여부가 결정되도록 함으로써 '주민등록을 할 수 없는 국내거주 재외국민'을 '주민등록이 된 국민인 주민'에 비해 차별하고 있고, 더 나아가 '주민투표권이 인정되는 외국인'과 '주민투표권이 인정될 여지가 있는 외국국적동포'와의 관계에서도 차별을 행하고 있다. 그와 같은 차별에 아무런 합리적 근거도 인정될 수 없으므로 국내거주 재외국민인 이 사건 청구인들의 헌법상 기본권인 평등권을 침해하는 것으로 위헌이다.

2. 헌법불합치 결정과 잠정적용 명령

국내거주 재외국민에 대해 원칙적으로 주민투표권을 부여하는 것이 헌법적으로 요청된다 하더라도 주민투표권 행사의 요건으로서 일정기간의 거주요건을 부과할 것인지, 부과한다면 그 최소기간을 어느 정도로 할 것인지 등에 대한 검토가 필요하며, 그와 같은 문제들은 궁극적으로 입법형성의 권한을 가진 입법자가 충분한 사회적 합의를 거쳐 결정해야 할 사항에 속한다. 또한 이 사건 법률조항 부분이 단순위헌으로 선언되어 즉시 효력을 상실할 경우 지방자치단체가 향후 주민투표를 제대로 실시할 수 없게 되는 법적 혼란상태가 초래될 것임이 명백하다. 그러므로 이 사건 법률조항 부분에 대하여 잠정적용 헌법불합치 결정을 선고한다. 입법자는 늦어도 2008년 12월 31일까지 개선입법을 이행하여야 하고, 그때까지 개선입법이 이루어지지 않으면 이 사건 법률조항 부분은 다음 날인 2009년 1월 1일부터 효력을 상실한다.

V. 이 결정이 가지는 의미

조대현 재판관의 주문 표시에 대한 별개의견이 있는 외에는 관여 재판관 전원의 일치된 의견에 의한 결정이다. 이 헌법불합치결정은 주민등록만을 기준으로 주민투표권을 인정함으로써 주민등록을 할 수 없는 국내거주 재외국민이 주민투표를 할 수 없도록 하고 있는 '주민투표법' 제5조 제1항의 위헌성을 평등권 침해를 이유로 확인한 결정이라는 점에서, 같은 2007년 6월 28일에 선고된 '공직선거법' 제15조 제2항 제1호 등에 대한 헌법불합치결정(2004헌마644·2005헌마360 병합)과 맥을 같이 한다. 이 결정은 또한 시한을 정해 입법촉구를 하면서 법적 혼란상태 방지를 위해 문제된 조항의 잠정적용을 명한 점에서도 '공직선거법' 제15조 제2항 제1호 등에 대한 헌법불합치결정(2004헌마644·2005헌마360 병합)과 공통적이다.

대선경선후보 후원금 국고귀속규정 사건

─헌재 2009. 12. 29. 2007헌마1412 ─

Ⅰ. 심판대상

구 정치자금법(2008. 2. 29. 법률 제8880호로 개정되기 전의 것)

제21조(후원회가 해산한 경우의 잔여재산 처분 등)

③ 제1항 및 제2항의 규정에 불구하고 대통령선거경선후보자·당대표경선후보자 및 국회의원선거의 예비후보자가 후원회를 둘 수 있는 자격을 상실한 때(정당의 공직선거 후보자선출을 위한 당내경선 또는 당대표경선에 참여하여 낙선한 때를 제외한다)에는 다음 각 호에 해당하는 잔여재산은 제40조의 규정에 의한 회계보고 전까지 국고에 귀속시켜야 한다.

1. 후원회

   후원금 모금에 직접 소요된 비용, 사무실 임대료 및 유급사무직원의 인건비 등 해산 당시까지의 후원회의 운영경비를 공제한 잔여재산

2. 후원회지정권자

   후원회로부터 기부받은 후원금 총액(사망한 경우에는 사망 당시까지 지출하고 남은 잔액을 말한다)

Ⅱ. 사실관계의 요지

청구인은 2007년 8월에 대통합민주신당의 제17대 대통령선거후보자 선출을 위한 당내 경선 후보로 등록하였다. 청구인은 대통령선거경선후보자 등록 이후인 같은 달에 청구인의 후원회를 지정하였고, 동 지정에 따라 후원회가 설립되어 활동하였다. 청구인의 위 후원회는 8월 28일부터 같은 해 9월 15일까지 총 294,518,594원을 모금하여 청구인에게 275,000,000원을 기부하였다. 그런데 청구인은 당시 청구인 소속 정당의 대통령선거경선후보자 단일화 여론에 따라 같은 해 9월 16일에 대통령선거경선후보자의 지위에서 사퇴하였다. 따라서 같은 날 후원회를 둘 수 있는 자격을 상실하였고, 청구인의 후원회는

해산되었다. 청구인은 같은 해 관할 선거관리위원회로부터 위 후원회로부터 기부받은 후원금 총액을 납부할 것을 통지받았다. 이에 청구인은 대통령선거경선후보자가 후원회를 둘 수 있는 자격을 상실한 때에는 후원회로부터 기부받은 후원금 총액을 국고에 귀속시키도록 하고 있는 구 '정치자금법' 제21조 제3항 제2호는 청구인의 헌법상 보장되는 기본권인 평등권, 공무담임권 등을 침해하는 것이라고 주장하면서 이 사건 헌법소원심판을 청구하였다.

Ⅲ. 주 문

구 정치자금법(2008. 2. 29. 법률 제8880호로 개정되기 전의 것) 제21조 제3항 제2호 중 "대통령선거경선후보자가 후원회를 둘 수 있는 자격을 상실한 때(정당의 공직선거 후보자 선출을 위한 당내경선에 참여하여 낙선한 때를 제외한다)"에 관한 부분은 헌법에 위반된다.

Ⅳ. 결정 이유의 주요 논점 및 요지

1. 평등권 침해

이 사건 법률조항은, '정치자금법' 제21조 제2항에 따라 대통령선거경선후보자 가운데 경선에 참여하였다가 후보자로 되지 못한 사람은 후원금 중에서 이미 사용한 금액을 공제한 잔액만 소속 정당 등에 귀속시키면 되도록 하는 것에 대하여, 당내경선에 참여하지 않거나, 참여할 기회가 없었던 대통령선거경선후보자가 후원회를 둘 수 있는 자격을 상실한 경우에는 후원회로부터 기부받은 후원금 총액을 국고에 귀속하도록 하고 있다. 대통령선거경선후보자가 후보자가 될 의사를 갖고 당내경선 후보자로 등록을 하고 선거운동을 한 경우라고 한다면, 비록 경선에 참여하지 않고 포기하였다고 해도 대의민주주의의 실현에 중요한 의미를 가지는 정치과정이라는 점을 부인할 수 없다. 따라서 경선을 포기한 대통령선거경선후보자에 대하여도 정치자금의 적정한 제공이라는 입법목적을 실현할 필요가 있는 것이며, 이들에 대하여 후원회로부터 지원받은 후원금 총액을 회수함으로써 경선에 참여한 대통령선거경선후보자와 차별하는 이 사건 법률조항의 차별은 합리적인 이유가 있는 차별이라고 하기 어렵다. 대통령선거경선후보자로서는 여론의 동향, 정치지형의 변화, 경제여건의 변화 등 다양한 상황변화를 이유로 하여 후보자가 되는 것을 포기할 수 있는 것이며, 그와 같은 불가피한 상황변화에도 반드시 경선에 참여할 것을 요구하거나, 애초에 반드시 경선에 참여할 사람의 경우에만 대통령선거경선후보자가 되어야 한다고 요구하기는 어렵다. 특히, 대통령의 선거과정은 당내경선이라고 하여도 고도의 정치과정으로서 다양한 정치세력간의 경쟁과 타협이 불가피하게 수반된다. 다수의 경선후보자들 중 일부 후보자는 경쟁과 타협의 결과로서 당내 경선에 참여하지 않는 결단을 하는 경우가 있으며, 국민적인 여론의 압력에 의하여 일부 후보자의 경선 불참이 결정되는 경우도 있다.

한편, 법은 후원회 제도가 남용되지 않도록 하기 위하여 회계책임자 제도 및 엄격한 회계보고 제도를 두고 있다. 이와 같은 제도의 뒷받침이 있는 상태라고 한다면 후보자가 되는 것을 포기한 대통령선거경선후보자에게 선거운동자금으로 사용하고 남은 잔액에 대하여만 반납할 것을 요구한다고 하여도 후원회 제도가 남용되는 것은 상당 부분 방지할 수 있다. 결국, 이 사건 법률조항은 대통령선거경선후보자로서 정당의 경선에 참여하여 낙선한 사람과 그렇지 않은 사람을 이미 사용한 후원금의 반환 여부에 관하여 차별취급하고 있다. 그와 같은 차별에 합리적인 이유가 있다고 보기 어려우므로 청구인의 평등권을 침해한다.

2. 선거운동의 자유 및 공직선거과정에서 이탈할 자유 침해

선거운동에는 선거비용이 필수적으로 수반되는 것이므로, 선거운동 비용의 사용을 제한하는 것은 선거운동을 제한하는 결과로 된다. 이 사건 법률조항은 대통령선거경선후보자가 적법하게 조직된 후원회로부터 기부받은 후원금을 적법하게 사용한 경우에, 당내 경선에 참여하지 않았다는 사유로 이미 적법하게 사용한 선거운동비용까지 포함하여 후원금의 총액을 국고에 귀속하게 하는 것이므로 선거운동의 자유를 제한하고 있는 것이다. 대통령선거경선후보자가 적법하게 후원회를 지정하고 후원금을 기부받아 선거운동의 비용으로 사용하였음에도 사후에 경선에 참여하지 않았다고 해서 후원금 총액의 국고귀속을 요구하는 것은 선거운동의 자유에 대한 중대한 제한이라고 할 것이다.

대통령선거경선후보자는 입후보에 대비하여 선거운동을 하다가 당선가능성이 적다고 판단하거나, 정치적·경제적 사유, 건강 등 일신상의 상황변화를 이유로 하여 대통령선거경선후보자로서의 지위를 사퇴할 자유를 가진다. 그런데 대통령선거경선후보자로서 선거과정에 참여한 이들은 이 사건 법률조항으로 인하여 대통령선거경선후보자로서의 자격을 중도에서 포기할 자유에 중대한 제약을 받게 된다. 대통령선거경선후보자의 정치적 의사결정에 이와 같은 제약을 가하는 것은 법상의 대통령선거경선후보자 제도 및 후원회 제도의 목적과도 조화되기 어려운 제약으로서, 자유로운 민주정치의 건전한 발전을 방해하는 것이라고 할 것이다. 결국, 이 사건 법률조항은 정당한 사유도 없이 후원금을 선거운동비용으로 사용하는 것을 제한하는 것이고, 그로 인하여 선거운동의 자유 및 선거과정에서 탈퇴할 자유 등 국민의 참정권을 침해하는 것이다.

V. 이 결정이 가지는 의미

　헌법재판소가 만장일치의견을 통해 대통령선거경선후보자가 당내경선 과정에서 탈퇴함으로써 후원회를 둘 수 있는 자격을 상실한 때에는 후원회로부터 받은 후원금 전액을 국고에 귀속하도록 하고 있는 '정치자금법' 제21조 제3항 제2호 중 "대통령선거경선후보자가 후원회를 둘 수 있는 자격을 상실한 때(정당의 공직선거 후보자선출을 위한 당내경선에 참여하여 낙선한 때를 제외한다)" 부분은 당내경선을 거친 예비후보자에 비하여 그렇지 않은 무소속 후보자 등을 합리적 이유없이 차별하는 것으로 평등원칙에 위반될 뿐만 아니라, 정당한 사유 없이 후원금을 선거운동비용으로 사용하는 것을 제한하여 예비후보자의 선거운동의 자유, 선거과정에 탈퇴할 자유 등 선거의 자유를 침해한다는 이유로 위헌결정을 내린 사건이다. 이동흡, 목영준 재판관은 별개의견을 통해 이 사건 법률조항이 다수의견과 같이 평등원칙 및 선거에 입후보하지 않을 자유는 침해하지만, 경선후보자의 선거운동의 자유를 침해할 가능성은 없다는 의견을 개진했다. 대통령선거경선후보자가 진정으로 당선을 위하여 경선에 참여했다면 경선참여기간 동안 경선포기시의 국고귀속을 우려하여 후원금의 사용을 꺼려할 이유가 없으므로 위 법률조항이 대통령선거경선후보자의 선거비용 사용을 직접 위축시킬 가능성은 상정하기 어렵다는 점 등을 별개의견의 근거로 제시했다. 이 결정에서 '선거운동의 자유'의 범위와 내용에 대해 다수의견과 별개의견이 차이를 보이고 있는 점에 주목할 필요가 있다.

잡종재산 시효취득 금지 사건

― 헌재 1991. 5. 13, 89헌가97 ―

I. 심판대상

국유재산법(1976. 12. 31. 법률 제2950호)

제5조(국유재산의 보존)

② 국유재산은 민법 제245조의 규정에 불구하고 시효취득의 대상이 되지 아니한다.

※ 참조조문

민법

제245조(점유로 인한 부동산소유권의 취득기간)

① 20년간 소유의 의사로 평온, 공연하게 부동산을 점유하는 자는 등기함으로써 그 소유권을 취득한다.

② 부동산의 소유자로 등기한 자가 10년간 소유의 의사로 평온, 공연하게 선의이며 과실 없이 그 부동산을 점유한 때에는 소유권을 취득한다.

II. 사실관계의 요지

이 사건 위헌심판의 제청신청인들은, 국가를 상대로 수원지방법원 여주지원에 주청구로서 소유권보존등기의 말소등기절차 이행을 구하고, 예비적 청구로서 취득시효 완성을 원인으로 한 소유권이전등기절차의 이행을 구하는 소를 제기하였다. 즉 신청 외 망 한모씨는 1931년 5월경과 1935년 1월경 경기도 소재 임야를 매수하여 점유·관리하여 오다가 1961년 8월 10일에 사망했다. 제청신청인들이 위 망인의 공동상속인으로 위 부동산을 현재까지 계속 점유·관리하고 있는데, 위 부동산에 대한 등기부 등 공부가 6.25사변으로 멸실되자 국가가 1987년 3월 16일에 그 명의로 위 부동산에 관하여 각 소유권보존등기를 경료하였다는 것이다. 이에 수원지방법원 여주지원은 '헌법재판소법' 제41조 제1항에 따라 위 재판의 전제가 되는 '국유재산법' 제5조 제2항의 위헌여부에 대한 심판을 제청하였다.

Ⅲ. 주 문

국유재산법 제5조 제2항을 동법의 국유재산 중 잡종재산에 대하여 적용하는 것은 헌법에 위반된다.

Ⅳ. 결정 이유의 주요 논점 및 요지

1. 심판의 범위를 국유재산 중 잡종재산으로 한정

'국유재산법'은 국유재산을 보호하고, 그 취득·유지·보존 및 운영 등 그 관리와 처분에 관하여 적용하고, 다른 법률에 특별한 규정이 있는 것을 제외하고는 이 법이 정하는 바에 의한다고 규정하고 있다(법 제1조, 제2조). 이 법에서의 국유재산은 국가의 부담이나 기부의 채납 또는 법령이나 조약의 규정에 의하여 국유로 된 부동산과 그 종물 등의 재산으로서(법 제3조 제1항 본문), 그 용도에 따라 행정재산·보존재산과 잡종재산으로 구분된다(법 제4조 제1항). 행정재산이라 함은 다시 그 용도에 따라 국가가 직접 그 사무용·업무용 또는 공무원의 주거용으로 사용하거나 사용하기로 결정한 공용재산과 국가가 직접 공공용으로 사용하거나 사용하기로 결정한 공공용재산, 그리고 정부기업이 직접 그 사무용·사업용 또는 당해 기업에 종사하는 직원의 주거용으로 사용하거나 사용하기로 결정한 기업용재산으로 구분되는 각종의 재산을 말하며(법 제4조 제2항), 보존재산은 공적 목적을 위하여 물건 그 자체의 보존에 중점을 둔 재산으로서 법령의 규정에 의하거나 기타 필요에 의하여 국가가 보존하는 재산을 말하고(법 제4조 제3항), 잡종재산이라 함은 위에서 본 행정재산 및 보전재산에 속하지 않는 모든 국가재산을 말한다(법 제4조 제4항). 동법의 잡종재산은 행정재산, 보존재산과는 달리 사권(私權)의 설정과 사거래의 대상이 되는 것을 전제로 하여 별도의 장으로 규정하고 있으며, 특히 잡종재산의 대부·매각·교환·양여 등 처분과 현물출자를 할 수 있도록 명시하고 있다. 그것은 국유·사유를 막론하고 권리주체가 누구이든 권리의 객체가 되는 물건은 법률행위의 자유의 원칙에 따라 매매, 임대차, 기타 사권의 설정 등 사적 거래의 목적이 되고, 이 때에는 민법 등 사법의 규정이 적용된다는 근대법치국가의 기본원칙에서 나온 것임을 알 수 있다.

2. 평등권과 재산권을 과잉금지원칙에 위배되게 침해함

국가는 국가가 우월적 공법인으로서 자연인이나 일반법인과 다르므로 헌법상의 평등의 원칙이 규율된다고 볼 수 없으며 헌법상 보장된 재산권 중 국가가 소유하는 잡종재산은 비록 사유재산과 법적 성질이 같다 할지라도 그 내부적 관리 규율은 국가공익의 실현과 국가재정의 원칙에 입각하여 운영되고 있을 뿐만 아니라 국가 기능의 확대와 행정수요가 증대되고 있는 현대 사회복지국가에서는 국가의 필요에 따라 보존재산 혹은 행정재산으로 관리 전환되는 것이므로(법 제32조) 예외를 인정하여야 한다고 주장한다. 그러나 헌법전문 및 헌법상의 평등의 원칙과 사유재산권의 보장은 그가 누구냐에 따라 차별대우가 있어서는 안 되고 비록 국가라 할지라도 국고작용으로 인한 민사관계에 있어서는 일반인과 같이 원칙적으로 대등하게 다루어져야 하며 국가라고 하여 우대하여야 할 헌법상의 근거가 없으며 이는 입법을 함에 있어서도 따라야 할 우리 헌법의 기본원리이다. 따라서 국가재정의 원칙과 국가공익의 구현 및 사회복지국가의 실현 등은 헌법의 기본질서인 자유민주주의와 법치주의의 기초가 되는 사유재산제도와 자유평등의 원칙에 반하지 아니하여야 하며 이를 망각하고 행정의 능률성만을 앞세워 국가기능의 확대나 행정수요가 증대되어 가고 있다고 하는 이유만을 가지고는 헌법상 보장된 국민의 기본권을 제한할 수 있는 사유가 될 수 없고, 나아가 헌법상의 기본권제한의 근거가 되는 공공의 이익과 복리증진에 합치한다고도 볼 수 없는 이러한 입법은 과잉제한금지의 원칙에 반한다. 사적 거래의 대상이 되는 잡종재산이 국유재산이라고 하여 무한정 불확실한 장래에 언젠가 국가공익을 위한 행정재산으로서의 관리 전환을 할 수 있다는 이유만으로써 사전에 일방적으로 소유권의 변동이나 일반 법률관계의 형성을 임의로 확정하고 제한하는 것은 거래질서의 기본인 사적 자치의 원칙을 무시하고 국민의 기본권을 본질적으로 침해하는 법률규정으로서 이는 민주헌법의 기본원리인 실질적 적법절차에 위배되며 헌법적 정의에 반하는 것이다.

　　따라서, 국가는 사적 거래에 있어서도 자연인이나 법인보다 우월한 지위에 있으므로 평등권에 규율된다고 볼 수 없다는 정부의 주장은 헌법을 잘못 이해하고 있는 데에서 비롯되며, 이에 기초하여 국유재산 중 잡종재산에 대하여까지 시효취득의 대상이 되지 않는다고 한 것은 잘못된 것이고, 나아가 국유재산의 사유화로 인한 잠식을 방지하고 국유재산관리의 효율성을 도모하기 위하여 제정한 '국유재산법'의 입법취지 등을 가지고는 국가의 안전보장, 질서유지 또는 공공복리를 위하여 필요한 경우에 한하여 법률로써 기본권을 제한할 수 있다는 헌법 제37조 제2항의 예외사유에도 해당하지 않는 것이 명백한 것이므로 입법상의 비례의 원칙과 과잉제한금지의 원칙에 반하는 자의적인 입법이라 하지 않을 수 없다.

　　그러므로 동법 제5조 제2항을 동법의 국유재산 중 잡종재산에 대하여서까지 시효취득의 대상이 되지 않는다고 규정한 것은 사권을 규율하는 법률관계에 있어서는 그가 누구냐에 따라 차별대우가 있어서는 안 되며 비록 국가라 할지라도 국고작용으로 인한 민사관계에 있어서는 사경제적 주체로서 사인과 대등하게 다루어져야 한다는 헌법의 기본원리에 반하고, 국토에 대한 효율적이고 균형있는 이용 및 개발과 보전을 위한 수단도 아닌 것이 명백하여 입법재량상의 비례의 원칙에 반하고, 나아가 헌법 제37조 제2항에 의하여 국민의 기본권을 제한할 수 있는 예외조치의 사유에도 해당하지 않음에도 불구하고 국가만을 우대하여 국가와 일반 국민간에 합리적 근거없이 차별대우를 하는 것으로서 과잉제한금지의 원칙에도 반하는 불평등한 과잉입법이라고 하지 않을 수 없어 헌법 제11조 제1항, 제23조 제1항 및 제37조 제2항에 위반된다.

V. 이 결정이 가지는 의미

이 결정은 조규광, 변정수, 김양균 재판관의 반대의견 이외에는 6인 관여재판관 전원의 의견일치에 따른 위헌결정이었다. 그런데, 이 위헌결정이 국유재산법 제5조 제2항 자체를 무효화시킨 단순위헌결정이 아니라, 동조항을 국유재산 중 잡종재산에 대해 적용하는 것이 위헌이라고 본 적용위헌결정, 즉 '질적 일부위헌결정'임에 주목할 필요가 있다. 1991년 5월 13일에 이 결정이 내려지고 2년여가 지난 후인 1994년 1월 5일에, 국회는 동결정의 취지를 받아들여 '국유재산법' 제5조 제2항을 개정해 "국유재산은 민법 제245조의 규정에 불구하고 시효취득의 대상이 되지 아니한다. 다만, 잡종재산의 경우는 그러하지 아니하다"로 바꾸었다.

우체국예금·보험에 관한 법률 사건

— 헌재 2008. 5. 29. 2006헌바5 —

I. 심판대상

우체국예금·보험에 관한 법률(1999. 12. 28. 법률 제6062호로 개정된 것)

제45조(수급권의 보호) 보험금 또는 제38조의 규정에 의한 환급금을 지급받을 권리는 이를 양도하거나 압류할 수 없다.

II. 사실관계의 요지

지방자치단체인 청구인이 지방세를 체납하고 있던 지역 주민을 상대로 그 주민이 대한민국에 가입한 우체국보험의 보험금 및 환급금 청구채권에 대하여 압류 및 추심을 하고자 하였다. 그러나, 대한민국은 '우체국예금·보험에 관한 법률' 제45조에 의한 압류금지채권이라는 이유로 위 압류 및 추심에 응하지 않았다. 이에 청구인이 대한민국을 상대로 서울중앙지방법원에 추심금 지급을 구하는 소를 제기한 다음, '우체국보험법' 제45조는 헌법상 평등원칙에 위배되어 위헌이라고 주장하며 위헌심판제청신청을 하였다. 그러나 위 법원이 이를 기각하자 청구인은 이 사건 헌법소원심판을 청구하였다.

III. 주 문

1. 우체국예금·보험에 관한 법률 제45조 중 '압류' 부분은 헌법에 합치되지 아니한다.
2. 위 법률조항은 입법자가 2009. 12. 31.까지 개정하지 아니하면 2010. 1. 1.부터 그 효력을 상실한다. 법원 기타 국가기관 및 지방자치단체는 입법자가 개정할 때까지 위 법률조항의 적용을 중지하여야 한다.

Ⅳ. 결정이유의 주요 논점 및 요지

1. 헌법 제11조 제1항의 평등원칙에 위배됨

이 사건 법률조항의 내용을 보면, '우체국보험 가입자의 채권자'를 수범자로 삼아 우체국보험 가입자의 보험금 등을 압류할 수 없도록 강제집행권을 전면적으로 제한하는 수단을 사용함으로써 우체국보험 가입자를 일반 인보험 가입자에 비하여 우대하고, '우체국보험 가입자의 채권자'를 '일반 인보험 가입자의 채권자'에 비하여 불리하게 차별하여 취급한다. 우체국보험 가입자의 채권자는 일반 인보험 가입자의 채권자와 비교하여 원칙적으로 채권자로서 강제집행권이 보장되어 있다는 점에서 본질적으로 동일하며, 가입 보험이 우체국보험인가 일반 인보험인가 하는 점에 차이가 있을 뿐이다. 그러나 우체국보험과 일반 인보험 모두 그 가입자와 우체국 또는 보험회사 등 보험자 사이의 자유로운 선택에 의하여 임의로 보험계약을 체결하는 점, 각각 생명·신체의 상해라는 보험사고 발생 시 보험금을 지급하는 것을 내용으로 하는 점 등에서 본질적으로 동일하고, 사회보장의 측면을 공유하고 있다. 또한 이 사건 법률조항이 도입될 때와 비교하여 사회보장제도가 구비되고, 금융·보험시장이 발달하는 등 사회·경제적 환경이 변화하였으며, 소득, 지역, 장애여부 등에 관계없이 누구나 자유롭게 여러 우체국보험 상품에 가입할 수 있어 도시지역에 거주하는 장애가 없는 고소득자도 그 보험금 등의 수급액이 고액이 될 가능성이 상존하고 있다. 따라서 이제는 공적인 사회보장제도라기보다는 사적인 임의보험의 성격을 가지게 된 우체국보험에 대하여 그것이 보험의 보편화를 달성하여 국민 경제생활의 안정과 공공복리의 증진에 기여한다는 점만으로는 일반 인보험 가입자의 채권자와 달리 우체국보험 가입자의 채권자에 대해서만 강제집행권을 제한하는 수단을 정당화시키는 목적으로 삼기는 어렵다.

우체국보험은 임의보험으로 가입대상에 제한이 없고, 보험의 보편화를 그 본래의 목적으로 한다는 점에서 국세징수법, 민사집행법 기타 특별법과 같은 정도로 그 수급권을 보호하여야 할 필요성이 있다고 보기 어렵고, 우체국 보험금 등의 수급권은 조세 채권자나 일반 사법상의 채권자 모두에 대하여 그 수급권 전부의 압류를 금지할 뿐만 아니라 압류의 범위를 조정할 수 있는 방법도 마련되어 있지 않다. 우체국보험 중에는 생명·신체의 상해에 대한 보험사고로 치료비나 후유장애보상금, 유족보상금 등을 보험금으로 할 때 또는 장애인을 대상으로 하는 보험상품의 경우 등과 같이 그 보험금채권을 보장하여 수급권자를 보호하여야 할 필요가 있는 경우도 있을 수 있다. 그러나, 일정 연령이 되면 보험금을 지급하는 교육보험 등과 같이 보험 상품에 따라서는 수급권자를 일반 채권과 달리 특별히 보호해야 할 필요성의 정도가 완화되거나 없는 경우도 있을 수 있고, 보험 기간내 보험사고가 발생하지 않아 만기에 지급되거나 보험계약을 해지할 때 지급되는 만 기 보험금 또는 해약환급금의 경우에는 이를 일반 금전채권과 달리 보기 어렵다. 따라서 다른 일반채권의 보유자와 달리 그 압류를 전면적으로 금지함으로써 채권자의 양보 아래 수급권을 보호하여야 할 필요성을 인정하기도 어렵다. 결국, 이 사건 법률조항은 국가가 운영하는 우체국보험에 가입한다는 사정만으로, 일반 보험회사의 인보험에 가입한 경우 와는 달리 그 수급권이 사망, 장해나 입원 등으로 인하여 발생한 것인지, 만기나 해약으 로 발생한 것인지 등에 대한 구별조차 없이 그 전액에 대하여 무조건 압류를 금지하여 우체국보험 가입자를 보호함으로써 우체국보험 가입자의 채권자를 일반 인보험 가입자의 채권자에 비하여 불합리하게 차별취급하는 것이다. 그러므로 이 사건 법률조항은 헌법 제11조 제1항의 평등원칙에 위배된다.

2. 헌법불합치 및 입법촉구결정을 내리고 이 사건 법률조항의 적용중지를 명함

이 사건 법률조항에서 압류를 금지하고 있는 우체국보험의 수급권 중에는 그 보험 상품별 또는 수급권자가 장애인인가 여부 등에 따라서는 여전히 압류금지를 통하여 수급 권을 보호하여야 할 필요성이 있다. 따라서 단순위헌결정을 선고하여 당장 이 사건 법률 조항의 효력을 상실시킬 경우에는 위와 같이 압류금지를 통하여 수급권자를 보호할 필요 가 있는 경우에까지 그 수급권을 보호할 수 없게 된다는 점에서, 오히려 헌법재판소가 의도하지 않는 불평등한 상태가 초래될 우려가 있다. 나아가 이 사건 법률조항의 위헌성 을 어떤 방법으로 제거하여 새로운 입법을 할 것인가에 관하여는 여러 가지 방안이 있을 수 있으며, 그 중에서 어떤 방안을 채택할 것인가는 입법자가 우리의 보험제도, 수급권자 와 그 채권자 등 이해관계인들의 이익, 법적 안정성 등 여러 가지 사정을 고려하여 입법 정책적으로 결정할 사항이라고 할 것이다. 그러므로, 이 사건 법률조항에 대해 단순위헌 결정을 할 것이 아니라 헌법불합치 결정을 선고한다. 다만, 이 사건 법률조항은 입법자가 2009. 12. 31.까지 개정하지 않으면 2010. 1. 1.부터 그 효력을 상실하고, 법원 기타 국가기 관 및 지방자치단체는 입법자가 개정할 때까지 이 사건 법률조항의 적용을 중지하여야 한다.

Ⅴ. 이 결정이 가지는 의미

헌법재판소는 이 사건 결정을 통해 국가가 운영하는 우체국보험에 가입한다는 사정만으로 일반 보험회사의 인보험에 가입한 경우와는 달리 그 수급권 전액에 대해 무조건 압류를 금지하는 것은 우체국보험 가입자의 채권자를 일반 인보험 가입자의 채권자에 비하여 불합리하게 차별취급하는 것으로서 평등원칙에 위반되어 헌법에 합치되지 않는다는 판단을 내렸다. 그런데, 이러한 다수의견과는 달리 3인 재판관 각각의 반대의견들도 개진되었다. 우선 이동흡 재판관은 위헌성 심사의 방법에 관한 별개의견 및 환급금 압류부분에 관한 단순위헌의견을 개진했다. 즉, 이 사건 법률조항 중 '보험금' 부분에 대하여는 다수의견과 같이 헌법불합치 결정을 함이 상당하지만 이 사건 법률조항 중 '제38조의 규정에 의한 환급금'에 대하여 채권자의 권리를 제한하면서까지 수급권자의 권리를 보호하여야 할 필요성을 인정할 수 없고 달리 헌법불합치 결정을 하여야 할 예외적인 사정을 인정할 수도 없으므로, 단순위헌결정을 하여야 한다고 보았다. 조대현 재판관도 반대의견인 한정위헌의견을 통해, 이 사건 법률조항을 인신사고가 발생하지 않은 경우에 지급되는 보험금이나 환급금에도 적용하는 것은 채권자의 권리행사를 정당한 사유 없이 제한하는 것으로서 헌법 제23조 제1항 및 제37조 제2항에 위반된다고 주장했다. 또한 김종대 재판관은 반대의견인 합헌의견을 통해, 이 사건 법률조항이 공익적 목적을 위해 마련되고 운영되는 우체국보험에 대한 보호 및 비교적 경제적 약자인 우체국보험금 수급권자의 보호를 위해 우체국보험금에 대해 압류를 금지한 것이 기본권 제한의 입법적 한계를 넘어 우체국보험 가입자의 채권자의 재산권을 침해하는 것이라고 보기는 어렵다는 입장을 개진했다.

이 사건 결정형식은 헌법불합치 및 입법촉구결정결정의 형식을 취하고 있다. 그런데, 그와 함께 국회에 의한 법개정시까지 이 사건 법률조항에 대한 잠정적 적용을 허용한 것이 아니라, 적용중지를 같이 명하고 있음에도 주목할 필요가 있다.

형법상의 누범가중규정 사건

─ 헌재 1995. 2. 23, 93헌바43 ─

Ⅰ. 심판대상

형법

제35조(누범)

① 금고 이상의 형을 받아 그 집행을 종료하거나 면제를 받은 후 3년 내에 금고 이상에 해당하는 죄를 범한 자는 누범으로 처벌한다.

② 누범의 형은 그 죄에 정한 형의 장기의 2배까지 가중한다.

이 외에 형사소송법 제31조(변호인의 자격과 특별변호인), 제33조(국선변호인), 행형법 (1994. 12. 31. 법률 제5015호로 개정되기 전의 것) 제14조(계구), 제18조(접견과 서신의 수발), 제19조(서신등의 영치), 제31조(교회(敎誨)), 제46조(징벌), 제62조(미결수용자에 대한 본법의 준용), 제63조(참관금지), 제67조(작업과 교회)

Ⅱ. 사실관계의 요지

청구인은 1990년 5월 4일에 서울형사지방법원에서 업무상횡령죄로 징역 10월을 선고받고 1991년 1월 29일에 그 판결이 확정되어 복역하다가 출소한 후, 다시 공갈, 공갈미수의 죄로 기소되어 1993년 3월 17일에 서울지방법원 동부지원이 누범가중을 하여 징역 2년 6월을 선고하였다. 청구인은 이에 불복하여 서울형사지방법원 항소부에 항소하여 같은 법원에 '형법' 제35조 제1항, 제2항, '형사소송법' 제31조, 제33조 제5호, '행형법' 제62조, 제14조 제1항, 제2항, 제18조 제1항 내지 제4항, 제19조, 제31조, 제46조 제1항, 제2항 제2호 내지 제4호, 제6호 내지 제9호, 제3항, 제63조, 제67조가 헌법에 위반된다는 이유로 위헌제청신청을 하였으나 법원이 이를 기각하자 이 사건 헌법소원심판청구를 하였다.

Ⅲ. 주   문

이 심판청구 중 형사소송법 제31조, 제33조 제5호, 1994. 12. 31. 법률 제5015호로 개정되기 전의 행형법 제62조, 제14조 제1항, 제2항, 제18조 제1항 내지 제4항, 제19조, 제31조, 제46조 제1항, 제2항 제2호 내지 제4호, 제6호 내지 제9호, 제3항, 제63조, 제67조에 대한 청구는 각하하고, 형법 제35조 제1항, 제2항은 헌법에 위반되지 아니한다.

Ⅳ. 결정 이유의 주요 논점 및 요지

1. 형법 제35조를 제외한 나머지 법률조항들에 대한 청구는 '재판의 전제성' 이 없어 각하

헌법 제107조 제1항은 "법률이 헌법에 위반되는 여부가 재판의 전제가 된 경우에는 법원은 헌법재판소에 제청하여 그 심판에 의하여 재판한다"라고 규정하고, 한편 '헌법재판소법' 제41조 제1항은 "법률이 헌법에 위반되는 여부가 재판의 전제가 된 때에는 당해 사건을 담당하는 법원은 직권 또는 당사자의 신청에 의한 결정으로 헌법재판소에 위헌 여부의 심판을 제청한다"라고 규정하고 있으며 같은 법 제68조 제2항은 "제41조 제1항의 규정에 의한 법률의 위헌여부심판의 제청신청이 기각된 때에는 그 신청을 한 당사자는 헌법재판소에 헌법소원심판을 청구할 수 있다"라고 규정하고 있다. 따라서 법률에 대한 위헌여부심판의 제청이나 헌법재판소법 제68조 제2항의 규정에 의한 헌법소원심판청구가 적법하기 위해서는 문제된 법률조항이 헌법에 위반되는 여부가 '재판의 전제'가 되어야 한다는 요건을 갖추어야 한다. 여기서 '재판의 전제'라 함은 첫째 구체적인 사건이 위헌제청신청 당시 법원에 현재 계속중이어야 하고, 둘째 위헌 여부가 문제되는 법률 또는 법률조항이 당해 소송사건의 재판과 관련하여 적용되는 것이어야 하며, 셋째 그 법률이 헌법에 위반되는지의 여부에 따라 당해 사건을 담당한 법원이 '다른 내용'의 재판을 하게 되는 경우를 말한다. 여기에서 법원이 '다른 내용'의 재판을 하게 되는 경우라 함은 원칙적으로 법원에 계속중인 당해 사건의 주문이나 결론에 어떠한 영향을 주는 것이어야 하나, 비록 재판의 주문 자체에는 아무런 영향을 주지 않는다고 하더라도 문제된 법률조항의 위헌 여부에 따라 재판이 결론을 이끌어내는 이유를 달리하는 데 관련되어 있거나 재판의 내용과 효력에 관한 법률적 의미가 달라지는 경우이어야 한다.

청구인은 업무상횡령죄로 징역 10월을 선고받고 그 판결이 확정되어 복역하다가 출소한 후, 3년 이내에 다시 공갈, 공갈미수죄로 기소되어 누범가중된 징역 2년 6월을 선고발았다. 청구인은 이 판결에 대해 사실오인, 양형부당 등을 이유로 항소하였으므로, 이 항소심 재판의 전제가 되는 법률조항은 청구인이 주장한 법률조항들 중 누범에 관한 규정인 '형법' 제35조 제1항, 제2항뿐이고, 그 외 청구인이 위 재판의 전제가 된다고 주장한 '형사소송법' 제31조, 제33조 제5호, '행형법' 제62조, 제14조 제1항, 제2항, 제18조 제1항 내지 제4항, 제19조 제31조, 제46조 제1항, 제2항 제2호 내지 제4호, 제6호 내지 제9호, 제3항, 제63조, 제67조는 위 재판을 함에 있어 적용되지도 않을 뿐만 아니라, 만약 적용된다 하더라도 판결의 주문이나 이유의 법률적 의미가 달라지지는 않는다고 할 것이다. 따라서 청구인 주장의 법률조항들 중 '형법' 제35조 제1항, 제2항을 제외한 나머지 법률조항들에 대한 청구인의 이 사건 심판청구는 재판의 전제성을 인정할 수 없어 부적법하다.

2. '형법' 제35조의 누범가중규정은 일사부재리의 원칙에 위배되지 않음

누범을 가중처벌하는 것은 전범에 대하여 형벌을 받았음에도 다시 범행을 하였다는 데 있는 것이지 전범에 대하여 처벌을 받았음에도 다시 범행을 하는 경우에도 전범도 후범과 일괄하여 다시 처벌한다는 것은 아니다. 같은 법조항의 누범은 전범에 대하여 처벌을 받은 후 다시 범죄를 저지른 모든 경우를 포함하는 것이 아니라 금고 이상의 형을 받아 그 집행을 종료하거나 면제받은 후 3년 내에 금고 이상에 해당하는 죄를 범한 일정한 요건의 경우만을 누범으로 하고 있으며, 그 형도 장기만을 가중하고 단기는 가중하지 않으므로 누범을 심판하는 법관은 피고인의 정상을 참작하여 그 형의 최단기형을 선고할 수도 있는 것이며, 전범이 있다는 사실은 단지 하나의 정상으로서 법관의 양형에 있어 불리하게 작용하는 요소일 뿐, 전범 자체가 심판의 대상으로 되어 다시 처벌받기 때문에 형이 가중되는 것은 아니다. 따라서 누범에 대해 형을 가중하는 것이 헌법상의 일사부재리의 원칙에 위배되어 피고인의 기본권을 침해하는 것이라고는 볼 수 없다.

3. '형법' 제35조의 누범가중규정은 평등의 원칙에 위배되지 않음

헌법 제11조 제1항은 "모든 국민은 법 앞에 평등하다. 누구든지 성별·종교 또는 사회적 신분에 의하여 정치적·경제적·사회적·문화적 생활의 모든 영역에 있어서 차별을 받지 아니한다"라고 규정하고 있는바 여기서 "사회적 신분"이란 사회에서 장기간 점하는 지위로서 일정한 사회적 평가를 수반하는 것을 의미한다 할 것이므로 전과자도 사회적 신분에 해당된다고 할 것이다. 그러나 헌법상의 평등의 원칙은 일체의 차별적 대우를 부정하는 절대적 평등을 의미하는 것이 아니라 입법과 법의 적용에 있어서 합리적 근거가 없는 차별을 해서는 안 된다는 상대적 평등을 뜻한다. 따라서 합리적인 근거가 있는 차별 내지 불평등은 평등의 원칙에 반하는 것이 아니다. 그리고 합리적인 근거가 있는 차별인가의 여부는 그 차별이 인간의 존엄성 존중이라는 헌법원리에 반하지 않으면서 정당한 입법목적을 달성하기 위하여 필요하고도 적정한 것인가를 기준으로 판단하여야 한다.

　누범을 가중처벌하는 것은 전범에 대한 형벌의 경고적 기능을 무시하고 다시 범죄를 저질렀다는 점에서 비난가능성이 많고, 누범이 증가하고 있는 현실에서 사회방위, 범죄의 특별예방 및 일반예방이라는 형벌목적에 비추어 보아 '형법' 제35조가 누범에 대해 형을 가중한다고 해서 그것이 인간의 존엄성 존중이라는 헌법의 이념에 반하는 것도 아니며, 누범가중은 사회방위, 범죄의 특별예방 및 일반예방, 더 나아가 사회 질서유지의 목적을 달성하기 위한 하나의 적정한 수단이기도 한 것이므로 이는 합리적 근거있는 차별이어서 헌법상의 평등의 원칙에 위배되지 않는다.

V. 이 결정이 가지는 의미

　우선 '재판의 전제성'과 관련된 헌법재판소의 판단기준을 계속 적용해 청구인이 위헌임을 주장한 조항들 중 '형법' 제35조 이외의 나머지 조항들에 대해서는 '재판의 전제성'을 인정하지 않고 각하하였다. 본안판단에 들어간 '형법' 제35조의 누범가중규정에 대해서도 일사부재리의 원칙이나 평등원칙에 위배되지 않아 합헌이라 판시한 판결이다. 그런데 평등원칙 위배여부에 대한 판단에서 누범(전과자)을 헌법 제11조 제1항이 규정하고 있는 "사회적 신분"에 해당한다고 보기는 했으나 이러한 "사회적 신분"인 누범에 대한 차별을 합리적 근거있는 차별이라 본 점에 주목을 요한다. 이것은 4년 후인 1999년의 제대군인가산점제 판결(98헌마363)에서 "성별"이 헌법 제11조 제1항에 예시된 차별금지사유임을 이유로 제대군인가산점제가 엄격심사를 거쳐 위헌결정이 난 것과 크게 대비된다.

주거침입강간죄 가중처벌 사건

─ 헌재 2004. 6. 24, 2003헌바53 ─

Ⅰ. 심판대상

성폭력범죄의 처벌 및 피해자보호 등에 관한 법률(1997. 8. 22. 법률 제5343호로 개정
된 것)

제5조(특수강도강간 등)

① 형법 제319조 제1항(주거침입), 제330조(야간주거침입절도), 제331조(특수절도) 또는
제342조(미수범. 다만, 제330조 및 제331조의 미수범에 한한다)의 죄를 범한 자가 동
법 제297조(강간) 내지 제299조(준강간, 준강제추행)의 죄를 범한 때에는 무기 또
는 5년 이상의 징역에 처한다.

Ⅱ. 사실관계의 요지

청구인 甲은 술에 취하여 사물을 변별하거나 의사를 결정할 능력이 미약한 상태에
서 서울 서초구에 있는 A모텔 107호실에 피해자 乙이 투숙한 사실을 알고 침입하여 동
녀를 강간하였다는 이유로 '성폭력범죄의 처벌 및 피해자보호 등에 관한 법률' 위반죄(주
거침입강간등)로 구속 기소되었다. 甲은 서울지방법원 및 서울고등법원에서 징역 1년을
선고받고 대법원에 상고하여 소송계속 중, '성폭력범죄의 처벌 및 피해자보호 등에 관한
법률' 제5조 제1항에 대하여 법원에 위헌제청신청을 하였으나 기각되었다. 이에 甲은 위
규정에 대해 헌법재판소법 제68조 제2항에 의한 이 사건 헌법소원심판을 청구하였다.

Ⅲ. 주 문

성폭력범죄의 처벌 및 피해자보호 등에 관한 법률 제5조 제1항 중 "형법 제319조
제1항(주거침입) … 의 죄를 범한 자가 동법 제297조(강간) … 의 죄를 범한 때에는 무기
또는 5년 이상의 징역에 처한다"는 부분은 헌법에 위반되지 아니한다.

Ⅳ. 결정 이유의 주요 논점 및 요지

1. 평등원칙 위반이 아님

헌법 제11조 제1항의 평등원칙은 일체의 차별적 대우를 부정하는 절대적 평등을 의미하는 것이 아니라 입법과 법의 적용에 있어서 합리적인 근거가 없는 차별을 하여서는 안 된다는 상대적 평등을 뜻한다. 이러한 평등원칙은 입법자가 본질적으로 같은 것을 자의적으로 다르게, 본질적으로 다른 것을 자의적으로 같게 취급하는 것을 금하고 있다. 청구인은 먼저 주거침입을 한 자가 강도나 상해 등의 죄를 범한 경우에는 이를 가중하여 처벌하지 않으면서 강간의 죄를 범한 경우에는 가중하는 것은 평등원칙에 위반된다고 주장한다. 그런데 강도죄나 상해죄에 있어서 보호법익은 재산이나 신체의 완전성 등임에 반해 강간죄에 있어서의 보호법익은 성적 자기결정권이라는 점에서 이들은 전혀 다른 범죄이므로 주거침입을 한 자가 강간을 했을 경우에만 가중처벌하는 것은 서로 다른 것을 다르게 취급하는 것으로서 평등원칙에 위반된다고 할 수 없다. 더구나 강간과 같은 성폭력범죄에서 보호법익으로 하고 있는 성적 자기결정권은 개인의 인격과 불가분적으로 연결되어있기 때문에 그 피해자들은 심각한 정신적, 정서적 장애를 경험하게 되고 그 후유증으로 장기간 사회생활에 큰 지장을 받는다는 점에서, 그리고 이러한 범죄는 피해자가 속한 가정의 존립까지도 파괴할 가능성이 있다는 점에서 그 불법의 정도가 크다고 할 것이므로 그 예방과 근절을 위해서는 어느 정도의 가중처벌의 필요성이 인정된다 할 것이다. 따라서 주거침입을 한 자가 강간을 한 경우 그 불법에 상응하는 책임을 묻기 위해 이를 경합범으로 처벌하지 않고 결합범으로 가중처벌하는 것은 자의적인 입법으로 볼 수 없다.

또한 청구인은 주거침입죄는 야간주거침입절도죄나 특수절도와는 명백히 다른 행위 태양으로서 그 불법의 정도가 다름에도 불구하고 이들 행위에 강간이 결합되는 경우에는 모두 동일한 법정형으로 처벌하는 것은 문제가 있다고 주장한다. 물론 이 범죄들이 완전히 같은 범죄는 아니므로 항상 같은 불법의 정도를 가지고 있다고 말할 수는 없다. 그러나 같은 강간행위라도 행위 태양에 따라 그 불법의 정도는 다를 수 있으며, 각 행위유형마다 정확한 불법의 크기를 측정하여 그 서열에 따라 법정형을 정하는 것은 거의 불가능에 가깝다. 따라서 입법자는 법정형을 정할 때 행위 유형들을 일정하게 범주화할 수밖에 없는데, 이 때의 법정형이 각 행위 유형의 불법성 정도에 적절히 대응되는 것이면 합리성이 있다고 할 것이다. 다만 구체적으로 불법성의 정도가 다른 행위들을 하나로 묶어 같은 법정형을 정함으로써 생기는 문제점은 개개의 사건에서 그 정상에 따라 여러 가지 요소를 종합적으로 고려한 법관의 양형을 통해 조정할 수 있으면 될 것이다.

따라서 살펴보면, 이 사건 주거침입강간죄의 법익 침해의 중대성에 비추어 볼 때 이 사건 규정이 야간주거침입절도강간이나 특수절도강간과 같이 무기 또는 5년 이상 징역의 법정형을 정하고 있다고 하더라도 그것이 위헌으로 선언될 만큼 형벌체계상의 균형을 잃은 자의적인 입법이라고 할 수 없으므로 결국 평등원칙에 위반된다고 볼 수 없다.

2. 과잉금지원칙 위반이 아님

어떤 범죄를 어떻게 처벌할 것인가 하는 문제, 즉 법정형의 종류와 범위의 선택은 그 범죄의 죄질과 보호법익에 대한 고려뿐만 아니라 우리의 역사와 문화, 입법당시의 시대적 상황, 국민일반의 가치관 내지 법 감정 그리고 범죄예방을 위한 형사정책적 측면 등 여러 가지 요소를 종합적으로 고려하여 입법자가 결정할 사항으로서 광범위한 입법재량 내지 형성의 자유가 인정되어야 할 분야이다. 따라서 어느 범죄에 대한 법정형이 그 범죄의 죄질 및 이에 따른 행위자의 책임에 비하여 지나치게 가혹한 것이어서 현저히 형벌체계상의 균형을 잃고 있다거나 그 범죄에 대한 형벌 본래의 목적과 기능을 달성함에 있어 필요한 정도를 일탈하였다는 등 헌법상의 비례원칙 등에 명백히 위배되는 경우가 아닌 한, 쉽사리 헌법에 위반된다고 단정하여서는 안 된다. 물론 청구인의 주장처럼 성폭력법상의 주거침입강간죄가 모두 가정파괴범이라고 할 수는 없다. 그러나 성폭력범죄가 가정을 파탄으로 내모는 사례가 많다는 사실이 형사정책적 고려로서 입법 배경의 하나가 되었던 것은 부인할 수 없다. 성폭력범죄는 종종 그 피해가 당사자 본인에게만 국한되지 않고 그가 속한 가정을 파괴하거나 사회의 기초질서를 어지럽힐 정도로 해악이 크다는 점에서 이를 엄단할 필요가 있었던 것이다.

한편, 주거침입강간죄는 인간 행복의 최소한의 조건인 주거에서 개인의 인격과 불가분적으로 연결되어 있는 성적 자기결정권을 침해하는 범죄라는 점에서 반드시 위와 같은 가정적, 사회적 파급효과를 수반하지 않더라도 피해자에 대한 법익침해 또한 중대하다. 이러한 점들을 고려하면, 성폭력법이 주거침입강간죄를 결합범으로 취급하여 무기 또는 5년 이상의 징역에 처하도록 하는 것은 과도하다고 할 수 없다.

3. 법관의 양형권을 침해하지 않음

청구인은 이러한 성폭력법의 법정형이 법관의 양형재량권을 박탈하는 것이라고 주장한다. 그런데 양형은 입법자와 법관의 협력을 요하는 분야로 입법자는 구성요건에 정형화된 불법의 경중을 법정형으로 규정하고, 법관은 이에 따라 해당 행위에 대한 형을 양정하게 된다. 따라서 법정형은 법관으로 하여금 구체적 사건의 정상에 따라 그에 알맞는 적정한 선고형을 이끌어낼 수 있게끔 하면 족한 것으로 입법자가 법정형 책정에 관한 여러 가지 요소의 종합적 고려에 따라 법률 그 자체로 법관에 의한 양형재량의 범위를 좁혀 놓았다고 하더라도, 그것이 당해 범죄의 보호법익과 죄질에 비추어 범죄와 형벌간의 비례의 원칙상 수긍할 수 있는 정도의 합리성이 있다면 이러한 법률을 위헌이라고 할 수 없다.

그런데 이 사건 규정의 법정형은 무기 또는 5년 이상의 징역형이므로 행위자에게 특별히 고려해야 할 사정이 있다면 법관은 작량감경을 통해 집행유예까지도 선고할 수 있다. 물론 벌금형의 선고는 불가능하나 이는 그 불법의 중대성으로 볼 때 불합리하다고 할 수 없다. 그러므로 이 사건 규정은 법관의 양형권을 제한하는 것으로 보기 어렵다.

Ⅴ. 이 결정이 가지는 의미

주거침입강간죄가 모두 가정파괴범이 되는 것은 아님에도 불구하고 일률적으로 모든 주거침입강간죄의 법정형을 가중한 '성폭력범죄의 처벌 및 피해자보호 등에 관한 법률' 제5조에 대해 헌법재판소가 만장일치의견으로 합헌결정을 내린 사건이다. 이러한 규정이 평등원칙이나 과잉금지원칙에 위반되지 않고 법관의 양형권을 침해하는 것도 아님을 근거로 들었다. 입법자가 법정형 책정에 관한 여러 가지 요소의 종합적 고려에 따라 법률 그 자체로 법관에 의한 양형재량의 범위를 좁혀 놓았다 하더라도 그것이 당해 범죄의 보호법익과 죄질에 비추어 범죄와 형벌간의 비례원칙상 수긍할 수 있는 정도의 합리성이 있다면 합헌이라 하면서 입법부의 법정형 책정의 입법형성권을 비교적 넓게 보고 있음에 주목을 요한다.

제대군인가산점제 사건

─ 헌재 1999. 12. 23, 98헌마363 ─

Ⅰ. 심판대상

제대군인 지원에 관한 법률(1997. 12. 31. 법률 제5482호로 제정된 것)

제8조(채용시험의 가점)

① 제7조 제2항의 규정에 의한 취업보호실시기관이 그 직원을 채용하기 위한 시험을 실시할 경우에 제대군인이 그 채용시험에 응시한 때에는 필기시험의 각 과목별 득점에 각 과목별 만점의 5퍼센트의 범위 안에서 대통령령이 정하는 바에 따라 가산한다. 이 경우 취업보호실시기관이 필기시험을 실시하지 아니한 때에는 그에 갈음하여 실시하는 실기시험 · 서류전형 또는 면접시험의 득점에 이를 가산한다.

③ 취업보호실시기관이 실시하는 채용시험의 가점대상직급은 대통령령으로 정한다.

제대군인 지원에 관한 법률 시행령(1998. 8. 21. 대통령령 제15870호로 제정된 것)

제9조(채용시험의 가점비율 등)

① 법 제8조 제1항의 규정에 의하여 제대군인이 채용시험에 응시하는 경우의 시험만점에 대한 가점비율은 다음 각호의 1과 같다.

   1. 2년 이상의 복무기간을 마치고 전역한 제대군인: 5퍼센트

   2. 2년 미만의 복무기간을 마치고 전역한 제대군인: 3퍼센트

② 법 제8조 제3항의 규정에 의한 채용시험의 가점대상직급은 다음 각호와 같다.

   1. 국가공무원법 제2조 및 지방공무원법 제2조에 규정된 공무원 중 6급 이하 공무원 및 기능직공무원의 모든 직급

   2. 국가유공자 등 예우 및 지원에 관한 법률 제30조 제2호에 규정된 취업보호실시기관의 신규채용 사원의 모든 직급

Ⅱ. 사실관계의 요지

청구인 갑 등은 모여대 4학년에 재학중이던 여성들로서 모두 7급 또는 9급 국가공무원 공개경쟁채용시험에 응시하기 위하여 준비 중에 있으며, 청구인 을은 모대학교 4학년에 재학중이던 신체장애가 있는 남성으로서 역시 7급 국가공무원 공개경쟁채용시험에 응시하기 위하여 준비 중에 있다. 청구인들은 제대군인이 6급 이하의 공무원 또는 공·사 기업체의 채용시험에 응시한 때에 필기시험의 각 과목별 득점에 각 과목별 만점의 5퍼센트 또는 3퍼센트를 가산하도록 규정하고 있는 '제대군인 지원에 관한 법률' 제8조 제1항, 제3항 및 동법 시행령 제9조가 자신들의 헌법상 보장된 평등권, 공무담임권, 직업선택의 자유를 침해하고 있다고 주장하면서 이 사건 헌법소원심판을 청구하였다

Ⅲ. 주   문

제대군인 지원에 관한 법률 제8조 제1항, 제3항 및 동법 시행령 제9조는 헌법에 위반된다.

Ⅳ. 결정 이유의 주요 논점 및 요지

1. 청구인적격 있어 적법한 헌법소원 제기임

심판청구 당시 청구인들은 국가공무원 채용시험에 응시하기 위하여 준비하고 있는 단계에 있었으므로 이 사건 심판대상조항으로 인한 기본권 침해를 현실적으로 받았던 것은 아니지만, 이들이 응시할 경우 장차 그 합격여부를 가리는 데 있어 가산점제도가 적용될 것임은 심판청구 당시에 이미 확실히 예측되는 것이었다. 따라서 기본권 침해의 현재관련성이 인정된다.

2. 평등권 침해

가산점제도는 제대군인과 제대군인이 아닌 사람을 차별하는 형식을 취하고 있다. 이를 통해 대부분의 여성, 심신장애가 있어 군복무를 할 수 없는 남자, 보충역에 편입되어 복무를 마친 남자를 차별하고 있다. 평등위반 여부를 심사함에 있어 엄격한 심사척도에 의할 것인지, 완화된 심사척도에 의할 것인지는 입법자에게 인정되는 입법형성권의 정도에 따라 달라진다. 먼저 헌법에서 특별히 평등을 요구하고 있는 경우 엄격한 심사척도가

적용될 수 있다. 헌법이 스스로 차별의 근거로 삼아서는 안 되는 기준을 제시하거나 차별을 특히 금지하고 있는 영역을 제시하고 있다면 그러한 기준을 근거로 한 차별이나 그러한 영역에서의 차별에 대하여 엄격하게 심사하는 것이 정당화된다. 다음으로 차별적 취급으로 인하여 관련 기본권에 대한 중대한 제한을 초래하게 된다면 입법형성권은 축소되어 보다 엄격한 심사척도가 적용되어야 할 것이다. 그런데 가산점제도는 엄격한 심사척도를 적용하여야 하는 위 두 경우에 모두 해당한다. 헌법 제32조 제4항은 "여자의 근로는 특별한 보호를 받으며, 고용·임금 및 근로조건에 있어서 부당한 차별을 받지 아니한다"고 규정하여 "근로" 내지 "고용"의 영역에 있어서 특별히 남녀평등을 요구하고 있는데, 가산점제도는 바로 이 영역에서 남성과 여성을 달리 취급하는 제도이기 때문이고, 또한 가산점제도는 헌법 제25조에 의하여 보장된 공무담임권이라는 기본권의 행사에 중대한 제약을 초래하는 것이기 때문이다. 이와 같이 가산점제도에 대하여는 엄격한 심사척도가 적용되어야 하는데, 엄격한 심사를 한다는 것은 자의금지원칙에 따른 심사, 즉 합리적 이유의 유무를 심사하는 것에 그치지 않고 비례성원칙에 따른 심사, 즉 차별취급의 목적과 수단간에 엄격한 비례관계가 성립하는지를 기준으로 한 심사를 행함을 의미한다.

제대군인에 대하여 여러 가지 사회정책적 지원을 강구하는 것이 필요하다 할지라도, 그것이 사회공동체의 다른 집단에게 동등하게 보장되어야 할 균등한 기회 자체를 박탈하는 것이어서는 안 되는데, 이 가산점제도는 차별취급을 통하여 달성하려는 입법목적의 비중에 비하여 차별로 인한 불평등의 효과가 극심하므로 가산점제도는 차별취급의 비례성을 상실하고 있다. 7급 및 9급 국가공무원 채용시험의 경우 경쟁률이 매우 치열하고 합격선도 평균 80점을 훨씬 상회하고 있으며, 그 결과 불과 영점 몇 점 차이로 합격, 불합격이 좌우되고 있는 현실에서 각 과목별로 과목별 만점의 3% 또는 5%의 가산점을 받는지의 여부는 결정적으로 영향을 미치게 되고, 가산점을 받지 못하는 사람은 시험의 난이도에 따라서는 만점을 받고서도 불합격될 가능성이 없지 않기 때문이다.

3. 공무담임권 침해

헌법 제25조는 "모든 국민은 법률이 정하는 바에 의하여 공무담임권을 가진다"고 규정하여 공무담임권을 보장하고 있다. 선거직공직과 달리 직업공무원에게는 정치적 중립성과 더불어 효율적으로 업무를 수행할 수 있는 능력이 요구되므로, 직업공무원으로의 공직취임권에 관하여 규율함에 있어서는 임용희망자의 능력·전문성·적성·품성을 기준으로 하는 이른바 능력주의 또는 성과주의를 바탕으로 하여야 한다.

제대군인 지원이라는 입법목적은 예외적으로 능력주의를 제한할 수 있는 정당한 근거가 되지 못하는데도 불구하고, 가산점제도는 능력주의에 기초하지 않는 불합리한 기준으로 공무담임권을 제한하고 있다. 가산점제도는 제대군인에 해당하는 대부분의 남성을 위하여 절대 다수의 여성들을 차별하는 제도이고, 그 기준을 형식적으로는 제대군인 여부에 두고 있으나 실질적으로는 성별에 두고 있는 것과 마찬가지이다. 그러나 공직수행 능력에 관하여 남녀간에 생리적으로 극복할 수 없는 차이가 있는 것이 아니므로 공직자 선발에 있어서 적성·전문성·품성 등과 같은 능력이 아니라 성별을 기준으로 공직취임의 기회를 박탈하는 것은 명백히 불합리한 것이어서 헌법적으로 그 적정성을 인정받을 수 없다. 가산점제도는 또한 제대군인에 해당하는 남자와 병역면제자, 보충역복무자를 차별하는 제도이고, 이 경우 차별의 실질적 기준은 현역복무를 감당할 수 있을 정도로 신체가 건강한가에 있으므로 역시 공무수행능력과는 별다른 관계도 없는 기준으로 공직취임의 기회를 박탈하는 것이다. 공직을 수행함에 있어서도 상당한 정도의 건강을 필요로 함은 물론이나, 공직수행에 필요한 건강의 정도와 현역복무를 감당할 수 있는 건강의 정도는 애초에 다를 수밖에 없기 때문이다. 가산점제도에 의한 공직취임권의 제한은 위 평등권침해 여부의 판단부분에서 본 바와 마찬가지 이유로 그 방법이 부당하고 그 정도가 현저히 지나쳐서 비례성원칙에 어긋난다.

V. 이 결정이 가지는 의미

취업보호실시기관의 채용시험에서 제대군인들에게 과목별 만점의 3~5%의 가산점을 주는 제대군인가산점제에 대해 평등권과 공무담임권 침해를 이유로 9인 재판관 만장일치의 위헌결정이 내려진 사건이다. 결정문에서도 밝히고 있듯이 취업보호실시기관이 사기업인 경우 공무담임권이 아니라 직업선택의 자유 침해가 된다는 점, 헌법재판소가 평등심사와 관련해 비록 자세하지는 못하지만 '엄격심사'의 개념과 방법을 나름대로 제시하고 있다는 점에 주목을 요한다.

제2국민역 편입 사건

— 헌재 2007. 2. 22, 2005헌마548 —

Ⅰ. 심판대상

1. 경북지방병무청장의 제2국민역 편입처분 부결결정

2. 병역법 시행령 제136조가 징역 1년 6월 미만의 실형을 받은 경우 심사를 거쳐 제 2국민역에 편입할 수 있는 내용을 포함하지 않은 것

※ 관련 법조문

병역법

제65조(병역처분변경 등)

① 현역병(제21조·제24조 및 제25조의 규정에 의하여 복무중인 사람과 현역병입영대상자 를 포함한다) 또는 보충역으로서 … 제3호에 해당하는 사람에 대하여는 보충역 편 입 또는 제2국민역으로의 편입을 할 수 있다.

3. 수형·고령 등 대통령령이 정하는 사유로 그 병역에 적합하지 아니하다고 인정 되는 사람

병역법 시행령

제136조(수형자 등의 병역처분)

① 현역병 입영대상자 또는 보충역(보충역의 장교·준사관·부사관 및 보충역의 복무 또 는 의무종사를 마친 사람을 제외한다)으로서 법 제65조 제1항 제3호의 규정에 의하 여 보충역 또는 제2국민역으로 편입할 수 있는 사람은 다음 각호에 의한다. 이 경 우 형이 부정기형으로서 장기와 단기를 정하여 선고된 때에는 장기를 적용한다.

2. 제2국민역 편입대상은 다음 각목의 1에 해당하는 사람

가. 1년 6월 이상의 징역 또는 금고의 실형을 선고받은 사람

제137조(현역병 등의 병역처분변경)

① 법 제65조 제1항의 규정에 의한 현역병(법 제21조·제24조 및 제25조의 규정에 의하 여 복무중인 사람을 포함한다)의 병역처분변경은 각군 참모총장이 다음 각호의 구 분에 따라 행한다.

2. 1년 6월 이상의 징역 또는 금고의 실형을 선고받은 사람은 제2국민역에 편입한다.

3. 간질·야맹증·정신이상·성격장애 등 군복무가 곤란한 질병 또는 심신장애가 있는 사람으로서 신체등위가 5급에는 이르지 아니한 사람, 징역 또는 금고의 형의 선고를 받은 사람으로서 제2호에 해당하지 아니하는 사람과 제136조 제1항 제2호 나목 내지 바목의 1에 해당하는 사람은 심사를 거쳐 제2국민역에 편입할 수 있다.

Ⅱ. 사실관계의 요지

청구인은 공익근무요원 근무 중 복무를 이탈하여 '병역법' 위반죄로 징역 8월 집행유예 2년의 형을 선고받았다. 그리고 다시 복무를 이탈하여 '병역법' 위반죄로 징역 10월의 형을 선고받았고 집행유예 선고가 실효되어 복역하다가 가석방되었다. 그 후 공익근무요원으로 복무하다가 또다시 복무를 이탈하였고 '병역법' 위반죄로 불구속 재판을 받고 있다.

청구인은 '병역법' 제65조 제1항 제3호 및 시행령 제136조에 따르면 1년 6월 이상의 징역 또는 금고를 선고받은 공익근무요원은 제2국민역에 편입하도록 되어 있으므로 2회에 걸쳐 징역 1년 6월을 복역한 청구인도 이에 해당한다고 주장하면서 피청구인에게 제2국민역 편입을 바라는 병역처분 변경신청서를 제출하였다. 그러나 피청구인은 위 조항이 한 개의 형으로 1년 6월 이상의 징역 또는 금고의 실형을 선고받아야 하는 것이고 청구인은 집행유예가 실효된 징역 8월과 재범으로 인한 징역 10월을 합하여 1년 6월을 복역한 것이라는 이유로 신청을 받아들이지 않았다. 그러자 청구인은 피청구인이 '병역법 시행령' 제136조를 하나의 형으로 1년 6월 이상의 실형을 선고받아야 하는 것으로 해석하여 제2국민역 편입처분을 부결 결정한 것은 청구인의 기본권을 침해한 것이므로 부결결정이 취소되어야 하고, '병역법 시행령' 제137조 제1항 제3호에서는 현역병의 경우 징역 1년 6월 미만의 실형을 선고받았다 하더라도 심사를 거쳐 제2국민역에 편입할 수 있도록 되어 있으나 공익근무요원에 적용되는 시행령 제136조에는 이러한 내용이 포함되어 있지 않은 입법상의 결함이 있어 헌법상 보장된 청구인의 평등권이 침해되었다고 주장하면서 이 사건 헌법소원심판을 제기하였다.

Ⅲ. 주   문

청구인의 심판청구 중 피청구인의 제2국민역편입처분 부결결정을 취소하여 달라는 부분은 이를 각하하고, 병역법 시행령 제136조가 청구인의 기본권을 침해하여 위헌이라는 부분은 이를 기각한다.

Ⅳ. 결정 이유의 주요 논점 및 요지

1. 제2국민역 편입처분 부결결정 취소 부분은 각하

'병역법 시행령' 제136조 제2항에 의하여 병역처분변경을 원하는 사람은 제2국민역 편입원서를 지방병무청장에게 제출하도록 되어 있다. 청구인은 동 규정에 따라 제2국민역 편입신청을 한 것인데 피청구인이 이를 거부하고 편입처분 부결결정을 한 행위는 행정청의 처분에 해당된다. 그런데 행정청의 처분에 대하여는 행정심판법에 정한 행정심판 내지 행정소송법에 의한 항고소송의 구제절차가 마련되어 있다. 헌법소원은 다른 법률에 구제절차가 있는 경우에는 그 절차를 모두 거친 후가 아니면 청구할 수 없는데, 피청구인의 제2국민역 편입처분 부결결정 취소를 구하는 청구인의 심판청구 부분은 이러한 구제절차를 거치지 않았으므로 부적법하다.

2. '병역법 시행령' 제136조는 평등권을 침해하지 않음

현역병이나 공익근무요원에 대한 제2국민역 편입처분은 병역의무와 관련된 일종의 시혜적인 조치라고 할 것인데, 헌법재판소는 시혜적인 법률의 경우 넓은 입법형성의 자유를 인정하고 있고, 징집대상자의 선정에 관하여도 광범위한 입법형성권을 인정하고 있다. 따라서 징집대상의 제대 내지 해제인 제2국민역 편입처분은 광범위한 입법형성권이 부여된 영역으로서 평등위반 여부를 심사함에 있어 자의성 여부만 심사하면 족하다. 그리고 자의금지원칙에 관한 심사요건은 첫째 본질적으로 동일한 것을 다르게 취급하고 있는지에 관하여 차별취급의 존재 여부와, 둘째 이러한 차별취급이 존재한다면 이를 자의적인 것으로 볼 수 있는지 여부라고 할 수 있다.

그런데 현역병과 공익근무요원은 병역의무를 이행하고 있다는 점에서는 공통점이 있다고 할 것이지만, 병역의무를 이행하는 방법이나 법적 지위가 명확하게 구분되며 근무형태에서도 현격한 차이를 보이고 있다. 따라서 현역병과 공익근무요원이 본질적으로 동일한 것이라고 보기 어렵고 현역병과 공익근무요원의 제2국민역 편입요건을 달리 규정하고서 본질적으로 동일한 것을 다르게 취급하고 있다고 볼 수 없다. '병역법 시행령'은 복무 부적격자의 범위를 정함에 있어 복무에 부적합할 정도의 중형을 징역 1년 6월 이상의 실형을 선고받은 사람으로 보고 있는데, 현역병의 경우에는 그 이하의 형을 받았더라도 각군 참모총장의 심사를 거쳐 제2국민역으로 편입할 수 있는 길을 열어놓고 있다. 이는 군의 특성상 현역병은 무기 소지나 취급이 불가피하므로 복무 부적격자를 걸러낼 필요성이 공익근무요원보다 더욱 크다는 점을 고려하여 형량만을 요건으로 하지 않고 형량이 요건에 미달되더라도 여러 사정을 고려하여 심사를 거쳐 제2국민역에 편입할 수 있는 길을 열어놓은 것으로 보인다.

결국 제2국민역 편입처분 요건과 관련하여 '병역법 시행령'에서 현역병과 공익근무요원을 다르게 규정하고 있는 것은 서로 다른 집단에 대하여 다르게 규정하고 있는 것으로 보아야 할 것이다. 그러므로 청구인의 평등권 침해 주장은 이유 없다.

V. 이 결정이 가지는 의미

헌법재판소 전원재판부 재판관 전원의 일치된 의견이었다. 피청구인인 경북지방병무청장의 제2국민역 편입처분 부결정을 일종의 행정처분으로 이해하여 행정심판이나 항고소송을 거치지 않고 헌법소원으로 이를 다투는 것을 보충성의 원칙에 위배된다고 본 점, 제2국민역 편입처분을 병역의무와 관련된 일종의 시혜적인 조치라 보면서 시혜적인 법률의 경우 넓은 입법형성의 자유를 인정하는 헌법재판소의 기존 입장을 그대로 유지하고 있는 점이 눈길을 끈다.

군인연금법 사건 Ⅱ

— 헌재 2010. 6. 24, 2008헌바128 —

Ⅰ. 심판대상

군인연금법(2000. 12. 30. 법률 제6327호로 개정된 것)

제23조(상이연금)

① 군인이 공무상 질병 또는 부상으로 인하여 폐질상태로 되어 퇴직한 때에는 그때부터 사망할 때까지 다음의 구분에 따라 상이연금을 지급한다.

1. 제1급은 보수월액의 100분의 80에 상당하는 금액
2. 제2급은 보수월액의 100분의 75에 상당하는 금액
3. 제3급은 보수월액의 100분의 70에 상당하는 금액
4. 제4급은 보수월액의 100분의 65에 상당하는 금액
5. 제5급은 보수월액의 100분의 60에 상당하는 금액
6. 제6급은 보수월액의 100분의 55에 상당하는 금액
7. 제7급은 보수월액의 100분의 50에 상당하는 금액

Ⅱ. 사실관계의 요지

청구인은 해병으로 입대하여 복무 중 선배 부사관들의 가혹행위로 외상후성 정신장애를 입고, 만기 전역하였다. 이후 그 증세가 더욱 악화되자, 국방부장관에게 상이연금의 지급을 청구하였다. 그러나 '군복무 중 폐질이 발생하였음을 인정할 증거가 없어, 상이연금 지급요건인 공무상 질병 또는 부상으로 인하여 폐질상태로 되어 퇴직한 때에 해당하지 않는다'는 이유로 이 상이연금 지급 청구가 거부되었다. 이에 청구인은 이 거부처분의 취소를 구하는 소송을 제기하였으나 '퇴직 당시 외상후성 정신장애로 폐질상태에 있었다고 보기 어렵다'는 이유로 기각되었다. 항소 제기 후 그 소송이 계속 중 '군인연금법' 제23조 제1항에 대하여 위헌법률심판 제청신청을 하였다가 모두 기각되자 이 사건 헌법소원심판을 청구하였다.

Ⅲ. 주　문

1. 군인연금법(2000. 12. 30. 법률 제6327호로 개정된 것) 제23조 제1항은 헌법에 합치되지 아니한다.

2. 위 법률조항은 2011. 6. 30.을 시한으로 입법자가 개정할 때까지 계속 적용된다.

Ⅳ. 결정 이유의 주요 논점 및 요지

1. '군인연금법의 적용을 받는 군인'과 '공무원연금법의 적용을 받는 공무원'의 차별은 평등권 침해

'군인연금법'상의 상이연금 지급대상이 되는 공상군인의 범위 및 지급요건 등을 정하는 문제와 관련된 사항은 헌법상 입법자에게 광범위한 입법형성권이 부여된 영역이므로 그 입법재량권은 원칙적으로 존중되어야 한다. 그러나 입법자는 그 재량권을 행사함에 있어 평등의 원칙 등 헌법상의 원칙을 준수하여야 한다.

'군인연금법의 적용을 받는 군인'과 '공무원연금법의 적용을 받는 공무원'은 그 직무 자체의 성격은 다소 차이가 있을 수 있으나, 첫째, 각 해당 연금법의 입법 목적, 연금의 구조 및 체계 등에 있어 많은 공통점이 있고, 둘째, 공무원의 퇴직 이후의 재난이나 질병 등에 대처한 사회보장 혜택이 마련되어야 한다는 공직제도의 구조 및 사회 인식의 변화는 일반 공무원뿐만 아니라 군인의 경우에도 마찬가지로 적용되어야 하므로 사회보장의 필요성이나 보호가치의 측면에서 서로 다르게 평가할 수 없다. 이러한 점 등에 비추어 위 두 집단은 본질적인 차이가 없음에도, 이 사건 법률조항은 군인이 공무상 질병 또는 부상이 원인이 되어 퇴직 이후 폐질상태가 된 경우에 대해서는 상이연금을 지급한다는 규정을 두고 있지 않음으로써, 장해급여수급권이 인정되는 일반 공무원과 달리, 군인을 차별취급하고 있다.

그러나 첫째, 군인의 직무는 일반 공무원에 비하여 많은 사고와 위험에 노출되어 있어 폐질상태가 된 군인을 사회보장제도에 의하여 보호해야 할 필요성이 더 크다고 할 수 있다. 둘째, 그 동안 공직제도나 국가의 재정상황 등에 많은 변화가 있었음에도 '퇴직 이후에 폐질상태가 확정된 군인'에 대해 상이연금을 지급하는 규정을 두지 않는 입법부작위 상태가 '군인연금법' 제정 이후 현재까지 약 47년간 그대로 변함없이 유지되고 있는 것은, 설령 군인연금 기금이나 국가의 재정상황을 고려할 수밖에 없는 점을 감안하더라도 점진적·단계적인 입법이 전혀 이루어지지 않은 점 등에 비추어 입법재량의 한계를 일탈한 것으로 볼 수밖에 없다. 셋째, 상이군경에 대해 '국가유공자 등 예우 및 지원에 관한 법률'에 의한 보상금을 지급하거나 같은 법률 소정의 보훈급여금 상당액이 군인연금법상의 연금 급여에서 공제되지 않게 하는 것만으로는 '퇴직 이후에 폐질상태가 확정된 군인'에 대한 충분한 보호가 이루어진 것이라고 보기 어렵다. 이러한 점 등에 비추어 볼 때, 위와 같은 차별취급이 정당화될 수 있는 합리성이 있다고 볼 수 없다.

2. '퇴직 이후에 폐질상태가 확정된 군인'을 상이연금 지급대상에서 제외시키는 것도 평등권 침해

이 사건 법률조항은 '퇴직 이전에 폐질상태가 확정된 군인'에 대해서만 상이연금을 지급한다고 규정함으로써 '퇴직 이후에 폐질상태가 확정된 군인'을 상이연금 지급대상에서 제외시키는 차별취급을 하고 있다. 그러나, 첫째, 군인의 경우 지휘체계 및 규율이 엄격한 군복무의 특수성이나 의료시설의 미비 등으로 조기에 질병을 발견하고 치료하는 것이 쉽지 않은 점, 둘째, 폐질상태가 퇴직 이후 또는 그 이전에 확정되는지 여부는 질병의 특수성이나 근무환경 등 우연한 사정에 따라 좌우될 수 있는 점 등에 비추어 볼 때, 이 경우에도 위와 같은 차별취급을 정당화할만한 합리적인 이유가 있다고 보기 어렵다. 따라서 이 사건 법률조항은 평등의 원칙을 규정한 헌법 제11조 제1항에 위반된다고 할 것이다.

3. 헌법불합치결정과 계속적용 명령

이 사건 법률조항을 단순위헌으로 선언하여 즉시 그 효력을 상실하게 하는 경우에는 법적 공백 상태와 부작용이 초래될 우려가 있는 점, 상이연금수급권의 요건 및 수준을 결정하는 것은 종국적으로 군인연금 기금의 재정 상태와 수급 구조, 경제 상황 등을 고려하여 입법자가 결정해야 할 사항인 점 등을 고려하여, 이 사건 법률조항에 대하여 헌법불합치 결정을 선고하되, 입법자의 개선입법이 있을 때까지 잠정적으로 계속 적용을 명하기로 한다.

Ⅴ. 이 결정이 가지는 의미

헌법재판소가 만장일치로 퇴직 군인의 상이연금 지급에 관한 '군인연금법' 제23조 제1항에 대해 헌법불합치결정과 계속적용 명령을 내린 사건이다. 공무상 질병 또는 부상으로 '퇴직 이후에 폐질상태가 확정된 군인'에 대해 상이연금 지급에 관한 규정을 두지 않은 '군인연금법' 제23조 제1항이, 첫째, '군인연금법의 적용을 받는 군인'과 '공무원연금법의 적용을 받는 공무원'을 합리적 이유없이 차별하고 있고, 둘째, '퇴직 이전에 폐질상태가 확정된 군인'에 대해서만 상이연금을 지급한다고 규정함으로써 '퇴직 이후에 폐질상태가 확정된 군인'을 상이연금 지급대상에서 제외시키는 것도 합리적 이유없는 차별이어서 평등권을 침해해 위헌이라고 본 것이다.

조대현 재판관은 위헌성이 있다는 점에서는 일치했지만 심판대상 및 주문 표시방법과 관련해 별개의견을 개진했다. 즉, 헌법불합치결정을 내려서는 안 되고 퇴직 이후에 폐질상태로 된 군인에 대해 상이연금을 지급하도록 규정하지 않은 입법부작위에 대해서만 위헌선언을 해야 한다고 주장했다. 군인연금법 제23조 제1항이 현재 규정하고 있는 내용은 헌법에 위반된다고 볼 수 없고 이 사건 심판대상도 아니므로 이에 대해 위헌이나 헌법불합치를 선언해서는 안 되고, 군인연금법 제23조 제1항이 군인이 공무상 질병 또는 부상으로 퇴직한 후에 폐질상태로 된 경우에 상이연금을 지급하도록 규정하지 않은 입법부작위에 대해서만 위헌을 선언해야 한다는 점을 별개의견의 근거로 들었다.

이 사건 심판대상 조항인 군인연금법 제23조 제1항에 대해 위헌결정을 내리게 되면, 새로운 입법이 마련될 때까지는 '퇴직 이전에 폐질상태가 확정된 군인'에 대해서도 상이연금을 지급할 수 없게 된다는 현실적 고려에 기반해서, 위헌결정이 아니라 헌법불합치결정을 내리면서 법 개정 시한을 못 박고 국회의 법 개정 시까지는 이 심판대상 조항의 계속적용을 명했다는 점에 주목할 필요가 있다.

여성 병역의무 사건

─ 헌재 2010. 11. 25, 2006헌마328 ─

Ⅰ. 심판대상

구 병역법(1983. 12. 31. 법률 제3696호로 개정되고, 2009. 6. 9. 법률 제9754호로 개정되기 전의 것)

제3조(병역의무)

① 대한민국 국민인 남자는 헌법과 이 법이 정하는 바에 의하여 병역의무를 성실히 수행하여야 한다. 여자는 지원에 의하여 현역에 한하여 복무할 수 있다.

제8조(제1국민역에의 편입 및 편입대상자신고)

① 대한민국 국민인 남자는 18세부터 제1국민역에 편입된다.

Ⅱ. 사실관계의 요지

甲은 1981. 8. 13.생의 남성이고, 2005. 10. 1. 카투사에 지원하여 2005. 12. 3. 병무청으로부터 육군 모집병 입영통지서를 이메일로 수령하였다. 청구인은 남성에게만 병역의무를 부과하는 구 '병역법' 제3조 제1항 및 제8조 제1항이 청구인의 평등권 등을 침해하여 헌법에 위반된다고 주장하며 2006. 3. 10. 위 조항들의 위헌확인을 구하는 이 사건 헌법소원심판을 청구하였다. 그 후 청구인은 2006. 3. 13. 입대하여 현역 복무를 마쳤다.

Ⅲ. 주 문

구 병역법 제8조 제1항에 대한 청구를 각하한다. 구 병역법 제3조 제1항 전문에 대한 청구를 기각한다.

Ⅳ. 결정 이유의 주요 논점 및 요지

1. '병역법' 제8조 제1항에 대한 청구는 청구기관 도과로 기각

'헌법재판소법' 제68조 제1항의 규정에 의한 헌법소원심판은 '헌법재판소법' 제69조 제1항에 의해 그 사유가 있음을 안 날부터 90일, 그 사유가 있은 날부터 1년 이내에 청구하여야 한다. 1981. 8. 13.생인 청구인은 구 '병역법' 제8조 제1항, 제2조 제2항에 의하여 1999. 1. 1. 제1국민역에 편입되었고, 그 때에 구 '병역법' 제8조 제1항으로 인한 기본권 침해의 사유가 발생하였다고 할 것이다. 따라서 그로부터 1년이 경과하여 한 구 '병역법' 제8조 제1항에 대한 청구는 청구기간이 도과한 것으로서 부적법하다.

2. 구 '병역법' 제3조 제1항 전문은 자의금지원칙에 위배되지 않아 합헌(이강국, 김희옥, 이동흡, 송두환 재판관)

구 '병역법' 제3조 제1항 전문은 헌법 제11조 제1항 후문이 예시하는 차별금지 사유 가운데 하나인 '성별'을 기준으로 병역의무를 달리 부과하도록 한 규정이다. 그러나 헌법 제11조 제1항 후문은 불합리한 차별의 금지에 초점이 있는 것이고, 예시한 사유가 있는 경우에 절대적으로 차별을 금지하거나 언제나 엄격한 심사를 요구하는 것은 아니다. 우리 헌법은 '근로', '혼인과 가족생활' 등 인간의 활동의 주요부분을 차지하는 영역으로서 성별에 의한 불합리한 차별적 취급을 엄격하게 통제할 필요가 있는 영역에 대하여는 헌법 제32조 제4항과 헌법 제36조 제1항에서 양성평등 보호규정을 별도로 두고 있다. 헌법재판소는 위와 같이 헌법이 특별히 양성평등을 요구하는 경우에는 엄격한 심사기준을 적용하여 왔으나, 이 사건 법률조항은 그에 해당한다고 보기 어렵다.

국방의 의무의 부담 자체는 국가나 공익목적을 위하여 개인이 특별한 희생을 하는 것이라고 할 수 없으므로 관련 기본권에 대한 중대한 제한이 인정된다고 보기도 어렵다. 그 밖에 징집 대상자의 범위를 정하는 문제는 그 목적과 성질상 입법자 등의 입법형성권이 매우 광범위하게 인정되어야 하는 영역이다. 이러한 점 등을 고려할 때, 이 사건 법률조항이 평등권을 침해하는지 여부는 완화된 심사척도에 따라 자의금지원칙 위반 여부에 의하여 판단함이 상당하다. 집단으로서의 남자는 집단으로서의 여자에 비하여 보다 전투에 적합한 신체적 능력을 갖추고 있으며, 개개인의 신체적 능력에 기초한 전투적합성을 객관화하여 비교하는 검사체계를 갖추는 것이 현실적으로 어렵다. 신체적 능력이 뛰어난 여자의 경우에도 월경이나 임신, 출산 등으로 인한 신체적 특성상 병력자원으로 투입하기에 부담이 크다. 이러한 점 등에 비추어 남자만을 징병검사의 대상이 되는 병역의무자로 정한 것이 현저히 자의적인 차별취급이라 보기 어렵다.

국가안보를 위한 병력규모는 적정한 수준에서 유지되어야 할 필요가 있고, 과다한 병력은 오히려 군비경쟁 등을 촉발할 우려가 있으므로 현역의 수는 제한될 수밖에 없으나, 국가비상사태에 대비한 예비적 전력의 확보 및 유지의 필요성은 부인하기 어렵다. 보충역이나 제2국민역 등은 국가비상사태에 즉시 전력으로 투입될 수 있는 예비적 전력으로서 병력동원이나 근로소집의 대상이 되는데, 평시에 현역으로 복무하지 않는다고 하더라도 병력자원으로서 일정한 신체적 능력이 요구된다고 할 것이므로 보충역 등 복무의무를 여자에게 부과하지 않은 것이 자의적이라 보기 어렵다.

비교법적으로 보아도, 징병제가 존재하는 70여 개 나라 가운데 여성에게 병역의무를 부과하는 국가는 이스라엘 등 극히 일부 국가에 한정되어 있으며, 그러한 국가도 남녀의 복무 내용, 조건을 다르게 규정하고 있다는 점에서 이 사건 법률조항이 자의적 기준에 의한 것이라 볼 수 없다.

그 밖에 남녀의 동등한 군복무를 전제로 한 시설과 관리체제를 갖추는 것에는 막대한 경제적 비용이 소요될 수 있고, 현재 남자를 중심으로 짜여진 군조직과 시설체계 하에서의 여자에 대한 병역의무 부과는 기강해이 등 여러 문제를 발생시킬 수 있다.

결국 이 사건 법률조항이 성별을 기준으로 병역의무자의 범위를 정한 것은 자의금지원칙에 위배하여 평등권을 침해하지 않는다.

V. 이 결정이 가지는 의미

헌법재판소는 대한민국 국민인 남자가 18세부터 제1국민역에 편입되도록 한 구 '병역법' 제8조 제1항에 대해서는 재판관 전원 일치의 의견으로 각하결정을, 대한민국 국민인 남자에 한정하여 병역의무를 부과하는 구 '병역법' 제3조 제1항 전문에 대해서는 재판관 6(기각, 합헌) : 2(인용, 위헌) : 1(각하)의 의견으로 기각결정을 내렸다. 위와 같은 기각의견을 낸 4인의 재판관 가운데 김희옥 재판관은 다시 보충의견을 제시하였다. 즉, 현역 이외의 대체적 복무형태는 국토방위라는 병역의무 본래의 목적과 관련하여 불가피한 경우에 한하도록 하고, 병역의무를 부담하지 않는 국민은 다른 형태로 병역의무의 이행을 지원하도록 하는 등의 입법적 개선노력을 요구해야 한다고 주장했다.

구 '병역법' 제3조 제1항 전문에 관한 위 4인 재판관의 기각의견 이외에 조대현, 김종대 재판관의 2인 재판관은 기각의 이유는 다르고 기각이라는 결론은 같은 별개의견을 개진했다. 이 별개의견은, 구 '병역법' 제3조 제1항 전문에 대한 심사는 기본권의 과잉제한을 논할 필요가 없고, 다만 기본의무의 부과가 그 목적에 있어 정당한지, 그 부과 내용이 합리적이고 공평한지 여부를 따지는 것만으로 족하며, 위 조항은 국가보위를 위한 것으로서 기본의무 부과에 있어 지켜야 할 헌법상 심사기준을 충족시킨다고 보았다.

이에 비해 이공현, 목영준 재판관은 반대의견으로 위헌의견을 개진했다. 헌법 제39조 제1항에 따라 모든 국민은 국방의 의무를 지는데, 남성과 여성의 신체적 조건 등에 따르는 차별취급은 용인되어야 할 것이다. 그러나, 병역법은 국방의 의무 가운데 그 복무 내용이 신체적 조건이나 능력과 직접 관계되지 않는 의무까지도 남자에게만 부과함으로써 남자와 여자를 합리적 이유없이 차별취급하고 있고, 현재 그러한 차별의 불합리성을 완화하기 위한 제도적 장치도 마련되어 있지 않다. 따라서, 구 '병역법' 제3조 제1항은 국방의 의무의 자의적 배분으로서 남성의 평등권을 침해하여 헌법에 위반된다고 보았다.

민형기 재판관은 또 다른 반대의견으로 각하의견을 개진했다. 구 '병역법' 제3조 제1항이 위헌으로 선언되더라도 종래 여자들이 병역의무를 부담하지 않던 혜택이 제거되는 것일 뿐 청구인과 같은 남자들의 병역의무의 내용이나 범위 등에 어떠한 직접적이고 본질적인 영향을 미친다고 보기 어렵다. 따라서 위 조항으로 인하여 청구인의 평등권이 침해될 가능성이 있다거나 자기관련성 또는 심판청구의 이익이 인정된다고 보기 어려우므로 위 조항에 대한 청구는 부적법하다고 보았다.

헌법재판소가 본 사건 결정에서, 헌법 제11조 제1항에 차별금지사유로 예시된 "성별, 종교, 사회적 신분"에 따른 차별이 절대적으로 금지되거나 언제나 엄격심사의 대상이 되는 것은 아니라고 본 점에 주목을 요한다. 그러면서 헌법재판소는 그 중 '성별'에 따른 차별과 관련해, 우리 헌법이 '근로'나 '혼인과 가족생활' 등 성별에 의한 불합리한 차별적 취급을 엄격하게 통제할 필요가 있는 영역에 대해서는 헌법 제32조 제4항과 헌법 제36조 제1항에서 양성평등 보호규정을 별도로 두고 있으며 그처럼 헌법이 특별히 양성평등을 요구하는 경우에 헌법재판소가 엄격한 심사기준을 적용해 왔고, 이 사건 법률조항은 그에 해당한다고 보기 어렵다고 보았다. 그러면서 본 사안을 완화된 심사척도에 따라 자의금지원칙 위반 여부에 의하여 판단하고 있으며, 남녀간의 신체적 특성 등에 비추어 남자만을 징병검사의 대상이 되는 병역의무자로 정한 것이 현저히 자의적인 차별취급이라 보기 어렵다는 결론에 이르고 있는 것이다.

자유권

교도소 내 CCTV 설치행위 등 사건

― 헌재 2008. 5. 29, 2005헌마137 등 병합 ―

Ⅰ. 심판대상

1. 교도소 내 수용되어 있는 거실에 CCTV를 설치한 행위
2. 이동시 계구를 사용하게 한 행위
3. 1인 운동장을 사용하게 한 행위
4. 수용거실 내 화장실 미구분 행위

Ⅱ. 사실관계의 요지

청구인들은 법무부의 교정시설 내 안전과 질서유지를 위한 '특별관리대상자 관리지침'에 따라 엄중격리대상자로 지정되어 청송 제2교도소에 수감되었다. 그 곳에서 그들은 24시간 녹화되는 CCTV가 설치된 독거실에 수용되고, 이동시마다 수갑을 차고 교도관들이 동행하며, 하루 1시간 남짓 1인 운동장에서만 운동하게 되는 등 지침에 의한 엄중격리처우를 받게 되었다. 그러자 청구인들은 자신들의 기본권이 침해당하였다고 주장하면서 이 사건 헌법소원심판을 청구하였다.

Ⅲ. 주 문

1. 다음 심판청구를 각하한다.
   가. 청구인의 특별관리 대상자 관리지침 제55조 제2항에 대한 심판청구
   나. 청구인의 수용실 내부의 화장실을 일반 생활영역과 구분하지 아니한 행위에 대한 심판청구
2. 청구인들의 나머지 심판청구를 기각한다.

Ⅳ. 결정 이유의 주요 논점 및 요지

1. 계구사용행위 및 동행계호행위와 실외운동 제한행위는 합헌

　　수형자는 형벌의 집행을 위하여 격리된 구금시설에서 강제적인 공동생활을 하게 되므로 헌법이 보장하는 신체활동의 자유 등 기본권이 제한되기 마련이다. 그러나 제한되는 기본권은 형의 집행과 도망의 방지라는 구금의 목적과 관련된 기본권인 신체의 자유, 거주이전의 자유, 통신의 자유 등에 한정되어야 한다. 특히 수용시설내의 질서 및 안전 유지를 위하여 행해지는 기본권의 제한은 수형자에게 구금과는 별도로 부가적으로 가해지는 고통으로서 다른 방법으로는 그 목적을 달성할 수 없는 경우에만 예외적으로 허용되어야 한다.

　　이에 근거해 계구사용행위 및 동행계호행위와 실외운동 제한행위에 대해 판단해보자. 청구인들은 상습적으로 교정질서를 문란케 하는 등 교정사고의 위험성이 높은 사람들 중에 선정된 전체 수형자의 1% 미만인 엄중격리대상자들이다. 그리고 이들에 대한 계구사용행위 및 동행계호행위는 청구인들이 장소를 이동하는 경우에만 실시되고 상대적으로 신체구속이 덜한 금속수갑으로 하루 평균 10분 내외의 시간 동안 사용되는 점, 엄중격리대상자가 3개월 동안 엄중격리처우를 받으면서 규율을 위반하지 않으면 계구사용의 실시를 중단하고 있는 점 등을 종합하면 청구인들에 대한 계구사용행위 및 동행계호행위는 필요한 경우에 한하여 부득이한 범위 내에서 실시되고 있다고 할 것이다. 또한 이로 인하여 수형자가 입게 되는 자유 제한에 비하여 교정사고를 예방하고 교도소 내의 안전과 질서를 확보하는 공익이 더 크다고 할 것이다.

　　또한 청구인들은 실외운동도 약 5.5평 가량의 부채꼴 모양의 1인 운동장에서 혼자 운동하게 하고 있다. 이는 교정사고 발생의 위험성이 높은 엄중격리대상자에 의한 폭행·난동·도주 등의 교정사고 발생을 방지하기 위하여 다른 수용자나 교도관과의 접촉을 차단하기 위한 조치이다. 따라서 그 목적의 정당성 및 수단의 적정성이 인정되며, 그로 인한 자유의 제한 정도도 그다지 크지 않다고 할 것이다.

2. 수용거실 내 CCTV 설치행위도 합헌

　　이 사건 CCTV 설치행위를 직접적으로 허용하는 법률규정은 없으나, 행형법은 그 목적달성과 교도관의 계호활동을 위하여 계구사용과 무기사용을 비롯한 강제력의 행사를 허용하고 있고, 또한 교도관 직무규칙에도 교도관은 수용자를 교정·교화하기 위하여 수용자의 동태를 관찰하여야 한다고 규정되어 있다. 이 사건 CCTV 설치행위는 교도관의 육안에 의한 시선계호를 CCTV 장비에 의한 시선계호로 대체한 것에 불과하다. 따라서 이 사건 CCTV 설치행위에 대한 특별한 법적 근거가 없더라도 일반적인 계호활동을 허용하는 법률규정에 의하여 허용된다고 보아야 한다.

한편 이 사건 CCTV에 의하여 감시되는 엄중격리대상자는 상습적으로 폭행·소란·자살·자해 등을 하거나 도주한 전력이 있는 수형자들 중에서 엄중한 격리와 계호가 필요하다고 인정된 자들이므로, 지속적이고 부단한 감시가 필요하고 자살·자해나 흉기 제작 등의 위험성 등을 고려해야 한다. 그러한 면을 고려했을 때, 이 사건 CCTV 설치행위는 그 목적의 정당성과 수단의 적절성을 인정할 수 있는 점, 수용거실 내에 설치된 CCTV 카메라는 상하좌우 이동기능 및 줌(zoom) 기능이 없어 그다지 정밀하게 촬영할 수 없는 점, 관찰 모니터는 소리는 들리지 않으며 19인치 화면을 16분할하여 사용하고 있어 수형자의 미세한 동작이나 표정을 자세히 관찰하기는 어려운 점, CCTV 카메라 밑 부분에는 촬영되지 않는 약 50cm 내외의 사각지대가 존재하여 옷을 갈아입는 등 사적 공간으로 활용할 수 있는 점, CCTV에 저장된 자료는 일반적으로 1~2주일 이내에 자동적으로 삭제되도록 되어 있는 점 등을 종합하면 기본권 제한의 최소성 요건이나 법익균형성의 요건도 충족하고 있다. 그러므로 이 사건 CCTV 설치행위는 헌법 제17조 및 제37조 제2항을 위반하여 청구인들의 사생활의 비밀 및 자유를 침해하였다고 볼 수 없다.

3. 수용거실 내 화장실 미구분 행위에 대한 청구는 부적법하여 각하

수용거실에 화장실 부분이 구분되지 않았다는 점에 대하여는, 청구인이 이미 다른 교도소로 이송되었고 그 이후 거실과 화장실 사이에 출입문이 설치되어 거실과 화장실의 구분 상태가 개선되어 헌법적 해명의 필요도 인정하기 어려우므로 권리보호의 이익이 없다. 또한 특별관리대상자관리지침 규정은 위임법령에 따라 수용자에 대하여 계구사용을 실시함에 있어 그 재량권 행사의 지침을 규정하는 것에 불과하여 기본권 침해의 직접성이 결여되어 부적법하다.

Ⅴ. 이 결정이 가지는 의미

헌법재판소 전원재판부는 청구인들이 교도소 내 수용되어 있는 거실에 CCTV를 설치한 행위에 대해서는 재판관 4(합헌) : 5(위헌)의 의견으로 합헌을, 수용거실 내 화장실 미구분 행위 및 이동시 계구를 사용하거나 1인 운동장을 사용하게 한 행위 등에 대해서는 전원의 일치된 의견으로 기각 또는 각하의 결정을 선고하였다. 특히 교도소 내 수용거실에 CCTV를 설치한 행위에 관한 부분에서는 위헌의견이 과반수인 5인으로 합헌의견 4인보다 더 많았으나, 위헌결정을 위한 정족수인 6인에 1인이 모자라 합헌이 선언된 경우라는 점에 주목할 필요가 있다.

특히 이 부분에 대한 5인 재판관의 위헌의 반대의견은, 독거실의 수형자를 24시간 CCTV로 감시하는 것은 수형자의 사생활에 극심한 제약을 주는 것이므로 헌법 제37조 제2항이 요구하는 바에 따라 그러한 기본권 침해가 최소한도에 그치도록 요건과 방법 및 한계 등을 구체적으로 법률로 규정하여 실시하여야 함에도 불구하고 구금시설 내 CCTV 설치·운용에 관하여 직접적으로 규정한 법률규정을 찾아볼 수 없으며 2005. 8. 17. 제정된 '특별관리대상자 관리지침'에 근거규정이 있기는 하지만 이는 법무부 예규에 불과하여 헌법 제37조 제2항이 요구하는 법률유보의 원칙을 충족시키지 못한다는 점을 지적하고 있다. 더불어 CCTV에 의하여 녹화된 내용은 얼마든지 재생이 가능하고 복사 또는 편집되어 유포될 가능성이 있으므로 교도관의 시선계호를 전제로 한 행형법 규정을 수형자의 사생활에 중대한 제약을 가져오는 이 사건 CCTV 설치행위에 대한 근거법률로 보기는 어려우므로 이 사건 CCTV 설치행위는 헌법 제17조가 보장하고 있는 수형자의 사생활의 비밀과 자유를 침해하는 것임에도 불구하고 법률의 근거도 없이 국가의 공권력에 의하여 시행되어서, 헌법 제17조 및 제37조 제2항에 위배되어 위헌이라고 보았다. 헌법 제37조 제2항에 규정된 '법률에 의한 기본권 제한'을 어떻게 이해해야 하는가 하는 점에서, 이 사건 CCTV 설치행위를 직접적으로 허용하는 법률규정은 없으나 이러한 CCTV 설치행위는 일반적인 계호활동을 허용하는 법률규정에 의해 허용된다고 본 합헌의 법정의견과 극명한 대조를 이룬다.

특정경제범죄 가중처벌 등에 관한 법률 사건

―헌재 2007. 7. 26, 2006헌바12 ―

I. 심판대상

특정경제범죄 가중처벌 등에 관한 법률

제4조(재산국외도피의 죄)

① 법령에 위반하여 대한민국 또는 대한민국 국민의 재산을 국외에 이동하거나 국내에 반입하여야 할 재산을 국외에서 은닉 또는 처분하여 도피시킨 때에는 1년 이상의 유기징역 또는 당해 범죄행위의 목적물의 가액의 2배 이상 10배 이하에 상당하는 벌금에 처한다.

② 제1항의 경우 당해 범죄행위의 목적물의 가액(이하 "도피액"이라 한다)이 5억 원 이상인 때에는 다음의 구분에 따라 가중 처벌한다.

  1. 도피액이 50억 원 이상인 때에는 무기 또는 10년 이상의 징역에 처한다.

구 외국환관리법(1997. 12. 13. 법률 제5453호로 개정되기 이전의 것)

제17조(지급 등의 신고 또는 허가)

① 재정경제원장관은 다음 각 호의 1에 해당한다고 인정되는 경우에는 국내로부터 외국에 지급하고자 하는 거주자 및 비거주자 또는 비거주자에게 지급하거나 비거주자로부터 영수하고자 하는 거주자로 하여금 당해 지급 또는 영수(이하 "지급 등"이라 한다)를 함에 있어서 대통령령이 정하는 구분에 의하여 재정경제원장관에게 신고하도록 하거나 재정경제원장관의 허가를 받도록 할 수 있다.

  1. 국제수지의 균형을 유지하기 위하여 필요한 경우

  2. 이 법의 실효성을 확보하기 위하여 필요한 경우

  3. 조약 및 일반적으로 승인된 국제법규의 성실한 이행 또는 국제경제질서의 유지를 위하여 불가피한 경우

Ⅱ. 사실관계의 요지

청구인은 은행에서 시설수입대금을 가장하여 총 9회에 걸쳐 미화 합계금 약 1억 6천 6백만 달러를 해외로 송금하고, 국제적 조세 회피지역인 영국령 케이만 군도에 설립된 그랜드 밀레니엄 펀드 명의로 해외에서 지분증권을 발행한 후 위 지분증권 매입을 위하여 총 2회에 걸쳐 1억 달러 상당을 송금함으로써 법령에 위반하여 재산을 해외에 도피한 혐의 등으로 기소되었다. 청구인은 서울고등법원에서 무죄를 선고받았으나, 구 외국환관리규정의 상위법령인 구 '외국환관리법' 제17조 제1항과 '특정경제범죄 가중처벌 등에 관한 법률' 제4조 제1항과 제2항이 헌법에 위반된다며 같은 법원에 제기한 위헌법률심판제청신청이 기각되자, 당해사건 상고심 계속 중 '헌법재판소법' 제68조 제2항에 의하여 위 조항들에 대한 이 사건 헌법소원심판을 청구하였다.

Ⅲ. 주　　문

'특정경제범죄 가중처벌 등에 관한 법률' 제4조 제1항 중 '법령에 위반하여' 부분, 같은 법 제4조 제2항 제1호 및 구 외국환관리법 제17조 제1항은 헌법에 위반되지 않는다.

Ⅳ. 결정 이유의 주요 논점 및 요지

1. '특경법' 제4조 제1항은 명확성원칙과 포괄위임입법금지원칙에 위배되지 않음

첫째, 명확성원칙 위배여부에 대해 보면, 이 사건 법률조항의 범죄구성요건에 해당하는 "법령에 위반하여"라는 부분은 범죄구성요건 중 행위태양인 "국외 이동 또는 국외 도피" 부분을 수식·한정하고 있으므로, 법률의 합리적 해석을 통하여 이 때의 '법령'은 '외국환 관리에 관한 법률과 법규명령'이라고 쉽게 예측될 수 있다. 결국 이 사건 법률조항 부분은 수범자로 하여금 그 의미내용을 합리적으로 파악할 수 있도록 규정되었다 할 것이므로 명확성의 원칙에 위배되지 않는다.

둘째, 포괄위임입법금지원칙 위배 여부에 대해 보면, '특경법' 제4조 제1항의 "법령에 위반하여"라는 범죄구성요건은 법률에서 하위법령에 위임하는 입법형식이 아니라, 그 자체로 완성된 구성요건을 구비하고 있는 것이고, 다만 그 법령의 적용과 관련하여 다른 법령을 전제로 하고 있는 것에 지나지 않는다. 결국 위 법률조항은 위임입법이 아니므로 이를 전제로 한 포괄위임입법금지 위반 주장은 받아들일 수 없다.

2. '특경법' 제4조 제2항 제1호는 형벌과 책임간의 비례원칙 등에 위배되지 않음

'특경법' 제4조 제2항 제1호가 50억 원 이상의 재산국외도피사범에 대해 특히 가중처벌하고 있다 하더라도, 재산국외도피사범에 대한 처벌규정이 너무 가벼워서 범죄예방의 실효를 거두지 못하고 있는 현실에 대한 반성적 고려에서 이를 입법하게 된 배경, 현재 우리나라 국민의 평균적 소득수준에 비추어 볼 때 50억 원의 경제적 가치, 거액의 재산국외도피사범에 대한 국민일반의 법감정, 범죄예방을 위한 형사정책적 측면 등을 종합적으로 고려할 때, 위 법률조항의 법정형이 형벌체계상의 균형을 잃은 것이라거나 범행자를 책임 이상으로 과잉처벌하는 것이라고 단정할 수는 없다.

물론 법정형은 법관으로 하여금 구체적 사건의 정상에 따라 그에 알맞는 적정한 선고형을 이끌어 낼 수 있게끔 되도록 폭넓게 규정하는 것이 바람직하다. 그러나 입법자가 앞에서 본 바와 같이 법정형 책정에 관한 여러 가지 요소들을 종합적으로 고려하여 법관에 의한 양형재량의 범위를 좁혀 놓았다 하더라도, 그것이 당해 범죄의 보호법익과 죄질에 비추어 범죄와 형벌간의 비례의 원칙상 수긍할 수 있는 정도의 합리성이 있다면 법관의 양형재량권을 과도하게 침해하였다고 보기 어렵다. 즉, '특경법' 제4조 제2항 제1호의 경우 그 법정형의 하한을 높게 규정함으로써 특단의 사정이 없는 한 법관이 집행유예의 선고를 할 수 없도록 규정하고 있다 하더라도 이는 거액의 재산국외도피사범에 대해 그 위법성과 비난가능성의 정도를 높게 평가하여 징벌의 강도를 높이고자 한 입법자의 결단이라 보아야 할 것이고 이러한 입법자의 결단은 입법재량의 한계를 벗어난 자의적인 것이라고는 보기 어렵다.

나아가 재산국외도피범은 재정범으로서 일반형사범에 비하여 범행의 동기나 행위의 태양 등이 비교적 정형화되어 있고, 그것이 국가와 사회에 미치는 병폐와 피해는 도피금액이 많으면 많을수록 심화된다는 점에 비추어 볼 때, 비록 도피금액의 다과만이 죄의 경중을 가늠하는 유일한 기준은 아니라 할지라도 도피금액이 형벌의 범위를 정하는데 중요한 기준이 되는 것은 틀림없다. 그러므로 위 법률조항과 같이 도피금액을 기준으로 한 단계적 가중처벌에는 수긍할 만한 합리적인 이유가 있다. 결국 이 사건 법률조항이 헌법 제37조 제2항의 과잉금지원칙에 반하여 형벌과 책임 간의 비례원칙에 위배된다거나 법관의 양형재량권을 과도하게 침해한다고 볼 수 없다.

3. 구 '외국환관리법' 제17조 제1항은 명확성원칙, 포괄위임입법금지원칙에 위배되지 않음

첫째, 명확성원칙 위배 여부를 보면, 위 조항 중 제1 내지 3호에 규정된 신고 및 허가 요건이 그 자체로는 추상적이고 불명확한 점은 인정되나, 이는 법률에 의하여 대통령령에 위임된 부분으로서 대통령령에 의하여 구체화될 것이므로 이 사건 법률조항이 명확성의 원칙에 반한다고 볼 수 없다.

둘째, 포괄위임입법금지원칙 위배 여부를 보면, 외국환의 지급과 영수는 그 행위의 원인이 되는 거래형태와 방법이 다양할 뿐 아니라 외국환거래시장 자체가 유동적이고 급변하는 성격을 가지고 있기 때문에, 급변하는 국제통화시장의 변화에 탄력적으로 대처하기 위해서는 입법기술상 행정권에 대한 위임입법이 불가피하다. 이 사건 법률조항은 재정경제원 장관이 신고 및 허가사항으로 정할 수 있는 거래범위를 세 가지 경우로 한정한 후 그 구체적 경우를 대통령령에서 정하도록 위임하였는데, 이로써 대통령령이 정할 처벌대상행위의 범위가 어떠한 것이라고 합리적으로 예측될 수 있다 할 것이고 위 법률조항이 구성요건을 이루는 특경법 제4조에 의하여 형벌의 종류 및 그 상한과 폭이 명백하므로 포괄위임입법금지의 원칙에 위배된다고 보기 어렵다.

Ⅴ. 이 결정이 가지는 의미

'특경법' 제4조 제1항 중 '법령에 위반하여' 부분과 구 '외국환관리법' 제17조 제1항에 대해서는 명확성원칙이나 포괄위임입법금지원칙에 위배되지 않는다는 이유로, '특경법' 제4조 제2항 제1호에 대해서는 헌법 제37조 제2항의 과잉금지원칙에 반하여 형벌과 책임 간의 비례원칙에 위배된다거나 법관의 양형재량권을 과도하게 침해한다고 볼 수 없다는 이유로 각각 합헌결정이 내려진 판결이다. '특경법'과 구 '외국환관리법'상의 재산국외도피범 등의 처벌조항에 대해 국회의 넓은 입법재량권을 인정하고 있는 점이 주목을 끈다.

일반교통방해죄 사건

— 헌재 2010. 3. 25. 2009헌가2 —

Ⅰ. 심판대상

형법

제185조(1995. 12. 29. 법률 제5057호로 개정된 것)(일반교통방해) 육로, 수로 또는 교량을 손괴 또는 불통하게 하거나 기타 방법으로 교통을 방해한 자는 10년 이하의 징역 또는 1천 500만 원 이하의 벌금에 처한다.

Ⅱ. 사실관계의 요지

제청신청인은 '한미 FTA 저지 범국민운동본부'가 2007년 6월 29일에 주최한 '한미 FTA 저지를 위한 범국민 총궐기대회'의 참가자들과 공모하여, 같은 날 17:30경부터 20:10경까지 종로1가 로터리, 세종로 로터리 등 차도 전 차선을 점거한 채 집회·행진을 하여 차량의 소통을 불가능하게 함으로써 교통을 방해하였다는 공소사실로 약식 기소되었다. 제청신청인은 벌금 100만 원의 약식명령을 고지 받은 후 정식재판을 청구하였으나 정식재판에서도 역시 벌금 100만 원의 형을 선고받자, 이에 불복하여 항소하면서 제청신청인에게 적용된 형법 제185조에 대하여 위헌법률심판 제청신청을 하였다. 제청법원은 '형법' 제185조가 죄형법정주의의 명확성의 원칙에 위반되고, 과잉금지원칙에 반하여 집회의 자유를 침해한다는 등의 이유로 '형법' 제185조에 대하여 이 사건 위헌법률심판을 제청하였다.

Ⅲ. 주 문

형법 제185조는 헌법에 위반되지 아니한다.

Ⅳ. 결정 이유의 주요 논점 및 요지

1. 죄형법정주의의 명확성의 원칙에 위배되지 않음

이 사건 법률조항은 육로 등의 손괴에 의한 교통방해, 육로 등을 불통하게 하는 방법에 의한 교통방해 이외에 '기타 방법'에 의한 교통의 방해를 금지한다. 교통방해의 유형 및 기준 등을 입법자가 일일이 세분하여 구체적으로 한정한다는 것은 입법기술상 불가능하거나 현저히 곤란하므로 위와 같은 예시적 입법형식은 그 필요성이 인정될 수 있다. 또한 '기타의 방법'에 의한 교통방해는 육로 등을 손괴하거나 불통하게 하는 행위에 준하여 의도적으로, 또한 직접적으로 교통장해를 발생시키거나 교통의 안전을 위협하는 행위를 하여 교통을 방해하는 경우를 의미하는 것으로서 그 의미가 불명확하다고 볼 수 없다. 나아가 '교통방해'는 교통을 불가능하게 하는 경우뿐만 아니라 교통을 현저하게 곤란하게 하는 경우도 포함하고, 여기서 교통을 현저하게 곤란하게 하는 경우에 해당하는지 여부는 교통방해 행위가 이루어진 장소의 특수성과 본래적 용도 및 일반적인 교통의 흐름과 왕래인의 수인가능성, 행위자의 의도 및 행위가 지속된 시간, 다른 대안적 행위의 가능성 등 제반 상황을 종합하여 합리적으로 판단될 수 있다. 결국 이 사건 법률조항이 지닌 약간의 불명확성은 법관의 통상적인 해석작용에 의해 보완될 수 있고, 건전한 상식과 통상적인 법감정을 가진 일반인이라면 금지되는 행위가 무엇인지를 예측하는 것이 현저히 곤란하다고 보기는 어려우므로 이 사건 법률조항은 죄형법정주의의 명확성 원칙에 위배되지 않는다.

2. 책임과 형벌간 비례원칙에 반하는 과잉 형벌을 규정한 것이 아님

이 사건 법률조항이 교통의 안전 및 원활한 교통을 확보하기 위하여 교통을 불가능하게 하거나 현저하게 곤란하게 하는 교통방해 행위를 금지하고 이에 대해 형사 처벌을 하는 것은 입법목적 달성에 기여하는 적합한 수단에 해당한다. 나아가 현대사회에서의 교통의 중요성 및 교통의 안전 침해가 초래할 수 있는 생명·신체 또는 재산의 위험을 고려한다면 교통방해 행위에 엄정한 책임을 묻기 위하여 과태료 등 보다 경미한 제재가 아닌 형사 처벌을 그 제재 수단으로 선택한 것이 현저히 자의적인 것으로서 국가형벌권 행사에 관한 입법재량의 범위를 벗어난 것이라 보기도 어렵다.

이 사건 법률조항은 집회의 자유를 직접 제한하는 것은 아니다. 다만 개별 구체적인 사례에서 일정한 교통방해를 수반하는 집회 또는 시위 행위가 이 사건 법률조항의 구성요건해당성이 인정된 경우에 집회의 자유가 제한되는지에 관한 의문이 제기될 수 있으나, 제3자의 수인 한도를 벗어나거나 집단적인 폭력 등의 행사로 집회의 자유에 의하여 더 이상 보호될 수 없는 집회 또는 시위로 인한 교통방해의 형사처벌은 집회의 자유의 제한에 관한 문제를 발생시키지 않는다고 할 것이다. 또한 다른 한편 교통방해가 헌법상 보장되는 집회의 자유에 의하여 국가와 제3자에 의하여 수인되어야 할 것으로 인정되는 범위라면, 사회상규에 반하지 않는 행위로서 위법성이 인정될 수 없고, 이 사건 법률조항에 의한 형사 처벌의 대상이 될 수 없으므로 집회의 자유의 실질적 침해문제가 발생하지 않는다. 이는 구체적 사안을 전제로 법원이 판단하여야 할 개별사건에서의 법률의 해석·적용에 관한 문제라고 할 것이다.

　　이 사건 법률조항은 법정형으로 10년 이하의 징역 또는 1천 500만 원 이하의 벌금을 규정하고 있어서 그 폭이 매우 넓은 점은 인정된다. 그러나 이는 교통방해의 행위 태양 및 법익 침해의 결과가 매우 다양한 형태와 정도로 나타날 수 있음을 고려한 것이며, 형의 하한이 없으므로 비교적 경미한 불법성을 가진 행위에 대하여는 법관의 양형으로 행위의 개별성에 맞추어 책임에 알맞은 형벌이 선고될 수 있다. 한편 '집회 및 시위에 관한 법률' 제12조의 교통소통을 위한 금지에 위반한 경우의 처벌조항은 행정상 의무에 위반한 경우의 처벌조항으로서 이 사건 법률조항과 비교의 대상이 될 수 없고, '도로교통법' 제157조 제5호, 제68조 제3항 제2호의 처벌조항 역시 규율대상인 교통방해 행위의 범위가 이 사건 법률조항과 다르므로 비교의 대상이 될 수 없다. 결국 이 사건 법률조항이 책임과 형벌간 비례원칙에 반하는 과잉 형벌을 규정하고 있다고 볼 수 없다.

Ⅴ. 이 결정이 가지는 의미

　　헌법재판소가 육로를 불통하게 하거나 기타 방법으로 교통을 방해한 자를 형사 처벌하도록 규정한 형법 제185조에 대해 재판관 만장일치의견으로 합헌결정을 내린 사건이다. 형법상의 이 일반교통방해죄규정이 죄형법정주의의 명확성 원칙에 반하지 않고, 국가형벌권 행사의 한계를 넘은 과잉입법이라 볼 수도 없다는 점을 근거로 들었다.

　　원래 일반교통방해죄는 독일에서 만들어져 일본을 통해 우리 형법에 도입되었다. 그런데 독일과 일본에서는 도로를 손괴하거나 장애물을 도로에 설치하는 행위 외에 그 처벌행위의 범위가 확대되지 않도록 "이와 유사하고 동일한 정도의 위험한 공격", "교통로의 표지 기타 부속물의 손괴, 제거 또는 변경행위"라고 구체적인 규정을 두어 재판실무에서 도로에서 집회나 시위를 하는 행위를 도로를 파괴하거나 장애물을 설치하는 행위와 동일하게 처벌하는 상황은 발생하지 않게 한 반면, 우리는 일본을 통하여 일반교통방해죄를 '형법'에 도입하면서 단지 '기타 방법으로 교통을 방해하는 행위'라고만 규정하여 '기타 방법'이 무한히 확대해석될 여지를 만들었고, 이를 근거로 공안기관에서는 도로에서 집회나 시위를 하는 행위를 도로를 파괴하거나 도로에 장애물을 설치하여 교통을 방해하는 행위와 동일한 것으로 보고 형사 처벌을 해오고 있다는 점이 문제로 지적되었다. 또한 최고 10년 이하의 징역까지 처벌이 가능한 것은 교통방해 행위에 대한 처벌로 도로교통법상 20만원 이하의 벌금이나 구류를, '집회 및 시위에 관한 법률'은 50만 원 이하의 벌금과 구류 또는 6개월 이하의 징역 등을 규정하고 있는 것과 비교해 지나치게 무거워서 비례의 원칙 및 과잉금지의 원칙에 위배된다는 지적도 많았다.

이러한 문제점의 지적들에 대해 헌법재판소는 '형법'상의 일반교통방해죄 규정에 대해 합헌결정을 내리면서, 첫째, 이 사건 헌법소원심판은 이 사건 법률조항 자체를 대상으로 한 것이고, 당해 사건을 포함한 개별·구체적 사건에 대한 판단을 내용으로 하는 것이 아니라는 점, 둘째, 이 사건 법률조항에 의해 처벌되는 행위는 육로를 손괴하거나 불통하게 하여 교통을 방해하는 행위, 그리고 손괴 및 불통하게 하는 행위에 준하는 방법으로 교통을 방해하는 행위여서 이 사건 법률조항은 의도적으로, 또한 직접적으로 교통장해를 발생시키거나 교통의 안전을 위협하는 행위를 하여 교통을 방해하는 행위를 처벌하는 것에 그치고 집회 또는 시위 행위와 직접적인 관련성이 없다는 점, 셋째, 헌법이 보호하는 평화적인 집회 또는 시위에 불가피하게 수반되는 교통방해 행위는 사회상규에 반하지 않는 행위로서 이 사건 법률조항에 의하여 처벌할 수 없으며 다만 집회, 시위에 수반한 경우라도 집회 또는 시위가 이루어진 장소가 어디인지, 집회 또는 시위가 평화적으로 이루어졌는지, 교통을 저해하는 행위가 집회 또는 시위에 불가피하게 수반되는 것인지, 교통이 어느 정도 저해되었는지, 교통의 저해가 얼마나 오래 지속되었는지 여부와 같은 집회 또는 시위 과정의 제반 상황을 종합적으로 고려하여 법원이 구체적 사건에 따라 개별적으로 판단해야 할 사실관계의 확정 및 법률의 적용에 관한 문제라는 점을 강조하였다.

그러나, '형법'상 일반교통방해죄에 대한 이 합헌결정에 대해, 기본권 보장의 최후보루로서 최대한 기본권을 보장해야 할 의무가 있는 헌법재판소가 헌법상 기본권의 하나인 집회의 자유를 교통 흐름이라는 막연한 이유로 자의적으로 통제하고 이를 처벌근거로 삼는 현실을 정당화함으로써, 헌법재판소 스스로 자신의 책무를 방기했다는 비판이 적지 않게 제기되었다.

사회보호법상의 보호감호제도 사건

— 헌재 1989. 7. 14, 88헌가5 —

Ⅰ. 심판대상

구 **사회보호법**(1989. 3. 25. 법률 제4089호로 개정되기 전의 것)

제5조(보호감호)

① 보호대상자가 다음 각 호의 1에 해당하는 때에는 10년의 보호감호에 처한다. 다만, 보호대상자가 50세 이상인 때에는 7년의 보호감호에 처한다.

> 1. 동종 또는 유사한 죄로 3회 이상 금고 이상의 실형을 받고 형기합계 5년 이상인 자가 최종형의 전부 또는 일부의 집행을 받거나 면제를 받은 후 3년 내에 다시 사형·무기 또는 장기 7년 이상의 징역이나 금고에 해당하는 동종 또는 유사한 죄를 범한 때

> 2. 보호감호의 선고를 받은 자가 그 감호의 전부 또는 일부의 집행을 받거나 면제를 받은 후 다시 사형·무기 또는 장기 7년 이상의 징역이나 금고에 해당하는 동종 또는 유사한 죄를 범한 때

② 보호대상자가 다음 각 호의 1에 해당하는 때에는 7년의 보호감호에 처한다.

> 1. 동종 또는 유사한 죄로 2회 이상 금고이상의 실형을 받고 형기합계 3년 이상인 자가 최종형의 전부 또는 일부의 집행을 받거나 면제를 받은 후 다시 사형·무기 또는 장기 5년 이상의 징역이나 금고에 해당하는 동종 또는 유사한 죄를 범하고 재범의 위험성이 있다고 인정되는 때

> 2. 수개의 범죄사실로 인하여 상습성이 인정되는 자 또는 범죄를 목적으로 하는 단체 또는 집단의 수괴 및 간부인 자가 사형·무기 또는 장기 5년 이상의 징역이나 금고에 해당하는 죄를 범하고 재범의 위험성이 있다고 인정되는 때

※ **참조조문**

구 **사회보호법 제20조**(감호의 판결 등)

① 법원은 감호청구된 사건을 심리하여 그 청구가 이유있다고 인정할 때에는 판결로써 감호를 선고하여야 하고, 그 이유없다고 인정할 때 또는 피고사건에 대하여

심신상실 이외의 사유로 무죄를 선고하거나 사형 또는 무기형을 선고할 때에는 판결로써 청구기각을 선고하여야 한다. 다만, 피감호청구인이 제5조 제1항 또는 제8조 제1항 제1호에 규정한 요건에 해당하는 때에는 감호의 선고를 하여야 한다.

구 사회보호법 제25조(가출소, 감호 등의 면제심사)

① 사회보호위원회는 피보호감호자에 대하여 그 집행개시후 매 2년 가출소 여부를, 가출소한 피보호감호자에 대하여 매 6월 집행면제 여부를 심사·결정한다.

Ⅱ. 사실관계의 요지

위헌심판제청의 전제가 된 당해 소송사건은 대법원에 계속 중인 보호감호청구사건이다. 이 사건의 피감호청구인 甲은 대구지방법원에서 사기죄로 징역 1년의 형을 선고받은 것을 비롯하여, 위 죄와 동종 또는 유사한 죄로 4회에 걸쳐 실형형기의 합계가 4년인 사람이다. 그는 최종형의 집행을 마친 뒤 다시 상습으로 사기죄를 범하였다 하여 개정 전 '사회보호법' 제5조 제2항 제1호에 의한 보호감호 7년을 선고받고 항소하였으나 기각되자 다시 대법원에 상고를 제기하였다. 다른 청구인 乙, 丙도 각각 해당법원에서 위와 유사한 상습범행으로 항소하였으나 기각되자 재차 대법원에 상고를 제기한 사안이다. 이에 대법원은 '헌법재판소법' 제41조 제1항에 따라 '사회보호법' 제5조의 위헌여부에 대한 심판을 제청하였다.

Ⅲ. 주　　문

1989년 3월 25일 개정 전 사회보호법(1980. 12. 18. 법률 제3286호) 제5조 제1항은 헌법에 위반된다. 같은 법 제5조 제2항은 헌법에 위반되지 아니한다.

Ⅳ. 결정 이유의 주요 논점 및 요지

1. 법원의 위헌제청은 적법함

헌법재판소는 법률의 위헌여부가 재판의 전제가 된 때에 법원의 제청에 따라 법률에 대한 위헌여부를 심판하게 된다. 그런데 법률이 개정된 결과 신법이 소급적용됨으로써 구법이 더 이상 적용될 소지가 없는 경우에는 구법에 대한 위헌제청은 제청대상의 소멸로 말미암아 부적법하게 되었다고 할 수 있다. 그러나 이 사건의 경우와 같이 비록 구법이 개정되었다고 하더라도 법원이 당해 소송사건을 재판함에 있어서는 행위시에도 처분의 적법한 근거 법률이 있어야 하므로, 구법이 위헌이었느냐의 문제와 신·구법 중 어느 법률의 조항이 더 피감호 청구인에게 유리하느냐의 문제가 판단된 뒤에 비로소 결정될 수 있는 것이다. 따라서 이러한 경우에는 위헌법률심판 제청의 '재판의 전제성'과 관련해, 구법에 대한 위헌여부의 문제는 신법이 소급적용될 수 있기 위한 전제문제이기도 하거니와, 제청법원인 대법원이 신법이 시행된 1989년 3월 25일부터 상당한 기간이 경과한 지금까지 위 법률의 조항의 위헌제청에 대하여 철회의 의사를 밝히지 않고 제청신청을 계속 유지함으로써 아직도 심판을 구하고 있는 것으로 볼 수밖에 없는 이 사건에서 헌법재판소로서는 위 법률의 조항에 대한 위헌여부를 심판하지 않을 수 없다.

2. 보호감호처분은 일사부재리원칙 위반이 아님

헌법은 1972년 12월 27일 개정헌법 이래 보안처분제도를 헌법상의 제도로 수용하여 왔으므로 헌법의 규정에 따라 어떠한 형태의 보안처분제도를 마련하느냐의 문제는 헌법에 위반되지 않는 한 오로지 입법권자의 형성의 자유에 속한다 할 것이다. 그렇다면, 보호감호와 형벌은 비록 다같이 신체의 자유를 박탈하는 수용처분이라는 점에서 집행상 뚜렷한 구분이 되지 않는다고 하더라도, 그 본질이나 추구하는 목적과 기능이 전혀 다른 별개의 제도이므로 형벌과 보호감호를 서로 병과하여 선고한다 하여 헌법 제13조 제1항에 정한 이중처벌금지의 원칙에 위반되는 것은 아니다.

3. '사회보호법' 제5조 제1항은 적법절차원칙, 과잉금지원칙, 재판청구권 침해 위헌

'사회보호법' 제5조 제1항과 동법 제20조 제1항의 규정 내용을 살펴보았을 때, 법원은 법 제5조 제1항 각호의 1에 해당하는 소정의 법정요건이 충족될 경우에는 반드시 보호감호를 선고하여야만 된다는 것이 입법자의 의지임을 알 수 있다. 보호감호처분이 가진 신체의 자유를 박탈한다는 내용에 따라 재범의 위험성을 이와 같이 엄격히 해석하여야 할 헌법상의 요청에 비추어 볼 때 법 제5조 제1항 각호의 1의 요건에 해당된다는 것만으로 바로 재범의 위험성이 증명된다고 볼 수 없다 할 것이다. '사회보호법' 제5조 제1항은 법 제20조 제1항 다만 이하 부분과 종합하여 해석할 때, 법 제5조 제1항에 정한 전과나 감호처분을 선고받은 사실 등 법정의 요건에 해당되면 재범의 위험성 유무에도 불구하고 반드시 그에 정한 보호감호를 선고하여야 할 의무를 법관에게 부과하여 법관의 판단재량을 박탈하고 있는 것으로 볼 수밖에 없다. 결국 법 제5조 제1항은 헌법 제12조

제1항 후문에 정한 적법절차에 위반됨은 물론 헌법 제37조 제2항에 정한 과잉금지원칙에 위반된다고 할 것이며, 나아가 법원의 판단재량의 기능을 형해화시켜 헌법 제27조 제1항에 정한 국민의 법관에 의한 정당한 재판을 받을 권리를 침해하였다.

4. '사회보호법' 제5조 제2항은 합헌

'사회보호법' 제5조 제2항은 비록 법 제5조 제1항과 처분의 목적와 처분의 기능은 같다고 하더라도 두 조항 사이에는 규범으로서의 체계에 질적 차이가 있다. '사회보호법' 제5조에 정한 보호감호는 보안처분으로서의 본질상 재범의 위험성이 소멸되면 더 이상 계속될 수 없는 성질의 것임이 명백하고, 법 제25조 제1항에서 매 2년마다의 가출소심사를 통하여 보호감호의 부정기성을 구현하고자 하는 입법자의 의지가 명백히 나타나 있으므로 위 법률의 조항에 정한 7년의 기간은 규범의 규정형식상 비록 7년의 정기보호감호의 형식으로 되어있다 하더라도 이는 단지 보호감호 집행상의 상한을 정한 것으로 해석할 수밖에 없다 할 것이다. 이렇게 볼 때, '사회보호법' 제5조 제2항에 규정된 보호감호처분은 보호감호의 요건을 재범의 위험성이 인정되는 때로 규정하고 있고, 감호의 기간에 관하여 7년의 기한을 단순히 집행상의 상한으로 볼 때에는 헌법 제12조 제1항 후문에 정한 적법절차에 위반된다고 할 수 없고, 달리 헌법의 다른 조항에도 위반된다고 볼 수 없다.

V. 이 결정이 가지는 의미

'사회보호법' 제5조 중 제1항의 보호감호제도는 위헌, 제2항의 보호감호제도는 합헌이라 판시한 결정이다. 따라서, 위헌선언으로 법조문의 일부분이 삭제되는 효과를 가져오는 '양적 일부위헌결정'의 결정형식을 취하고 있다. 또한, 이 결정이 헌법재판소가 위헌법률심판 제청의 중요한 요건인 '재판의 전제성'에 대해 최초로 언급한 결정이라는 점에도 주목을 요한다.

무죄판결 등으로 인한 구속영장 실효의
예외 인정 사건

― 헌재 1992. 12. 24. 92헌가8 ―

Ⅰ. 심판대상

형사소송법

제331조(무죄 등 선고와 구속영장의 효력) 무죄, 면소, 형의 면제, 형의 선고유예, 형의 집행유예, 공소기각 또는 벌금이나 과료를 과하는 판결이 선고된 때에는 구속영장은 효력을 잃는다. 단 검사로부터 사형, 무기 또는 10년 이상의 징역이나 금고의 형에 해당한다는 취지의 의견진술이 있는 사건에 대하여는 예외로 한다.

Ⅱ. 사실관계의 요지

이 사건 관련사건의 피고인들은 나머지 공동피고인들 2명과 함께 강도상해 및 특수강도의 죄로 구속되어 제청법원인 서울형사지방법원에 각 공소제기되어 있는 자들이다. 피고인들은 위 법원의 제1회 공판기일에 위 공소사실을 모두 자백하였고 증거조사 등 공판절차를 거친 후 검사로부터 각 징역 장기 10년, 단기 7년의 형에 해당한다는 취지의 의견진술이 있었다. 제청법원은 피고인들에 대한 판결을 함에 있어서 '형사소송법' 제331조 단서의 규정이 헌법에 위반되는지 여부가 위 피고인들에 대한 피고사건의 재판의 전제가 되고 나아가 위 규정은 헌법에 위반된다고 보아 직권으로 헌법재판소에 위 '형사소송법' 제331조 단서의 위헌여부의 심판을 제청하였다.

Ⅲ. 주 문

형사소송법(1954. 9. 23. 법률 제341호) 제331조 단서의 규정은 헌법에 위반된다.

Ⅳ. 다수의견의 주요 논점 및 요지

1. 재판의 전제성이 있어 위헌심판제청은 적법함

'형사소송법' 제331조 단서규정의 위헌여부에 따라 형사판결의 주문 성립과 내용 자체가 직접 달라지는 것은 아니지만 만약 위 규정이 위헌으로 법적 효력이 상실된다면 이 법 제331조 본문의 규정이 적용되어 제청법원이 무죄 등의 판결을 선고하게 될 경우에 그 판결의 선고와 동시에 구속영장의 효력을 상실시키는 재판의 효력을 가지게 되며, 이와는 달리 이 단서 규정이 합헌으로 선언되면 검사로부터 피고인들에 대하여 징역 장기 10년의 구형이 있는 위 피고사건에 있어서 당해사건을 담당하는 법원의 판결만으로는 구속영장의 효력을 상실시키는 효력을 갖지 못하게 되는 결과로 인하여 그 재판의 효력과 관련하여 전혀 다른 효과를 가져오는 재판이 될 것이다. 따라서 법 제331조 단서규정의 위헌여부는 제청법원이 검사로부터 장기 10년의 징역형 등에 해당한다는 취지의 의견진술이 있느냐 없느냐 여하에 따라 관련사건의 그 재판주문을 결정하고 기판력의 내용을 형성하는 그 자체에 직접 영향을 주는 것은 아니라 할지라도 그 재판의 밀접 불가결한 실질적 효력이 달라지는 구속영장의 효력에 관계되는 것이어서 재판의 내용이나 효력 중에 어느 하나라도 그에 관한 법률적 의미가 전혀 달라지는 경우에 해당하는 것이므로 재판의 전제성이 있다고 할 것이다. 따라서 제청법원의 이 사건에 대한 위헌법률심판제청은 적법하다.

2. 적법절차의 원칙에 위배됨

우리 현행 헌법에서는 제12조 제1항의 처벌, 보안처분, 강제노역 등 및 제12조 제3항의 영장주의와 관련하여 각각 적법절차의 원칙을 규정하고 있지만 이는 그 대상을 한정적으로 열거하고 있는 것이 아니라 그 적용대상을 예시한 것에 불과하다고 해석하는 것이 우리의 통설적 견해다. 다만 현행 헌법상 규정된 적법절차의 원칙을 어떻게 해석할 것인가에 대하여 표현의 차이는 있지만 대체적으로 적법절차의 원칙이 독자적인 헌법원리의 하나로 수용되고 있으며 이는 형식적인 절차뿐만 아니라 실체적 법률내용이 합리성과 정당성을 갖춘 것이어야 한다는 실질적 의미로 확대 해석하고 있으며, 헌법재판소의 판례에서도 이 적법절차의 원칙은 법률의 위헌여부에 관한 심사기준으로서 그 적용대상을 형사소송절차에 국한하지 않고 모든 국가작용 특히 입법작용 전반에 대하여 문제된 법률의 실체적 내용이 합리성과 정당성을 갖추고 있는지 여부를 판단하는 기준으로 적용되고 있음을 보여주고 있다.

헌법 제12조 제3항 본문은 동조 제1항과 함께 적법절차원리의 일반조항에 해당하는 것으로서, 형사절차상의 영역에 한정되지 않고 입법, 행정 등 국가의 모든 공권력의 작용에는 절차상의 적법성뿐만 아니라 법률의 구체적 내용도 합리성과 정당성을 갖춘 실체적인 적법성이 있어야 한다는 적법절차원칙을 헌법의 기본원리로 명시하고 있는 것이므로 헌법 제12조 제3항에 규정된 영장주의는 구속의 개시시점에 한하지 않고 구속영장의 효력을 계속 유지할 것인지 아니면 실효시킬 것인지의 여부도 사법권독립의 원칙에 의하여 신분이 보장되고 있는 법관의 판단에 의하여 결정되어야 한다는 것을 의미하고, 따라서 '형사소송법' 제331조 단서 규정과 같이 구속영장의 실효 여부를 검사의 의견에 좌우되도록 하는 것은 헌법상의 적법절차원칙에 위배된다.

3. 과잉금지의 원칙에 위배됨

'형사소송법'상 구속의 사유는 범죄의 혐의, 주거부정, 증거인멸의 염려, 도망 또는 도망의 염려 등으로 되어 있고(법 제70조, 제201조), 법원 또는 법관은 이와 같은 구속의 사유가 존재함을 인정할 만한 자료가 있고(법 제201조 제2항) 구속이 상당하다고 인정될 경우(법 제201조 제3항)에 구속영장을 발부한다고 되어 있어 구속제도의 본래의 목적이 증거인멸 또는 주거부정 등으로 인한 도망을 예방함으로써 국가형벌권을 적정하게 실현하기 위한 것임을 알 수 있다. 그러므로 구속된 이후에 이러한 구속의 사유가 처음부터 존재하지 않는 사실이 밝혀지거나 그 후 구속의 사유가 소멸한 것으로 인정되는 경우에는 특별한 사정이 없는 한 원칙적으로 형사절차의 어느 단계에서나 구속이 취소되어야 함은 당연함에도 불구하고 계속 구속하여 신체의 자유를 제한하는 것은 목적의 정당성이 없다고 볼 것이다. 더구나 법원의 실체적 종국재판에 의해 무죄 등의 판결이 선고된 경우에는 구속의 사유가 없거나 소멸된 경우에 해당하는 경우임에도 불구하고 법 제331조 단서규정을 두고 있는 것은 구속제도의 본래의 목적에 비추어 합리적인 사유가 없는 한 목적의 정당성이 없는 과잉조치라 하지 않을 수 없다.

구속사유의 존부에 관한 판단은 상하급심을 막론하고 오직 그 심급법원 또는 법관에 의하여 그때 그때 수집된 증거의 조사에 의하여 결정되어야 하는 것이고, 구속취소사유의 존부에 대한 판단 자체도 법원에 의하여 이루어지는 것이므로 검사로부터 10년 이상의 행의 구형이 있기만 하면 아무런 제한없이 판결확정시까지 구속취소의 법률효과를 차단하도록 하여 구속영장의 효력을 법원의 재판이 아닌 검사의 구형에 의하여 좌우되도록 하고 있는 법 제331조 단서의 규정은 비록 하급심의 오판의 가능성을 방지하려는 것이라 할지라도 그 입법목적과 인신구속방법을 비교형량하여 볼 때 명백히 헌법 제12조

제1항 및 제3항이 규정하고 있는 적법절차의 원칙에 위배된다고 하지 않을 수 없으며, 헌법 제37조 제2항에서 금지하고 있는 과잉입법으로서 목적의 정당성뿐 아니라 방법의 적절성, 피해의 최소성 및 법익의 균형성을 잃어 비례의 원칙에 반하는 위헌적인 것이라 하지 않을 수 없다.

그렇다면 법원의 무죄 등의 판결이 선고된 경우에는 일응 구속사유가 없음이 잠정적으로나마 밝혀진 경우라고 보아 구속영장을 일단 실효시켜 석방하는 것이 당연하고, 그 후에 상소심에서 새로운 구속사유가 존재하는 것으로 밝혀진 경우에는 그때에 다시 피고인을 재구속하는 것이 구속으로 인한 신체의 자유의 침해를 최소화하고, 기본권 보장의 헌법상의 법익과 구속으로 신체의 자유를 제한함으로써 얻을 수 있는 법익의 균형을 도모하는 길이 될 것이기 때문에 법 제331조 단서규정은 그 입법내용을 어느 면으로 검토하여 보아도 구속으로 인한 피해의 최소성이나 법익의 균형성의 원칙에도 위배되는 것이어서 헌법 제37조 제2항의 과잉입법금지의 원칙에 위반되는 위헌적인 법률규정이다.

V. 이 결정이 가지는 의미

적법절차조항은 1987년의 헌법개정을 통해 처음 우리 헌법에 들어오면서 신체의 자유에 관한 제12조 제1항과 제3항에 규정되었다. 이 결정을 비롯한 여러 결정에서 우리 헌법재판소는, 비록 적법절차조항이 신체의 자유에 관한 헌법규정 속에 위치하지만 적법절차원칙은 신체의 자유뿐만 아니라 국민의 자유와 권리에 관련된 모든 공권력 행사에 적용되고, 형사사법절차뿐만 아니라 모든 사법절차, 행정절차, 입법절차에 적용되는 우리 헌법의 기본원리임을 천명하고 있음에 유념할 필요가 있다.

법무부장관의 변호사 업무정지명령제도 사건

― 헌재 1990. 11. 19, 90헌가48 ―

Ⅰ. 심판대상

변호사법(1982. 12. 31. 법률 제3594호)

제15조(업무정지명령) 법무부장관은 형사사건으로 공소가 제기된 변호사에 대하여 그 판결이 확정될 때까지 업무정지를 명할 수 있다. 다만, 약식명령이 청구된 경우에는 그러하지 아니하다.

Ⅱ. 사실관계의 요지

제청신청인은 서울에서 개업하고 있던 변호사인데 '특정 경제범죄 가중처벌 등에 관한 법률' 위반죄로 부산지방법원에 기소되었고, 법무부장관은 이를 이유로 '변호사법' 제15조에 의하여 제청신청인에 대하여 변호사의 업무정지를 명하는 처분을 하였다. 제청신청인은 서울고등법원에 법무부장관을 상대로 위 변호사 업무정지처분의 무효확인 청구소송을 제기하였고, 그 사건에서 위 법원은 제청신청인의 신청을 받아들여 헌법재판소에 위 업무정지처분의 근거가 된 위 변호사법 제15조의 위헌여부의 심판을 제청하게 된 것이다.

Ⅲ. 주 문

변호사법 제15조는 헌법에 위반된다.

Ⅳ. 결정 이유의 주요 논점 및 요지

1. 비례원칙(과잉금지원칙)에 어긋난 직업선택의 자유 침해

'변호사법' 제15조는 변호사에 대하여 약식명령이 청구된 경우가 아닌 한 어떠한 형사사건이건 가리지 않고 공소가 제기되었으면 그것을 이유로 업무정지를 명할 수 있는 포괄성을 띤 규정이다. 따라서 그 형사사건이 고의범이든 과실범이든 가리지 않는다. 변호사법 제13조 제1항 제3호를 보면 형사사건으로 금고 이상의 형을 받은 경우, 형의 집행유예를 받은 경우, 금고 이상의 형의 선고유예를 받은 경우에 그로부터 각 일정한 기간을 경과하지 않았거나 그 기간 중에 있는 때에는 등록취소의 사유가 된다. 그렇다면 공소제기된 형사사건이 그 재판결과 등록취소에 이르게 될 고도의 개연성이 있는 경우가 아니라도 그 형사사건을 토대로 업무정지명령이 가능하게 되어 있다. 형사사건 때문에 유죄의 확정판결을 받아 등록취소가 되기 전단계에서 형사소추를 받은 변호사를 계속 업무활동을 하도록 방치하면 의뢰인이나 사법제도의 원활한 운영에 구체적 위험이 생길 염려가 있어서 이를 막기 위한 잠정적이고 가처분적인 성격을 가졌다는 데 제도적 당위성이 있는 것이고 또 그것이 취지인 것으로 이해된다. 이러한 의미에서 과거의 행적을 문책하기 위한 확정적인 처분은 될 수 없다. 형사판결이 확정될 때까지로 시기적 제한을 두고 있음에 비추어 그러하다. 따라서 제도의 당위성과 목적에 맞게 요건이 정비되어야 마땅할 것인데도, 그 요건에 관하여 막연히 약식명령을 청구한 사건 이외의 형사사건으로서 공소가 제기된 경우로만 규정하고 있다.

'변호사법' 제15조의 변호사에 대한 업무정지명령은 그 명령을 받은 당해 변호사는 그 기간 동안 당해 직업에 종사할 수 없게 됨으로써 기본적 생존, 인간다운 생활에 위협을 받게 되고 인간으로서의 존엄과 가치에 중대하고 회복할 수 없는 손해를 가져올 수 있는 것으로 직업선택의 자유의 큰 제한인 것이다. 앞서 본 바와 같이 업무정지명령이 문제의 변호사를 그대로 방치해 둘 때 변호사의 계속적인 직업활동으로 인하여 의뢰인이나 일반 사법제도에 해악을 끼칠 구체적인 위험성 때문에 하는 잠정적인 처분이라는데 제도적 당위성이 있다면 이에 맞게 엄격히 요건을 정비하여 필요한 최소한의 범위로 제한하는 등 기본권 침해에 관한 비례의 원칙을 준수할 때에 합헌성을 유지할 수 있는 것으로 볼 것이다. 그런데 업무정지명령의 요건상 단순히 공소제기가 되었다는 사실 이외에 앞으로 제명처분에 이를 고도의 개연성이나 그대로 방치하면 장차 의뢰인이나 공공의 이익을 해칠 구체적인 위험성 따위의 요건상의 제약은 없고, 징계절차의 경우와 달리 그 진상을 해명하는 적법절차도 생략한 채 형사소추기관과의 관계에서 중립기관이라고 하기도 어려운 법무부장관의 일방적 처분에 의하여 이루어지며, 한편 업무정지의 시한을 판결확정시까지의 불확정기간으로 함으로써 재판이 장기화될 때에 징계절차에 의하는 정직이나 제명처분보다도 더 무거운 처분이 될 수 있도록 한 것이다.

그렇다면 '변호사법' 제15조는 직업선택의 자유를 제한함에 있어서 제한을 위해 선택된 요건이 제도의 당위성이나 목적에 적합하지 않을 뿐 아니라 그 처분주체와 절차가 기본권 제한을 최소화하기 위한 수단을 따르지 않았으며 나아가 그 제한의 정도 또한 과잉하다 할 것으로서 결국 동 조항은 헌법 제37조 제2항의 비례의 원칙에 어긋난 헌법 제15조 직업선택의 자유 제한이라고 볼 수밖에 없을 것이다.

2. 무죄추정의 원칙을 규정한 헌법 제27조 제4항에 위배

나아가 입법론상 변호사가 형사사건으로 공소제기된 경우에 품위손상 등을 이유로 당해 변호사에게 자기에게 유리한 사실이나 필요한 증거를 제출할 수 있는 기회를 제공하여 대석적 절차보장을 하는 한편 업무정지의 목적도 고려해 가면서 같은 조치에 이를 수 있는 입법은 별론으로 하고, '변호사법' 제15조에서 변호사에 대해 형사사건으로 공소가 제기되었다는 사실만으로 업무정지명령을 발하게 한 것은 아직 유무죄가 가려지지 않은 범죄의 혐의사실뿐 확증없는 상태에서 유죄로 추정하는 것이 되며 이를 전제로 한 불이익한 처분이라 할 것이다. 공소의 제기가 있는 피고인이라도 유죄의 확정판결이 있기까지는 원칙적으로 죄가 없는 자에 준하여 취급하여야 하고, 불이익을 입혀서는 안된다고 할 것으로 비록 그 불이익을 입힌다 해도 필요한 최소한도에 그치도록 비례의 원칙이 존중되어야 하는 것이 헌법 제27조 제4항의 무죄추정의 원칙이며, 여기의 불이익에는 형사절차상의 처분뿐만 아니라 그 밖의 기본권 제한과 같은 처분도 포함된다고 할 것이다. '변호사법' 제15조의 규정에 의하여 입는 불이익은 죄가 없는 자에 준하는 취급이 아님은 말할 것도 없고, 불이익을 입히는데 앞서 본 바와 같이 필요한 요건, 불이익처분의 기관구성, 절차 및 불이익의 정도 등에 있어서 비례의 원칙이 준수되었다고 보기 어려울 것으로 헌법의 위 규정을 어긴 것이라 할 것이다. 의사, 약사, 변리사, 공인회계사 등의 자격정지를 시킬 때는 '변호사법' 제15조와 같은 규정은 없다. 그렇다고 변호사에 대해 공소제기를 할 경우에 통상인과 달리 공소제기의 요건을 법률상 특별하게 엄격히 하고 있는 것도 아니라면 이들과 다른 법적 처우를 하여야 할 합리적 근거를 쉽사리 찾기 어렵다.

3. 적법절차원칙에 위배

법무부장관은 검찰사무의 최고감독자로서 일반적으로 검사를 지휘감독하고, 구체적 사건에 대해서는 검찰총장을 지휘감독하게 되어 있으며, 검찰총장은 검사동일체의 원칙에 의하여 소속검사의 직무를 자신이 처리할 수도 있고 다른 검사로 하여금 처리하도록 할 수 있게 되어 있다. 이와 같은 관계의 법무부장관이 검사가 제기한 형사소추사실만을 기초로 변호사의 업무정지처분을 한다는 것은 징계의결기관에 "중립적인 제삼자"가 관여

함이 바람직하다는 요청과는 거리가 있다고 할 것이다.

본 업무정지명령은 법무부장관의 일방적인 명령에 의하여 변호사의 업무를 정지시키게 된다. 형사사건으로 기소된 경우에 이를 이유로 징계절차에 붙여져 그 업무를 정지시키는 것이 아니다. 따라서 징계절차에 있어서와 같이 당해 변호사가 자기에게 유리한 사실을 진술하거나 필요한 증거를 제출할 수 있는 청문의 기회가 보장되지 않으며, 이러한 의미에서 적법절차가 존중되지 않는다.

Ⅴ. 이 결정이 가지는 의미

약식명령이 청구된 경우를 제외하고 형사사건으로 공소가 제기된 변호사에 대해 그 판결이 확정될 때까지 법무부장관이 일방적으로 업무정지를 명할 수 있게 한 변호사 업무정지명령제도에 대해, 헌법재판소가 비례원칙에 어긋난 직업선택의 자유 침해, 무죄추정원칙 위배, 적법절차원칙 위배를 이유로 만장일치의 위헌결정을 내린 사건이다. 특히 공권력 행사로 인한 일체의 불이익처분 전에 당사자에게 사전 고지, 청문, 변명 및 방어의 기회가 주어져야 한다는 영미법상의 '절차적 적법절차원칙'이 우리 헌법재판소에 의해 적법절차원칙의 한 내용으로 받아들여지면서 위헌판단의 기준으로 본격적으로 사용되기 시작했다는 점에서 주목을 끄는 결정이다.

관세법상의 압수물품 국고귀속 규정 사건

─ 헌재 1997. 5. 29, 96헌가17 ─

Ⅰ. 심판대상

구 관세법

제215조(압수물품의 국고귀속) 제179조 내지 181조·제183조 내지 제186조의 규정에 의하여 몰수할 것으로 인정되는 물품을 압수한 경우에 있어서 범인이 당해 관서에 출두하지 아니하거나 또는 범인이 도주하여 그 물품을 압수한 날로부터 4월을 경과한 때에는 당해 물품은 국고에 귀속한다.

제181조(무면허수출입죄) 다음 각 호의 1에 해당되는 자는 5년 이하의 징역 또는 그 물품원가의 3배 이하에 상당한 벌금에 처한다.

1. 제137조의 면허를 받지 아니하고 물품을 수출·수입 또는 반송한 자(제186조의 3에 해당하는 자를 제외한다)

2. 법령이 정하는 허가·승인·추천 기타 조건을 사위 기타 부정한 방법으로 구비하여 제137조의 면허를 받은 자

※ 관련조문

구 관세법 제198조(몰수·추징)

① 제179조의 경우에는 그 물품을 몰수한다.

② 제180조 제1항 및 제2항·제181조 또는 제186조의 경우에는 범인이 소유 또는 점유하는 그 물품을 몰수한다. 제180조 제1항 및 제2항의 경우에 납부할 관세의 일부를 포탈한 때에는 당해 전체물품 중 포탈한 세액의 전체세액에 대한 비율에 해당하는 물품만을 몰수한다.

③ 제1항 및 제2항의 규정에 의하여 몰수할 물품의 전부 또는 일부를 몰수할 수 없는 때에는 그 몰수할 수 없는 물품의 범칙 당시의 국내도매물가에 상당한 금액을 범인으로부터 추징한다.

④ 제195조의 본인 및 제196조의 법인은 제1항 내지 제3항의 규정의 적용에 있어서는 이를 범인으로 본다.

Ⅱ. 사실관계의 요지

당해 사건의 원고는 한중무역공사라는 상호로 무역업에 종사하는 자이다. 그는 중국산 볶은 율무 30톤을 미화 48,000불에 수입하기로 하고 동화은행으로부터 수입승인을 받아 신용장을 개설한 다음 중국으로부터 볶은 율무 30톤이 부산항에 도착하자 이를 보세장치장에 입고시켰다. 또 같은 해에 중국산 볶은 흑참깨 30톤을 미화 42,000불에 수입하기로 하고 동화은행으로부터 수입승인을 받아 신용장을 개설한 다음 중국으로부터 볶은 흑참깨 30톤이 부산항에 도착하자 이를 보세장치장에 입고시켰다. 한편 부산세관장은 위 원고가 가공되지 않은 생율무와 흑참깨를 수입하면서 마치 가공된 물품인 양 위장하여 무면허수입행위를 하려는 혐의가 있다는 이유로 위 원고를 '관세법' 위반으로 입건하고 위 율무 30톤과 흑참깨 30톤을 각각 압수한 다음, 이들을 환가하여 그 환가대금 134,003,200원을 보관하여 오다가 구 관세법 제215조에 의하여 위 환가대금을 국고에 귀속시켰다. 위 원고는 '관세법' 위반(무면허수입예비죄)으로 기소되었으나 항소심인 부산고등법원에서 범의가 인정되지 않는다는 이유로 무죄판결을 선고 받고, 이어 같은 해 대법원에서 검사의 상고를 기각하는 판결을 선고받음으로써 위 무죄판결이 확정되었다. 위 원고는 이 무죄판결이 확정된 후 부산세관장에게 위 환가대금의 반환을 요구하였으나 부산세관장은 위 압수물의 환가대금이 법 제215조의 규정에 따라 국가에 귀속되었다는 이유로 그 반환을 거부하였다. 이에 위 원고는 국가가 위 환가대금을 국고귀속시킴으로써 법률상 원인없이 위 환가대금 상당의 이득을 얻고, 위 원고에게 동액상당의 손해를 입혔다는 주장을 청구원인으로 하여 국가를 상대로 부산지방법원에 위 당해사건인 부당이득반환청구소송을 제기하였다. 위 사건을 심리중이던 제청법원은 법 제215조에 관하여 직권으로 헌법재판소에 이 사건 위헌심판을 제청하였다.

Ⅲ. 주 문

구 관세법(1967. 11. 29. 법률 제1976호로 전문개정되고 1993. 12. 31. 법률 제4674호로 개정되기 전의 것) 제215조 중 제181조 부분은 헌법에 위반된다.

Ⅳ. 결정 이유의 주요 논점 및 요지

1. 헌법 제12조 제1항 후문에 정한 적법절차의 원칙에 위배

우선, 이 사건 법률조항의 입법연혁과 목적을 살펴보면, 이처럼 법이 압수물건의 처분에 관하여 특별한 규정을 두어 형사소송법에서는 인정하지 않는 국고귀속의 근거를 마련한 주된 뜻은 범인의 당해관서에의 출두를 확보하고 범인의 도주를 방지함으로써 관세범에 대한 형벌권의 신속하고도 적절한 행사를 도모하려는 것으로 보인다. 헌법 제12조 제1항 후문은 "모든 국민은… 법률과 적법절차에 의하지 아니하고는 처벌·보안처분 또는 강제노역을 받지 아니한다"고 규정하고 있다. 위 헌법조항이 규정한 적법절차의 원칙은 절차는 물론 법률의 실체적 내용도 합리성과 정당성을 갖춘 것이어야 한다는 원리로서, 특히 형사소송절차에 있어서는 형사소송의 전반을 규율하는 기본원리로서 기능하고, 형사피고인의 기본권이 공권력에 의하여 침해당할 수 있는 가능성을 최소화하도록 절차를 형성·유지할 것을 요구한다. 한편 '형사소송법' 제106조 제1항은 "법원은 필요한 때에는 증거물 또는 몰수할 것으로 사료하는 물건을 압수할 수 있다"고 규정하고 있다. 여기서의 몰수는 범죄행위와 관련하여 압수된 물건의 소유권을 박탈하여 국고에 귀속시키는 재산형으로서 다른 형에 부가하여 과하여지는 형벌이다. 이 사건 법률조항에서 말하는 "압수물품의 국고귀속"의 의미도 피의자로부터 압수물건의 소유권을 빼앗아 그 압수물건을 국가의 소유로 한다는 것을 뜻하므로 그 내용의 실질은 몰수형을 집행하는 것과 같은 효과를 생기게 한다. 그렇다면 이 사건 법률조항에 규정한 "압수물품의 국고귀속"은 곧 헌법 제12조 제1항에 규정한 '처벌'에 해당한다고 보아야 할 것이므로 당연히 위 압수물건의 국고귀속의 경우에도 적법절차의 원칙에 따라야 마땅하다.

그런데 이 사건 법률조항의 내용은 어떤 물건이 관세법상 몰수할 것으로 인정되어 압수된 경우, 첫째, 범인이 당해 관서에 출두하지 않거나 또는 범인이 도주하고, 둘째, 그 물건이 압수된 날로부터 4월이 경과한 때라는 두 가지 요건만 충족되면 별도의 재판이나 처분 없이 당해 물건은 국고에 귀속한다는 것이다. 그렇다면 이 사건 법률조항은, 비록 범인의 당해관서에의 출두를 확보하고 범인의 도주를 방지함으로써 관세범에 대한 형벌권의 신속하고도 적절한 행사를 도모하려는 입법목적을 지닌다 할지라도, 재판이나 청문의 절차도 밟지 않고 압수한 물건에 대한 피의자의 재산권을 박탈하여 국고귀속시킴으로써 그 실질은 몰수형을 집행한 것과 같은 효과를 발생하게 하는 내용의 법률규정이라고 볼 수밖에 없으므로 헌법 제12조 제1항 후문에 정한 적법절차의 원칙에 위배된다.

2. 헌법 제27조 제4항에 정한 무죄추정의 원칙에 위배

헌법 제27조 제4항은 "형사피고인은 유죄의 판결이 확정될 때까지는 무죄로 추정된다"고 규정하여 이른바 무죄추정의 원칙을 선언하고 있다. 무죄추정의 원칙은 형사절차와 관련하여 아직 공소가 제기되지 않은 피의자는 물론 비록 공소가 제기된 피고인이라 할지라도 유죄의 판결이 확정될 때까지는 원칙적으로 죄가 없는 자로 다루어져야 하고, 그 불이익은 필요최소한에 그쳐야 한다는 원칙을 말한다. 이 원칙은 언제나 불리한 처지에 놓여 인권이 유린되기 쉬운 피의자나 피고인의 지위를 옹호하여 형사절차에서 그들의 불이익을 필요한 최소한에 그치게 하자는 것으로서 인간의 존엄성 존중을 궁극의 목표로 하고 있는 헌법이념에서 나온 것이다. 그런데 압수한 관세범칙물건은 범인이 당해 관서에 출두하지 않거나 또는 범인이 도주한 때에는 그 물품을 압수한 날로부터 4월을 경과하면 별도의 재판이나 처분 없이 곧 바로 국고에 귀속한다는 것이 이 사건 법률조항의 내용이다. 그렇다면 이 사건 법률조항은 유죄판결이 확정되기도 전에 무죄의 추정을 받는 자의 소유에 속한 압수물건을 국고에 귀속하도록 규정함으로써 실질적으로는 몰수형을 집행한 것과 같은 효과를 발생케 하는 내용의 것이므로 결국 헌법 제27조 제4항에 정한 무죄추정의 원칙에 위반된다.

V. 이 결정이 가지는 의미

이 결정은 구 관세법상 무면허 수출입죄 위반으로 압수된 물품의 국고귀속 규정에 대해 재판관 만장일치로 위헌을 선언한 결정이다. 위헌의 근거로는 적법절차원칙 위배와 무죄추정원칙 위배의 두 가지가 거론되었다. '재산권 박탈' 등 일체의 불이익처분을 내리기 이전에 재판이나 청문의 절차를 반드시 밟아야 한다는 영미법상의 절차적 적법절차원칙이, 우리 헌법상의 적법절차원칙의 한 내용으로 헌법재판소에 의해 다시 한 번 확고히 받아들여지고 있다는 점에 주목을 요한다.

상소제기 후 상소 취하시까지의
미결구금일수 본형산입 사건

― 헌재 2009. 12. 29, 2008헌가13 ―

Ⅰ. 심판대상

형사소송법

제482조

① 상소제기 후의 판결선고 전 구금일수는 다음 경우에는 전부를 본형에 산입한다.

　1. 검사가 상소를 제기한 때

　2. 검사가 아닌 자가 상소를 제기한 경우에 원심판결이 파기된 때

② 상소제기기간 중의 판결확정 전 구금일수는 전부 본형에 산입한다.

Ⅱ. 사실관계의 요지

　　제청신청인은 광주지방법원에서 도로교통법위반죄(음주운전 및 무면허운전)로 징역 4월 및 미결구금일수 41일을 위 징역형에 산입한다는 판결을 선고받고 항소하였다가 한 달여 만에 항소를 취하하여 위 판결이 확정되었다. 광주지방검찰청 검사는 항소취하 이틀 후 '1심 판결선고 전의 구금일수 41일'과 '항소제기기간에 해당하는 8일'만을 위 판결의 징역형에 산입하는 내용의 형집행지휘를 하였고, 이에 제청신청인은 광주지방법원에 검사의 위 형집행지휘처분에 대해 이의신청을 하고, '상소를 취하한 경우의 미결구금일수 산입에 대한 규정이 없음'을 이유로 '형사소송법' 제482조 제2항에 대해 위헌심판제청신청을 하였다. 위 법원은 위 제청신청을 받아들여 '형사소송법' 제482조 제1항 및 제2항에 대해 위헌제청결정을 하였다.

Ⅲ. 주 문

1. 형사소송법 제482조 제1항 및 제2항은 헌법에 합치되지 아니한다.
2. 위 각 법률조항은 입법자가 개정할 때까지 계속 적용한다.

Ⅳ. 결정 이유의 주요 논점 및 요지

1. 무죄추정의 원칙 위반

미결구금은 무죄추정의 원칙에도 불구하고 신체의 자유라는 중요한 기본권을 제한하는 것이다. 따라서 수사의 필요상 또는 재판절차의 진행상 불가피하게 미결구금을 하는 경우에도 적법절차의 원칙에 따라 신체의 자유의 본질적인 내용을 침해하지 않도록 해야 할 뿐만 아니라, 과잉금지의 원칙에도 반하지 않도록 정당한 한도 내로 제한되어야 한다. 이런 점에서 피의자나 피고인이 위와 같은 국가의 형사소송의 절차적 필요에 의하여 적법하게 구금되었다 하더라도, 미결구금은 피의자 또는 피고인의 신체의 자유를 박탈하고 있다는 점에서 실질적으로 자유형의 집행과 다를 바 없으므로, 그 구금기간에 대해서는 반드시 정당한 평가와 보상이 이루어져야 한다. 그리하여 미결구금에 대해서, 구금된 피고인이 무죄판결을 받은 경우에는 '형사보상법' 등에 의하여 보상을 받을 수 있고, 유죄판결을 받은 경우에는 그 미결구금일수를 본형에 통산하게 되는 것이다. 그런데 구속 피고인이 상소제기 후 상소를 취하한 경우의 미결구금일수에 관해서는 상소심 법원의 판결이 없었다는 점에서 '형사소송법' 제482조 제1항이 적용될 수 없고, 또 '상소제기기간 중의 구금일수'를 규정한 '형사소송법' 제482조 제2항이 적용되지도 아니하므로, 결국 본형 형기에 산입할 수 없는 상태이다.

헌법상 무죄추정의 원칙에 따라, 유죄판결이 확정되기 전의 피의자 또는 피고인은 아직 죄 있는 자가 아니므로 그들을 죄 있는 자에 준하여 취급함으로써 법률적·사실적 측면에서 유형·무형의 불이익을 주어서는 안 된다. 특히 미결구금은 신체의 자유를 침해받는 피의자 또는 피고인의 입장에서 보면 실질적으로 자유형의 집행과 다를 바 없으므로 인권보호 및 공평의 원칙상 형기에 전부 산입되어야 한다. 따라서 상소제기 후 상소취하시까지의 구금 역시 미결구금에 해당하는 이상 그 구금일수도 형기에 전부 산입되어야 한다. 그런데 이 사건 법률조항들은 구속 피고인의 상소제기 후 상소취하시까지의 구금일수를 본형 형기 산입에서 제외함으로써 기본권 중에서도 가장 본질적 자유인 신체의 자유를 침해하고 있다.

2. 적법절차의 원칙 위반

구속 피고인이 고의로 재판을 지연하거나 부당한 소송행위를 하였다고 판단되는 경우에도 이를 이유로 미결구금기간 중 일부를 형기에 산입하지 않는다면 이는 처벌되지 않아야 할 소송상의 행위에 대하여 형벌적 제재를 가하는 것으로서 적법절차 원칙 및 무죄추정의 원칙에 반하여 부당하다고 할 것이다. 이에 비하여 상소 취하의 경우에는 상소기각판결까지 이르기 전에 신속하게 법률관계를 확정시켜 법적안정성에 기여하고 또한 법원의 재판부담도 경감시키게 된다는 점에서 미결구금일수 불산입의 부당성이 더욱 명백하다.

3. 평등원칙 위반

구속 피고인이 상소하였다가 상소기각판결을 선고받는 경우에는 '형법' 제57조 제1항에 대한 헌재 2009. 6. 25, 2007헌바25 결정에 의하여 그 미결구금일수 전부를 산입받을 수 있게 된 반면, 구속 피고인이 상소하였다가 상소를 취하한 때에는 이 사건 법률조항들이 상소제기 후 상소취하시까지의 구금기간을 통산하도록 규정하고 있지 않음으로써 그 구금기간을 본형에 산입받지 못한다. 이로 인하여 상소를 취하한 구속 피고인은 상소기각판결을 선고받은 구속 피고인에 비하여 현저히 불리한 차별을 받는 결과가 된다.

4. 헌법불합치 및 법 개정시까지 계속 적용

결국 상소제기 후 상소취하시까지의 미결구금을 형기에 산입하지 않는 것은 헌법상 무죄추정의 원칙 및 적법절차의 원칙, 평등원칙 등을 위배하여 합리성과 정당성 없이 신체의 자유를 지나치게 제한하는 것이고, 따라서 '상소제기 후 미결구금일수의 산입'에 관하여 규정하고 있는 이 사건 법률조항들이 상소제기 후 상소취하시까지의 미결구금일수를 본형에 산입하도록 규정하지 않은 것은 헌법에 위반된다. 이 사건 법률조항들은 헌법에 위반되므로 원칙적으로 위헌결정을 하여야 할 것이나, 이 사건 법률조항들의 위헌성은 '그 조항들에서 규정하고 있는 사유가 있는 경우에 이를 법정통산하는 것' 자체에 있는 것이 아니라, 그 조항들이 '상소제기 후 상소취하시까지의 미결구금'을 법정통산의 적용대상으로 규정하지 않은 불충분한 입법, 즉 부진정입법부작위에 있는 것이다. 따라서 입법자는 이러한 위헌성을 제거하기 위하여 이 사건 법률조항들을 개정하여 상소제기 후 상소취하한 경우의 미결구금도 법정통산되도록 법정통산의 사유를 추가해야 할 것이다. 한편 위헌결정으로 이 사건 법률조항들의 효력을 즉시 상실시키거나 그 적용을 중지할 경우에는 상소의 취하와 관련이 없는 일반 형사사건에 적용할 법정통산의 근거조항마저 없어지게 되어 법적 안정성의 관점에서 용인하기 어려운 법적 공백이 생기게 된다. 따라서 입법자가 합헌적인 내용으로 법률을 개정할 때까지 이 사건 법률조항들을 계속 존속하게 하여 적용되도록 할 필요가 있다. 입법자는 이 결정에서 밝힌 위헌이유에 맞추어 조속한 시일 내에 이 사건 법률조항들을 합헌적인 내용으로 개정하여야 할 입법의무가 있으며, 그때까지 이 사건 법률조항들은 계속 존속하여 적용된다.

V. 이 결정이 가지는 의미

헌법재판소는 재판관 8(헌법불합치)대 1(합헌)의 의견으로, 상소제기 후 상소취하시까지의 미결구금을 형기에 산입하지 않은 '형사소송법' 제482조 제1항 및 제2항에 대해 헌법상 무죄추정의 원칙, 적법절차의 원칙, 평등원칙을 위배하여 신체의 자유를 침해한 것이므로 헌법에 합치하지 않는다는 헌법불합치결정을 내리면서, 이 조항들이 입법자가 합헌적인 내용으로 법률을 개정할 때까지 계속 적용된다는 계속 적용을 명하였다. 그런데 헌법불합치 의견을 낸 8인의 재판관 중 조대현 재판관은, 이 사건 법률조항들의 위헌성은 상소제기 후 판결선고 전이나 판결확정 전의 미결구금일수를 본형에 산입하는 것에 있는 것이 아니고 상소제기 후 상소취하시까지의 미결구금일수를 형기에 산입하도록 규정하지 않은 점에 있는 것이므로, "이 사건 법률조항들이 상소제기 후 상소취하시까지의 미결구금일수를 형기에 산입하도록 규정하지 않은 점은 헌법에 위반된다"고 선언하여야 한다며 주문표시에 대한 반대의견을 추가하였다. 또한 이동흡 재판관은 반대의견인 합헌 의견을 통해, 상소제기 후 상소를 취하할 때까지의 구금일수를 법정통산의 대상에서 제외하는 것이 평등원칙이나 적법절차의 원칙에 어긋나게 피고인의 신체의 자유를 침해한 것이라 볼 수 없기 때문에 그로 인해 입게 되는 불이익을 피고인의 희생이라고 볼 수 없으므로 이 사건 법률조항들이 합헌이라고 주장하였다. 헌법재판소가 "부진정입법부작위"라는 개념을 받아들이면서, 이 사건 법률조항들의 위헌성이 '그 조항들에서 규정하고 있는 사유가 있는 경우에 이를 법정통산하는 것' 자체에 있는 것이 아니라, 그 조항들이 '상소제기 후 상소취하시까지의 미결구금'을 법정통산의 적용대상으로 규정하지 않은 불충분한 입법, 즉 "부진정입법부작위"에 있다고 판시하고 있는 점에 주목을 요한다.

한나라당 이명박 대통령후보의 특검법 사건

─ 헌재 2008. 1. 10, 2007헌마1468 ─

Ⅰ. 심판대상

한나라당 대통령후보 이명박의 주가조작 등 범죄혐의의 진상규명을 위한 특별 검사의 임명 등에 관한 법률(2007. 12. 28. 법률 제8824호로 제정된 것)

제2조(특별검사의 수사대상)

제3조(특별검사의 임명)

제6조(특별검사의 직무범위와 권한 등)

⑥ 특별검사는 제2조 각 호의 사건의 참고인으로 출석을 요구받은 자가 정당한 사유 없이 출석요구에 응하지 아니한 때에는 해당 참고인에 대하여 지정한 장소까지 동행할 것을 명령할 수 있다.

⑦ 제6항에 따른 동행명령의 집행 등에 관하여는 '국회에서의 증언·감정 등에 관한 법률' 제6조 제2항부터 제7항까지의 규정을 준용한다. 이 경우 "위원회의 위원장" 과 "위원장"은 각각 "특별검사"로, "증인"은 "참고인"으로, "국회사무처 소속공무원"은 "특별수사관 또는 사법경찰관"으로 본다.

제10조(재판기간 등)

제18조(벌칙)

② 제6조 제6항에 따른 동행명령을 정당한 사유 없이 거부한 자는 1천만 원 이하의 벌금에 처한다.

Ⅱ. 사실관계의 요지

국회는 제17대 대통령 선거를 이틀 앞둔 2007년 12월 17일에 한나라당 대통령후보 이명박이 관여한 의혹을 받고 있는 주식회사 'LK e-BANK', BBK 투자자문주식회사 등을 통한 주가조작 등 증권거래법 위반 사건, 위 사건과 관련된 횡령·배임 등 재산범죄 사건, 주식회사 다스의 지분·주식과 관련된 공직자윤리법 위반 사건, DMC 부지사건 등에 대해 독립적 지위를 갖는 특별검사가 중립적이고 공정한 수사를 하여 진상을 철저히 규명함으로써 이들 사건을 둘러싼 국민적 의혹을 불식하려는 취지에서 이 사건 법률을 통과시켰다. 이 법은 같은 달 28일에 법률로 공포·시행되었다. 그 후 이명박 후보는 대통령선거에서 당선되었다. 청구인들은 이 사건 법률에 따른 특별검사의 수사대상 사건의 참고인 또는 피고발인이었던 자들로서 이 사건 법률의 적용대상이 될 것으로 예상되었다. 이들은 이 사건 법률로 인하여 자신들의 평등권, 신체의 자유, 공정한 재판을 받을 권리 등을 침해받았다고 주장하면서 헌법소원심판을 청구하였다.

Ⅲ. 주　문

1. '한나라당 대통령후보 이명박의 주가조작 등 범죄혐의의 진상규명을 위한 특별검사의 임명 등에 관한 법률'(2007. 12. 28. 법률 제8824호로 제정된 것) 제6조 제6항·제7항, 제18조 제2항은 헌법에 위반된다.
2. 청구인들의 나머지 심판청구를 모두 기각한다.

Ⅳ. 다수의견의 주요 논점 및 요지

1. 특별검사에 의한 수사대상을 특정인에 대한 특정 사건으로 한정한 제2조 합헌

특별검사제도의 장단점 및 우리나라 특별검사제도의 연혁에 비추어 볼 때, 검찰의 기소독점주의 및 기소편의주의에 대한 예외로서 특별검사제도를 인정할지 여부는 물론, 특정 사건에 대하여 특별검사에 의한 수사를 실시할 것인지 여부, 특별검사에 의한 수사대상을 어느 범위로 할 것인지는 국민을 대표하는 국회가 검찰 기소독점주의의 적절성, 검찰권 행사의 통제 필요성, 특별검사제도의 장단점, 당해 사건에 대한 국민적 관심과 요구 등 제반 사정을 고려하여 결정할 문제로서 그 판단에는 본질적으로 국회의 폭넓은 재량이 인정된다. 따라서 국회가 여러 사정을 고려하여 이 사건 법률 제2조가 규정하고 있는 사안들에 대하여 특별검사에 의한 수사를 실시하도록 한 것이 명백히 자의적이거나 현저히 부당한 것이라고 단정하기 어렵다.

2. 대법원장이 특검후보자 2인을 추천하게 한 제3조 합헌

대법원장은 법관의 임명권자이지만, 대법원장이 각급법원의 직원에 대하여 지휘·감독할 수 있는 사항은 사법행정에 관한 사무에 한정되므로 구체적 사건의 재판에 대하여는 어떠한 영향도 미칠 수 없고, 나아가 이 사건 법률 제3조에 의하면 대법원장은 변호사 중에서 2인의 특별검사후보자를 대통령에게 추천하는 것에 불과하고 특별검사의 임명은 대통령이 하도록 되어 있으므로 소추기관과 심판기관이 분리되지 않았다거나, 자기 자신의 사건을 스스로 심판하는 구조라고 볼 수는 없다. 결국 이 사건 법률 제3조에 의한 특별검사의 임명절차가 소추기관과 심판기관의 분리라는 근대 형사법의 대원칙이나 적법절차원칙 등을 위반하였다고 볼 수 없다. 또한 본질적으로 권력통제의 기능을 가진 특별검사제도의 취지와 기능에 비추어 볼 때, 특별검사제도의 도입 여부를 입법부가 독자적으로 결정하고 특별검사 임명에 관한 권한을 헌법기관 간에 분산시키는 것이 권력분립원칙에 반한다고 볼 수 없다.

3. 동행명령조항인 제6조 제6항·제7항, 제18조는 위헌

참고인에 대한 동행명령제도는 참고인의 신체의 자유를 사실상 억압하여 일정 장소로 인치하는 것과 실질적으로 같으므로 헌법 제12조 제3항이 정한 영장주의원칙이 적용되어야 한다. 그럼에도 불구하고 법관이 아닌 특별검사가 동행명령장을 발부하도록 하고 정당한 사유 없이 이를 거부한 경우 벌금형에 처하도록 함으로써, 실질적으로는 참고인의 신체의 자유를 침해하여 지정된 장소에 인치하는 것과 마찬가지의 결과가 나타나도록 규정한 이 사건 동행명령조항은 영장주의원칙을 규정한 헌법 제12조 제3항에 위반되거나 적어도 위 헌법상 원칙을 잠탈하는 것이다. 참고인은 수사의 협조자에 불과하므로 원칙적으로 출석의무가 없는 점, 입법론적으로 특별검사가 참고인을 강제로 소환할 절실한 필요가 있는 경우 법관에게 그 소환을 요청하여 법관의 명령으로 참고인을 소환하도록 하더라도 수사의 목적 달성에 큰 지장이 없는 점, 특별검사는 형사소송법상 출석요구에 응하지 않는 참고인에 대하여 증거보전절차(제184조) 또는 제1회 공판기일 전 증인신문의 청구(제221조의2) 절차에 의하여 '진상을 규명하기 위해 필수불가결한 참고인의 진술을 확보'할 수 있는 점 등에 비추어 보면, 이 사건 동행명령조항에 의한 신체의 자유의 제한이 입법목적 달성을 위한 필요한 최소한에 그쳤다고는 볼 수 없다. 또한 참고인 진술의 수사상 효용가치에 한계가 있기 때문에 이 사건 동행명령조항으로 달성하고자 하는 '진상을 규명하기 위해 필수불가결한 참고인의 진술 확보'라는 공익은 그 실현 여부가 분명하지 않은데 반하여, 위 조항으로 인하여 청구인들이 감수해야 할 신체의 자유에 대한 침해는 지나치게 크다. 결국 이 사건 동행명령조항은 과잉금지원칙에 위배하여 청구인들의 신체의 자유와 평등권을 침해한다.

4. 재판기간과 상소절차 진행기간을 일반사건보다 단축하고 있는 제10조 합헌

이 사건 법률 제10조가 재판기간을 단기간으로 규정한 것은 사안의 성격과 특별검사제도의 특수성을 감안하여 위 기간 내에 가능한 신속하게 재판을 종결함으로써 국민적 의혹을 조기에 해소하고 정치적 혼란을 수습하자는 것일 뿐, 피고인의 방어권이나 적정절차를 보장하지 않은 채 재판이 위 기간 내에 종결되어야 한다거나 위 기간이 도과하면 재판의 효력이 상실된다는 취지는 아니다. 이러한 입법취지에 재판부가 집중심리방식으로 사건을 진행하는 경우 위 조항이 정한 기간 내에 재판을 마무리하는 것이 무리한 일로는 보이지 않는 점 등을 고려해 볼 때, 위 법률조항이 이와 같이 재판기간을 한정한 데에는 이를 정당화할 합리적 이유가 있다. 그렇다면 이 사건 법률 제10조가 공정한 재판을 받을 권리나 평등권을 침해한다고 할 수 없다.

V. 이 결정이 가지는 의미

이 사건은 대통령 당선자와 관련된 헌법소원사건이어서 대통령 취임을 앞두고 사회적 혼란을 조속히 해결해야 한다는 재판관들의 합의가 있었기 때문에 사건접수 후 13일 만에 신속하게 선고가 내려졌다. 이 결정을 통해 동행명령조항을 제외한 나머지 조항들이 합헌결정을 받음으로써 이 사건 법률의 효력이 대부분 인정되어 특별검사에 의한 수사가 예정대로 진행되게 되었다. 동행명령조항과 관련해서는 위의 5인의 위헌의견 외에 특검의 동행명령이 영장주의의 적용대상은 되지 않으나 정당한 사유 없이 동행명령을 거부한 자를 형사처벌하도록 규정함으로써 침해의 최소성에 반하여 청구인들의 신체의 자유를 침해하였다는 재판관 2인의 위헌의견, 이 사건 법률 제18조 제2항은 참고인의 행동의 자유를 필요한 한도를 넘어 과도하게 제한함으로써 헌법 제37조 제2항에 위반된다는 제18조 제2항에 대한 재판관 1인의 위헌의견이 있었음에 주목할 필요가 있다.

음주측정거부사건

— 헌재 1997. 3. 27. 96헌가11 —

Ⅰ. 심판대상

도로교통법(1984. 8. 4. 법률 제3744호로 전문개정되고 1995. 1. 5. 법률 제4872호로 최종 개정된 것)

제41조(주취 중 운전금지)

② 경찰공무원은 교통안전과 위험방지를 위하여 필요하다고 인정하거나 제1항의 규정에 위반하여 술에 취한 상태에서 자동차 등을 운전하였다고 인정할만한 상당한 이유가 있는 때에는 운전자가 술에 취하였는지의 여부를 측정할 수 있으며, 운전자는 이러한 경찰공무원의 측정에 응하여야 한다.

제107조의2(벌칙) 다음 각 호의 1에 해당하는 사람은 2년 이하의 징역이나 300만원 이하의 벌금의 형으로 벌한다.

2. 술에 취한 상태에 있다고 인정할 만한 상당한 이유가 있는 사람으로 제41조 제2항의 규정에 의한 경찰공무원의 측정에 응하지 아니한 사람

Ⅱ. 사실관계의 요지

청구외 甲은 주취상태로 승용차를 운전하다가 주택가 골목길에 주차된 차량을 들이받고 귀가한 뒤, 집으로 찾아온 경찰관으로부터 음주측정을 요구받았으나 이에 응하지 않았다는 혐의로 도로교통법 제107조의2 제2호, 같은 법 제41조 제2항 위반으로 제청법원인 대전지방법원에 기소되었다. 대전지방법원은 도로교통법 제41조 제2항 중 "경찰공무원은 제1항의 규정에 위반하여 술에 취한 상태에서 자동차 등을 운전하였다고 인정할 만한 상당한 이유가 있는 때에는 운전자가 술에 취하였는지의 여부를 측정할 수 있으며, 운전자는 이러한 경찰공무원의 측정에 응하여야 한다."는 부분과 그 경우의 음주측정거부로 처벌하도록 한 같은 법 제107조의2 제2호의 규정에 대하여 직권으로 위헌 여부의 심판을 제청하였다.

III. 주 문

도로교통법 제41조 제2항 중 "경찰공무원은 제1항의 규정에 위반하여 술에 취한 상태에서 자동차 등을 운전하였다고 인정할만한 상당한 이유가 있는 때에는 운전자가 술에 취하였는지의 여부를 측정할 수 있으며, 운전자는 이러한 경찰공무원의 측정에 응하여야 한다."는 부분과 같은 법 제107조의2 제2호는 헌법에 위반되지 아니한다.

IV. 결정 이유의 주요 논점 및 요지

1. 진술거부권 침해 아님

도로교통법 제41조 제2항에서 규정하고 있는 주취 여부의 "측정"이라 함은 혈중 알콜농도를 수치로 나타낼 수 있는 과학적 측정방법, 그 중에서도 호흡을 채취하여 그로부터 주취의 정도를 객관적으로 환산하는 측정방법, 즉 호흡측정기에 의한 음주측정을 뜻한다.

헌법 제12조 제2항은 진술거부권을 보장하고 있으나, 여기서 "진술"이라 함은 생각이나 지식, 경험사실을 정신작용의 일환인 언어를 통하여 표출하는 것을 의미하는데 반해, 도로교통법 제41조 제2항에 규정된 음주측정은 호흡측정기에 입을 대고 호흡을 불어넣음으로써 신체의 물리적, 사실적 상태를 그대로 드러내는 행위에 불과하므로 이를 두고 "진술"이라 할 수 없고, 따라서 주취운전의 혐의자에게 호흡측정기에 의한 주취 여부의 측정에 응할 것을 요구하고 이에 불응할 경우 처벌한다고 하여도 이는 형사상 불리한 "진술"을 강요하는 것에 해당한다고 할 수 없으므로 헌법 제12조 제2항의 진술거부권조항에 위배되지 않는다.

2. 영장주의 위반도 아님

헌법 제12조 제3항의 영장주의는 법관이 발부한 영장에 의하지 않고는 수사에 필요한 강제처분을 하지 못한다는 원칙을 말한다. 도로교통법 제41조 제2항에 규정된 음주측정은 성질상 강제될 수 있는 것이 아니며 궁극적으로 당사자의 자발적 협조가 필수적인 것이므로 이를 두고 법관의 영장을 필요로 하는 강제처분이라 할 수 없다. 따라서 이 사건 법률조항이 주취운전의 혐의자에게 영장없는 음주측정에 응할 의무를 지우고 이에 불응한 사람을 처벌한다고 하더라도 헌법 제12조 제3항에 규정된 영장주의에 위배되지 않는다.

3. 적법절차원칙 위반도 아님

음주운전 방지와 그 규제는 절실한 공익상의 요청이며 이를 위해서는 음주측정이 필수적으로 요청되는데, 어떤 유형의 음주측정을 어떻게 관철시킬 것인가는 각 나라의 음주문화, 필요한 의료시설·법집행장치의 구비 정도, 측정방법의 편이성 및 정확성, 국민의 정서 등 여러 가지 요소들을 고려하여 합리적으로 결정하여야 할 것이다. 이 사건 법률조항은 위 여러 요소들을 고려한 것으로서 추구하는 목적의 중대성(음주운전 규제의 절실성), 음주측정의 불가피성(주취운전에 대한 증거확보의 유일한 방법), 국민에게 부과되는 부담의 정도(경미한 부담, 간편한 실시), 음주측정의 정확성 문제에 대한 제도적 보완(혈액채취 등의 방법에 의한 재측정 보장), 처벌의 요건과 처벌의 정도(측정불응죄의 행위주체를 엄격히 제한) 등에 비추어 합리성과 정당성을 갖추고 있으므로 헌법 제12조 제1항의 적법절차원칙에 위배된다고 할 수 없다.

4. 양심의 자유 침해도 아님

헌법이 보호하려는 양심은 어떤 일의 옳고 그름을 판단함에 있어서 그렇게 행동하지 않고는 자신의 인격적인 존재가치가 허물어지고 말 것이라는 강력하고 진지한 마음의 소리이지, 막연하고 추상적인 개념으로서의 양심이 아니다. 음주측정요구에 처하여 이에 응하여야 할 것인지 거부해야 할 것인지 고민에 빠질 수는 있겠으나 그러한 고민은 선과 악의 범주에 관한 진지한 윤리적 결정을 위한 고민이라 할 수 없으므로 그 고민 끝에 어쩔 수 없이 음주측정에 응하였다 하여 내면적으로 구축된 인간양심이 왜곡·굴절된다고 할 수 없다. 따라서 이 사건 법률조항을 두고 헌법 제19조에서 보장하는 양심의 자유를 침해하는 것이라고 할 수 없다.

5. 인간의 존엄과 가치 침해도 아님

음주운전으로 야기될 생명·신체·재산에 대한 위험과 손해의 방지라는 절실한 공익목적을 위하여 더욱이 주취운전의 상당한 개연성이 있는 사람에게 부과되는 제약이라는 점을 생각하면 그 정도의 부담을 두고 인간으로서의 인격적 주체성을 박탈한다거나 인간의 존귀성을 짓밟는 것이라고는 할 수 없으므로, 이 사건 법률조항은 헌법 제10조에 규정된 인간의 존엄과 가치를 침해하는 것이 아니다.

6. 일반적 행동의 자유 침해도 아님

행복추구권에 포함되어 있는 일반적 행동의 자유는 하기 싫은 일을 강요당하지 않을 권리를 의미하며 개인의 인격발현과 밀접히 관련되어 있으므로 최대한 존중되어야 한다. 이 사건 음주측정에 응하는 행위는 자신의 주취운전을 입증하는 강력한 증거를 스스로 제출하는 일에 다름 아니므로 내키지 않는 일일 것이다. 그럼에도 불구하고 이 사건 법률조항에 의해 음주측정에 응할 의무가 부과되고 이를 거부할 경우 형사처벌되므로 일반적 행동의 자유에 대한 제한이 될 수도 있다. 이 사건 법률조항은 그 입법목적의 중대성, 음주측정의 불가피성, 국민에게 부과되는 부담의 정도, 처벌의 요건과 정도에 비추어 헌법 제37조 제2항의 과잉금지의 원칙에 어긋나는 것이라고 할 수 없으므로, 일반적 행동의 자유를 침해하는 것이라고도 할 수 없다.

V. 이 결정이 가지는 의미

헌법재판소가 술에 취한 상태에서 자동차 등을 운전했다고 인정할만한 상당한 이유가 있는 운전자가 음주측정에 불응할 경우 이를 처벌하는 도로교통법 조항들에 대해 합헌결정을 내린 사건이다. 이 결정에서 헌법재판소는 진술거부권, 영장주의, 적법절차원칙, 양심의 자유, 인간의 존엄과 가치, 일반적 행동의 자유 등 무려 6가지 쟁점에 대해 위헌 여부를 따지고 있음이 눈길을 끈다.

미결수용자의 변호인 접견교통권 범위 사건

─ 헌재 1992. 1. 28, 91헌마111 ─

Ⅰ. 심판대상

행형법(1950. 3. 2. 법률 제105호, 최후개정 1980. 12. 22. 법률 제3289호)

제62조(미결수용자에 대한 본법의 준용) 미결수용자에 대하여 본법 또는 본법의 규정에 의하여 발하는 명령에 특별한 규정이 없는 때에는 수형자에 관한 규정을 준용한다.

※ 관련조항

행형법

제18조(접견과 서신의 수발)

③ 수형자의 접견과 서신 수발은 교도관의 참여 또는 검열을 요한다.

Ⅱ. 사실관계의 요지

청구인이 국가보안법 위반 등 피의사건으로 국가안전기획부에 의하여 구속되어 서울 중부경찰서 유치장에 수감되어 있던 중 국가안전기획부 면회실에서 그의 변호인 및 그의 처와의 접견을 동시에 하게 되었다. 그 때 국가안전기획부 수사관 5인이 접견에 참여하여 가까이서 지켜보면서 그들의 대화내용을 듣고 또 이를 기록하기도 하고 만나고 있는 장면을 사진을 찍기도 하므로 변호인이 이에 항의하고 변호인과 피의자의 접견은 비밀이 보장되어야 하니 청구인과 변호인이 따로 만날 수 있도록 해 줄 것과 대화내용의 기록이나 사진촬영을 하지 말 것을 요구하였다. 그러나 수사관들은 "무슨 말이든지 마음 놓고 하라"고 말하면서 변호인의 요구를 거절한 사실과 청구인은 국가안전기획부 수사관들의 위와 같은 행위는 헌법 제12조 제2항이 신체구속을 당한 사람에게 보장하고 있는 변호인의 조력을 받을 권리를 침해한 것이라고 주장하고 이 사건 헌법소원의 심판을 청구하였음을 알 수 있다.

Ⅲ. 주　　문

1. 청구인이 1991. 6. 14. 17시부터 그날 18시경까지 국가안전기획부 면회실에서, 그의 변호인과 접견할 때 피청구인 소속직원(수사관)이 참여하여 대화내용을 듣거나 기록한 것은 헌법 제12조 제4항이 규정한 변호인의 조력을 받을 권리를 침해한 것으로서 위헌임을 확인한다.

2. 행형법 제62조는 그 중 행형법 제18조 제3항을 미결수용자의 변호인 접견에도 준용하도록 한 부분은 헌법에 위반된다.

Ⅳ. 결정 이유의 주요 논점 및 요지

1. 헌법소원 제기의 적법요건을 갖추고 있음

청구인이 그것에 의하여 권리를 침해당하였다고 주장하는 변호인 접견방해행위는 이미 끝났기 때문에 이제 이를 취소할 여지가 없고 그럼에도 불구하고 이 사건 헌법소원의 심판청구를 할 만한 이익이 있는 것인가가 문제될 수 있다. 헌법소원의 본질은 개인의 주관적 권리구제뿐 아니라 객관적인 헌법질서의 보장도 하고 있으므로 헌법소원에 있어서의 권리보호이익은 일반법원의 소송사건에서처럼 주관적 기준으로 엄격하게 해석하여서는 안 된다. 따라서 침해행위가 이미 종료하여서 이를 취소할 여지가 없기 때문에 헌법소원이 주관적 권리구제에는 별 도움이 안 되는 경우라도 그러한 침해행위가 앞으로도 반복될 위험이 있거나 당해 분쟁의 해결이 헌법질서의 수호·유지를 위하여 긴요한 사항이어서 헌법적으로 그 해명이 중대한 의미를 지니고 있는 경우에는 심판청구의 이익을 인정하여 이미 종료한 침해행위가 위헌이었음을 선언적 의미에서 확인할 필요가 있는 것이다.

'행형법' 제62조나 이 규정에 근거한 법무부의 '교도관집무규칙'(1986. 12. 10. 법무부령 제291호) 제51조 제1항, 경찰청의 '피의자 유치 및 호송 규칙'(1991. 7. 31. 경찰청훈령 제62호) 제34조 제1항에 의할 경우, 앞으로도 신체구속을 당한 피의자, 피고인이 접견할 때에는 구치소·교도소에서는 정복교도관이, 경찰서에서는 경찰관이 계속하여 참여할 것으로 보인다. 따라서 이처럼 제도적으로 시행되고 있는 변호인 접견방해의 시정을 위하여, 그리고 헌법상 보장된 변호인 접견권의 내용을 명백히 하기 위하여 비록 헌법소원의 대상이 된 침해행위는 이미 종료되었지만 그것의 위헌 여부를 확인할 필요가 있는 것이다. 따라서 이 사건 헌법소원은 심판청구의 이익이 있고 소원은 적법하다.

2. 헌법상 변호인의 조력을 받을 권리를 침해함

헌법 제12조 제4항 본문은 "누구든지 체포 또는 구속을 당한 때에는 즉시 변호인의 조력을 받을 권리를 가진다"라고 규정하여 신체구속을 당한 사람에 대하여 변호인의 조력을 받을 권리를 기본권으로 보장하고 있다. 이 때 "변호인의 조력"은 '변호인의 충분한 조력'을 의미한다.

신체구속을 당한 사람에 대하여 변호인의 충분한 조력을 받게 하기 위하여서는 무엇보다도 먼저 신체구속을 당한 사람이 변호인과 충분한 상담을 할 수 있도록 해 주어야만 할 것이므로 변호인의 조력을 받을 권리의 필수적 내용은 신체구속을 당한 사람과 변호인과의 접견교통일 것이다. 그런데 자유로운 접견교통은 구속된 자와 변호인의 대화내용에 대하여 비밀이 완전히 보장되고 어떠한 제한, 영향, 압력 또는 부당한 간섭없이 자유롭게 대화할 수 있는 접견을 통하여서만 가능하고 이러한 자유로운 접견은 구속된 자와 변호인의 접견에 교도관이나 수사관 등 관계공무원의 참여가 없어야 가능할 것이다. 만약 관계공무원이 가까이서 감시하면서 대화내용을 듣거나 녹취하거나 또는 사진을 찍는 등 불안한 분위기를 조성한다면 변호인의 이러한 활동은 방해될 수밖에 없고 이는 변호인의 조력을 받을 권리나 진술거부권을 기본권으로 보장한 헌법정신에 크게 반하는 일이다.

변호인과의 자유로운 접견은 신체구속을 당한 사람에게 보장된 변호인의 조력을 받을 권리의 가장 중요한 내용이어서 국가안전보장·질서유지·공공복리 등 어떠한 명분으로도 제한될 수 있는 성질의 것이 아니다. 그리고 구속된 사람을 계호(戒護)함에 있어서도 1988년 12월 9일 제43차 유엔총회에서 채택된 '모든 형태의 구금 또는 수감상태에 있는 모든 사람들을 보호하기 위한 원칙' 제18조 제4항이 "피구금자 또는 피수감자와 그의 변호인 사이의 대담은 법 집행 공무원의 가시거리(可視距離) 내에서 행하여질 수는 있으나 가청거리(可聽距離) 내에서 행하여져서는 안 된다"라고 적절하게 표현하고 있듯이 관계공무원은 구속된 자와 변호인의 대담내용을 들을 수 있거나 녹음이 가능한 거리에 있어서는 안 되며 계호나 그 밖의 구실 아래 대화장면의 사진을 찍는 등 불안한 분위기를 조성하여 자유로운 접견에 지장을 주어서도 안 될 것이다.

헌법 제12조 제4항이 보장하고 있는 "변호인의 조력을 받을 권리"의 내용이 이상과 같음에도 불구하고, 피청구인은 국가보안법 위반으로 신체구속을 당한 청구인이 국가안전기획부 면회실에서 그의 변호인과 접견을 하는 데 있어 소속직원인 수사관으로 하여금 접견에 참여하게 하고, 가까이서 지켜보면서 대화내용을 듣거나 기록하게 하였으니 이는 변호인의 조력을 받을 권리를 침해한 것으로서 헌법에 위반되는 일이다. 따라서 청구인의 변호인의 조력을 받을 권리를 침해한 피청구인의 위헌적인 공권력행사는 취소되어야 할 것이나 취소되어야 할 공권력행사는 이미 종료되었으니 이를 취소하는 대신, 위헌적인 공권력 행사가 또 다시 반복될 수 있는 위험성을 제거하기 위하여, 그리고 헌법 제12조 제4항에 규정된 변호인의 조력을 받을 권리가 변호인과의 자유로운 접견을 포함한다는 것을 명백히 하기 위하여 피청구인의 공권력행사가 위헌인 것임을 선언적 의미에서 확인한다.

나아가 '행형법' 제62조는 미결수용자(피의자, 피고인)의 변호인 접견에도 '행형법' 제18조 제3항에 따라서 교도관이 참여할 수 있게 하였는데, 이는 위에서 본 바와 같이 신체구속을 당한 미결수용자에게 보장된 변호인의 조력을 받을 권리를 침해하는 위헌 법률이다. 피청구인의 위헌적인 공권력행사는 바로 이에 기인한 것이라고 인정되므로, '헌법재판소법' 제75조 제5항에 의하여 '행형법' 제62조의 준용규정 중 행형법 제18조 제3항을 미결수용자의 변호인 접견에도 준용하도록 한 부분에 대해서도 위헌선언을 한다.

V. 이 결정이 가지는 의미

재판관 전원의 만장일치에 의한 이 위헌결정은, 미결수용자의 변호인 접견시 수사관 등의 입회를 '가청거리 밖 가시거리 내'로 제한함으로써 변호인 접견교통권의 범위를 구체화하고 이 기본권을 실질화한 판결이라는 평가를 받고 있다. 이 위헌결정 이후 '행형법' 제66조 제1항이 "미결수용자와 변호인과의 접견에는 교도관이 참여하거나 그 내용을 청취 또는 녹취하지 못한다. 다만, 보이는 거리에서 미결수용자를 감시할 수 있다"로 개정되었음에도 주목을 요한다.

미결수용자 서신검열 사건

— 헌재 1995. 7. 21, 92헌마144 —

I. 심판대상

피청구인이 청구인 갑의 1992. 5. 25.자 서신을 각 검열·발송거부한 행위, 청구인 을의 1992. 5. 25.자 서신과 5. 26.자 서신을 각 검열·지연교부·지연발송한 행위, 청구인 갑의 1992. 6. 2. 서신을 각 검열·지연발송한 행위

구 행형법(1995. 1. 5. 법률 제4936호로 개정되기 전의 것)

제62조(미결수용자에 대한 본법의 준용) 미결수용자에 대하여 본법 또는 본법의 규정에 의하여 발하는 명령에 특별한 규정이 없는 때에는 수형자에 관한 규정(제46조 제2항 제7호의 접견·서신금지 중 변호인 또는 변호인이 되려고 하는 자와의 접견·서신금지를 제외한다)을 준용한다.

※ **관련조항**

구 행형법

제18조(접견과 서신의 수발)

③ 수형자의 접견과 서신수발은 교도관의 참여 또는 검열을 요한다.

행형법시행령

제62조(서신의 검열)

① 소장은 재소자가 수발하는 서신을 검열하여야 한다.

② 수형자가 발송하는 서신은 봉함을 하지 아니하고 교도소에 제출하게 하며, 수형자가 수령할 서신은 교도소에서 개피하여 검인을 압날하여야 한다.

II. 사실관계의 요지

청구인 갑은 '집회 및 시위에 관한 법률' 위반죄 등으로 구속·기소되어 1, 2심에서 징역 2년 6월의 형을 선고받고 이에 불복하여 상고한 후 진주교도소에 수용 중이었으며, 청구인 을은 갑의 변호사이다.

피청구인은, ① 청구인 갑이 1992. 5. 25.일자로 발송의뢰한 서신을 검열한 다음 그 발송을 거부하였고, ② 청구인 을이 위 갑에게 보낸 1992. 5. 25.자 서신 및 같은 해 5. 26.자 서신을 검열하고 지연교부하였으며, ③ 위 갑이 위 을에게 보내기 위하여 발송의뢰한 1992. 6. 2.자 서신을 검열하고 지연발송하였다. 청구인들은, 피청구인의 행위로 청구인들의 헌법상 보장된 기본권을 침해받았다고 주장하면서 이 사건 헌법소원심판을 청구하였다. 이후 청구인 갑은 상고기각으로 그 형이 확정되어 복역 중 사면으로 출소하였다.

Ⅲ. 주   문

1. 청구인 을이 1992. 5. 26. 청구인 갑에게 발송한 서신 및 청구인 갑이 같은 해 6.2. 청구인 을에게 보내기 위하여 발송의뢰한 서신을 피청구인이 각 검열한 행위는 청구인들의 통신의 비밀을 침해받지 아니할 권리, 청구인 갑의 변호인의 조력을 받을 권리를 침해한 것으로서 위헌임을 확인한다.

2. 청구인 갑이 1992. 5. 25. 청구외 병에게 보내기 위하여 발송의뢰한 서신을 피청구인이 발송거부한 부분에 관한 심판청구를 각하하고, 나머지 부분에 관한 심판청구를 기각한다.

3. 구 행형법 제62조의 준용규정 중 같은 법 제18조 제3항 및 같은 법 시행령 제62조를, 미결수용자와 그 변호인 또는 변호인이 되려는 자 사이의 서신으로서 그 서신에 마약 등 소지금지품이 포함되어 있거나 그 내용에 도주·증거인멸·수용시설의 규율과 질서의 파괴 기타 형벌법령에 저촉되는 내용이 기재되어 있다고 의심할 만한 합리적인 이유가 없는 경우에도 준용하는 것은 헌법에 위반된다.

Ⅳ. 결정 이유의 주요 논점 및 요지

1. 발송거부행위에 대한 청구 각하

헌법소원심판은 다른 법률에 구제절차가 있는 경우에는 그 절차를 모두 거친 후가 아니면 청구할 수 없게 되어 있는데, 피청구인은 위 발송거부행위에 대하여는 행정소송법 및 행정심판법에 의하여 행정소송이나 행정심판이 가능할 것이므로 이러한 절차를 거치지 않은 채 이 사건 심판청구부분은 부적법하다. 반면에 서신 검열, 지연발송, 지연교부행위에 대한 청구는 적법하다. 위 각 행위는 권력적 사실행위로서 행정심판이나 행정소송의 대상이 된다고 단정하기도 어려울 뿐 아니라 설사 그 대상이 된다고 하더라도 이미 종료된 행위로서 소의 이익이 부정될 가능성이 많아 헌법소원심판을 청구하는 외에 달리 효과적인 구제방법이 있다고 보기 어려우므로 보충성의 원칙에 대한 예외에 해당하고, 또한 비록 피청구인의 위 각 행위는 이미 종료되었고 청구인 갑이 출소하였지만 이 사건 심판청구는 헌법질서의 수호·유지를 위하여 긴요한 사항으로서 그 해명이 중대한 의미를 지니고 있고 동종행위의 반복위험성도 있어 심판청구의 이익이 있기 때문이다.

2. 미결수용자와 변호인과의 서신 검열행위는 통신의 자유와 변호인의 조력을 받을 권리 침해

변호인이 아닌 자와의 서신 검열행위로 미결수용자의 통신의 비밀이 일부 제한되는 것은 질서유지 또는 공공복리라는 정당한 목적을 위해 불가피할 뿐만 아니라 유효적절한 방법에 의한 최소한의 제한으로서 헌법에 위반된다고 할 수 없다. 그러나 헌법 제12조 제4항은 변호인의 조력을 받을 권리를 보장하고 있으므로, 미결수용자의 서신 중 변호인과의 서신은 다른 서신에 비하여 특별한 보호를 받아야 할 것이다. 다만 피의자나 피고인과 변호인 사이의 서신의 비밀을 보장받기 위해서는, 첫째, 교도소측에서 상대방이 변호인 또는 변호인이 되려는 자라는 사실을 확인할 수 있어야 하고, 둘째, 서신을 통하여 마약 등 소지금지품의 반입을 도모한다든가, 그 내용에 도주·증거인멸·수용시설의 규율과 질서의 파괴·기타 형벌법령에 저촉되는 내용이 기재되어 있다고 의심할 만한 합리적인 이유가 있는 경우가 아니어야 한다.

먼저 청구인 갑이 변호인이 아닌 청구외 병에게 발송한 서신은 위에서 본 미결수용자의 서신검열에 관한 일반원칙에 따라 검열이 가능하고, 또한 청구인 을이 1992. 5. 25.자로 위 갑에게 보낸 서신의 경우 위 을이 변호인이라는 사실이 피청구인에게 확인되었다고 볼 수 없으므로, 피청구인이 위 각 서신을 검열한 행위로 인하여 청구인들의 기본권이 침해되었다고 볼 수는 없다. 그러나 을이 갑에게 보낸 같은 해 5. 26.자 서신과 갑이 같은 해 6. 2.자로 을에게 보낸 서신의 경우에는 그 각 서신의 봉투에 발신인 또는 수신인이 변호사라는 사실이 표시되어 있고, 갑은 을로부터 발송된 위 5. 25.자 서신을 전달받으면서 변호인으로부터 온 서신을 검열한 데 대하여 항의하였음을 알 수 있으며, 그 서신에 소지금지품이 포함되어 있거나 불법적인 내용이 기재되어 있다고 의심할 만한 사정은 보이지 않는다. 따라서 청구인 을과 갑 사이의 위 5. 26.자 서신과 6. 2.자 서신에 대하여는 그것이 변호인과의 사이의 서신교환이라는 사실이 확인되었고 또 갑의 범죄혐의 내용(집시법 위반)이나 신분(교사) 등에 비추어 소지금지품의 포함 또는 불법내용의 기재 등이 있다고 의심할 만한 사정이 없음에도 피청구인이 이를 검열한 것이므로, 이는 헌법상 보장된 청구인들의 통신의 비밀을 침해받지 않을 권리와 청구인 갑의 변호인의 조력을 받을 권리를 침해한 것이라 할 것이다.

3. 위헌적 공권력행사의 근거가 된 구 행형법 제62조도 위헌

구 '행형법' 제62조는 형이 확정된 수형자에 대하여 서신검열을 규정한 같은 법 제18조 제3항 및 시행령 제62조를 미결수용자에 대하여도 준용하도록 규정하고 있고 피청구인의 위 검열행위도 위 규정에 따른 것이므로, 위 검열행위가 위헌임을 확인함에 있어서 위 구법 제62조의 규정 중 앞서 본 변호인과의 사이의 서신검열이 허용되는 조건을 갖추지 않은 경우에도 검열을 할 수 있도록 준용하는 부분에 대하여는 '헌법재판소법' 제75조 제5항에 따라 위헌선언을 하기로 한다.

4. 서신의 지연교부 및 지연발송행위는 합헌

위 각 서신의 발송 및 교부가 어느 정도 지연되었다고 하더라도 이는 교도소 내의 서신발송과 교부 등 업무처리과정에서 불가피하게 소요되는 정도에 불과할 뿐 피청구인이 고의로 발송이나 교부를 지연시킨 것이라거나 또는 업무를 태만히 한 것이라고 볼 수 없으므로, 그로 인하여 청구인들의 통신의 자유, 청구인 갑의 변호인의 조력을 받을 권리가 침해되었다고 할 수는 없다.

V. 이 결정이 가지는 의미

헌법재판소 재판관의 만장일치의견으로 미결수용자의 변호인 혹은 변호인이 되려는 자와의 서신 검열행위가 '그 서신에 마약 등 소지금지품이 포함되어 있거나 그 내용에 도주·증거인멸·수용시설의 규율과 질서의 파괴 기타 형벌법령에 저촉되는 내용이 기재되어 있다고 의심할 만한 합리적인 이유가 없는 경우'에도 이루어지는 것으로 해석하는 한에 있어서는 위헌이라는 한정위헌결정이 내려진 사건이다. 헌법재판소가 '헌법재판소법' 제75조 제5항에 따라, 위헌적인 공권력 행사의 근거법률조항에 대해서도 위헌선언을 하고 있음에 주목할 필요가 있다.

증거보전절차 증인신문 사건

― 헌재 1996. 12. 26, 94헌바1 ―

Ⅰ. 심판대상

형사소송법

제221조의2(증인신문의 청구)

② 전조의 규정에 의하여 검사 또는 사법경찰관에게 임의의 진술을 한 자가 공판기일에 전의 진술과 다른 진술을 할 염려가 있고 그의 진술이 범죄의 증명에 없어서는 아니 될 것으로 인정될 경우에는 검사는 제1회 공판기일 전에 한하여 판사에게 그에 대한 증인신문을 청구할 수 있다.

⑤ 판사는 수사에 지장이 없다고 인정할 때에는 피고인·피의자 또는 변호인을 제1항 또는 제2항의 청구에 의한 증인신문에 참여하게 할 수 있다.

Ⅱ. 사실관계의 요지

청구인 甲은 서울형사지방법원에 특수공무집행방해치사 등 피고사건으로 기소되었다. 그 이전에 위 법원은 '형사소송법' 제221조의2 제2항에 따라 검사의 청구에 의하여 사건의 목격자인 청구외 乙에 대해 증인신문을 하였다. 검사는 이때 작성된 조서를 위 형사사건에서 증거로 제출하였고 법원은 이를 증거로 채택하는 결정을 하였다. 이에 甲은 위 형사사건 계속 중 乙에 대한 증인신문의 근거가 되었던 '형사소송법' 제221조의2 제2항 및 제5항이 피고인의 반대신문권을 보장하지 않고 있음에도 불구하고 이때 작성된 조서는 '형사소송법' 제311조에 의하여 증거능력이 인정되므로, 결과적으로 위 '형사소송법' 규정은 적법절차, 변호인의 조력을 받을 권리, 공정한 재판을 받을 권리, 공개재판을 받을 권리 및 무죄로 추정될 권리를 보장하고 있는 헌법 제12조 제1항·제4항, 헌법 제27조 제1항·제3항·제4항 및 헌법 제37조를 침해하고 있고 그 위헌여부가 재판의 전제가 된다고 하여, 같은 법원에 위 '형사소송법' 규정에 대하여 위헌여부심판의 제청을 신청하였다. 그러나 이 신청이 기각되자 甲은 '헌법재판소법' 제68조 제2항에 따라 이 사건 헌법소원심판을 청구하였다.

Ⅲ. 주　　문

형사소송법 제221조의2 제2항 및 제5항 중 같은 조 제2항에 관한 부분은 헌법에 위반된다.

Ⅳ. 결정 이유의 주요 논점 및 요지

1. '재판의 전제성' 충족해 적법한 헌법소원심판 청구임

헌법 제107조 제1항에 의한 위헌법률심판이나 '헌법재판소법' 제68조 제2항에 의한 헌법소원심판은 심판대상이 된 법률조항이 헌법에 위반되는 여부가 관련사건에서 재판의 전제가 된 경우에 한하여 청구될 수 있다. 여기서 "재판"이라 함은 판결·결정·명령 등 그 형식 여하와 본안에 관한 재판이거나 소송절차에 관한 재판이거나를 불문하며, 심급을 종국적으로 종결시키는 종국재판뿐만 아니라 중간재판도 이에 포함된다. '형사소송법' 제295조에 의하여 법원이 행하는 증거채부결정도 당해 소송사건을 종국적으로 종결시키는 재판은 아니라고 하더라도, 그 자체가 법원의 의사결정으로서 헌법 제107조 제1항과 '헌법재판소법' 제68조 제2항에 규정된 재판에 해당된다고 할 것이다. 이 사건 제2항 및 제5항은 관련사건에서 법원의 증거채부결정에 직접 적용되는 법률조항은 아니나 증거채부결정의 대상이 된 조서의 증거능력에 영향을 미침으로써, 그 위헌여부에 따라 법원이 그 조서를 증거로 채택할 수 있느냐 없느냐의 증거채부결정의 결과를 좌우하고 있다 할 것이다. 그렇다면 이 사건 법률조항들을 심판대상으로 하는 이 사건 헌법소원심판은 적법하다.

2. '형사소송법' 제221조의2 제5항은 적법절차원칙 및 공정한 재판을 받을 권리 침해

헌법은 제27조의 재판청구권 중 공정한 재판을 받을 권리 속에는 신속하고 공개된 법정의 법관의 면전에서 모든 증거자료가 조사·진술되고 이에 대하여 피고인이 공격·방어할 수 있는 기회가 보장되는 재판, 즉 원칙적으로 당사자주의와 구두변론주의가 보장되어 당사자가 공소사실에 대한 답변과 입증 및 반증하는 등 공격·방어권이 충분히 보장되는 재판을 받을 권리가 포함되어 있다. 그렇다면 형사재판의 증거법칙과 관련하여서는 소극적 진실주의가 헌법적으로 보장되어 있다 할 것이다.

　　피고인 등의 앞에서 증인신문을 할 경우 수사기관에서 행한 진술이 번복될 염려가 있다는 것은 오히려 피고인 등에게 반대신문권을 보장할 필요가 더욱 커진다는 것을 의미할 뿐 이러한 사정이 피고인 등의 절차참여를 배제하는 이유가 될 수는 없다 할 것이다. 가사 그 진술의 번복 가능성이 피고인이나 피의자 측의 협박 또는 회유 등에 기인하는 것이라 하더라도 이러한 경우를 위하여는 증인의 신변에 대하여 적절한 안전조치 등을 취할 수 있도록 하는 제도 등 국민의 기본권을 보다 덜 제한하는 제도를 마련하는 것이 적법절차의 원칙을 준수하는 합당한 조치일 것이다. 그렇다면 이 사건 제5항은 피고인들의 공격·방어권을 과다히 제한하는 것으로써 그 자체의 내용이나 대법원의 제한적 해석에 의하더라도 그 입법목적을 달성하기에 필요한 입법수단으로서의 합리성 내지 정당성이 인정될 수는 없다 할 것이다. 결국 이 사건 제5항은 형사절차에서 피고인 등에게 당사자로서의 지위를 보장하고 있는 헌법상의 적법절차의 원칙 및 청구인의 공정한 재판을 받을 권리를 침해하고 있다 할 것이다.

3. '형사소송법' 제221조의2 제2항도 적법절차원칙 및 공정한 재판을 받을 권리 침해

　　이 사건 제2항의 증인신문절차가 진술증거를 강제적으로 수집할 수 있는 절차를 규정하는 것이므로, 그 증인신문절차의 참여권 및 반대신문권을 규정하고 있는 이 사건 제5항은 이 사건 제2항의 증인신문절차의 핵심적 구성부분이라고 보아야 한다. 이 사건 제5항이 위헌으로 인정될 경우에는 이 사건 제2항의 증인신문절차 전체의 내적 평형이 무너짐으로써 그 제도를 만든 입법자의 의도가 왜곡되기에 이른다고 보아야 하기 때문이다. 따라서 이 사건 제5항을 위헌선언하면서 이 사건 제2항을 유효한 것으로 남겨둘 필요성은 없다고 할 것이므로 이 사건 제5항과 함께 이 사건 제2항도 위헌선언함이 타당하다.

　　이 사건 제2항의 증인신문제도는 수사단계에서 임의의 진술을 하였는데도 법정에서 다른 진술을 할 염려가 있다는 이유만으로 검사가 다시 같은 수사단계에서 미리 판사로 하여금 증인신문을 하게 하여 증거를 확보하려는 것으로서, 증인이 공판기일에서 법관의 면전에서 자유스럽게 진술하는 것을 제약함과 동시에 법관이 공판기일에 법정에서 직접 조사한 증거에 의하여 심증을 형성하는 것을 제약하여 결국 법관이 직접 조사하지 아니한 상태에서 행하여진 증인신문조서의 기재에 의하여 바로 심증을 형성하게 함으로써 증거가치판단의 진실성을 담보함에 흠을 가져오는 결과를 초래할 것이다.

　　피고인이나 변호인의 반대신문권은 형식적·절차적인 것이 아니라 실질적·효과적인 것이어야 한다. 그런데 만일 제1회 공판기일전에는 변호인의 소송서류에 대한 열람·등사청구권이 없다고 한다면 이 사건 제2항의 절차에 변호인 등이 참여하게 하여도 효과적인 반대신문을 하기가 어렵다 할 것이고, 변호인 등이 이러한 반대신문을 제대로 할 수 없다면 이는 결국 법관의 심증형성에 영향을 미치게 된다 할 것이다. 이는 헌법이 보장하는 적법한 절차 내지 공정한 재판을 받을 권리의 형사소송법적 표현인 공판중심주의 내지 자유심증주의의 기본적 내용을 현저히 훼손함으로써, 법관의 올바른 자유심증을 형성하는데에 공정성과 합리성을 심각하게 제약하는 것이고, 결국 헌법상 보장된 법관의 독립성을 현저히 저해하는 효과를 가져오는 것이라 할 수밖에 없다.

　이처럼 중대한 기본권 제한을 그 법적 효과로 내포하고 있는 이 사건 제2항의 증인신문절차의 규정을 두는 것은 위와 같은 수사활동의 원활화라는 단순한 입법목적만으로는 그 합리성이나 필요성이 있다고 할 수 없는 것이다. 즉, 이 사건 제2항은 그 입법목적으로 달성하려는 공익에 비하여 훨씬 큰 기본권 제한을 수단으로 하고 있다는 점에서 과잉된 입법이다. 결국, 이 사건 제2항은 범인필벌의 요구만을 앞세워 과잉된 입법수단으로 증거수집과 증거조사를 허용함으로써 법관의 합리적이고 공정한 자유심증을 방해하여 헌법상 보장된 법관의 독립성을 침해할 우려가 있고, 결과적으로 적법절차의 원칙 및 공정한 재판을 받을 권리에 위배되는 것으로서 헌법에 위반된다 할 것이다.

V. 이 결정이 가지는 의미

　헌법재판소가 제1회 공판기일 전 증인신문절차에 피고인 등의 참여를 임의적인 것으로 규정한 '형사소송법' 제221조의2 제2항과 제5항에 대해 적법절차원칙과 공정한 재판을 받을 권리 침해를 이유로 위헌결정을 내린 사건이다. 헌법재판소가 재판의 전제성에서 '재판'에 판결, 결정, 명령 등 그 형식 여하와 본안에 관한 재판이거나 소송절차에 관한 재판이거나를 불문하며 심급을 종국적으로 종결시키는 종국재판뿐만 아니라 중간재판도 이에 포함시키고 있음에 주목을 요한다. 이러한 이유로 증거채부결정의 대상이 된 조서의 증거증력에 영향을 미치는 이 사건 조항들에 대한 위헌법률심사형 헌법소원이 가능한 것이다.

열람·등사 거부처분사건

— 헌재 2010. 6. 24, 2009헌마257 —

I. 심판대상

피청구인이 2009년 4월 16일 법원의 수사서류에 대한 열람·등사 허용 결정에 따른 변호인들의 이 사건 수사서류에 대한 열람·등사 신청을 거부한 행위

※ 관련조문

형사소송법(2007. 6. 1. 법률 제8496호로 일부개정된 것)

제266조의3(공소제기 후 검사가 보관하고 있는 서류 등의 열람·등사)

① 피고인 또는 변호인은 검사에게 공소 제기된 사건에 관한 서류 또는 물건의 목록과 공소사실의 인정 또는 양형에 영향을 미칠 수 있는 다음 서류 등의 열람·등사 또는 서면의 교부를 신청할 수 있다. 다만, 피고인에게 변호인이 있는 경우에는 피고인은 열람만을 신청할 수 있다.

1. 검사가 증거로 신청할 서류 등

2. 검사가 증인으로 신청할 사람의 성명, 사건과의 관계 등을 기재한 서면 또는 그 사람이 공판기일 전에 행한 진술을 기재한 서류 등

3. 제1호 또는 제2호의 서면 또는 서류 등의 증명력과 관련된 서류 등

4. 피고인 또는 변호인이 행한 법률상·사실상 주장과 관련된 서류 등(관련 형사재판확정기록, 불기소처분기록 등을 포함한다)

② 검사는 국가안보, 증인보호의 필요성, 증거인멸의 염려, 관련 사건의 수사에 장애를 가져올 것으로 예상되는 구체적인 사유 등 열람·등사 또는 서면의 교부를 허용하지 아니할 상당한 이유가 있다고 인정하는 때에는 열람·등사 또는 서면의 교부를 거부하거나 그 범위를 제한할 수 있다.

③~⑥ 생략

제266조의4(법원의 열람·등사에 관한 결정)

① 피고인 또는 변호인은 검사가 서류 등의 열람·등사 또는 서면의 교부를 거부하거나 그 범위를 제한한 때에는 법원에 그 서류 등의 열람·등사 또는 서면의 교

부를 허용하도록 할 것을 신청할 수 있다.

③~④ 생략

⑤ 검사는 제2항의 열람·등사 또는 서면의 교부에 관한 법원의 결정을 지체 없이 이행하지 아니하는 때에는 해당 증인 및 서류 등에 대한 증거신청을 할 수 없다.

Ⅱ. 사실관계의 요지

청구인들은 피청구인에 의하여 특수공무집행방해치사죄 등으로 기소된 피고인들이다. 청구인들의 변호인들은 피청구인에게 수사서류에 대한 열람·등사 신청을 하였다가 거부당하자 '형사소송법' 제266조의4 제1항에 따라 법원에 열람·등사를 허용하도록 할 것을 신청하였다. 법원은 위 신청이 이유 있다고 판단하여 수사서류 전부에 대한 열람·등사를 허용할 것을 명하는 결정을 하였다. 그 결정이 있은 이후에도 피청구인은 변호인들의 열람·등사 신청에 대하여 일부 서류에 대한 열람·등사만을 허용했을 뿐, 나머지 서류에 대해서는 열람·등사를 거부하였다. 이에 청구인들은 피청구인의 위 열람·등사 거부행위가 청구인들의 신속하고 공정한 재판을 받을 권리 및 변호인의 조력을 받을 권리를 침해한다고 주장하면서 이 사건 헌법소원심판을 청구하였다. 한편, 청구인들에 대한 형사피고사건의 항소심 재판장은 관련된 재정신청사건을 함께 심리하면서 위 재정신청사건 기록에 편철되어 있는 이 사건 수사서류에 대한 변호인들의 열람·등사를 허용하였고 이로 인해 변호인들은 이 사건 수사서류에 대한 열람·등사를 모두 마치게 되었다.

Ⅲ. 주 문

서울중앙지방법원 2009고합153, 168(병합) 특수공무집행방해치사 등 사건에 관하여 2009. 4. 14. 법원이 한 열람·등사 허용 결정에 따라 청구인들의 변호인들이 [별지 1] 기재 서류에 대하여 한 열람·등사 신청 중 비고란 기재 1, 2차 교부본을 제외한 나머지 부분에 대하여 2009. 4. 16. 피청구인이 이를 거부한 것은, 청구인들의 신속하고 공정한 재판을 받을 권리와 변호인의 조력을 받을 권리를 침해한 것이므로 헌법에 위반됨을 확인한다.

Ⅳ. 결정 이유의 주요 논점 및 요지

1. 권리보호의 이익의 예외에 해당하여 적법한 심판청구임

청구인들의 변호인들이 이 사건 수사서류에 대하여 이미 열람·등사를 마쳤으므로 이 사건 헌법소원이 인용된다고 하더라도 청구인들의 주관적 권리구제에는 더 이상 도움이 되지 않는다. 그러나 이 사건과 같은 유형의 침해행위가 앞으로도 반복될 가능성이 크고, 증거개시에 관한 '형사소송법' 규정이 신설된 이후에 이 사건과 유사한 사건에 대하여 헌법적 해명이 이루어진 바 없으므로 이 사건 심판청구에 있어서는 심판의 이익이 여전히 존재한다.

2. 피고인의 신속·공정한 재판을 받을 권리 및 변호인의 조력을 받을 권리 침해

피고인의 신속·공정한 재판을 받을 권리 및 변호인의 조력을 받을 권리는 헌법이 보장하고 있는 기본권이고, 변호인의 수사서류 열람·등사권은 피고인의 신속·공정한 재판을 받을 권리 및 변호인의 조력을 받을 권리라는 헌법상 기본권의 중요한 내용이자 구성요소이며 이를 실현하는 구체적인 수단이 된다. 따라서 변호인의 수사서류 열람·등사를 제한함으로 인해 결과적으로 피고인의 신속·공정한 재판을 받을 권리 또는 변호인의 충분한 조력을 받을 권리가 침해된다면 이는 헌법에 위반되는 것이다.

'형사소송법'은 피고인의 신속·공정한 재판을 받을 권리 및 변호인의 조력을 받을 권리를 실질적으로 보장하기 위하여 공소가 제기된 후의 피고인 또는 변호인의 수사서류 열람·등사권에 대해 증거개시의 대상을 검사가 신청할 예정인 증거에 한정하지 않고, 피고인에게 유리한 증거까지를 포함한 전면적인 증거개시를 원칙으로 한다. 또한 '형사소송법' 제266조의3에 따라 검사는 열람·등사의 신청이 있는 경우에는 원칙적으로 열람·등사를 허용해야 하고 예외적으로 제한사유가 있는 경우에만 열람·등사를 제한할 수 있으며 열람·등사를 제한할 경우에도 지체 없이 그 이유를 서면으로 통지하도록 규정하고 있다. '형사소송법' 제266조의4는 피고인 측의 열람·등사신청권이 형해화되지 않도록 검사의 열람·등사 거부처분에 대하여 별도의 불복절차를 마련하고 있기도 하다.

그리고 '형사소송법'은 검사의 열람·등사 거부처분에 대하여 법원이 그 허용 여부를 결정하도록 하면서도, 법원의 열람·등사 허용 결정에 대하여 집행정지의 효력이 있는 즉시항고 등의 불복절차를 별도로 규정하고 있지 않다. 따라서 이러한 법원의 열람·등사 허용 결정은 그 결정이 고지되는 즉시 집행력이 발생한다고 보아야 한다. '형사소송법' 제266조의4 제5항에서 검사가 수사서류의 열람·등사에 관한 법원의 결정을 지체 없이 이행하지 않는 때에는 해당 증인 및 서류 등에 대한 증거신청을 할 수 없도록 규정하고 있으나, 이는 검사가 그와 같은 불이익을 감수하기만 하면 법원의 열람·등사 결정을 따르지 않을 수도 있다는 의미가 아니라, 피고인의 열람·등사권을 보장하기 위하여 검사로 하여금 법원의 열람·등사에 관한 결정을 신속히 이행하도록 강제하는 한편, 이를 이행하지 않는 경우에는 증거신청상의 불이익도 감수해야 한다는 의미로 해석하여야 한다. 따라서 법원이 검사의 열람·등사 거부처분에 정당한 사유가 없다고 판단하여 그러한 거부처분이 피고인의 헌법상 기본권을 침해한다는 취지에서 수사서류의 열람·등사를 허용하도록 명한 이상, 법치국가와 권력분립의 원칙상 공권력을 집행하는 검사로서는 당연히 법원의 그러한 결정에 지체 없이 따라야 할 것이다.

한편, 신속하고 실효적인 구제절차를 형사소송절차 내에 마련하고자 열람·등사에 관한 규정을 신설한 입법취지와, 검사의 열람·등사 거부처분에 대한 정당성 여부가 법원에 의하여 심사된 마당에 헌법재판소가 다시 열람·등사 제한의 정당성 여부를 심사하게 된다면 이는 법원의 결정에 대한 당부의 통제가 되는 측면이 있는 점 등을 고려하여 볼 때, 이 사건과 같이 수사서류에 대한 법원의 열람·등사 허용 결정이 있음에도 검사가 열람·등사를 거부하는 경우 수사서류 각각에 대하여 검사가 열람·등사를 거부할 정당한 사유가 있는지를 심사할 필요 없이 그 거부행위 자체로써 청구인들의 기본권을 침해한다고 보아야 할 것이다.

Ⅴ. 이 결정이 가지는 의미

헌법재판소가 재판관 8(위헌) : 1(각하)의 의견으로 증거개시에 관한 '형사소송법' 규정에 따라 법원이 수사서류에 대한 열람·등사 허용 결정을 하였음에도 검사가 변호인의 열람·등사 신청을 거부한 행위에 대해 위헌결정을 내린 사건이다. 형사소송법 제266조의4 규정에 따른 법원의 수사서류에 대한 열람·등사 허용 결정이 있는 경우 검사는 지체 없이 이에 응해야 하고 만약 검사가 이를 신속하게 이행하지 않는 경우에는, 해당 증인 및 서류 등을 증거로 신청할 수 없는 불이익을 받는 것에 그치는 것이 아니라, 피고인의 열람·등사권을 침해하고 나아가 피고인의 신속하고 공정한 재판을 받을 권리 및 변호인의 조력을 받을 권리까지 침해하게 되는 것이라는 점을 위헌의 근거로 들었다. 헌법재판소가 변호인의 수사서류 열람·등사를 제한하는 것이 어떻게 피고인의 신속·공정한 재판을 받을 권리 또는 변호인의 충분한 조력을 받을 권리 침해로 이어진다고 봤는지에 주목할 필요가 있다.

공직자 등의 병역사항 신고 및 공개에 관한 법률 사건

— 헌재 2007. 5. 31, 2005헌마1139 —

Ⅰ. 심판대상

공직자 등의 병역사항 신고 및 공개에 관한 법률

제3조(신고대상자와 신고할 병역사항) 신고의무자는 본인 또는 본인의 18세 이상인 직계비속에 대한 다음 각호의 병역사항을 신고하여야 한다.

1. 18세인 신고대상자는 제1국민역 편입사항

1의2. 징병검사 또는 징집·소집대상인 신고대상자는 징병검사연도 및 병역처분내용

2. 징집 또는 소집복무를 마쳤거나 마친 것으로 보는 신고대상자의 경우에는 복무분야, 계급, 군번(군번이 부여된 경우에 한한다), 입영연월일, 전역·소집해제 연월일 및 전역·소집해제사유

3. 현역·보충역·전환복무중인 신고대상자의 경우에는 복무분야, 복무부대 또는 복무기관, 계급 및 입영 또는 편입연월일

4. 다음 각목의 1에 해당하는 신고대상자의 경우에는 병역법 제11조의 규정에 의한 징병검사시부터 동법 제72조의 규정에 의한 병역의무 종료시까지의 병역사항(최종 병역처분을 할 때의 질병명 또는 처분사유를 포함한다)

   가. 제2국민역에 편입(제2국민역에 편입된 것으로 보는 경우를 포함한다. 이하 제8조 제3항에서 같다)된 자

   나. 병역이 면제되거나 병적에서 제적된 자

   다. 현역 또는 보충역의 복무나 의무종사를 마치지 아니하고 병역의무가 종료된 자

제8조(신고사항의 공개 및 이의신청 등)

① 병무청장은 신고기관의 장으로부터 제4조 제3항의 규정에 의하여 병역사항(동조 동항의 규정에 의하여 지방병무청장에게 통보된 병역사항을 포함한다)을 통보받은 때에는 1월 이내에 관보와 인터넷에 게재하여 공개하여야 한다. (단서 생략)

제9조(공직선거후보자의 병역사항신고 및 공개)

① 공직선거및선거부정방지법 제2조의 규정에 의한 선거의 후보자가 되고자 하는

사람(비례대표의원의 경우는 추천정당을 말한다)이 당해 선거의 후보자등록을 하는 때에는 등록일전 1월 현재의 제3조의 규정에 의한 병역사항을 서면으로 관할선거구선거관리위원회에 신고하여야 한다.

③ 관할선거구선거관리위원회는 후보자등록공고시에 후보자의 병역사항을 공개하여야 한다. 이 경우 제8조 제3항의 규정을 준용한다.

공직선거법

제65조(선거공보)

⑦ 대통령선거, 지역구국회의원선거, 지역구지방의회의원선거 및 지방자치단체의장선거에 있어서 책자형 선거공보를 제출하는 경우에는 중앙선거관리위원회규칙이 정하는 바에 따라 다음 각호에 따른 내용(이하 이 조에서 "후보자정보공개자료"라 한다)을 게재하여야 한다. 이 경우 후보자정보공개자료에 대하여 소명이 필요한 사항은 그 소명자료를 함께 게재할 수 있다.

2. 병역사항

후보자 및 후보자의 직계비속의 군별·계급·복무기간·복무분야·병역처분사항 및 병역처분사유(「공직자 등의 병역사항 신고 및 공개에 관한 법률」 제8조(신고사항의 공개) 제3항의 규정에 따라 질병명 또는 심신장애내용의 비공개를 요구하는 경우에는 이를 제외한다)

Ⅱ. 사실관계의 요지

청구인은 징병검사에서 한쪽 눈 실명으로 병역면제처분을 받았다. 청구인은 국회에서 근무하고 있는 공무원으로서, '공직자 등의 병역사항 신고 및 공개에 관한 법률'에 따라 2005년 8월 1일에 병역사항을 신고하였는데, 법 제3조 제4호 나목에 따라 병역처분을 할 때의 질병명을 신고해야 했고, 이 신고사항은 법 제8조 제1항에 의하여 관보와 인터넷에 게재하는 방식으로 공개되었다. 이에 청구인은 질병명까지 신고·공개토록 하고 있는 위 법률조항 등이 사생활의 비밀과 자유 등의 기본권을 침해한다고 주장하면서 2005년 11월 22일에 위 조항 등의 위헌확인을 구하는 헌법소원심판을 청구하였다.

Ⅲ. 주   문

1. '공직자 등의 병역사항 신고 및 공개에 관한 법률' 제8조 제1항 본문 가운데 '4급

이상의 공무원 본인의 질병명에 관한 부분'은 헌법에 합치되지 아니한다. 이 법률조항 부분은 입법자가 2007. 12. 31.을 시한으로 개정할 때까지 계속 적용된다.

    2. 청구인의 나머지 심판청구를 모두 각하한다.

Ⅳ. 결정 이유의 주요 논점 및 요지

1. 청구가 부적법해 각하된 부분

    첫째, 법 제9조 제1항, 같은 조 제3항 제1문 가운데 각 '4급 이상의 공무원 본인의 질병명에 관한 부분' 및 공직선거법 제65조 제7항 제2호는 공직선거의 후보자등록을 하는 때에 또는 등록된 후보자가 책자형 선거공보를 제출하는 때에 준수하여야 할 법규정인데, 청구인은 공직선거 후보자등록은커녕 후보자가 되고자 하는 의사의 유무조차 분명히 밝히고 있지 않다. 따라서 위 조항들에 대한 심판청구는 기본권 침해의 자기관련성이 없어 부적법하다.

    둘째, 법 제3조 제4호 나목의 병역면제자 부분 가운데 '4급 이상의 공무원 본인의 질병명에 관한 부분'에 대한 청구와 관련해, 청구인은 2005년 8월 1일에 국회사무처에 병역사항을 신고하였는데, 그로부터 90일이 경과한 후인 2005년 11월 22일에야 헌법소원을 청구하였으므로 이 부분 심판청구는 청구기간을 도과하여 부적법하다.

2. 4급 이상의 공무원들까지 대상으로 삼아 모든 질병명을 아무런 예외 없이 공개토록 한 것은 사생활의 비밀과 자유를 침해

    법 제8조 제1항 본문 가운데 '4급 이상의 공무원 본인의 질병명에 관한 부분'에 의하여 공개되는 것은 질병명으로서, 이는 내밀한 사적 영역에 근접하는 민감한 개인정보이며, 해당 공무원의 공적 활동과 관련하여 생성된 정보가 아니라 그 이전에, 그와 무관하게 개인에게 부과된 것으로서 극히 사적인 정체성을 드러내는 정보이다. 따라서 공개대상자의 사생활 침해가 최소화되도록 하는 방안을 강구하여야 했다. 그러나 이 사건 법률조항은 사생활 보호의 헌법적 요청을 거의 고려하지 않은 채 인격 또는 사생활의 핵심에 관련되는 질병명과 그렇지 않은 것을 가리지 않고 무차별적으로 공개토록 하고 있으며, 아무런 비공개요구권도 인정하고 있지 않다. 따라서, 공개시에 인격이나 사생활의 심각한 침해를 초래할 수 있는 후천성면역결핍증, 정신분열장애, 매독, 인공항문 등의 질병명을 예외 없이 공개함으로써 사생활의 비밀을 심각하게 침해하고 있다.

    우리 현실에 비추어 질병명 공개와 같은 처방을 통한 병역풍토의 쇄신이 필요하다

하더라도 특별한 책임과 희생을 추궁할 수 있는 소수 사회지도층에 국한하여야 할 것이다. 4급 공무원이면 주로 과장급 또는 계장급 공무원에 해당하여 주요 정책이나 기획의 직접적·최종적 결정권을 가진다고는 할 수 없고, 사회의 일반적 관념에 비추어 보면 평범한 직업인의 하나에 불과한 경우도 많을 것이다. 이런 점에서 이들의 병역정보가 설사 공적 관심의 대상이 된다 할지라도 그 정도는 비교적 약하다고 하지 않을 수 없고, 그렇다면 공무원 개인을 위한 정보 보호의 요청을 쉽사리 낮추어서는 안 되며, 그 정보가 질병명과 같이 인격 또는 사생활의 핵심에 관련되는 것일 때에는 더욱 그러하다.

Ⅴ. 이 결정이 가지는 의미

헌법재판소는 이 사건에서 헌법불합치결정과 입법촉구결정을 내렸다. 즉, 우리 현실에서 병역공개제도 자체의 필요성이 인정되는 이상 단순위헌 결정을 함으로써 4급 이상 공무원 모두에 대해 어떤 질병명도 당장 공개할 수 없는 결과를 초래하는 것은 적절하지 않으며 입법자가 사생활 제한을 완화하는 조치를 취할 수 있도록 헌법불합치결정을 선고하되, 입법자의 개선입법이 있을 때까지 계속적용을 명한다고 판시하면서 법개정의 시한까지 제시했다. 좀처럼 위헌판단의 근거로 잘 활용되지 않던 사생활의 비밀과 자유가 헌법불합치의 근거로 사용되고 있는 점에 주목을 요한다.

지문날인제도 사건

— 헌재 2005. 5. 26, 99헌마513 —

I. 심판대상

주민등록법시행령(2005. 3. 31. 대통령령 제18772호로 개정되기 전의 것)

제33조(주민등록증의 발급절차)

② 제1항의 규정에 의하여 주민등록증 발급통지를 받은 자 또는 공고된 자는 그 통지서 또는 공고문에 기재된 발급신청기간 내에 본인이 직접 주민등록이 되어 있는 시·군·자치구의 관계공무원에게 사진 1매를 제출하거나 그 사무소에서 직접 사진을 촬영하고, 본인임을 소명한 후, 그 공무원 앞에서 별지 제30호 서식에 의한 주민등록증발급신청서에 지문을 날인하여 신청하여야 한다.

주민등록법시행규칙

제9조(주민등록발급신청서의 송부) 시장·군수 또는 구청장은 주민등록증발급신청서와 별지 제5호서식의 주민등록증발급신청서집계표를 다음달 5일까지 해당자의 주민등록지를 관할하는 경찰서의 파출소장에게 송부하여야 한다.

II. 사실관계의 요지

청구인 갑 외 1인은 '주민등록법' 제17조의8 및 '주민등록법시행령' 제33조 제2항에 의하여 이미 주민등록증을 발급받은 사람들로서, 사회운동단체인 인권실천시민연대와 사회진보연대에 각 소속되어 있으면서 1999년부터 주민등록증 일제갱신을 계기로 지문날인반대운동을 해 오고 있다. 위 청구인들은 주민등록증을 발급받을 당시 자신들이 주민등록증발급신청서에 날인함으로써 만들어진 열 손가락의 지문정보를 피청구인 경찰청장이 보관·전산화하고 이를 범죄수사목적에 이용하는 공권력 행사로 인하여 자신들의 인간의 존엄과 가치, 행복추구권, 인격권, 신체의 자유, 사생활의 비밀과 자유, 개인정보자기결정권 등을 침해받았다고 주장하면서 그 위헌확인을 구하는 이 사건 헌법소원심판을 청구하였다.

Ⅲ. 주   문

청구인 갑 외 1인의 심판청구를 모두 기각한다.

Ⅳ. 결정 이유의 주요 논점 및 요지

1. 개인정보자기결정권에 대한 제한

이 사건 심판대상조항과 행위 중 본안판단의 대상이 되는 것은 '주민등록법시행령' 제33조 제2항에 의한 별지 제30호서식 중 열 손가락의 회전지문과 평면지문을 날인하도록 한 부분과 경찰청장이 청구인들의 주민등록증발급신청서에 날인되어 있는 지문정보를 보관·전산화하고 이를 범죄수사목적에 이용하는 행위의 각 위헌 여부인데, 결국 이 사건 심판청구는 개인정보의 하나인 지문정보의 수집·보관·전산화·이용이라는 일련의 과정에서 적용되고 행해진 규범 및 행위가 헌법에 위반되는지 여부를 그 대상으로 하는 것이다. 개인정보자기결정권은 자신에 관한 정보가 언제 누구에게 어느 범위까지 알려지고 또 이용되도록 할 것인지를 그 정보주체가 스스로 결정할 수 있는 권리, 즉 정보주체가 개인정보의 공개와 이용에 관하여 스스로 결정할 권리를 말한다. 개인의 고유성, 동일성을 나타내는 지문은 그 정보주체를 타인으로부터 식별가능하게 하는 개인정보이므로, 시장·군수 또는 구청장이 개인의 지문정보를 수집하고, 경찰청장이 이를 보관·전산화하여 범죄수사목적에 이용하는 것은 모두 개인정보자기결정권을 제한하는 것이다.

2. 법률유보원칙에 위배되지 않음

'주민등록법' 제17조의8 제2항 본문은 주민등록증의 수록사항의 하나로 지문을 규정하고 있을 뿐 "오른손 엄지손가락 지문"이라고 특정한 바가 없으며, 이 사건 시행령조항에서는 주민등록법 제17조의8 제5항의 위임규정에 근거하여 주민등록증발급신청서의 서식을 정하면서 보다 정확한 신원확인이 가능하도록 하기 위하여 열 손가락의 지문을 날인하도록 하고 있는 것이므로, 이를 두고 법률에 근거가 없는 것으로서 법률유보의 원칙에 위배되는 것으로 볼 수는 없다.

'공공기관의 개인정보 보호에 관한 법률' 제10조 제2항 제6호는 컴퓨터에 의하여 이미 처리된 개인정보뿐만 아니라 컴퓨터에 의하여 처리되기 이전의 원 정보자료 자체도 경찰청장이 범죄수사목적을 위하여 다른 기관에서 제공받는 것을 허용하는 것으로 해석되어야 하고, 경찰청장은 같은 법 제5조에 의하여 소관업무를 수행하기 위하여 필요한 범위 안에서 이를 보유할 권한도 갖고 있으며, 여기에는 물론 지문정보를 보유하는 것도 포함된다. 따라서 경찰청장이 지문정보를 보관하는 행위는 '공공기관의 개인정보 보호에 관한 법률' 제5조, 제10조 제2항 제6호에 근거한 것으로 볼 수 있고, 그 밖에 '주민등록법' 제17조의8 제2항 본문, 제17조의10 제1항, '경찰법' 제3조 및 '경찰관직무집행법' 제2조에도 근거하고 있다.

경찰청장이 보관하고 있는 지문정보를 전산화하고 이를 범죄수사목적에 이용하는 행위가 법률의 근거가 있는 것인지 여부에 관하여 살펴보면, 경찰청장은 개인정보화일의 보유를 허용하고 있는 '공공기관의 개인정보 보호에 관한 법률' 제5조에 의하여 자신이 업무수행상의 필요에 의하여 적법하게 보유하고 있는 지문정보를 전산화할 수 있고, 지문정보의 보관은 범죄수사 등의 경우에 신원확인을 위하여 이용하기 위한 것이므로, 경찰청장이 지문정보를 보관하는 행위의 법률적 근거로서 거론되는 법률조항들은 모두 경찰청장이 지문정보를 범죄수사 목적에 이용하는 행위의 법률적 근거로서 원용될 수 있다.

따라서 이 사건 시행령조항 및 경찰청장의 보관 등 행위는 모두 그 법률의 근거가 있다.

3. 개인정보자기결정권에 대한 과잉제한이 아님

이 사건 시행령조항 및 경찰청장의 보관 등 행위는 불가분의 일체를 이루어 지문정보의 수집·보관·전산화·이용이라는 넓은 의미의 지문날인제도를 구성하고 있다고 할 수 있으므로, 지문정보의 수집·보관·전산화·이용을 포괄하는 의미의 지문날인제도가 과잉금지의 원칙을 위반하여 개인정보자기결정권을 침해하는지 여부가 문제된다.

이 사건 지문날인제도가 범죄자 등 특정인만이 아닌 17세 이상 모든 국민의 열 손가락 지문정보를 수집하여 보관하도록 한 것은 신원확인기능의 효율적인 수행을 도모하고, 신원확인의 정확성 내지 완벽성을 제고하기 위한 것으로서, 그 목적의 정당성이 인정되고, 또한 이 사건 지문날인제도가 위와 같은 목적을 달성하기 위한 효과적이고 적절한 방법의 하나가 될 수 있다.

범죄자 등 특정인의 지문정보만 보관해서는 17세 이상 모든 국민의 지문정보를 보관하는 경우와 같은 수준의 신원확인기능을 도저히 수행할 수 없는 점, 개인별로 한 손가락만의 지문정보를 수집하는 경우 그 손가락 자체 또는 지문의 손상 등으로 인하여 신원확인이 불가능하게 되는 경우가 발생할 수 있고 그 정확성 면에 있어서도 열 손가락 모두의 지문을 대조하는 것과 비교하기 어려운 점, 다른 여러 신원확인수단 중에서 정확성·간편성·효율성 등의 종합적인 측면에서 현재까지 지문정보와 비견할 만한 것은 찾아

보기 어려운 점 등을 고려해 볼 때, 이 사건 지문날인제도는 피해 최소성의 원칙에 어긋나지 않는다.

이 사건 지문날인제도로 인하여 정보주체가 현실적으로 입게 되는 불이익에 비하여 경찰청장이 보관·전산화하고 있는 지문정보를 범죄수사활동, 대형사건사고나 변사자가 발생한 경우의 신원확인, 타인의 인적 사항 도용 방지 등 각종 신원확인의 목적을 위하여 이용함으로써 달성할 수 있게 되는 공익이 더 크다고 보아야 할 것이므로, 이 사건 지문날인제도는 법익의 균형성의 원칙에도 위배되지 않는다.

결국 이 사건 지문날인제도가 과잉금지의 원칙에 위배하여 청구인들의 개인정보자기결정권을 침해하였다고 볼 수 없다.

Ⅴ. 이 결정이 가지는 의미

주민등록시 지문을 날인하도록 하여 개인의 지문정보를 수집하고 경찰청장이 이를 보관·전산화하여 범죄수사 목적에 이용하는 지문날인제도에 대해 헌법재판소 다수의견이 합헌결정을 내린 사건이다. 즉, 이러한 지문날인제도는 자신에 관한 정보가 언제 누구에게 어느 범위까지 알려지고 또 이용되도록 할 것인지를 정보주체가 스스로 결정할 수 있는 헌법상 개인정보자기결정권을 침해하지 않는다고 본 것이다. 이에 대해 송인준, 주선회, 전효숙 재판관은 반대의견인 위헌의견을 개진했다. 주민등록증발급기관이 주민등록증에 지문정보를 수록하는 것에 대하여만 '주민등록법' 제17조의8 제2항에 근거가 마련되어 있을 뿐 경찰청장이 지문원지를 수집·보관할 수 있도록 하는 법률의 직접적인 규정은 찾아볼 수 없어 기본권 제한에 관한 법률유보원칙에 위배된다는 점, 가사 이 사건 시행령조항을 포함한 심판대상행위가 모두 법률적 근거를 갖추었다고 하더라도 기본권 제한의 최소침해성, 법익균형성에 어긋나 과잉금지원칙에 위배된다는 점을 위헌의 근거로 들었다. 헌법재판소가 헌법 제17조에 규정된 '사생활의 비밀과 자유'는 개인의 사생활이 타인으로부터 침해되거나 사생활이 함부로 공개되지 않을 소극적 권리는 물론, 고도로 정보화된 사회에서 자신에 대한 정보를 자율적으로 통제할 수 있는 적극적 권리도 보장하는 것으로 보면서 개인정보자기결정권을 이에 포함시키고 있는 점에 주목을 요한다.

이중국적자의 국적선택권 사건

─ 헌재 2006. 11. 30, 2005헌마739 ─

I. 심판대상

국적법(2005. 5. 24. 법률 제7499호로 개정된 것)

제12조(이중국적자의 국적선택의무)

① 출생 기타 이 법의 규정에 의하여 만 20세가 되기 전에 대한민국의 국적과 외국 국적을 함께 가지게 된 자(이하 "이중국적자"라 한다)는 만 22세가 되기 전까지, 만 20세가 된 후에 이중국적자가 된 자는 그 때부터 2년 내에 제13조 및 제14조의 규정에 의하여 하나의 국적을 선택하여야 한다. 다만, 병역법 제8조의 규정에 따라 제1국민역에 편입된 자는 편입된 때부터 3월 이내에, 제3항 각 호의 어느 하나에 해당하는 때부터 2년 이내에 하나의 국적을 선택하여야 한다.

③ 직계존속이 외국에서 영주할 목적없이 체류한 상태에서 출생한 자는 병역의무의 이행과 관련하여 다음 각 호의 어느 하나에 해당하는 때에 한하여 제14조의 규정에 따른 국적이탈신고를 할 수 있다.

  1. 현역·상근예비역 또는 보충역으로 복무를 마치거나 마친 것으로 보는 때
  2. 병역면제처분을 받은 때
  3. 제2국민역에 편입된 때

제14조(대한민국 국적의 이탈절차)

① 이중국적자로서 외국 국적을 선택하고자 하는 자는 제12조 제1항에 규정된 기간 내에 법무부장관에게 대한민국의 국적을 이탈한다는 뜻을 신고할 수 있다. 다만, 동조 동항 단서 또는 동조 제3항에 규정된 자는 그 기간 이내에 또는 해당 사유가 발생한 때부터 신고할 수 있다.

  부칙 ②(이중국적자의 국적이탈신고에 관한 적용례) 제12조 제1항 단서·제3항 및 제14조 제1항 단서의 개정규정은 이 법 시행 후 최초로 국적이탈신고를 하는 사람부터 적용한다.

Ⅱ. 사실관계의 요지

청구인은 1986년 4월 10일에 대한민국국적 보유자인 청구외 망 윤모와 미국국적 보유자인 청구외 신모의 자(子)로 미국에서 출생함으로써 한국국적과 미국시민권을 동시에 취득한 이중국적자이다. 청구인은 병역법에 따라 2004년 1월 1일에 제1국민역에 편입되었다. 국회는 2005년 5월 24일에 병역을 기피할 목적으로 원정출산 등 편법적인 방법으로 자녀에게 외국국적을 취득시키는 것을 방지하기 위하여 직계존속이 외국에서 영주할 목적 없이 체류한 상태에서 출생하여 이중국적자가 된 자는 소정의 병역의무를 마친 후에만 비로소 국적이탈신고를 할 수 있도록 하는 등의 내용으로 '국적법' 제12조 제1항 단서, 제3항, 제14조 제1항 단서를 개정하고, 위 개정규정들은 부칙 제2항에서 개정법 시행 후 최초로 국적이탈신고를 하는 사람부터 적용하도록 하였다.

이에 청구인은 위 국적법 개정조항들로 인하여 병역의무 이행을 하지 않고서는 자유롭게 국적을 이탈할 수 없게 되었고, 그로 인하여 자신의 행복추구권, 양심의 자유 등을 침해받았다고 주장하면서 2005년 8월 8일에 위 조항들의 위헌확인을 구하는 헌법소원심판을 청구하였다.

Ⅲ. 주   문

1. 국적법(2005. 5. 24. 법률 제7499호로 개정된 것) 제12조 제1항 단서, 제14조 제1항 단서 중 제12조 제1항 단서에 관한 부분, 부칙 제2항 중 앞의 법률조항들에 관한 부분에 대한 심판청구를 기각한다.

2. 위 같은 법 제12조 제3항, 제14조 제1항 단서 중 제12조 제3항에 관한 부분, 부칙 제2항 중 앞의 법률조항들에 관한 부분에 대한 심판청구를 각하한다.

Ⅳ. 결정 이유의 주요 논점 및 요지

1. 기본권 침해의 자기관련성이 없음(일부 각하)

청구인은 법 제12조 제3항에 규정된 "직계존속이 외국에서 영주할 목적 없이 체류한 상태에서 출생한 자"에 해당하지 않으므로, 법 제12조 제3항 및 그에 관한 제14조 제1항 단서 부분, 부칙 제2항 중 앞의 법률조항들에 관한 부분에 대한 심판청구는 기본권 침해의 자기관련성이 없어 부적법하다.

2. 국적이탈의 자유에 대한 합헌적 제한

선천적 이중국적을 허용하고 국적선택제도를 두고 있는 현행 제도하에서 법 제12조 제1항 단서 및 그에 관한 제14조 제1항 단서와 같은 규제가 없다면 이중국적자로서는 국적선택제도를 이용하여 병역을 면탈하는 것이 보다 용이하게 된다. 현행 법제상 한국 국적의 이탈로 인한 불이익·불편이 병역면탈 의도의 국적이탈을 저지할 만큼 심각하지도 않다. 이중국적의 인정은 첫째, 병역자원의 일정한 손실을 초래한다. 병력자원의 유지는 국방이라는 헌법적 가치를 수호하기 위한 중요한 요소임에 틀림없고, 이중국적자의 수도 적지 않은데 남자인 이중국적자의 상당수는 국적선택제도를 통하여 병역을 회피할 수 있게 된다. 둘째, 이중국적자가 생활의 근거를 한국에 두면서 한국인으로서 누릴 각종 혜택을 누리다가 정작 국민으로서 의무를 다해야 할 때에는 한국 국적을 버리는 기회주의적 행태가 허용된다면 병역부담평등의 원칙은 심각하게 훼손된다.

법 제12조 제1항 단서 및 그에 관한 제14조 제1항 단서는 이중국적자라 하더라도 대한민국 국민인 이상 병역의무를 이행하여야 한다는 것을 원칙적인 전제로 하여, 이중국적자로서 구체적인 병역의무가 발생하는 제1국민역 편입시부터 3개월 이내에 한국 국적을 이탈함으로써 한국의 병역의무를 면하는 것은 허용하되, 위 기간 내에 국적이탈을 하지 않은 이중국적자는 병역문제를 해소하지 않는 한 한국 국적을 이탈하지 못하게 함으로써 국적선택제도를 통하여 병역의무를 면탈하지 못하게 하려는 데에 그 입법취지가 있다.

법 제12조 제1항 단서 및 그에 관한 제14조 제1항 단서에 의하더라도 국적선택의 자유가 완전히 박탈되는 것이 아니라 부분적인 제한을 받을 뿐이다. 18세가 되어 제1국민역에 편입된 때부터 3개월이 지나기 전이라면 자유롭게 국적을 이탈할 수 있고, 그 이후부터 입영의무 등이 해소되는 시점인 36세까지만 국적이탈이 금지되므로 일정한 시기적인 제약을 받을 뿐이다. 제1국민역에 편입된 때부터 3개월이 지났더라도 병역의무를 이행하거나 면제받는 등으로 병역문제를 해소한 때에는 역시 자유롭게 국적을 이탈할 수 있음은 물론이다.

주된 생활의 근거를 외국에 두고 있는 이중국적자들의 경우 적극적으로 국적이탈을 함으로써 병역의무를 조기에 해소할 수도 있고, 관련 병역법 규정에 따라 소극적인 방법으로 병역의 문제를 자연스럽게 해결할 수도 있다. 이들에 대하여 국적선택제한조항의 적용을 명시적으로 배제하는 규정을 두지 않았다 하더라도 그 점만으로 이들의 국적이탈의 자유를 침해하는 것이라 할 수 없다.

3. 부칙조항도 신뢰보호원칙에 위배되지 않음

법 부칙 제2항은 신법 시행 전에 이미 출생한 사람으로서 구법에 의해 병역관계가 확정되지 않은 사람들에게 신법을 적용토록 하는 것이지만, 개정규정 중 법 제12조 제1항 단서 및 그에 관련된 제14조 제1항 단서는 구법에 비하여 이중국적자의 국적선택의 기간을 3개월 더 연장하는 이익을 부여할지언정 구법에 비하여 더 불이익한 내용을 규정하고 있지 않다. 따라서 신뢰보호원칙에 위배될 여지가 없다.

Ⅴ. 이 결정이 가지는 의미

'이중국적 금지(단일국적주의)'와 '부모양계혈통주의(속인주의)'는 우리 국적법을 떠받치고 있는 중요한 두 개의 기둥에 비유된다. 이 중 '이중국적 금지'는 이중국적 보유의 전면적인 금지를 의미하는 것은 아니었고, 우리 국적법은 일정 연령에 달할 때까지는 이중국적의 보유를 허용하는 입장을 취하고 있었다. 즉, 만 20세가 되기 전에 이중국적자가 된 경우, 남자는 만 18세(국적법 제12조 제1항과 병역법 제8조)까지, 여자는 만 22세(국적법 제12조 제1항)까지 이중국적을 보유할 수 있었다. 그러나 이중국적이 대한민국 국민으로서의 의무 이행은 타국적 보유를 이유로 회피하고 권리의 향유는 대한민국 국적 보유를 이유로 누리려는 기회주의적 행태를 낳는다는 비판이 많았다. 특히 남자의 경우 이중국적이 병역의무 회피의 수단으로 악용될 수 있다는 우려가 높았다. 자식의 이중국적 획득을 위해 미국 등 속인주의 국가에 단기 출산여행을 떠나는 소위 '원정출산'이 기승을 부리게 되면서 이중국적이 큰 사회적 문제가 되었다. 이에 직계존속이 외국에서 영주할 목적없이 단기체류한 상태에서 출생한 이중국적자의 경우, 병역의무 이행과 관련해 이를 해결한 후에만 한국국적을 이탈할 수 있게 하는 것을 골자로 하는 '홍준표 의원 개정안'이 국회에 제출되었고 논란 끝에 2005년 5월에 국회를 통과하였다.

이 후, 이 '국적법' 개정조항이 국민의 거주·이전의 자유 중 국적이탈의 자유를 침해한다는 주장들이 적지 않게 개진되었고 이 연장선상에서 본 헌법소원심판이 제기되었다. 헌법재판소는 이 결정을 통해 국적이탈의 자유도 이중국적의 폐해 방지를 위해 법률에 의해 제한될 수 있는 상대적 기본권임을 천명함으로써, '홍준표 개정 국적법 조항'에 일종의 헌법적 면죄부를 부여한 것이다.

통신제한조치 기간연장 사건

― 헌재 2010. 12. 28, 2009헌가30 ―

Ⅰ. 심판대상

통신비밀보호법(2001. 12. 29 법률 제6546호로 개정된 것)

제6조(범죄수사를 위한 통신제한조치의 허가절차)

⑦ 다만 제5조 제1항의 허가요건이 존속하는 경우에는 제1항 및 제2항의 절차에 따라 소명자료를 첨부하여 2월의 범위 안에서 통신제한조치기간의 연장을 청구할 수 있다.

Ⅱ. 사실관계의 요지

제청신청인들은 각각 북한 노동당내 대남공작사업 담당기구인 '통일전선부' 산하 조국평화통일위원회가 독일 베를린에서 남한 및 해외 친북세력을 결집시켜 출범시킨 단체인 통일범민족연합의 남측본부 의장, 사무처장, 정책위원장 등이다. 그들은 이 직책을 수행하면서 '국가보안법'상 잠입·탈출(제6조), 찬양·고무죄(제7조) 등으로 구속기소되어, 현재 서울중앙지방법원에 재판계속중이다.

검사는 제청법원에 피고인들의 유죄를 입증하기 위한 증거로 수사기관이 통신제한조치의 허가 및 그 연장허가를 통하여 수집한 이메일, 녹취자료(전화녹음), 팩스자료 등을 신청하고 있다. 이에 제청신청인은 위 증거자료들 대부분이 총 14회(총 30개월)에 걸쳐 연장된 통신제한조치를 통하여 수집된 것으로서 이와 같이 통신제한조치기간의 연장을 허가함에 있어 제한을 두고 있지 않는 '통신비밀보호법' 제6조 제7항 단서가 피고인들의 사생활의 비밀과 통신의 자유를 부당히 침해한다는 이유로 제청법원에 위헌법률심판제청신청을 하였다. 제청법원이 이 제청신청을 받아들여 법 제6조 제7항 단서가 피고인들의 사생활의 자유와 통신의 비밀을 침해하여 위헌이라고 인정할 만한 상당한 이유가 있다며 이 사건 위헌법률심판제청을 하였다.

Ⅲ. 주　　문

통신비밀보호법 제6조 제7항 단서 중 전기통신에 관한 '통신제한조치기간의 연장'에 관한 부분은 헌법에 합치하지 아니한다. 위 법률조항은 2011. 12. 31.을 시한으로 입법자가 개정할 때까지 계속 적용한다.

Ⅳ. 결정 이유의 주요 논점 및 요지

1. '재판성의 전제성'이 인정되는 적법한 위헌제청

법률에 대한 위헌제청이 적법하기 위하여는 법원에 계속 중인 구체적인 사건에 적용할 법률이 헌법에 위반되는 여부가 재판의 전제로 되어야 한다. 일정한 법률조항이 재판의 전제가 된다고 하려면, 그 법률조항의 위헌여부에 따라 재판의 결론이 달라지거나 재판의 내용과 효력에 관한 법률적 의미가 달라지는 경우여야 한다. 그런데 이 사건 법률조항은 당해사건에서 법원의 증거채부결정에 직접 적용되는 법률조항은 아니나 제청법원의 견해대로 증거채부결정의 대상이 된 증거자료들의 증거능력에 영향을 미침으로써, 그 위헌여부에 따라 법원이 그 증거자료들을 증거로 채택할 수 있느냐 없느냐의 증거채부결정의 결과를 좌우하고 있다. 따라서 이 사건 법률조항은 당해사건 재판의 전제성이 인정된다.

2. 통신의 자유 중 '통신의 비밀'을 제한

이 사건 법률조항은 범죄수사를 위하여 통신제한조치를 받고 있는 자에게 법원의 허가를 통하여 그 통신제한조치기간을 2월의 범위 내에서 횟수 제한 없이 연장받을 수 있도록 하는 근거가 되어 헌법 제18조 통신의 자유 중에서도 가장 핵심내용인 '통신의 비밀'을 제한하고 있다. 제청법원은 그 밖에 이 사건 법률조항이 사생활의 비밀을 침해한다고도 주장하지만, 이 사건 법률조항은 사생활의 비밀의 특별한 영역으로 헌법이 개별적인 기본권으로 보호하는 통신의 비밀을 제한하고 있다는 점에서 별도로 사생활의 비밀을 침해하는지 여부를 검토할 필요는 없다. 따라서 비록 법원의 허가를 전제로 하고 있지만 그 횟수의 제한 없이 통신제한조치의 연장을 가능하게 하는 이 사건 법률조항이 과잉금지원칙에 위반하여 통신의 비밀을 침해하는지 여부가 주된 판단대상이 된다.

3. 과잉금지원칙 중 침해최소성과 법익균형성 위반

목적의 정당성과 수단의 상당성은 인정된다. 통신제한조치를 법원의 허가를 전제로

2월의 범위 내에서 연장할 수 있도록 한 것은 통신제한조치를 취하였음에도 불구하고 여전히 법 제5조 제1항 통신제한조치의 허가요건이 존속하는 경우에 효과적으로 범죄수사목적을 달성하여 국가안전보장과 질서유지를 도모하기 위한 것으로서 그 입법목적의 정당성이 인정되고, 이 사건 통신제한조치기간의 연장은 이와 같은 입법목적을 달성하기 위한 적합한 수단이라고 할 수 있기 때문이다.

　　그러나 침해최소성에 어긋난다. 첫째, '통신비밀보호법' 제6조 제4항은 동일한 범죄사실에 대하여 새롭게 통신제한조치를 청구하기 위해서는 "다시 통신제한조치를 청구하는 취지와 이유"까지 기재하게 하는 등 기간연장허가의 청구절차에 비하여 더욱 엄격한 절차를 요구하고 있다. 통신제한조치를 새롭게 청구하여야 할 사안임에도 완화된 절차로 통신제한조치를 계속하기 위하여 기간연장의 허가를 청구함으로써 기간연장제도를 남용할 경우 법원은 기간연장절차에 따른 심사를 하는 외에 다른 방도가 없다. 둘째, 실제로 기간연장을 심사함에 있어서 일단 통신제한조치가 허가된 이후에는 계속되는 기간연장의 청구가 기각되는 일이 실무상 매우 드물다는 사실은 기간연장의 청구를 실질적으로 심사하여 통제하는 것이 사실상 어렵다는 점을 반증해 준다. 셋째, 통신제한조치의 경우 감청 당시에 개인이 감청사실을 알 수 없기 때문에 방어권을 행사하기 어려운 상황이라는 점에서 영장을 통해 압수·수색의 사실을 고지 받고 시행되는 압수·수색의 경우보다 오히려 그 기본권의 제한의 정도가 더욱 큼에도 불구하고 통신제한조치의 허가청구의 기각률은 압수·수색영장청구의 기각률보다 현저하게 낮으며, 통신제한조치기간의 연장청구의 기각률은 통상 통신제한조치의 허가청구의 기각률의 반에도 채 미치지 못하는 실무를 고려해 보더라도 통신제한조치기간의 연장허가청구에 대한 법원의 통제가 제대로 이루어지지 않고 있음을 확인할 수 있다. 실제 통신제한조치의 기간연장절차의 남용을 통제하는 데 한계가 있는 이상 통신제한조치 기간연장에 사법적 통제절차가 있다는 사정만으로는 그 남용으로 인하여 개인의 통신의 비밀이 과도하게 제한되는 것을 막을 수 없다. 따라서 통신제한조치기간을 연장함에 있어 법운용자의 남용을 막을 수 있는 최소한의 한계를 설정할 필요가 있다. 그럼에도 통신제한조치의 총연장기간이나 총연장횟수를 제한하지 않고 계속해서 통신제한조치가 연장될 수 있도록 한 이 사건 법률조항은 최소침해성원칙을 위반한 것이다.

　　법익균형성에도 어긋난다. 통신제한조치가 내려진 피의자나 피내사자는 자신이 감청을 당하고 있다는 사실을 모르는 기본권제한의 특성상 방어권을 행사하기 어려운 상태에 있으므로 통신제한조치기간의 연장을 허가함에 있어 횟수나 기간제한을 두지 않는다면 수사와 전혀 관계없는 개인의 내밀한 사생활의 비밀이 침해당할 우려가 심히 크다. 반면 통신제한조치기간의 연장을 통하여 추구하고자 하는 수사목적은 일정한 연장기간이 종료될 때까지 통신제한조치를 통해 범죄혐의를 입증하지 못한 경우 오히려 그러한 범죄혐의가 불필요했던 것은 아닌가라는 평가를 받을 수 있다. 결국 이 사건 법률조항은 추구하고자 하는 범죄 수사목적에 비해 개인의 통신비밀의 보호법익이 과도하게 제한되므로 법익균형성을 갖추었다고 볼 수도 없다.

그러나 이 사건에서 헌법재판소가 단순위헌결정을 선고하여 당장 이 사건 법률조항의 효력을 상실시킬 경우 통신제한조치 연장허가의 법적 근거가 상실하게 되어 수사목적상 필요한 정당한 통신제한조치의 연장허가도 가능하지 않게 되는 법적 공백상태가 발생한다. 따라서 이 사건 법률조항은 헌법에 합치되지 아니하나 잠정적으로 적용하는 것이 바람직하다고 할 것이며, 입법자는 되도록 빠른 시일 내에, 늦어도 2011. 12. 31.까지는 새 입법을 마련하여야 할 것이다.

V. 이 결정이 가지는 의미

헌법재판소는 재판관 4(헌법불합치) : 2(단순위헌) : 3(합헌)의 의견으로 통신제한조치기간의 연장을 허가함에 있어 총기간 내지 총연장횟수의 제한을 두지 않고 무제한 연장을 허가할 수 있도록 규정한 '통신비밀보호법' 제6조 제7항 단서 중 전기통신에 관한 '통신제한조치기간의 연장'에 관한 부분이 과잉금지원칙을 위반하여 청구인의 통신의 비밀을 침해한다는 이유로 헌법불합치결정을 내렸다. 이러한 다수의견에 반대하며 이공현, 김희옥, 이동흡 재판관은, 법원이 실무상 기간연장신청에 대하여 철저히 심사하지 않는다는 사정이 있다면 이는 그러한 실무를 개선함으로써 해결하여야 할 것인데 다수의견이 법원이 실무상 이러한 기간연장신청에 대해 철저히 심사하지 않는다는 사정이 있다는 것을 전제로 하여 통신제한조치의 총연장기간이나 총연장횟수를 두지 않고 계속해서 통신제한조치가 연장될 수 있도록 한 이 사건 법률조항이 침해최소성원칙을 위반한 것이라고 보는 것은 본말이 전도된 것이라는 점 등을 근거로 합헌의견을 개진했다.

이 사건 헌법불합치결정은 통신제한조치기간을 연장함에 있어서 법운용자의 남용을 막을 수 있는 최소한의 한계를 설정할 필요가 있다는 점을 헌법재판소가 인정한 결정이라는 점에서 그 의의를 찾을 수 있다. 또한 이 사건 법률조항이 '사생활의 비밀'의 특별한 영역으로 헌법이 개별적인 기본권으로 보호하는 '통신의 비밀'을 제한하고 있다는 점에서 통신의 자유와는 별도로 사생활의 비밀과 자유를 침해하는지 여부를 검토할 필요는 없다고 헌법재판소가 밝히고 있는 점에도 주목할 필요가 있다.

사죄광고 사건
— 헌재 1991. 4. 1, 89헌마160 —

I. 심판대상

민법

제764조【명예훼손의 경우의 특칙】

타인의 명예를 훼손한 자에 대하여는 법원은 피해자의 청구에 의하여 손해배상에 갈음하거나 손해배상과 함께 명예회복에 적당한 처분을 명할 수 있다.

II. 사실관계의 요지

청구인 주식회사 동아일보사는 일간신문 및 월간잡지인 여성동아 등의 정기간행물을 발행하는 신문사이고, 청구인 김 모는 동아일보사의 대표이사 겸 여성동아의 발행인, 청구인 권 모는 여성동아의 주간, 청구인 현 모는 여성동아의 기자이다. 미스코리아 출신 청구외 김 모는 여성동아 1988년 6월호에 게재된 기사가 자신의 명예를 훼손했다는 이유로 청구인들을 상대로 서울민사지방법원에 손해배상 및 '민법' 제764조에 의한 사죄광고를 청구하는 민사소송을 제기하였다. 이에 청구인들은 위 소송사건에서 '민법' 제764조가 명예훼손의 경우에 사죄광고를 명할 수 있도록 한 것이라면 이는 헌법에 위반된다는 이유로 위 법원에 위헌법률심판제청을 신청하였으나 기각되자 헌법재판소에 헌법소원심판을 청구하였다.

III. 주   문

민법 제764조의 "명예회복에 적당한 처분"에 사죄광고를 포함시키는 것은 헌법에 위반된다.

Ⅳ. 결정 이유의 주요 논점 및 요지

1. 양심의 자유의 제약

우리 민법은 불법행위에 대한 권리구제방법으로 금전배상을 원칙으로 한다. 그러나, 예외적으로 '민법' 제764조는 명예훼손의 경우에는 금전배상에 갈음하여 또는 금전배상과 함께 침해된 명예를 회복하기 위한 원상회복적 구제를 인정하여, 법원은 피해자의 청구에 의해 "명예회복에 적당한 처분을 명할 수 있다"는 규정을 두었다. 그리고 '민법' 제764조에서 말하는 이 처분의 대표적인 예가 사죄광고 게재인 것으로 이해되어 왔던 것이 지금까지의 학설 및 판례의 태도였다. 이것은 명예권 침해의 경우에 한정되는 특유한 구제방법이기도 한 것으로, 사죄광고를 명하는 판결을 대체집행 등의 방법으로 강제집행할 수 있다는 것이 또한 통설과 판례의 입장이었다.

헌법 제19조는 "모든 국민은 양심의 자유를 가진다"라고 규정하여 양심의 자유를 기본권의 하나로 보장하고 있다. 헌법 제19조의 '양심'이란 세계관·인생관·주의·신조 등은 물론, 이에 이르지 아니하여도 보다 널리 개인의 인격형성에 관계되는 내심에 있어서의 가치적·윤리적 판단도 포함된다. 그러므로 양심의 자유에는 널리 사물의 시시비비나 선악과 같은 윤리적 판단에 국가가 개입해서는 안 되는 내심적 자유는 물론, 이와 같은 윤리적 판단을 국가권력에 의하여 외부에 표명하도록 강제받지 않을 자유, 즉 윤리적 판단사항에 관한 침묵의 자유까지 포괄한다.

사죄광고제도란 타인의 명예를 훼손하여 비행을 저질렀다고 믿지 않는 자에게 본심에 반하여 깊이 "사과한다"고 하면서 죄악을 자인하는 의미의 사죄의 의사표시를 강요하는 것이므로, 국가가 재판이라는 권력작용을 통해 자기의 신념에 반하여 자기의 행위가 비행이며 죄가 된다는 윤리적 판단의 형성을 강요하여 외부에 표시하기를 명하는 한편, 의사·감정과 맞지 않는 사과라는 도의적 의사까지 강요하는 것이다. 이에 사죄광고의 강제는 양심도 아닌 것을 양심인 것처럼 표현할 것의 강제로 인간양심의 왜곡·굴절이고 겉과 속이 다른 이중인격 형성의 강요인 것으로서 침묵의 자유의 파생인 '양심에 반하는 행위의 강제금지'에 저촉되는 것이며, 따라서 우리 헌법이 보호하고자 하는 정신적 기본권의 하나인 양심의 자유의 제약이라고 보지 않을 수 없다. 법인의 경우라면 그 대표자에게 양심표명의 강제를 요구하는 것이 된다.

2. 인격권의 과잉한 제한으로 침해

원래 깊이 사과한다는 행위는 윤리적인 판단·감정 내지 의사의 발로인 것이므로 본질적으로 마음으로부터 우러나오는 자발적인 것이라야 할 것이고, 이는 결코 외부로부터 강제하기에 적합하지 않은 것으로 이의 강제는 사회적으로는 사죄자 본인에 대해 굴욕이 되는 것임에 틀림없다. 사과의 정도에 따라 굴욕감의 차이는 있을 수 있지만, 적어도 '사과'라는 문구가 포함되는 한 그것이 마음에 없는 것일 때에는 당사자의 자존심에 큰 상처요 치욕임에 틀림없으며 사과문, 진사문, 해명서 등 어떠한 명목의 것이든 관계없이 그러하다. 사죄광고제도는 본인의 의사와는 무관한데도 본인의 이름으로 이를 대외적으로 널리 표명하게 하는 것이 이 제도의 특질이다. 따라서, 사죄광고 과정에서 자연인이든 법인이든 인격의 자유로운 발현을 위해 보호받아야 할 인격권이 무시되고 국가에 의한 인격의 외형적 변형이 초래되어 인격형성에 분열이 필연적으로 수반되게 된다. 이러한 의미에서 사죄광고제도는 헌법에서 보장된 인간의 존엄과 가치 및 그것을 바탕으로 하는 인격권에 큰 위해가 된다고 볼 것이다.

　　사죄광고제도에 의한 인격권 제한은 다음과 같은 이유로 헌법 제37조 제2항의 과잉금지의 원칙에 위반된다. 우선, '수단의 적합성'과 관련해, 하기 싫은 사죄의 의사 표시를 본인의 이름으로 강제적으로 온누리에 표시하도록 하는 것은 보복감정의 만족에 중점을 둔 고대법적 발상과 궤를 같이 한다고 할 것이며 이러한 국가에 의한 사죄의 강요는 명예훼손죄에 의한 형사적 처단으로 만족하여야 할 보복감정을 민사책임에까지 확장하여 충족시키려 했다 할 것이므로 민사책임 속에 형사책임이 혼재된 전근대적인 것이며 이 점에서 어디까지나 민사책임을 규정한 '민법' 제764조의 제도적 의의와 목적에 적합치 않은 수단이다. '수단의 적합성'에 어긋난다.

　　'침해의 최소성'과 관련해, 사죄광고제도는 피해자의 명예회복을 위한 유일한 제도는 결코 아니다. 비교법적으로도 현재 세계적으로 우리나라를 제외하면 일본에서만 사죄광고의 강제가 인정되고 있으며 이런 일본에서도 위헌론이 강력하게 대두되고 있다. 영미, 독일, 프랑스, 스위스 등 여러 나라에서는 현재 훼손된 명예에 대한 회복의 방법으로 사죄광고를 인정하지 않고 있다. 영미의 경우 명예훼손이 된 때에 그 회복 방법으로 손해배상을 원칙으로 하고, 가해자의 자발적 사죄는 배상액의 감경사유에 그치고 있다. 독일, 프랑스, 스위스에서는 가해자 주장의 취소를 명하거나, 명예훼손의 사실을 확인하는 판결 또는 명예훼손을 이유로 위자료의 지급을 명하는 판결 또는 명예훼손을 이유로 위자료의 지급을 명하는 판결의 요지 공시 등에 의해 피해자의 명예를 회복하는 방법을 인정하고 있다. 우리 '민법' 제764조의 적용에 있어서도 사죄광고를 명하는 판결이 아니라도 가해자의 비용으로 그가 패소한 민사손해배상판결문이나 형사명예훼손죄의 유죄판결문 등을 신문·잡지 등에 게재하거나 명예훼손기사의 취소광고 등의 방법에 의해서 얼마든지 명예회복을 위한 '민법' 제764조의 목적을 충분히 달성할 수 있으므로 가해자에게 양심표명의 강제 내지 굴욕감수를 강요하는 사죄광고제도는 과도한 것이며 불필요한 인격권의 제한이 된다. '침해의 최소성'에 어긋난다.

V. 이 결정이 가지는 의미

헌법재판소는 결정 주문에서 '민법' 제764조가 "명예회복에 적당한 처분"에 사죄광고를 포함시키는 것이라면 동 규정은 헌법에 위반된다고 보았다. 즉, '민법' 제764조는 "명예회복에 적당한 처분"에 사죄광고가 포함되지 않는다고 하여야 헌법에 위반되지 않게 된다는 것이다. 이처럼 어떤 법조항은 그대로 두고, 그 법조항의 일정한 적용례에 대해 위헌이라 결정하는 것을 '질적 일부위헌결정'이라 한다. 헌법재판소는 사죄광고에 대한 질적 일부위헌결정을 통해 '민법' 제764조는 손대지 않고 사죄광고제도만을 폐지시키는 효과를 거두었던 것이다. 그리고, 위헌의 근거로 양심의 자유와 인격권 침해가 거론되고 있으며, 이 결정에서 법인은 양심의 자유의 주체가 될 수 없으나 인격권의 주체는 될 수 있다고 한 점에도 주목할 필요가 있다.

이 결정으로 인해 법원은 "명예회복을 위한 적당한 처분"으로 사죄광고를 더 이상 명령할 수 없게 되었다. 그리고 이 결정은 여러 학자들에 의해 모든 정신적 자유권의 기초가 되는 양심의 자유와 인격권이 실질적인 규범력을 발휘할 수 있게 한 의미있는 결정이라는 평가를 받았다.

집총거부 병역법 위반 사건 Ⅰ

─ 헌재 2004. 8. 26, 2002헌가1 ─

Ⅰ. 심판대상

병역법(1999. 2. 5. 법률 제5757호로 개정된 것)

제88조(입영의 기피)

① 현역입영 또는 소집통지서(모집에 의한 입영통지서를 포함한다)를 받은 사람이 정당한 사유없이 입영 또는 소집기일부터 다음 각 호의 기간이 경과하여도 입영하지 아니하거나 소집에 불응한 때에는 3년 이하의 징역에 처한다. 다만, 제53조 제2항의 규정에 의하여 전시근로소집에 대비한 점검통지서를 받은 사람이 정당한 사유없이 지정된 일시의 점검에 불참한 때에는 6월 이하의 징역이나 200만원 이하의 벌금 또는 구류에 처한다.

1. 현역입영은 5일

Ⅱ. 사실관계의 요지

이 사건의 피고인 겸 제청신청인은 현역입영대상자로서 현역병으로 입영하라는 병무청장의 현역입영통지서를 받고도 입영일로부터 5일이 지나도록 이에 응하지 않아서 '병역법' 제88조 제1항 제1호 위반으로 서울지방법원 남부지원에 공소 제기되어 재판계속 중이다. 이에 제청신청인은 위 공소사실에 적용된 '병역법' 제88조 제1항 제1호가 종교적 양심에 따른 입영거부자들의 양심의 자유 등을 침해한다고 주장하면서 위 법원에 위헌제청신청을 하였고, 이를 받아들인 법원은 위 규정에 대하여 헌법재판소에 위헌여부심판을 제청하였다.

Ⅲ. 주 문

병역법 제88조 제1항 제1호는 헌법에 위반되지 아니한다.

Ⅳ. 결정이유의 주요 논점 및 요지

1. 부작위에 의한 양심실현의 자유의 합헌적 제한으로서, 양심의 자유를 침해하지 않음

일반적으로 민주적 다수는 법질서와 사회질서를 그의 정치적 의사와 도덕적 기준에 따라 형성하기 때문에, 그들이 국가의 법질서나 사회의 도덕률과 양심상의 갈등을 일으키는 것은 예외에 속한다. 양심의 자유에서 현실적으로 문제가 되는 것은 국가의 법질서나 사회의 도덕률에서 벗어나려는 소수의 양심이다. 따라서 양심상의 결정이 어떠한 종교관·세계관 또는 그 외의 가치체계에 기초하고 있는가와 관계없이, 모든 내용의 양심상의 결정이 양심의 자유에 의해 보장된다.

헌법 제19조의 양심의 자유는 크게 내심의 자유인 '양심형성의 자유'와 양심적 결정을 외부로 표현하고 실현하는 '양심실현의 자유'로 구분된다. 이 때 '양심형성의 자유'란 외부로부터 부당한 간섭이나 강제를 받지 않고 개인의 내심영역에서 양심을 형성하고 양심상의 결정을 내리는 자유를 말한다. 그리고 '양심실현의 자유'란 형성된 양심을 외부로 표명하고 양심에 따라 삶을 형성할 자유를 말하는데, 구체적으로는 양심을 표명하거나 또는 양심을 표명하도록 강요받지 아니할 자유인 '양심표명의 자유,' 양심에 반하는 행동을 강요받지 아니할 자유인 '부작위에 의한 양심실현의 자유,' 양심에 따른 행동을 할 자유인 '작위에 의한 양심실현의 자유'를 포함한다. 이 가운데 '양심형성의 자유'는 내심에 머무르는 한, 절대적으로 보호되는 기본권이라 할 수 있는 반면에, '양심실현의 자유'는 법질서에 위배되거나 타인의 권리를 침해할 수 있기 때문에 법률에 의하여 제한될 수 있는 상대적 자유라 할 것이다.

양심의 자유는 단지 국가에 대하여 가능하면 개인의 양심을 고려하고 보호할 것을 요구하는 권리일 뿐, 양심상의 이유로 법적 의무의 이행을 거부하거나 법적 의무를 대신하는 대체의무의 제공을 요구할 수 있는 권리가 아니다. 따라서 양심의 자유로부터 대체복무를 요구할 권리도 도출되지 않는다. 우리 헌법은 병역의무와 관련해 양심의 자유의 일방적인 우위를 인정하는 어떠한 규범적 표현도 하고 있지 않다. 양심상의 이유로 병역의무의 이행을 거부할 권리는 단지 헌법 스스로 이에 관하여 명문으로 규정하는 경우에 한하여 인정될 수 있을 뿐이다. 이 사건 법률조항은 형사처벌이라는 제재를 통해 양심적 병역거부자에게 양심에 반하는 행동을 강요하고 있으므로, 국가에 의해 양심에 반하는 행동을 강요당하지 않을 자유, 양심에 반하는 법적 의무를 이행하지 않을 자유, 즉 부작위에 의한 양심실현의 자유를 제한하는 규정이다.

양심의 자유의 경우 비례의 원칙을 통하여 양심의 자유를 공익과 교량하고 공익을 실현하기 위해 양심을 상대화하는 것은 양심의 자유의 본질과 부합될 수 없다. 양심상의 결정이 법익교량과정에서 공익에 부합하는 상태로 축소되거나 그 내용에 있어서 왜곡·굴절된다면, 이는 이미 '양심'이 아니다. 따라서 양심의 자유의 경우에는 법익교량을 통하여 양심의 자유와 공익을 조화와 균형의 상태로 이루어 양 법익을 함께 실현하는 것이 아니라, 단지 '양심의 자유'와 '공익' 중 양자택일, 즉 양심에 반하는 작위나 부작위를 법질서에 의하여 '강요받는가 아니면 강요받지 않는가'의 문제가 있을 뿐이다.

이 사건 법률조항을 통해 달성하고자 하는 공익은 국가의 존립과 모든 자유의 전제조건인 '국가안보'라는 대단히 중요한 공익으로서, 이러한 중대한 법익이 문제되는 경우에는 개인의 자유를 최대한으로 보장하기 위해 국가안보를 저해할 수 있는 무리한 입법적 실험을 할 것을 요구할 수 없다. 한국의 안보상황, 징병의 형평성에 대한 사회적 요구, 대체복무제를 채택하는 데 수반될 수 있는 여러 가지 제약적 요소 등을 감안할 때, 대체복무제를 도입하더라도 국가안보라는 중대한 헌법적 법익에 손상이 없으리라고 단정할 수 없는 것이 현재의 상황이다. 대체복무제를 도입하기 위해서는 남북한 사이에 평화공존관계가 정착되어야 하고, 군복무여건의 개선 등을 통하여 병역기피의 요인이 제거되어야 한다. 또한 나아가 우리 사회에 양심적 병역거부자에 대한 이해와 관용이 자리잡음으로써 그들에게 대체복무를 허용하더라도 병역의무의 이행에 있어서 부담의 평등이 실현되며 사회통합이 저해되지 않는다는 사회공동체 구성원의 공감대가 형성되어야 한다. 이러한 선행조건들이 충족되지 않은 현 단계에서 대체복무제를 도입하기는 어렵다고 본 입법자의 판단이 현저히 불합리하다거나 명백히 잘못되었다고 볼 수 없다.

2. 평등원칙에도 위반되지 않음

제청신청인은 양심적 병역거부자가 병역의무를 이행하는 것이 불가능한 것은 심신에 장애나 질병이 있는 사람의 경우와 다르지 않다거나, 보충역 및 예술, 체육 분야에 특기를 가진 사람이 공익근무요원으로 복무하는 것과 비교하여 평등원칙 위반을 주장하고 있다. 그러나, 제청신청인이 비교대상으로 삼고 있는 사람들과 양심적 병역거부자 사이에는 병역복무의 관점에서 볼 때 본질적인 차이점이 있으므로, 그에 상응하여 다른 취급을 한다고 하여 평등원칙에 위반된다고 할 수는 없다.

3. 대체복무제의 도입 검토 등 입법자에 대한 권고

입법자는 헌법 제19조의 양심의 자유에 의하여 공익이나 법질서를 저해하지 않는 범위 내에서 법적 의무를 대체하는 다른 가능성이나 법적 의무의 개별적인 면제와 같은 대안을 제시함으로써 양심상의 갈등을 완화해야 할 의무가 있다. 또한 이러한 가능성을 제공할 수 없다면 적어도 의무위반시 가해지는 처벌이나 징계에 있어서 그의 경감이나 면제를 허용함으로써 양심의 자유를 보호할 수 있는 여지가 있는가를 살펴보아야 한다. 그러므로 입법자는 양심의 자유와 국가안보라는 법익의 갈등관계를 해소하고 양 법익을 공존시킬 수 있는 방안이 있는지, 국가안보란 공익의 실현을 확보하면서도 병역거부자의 양심을 보호할 수 있는 대안이 있는지, 우리 사회가 이제는 양심적 병역거부자에 대하여 이해와 관용을 보일 정도로 성숙한 사회가 되었는지에 관하여 진지하게 검토하여야 할 것이다. 또한 설사 대체복무제를 도입하지 않기로 하더라도, 법적용기관이 양심우호적 법적용을 통해 양심을 보호하는 조치를 취할 수 있도록 하는 방향으로 입법을 보완할 것인지에 관하여 숙고하여야 한다.

V. 이 결정이 가지는 의미

양심상의 결정에 의한 집총거부자도 입영기피자로 처벌하는 '병역법' 제88조 제1항 제1호에 대해 헌법재판소가 양심의 자유를 침해하거나 평등원칙을 위반하지 않는다며 합헌결정을 내린 사건이다. 양심의 자유를 '양심형성의 자유'와 '양심을 지키는 자유'라는 내면적 자유로 구분하면서 이를 절대적 기본권으로 보는 통설과 달리, 헌법재판소는 양심의 자유를 내면적인 '양심형성의 자유'와 외면적인 '양심실현의 자유'로 구분하면서 '양심실현의 자유'는 이를 법률에 의한 제한이 가능한 상대적 자유로 보고 있음에 주목할 필요가 있다. 양심적 집총거부를 처벌하는 '병역법' 규정은 상대적 자유인 '양심실현의 자유'에 대한 합헌적 제한이라는 것이 본 결정의 핵심요지이다.

집총거부 병역법 위반 사건 Ⅱ
— 헌재 2018. 6. 28. 2011헌바379 등 —

Ⅰ. 심판대상

병역법(2016. 5. 29. 법률 제14183호로 개정된 것)

제5조(병역의 종류)

① 병역은 다음 각 호와 같이 구분한다.

1. 현역: 다음 각 목의 어느 하나에 해당하는 사람

　　가. 징집이나 지원에 의하여 입영한 병(兵)

　　나. 이 법 또는 「군인사법」에 따라 현역으로 임용 또는 선발된 장교(將校)·준사
　　　　관(準士官)·부사관(副士官) 및 군간부후보생

2. 예비역: 다음 각 목의 어느 하나에 해당하는 사람

　　가. 현역을 마친 사람

　　나. 그 밖에 이 법에 따라 예비역에 편입된 사람

3. 보충역: 다음 각 목의 어느 하나에 해당하는 사람

　　가. 병역판정검사 결과 현역 복무를 할 수 있다고 판정된 사람 중에서 병력수급
　　　　사정에 의하여 현역병입영 대상자로 결정되지 아니한 사람

　　나. 다음의 어느 하나에 해당하는 사람으로 복무하고 있거나 그 복무를 마친 사람
　　　　1) 사회복무요원 2) 삭제 3) 예술·체육요원 4) 공중보건의사 5) 병역판정검
　　　　사전담의사 6) 삭제 7) 공익법무관 8) 공중방역수의사 9) 전문연구요원 10)
　　　　산업기능요원

　　다. 그 밖에 이 법에 따라 보충역에 편입된 사람

4. 병역준비역: 병역의무자로서 현역, 예비역, 보충역 및 전시근로역이 아닌 사람

5. 전시근로역: 다음 각 목의 어느 하나에 해당하는 사람

　　가. 병역판정검사 또는 신체검사 결과 현역 또는 보충역 복무는 할 수 없으나
　　　　전시근로소집에 의한 군사지원업무는 감당할 수 있다고 결정된 사람

　　나. 그 밖에 이 법에 따라 전시근로역에 편입된 사람

제88조(입영의 기피 등)

① 현역입영 또는 소집 통지서를 받은 사람이 정당한 사유 없이 입영일이나 소집일
　 부터 다음 각 호의 기간이 지나도 입영하지 아니하거나 소집에 응하지 아니한
　 경우에는 3년 이하의 징역에 처한다.(단서 생략)

1. 현역입영은 3일　2.공익근무요원소집은 3일

Ⅱ. 사실관계의 요지

　청구인들은 현역 또는 보충역 처분을 받은 사람으로, 현역입영통지서 또는 공익근무
요원 소집통지서를 받고도 정당한 사유 없이 입영일 또는 소집일부터 3일이 지나도록 입
영하지 않거나 소집에 응하지 않았다는 범죄사실로 기소되어 재판 계속 중 병역법 제5
조, 제88조 제1항 등이 헌법에 위반된다며 위헌법률심판제청 신청을 하였으나 그 신청이
기각 또는 각하되자 헌법소원심판을 청구하였다. 창원지방법원 마산지원 및 서울북부지
방법원 등은 위와 같은 내용의 범죄사실에 관한 형사재판 계속 중 피고인의 신청에 따
라, 또는 직권으로 병역법 제88조 제1항에 대한 위헌법률심판을 제청하였다.

Ⅲ. 주　문

　1. 2006. 3. 24. 개정되기 전의 구 병역법부터 현행 병역법까지의 병역법 제5조 제1
항은 모두 헌법에 합치되지 아니한다. 위 조항들은 2019. 12. 31.을 시한으로 입법자가
개정할 때까지 계속 적용된다.

　2. 2009. 6. 9. 개정되기 전의 구 병역법부터 현행 병역법까지의 병역법 제88조 제1
항 본문 제1호, 2009. 6. 9. 개정되기 전의 구 병역법과, 2013. 6. 4. 개정되기 전의 구 병
역법 제88조 제1항 본문 제2호는 모두 헌법에 위반되지 아니한다.

Ⅳ. 결정 이유의 주요 논점 및 요지

1. 적법요건을 갖춤

　첫째, 병역종류조항을 보자. 비군사적 성격을 갖는 복무도 입법자의 형성에 따라 병
역의무의 내용에 포함될 수 있고, 대체복무제는 그 개념상 병역종류조항과 밀접한 관련
을 갖는다. 따라서 청구인들은 입법자가 병역의 종류에 관하여 병역종류조항에 입법은

하였으나 그 내용이 대체복무제를 포함하지 않아서 불충분하다는 부진정입법부작위를 다투는 것이라고 봄이 상당하다. 병역종류조항이 대체복무제를 포함하고 있지 않다는 이유로 위헌으로 결정된다면, 양심적 병역거부자의 형사사건을 담당하는 법원이 무죄를 선고할 가능성이 있으므로, 병역종류조항은 재판의 전제성이 인정된다.

둘째, 처벌조항을 보자. 처벌조항이 위헌으로 결정될 경우 당해 사건의 피고인들은 무죄판결을 선고받을 수 있으므로 재판의 전제성이 인정된다.

2. 병역종류조항은 양심의 자유 침해

양심적 병역거부의 의미와 관련해, 양심적 병역거부는 '양심에 따른' 병역거부를 가리키는 것일 뿐 병역거부가 '도덕적이고 정당하다'는 의미는 아니다. 따라서 '양심적' 병역거부라는 용어를 사용한다고 하여 병역의무 이행은 '비양심적'이 된다거나, 병역을 이행하는 병역의무자들과 병역의무 이행이 국민의 숭고한 의무라고 생각하는 대다수 국민들이 '비양심적'인 사람들이 되는 것은 결코 아니다.

병역종류조항에 대체복무제가 마련되지 않은 상황에서, 양심적 병역거부자들이 현재의 대법원 판례에 따라 처벌조항에 의하여 형벌을 부과받음으로써 양심에 반하는 행동을 강요받고 있으므로, 이 사건 법률조항들은 양심의 자유를 제한한다.

여기에 과잉금지원칙을 적용해보면, 첫째, 목적의 정당성 및 수단의 적합성은 인정된다. 병역종류조항은 병역부담의 형평을 기하고 병역자원을 효과적으로 확보하여 효율적으로 배분함으로써 국가안보를 실현하고자 하는 것이므로 정당한 입법목적을 달성하기 위한 적합한 수단이다.

둘째, 침해의 최소성에 어긋난다. 병역종류조항은 병역의 종류를 현역, 예비역, 보충역, 병역준비역, 전시근로역의 다섯 가지로 한정적으로 열거하고 있다. 그런데 위 병역들은 모두 군사훈련을 받는 것을 전제하고 있으므로, 양심적 병역의무자에게 병역종류조항에 규정된 병역을 부과할 경우 그들의 양심과 충돌을 일으킬 수밖에 없다. 이에 대한 대안으로 논의되어 온 대체복무제는 군사훈련을 수반하는 병역의무를 일률적으로 부과하는 것에 비하여 양심의 자유를 덜 제한하는 수단임이 명백하므로, 대체복무제를 도입할 경우 현재의 병역종류조항과 동등하게 입법목적을 달성할 수 있는지 살펴본다. 양심적 병역거부자의 수는 병역자원의 감소를 논할 정도가 아니고, 이들을 처벌한다고 하더라도 교도소에 수감할 수 있을 뿐 병역자원으로 활용할 수는 없으므로, 대체복무제 도입으로 병역자원의 손실이 발생한다고 할 수 없다. 전체 국방력에서 병역자원이 차지하는 중요성이 낮아지고 있는 점을 고려하면, 대체복무제를 도입하더라도 우리나라의 국방력에 의미 있는 수준의 영향을 미친다고 보기는 어렵다. 또한 국가가 관리하는 객관적이고 공정한 사전심사절차와 엄격한 사후관리절차를 갖추고, 현역복무와 대체복무 사이에 복무의 난이도나 기간과 관련하여 형평성을 확보해 현역복무를 회피할 요인을 제거한다면, 심사의 곤란성과 양심을 빙자한 병역기피자의 증가 문제를 해결할 수 있다. 따라서 대체복무제를 도입하면서도 병역의무의 형평을 유지하는 것은 충분히 가능하다. 위와 같이 대체복무제의 도입이 우리나라의 국방력에 유의미한 영향을 미친다거나 병역제도의 실효성을 떨어뜨린다고 보기 어려운 이상, 우리나라의 특수한 안보상황을 이유로 대체복무제를 도입하지 않거나 그 도입을 미루는 것이 정당화된다고 할 수는 없다. 따라서 대체복무제라는 대안이 있음에도 불구하고 군사훈련을 수반하는 병역의무만을 규정한 병역종류조항은, 침해의 최소성 원칙에 어긋난다.

셋째, 법익의 균형성에도 어긋난다. 병역종류조항이 추구하는 '국가안보' 및 '병역의무의 공평한 부담'이라는 공익은 대단히 중요하나, 앞서 보았듯이 병역종류조항에 대체복무제를 도입한다고 하더라도 위와 같은 공익은 충분히 달성할 수 있다고 판단된다. 반면, 병역종류조항이 대체복무제를 규정하지 아니함으로 인하여 양심적 병역거부자들은 최소 1년 6월 이상의 징역형과 그에 따른 공무원 임용 제한 및 해직, 각종 관허업의 특허·허가·인가·면허 등 상실, 인적사항 공개, 전과자에 대한 유·무형의 냉대와 취업 곤란 등 막대한 불이익을 감수하여야 한다. 양심적 병역거부자들에게 공익 관련 업무에 종사하도록 한다면, 이들을 처벌하여 교도소에 수용하고 있는 것보다는 넓은 의미의 안보와 공익 실현에 더 유익한 효과를 거둘 수 있을 것이고, 국가와 사회의 통합과 다양성의 수준도 높아지게 될 것이다. 따라서 병역종류조항은 법익의 균형성 요건을 충족하지 못한 것으로 판단된다.

위와 같은 이유로 양심적 병역거부자에 대한 대체복무제를 규정하지 않은 병역종류조항은 과잉금지원칙에 위배하여 양심적 병역거부자의 양심의 자유를 침해한다.

헌법재판소는 2004년 입법자에 대하여 국가안보라는 공익의 실현을 확보하면서도 병역거부자의 양심을 보호할 수 있는 대안이 있는지 검토할 것을 권고하였는데, 그로부터 14년이 경과하도록 이에 관한 입법적 진전이 이루어지지 못하였다. 그사이 국가인권위원회, 국방부, 법무부, 국회 등 국가기관에서 대체복무제 도입을 검토하거나 그 도입을 권고하였으며, 법원에서도 최근 하급심에서 양심적 병역거부에 대해 무죄판결을 선고하는 사례가 증가하고 있다. 이러한 모든 사정을 감안해 볼 때 국가는 이 문제의 해결을 더 이상 미룰 수 없으며, 대체복무제를 도입함으로써 병역종류조항으로 인한 기본권 침해 상황을 제거할 의무가 있다. 다수결을 기본으로 하는 민주주의 의사결정구조에서 다수와 달리 생각하는 이른바 '소수자'들의 소리에 귀를 기울이고 이를 반영하는 것은 관용과 다원성을 핵심으로 하는 민주주의의 참된 정신을 실현하는 길이 될 것이다.

3. 처벌조항은 합헌

(1) 재판관 강일원, 재판관 서기석의 합헌의견

처벌조항은 병역자원의 확보와 병역부담의 형평을 기하고자 하는 것으로 그 입법목적이 정당하고, 형벌로써 병역의무 이행을 강제하는 것은 위 입법목적 달성을 위한 적합한 수단이다. 앞서 본 바와 같이 병역종류조항에 대체복무제가 규정되지 않은 상황에서 현재의 대법원 판례에 따라 양심적 병역거부자를 처벌한다면, 이는 과잉금지원칙을 위반하여 양심적 병역거부자의 양심의 자유를 침해하는 것이다. 따라서 지금처럼 병역종류조항에 대체복무제가 규정되지 않은 상황에서는 양심적 병역거부를 처벌하는 것은 헌법에 위반되므로, 처벌조항의 '정당한 사유'에 해당한다고 보아야 한다. 결국 양심적 병역거부자에 대한 처벌은 대체복무제를 규정하지 않은 병역종류조항의 입법상 불비와 양심적 병역거부는 처벌조항의 '정당한 사유'에 해당하지 않는다는 법원의 해석이 결합되어 발생한 문제일 뿐, 처벌조항 자체에서 비롯된 문제가 아니다. 이는 병역종류조항에 대한 헌법불합치 결정과 그에 따른 입법부의 개선입법 및 법원의 후속 조치를 통하여 해결될 수 있는 문제이다. 따라서 처벌조항은 정당한 사유 없이 병역의무를 거부하는 병역기피자를 처벌하는 조항으로서, 과잉금지원칙을 위반하여 양심적 병역거부자의 양심의 자유를 침해한다고 볼 수 없다.

(2) 재판관 안창호, 재판관 조용호의 합헌의견

처벌조항은 첫째, 목적의 정당성과 방법의 적정성을 충족한다. 병역자원의 확보와 병역부담의 형평을 기하고 국가의 안전보장과 국토방위를 통해 헌법상 인정되는 중대한 법익을 실현하고자 하는 것으로 입법목적이 정당하고, 입영기피자 등에 대한 형사처벌은 위 입법목적을 달성하기 위한 적절한 수단이다.

둘째, 침해의 최소성도 충족한다. 우리나라에서 병역의무를 이행하는 사람들은 엄격한 규율과 열악한 복무환경에서 각종 총기사고나 폭발물사고 등 위험에 노출되어 있고, 복무기간 동안 신체의 자유, 거주이전의 자유, 사생활의 자유 등 기본권도 제한받는다. 이러한 부담을 회피하기 위해 각종 탈법·불법행위가 자행되기도 하므로, 병역기피행위에 대한 강제수단으로서의 형사처벌은 불가피하다. 우리나라의 안보상황은 여전히 엄중하므로, 다른 나라에서 대체복무제를 시행하고 있다는 것이 우리나라가 대체복무제를 도입해야 하는 근거가 될 수 없다. 양심적 병역거부자에 대한 대체복무제의 도입은 국가공동체 구성원의 책임의식과 병역의무를 이행하고 있는 군인 등의 안보관에 부정적 영향을 주어 양심적 병역거부자와 양심을 빙자한 병역기피자의 급격한 증가를 초래할 수 있다. 나아가 병역의무를 이행하는 군인 등의 사기를 심각하게 훼손하는 등 군의 전투력에 막대한 손실을 가져올 수 있다. 특히 전시·사변 또는 국가비상사태 상황에서는 대체복무제의 도입이 국가의 안전보장과 국토방위에 미칠 부정적 영향은 더욱 엄중할 수 있다. 양심을 빙자한 병역기피자를 심사단계에서 가려내는 것은 지극히 개인적·주관적인 양심의 형성 과정을 추적해야 하는 쉽지 않은 일이다. 나아가 생명과 신체에 대한 위험 속에서 이행하는 병역의무와 등가성이 확보된 대체복무를 설정하는 것은 사실상 불가능하거나 매우 까다로운 일이다. 대체복무제의 도입은 국가공동체가 양심적 병역거부에 대한 합법성과 정당성을 인정하는 문제이고, 국방의무는 국가공동체의 정체성을 확보하고 그 구성원의 생명과 자유, 안전과 행복을 보장하는 문제이므로, 대체복무제의 도입 여부는 규범적 평가 이전에 국민적 합의가 선행되어야 한다. 그런데 아직 이에 관한 국민적 합의가 이루어지지 못한 것으로 보인다. 이와 같은 상황에서 양심적 병역거부자에 대해 형벌을 부과한다고 하여 침해의 최소성 요건을 충족하지 못한다고 볼 수 없다.

　　셋째, 법익의 균형성도 충족한다. 병역거부는 양심의 자유를 제한하는 근거가 되는 다른 공익적 가치와 형량할 때 결코 우선적으로 보호받아야 할 보편적 가치를 가진다고 할 수 없다. 반면 처벌조항에 의하여 달성되는 공익은 국가공동체의 안전보장과 국토방위를 수호함으로써, 헌법의 핵심적 가치와 질서를 확보하고 대한민국 국민의 생명과 자유, 안전과 행복을 지키는 것이다. 따라서 처벌조항에 의하여 제한되는 사익이 달성하려는 공익에 비하여 우월하다고 할 수 없으므로, 처벌조항은 법익의 균형성 요건을 충족한다.

　　그러므로 처벌조항은 과잉금지원칙을 위반하여 양심의 자유를 침해하지 않는다.

4. 병역종류조항에 대한 헌법불합치 결정과 잠정적용명령

　　병역종류조항에 대해 단순위헌 결정을 할 경우 병역의 종류와 각 병역의 구체적인 범위에 관한 근거규정이 사라지게 되어 일체의 병역의무를 부과할 수 없게 되므로, 용인하기 어려운 법적 공백이 생기게 된다. 더욱이 입법자는 대체복무제를 형성함에 있어 그 신청절차, 심사주체 및 심사방법, 복무분야, 복무기간 등을 어떻게 설정할지 등에 관하여 광범위한 입법재량을 가진다. 따라서 병역종류조항에 대하여 헌법불합치 결정을 선고하되, 다만 입법자의 개선입법이 이루어질 때까지 계속적용을 명하기로 한다. 입법자는 늦어도 2019년 12월 31일까지는 대체복무제를 도입하는 내용의 개선입법을 이행하여야 하고, 그때까지 개선입법이 이루어지지 않으면 병역종류조항은 2020년 1월 1일부터 효력을 상실한다.

Ⅴ. 이 결정이 가지는 의미

헌법재판소는 2018년 6월 28일 재판관 6(헌법불합치) : 3(각하)의 의견으로, 병역의 종류에 양심적 병역거부자에 대한 대체복무제를 규정하지 않은 병역법 제5조 제1항(병역 종류조항)은 헌법에 합치되지 않으며, 2019년 12월 31일을 시한으로 입법자가 개정할 때까지 계속 적용된다는 결정을 선고하고, 재판관 4(합헌) : 4(일부위헌) : 1(각하)의 의견으로, 양심적 병역거부자의 처벌 근거가 된 병역법 제88조 제1항 본문 제1호 및 제2호(처벌조항)가 헌법에 위반되지 않는다는 결정을 선고하였다. 이에 대해 병역종류조항에 대한 청구는 헌법재판소법 제68조 제2항에 의한 헌법소원에서 진정입법부작위를 다투는 것으로서 그 자체로 허용되지 않으므로 부적법하다는 안창호, 조용호 재판관의 병역종류조항에 대한 반대의견, 병역종류조항에 대한 청구는 재판의 전제성이 없어 부적법하다는 김창종 재판관의 병역종류조항에 대한 반대의견, 처벌조항 중 양심적 병역거부자를 처벌하는 부분은 헌법에 위반된다는 이진성, 김이수, 이선애, 유남석 재판관의 처벌조항에 대한 일부위헌의견, 처벌조항에 대한 청구는 법원의 법률해석이나 재판결과를 다투는 것에 불과하여 부적법하다는 김창종 재판관의 처벌조항에 대한 각하의견이 있고, 그 밖에 위 각 의견들에 대한 개별 재판관들의 보충의견이 있다. 이 중 이진성, 김이수, 이선애, 유남석 재판관의 처벌조항에 대한 일부위헌의견은 병역종류조항이 처벌조항의 의미를 해석하는 근거가 되고, 처벌조항은 병역종류조항의 내용을 전제로 하므로, 병역종류조항의 위헌 여부는 처벌조항의 위헌 여부와 불가분적 관계에 있으므로 병역종류조항에 대하여 헌법불합치 결정을 하는 이상, 처벌조항 중 양심적 병역거부자를 처벌하는 부분에 대하여도 위헌결정을 하는 것이 자연스럽다는 입장을 취하였다.

헌법재판소는 2004년 8월 26일에 선고한 2002헌가1 결정, 2004년 10월 28일에 선고한 2004헌바61등 결정, 2011. 8. 30. 선고한 2008헌가22등 결정에서 병역법 제88조 제1항(처벌조항)에 대하여 합헌결정을 내렸다. 그러나 이 결정에서 헌법재판소는 일부 청구인들이 병역종류조항의 위헌확인을 함께 구한 데 따라, 종전과 달리 병역법 제88조 제1항(처벌조항)뿐만 아니라 제5조 제1항(병역종류조항)도 심판대상으로 삼아 판단하여 위와 같은 결론에 이르렀고, 결과적으로 대체복무제 입법을 통해 양심적 병역거부를 인정하는 길을 열었다.

사법시험 제1차 시험 시행일자 사건

─ 헌재 2001. 9. 27, 2000헌마159 ─

Ⅰ. 심판대상

피청구인인 행정자치부장관이 2000. 1. 3. 행정자치부공고 제2000-1호로 공고한 2000년도 공무원 임용시험 시행계획공고 중 제42회 사법시험 제1차 시험을 일요일인 2000. 2. 20.로 정하여 공고한 것.

※ 공고의 근거조항

구 사법시험령

제9조(시험의 시행 및 공고)

① 시험은 매년 1회 이상 실시하되 연초에 그 실시계획을 공고한다.

② 행정자치부장관은 시험을 실시하고자 할 때에는 그 일시·장소·시험방법 및 과목·응시자격·선발예정인원과 출원절차 등을 모든 응시자가 알 수 있도록 시험기일 30일 전에 공고하여야 한다. 다만, 불가피한 사유로 공고내용을 변경할 경우에는 시험기일 10일 전까지 그 변경사항을 공고하여야 한다.

Ⅱ. 사실관계의 요지

피청구인인 행정자치부장관은 2000. 1. 3. 행정자치부 공고 제2000-1호로 2000년도 공무원임용시험시행계획을 공고하였다. 위 계획 제5항에는 제42회 사법시험 제1차 시험일자를 2000. 2. 20. 시행한다고 되어 있는데 이 날은 일요일이다. 청구인은 A대학교 법대 4학년에 재학 중인 자로서 제42회 사법시험 제1차 시험에 응시원서를 접수하였으나 청구인이 신봉하는 기독교의 교리상 일요일에는 교회에 출석하여 예배행사에 참석하는 것이 신앙적 의무이기 때문에 일요일에 시행하는 위 사법시험 제1차 시험에 응시할 수 없었다. 이에 청구인은 위 시험일자를 일요일로 한 피청구인의 위 공고가 청구인의 헌법상 보장된 종교의 자유, 공무담임권, 휴식권 등의 기본권을 침해하는 공권력의 행사에 해당한다는 이유로 2000. 3. 3. 헌법소원심판을 청구하였다.

Ⅲ. 주   문

청구인의 심판청구를 기각한다.

Ⅳ. 결정 이유의 주요 논점 및 요지

1. 헌법소원의 대상이 되는 '공권력의 행사'에 해당함

이 사건 공고는 사법시험 등의 시험실시계획을 일반에게 알리는 것을 내용으로 하는 통지행위로서 일반적으로는 행정심판이나 행정쟁송의 대상이 될 수 있는 행정처분이나 공권력의 행사는 될 수 없지만 사전안내의 성격을 갖는 통지행위라도 그 내용이 국민의 기본권에 직접 영향을 끼치는 내용이고 앞으로 법령의 뒷받침에 의하여 그대로 실시될 것이 틀림없을 것으로 예상될 수 있는 것일 때에는 그로 인하여 직접적으로 기본권 침해를 받게 되는 사람에게는 사실상의 규범작용으로 인한 위험성이 이미 발생하였다고 보아야 할 것이므로 이러한 것도 헌법소원의 대상이 될 수 있다. 사법시험 응시자격은 구 사법시험령 제4조에, 시험방법과 과목은 구 사법시험령 제5조와 제7조에 이미 규정되어 있으므로 그에 대한 공고는 이미 확정되어 있는 것을 단순히 알리는 데에 지나지 않는다 할 것이나 구체적인 시험일정과 장소는 위 공고에 따라 비로소 확정되는 것이다. 따라서 이 사건 공고는 헌법소원의 대상이 되는 공권력의 행사에 해당한다고 보아야 할 것이다.

2. 권리보호의 이익도 있음

이미 제42회 사법시험은 2000. 12. 31.경 최종 합격자 발표를 마치고 그 시험일정이 모두 종료하였다. 따라서 청구인이 이 사건 심판청구에서 인용결정을 받더라도 이미 종료한 제42회 사법시험에 다시 응시하는 것은 불가능하므로 권리보호의 이익이 없다고 보아야 할 것이나, 동종의 침해행위가 앞으로도 반복될 위험이 있거나 헌법질서의 수호·유지를 위하여 긴요한 사항이어서 그 해명이 중대한 의미를 지니고 있는 때에는 예외적으로 권리보호의 이익이 인정된다. 사법시험은 매년 반복하여 시행되고 피청구인의 의견서에 의하면 그 1차 시험은 응시자가 대폭 줄어드는 등의 특별한 사정이 없는 한 매년 일요일에 시행될 예정이므로 사법시험을 준비하고 있는 청구인으로서는 매년 사법시험 제1차 시험에 응시하기 위하여는 예배행사에 빠질 수밖에 없어 이 사건 역시 청구인의 기본권 침해가 반복될 위험이 있는 경우에 해당하여 권리보호의 이익을 인정하여야 할 것이다.

3. 종교의 자유와 평등의 원칙 침해하지 않음

이 사건에서 청구인은 자신의 신앙적 의무를 지키기 위하여 사법시험 응시를 포기하고 예배행사에 참여하였다는 것이므로 사법시험 시행일을 일요일로 정한 피청구인의 처분이 직접적으로 청구인의 종교의 자유를 침해하였다고 보기는 어렵다. 다만 사법시험 시행일을 일요일로 정하는 것이 청구인의 일요일에 예배행사에 참석할 종교적 행위의 자유를 제한하는 것으로 볼 수 있는지가 문제이다.

생각건대, 종교적 행위의 자유는 신앙의 자유와는 달리 절대적 자유가 아니다. 따라서 질서유지, 공공복리 등을 위하여 제한할 수 있는 것이다. 사법시험 제1차 시험에 응시한 응시생들에 대한 시험관리를 위하여는 2,000여 명의 공무원이 필요한데 이러한 대규모 응시생들을 수용할 시험장소는 중·고등학교 건물을 임차하는 것 이외에 특별한 방법이 없고 만일 일요일이 아닌 평일에 사법시험을 실시한다면 해당 학교의 학생들이 수업을 받지 못하게 되고 또한 시험관리를 위한 2,000여 명의 공무원이 업무에 공백을 가져오게 된다. 뿐만 아니라 일요일이 아닌 평일을 시험일로 할 경우 직장인 또는 학생 신분인 사람들은 결근, 결석할 수밖에 없는 문제가 있게 되고 시험당일 문제지 수송과 수험생 입실시간이 교통혼잡시간대와 겹치게 되어 원활한 시험관리에도 상당한 지장을 가져오게 된다. 이러한 사정을 참작한다면 시험 시행일을 일요일로 정하여 공고한 것은 국가공무원법 제35조에 의하여 다수 국민의 편의를 위한 것이므로 이로 인하여 청구인의 종교의 자유가 어느 정도 제한된다 하더라도 이는 공공복리를 위한 부득이한 제한으로 보아야 할 것이고 그 정도를 보더라도 비례의 원칙에 벗어난 것으로 볼 수 없고 청구인의 종교의 자유의 본질적 내용을 침해한 것으로 볼 수도 없다. 또한 기독교 문화를 사회적 배경으로 하고 있는 구미 제국과 달리 우리나라에서는 일요일은 특별한 종교의 종교의식일이 아니라 일반적인 공휴일로 보아야 할 것이고 앞서 본 여러 사정을 참작한다면 사법시험 제1차 시험 시행일을 일요일로 정한 피청구인의 이 사건 공고가 청구인이 신봉하는 종교를 다른 종교에 비하여 불합리하게 차별대우하는 것으로 볼 수도 없다.

4. 공무담임권도 침해하지 않음

사법시험은 원칙적으로 자격시험의 성격이 있고 그 시험에 합격하여 사법연수원의 소정 과정을 마친 사람 중에서 판사나 검사를 임용하고 있으므로 그 한도에서 공무원임용시험의 성격을 가지나, 피청구인이 사법시험 제1차 시험의 시행일을 일요일로 정하였다고 하여 청구인의 공무담임권이 침해되었다고 볼 수는 없다. 즉 청구인이 자신이 신봉하는 종교의 특별한 교리를 이유로 일요일에는 예배행사 참여와 기도와 선행 이외의 다른 행위를 할 수 없다는 것일 뿐이므로 다수 국민의 편의를 위하여 시험 시행일을 일요일로 정한 피청구인의 이 사건 공고가 특별히 청구인의 사법시험 응시 기회를 차단한다고 볼 수 없다.

5. 휴식권도 침해하지 않음

휴식권은 헌법상 명문의 규정은 없으나 포괄적 기본권인 행복추구권의 한 내용으로 볼 수 있을 것이다. 이 행복추구권은 헌법 제10조에 의하여 보장되는 것으로 포괄적이고 일반조항적인 성격을 가지며 또한 그 구체적인 표현으로서 일반적인 행동자유권과 개성의 자유로운 발현권을 포함한다. 사법시험 시행일을 일요일로 정한 피청구인의 이 사건 공고는 청구인 등에게 공무담임의 기회를 제공하는 것이어서 행복추구의 한 방편이 될지언정 거꾸로 이를 침해한다고 볼 수는 없다.

Ⅴ. 이 결정이 가지는 의미

헌법재판소가 사법시험 제1차 시험 시행일을 일요일로 정하여 공고한 것에 대해 만장일치로 합헌결정을 내린 사건이다. 즉, 사법시험 제1차 시험을 일요일로 정하여 공고한 것이 종교행위의 자유도, 평등권도, 공무담임권도, 휴식권도 침해하지 않는다고 보았다. 이 결정에서도, 동종의 침해행위가 앞으로도 반복될 위험이 있거나 헌법질서의 수호·유지를 위하여 긴요한 사항이어서 그 해명이 중대한 의미를 지니고 있는 때에는 권리보호이익의 예외를 인정하고 있음에 주목할 필요가 있다. 또한, 휴식권을 포괄적 기본권인 행복추구권의 한 내용으로 보고 있음에도 주목을 요한다.

국립대 총장후보자 선정방식 사건

─ 헌재 2006. 4. 27, 2005헌마1047 ─

Ⅰ. 심판대상

교육공무원법(2005. 5. 31. 법률 제7537호로 개정된 것)

제24조(대학의 장의 임용)

④ 위원회는 해당 대학이 정하는 바에 따라 다음 각 호의 어느 하나의 방법에 의하여 대학의 장 후보자를 선정하여야 한다.

　1. 위원회에서의 선정

⑥ 제1항의 규정에도 불구하고 대학의 장 임기만료 후 3월 이내에 해당 대학이 대학의 장 후보자를 추천하지 아니하는 경우 해당 대학의 장은 교육인적자원부장관의 제청으로 대통령이 임용한다.

⑦ 위원회의 구성·운영 등에 관하여 필요한 사항은 대통령령으로 정하되, 위원의 일정비율 이상은 여성으로 한다.

제24조의2(선거운동의 제한)

④ 누구든지 대학의 장 후보자 선정 선거와 관련하여 다음 각 호의 방법 외의 행위를 할 수 없다.

　1. 선전벽보의 부착

　2. 선거공보의 배부

　3. 소형인쇄물의 배부

　4. 합동연설회 또는 공개토론회의 개최

　5. 전화·컴퓨터 통신을 이용한 지지호소

제24조의3(대학의 장 후보자 추천을 위한 선거사무의 위탁)

① 대학의 장 후보자를 추천함에 있어서 제24조 제4항 제2호의 규정에 따라 해당 대학 교원의 합의된 방식과 절차에 따라 직접선거에 의하는 경우 해당 대학은 선거관리에 관하여 그 소재지를 관할하는 「선거관리위원회법」에 의한 구·시·군 선거관리위원회에 위탁하여야 한다.

Ⅱ. 사실관계의 요지

청구인들은 대학교 소속의 교수로서 각 교수회나 교수평의회의 의장 등으로 재직 중이다. 청구인들 소속의 대학들은 각 대학의 장 추천을 위한 선거가 실시되었거나 실시될 예정이다. 청구인들은 심판대상 법률이 헌법상 보장된 청구인들의 학문의 자유와 대학의 자치에서 유래되는 자치입법권 등을 침해하였다고 주장하며 그 위헌확인을 구하는 '헌법재판소법' 제68조 제1항의 헌법소원을 제기하였다.

Ⅲ. 주 문

청구인들의 심판청구를 모두 기각한다.

Ⅳ. 결정 이유의 주요 논점 및 요지

1. 헌법소원 제기의 형식적 요건은 갖춤

헌법 제31조 제4항은 "교육의 자주성·전문성·정치적 중립성 및 대학의 자율성은 법률이 정하는 바에 의하여 보장된다"라고 규정하여 교육의 자주성·대학의 자율성을 보장하고 있으며, 이 교육의 자주성이나 대학의 자율성은 헌법 제22조 제1항이 보장하고 있는 학문의 자유의 확실한 보장수단으로 꼭 필요한 것으로서 이는 대학에게 부여된 헌법상의 기본권이다. 그러나 대학의 자치의 주체를 기본적으로 대학으로 본다고 하더라도 교수나 교수회의 주체성이 부정된다고 볼 수는 없고, 가령 학문의 자유를 침해하는 대학의 장에 대한 관계에서는 교수나 교수회가 주체가 될 수 있고, 또한 국가에 의한 침해에 있어서는 대학 자체 외에도 대학 전구성원이 자율성을 갖는 경우도 있을 것이므로 문제되는 경우에 따라서 대학, 교수, 교수회 모두가 단독 혹은 중첩적으로 주체가 될 수 있다. 이 사건 청구인들이 자기관련성, 직접성, 현재성, 권리보호이익을 갖추어 이 사건 헌법소원 청구가 적법하다.

2. '교육공무원법' 제24조 제4항은 대학의 자율을 침해하지 않음

위원회에서의 선정은 원칙적인 방식이 아닌 교원의 합의된 방식과 선택적이거나 혹은 실제로는 보충적인 방식으로 규정되어 있는 점, 대학의 장 후보자 선정과 관련하여 대학에게 반드시 직접선출 방식을 보장하여야 하는 것은 아니며, 다만 대학교원들의 합의된 방식으로 그 선출방식을 정할 수 있는 기회를 제공하면 족하다고 할 것인데, 위 규정은 대학의 장 후보자 선정을 위원회에서 할 것인지, 아니면 교원의 합의된 방식에 의할 것인지를 대학에서 우선적으로 결정하도록 하여 이를 충분히 보장하고 있는 점, 또한 이 규정은 개정 전 교육공무원임용령(1991. 8. 8. 대통령령 제13448호로 개정되고, 2005. 9. 14. 대통령령 제19043호로 개정되기 전의 것) 제12조의3 제4항과 동일한 내용으로서 청구인들이 속한 각 대학은 개정 전 위 시행령에 근거하여 직선제의 방식으로 대학의 장 후보자를 선출해 온 점을 고려하면, 이전의 시행령의 내용을 그대로 담고 있는 위 법률규정이 대학에게 총장 후보자 선출에 있어서 새로운 제한을 추가하거나 가중한 것이라고 볼 수 없으므로 위 규정이 매우 자의적인 것으로서 합리적인 입법한계를 일탈하였거나 대학의 자율의 본질적인 부분을 침해하였다고 볼 수 없다.

3. '교육공무원법' 제24조 제6항도 대학의 자율을 침해하지 않음

국립대학에서 총장 후보자 선정이 이루어지지 못하는 경우에는 인사나 재정 등 대학운영에 관한 여러 결정이 적시에 이루어질 수 없어 대학행정의 공백이나 차질이 예상되고 이에 따라 교수·부교수 제청예정자나 전임강사·조교 등의 임용예정자들의 학문의 자유는 물론 학생들의 교육받을 권리 등이 침해받게 될 가능성이 있으므로 이를 방지하기 위한 위 규정은 목적의 정당성이 인정된다. 그리고 국립대학에서 총장이 임명되지 못하는 경우에 대통령이 교육인적자원부장관의 제청으로 총장을 임용하는 것은 그 공백상태를 해결하기 위한 적절한 수단이며 이 경우 임시적 지위를 갖는 총장을 임용하는 일시적인 임용형태를 취할 것인지 아니면 통상의 총장지위를 갖는 정식의 임용형태를 취할 것인지는 입법자의 재량사항에 속한 것으로 볼 수 있는 점 등을 고려할 때 위 규정이 매우 자의적인 것으로서 합리적인 입법한계를 일탈하였거나 대학의 자율의 본질적인 부분을 침해하였다고 볼 수 없다.

4. '교육공무원법' 제24조의2 제4항도 대학의 자율을 침해하지 않음

위 규정은 대학의 장 후보자 선출과정에서의 과도한 선거운동을 제한함으로써 선거운동의 투명성과 공정성을 확보할 것을 목적으로 하는 점에서 그 입법목적의 정당성이 인정된다. 그리고 위 규정에서 허용한 선거운동방법이 입후보자들의 의사를 전달하거나 선거권자가 입후보자에 대한 정보를 얻는 데 매우 제한적이어서 불충분한 것으로는 볼 수 없으며, 여기에서 허용한 선거운동방법은 과열·혼탁 선거의 염려가 비교적 적은 공정한 선거운동 방법인 점 등에 비추어 볼 때 위 규정이 매우 자의적인 것으로서 합리적인 입법한계를 일탈하였거나 대학의 자율의 본질적인 부분을 침해하였다고 볼 수 없다.

5. '교육공무원법' 제24조의3 제1항도 대학의 자율을 침해하지 않음

대학의 장 후보자 선정을 위한 직접선거 과정에서 과열·혼탁된 선거운동의 부작용을 막고 장기적으로 공정한 선거관리를 통하여 대학의 신뢰성을 제고하기 위한 것으로 목적의 정당성은 인정된다. 그리고 국가의 예산과 공무원이라는 인적 조직에 의하여 운용되는 국립대학에서 선거관리를 공정하게 하기 위하여 중립적 기구인 선거관리위원회에 선거관리를 위탁하는 것은 선거의 공정성을 확보하기 위한 적절한 방법인 점 등을 고려하면, 위 규정이 매우 자의적인 것으로서 합리적인 입법한계를 일탈하였거나 대학의 자율의 본질적인 부분을 침해하였다고 볼 수 없다.

6. '교육공무원법' 제24조 제7항도 포괄위임입법금지의 원칙에 위배되지 않음

법 제24조 제7항은 위원회의 구성, 운영 등에 관하여 구체적인 위임의 범위를 정하지 아니하고 시행령에 위임하였으나, 이 위원회는 대학의 장 후보자를 추천하기 위한 위원회임은 목적상 명백하고, 또한 위원회는 대학의 모든 구성원이 아닌 해당 대학 교원을 중심으로 구성될 것임을 알 수 있어 그 대강의 내용을 예측할 수 있고, 각 대학마다 규모나 지역 등의 사정에 따라 탄력적으로 위원수나 위원자격을 정하도록 할 필요가 있어 구성과 운영 등에 관한 사항을 시행령에 위임하여야 할 합리적인 이유가 있으므로 위임입법의 한계를 일탈하였다고 할 수 없다.

V. 이 결정이 가지는 의미

헌법재판소가 국립대 총장후보자 선정방식에 관한 '교육공무원법' 규정들에 대해, 헌법 제31조 제4항에 규정된 대학의 자율성이나 헌법 제22조 제1항의 학문의 자유에 대한 과잉하지 않은 합헌적 제한이며, 헌법상의 포괄위임입법금지원칙에도 위배되지 않는다는 이유로 만장일치의 합헌결정을 내린 사건이다. 특히, 대학의 자율성은 헌법상의 학문의 자유의 확실한 보장수단으로서 대학에 부여된 헌법상의 기본권이라고 보면서 그 주체의 범위에 교수회와 교수까지 포함시키고 있는 점, 포괄위임입법금지원칙 위배 여부를 판단함에 있어 "법률에서 구체적인 범위를 정하여 위임받은 사항"이란 법률에 이미 대통령령으로 규정될 내용 및 범위의 기본사항이 구체적으로 규정되어 있어서 누구라도 당해 법률로부터 대통령령에 규정될 내용의 대강을 예측할 수 있어야 함을 심사기준으로 일관되게 적용하고 있음에 주목을 요한다.

공무원의 선거기획 참여 등 금지 사건

― 헌재 2008. 5. 29, 2006헌마1096 ―

Ⅰ. 심판대상

공직선거법(2005. 8. 4. 법률 제7681호로 개정된 것)

제255조(부정선거운동죄)

① 다음 각 호의 어느 하나에 해당하는 자는 3년 이하의 징역 또는 600만원 이하의 벌금에 처한다.

　　10. 제86조 제1항 제1호 내지 제4호·제2항·제3항 또는 제5항의 규정에 위반한 행위를 하거나 하게 한 자 또는 같은 조 제6항의 규정에 위반한 행위를 한 자

제86조(공무원 등의 선거에 영향을 미치는 행위금지)

① 공무원(국회의원과 그 보좌관·비서관·비서 및 지방의회의원을 제외한다), 제53조(공무원 등의 입후보) 제1항 제4호 및 제6호에 규정된 기관 등의 상근 임·직원, 통·리·반의 장, 주민자치위원회위원과 향토예비군소대장급 이상의 간부, 특별법에 의하여 설립된 국민운동단체로서 국가나 지방자치단체의 출연 또는 보조를 받는 단체(바르게살기운동협의회·새마을운동협의회·한국자유총연맹을 말한다)의 상근 임·직원 및 이들 단체 등(시·도조직 및 구·시·군조직을 포함한다)의 대표자는 다음 각 호의 어느 하나에 해당하는 행위를 하여서는 아니 된다.

　　2. 선거운동의 기획에 참여하거나 그 기획의 실시에 관여하는 행위

Ⅱ. 사실관계의 요지

청구인들은 2006년에 실시된 전국동시지방선거에서 각각 거주 지방자치단체의 시장, 군수, 구청장으로 당선되어 재직하고 있는 자들이다. 청구인들은 초선 지방자치단체장으로서 지방자치법에 의하면 3기까지 계속 재임할 수 있으므로 다음 지방자치단체장 선거에도 현재의 신분을 유지한 채로 출마할 수 있다. 그런데 '공직선거법' 제86조 제1항 제2호 및 제255조 제1항 제10호는 공무원이 선거운동의 기획에 참여하거나 그 기획의 실시

에 관여하는 행위를 못하도록 하고 있으며, 이를 위반한 경우 3년 이하의 징역이나 600 만원 이하의 벌금에 처하도록 규정하고 있다. 이에 청구인들은 '공직선거법'상의 위 조항이 자신들의 기본권을 침해하고 있다고 주장하며 이 사건 헌법소원심판을 청구하였다.

Ⅲ. 주   문

공무원이 그 지위를 이용하지 아니한 경우에도 공직선거법 제86조 제1항 제2호에서 규정한 '선거운동의 기획에 참여하거나 그 기획의 실시에 관여하는 행위'를 금지하는 것은 헌법에 위반된다.

Ⅳ. 결정이유의 주요 논점 및 요지

1. 죄형법정주의의 명확성 원칙에는 위배되지 않음

이 사건 법률조항이 규정하고 있는 "선거운동의 기획에 참여하거나 그 기획의 실시에 관여하는 행위"란 공무원이 선거운동의 효율적 수행을 위한 일체의 계획 수립에 참여하는 행위 또는 그 계획을 직접 실시하거나 실시에 관하여 지시·지도하는 행위를 함으로써 선거에 영향을 미치는 행위를 말한다. 이는 건전한 상식과 통상적인 법감정을 가진 사람이면 그 적용대상자가 누구이며 구체적으로 어떠한 행위가 금지되고 있는지를 알 수 있다고 할 것이다. 따라서 이 사건 법률조항이 그 조문에 "선거운동", "기획", "참여", "관여"라는 약간의 불명확성을 지닌 구성요건을 사용하고 있다고 하더라도 그 점만으로 헌법이 요구하는 죄형법정주의의 명확성의 원칙에 위배된다고 볼 수 없다.

2. 공무원의 지위를 이용하지 않은 행위에까지 적용하는 한, 정치적 표현의 자유 침해

이 사건 법률조항은 소위 관권선거나 공적 지위에 있는 자의 선거 개입의 여지를 철저히 불식시킴으로써 선거의 공정성을 확보하기 위해 공무원에 대하여 선거운동의 기획에 참여하거나 그 기획의 실시에 관여하는 행위를 전적으로 금지하고 있다. 그런데 선거의 공정성을 확보하기 위하여 선거에 대한 부당한 영향력의 행사 기타 선거결과에 영향을 미치는 행위를 금지해 선거에서 공무원의 중립의무를 실현하고자 한다면, 공무원이 '그 지위를 이용하여' 하는 선거운동의 기획행위를 막는 것으로도 충분하다. 이러한 점에서 이 사건 법률조항은 수단의 적정성과 피해의 최소성 원칙에 반한다. 또한 공무원의 편향된 영향력 행사를 배제하여 선거의 공정성을 확보한다는 공익은, 그 지위를 이용한 선거운동 내지 영향력 행사만을 금지하면 대부분 확보될 수 있으므로 공무원이 그 지위를 이용하였는지 여부에 관계없이 선거운동의 기획행위를 일체 금지하는 것은 정치적 의사표현의 자유라는 개인의 기본권을 중대하게 제한하는 반면, 그러한 금지가 선거의 공정성이라는 공익의 확보에 기여하는 바는 매우 미미하다는 점에서 이 사건 법률조항은 법익의 균형성을 충족하고 있지 못하다.

　　따라서 이 사건 법률조항은 공무원의 정치적 표현의 자유를 침해한다. 다만 위와 같은 위헌성은 공무원이 '그 지위를 이용하여' 하는 선거운동의 기획행위 외에 사적인 지위에서 하는 선거운동의 기획행위까지 포괄적으로 금지하는 것에서 비롯된 것이므로, 이 사건 법률조항은 공무원의 지위를 이용하지 않은 행위에까지 적용하는 한 헌법에 위반된다.

3. 평등권도 침해

　　공무원이 그 지위를 이용하여 한 선거운동의 기획행위를 금지하는 것은 선거의 공정성을 보장하기 위한 것이고, 이로써 공무원인 입후보자와 공무원이 아닌 다른 입후보자, 지방자치단체장과 국회의원과 그 보좌관, 비서관, 비서 및 지방의회의원을 차별하는 것은 합리적 이유가 있다. 그러나 이 사건 법률조항이 공무원이 그 지위를 이용하지 않고 사적인 지위에서 선거운동의 기획행위를 하는 것까지 금지하는 것은 선거의 공정성을 보장하려는 입법목적을 달성하기 위한 합리적인 차별취급이라고 볼 수 없으므로 평등권을 침해한다.

Ⅴ. 이 결정이 가지는 의미

　　헌법재판소의 다수의견은 공무원이 그 지위를 이용하지 않은 경우에도 '공직선거법' 제86조 제1항 제2호에서 규정한 '선거운동의 기획에 참여하거나 그 기획의 실시에 관여하는 행위'로 금지하는 것은 헌법에 위반된다는 한정위헌결정을 내렸다. 한정위헌결정이란 위헌법률심판의 결정형식들 중 변형결정의 하나로서, 심판대상이 된 법률조항의 특정 해석례대로 그 법률조항을 해석하는 한에 있어서는 위헌이라고 선언하는 결정형식을 말한다.

　　이에 대해 이공현, 김희옥 재판관은 반대의견을 통해 이 사건 법률조항이 합헌이라고 주장했다. 우선 다수의견이 '지위를 이용하여' 하는 경우 이외에는 이 사건 법률조항의 행위가 선거운동이 금지되는 공무원에게도 허용되어야 한다고 본 점을 지적하면서,

공무원이 이 사건 법률조항의 행위를 할 경우 이를 순전한 사적 행위로 볼 수 있는지는 의문이고 설령 이와 같이 볼 수 있는 행위가 있다고 하더라도 공무원이 그 지위를 이용하여 하였는지 여부를 판단하는 것은 쉽지 않으므로 결국 '지위를 이용하여' 하는 경우 이외의 선거운동의 기획행위를 허용하게 되면, 이것은 공무원의 지위 이용 여부와 상관 없이 이 사건 법률조항의 행위를 선거운동이 금지되는 공무원에게도 모두 허용하는 결과 가 될 것이어서 선거의 공정성은 담보되지 않을 것이기 때문에 선거의 공정성을 확보하 기 위해서는 공무원이 그 지위를 이용하였는지 여부에 상관없이 선거운동의 기획에 관여 하는 등의 행위를 모두 금지하는 것이 필요하므로 이 사건 법률조항은 정치적 표현의 자 유를 침해하지 않는다고 주장했다. 또한 국회의원과 지방의회의원은 정당의 대표자이자 선거운동의 주체로서의 지위로 말미암아 선거에서의 정치적 중립성이 요구될 수 없는 반 면, 지방자치단체장은 직무의 기능이나 영향력을 이용하여 선거에서 국민의 자유로운 의 사형성과정에 영향을 미치고 정당간의 경쟁관계를 왜곡할 가능성이 크므로 다른 공무원 에 비해 선거에서의 정치적 중립성이 특히 요구되기 때문에, 이 사건 법률조항이 국회의 원 등과 지방의회의원을 그 적용대상에서 제외하면서 정치적 중립성이 엄격히 요구되는 지방자치단체장은 제외하고 있지 않더라도, 이는 선거에서의 정치적 중립의무가 요구되 는 정도에 따른 것이므로 자의적인 차별이라고 할 수 없어 평등원칙에도 위배되지 않는 다고 보았다.

이 한정위헌결정은 결정은 이 사건 법률조항과 같은 내용의 규정인 구 '공직선거 및 선거부정방지법'(2004. 3. 12. 법률 제7189호로 개정된 것) 제86조 제1항 제2호와 제255조 제 1항 제10호에 대해 합헌결정을 내린 2005년 6월 30일 헌법재판소의 2004헌바33 결정에 서 입장을 바꾼 결정임에도 주목할 필요가 있다.

임야조사서 열람·복사 불응 사건

― 헌재 1989. 9. 4, 88헌마22 ―

I. 심판대상

청구인의 이 사건 문서들에 대한 열람·복사 신청에 대한 피청구인의 부작위가 있었는지, 또 있었다면 그것이 헌법상 보장된 청구인의 기본권을 침해하였는지의 여부.

II. 사실관계의 요지

청구인은 이 사건 임야와 밭에 대한 소유권을 회복하기 위해 수차례에 걸쳐서 피청구인인 경기도 이천 군수에게 임야와 밭에 대한 구임야대장, 임야조사서, 토지조사부, 지세명기장 등의 열람·복사 신청을 하였으나 피청구인은 그 중 토지조사부와 임야조사서에 대하여서는 그 신청이 정당한 이해관계인에 의하여 제출된 것인지의 여부도 검토하지 아니한 채 아무런 조처도 하지 않는 방법으로 불응하였다. 이에 청구인은 헌법재판소에 이 사건 헌법소원심판을 청구하였다.

III. 주 문

1. 피청구인이 청구인으로부터 1988. 3. 22.부터 동년 12. 10.경까지의 간에 수차에 걸쳐 문서 또는 구두로 경기도 이천군 마장면 표교리 산 18내지 산 21, 산 23, 326의 1 및 129의 2 소재 임야와 전에 대한 임야조사서 또는 토지조사부의 열람·복사 신청이 있었음에도 이에 불응한 부작위는 청구인의 "알 권리"를 침해한 것이므로 위헌임을 확인한다.

2. 청구인의 나머지 청구를 기각한다.

Ⅳ. 결정 이유의 주요 논점 및 요지

1. 보충성의 원칙의 예외사유에 해당돼 적법한 심판청구임

청구인의 토지조사부 등에 대한 열람·복사 신청에 대한 피청구인의 대응은 이를 두 가지로 나누어 볼 수 있는데, 하나는 본건 신청에 대하여 적극적으로 이를 거부한 거부처분의 경우이고, 둘은 거부의 의사표시도 하지 않고 방치해 버린 사실상의 부작위의 경우인데 본 건의 경우는 사실상의 부작위의 경우에 해당하는 것으로 보여진다. 행정소송법상 "부작위"라 함은 행정청이 당사자의 신청에 대하여 상당한 기간 내에 일정한 처분을 하여야 할 법률상 의무가 있음에도 불구하고 이를 하지 않은 것을 의미하는 것으로서, 피청구인이 청구인의 문서 열람·복사 신청에 불응한 것이 위 부작위로 되어 행정쟁송의 대상이 되려면 피청구인에게 법률상의 처분의무가 존재하여야 한다. 그런데 공문서의 개시의무에 관한 법률상 명문규정은 찾아볼 수 없고, 대법원의 판례를 종합해 보면 행정청 내부의 사실행위나 사실상의 부작위에 대하여 일관하여 그 행정처분성을 부인함으로써 이를 행정쟁송 대상에서 제외시켜 왔음을 알 수 있어 본건과 같은 경우도 행정쟁송에서 청구인의 주장이 받아 들여질 가능성은 종래의 판례 태도를 변경하지 않는 한 매우 희박함을 짐작하기에 어렵지 않는 것이다. 과연 그렇다면 사실상의 부작위에 대하여 행정소송을 할 수 있는지의 여부를 잠시 접어두고 그에 관한 대법원의 태도가 소극적이고 아울러 학설상으로도 그 가부가 확연하다고 할 수 없는 상황에서 법률의 전문가가 아닌 일반국민에 대하여 전심절차의 예외없는 이행을 요구하는 것이 합당하겠는가의 의문이 생겨나는 것이다. 그러나 헌법소원심판 청구인이 그의 불이익으로 돌릴 수 없는 정당한 이유있는 착오로 전심절차를 밟지 않은 경우 또는 전심절차로 권리가 구제될 가능성이 거의 없거나 권리구제절차가 허용되는지의 여부가 객관적으로 불확실하여 전심절차이행의 기대가능성이 없을 때에는 그 예외를 인정하는 것이 청구인에게 시간과 노력과 비용의 부담을 지우지 않고 헌법소원심판제도의 창설취지를 살리는 방법이라고 할 것이므로, 본건의 경우는 위의 예외의 경우에 해당하여 적법하다고 할 것이다.

2. 임야조사서와 토지조사부의 열람·복사 불응행위는 알 권리 침해

우리나라는 헌법 제21조에 언론·출판의 자유, 즉 표현의 자유를 규정하고 있는데, 이 자유는 전통적으로는 사상 또는 의견의 자유로운 표명과 그것을 전파할 자유를 의미하는 것으로서, 개인이 인간으로서의 존엄과 가치를 유지하고 행복을 추구하며 국민주권을 실현하는 데 필수불가결한 것으로 오늘날 민주국가에서 국민이 갖는 가장 중요한 기본권의 하나로 인식되고 있는 것이다. 그런데 사상 또는 의견의 자유로운 표명은 자유로운 의사의 형성을 전제로 하는데, 자유로운 의사의 형성은 충분한 정보에의 접근이 보장됨으로써 비로소 가능한 것이며, 다른 한편으로 자유로운 표명은 자유로운 수용 또는 접수와 불가분의 관계에 있다고 할 것이다. 그러한 의미에서 정보에의 접근·수집·처리의 자유, 즉 "알 권리"는 표현의 자유에 당연히 포함되는 것으로 보아야 하는 것이다. 이와 관련하여 인권에 관한 세계선언 제19조는 "모든 사람은 모든 수단에 의하여 국경을 초월하여 정보와 사상을 탐구하거나 입수 또는 전달할 자유를 갖는다"라고 하여 소위 "알 권리"를 명시하고 있는 것이다.

　"알 권리"는 민주국가에 있어서 국정의 공개와도 밀접한 관련이 있는데 우리 헌법에 보면 입법의 공개, 재판의 공개에는 각각 제50조 제1항과 제109조에서 명문규정을 두고 행정의 공개에 관하여서는 명문규정을 두고 있지 않으나, "알 권리"의 생성기반을 살펴볼 때 이 권리의 핵심은 정부가 보유하고 있는 정보에 대한 국민의 알 권리 즉, 국민의 정부에 대한 일반적 정보공개를 구할 권리인 일종의 청구권적 기본권이라고 할 것이며, 또한 자유민주적 기본질서를 천명하고 있는 헌법 전문과 제1조 및 제4조의 해석상 당연한 것이라고 봐야 할 것이다. "알 권리"의 법적 성질을 위와 같이 해석한다고 하더라도 헌법 규정만으로 이를 실현할 수 있는가 혹은 구체적인 법률의 제정이 없이는 불가능한 것인가에 대하여서는 다시 견해가 갈릴 수 있지만, 본건 서류에 대한 열람·복사 민원의 처리는 법률의 제정이 없더라도 불가능한 것이 아니라 할 것이고, 또 비록 공문서 공개의 원칙보다는 공문서의 관리·통제에 중점을 두고 만들어진 규정이기는 하지만 "정부공문서 규정" 제36조 제2항이 미흡하나마 공문서의 공개를 규정하고 있는 터이므로 이 규정을 근거로 해서 국민의 알 권리를 곧바로 실현시키는 것이 가능하다고 보아야 할 것이다.

　"알 권리"도 헌법 제21조 제4항의 헌법유보와 헌법 제37조 제2항의 일반적 법률유보에 의하여 제한될 수 있음은 물론이며, "알 권리"는 아무에게도 달리 보호되고 있는 법익을 침해하는 권리를 부여하는 것은 아니다. 그리하여 여러 가지 특별법에 알 권리를 제한하는 규정을 두고 있으나, 그 제한은 본질적 내용을 침해하지 않은 범위 내에서 최소한도에 그쳐야 할 것이다. 아울러 국가안보, 질서유지, 공공복리 등 개념이 넓은 기준에서 일보 전진하여 구체적 기준을 정립해야 할 것이며, 제한에서 오는 이익과 "알 권리" 침해라는 해악을 비교·형량하여 그 제한의 한계를 설정하여야 할 것이다. 알 권리에 대한 제한의 정도는 청구인에게 이해관계가 있고 공익에 장해가 되지 않는다면 널리 인정해야 할 것으로 생각하며, 적어도 직접의 이해관계가 있는 자에 대하여서는 의무적으로 공개하여야 한다.

　　본건 토지조사부 등이 비밀 또는 대외비로 분류되어 있다거나 그 공개로 타인의 사생활의 비밀이 침해된다거나 하는 사정을 발견할 수 없고, 아울러 이를 금지해야 할 법령상의 근거도 물론 찾아볼 수 없으므로, 본건 문서 자체에는 공개제한요인이 없음을 알 수 있다. 그럼에도 불구하고, 청구인의 정당한 이해관계가 있는 정보보유 정보의 개시 요구에 대해 행정청이 아무런 검토없이 불응한 부작위는 헌법 제21조에 규정된 표현의 자유와 자유민주적 기본질서를 천명하고 있는 헌법 전문, 제1조, 제4조의 해석상 국민의 정부에 대한 일반적 정보 공개를 구할 청구권적 기본권으로서 인정되는 알 권리를 침해한 것이므로 그 행위는 위헌임을 확인한다. 청구인의 구임야대장 및 지세명기장의 복사 또는 열람의 청구는 모두 이유 없으므로 이를 기각한다.

Ⅴ. 이 결정이 가지는 의미

　　행정관청의 임야조사서와 토지조사부 열람·복사에 불응한 것에 대해 헌법재판소가 알권리 침해를 이유로 위헌결정을 내린 사건이다. 이에 대해 최광률 재판관은 반대의견을 통해, 청구인에게는 정부공문서규정 제36조 제2항에 의해 임야조사서 및 토지조사부의 열람·복사청구권이 있고 이에 대한 행정청의 부작위는 행정쟁송의 대상이 되므로 헌법소원심판청구의 보충성의 원칙에 대한 예외사유가 될 수 없다는 각하의견을 냈다. 헌법재판소가 알 권리를 비록 직접적 명문규정은 없지만 헌법 제21조에 규정된 표현의 자유의 하나로서 인정하면서, 알 권리는 이를 구체화하는 법률의 제정이 없더라도 헌법 제21조에서 직접 보장된다고 판시하고 있음에 주목할 필요가 있다.

군대 내 불온도서 소지 등 금지 사건
―헌재 2010. 10. 28, 2008헌마638―

Ⅰ. 심판대상

1. **군인사법**(1966. 10. 4. 법률 제1837호로 개정된 것)

제47조의2(복무규율) 군인의 복무에 관하여는 이 법에 규정한 것을 제외하고는 따로 대통령령이 정하는 바에 의한다.

2. **군인복무규율**(1998. 12. 31. 대통령령 제15954호로 개정된 것)

제16조의2(불온표현물 소지·전파 등의 금지) 군인은 불온유인물·도서·도화 기타 표현물을 제작·복사·소지·운반·전파 또는 취득하여서는 아니 되며, 이를 취득한 때에는 즉시 신고하여야 한다.

3. 국방부장관 및 육군참모총장의 '군내 불온서적 차단대책 강구 지시'

Ⅱ. 사실관계의 요지

청구인들은 사법시험 또는 군법무관시험에 합격하여 사법연수원 교육과정을 마치고, 육군 법무장교로 임용되어 이 사건 심판청구 당시 군법무관으로 재직 중이었다. 국방부장관은 군인복무규율 제16조의2 등에 근거하여 각 군에 '군내 불온서적 차단대책 강구 지시'를 하달하고, 이를 받은 육군참모총장도 예하 부대에 '군내 불온서적 차단대책 강구 지시'를 하달했다. 청구인들은 국방부장관 및 육군참모총장의 지시 등 군내의 불온도서 차단대책 강구 지시가 청구인들의 표현의 자유, 학문의 자유 등을 침해하고, '군인사법' 제47조의2, 군인복무규율 제16조의2가 헌법상 포괄위임금지원칙 및 명확성원칙에 위배되어 청구인들의 기본권을 침해한다면서 이 사건 헌법소원심판을 청구하였다.

Ⅲ. 주   문

청구인들의 심판청구 중 군인복무규율 제16조의2에 대한 부분을 기각하고, 나머지 부분을 모두 각하한다.

Ⅳ. 결정 이유의 주요 논점 및 요지

1. '군인사법 제47조의2' 및 '불온서적 차단 지시' 부분의 심판청구는 부적법 각하

법령조항 자체가 헌법소원의 대상이 되기 위해서는 구체적인 집행행위를 기다리지 않고 그 자체에 의하여 직접, 현재, 자기의 기본권을 침해당하여야 한다. 그런데 여기서 말하는 직접성이란 집행행위에 의하지 않고 법령 그 자체에 의하여 자유의 제한, 의무의 부과, 권리 또는 법적 지위의 박탈이 생긴 경우를 뜻한다. 이 사건 법조항은 '군인의 복무에 관하여는 이 법에 규정한 것을 제외하고는 따로 대통령령이 정하는 바에 의한다'고 규정하여 기본권 침해에 관하여 아무런 규율도 하지 않은 채 이를 대통령령에 위임하고 있으므로, 그 내용이 국민의 권리관계를 직접 규율하는 것이라고 보기 어렵다.

또한 이 사건 지시의 경우도, 국방부장관이 각 군에 내린 것은 그 직접적인 상대방이 각 군의 참모총장 및 직할 부대장이고, 육군참모총장의 것은 그 직접적인 상대방이 육군 예하부대의 장으로, 청구인들을 비롯한 일반 장병은 이 사건 지시의 직접적인 상대방이 아니다. 이 사건 지시를 받은 하급 부대장이 일반 장병을 대상으로 하여 이 사건 지시에 따른 구체적인 집행행위를 함으로써 비로소 청구인들을 비롯한 일반 장병의 기본권 제한의 효과가 발생한다 할 것이므로 직접적인 공권력 행사라고 볼 수 없다. 따라서 이 사건 법조항 및 이 사건 지시는 직접성 요건을 흠결하여 부적법하다.

2. '군인복무규율 제16조의2'는 합헌

군인복무규율 제16조의2는 출판·판매되는 일정한 도서에 대해 취득·소지 내지는 부대 내의 반입 등을 금지하고 있다. 이는 일반적인 정보원이라고 할 도서의 취득·소지·반입 등을 제한함으로써 알 권리를 제한하는 것이고, 또한 이 사건 복무규율조항은 공공기관의 정보에 대한 공개청구권과 관계된 것이 아니라 일반적으로 접근할 수 있는 정보원으로부터 자유로운 정보 수집을 제한하고 있는 것이므로, 별도의 입법을 필요로 하지 않고 보장되는 자유권적 성격의 알 권리를 제한하고 있는 것이다. 한편 이 사건 복무규율조항은 정보의 내용에 따라 이에 대한 접근성을 제한하고 있는데, 국가권력이 일정한 학문적, 사상적 내용을 갖고 있는 정보에 대한 접근을 그 내용을 이유로 차단하는 경우에는 개인의 자유로운 사고형성이 제한되어 학문·사상·양심의 자유가 제한될 수 있는 것이므로, 이 사건 복무규율조항에 의한 알 권리의 제한은 이들 정신적 자유의 제한과 밀접하게 관련되어 있다고 할 것이다.

이렇듯 알 권리를 제한하고 있는 이 사건 복무규율조항은 첫째, 명확성원칙에 위배되지 않는다. 이 사건 복무규율조항은 어떤 도서가 금지된 도서인지에 관하여 단순히 '불온'이라는 개념을 사용하고 있을 뿐 달리 구체적인 규정을 두고 있지는 않으나, 국군의 이념 및 사명을 해할 우려가 있는 도서로 인하여 군인들의 정신전력이 저해되는 것을 방지하기 위한 조항이라고 할 것이고, 규범의 의미내용으로부터 무엇이 금지되고 무엇이 허용되는 행위인지를 예측할 수 있으므로 명확성원칙에 위배되는 법령조항이라고 보기 어렵다.

둘째, 과잉금지원칙에도 위배되지 않는다. 군의 정신전력이 국가안전보장을 확보하는 군사력의 중요한 일부분이라는 점이 분명한 이상, 정신전력을 보전하기 위하여 불온도서의 소지·전파 등을 금지하는 규율조항은 목적의 정당성이 인정된다. 또한 군의 정신전력에 심각한 저해를 초래할 수 있는 범위의 도서로 한정함으로써 침해의 최소성 요건을 지키고 있고, 이 사건 복무규율조항으로 달성되는 군의 정신전력 보존과 이를 통한 군의 국가안전보장 및 국토방위의무의 효과적인 수행이라는 공익은 이 사건 복무규율조항으로 인하여 제한되는 군인의 알 권리라는 사익보다 결코 작다 할 수 없다. 이 사건 복무규율조항은 법익균형성 원칙에도 위배되지 않는다.

셋째, 법률유보원칙에도 위배되지 않는다. 이 사건 복무규율조항이 법률유보원칙을 준수하였는지를 살펴보자. '군인사법' 제47조의2는 헌법이 대통령에게 부여한 군통수권을 실질적으로 존중한다는 차원에서 군인의 복무에 관한 사항을 규율할 권한을 대통령령에 위임한 것이라 할 수 있고, 대통령령으로 규정될 내용 및 범위에 관한 기본적인 사항을 다소 광범위하게 위임하였다 하더라도 포괄위임금지원칙에 위배된다고 볼 수 없다. 따라서 이 사건 복무규율조항은 이와 같은 군인사법 조항의 위임에 의하여 제정된 정당한 위임의 범위 내의 규율이라 할 것이므로 법률유보원칙을 준수한 것이다.

V. 이 결정이 가지는 의미

헌법재판소가 재판관 6(합헌) 대 3(위헌)의 의견으로 군대 내에서 불온도서의 소지 등을 금하고 있는 군인복무규율 제16조의2에 대해 명확성원칙, 과잉금지원칙, 법률유보원칙 등에 반하지 않는다는 이유로 합헌결정을 내린 사건이다. 또한 군인복무규율 제16조의2와 함께 심판청구된 '군인사법' 제47조의2와 군인복무규율 제16조의2에 근거하여

내린 국방부장관 및 육군참모총장의 '군내 불온도서 차단대책 강구 지시'에 대해서는 각
각 8대 1과 5대 4로 기본권 침해의 직접성을 충족하지 못했음을 이유로 각하결정을 내
렸다.

　　위헌의견인 반대의견 중 이강국 헌법재판소장은 군인사법 제47조의2의 위헌성부터
따졌는데, 이 조항은 병역의무를 수행하는 국군 장병들은 헌법상의 의무를 성실히 이행
하고 있는 선량한 국민으로서 국가는 이들의 기본권이 자의적으로 제한되지 않도록 하여
야 함에도 불구하고 '군인의 복무'라는 광범위하고 기본권 제한의 문제가 제기될 수 있는
분야에 관하여 아무런 한정도 하지 않은 채 대통령령에 위임하고 있어 포괄위임입법금지
원칙에 위반된다고 보았다. 나아가 그 위임을 받은 이 사건 복무규율조항 및 이 사건 지
시는 위헌적인 위임조항에 근거하고 있어 그 자체로서 위헌으로서 청구인들의 기본권을
침해해 위헌이라고 주장했다.

　　또 다른 위헌의견을 낸 이공현 재판관과 송두환 재판관은 이 사건 복무규율조항이
수범자인 군 장병들로 하여금 과연 어떠한 도서가 금지되는 도서인지 예측할 수 있는 기
준을 제공하지 못할 뿐만 아니라 집행기관의 자의적인 적용 가능성을 널리 열어두고 있
는 조항으로서 명확성의 원칙에 위반된다는 점, 또한 헌법이 보장하는 인간의 정신적 자
유의 핵심인 '책 읽을 자유'를 제한하면서도 금지되는 도서의 범위를 엄격하게 한정하지
도 않고 불온도서의 지정권자를 지정하거나 객관적인 기준이나 사전 심사절차를 규정하
지도 않는 등 청구인들의 기본권을 덜 제한하는 수단을 채택하지 않은 채 군당국이 자의
적으로 금지도서의 지정을 가능하도록 규정한 것으로서 헌법상 비례의 원칙을 위반했다
는 점에 근거해 이 사건 복무규율조항이 위헌이라 보았으며, 이렇게 위헌적인 복무규율
조항에 근거한 '불온도서 차단' 지시 역시 위헌으로서 아무런 심사절차를 거친 바 없이
국방부장관 등이 일정 도서를 불온도서로 지정하여 군내에서 금지함으로써 군장병들의
기본권을 직접 침해했다고 보았다.

　　다수의견이나 반대의견이 모두 군대 내에서 불온도서 소지 등을 금지한 군인복무규
율조항이 알 권리의 하나인 '책 읽을 자유'를 제한하고 있다고 본 점에 주목을 요하며,
다수의견과 반대의견이 명확성원칙 위배 여부와 관련해 적용한 심사기준에 어떤 차이점
이 있는지도 눈여겨 볼 만하다.

신문법 사건

— 헌재 2006. 6. 29, 2005헌마165 —

Ⅰ. 심판대상

신문 등의 자유와 기능 보장에 관한 법률(2005. 1. 27. 법률 제7369호로 전문 개정된 것, 이하 신문법) 제3조(편집의 자유와 독립) 제2항·제3항, 제4조(정기간행물 등의 사회적 책임), 제5조(정기간행물의 공정성과 공익성), 제6조(연수 등) 제3항, 제8조(독자의 권익보호), 제15조(겸영금지 등) 제2항·제3항, 제16조(자료의 신고 등), 제17조(시장지배적사업자), 제18조(편집위원회 등), 제27조(신문발전위원회의 설치), 제28조(위원회의 구성) 제3항, 제29조(위원회의 직무), 제33조(신문발전기금의 설치 및 조성), 제34조(기금의 용도), 제35조(기금의 관리·운용), 제37조(신문유통원의 설립), 제39조(벌칙) 제1호, 제40조(벌칙) 제3호, 제42조(양벌규정), 제43조(과태료) 제1항 제4호

언론중재 및 피해구제 등에 관한 법률(2005. 1. 27. 법률 제7370호로 제정된 것, 이하 언론중재법) 제4조(언론의 사회적 책임 등), 제5조(인격권의 보장 등), 제6조(고충처리인), 제7조(언론중재위원회의 설치) 제3항, 제14조(정정보도청구의 요건) 제2항, 제15조(정정보도청구권의 행사) 제4항, 제18조(조정신청) 제2항·제6항, 제25조(중재결정의 효력), 제26조(정정보도청구등의 소) 제6항 본문 전단 중 '정정보도청구' 부분, 제30조(손해의 배상) 제1항·제2항, 제31조(명예훼손의 경우의 특칙) 후문, 제32조(시정권고), 제34조(과태료) 제1항 제1호, 부칙(시행 전 언론보도에 관한 경과조치) 제2조

방송법(2004. 3. 22. 법률 제7213호로 개정된 것) 제8조(소유제한등) 제3항

Ⅱ. 사실관계의 요지

국회는 2005년 1월 27일 종전의 '정기간행물 등에 관한 법률'을 '신문법'으로 바꾸면서 전문 개정·공포하였고, 같은 날 '언론중재법'도 제정·공포하였다. 이들 법률은 공포 후 6월이 경과한 2005년 7월 28일부터 시행되었으며, 다만 '신문법' 제16조 제3항 및 제38조 제3항의 개정규정은 2006년 7월 28일부터 시행된다(신문법 부칙 제1조, 언론중재법

부칙 제1조). 청구인들은 '신문법'과 '언론중재법' 규정들이 청구인들의 헌법상 보장된 기본권을 침해한다고 주장하며 각 헌법소원심판을 청구하였다.

한편, 2006헌가3 사건의 제청신청인은 2005년 7월 26일에 자신이 발행하는 조선일보 A1면에 "국정원, 올 1월 도청테이프 성문분석, 목소리 주인공 확인했었다"라는 제목 하에 도청테이프와 관련된 기사를 보도하였고, 이에 국가정보원은 언론중재위원회에 제청신청인 스스로 이를 바로잡는다는 취지의 '정정보도문'을 작성·게재하라는 조정신청을 하였고, 이러한 조정신청에 대해 언론중재위원회는 직권으로 '반론보도문'을 작성·게재하라는 조정을 하였다. 국가정보원은 이 직권조정결정에 대하여 이의신청을 하였고, 이에 따라 위 정정보도에 관한 조정신청은 법원에 대하여 정정보도청구의 소를 제기한 것으로 간주되었다. 제청신청인은 위 사건의 계속중 언론중재법 조항들에 대한 위헌법률심판 제청신청을 하였고, 동 법원은 관련조항들에 대해 헌법재판소에 위헌법률심판을 제청하였다.

Ⅲ. 주   문

1. 신문법 제17조, 제34조 제2항 제2호, 언론중재법 제26조 제6항 본문 전단 중 '정정보도청구' 부분, 부칙 제2조 중 '제14조 제2항, 제26조 제6항 본문 전단 중 정정보도청구 부분, 제31조 후문' 부분은 각 헌법에 위반된다.

2. 위 신문법 제15조 제3항은 헌법에 합치하지 아니한다. 이 법률조항은 입법자가 개정할 때까지 계속 적용된다.

3. 청구인 주식회사 동아일보사, 주식회사 조선일보사, 주식회사 환경건설일보의 심판청구 중 위 신문법 제15조 제2항, 제16조 제1항·제2항·제3항, 위 언론중재법 제6조 제1항·제4항·제5항, 제14조 제2항, 제31조 후문에 대한 부분을 모두 기각한다.

4. 청구인 주식회사 동아일보사, 주식회사 조선일보사, 주식회사 환경건설일보의 나머지 심판청구 및 청구인 정, 강, 조, 유, 방, 이의 심판청구를 모두 각하한다.

Ⅳ. 결정 이유의 주요 논점 및 요지

첫째, 일간신문과 뉴스통신·방송사법의 겸영을 금지하는 '신문법' 제15조 제2항이 신문사업자인 청구인들의 신문의 자유를 침해하지는 않는다. 규제 대상을 일간신문으로 한정하고 있는 등의 이유 때문이다.

둘째, 일간신문사 지배주주의 뉴스통신사 또는 다른 일간신문사 주식·지분의 소유·

취득을 제한하는 '신문법' 제15조 제3항은 헌법에 합치하지 않는다. 신문의 다양성을 보장하기 위하여 신문의 복수소유를 제한하는 것 자체가 헌법에 위반된다고 할 수 없지만, 신문의 복수소유가 언론의 다양성을 저해하지 않거나 오히려 이에 기여하는 경우도 있을 수 있는데, 이 조항은 신문의 복수소유를 일률적으로 금지하고 있어서 필요 이상으로 신문의 자유를 제약하고 있기 때문이다.

셋째, 일간신문의 전체 발생부수 등 신문사의 경영자료를 신고·공개하도록 규정한 '신문법' 제16조 제1항, 제2항, 제3항이 신문사업자인 청구인들의 신문의 자유와 평등권을 침해하지는 않는다.

넷째, 1개 일간신문사의 시장점유율 30%, 3개 일간신문사의 시장점유율 60% 이상인 자를 '시장지배적 사업자'로 추정하는 '신문법' 제17조는 신문사업자인 청구인들의 신문의 자유와 평등권을 침해한다. 이 조항은 신문사업자를 일반사업자에 비하여 더 쉽게 '시장지배적 사업자'로 추정되도록 규정하고 있는데, 이러한 규제는 신문의 다양성 보장이라는 입법목적 달성을 위한 합리적이고도 적정한 수단이 되지 못하기 때문이다.

다섯째, 시장지배적 사업자를 신문발전기금의 지원대상에서 배제한 '신문법' 제34조 제2항 제2호는 신문사업자인 청구인들의 평등권을 침해해 위헌이다. 시장점유율이 높다는 이유만으로, 즉 독자의 선호도가 높아서 발행부수가 많다는 점을 이유로 신문사업자를 차별하는 것, 그것도 시장점유율 등을 고려하여 신문발전기금 지원의 범위와 정도에 있어 합리적 차등을 두는 것이 아니라 기금 지원의 대상에서 아예 배제하는 것은 합리적이 아니기 때문이다.

여섯째, 일간신문사에 고충처리인을 두고 그 활동사항을 매년 공표하도록 규정한 '언론중재법' 제6조 제1항·제4항·제5항이 신문사업자인 청구인들의 신문의 자유를 침해하지는 않는다.

일곱째, 정정보도청구의 요건으로 언론사의 고의·과실이나 위법성을 요하지 않도록 규정한 '언론중재법' 제14조 제2항, 제31조 후문은 신문사업자인 청구인들의 언론의 자유를 침해하지 않는다.

여덟째, 정정보도청구의 소를 민사집행법상 가처분절차에 의해 재판하도록 규정한 '언론중재법' 제26조 제6항 본문 전단 중 "정정보도청구" 부분은 신문사업자인 청구인들의 공정한 재판을 받을 권리와 언론의 자유를 침해해 위헌이다. '언론중재법'상의 정정보도청구소송은 통상의 가처분과는 달리 그 자체가 본안소송이다. 이러한 정정보도청구의 소에서, 승패의 관건인 "사실적 주장에 관한 언론보도가 진실하지 아니함"이라는 사실의 입증에 대하여, 통상의 본안절차에서 반드시 요구하고 있는 증명을 배제하고 그 대신 간이한 소명으로 이를 대체하는 것인데 이것은 소송을 당한 언론사의 방어권을 심각하게 제약하므로 공정한 재판을 받을 권리를 침해한다. 정정보도청구를 가처분절차에 따라 소명만으로 인용할 수 있게 하는 것은 나아가 언론의 자유도 매우 위축시킨다.

아홉째, '언론중재법' 시행 전의 언론보도로 인한 정정보도청구에 대해서도 '언론중재법'을 적용하도록 규정한 언론중재법 부칙 제2조 중 '제14조 제2항, 제26조 제6항 본문 전단 중 정정보도청구 부분, 제31조 후문'부분은 신뢰보호원칙에 어긋나 신문사업자인 청구인들의 언론의 자유를 침해해서 위헌이다. 이것은 이미 종결된 과거의 법률관계를 소급하여 새로이 규율하는 것이기 때문에 소위 진정 소급입법에 해당한다. 진정 소급입법은 헌법적으로 허용되지 않는 것이 원칙이고 이를 예외적으로 허용할 특단의 사정도 이 부칙조항에 대해 인정되지 않는다.

V. 이 결정이 가지는 의미

소위 '신문법'과 '언론중재법'의 조항들에 대해 헌법재판소가 언론기관설립의 자유 등의 관점에서 헌법적 판단을 내린 유명한 사건이다. 위에서 본 바와 같이 본안에 대한 판단의 쟁점만 해도 9가지에 달해 본안전의 적법요건에 대한 판단은 본 요약에 포함시키지 않았다. 이 9가지 쟁점에 대해서도 시장지배적 사업자를 신문발전기금의 지원대상에서 배제한 '신문법' 제34조 제2항 제2호가 신문사업자인 청구인들의 평등권을 침해해 위헌이라고 한 결정, 정정보도청구의 요건으로 언론사의 고의·과실이나 위법성을 요하지 않도록 규정한 '언론중재법' 제14조 제2항, 제31조 후문이 합헌이라고 한 결정만 재판관 전원일치의 결정이고 나머지 쟁점들에서는 의견들이 첨예하게 나뉘었음에 주목을 요한다.

김일성 애도편지 사건

— 헌재 1999 .6. 24, 97헌마265 —

Ⅰ. 심판대상

고소인이 강원일보 기자들을 출판물에 의한 명예훼손죄로 고소한 데 대해 검찰이 내린 무혐의 불기소처분

Ⅱ. 사실관계의 요지

강원도의회 의원인 갑 등이 김정일에게 김일성 사망 '애도'편지를 보냈다는 사실, 편지의 내용, 통일원의 조치, 경찰 및 검찰의 수사상황 등에 대해 강원일보는 기사와 독자투고를 게재하였다. 이에 갑 등은 강원일보의 보도가 자신들의 명예를 훼손했다는 이유로 강원일보 기자들을 명예훼손죄로 각각 고소하였다. 검찰이 이에 대해 무혐의 불기소처분을 내리자 청구인들은 항고, 재항고를 거쳐 헌법소원심판을 청구하였다.

Ⅲ. 주   문

이 심판청구를 기각한다.

Ⅳ. 결정 이유의 주요 논점 및 요지

1. 언론의 자유와 인격권의 충돌

이 사건은 도의회의원이라는 공적 인물의 공적인 활동과 관련된 사실을 보도한 신문기사가 명예훼손적 표현을 담고 있는 경우, 헌법 제10조에서 도출되는 인격권으로서의 개인의 명예 보호와 언론의 자유의 보장이라는 상반되는 두 권리를 조정하는 한계 설정을 하는 것이 쟁점으로 된 사건이다. 헌법은 제21조에서 "모든 국민은 언론·출판의 자유 … 를 가진다(제1항). 언론·출판은 타인의 명예나 권리 또는 공중도덕이나 사회윤리를

침해하여서는 아니 된다(제4항)"고 하고, 제37조 제2항은 "국민의 모든 자유와 권리는 국가안전보장, 질서유지 또는 공공복리를 위하여 필요한 경우에 한하여 법률로써 이를 제한할 수 있으며, 제한하는 경우에도 자유와 권리의 본질적인 내용은 침해할 수 없다"고 규정하고 있다. 개인의 기본권인 언론의 자유와 타인의 인격권인 명예는 모두 인간으로서의 존엄과 가치, 행복추구권에 그 뿌리를 두고 있으므로 두 권리의 우열은 쉽사리 단정할 성질의 것이 아니다. 그러나 자기의 사상과 의견 표현에 아무런 제한도 받지 않고 타인의 인격권인 명예를 함부로 침해할 수 있다고 한다면 언론의 자유는 자기모순에서 헤어나지 못하므로, 헌법은 언론의 자유는 보장하되 명예 보호와의 관계에서 일정한 제한을 받는 것을 분명히 한 것이다. 언론의 자유는 개인이 언론 활동을 통하여 자기의 인격을 형성하는 개인적 가치인 자기실현의 수단임과 동시에 사회 구성원으로서 평등한 배려와 존중을 기본원리로 공생·공존관계를 유지하고 정치적 의사결정에 참여하는 사회적 가치인 자기통치를 실현하는 수단이다. 개인의 언론 활동이 타인의 명예를 훼손하는 경우 행위자와 피해자라는 개인 대 개인 간의 사적 관계에서는 언론의 자유보다 명예 보호라는 인격권이 우선하나, 그 표현이 공공적·사회적·객관적인 의미를 가진 정보에 해당되는 것은 그 평가를 달리 하여야 한다. 왜냐하면 국민이 알아야 할 정보에 대한 권리인 알권리는 개인의 인격형성과 자기실현은 물론 정치적 의사 형성과정에 참여하는 자기통치를 실현하는 공적 성격도 아울러 갖고 있기 때문이다.

　　언론매체의 명예훼손적 표현에 실정법을 해석·적용할 때에는 언론의 자유와 명예 보호라는 상반되는 헌법상의 두 권리의 조정 과정에 다음과 같은 사정을 고려하여야 한다. 즉, 당해 표현으로 인한 피해자가 공적 인물인지 아니면 사인인지, 그 표현이 공적인 관심 사안에 관한 것인지 순수한 사적인 영역에 속하는 사안인지, 피해자가 당해 명예훼손적 표현의 위험을 자초한 것인지, 그 표현이 객관적으로 국민이 알아야 할 공공성·사회성을 갖춘 사실로서 여론형성이나 공개토론에 기여하는 것인지 등을 종합하여 구체적인 표현 내용과 방식에 따라 상반되는 두 권리를 유형적으로 형량한 비례관계를 따져 언론의 자유에 대한 한계 설정을 할 필요가 있는 것이다. 공적 인물과 사인, 공적인 관심 사안과 사적인 영역에 속하는 사안 간에는 심사기준에 차이를 두어야 하고, 더욱이 이 사건과 같은 공적 인물이 그의 공적 활동과 관련된 명예훼손적 표현은 그 제한이 더 완화되어야 하는 등 개별사례에서의 이익형량에 따라 그 결론도 달라지게 된다.

2. '형법' 제310조의 명예훼손죄의 성립요건과 공적(公的) 인물

　　'형법' 제310조는 "제307조 제1항(사실적시 명예훼손)의 행위가 진실한 사실로서 오로지 공공의 이익에 관한 때에는 처벌하지 아니한다"고 규정하여 언론의 자유와 명예 보호라는 두 가치를 유형적으로 형량하는 조정을 꾀하고 있다. 그런데 진실성의 증명과 공공의 이익이라는 위법성의 조각 요건을 엄격하게 요구하면 형사제재의 범위는 넓어지고 언론의 자유는 위축된다. 가치있는 공적인 사안이나 국민이 알아야 할 사안(알 권리)에 대하여 자유로운 비판이나 토론을 하지 못하게 형사벌로 규율한다면 언론의 자유는 질식하고, 비교형량의 비중은 명예 보호쪽에 너무 치우치게 된다. 이와 같은 언론 자유의 위축이나 질식은 바로 다수결 원리의 형해화로 이어지고 민주주의 또한 이름뿐인 존재로 전락하게 만드는 것이다. 따라서 명예훼손적 표현에 대한 형사법을 해석함에 있어서는 이러한 헌법적인 요청을 고려하여 첫째, 그 표현이 진실한 사실이라는 입증이 없어도 행위자가 진실한 것으로 오인하고 행위를 한 경우, 그 오인에 정당한 이유가 있는 때에는 명예훼손죄는 성립되지 않는 것으로 해석하여야 한다. 둘째, "오로지 공공의 이익에 관한 때에"라는 요건은 언론의 자유를 보장한다는 관점에서 그 적용범위를 넓혀야 한다. 국민의 알권리의 배려라는 측면에서 객관적으로 국민이 알아야 할 필요가 있는 사실에는 공공성이 인정되어야 하고, 또 사인이라도 그가 관계하는 사회적 활동의 성질과 이로 인하여 사회에 미칠 영향을 헤아려 공공의 이익은 쉽게 수긍할 수 있도록 하여야 한다. 셋째, 명예훼손적 표현에서의 "비방할 목적"은 그 폭을 좁히는 제한된 해석이 필요하다. 법관은 엄격한 증거로써 입증이 되는 경우에 한하여 행위자의 비방 목적을 인정하여야 한다.

객관적으로 국민이 알아야 할 공공성·사회성을 갖춘 사실(알 권리)은 민주제의 토대인 여론형성이나 공개토론에 기여하므로 형사제재로 인하여 이러한 사안의 게재를 주저하게 만들어서는 안 된다. 신속한 보도를 생명으로 하는 신문의 속성상 허위를 진실한 것으로 믿고서 한 명예훼손적 표현에 정당성을 인정할 수 있거나, 중요한 내용이 아닌 사소한 부분에 대한 허위보도는 모두 형사제재의 위협으로부터 자유로워야 한다. 시간과 싸우는 신문보도에 오류를 수반하는 표현은, 사상과 의견에 대한 아무런 제한없는 자유로운 표현을 보장하는 데 따른 불가피한 결과이고 이러한 표현도 자유토론과 진실확인에 필요한 것이므로 함께 보호되어야 하기 때문이다. 그러나 허위라는 것을 알거나 진실이라고 믿을 수 있는 정당한 이유가 없는데도 진위를 알아보지 않고 게재한 허위보도에 대하여는 면책을 주장할 수 없다.

3. 이 사건 불기소처분은 합헌

"조선민주주의 인민공화국 김정일 인민군 총사령관 귀하. 안녕 하셨습니까. 김일성 주석께서 서거 이후 애통한 마음으로 나날을 보내셨을 총사령관께 삼가 위로와 격려 말

씀 드립니다"로 시작되는 이 사건 편지의 인사말에는 김일성의 죽음을 적시하고 그로 인한 김정일의 슬픔에 대해 위로와 격려를 표시하고 있다. 여기에 사용된 "위로"와 격려는 김일성의 사망과 관련된 것이고, 상주의 슬픔을 위로하는 이른바 "조문"에 해당된다. 이 "조문"은 "애도"의 뜻을 나타낸 것으로 못 볼 바 아니다. 비록 조문과 애도의 사전적인 의미는 다소 다르다 하더라도 일상적인 어법에서 그 차이가 뚜렷한 것은 아니다. 이 인사말이 문제된 사건경위에 비춰보면, 이 사건 편지는 애도가 주된 목적이 아니라 하더라도 그 당시 공적 토론의 쟁점이었던 애도의 뜻이 담긴 인사말 부분이 있었기 때문에 신문사가 사건의 성격을 "김일성 사망 애도편지"라고 규정한 것이 비합리적이었다고 보기 어렵다.

그러므로 검찰이 무혐의 불기소처분을 한 것은 결론은 옳기 때문에 이를 취소하지 않는다. 그리고 청구인이 제기한 정정보도 심판사건과 위자료에 따른 손해배상 청구사건이 각 일부승소로 판결이 확정된 사정은, 이 사건과는 인정사실에 대한 평가와 적용법률의 차이로 인하여 결론이 다르게 된 것이다.

Ⅴ. 이 결정이 가지는 의미

강원도의회 의원 등인 고소인들이 소위 '김일성 사망 애도편지'를 보도한 강원일보 기자들을 출판물에 의한 명예훼손죄로 고소한 데 대해 검찰이 내린 무혐의 불기소처분을 헌법재판소가 만장일치의견으로 합헌결정을 내린 사건이다. 미국 판례이론을 통해 형성된 '공적 인물의 이론'을 우리 헌법재판소가 어느 정도 받아들이고 있음에 주목할 필요가 있다. 즉, 공적 인물의 경우 공적 활동과 관련된 명예훼손적 표현은 그 제한이 더 완화되어야 한다고 본 것이다. 또한 언론기관이 진실한 것으로 오인하고 보도한 경우에 그 오인에 정당한 이유가 있는 때에는 그 표현의 진실성에 대한 입증이 없어도 형법상의 명예훼손죄가 성립하지 않는다고 선언한 점에도 주목을 요한다.

교과서 검정제도 사건

― 헌재 1992. 11. 12, 89헌마88 ―

Ⅰ. 심판대상

교육법

제157조(교과서의 저작·검정·인정)

① 대학·교육대학·사범대학·전문대학을 제외한 각 학교의 교과용도서는 교육부가 저작권을 가졌거나 검정 또는 인정한 것에 한한다.

② 교과용 도서의 저작·검정·발행·공급 및 가격사정에 관한 사항은 대통령령으로 정한다.

교과용 도서에 관한 규정

제5조(편찬) 1종도서는 교육부가 편찬한다. 다만, 교육부장관이 필요하다고 인정하는 1종도서는 연구기관 또는 대학 등에 위탁하여 편찬할 수 있다.

Ⅱ. 사실관계의 요지

청구인은 서울지역의 중학교 교사로 재직하면서 국어과목을 담당하여 학생들을 가르쳐 왔으며, 한편으로 회원이 약 1,200명인 "국어교육을 위한 교사모임"의 대표로 활동해왔다. 청구인은 이 교사모임이 창립된 이후 청구인과 같은 위치에서 국어교육을 담당해 온 교사들과 함께 중학교 국어교육에 대한 토론과 연구를 진행해왔다. 그 과정에서 토론·연구한 일부의 내용을 모아 위 교사모임을 엮은이로 한 "통일을 여는 국어교육"이라는 저작물과, 지은이로 한 "개편교과서 지침서 중학 국어 1-1"이라는 저작물을 출판하였다. 그리고 가까운 장래에 새로운 형태의 중학교 국어교과서를 저작·출판하기로 하고 그에 관해 연구·토론하며 저작·출판을 모색하여 왔다.

그런데 '교육법' 제157조와 대통령령인 '교과용 도서에 관한 규정' 제5조가 중학교 국어교과서를 1종도서로 정하여 교육부가 저작, 발행, 공급하도록 규정하고 있어, 청구인의 중학교 국어교과서의 저작·출판이 원천적으로 불가능함을 알고 청구인은, 위 법률 및 교과서규정의 각 조항이 헌법 제31조 제4항, 제21조 제1항, 제22조 제1항에 의하여 보장되고 있는 헌법상의 기본권을 침해하고 있어 위헌이라고 주장하면서, '헌법재판소법' 제68조 제1항에 의거하여 헌법재판소에 이 사건 헌법소원심판을 청구하였다.

Ⅲ. 주 문

청구인의 심판청구를 기각한다.

Ⅳ. 결정 이유의 주요 논점 및 요지

1. 학문의 자유에는 해당하지 않음

헌법 제22조는 "모든 국민은 학문과 예술의 자유를 가진다. 저작자·발명가·과학기술자와 예술가의 권리는 법률로서 보호한다"고 규정하고 있는데 위 헌법의 규정에 의하여 청구인은 중학교 국어과목에 대한 연구의 자유를 당연히 가지며(이미 청구인이 해 온 바와 같이) 중학교 국어교과에 관하여 연구의 과제·대상·방법을 자유로이 선정할 수 있음은 물론, 연구한 결과를 책자로서 자유로이 발간할 수도 있는 것이다. 현행의 중학교 국어교과서 국정제도는 청구인이 헌법상 가지는 이러한 학문의 자유를 향유하는 데 있어서 아무런 장애가 되지 않는다.

학문의 자유라 함은 진리를 탐구하는 자유를 의미하는데, 그것은 단순히 진리탐구의 자유에 그치지 않고 탐구한 결과에 대한 발표의 자유 내지 가르치는 자유(편의상 대학의 교수의 자유와 구분하여 수업(授業)의 자유로 한다) 등을 포함하는 것이라 할 수 있다. 다만, 진리탐구의 자유와 결과발표 내지 수업의 자유는 같은 차원에서 거론하기가 어려우며, 전자는 신앙의 자유·양심의 자유처럼 절대적인 자유라고 할 수 있으나, 후자는 표현의 자유와도 밀접한 관련이 있는 것으로서 경우에 따라 헌법 제21조 제4항은 물론 제37조 제2항에 따른 제약이 있을 수 있는 것이다. 물론 수업의 자유는 두텁게 보호되어야 합당하겠지만 그것은 대학에서의 교수의 자유와 완전히 동일할 수는 없을 것이며 대학에서는 교수의 자유가 더욱 보장되어야하는 반면, 초·중·고교에서의 수업의 자유는 후술하는 바와 같이 제약이 있을 수 있다고 봐야 할 것이다.

2. 수업권에 대한 침해는 아님

학교교육에 있어서 교사의 가르치는 권리를 수업권이라고 한다면 그것은 자연법적으로는 학부모에게 속하는 자녀에 대한 교육권을 신탁받은 것이고, 실정법상으로는 공교육의 책임이 있은 국가의 위임에 의한 것이다. 그것은 교사의 지위에서 생기는 학생에 대한 일차적인 교육상의 직무권한(직권)이지만, 학생의 수학권의 실현을 위하여 인정되는 것으로서 양자는 상호협력관계에 있다고 하겠으나, 수학권은 헌법상 보장된 기본권의 하나로서 보다 존중되어야 하며, 그것이 왜곡되지 않고 올바로 행사될 수 있게 하기 위한 범위 내에서는 수업권도 어느 정도의 범위 내에서 제약을 받지 않으면 안 될 것이다. 따라서 수업의 자유는 무제한 보호되기는 어려우며 초·중·고등학교의 교사는 자신이 연구한 결과에 대하여 스스로 확신을 갖고 있다고 하더라도 그것을 학회에서 보고하거나 학술지에 기고하거나 스스로 저술하여 책자를 발행하는 것은 별론 수업의 자유를 내세워 함부로 학생들에게 여과없이 전파할 수는 없다고 할 것이고, 나아가 헌법과 법률이 지향하고 있는 자유민주적 기본질서를 침해할 수 없음은 물론 사회상규나 윤리도덕을 일탈할 수 없으며, 따라서 가치편향적이거나 반도덕적인 내용의 교육은 할 수 없는 것이라고 할 것이다.

　　교사의 수업권은 전술과 같이 교사의 지위에서 생겨나는 직권인데, 그것이 헌법상 보장되는 기본권이라고 할 수 있느냐에 대하여서는 이를 부정적으로 보는 견해가 많으며, 설사 헌법상 보장되고 있는 학문의 자유 또는 교육을 받을 권리의 규정에서 교사의 수업권이 파생되는 것으로 해석하여 기본권에 준하는 것으로 간주하더라도 수업권을 내세워 수학권을 침해할 수는 없으며 국민의 수학권의 보장을 위하여 교사의 수업권은 일정범위 내에서 제약을 받을 수밖에 없는 것이다. 만일 보통교육의 단계에서 개개인의 교사에 따라 어떠한 서적이든지 교과서로 선정될 수 있고 또 어떤 내용의 교육이라도 실시될 수 있다면 교육의 기회균등을 위한 전국적인 일정수준의 교육의 유지는 불가능하게 될 것이며 그 결과, 예컨대 국어교육에서 철자법 같은 것이 책자나 교사에 따라 전혀 다르게 가르쳐져 크나 큰 갈등과 혼란이 야기될 수 있는 것이다.

3. 출판의 자유도 침해하지 않음

　　모든 국민은 학문연구의 결과를 책자의 형태로 출판할 수 있는 자유를 보장받고 있는데, 교과용도서에 국가가 이를 독점하거나(국정제) 사전 심사 등의 방법에 의하여 이를 통제(검·인정)하면 그러한 과정을 통과하지 못한 저작물의 출판이나 보급이 사실상 곤란하게 되어 실질적으로 출판의 자유가 침해되는 결과가 초래된다고 할 수 있을 것이다. 환언하면 교과용도서로서의 적격여부를 검·인정제도의 방법으로 심사하는 것은 실질적으로 검열(檢閱)에 해당한다고 할 수 있을 것이고 헌법은 명문(제21조 제2항)으로 검열을 금지하고 있기 때문에 교과서의 적격여부의 심사는 헌법의 검열금지 조항에 위배된다는 것이며, 교과서의 국정제는 검·인정제도 보다 일보 진하여 교과서를 아예 국가가 독점해 버리는 제도이므로 같은 차원에서 그 위헌성을 다룰 수 있다는 논리이다. 그러나 검열이라 함은 개인이 정보와 사상을 발표하기 이전에 국가기관이 미리 그 내용을 심사·선별하여 일정한 범위 내에서 발표를 저지하는 것을 의미하므로 자신이 연구한 결과를 얼마든지 책자로서 발표할 수 있는 이 사건 교과서 문제와는 직접 관련이 없는 것이다. 그리고 교과서에 관련된 국정 또는 검·인정제도의 법적 성질은 인간의 자연적 자유의 제한에 대한 해제인 허가의 성질을 갖는다기보다는 어떠한 책자에 대하여 교과서라는 특수한 지위를 부여하거나 인정하는 제도이기 때문에 가치창설적인 형성적 행위로서 특허의 성질을 갖는 것으로 보아야 할 것이며, 그렇게 본다면 국가가 그에 대한 재량권을 갖는 것은 당연하다고 할 것이다.

　　청구인이 중학교 국어교과의 내용으로 합당하다고 연구한 것이 있다면 그 내용을 정리하여 일반 저작물로 출판할 수 있는 것은 헌법 제21조 제1항의 출판의 자유에 의해 보장되고 있고, 그 점은 현행 국어교과서 국정제도에 의해 아무런 영향을 받지 않는다. 다만, 중학교 국어교과서의 공급을 교육부가 전담함으로 인하여 청구인이 저작·출판하게 될 저작물에 대하여 "국어교과서"라는 표제를 부착할 수 없어 그 때문에 일반시중에서 판매·보급하는 데 있어 사실상 애로가 있다는 점을 문제삼아 이것을 다루고 있는 취지라면 그것은 청구인의 출판의 자유와는 별개의 문제라고 할 것이며, 출판의 자유에는 모든 사람이 스스로 저술한 책자가 교과서가 될 수 있도록 주장할 수 있는 권리까지 포함되어 있는 것은 아니다.

V. 이 결정이 가지는 의미

　　대학교재를 제외한 교과서의 검정·인정제도에 대해 8(합헌)대 1(위헌)로 합헌결정을 내린 사건이다. 변정수 재판관이 반대의견을 개진했다. 초·중·고등학교 교사의 수업의 자유를 대학에서의 교수의 자유와 구분하고 있는 점, 국민의 수학권과 교사의 수업의 자유 중 국민의 수학권을 우선시키고 있는 점, 개인이 저술한 책자가 교과서로 사용될 수 있도록 하는 권리는 출판의 자유에 포함되지 않는다고 선언한 점, 교과서의 국정 또는 검·인정제도는 허가의 성질보다 특허의 성질을 갖는 것이므로 국가가 재량권을 갖는 것을 당연하다고 본 점에 주목할 필요가 있다.

음란·저속한 간행물 사건

── 헌재 1998. 4. 30. 95헌가16 ──

Ⅰ. 심판대상

출판사 및 인쇄소의 등록에 관한 법률(1972. 12. 26. 법률 제2393호로 개정된 것)

제5조의2(등록취소) 등록청은 제3조 제1항의 규정에 의하여 출판사 또는 인쇄소의 등록을 한 자가 다음 각 호의 1에 해당하는 경우에는 그 등록을 취소할 수 있다.

1.~4. 생략

5. 음란 또는 저속한 간행물이나 아동에 유해한 만화 등을 출판하여 공중도덕이나 사회윤리를 침해하였다고 인정되는 경우

Ⅱ. 사실관계의 요지

제청신청인은 '도서출판 정인엔터프라이즈'라는 명칭으로 스포츠, 연예, 레저, 사진, 예술을 출판분야로 한 출판사 등록을 한 뒤, '세미-걸(nine actress semi-girls nice photographs)'이라는 제목의 화보집을 발행하여 유통시켰다. 서울특별시 서초구청장은 위 화보집이 '출판사 및 인쇄소의 등록에 관한 법률'(이하 '출판등록법'이라 한다) 제5조의2 제5호 소정의 음란·저속한 간행물에 해당한다는 이유로 제청신청인에 대한 위 출판사등록을 취소하는 처분을 하였다. 이에 제청신청인은 서초구청장을 상대로 위 취소처분의 취소를 구하는 행정소송을 제기하는 한편, 위 소송 계속중 음란 또는 저속한 간행물을 출판한 출판사의 등록을 취소할 수 있도록 규정하고 있는 '출판등록법' 제5조의2 제5호가 헌법 제21조 제1항과 헌법 제11조에 위반된다고 주장하면서 위 규정에 대한 위헌여부심판의 제청을 신청하였고, 법원은 이를 받아들여 헌법재판소에 이 사건 위헌여부의 심판을 제청하였다.

Ⅲ. 주   문

출판사 및 인쇄소의 등록에 관한 법률 제5조의2 제5호의 "음란 또는 저속한 간행물"에 관한 부분 중 "음란한 간행물"에 관한 부분은 헌법에 위반되지 아니하고, "저속한 간행물"에 관한 부분은 헌법에 위반된다.

Ⅳ. 결정 이유의 주요 논점 및 요지

1. "음란한 간행물" 부분은 합헌

이 사건 법률조항이 규율하는 음란 또는 저속한 표현 중 '음란'이란 인간존엄 내지 인간성을 왜곡하는 노골적이고 적나라한 성표현으로서 오로지 성적 흥미에만 호소할 뿐 전체적으로 보아 하등의 문학적, 예술적, 과학적 또는 정치적 가치를 지니지 않은 것으로서, 사회의 건전한 성도덕을 크게 해칠 뿐만 아니라 사상의 경쟁메커니즘에 의해서도 그 해악이 해소되기 어렵다고 하지 않을 수 없다. 따라서 이러한 엄격한 의미의 음란표현은 언론·출판의 자유에 의해서 보호되지 않는다고 할 것이다. 다만, 모든 성적 표현이 음란한 것은 아니기 때문에, 헌법의 보호영역 밖에 있는 음란표현과 헌법의 보호영역 안에 있는 성적 표현은 엄밀한 기준하에 구분되어야 하고 헌법적인 평가 또한 달리하여야 할 것이다. 예컨대, 이 사건 법률조항 중 "저속한 간행물"은 "음란한 간행물"과 구별되는 것으로서 헌법의 보호영역안에 있다고 보아야 할 것이다. 따라서 이 사건 심판대상조항의 위헌여부를 판단함에 있어서는 그 헌법적 평가가 상이한 '음란'과 '저속'을 구분하여 각각 별도로 그 위헌여부를 따져 볼 필요가 있다.

그런데, 이 사건 법률조항 소정의 "음란" 개념을 형법상의 "음란" 개념과 달리 볼 특별한 이유가 없고, 대법원도 이 사건 법률조항의 음란개념을 형법상의 음란개념과 동일하게 보고 있다. 그렇다면 이 사건 법률조항의 "음란" 개념은 명확성의 원칙에 위배되지 않는다. 또한 단 한번의 음란물을 출판하였다는 사정만으로 곧바로 등록취소를 강요하고 있지는 않고 출판사 등록취소로 인한 기본권적 이익의 실질적 침해는 그다지 크지 않은 반면 그로써 얻게 되는 공익은 현저히 크다고 볼 수밖에 없어 과잉금지의 원칙에도 위반되지 않는다. 정기간행물과 일반출판물은 그 사회적 기능에 있어 다소 상이한 측면을 지니고 있음 등을 고려할 때, 이 사건 법률조항이 정기간행물과 다르게 그 등록취소 절차를 규정하고 있다고 해서 평등의 원칙에 반할 정도의 자의적인 차별이라고 볼 수도 없다.

2. "저속한 간행물" 부분은 위헌

첫째, 명확성의 원칙 위반 여부를 보자. 통상의 사전적 풀이에 따르면, "음란"이란 "음탕하고 난잡함"을 의미하고, "저속"이란 "품위가 낮고 속됨"이라고 풀이되고 있다. 그렇다면 이 사건 법률조항의 "저속"이란 그 외설성이 음란에는 달하지 않는 성적 표현뿐만 아니라 폭력적이고 잔인한 표현 및 욕설 등 상스럽고 천한 내용 등의 표현을 가리키는 것이라고 파악할 수 있다. 따라서 "음란"의 개념과는 달리 이 "저속"의 개념은 우선 그 적용범위가 매우 광범위하다고 하지 않을 수 없다. 그리고 "저속"이라는 문언은 보충적인 해석에 의한다 하더라도 그 의미내용을 확정하기 어려울 정도로 매우 추상적이다. 다시 말하면, 이 "저속"의 개념에는 출판사등록이 취소되는 성적 표현의 하한이 열려 있을 뿐만 아니라 폭력성이나 잔인성 및 천한 정도도 그 하한이 모두 열려 있어서, 출판을 하고자 하는 자는 어느 정도로 자신의 표현내용을 조절해야 되는지를 도저히 알 수 없도록 되어 있다. 이렇게 된다면 이 사건 법률조항은 결국 자의적인 법집행의 가능성을 열어 주는 셈이 될 것이고, 이로 말미암아 언론·출판의 자유가 매우 위축될 수 있는 것임은 의심의 여지가 없다고 하겠다. 물론 이 사건 법률조항은 출판사등록취소의 요건으로서 "저속한 간행물"의 출판 외에 "공중도덕이나 사회윤리의 침해"라는 요건을 함께 요구하고 있어서 "저속" 여부를 판단하기 위한 기준을 제시하고 있는 것으로 볼 수도 있다. 그러나 "공중도덕"이나 "사회윤리"의 개념 자체도 확정적인 개념이 아니기 때문에 이들 기준을 사용한다 하더라도 "저속"의 의미내용을 확정짓는 것이 용이한 일은 아니다. 그렇다면 이 사건 법률조항 중 "저속한 간행물" 부분은 불명확하고 애매모호할 뿐만 아니라 지나치게 광범위한 표현내용을 규율하는 것이어서 명확성의 원칙 및 과도한 광범성의 원칙에 반한다고 하지 않을 수 없다.

둘째, 과잉금지의 원칙 위반 여부를 보자. 저속한 간행물의 출판을 전면적으로 금지시키고 나아가 출판사의 등록을 취소할 수 있도록 규정하고 있는 이 사건 법률조항은 언론·출판의 자유를 과도하게 제한하는 위헌적인 입법이라는 비난을 면할 수 없다. 앞에서 살핀 바와 같이 저속한 표현은 음란표현과는 달리 언론·출판의 자유의 보호영역에 속하는 표현이며 일정한 사회적 가치를 지니고 있고, 이러한 표현을 전면 금지시키는 것은 특수한 상황에서 이를 정당화할 수 있는 중대한 이유가 있는 경우를 제외하고는 표현의 자유를 본질적으로 침해할 우려가 있기 때문이다. 물론 청소년의 건전한 심성을 보호하기 위해서 퇴폐적인 성표현이나 지나치게 폭력적이고 잔인한 표현 등을 규제할 필요성은 분명 존재한다. 따라서 저속한 표현을 규제하더라도 그 보호대상은 청소년에게 한정되어야 하고, 규제수단 또한 청소년에 대한 유통을 금지하는 방향으로 좁게 설정되어야 한다. 예컨대, 청소년이 보아서는 안 되는 저속한 표현물에 대해 등급표시를 하거나, 판매시 청소년의 접근을 차단시키기 위하여 별도의 코너를 마련하는 등의 규제조치를 고려할 수 있을 것이다. 그리고 은밀하고 변칙적인 유통경로를 통하여 청소년에게 유해한 저속간행물을 계속적으로 유통시키는 경우에는 그에 대한 행정적 제재로서 과징금을 부과하거나 일정 기간 영업을 정지시키거나 또는 필요한 경우 형사적 제재수단을 마련할 수도 있을 것이다. 그런데 이 사건 법률조항은 저속한 간행물의 출판을 전면 금지시키고 나아가 출판사의 등록을 취소시킬 수 있도록 하고 있다. 이는 지나치게 과도한 수단을 선택하고 있다고 하지 않을 수 없어 과잉금지의 원칙에 위배된다.

셋째, 더 나아가 청소년보호라는 명목으로 성인이 볼 수 있는 것까지 전면 금지시킨다면 이는 성인의 알권리의 수준을 청소년의 수준으로 맞출 것을 국가가 강요하는 것이어서 성인의 알 권리를 명백히 침해한다.

V. 이 결정이 가지는 의미

만장일치의견을 통해 출판사 및 인쇄소 등록 취소사유로, "음란한" 간행물 출판 부분은 헌법에 위반되지 않고, "저속한" 간행물 출판 부분은 명확성의 원칙, 과잉금지의 원칙에 반할 뿐만 아니라 성인의 알 권리를 침해해 위헌이라고 본 결정이다. 위헌결정에는 '일부 위헌결정'도 포함되고 '일부 위헌결정'은 다시 '양적 일부위헌결정'과 '질적 일부위헌결정'으로 나뉜다. 본 결정은 "저속한"이라는 부분을 지적하며 이 부분만 위헌이라 본 결정이므로 '양적 일부위헌결정'의 대표적인 예에 속한다.

옥외광고물 등 관리법 사건

— 헌재 1998. 2. 27, 96헌바2 —

Ⅰ. 심판대상

'옥외광고물 등 관리법'(1990. 8. 1. 법률 제4242호)

제3조(광고물 등의 허가 또는 신고)

① 다음 각 호의 1에 해당하는 지역·장소 및 물건에 광고물 또는 게시시설 중 대통령령이 정하는 광고물 등을 표시하거나 설치하고자 하는 자는 대통령령이 정하는 바에 의하여 특별시장·직할시장 또는 도지사의 허가를 받거나 시·도지사에게 신고하여야 한다. 허가 또는 신고사항을 변경하고자 하는 때에도 또한 같다.

  1. 도시계획법에 의한 도시계획구역

  2. 문화재보호법에 의한 문화재 및 문화재보호구역

  3. 산림법에 의한 보전임지

  4. 자연공원법에 의한 자연공원

  5. 도로·철도·공항·항만·궤도·삭도·하천 및 대통령령이 정하는 그 부근의 지역

  6. 기타 미관풍치의 유지 및 도시환경의 보전을 위하여 대통령령이 정하는 지역·장소 및 물건

② 제1항의 규정에 의한 광고물 등의 종류·모양·크기·색깔, 표시 또는 설치의 방법 및 기간 등 허가 또는 신고의 기준에 관하여 필요한 사항은 대통령령으로 정한다.

Ⅱ. 사실관계의 요지

청구인은 서울특별시 중구청장으로부터 '광고물 등 관리법'(1990. 8. 1. 법률 제4242호로 '옥외광고물 등 관리법'으로 전문개정되기 전의 것) 제3조에 의하여 허가기간 1989년 9월 8일부터 1991년 9월 7일까지, 허가기간이 만료되었을 때에는 광고물을 자진철거하는 것을 조건으로 광고물 표시 및 게시시설 설치허가, 건축법상의 공작물 축조허가를 받아 서

울 중구 태평로 1가 25에 뉴스속보 및 상업성 광고를 하는 전광판으로 된 높이 18m의 광고탑을 설치하였다. 청구인은 위 허가기간이 만료되어 개정된 '옥외광고물 등 관리법'에 의하여 위 중구청장에게 기간연장신청을 하였으나, 중구청장은 위 광고물의 규격이 현행법에 저촉된다는 이유로 기간연장 허가를 유보한 채 1991년 9월 27일에 위 광고물의 운용중지를 지시하고 내무부 지침을 받아 청구인에게 현행법령에 적합하도록 이전 설치하여 신규허가를 받을 것을 지시하였다. 그러나 청구인은 중구청장의 지시에 응하지 않은 채 광고탑을 종전대로 운영하였고, 이에 중구청장은 광고탑이 무허가 광고물임을 이유로 '옥외광고물 등 관리법' 제10조 제1항·제2항에 의하여 일정시점까지 자진 철거 또는 이전 설치할 것을 명하고 이를 이행하지 않을 경우 행정대집행을 실시한다는 내용의 계고처분을 하였다. 청구인이 이를 이행하지 않자 중구청장은 행정대집행법에 의하여 대집행영장에 의한 대집행통지를 하였다. 이에 청구인은 서울고등법원에 행정대집행계고처분 취소소송을 제기하였다. 소송계속 중 청구인은 같은 법원에 '옥외광고물 등 관리법' 제3조에 대해 위헌제청을 신청하였으나 기각되었고 이에 청구인은 헌법재판소법 제68조 제2항에 의하여 '옥외광고물 등 관리법' 제3조를 대상으로 이 사건 헌법소원심판을 청구하였다.

Ⅲ. 주　　문

　　'옥외광고물 등 관리법' 제3조는 헌법에 위반되지 아니한다.

Ⅳ. 결정 이유의 주요 논점 및 요지

1. 헌법 제21조 제2항이 금하는 사전허가·검열에 해당되지 않음

　　헌법 제21조 제1항과 제2항은 모든 국민은 언론·출판의 자유를 가지며, 언론·출판에 대한 허가나 검열은 인정되지 않는다고 규정하고 있다. 이는 비록 헌법 제37조 제2항이 국민의 자유와 권리를 국가안전보장·질서유지 또는 공공복리를 위하여 필요한 경우에 한하여 법률로써 제한할 수 있도록 규정하고 있다고 할지라도 언론·출판의 자유에 대하여는 허가·검열을 수단으로 한 제한만은 법률로써도 허용되지 않는다는 것을 밝힌 것이다. 여기서의 허가나 검열은 행정권이 주체가 되어 사상이나 의견 등이 발표되기 이전에 예방적 조치로서 그 내용을 심사·선별하여 발표를 사전에 억제하는, 즉 허가받지 않은 것의 발표를 금지하는 제도를 뜻한다. 이러한 허가·검열제가 허용될 경우에는 국민의 정신활동의 독창성과 창의성을 침해하여 정신생활에 미치는 위험이 클 뿐만 아니라 행정기관이 집권자에게 불리한 내용의 표현을 사전에 억제함으로써 이른바 관제의견이나 지배자에게 무해한 여론만이 허용되는 결과를 초래할 염려가 있기 때문에 헌법이 직접 그 금지를 규정하고 있는 것이다. 이 법 제3조는 일정한 지역·장소 및 물건에 광고물 또는 게시시설을 표시하거나 설치하는 경우에 그 광고물 등의 종류·모양·크기·색깔, 표시 또는 설치의 방법 및 기간 등을 규제하고 있는 것으로서, 이 법 제3조가 광고물 등의 내용을 심사·선별하여 광고물을 사전에 통제하려는 제도가 아님은 명백하다. 따라서 이 법 제3조가 헌법 제21조 제2항이 금하는 사전허가·검열에 해당되지 않는다.

2. 헌법 제37조 제2항의 과잉금지원칙에도 위배되지 않음

이 법 제3조가 허가나 검열에는 해당되지 않는다고 하더라도 광고물 등의 표시·설치라는 표현을 제한하는 효과를 가지고 있음은 부인할 수 없으므로, 이 법 제3조가 헌법에 합치하기 위해서는 헌법 제37조 제2항의 과잉금지원칙을 준수하여야 함은 물론이다. 이 법 제1조에 의하면, 이 법은 옥외광고물의 표시장소·표시방법과 게시시설의 설치·유지 등에 관하여 필요한 사항을 규정함으로써 미관풍치와 미풍양속을 유지하고 공중에 대한 위해를 방지함을 목적으로 하고 있어, 모든 국민은 건강하고 쾌적한 환경에서 생활할 권리를 가지며 국가와 국민은 환경보전을 위하여 노력하여야 한다는 헌법 제35조 제1항에 비추어 그 입법목적의 정당성이 인정됨은 물론이다.

나아가 이 법 제2조에 의하면, 이 법 제3조에서 규제하는 "옥외광고물"이란 상시 또는 일정기간 계속하여 공중에게 표시되어 공중이 자유로이 통행할 수 있는 장소에서 볼 수 있는 것(대통령령이 정하는 교통시설 또는 교통수단에 표시되는 것을 포함한다)으로서 간판·입간판·현수막·벽보·전단 기타 이와 유사한 것을 말한다. 또한 "게시시설"이라 함은 광고탑·광고판과 기타 공작물로서 옥외광고물을 게시 또는 표시하기 위한 시설을 말하는데, 이러한 광고물이나 게시시설이 방임될 경우 각양각색의 광고물로 인하여 주거지역, 녹지지역, 자연보존지구, 묘지, 고속도로변, 교량, 하천 등 국민의 주거환경과 국토경관이 크게 침해당하게 되어 결과적으로 헌법 제35조 제1항이 보장하는 국민의 쾌적한 환경에서 생활할 권리를 침해하게 될 것임은 손쉽게 이해할 수 있다. 또한 광고물 관리를 사후적인 지도·감독에만 의존하게 되면 옥외광고물의 대형화·고급화 추세를 감안할 때, 이미 거액의 시설투자가 이루어져 광고물 설치가 완료된 상황에서 법령에 위반됨을 이유로 이전 또는 철거하도록 조치하는 것이 쉽지 않고, 이를 둘러싼 행정당국과 당사자 간에 갈등·마찰을 심화시키는 등 효과적인 광고물 관리를 어렵게 할 것이다. 따라서 이 법 제3조에서 사후제한에 그치지 않고 사전허가제도를 도입할 필요성은 인정할 수 있다.

그리고 이 법 제3조에 의하면, 이 법 제3조는 광고물 및 광고시설이 제한되는 지역을 특정하여 도시계획법에 의한 도시계획구역, 문화재보호법에 의한 문화재 및 문화재보호구역, 산림법에 의한 보전임지, 자연공원법에 의한 자연공원, 도로·철도·공항·항만·궤도·삭도·하천 및 대통령령이 정하는 그 부근의 지역, 기타 미관풍치의 유지 및 도시환경의 보전을 위하여 대통령령이 정하는 지역·장소 및 물건에 한정하고 있고, 광고물 등의 종류·모양·크기·색깔, 표시 또는 설치의 방법 및 기간 등 허가 또는 신고의 기준에 관하여 필요한 사항은 대통령령으로 정한다고 규정하여 허가나 신고의 기준에 관하여도 일정한 제한을 둠으로써 제한을 필요최소한으로 규정하고 있음을 볼 수 있다. 그렇다면 이 법 제3조는 그 입법목적에 필요한 범위 내에서 최소한의 규제만을 규정하고 있다고 할 것이므로, 헌법 제37조 제2항이 정하는 과잉금지원칙에 위반된다고 볼 수 없다.

V . 이 결정이 가지는 의미

주문표시에 관한 조승형 재판관의 별개의견이 있는 외에는 관여재판관 전원의 만장일치로, '옥외광고물 등 관리법' 제3조의 광고물 등의 종류·모양·크기·색깔, 표시 또는 설치의 방법 및 기간 등의 규제가 합헌이라 선언한 결정이다. 헌법 제21조 제2항이 금하는 허가나 검열은 행정권이 주체가 되어 사상이나 의견 등이 발표되기 이전에 '형식'이 아니라 그 '내용'을 심사·선별하여 발표를 사전에 억제하는 제도임을 헌법재판소가 분명히 하고 있음에 유념할 필요가 있다.

공연윤리위원회의 영화 사전심의제 사건

— 헌재 1996. 10. 2, 93헌가13 —

Ⅰ. 심판대상

영화법(1984. 12. 31. 법률 제3776호로 개정된 것)

제12조

① 영화는 그 상영 전에 공연법에 의하여 설치된 공연윤리위원회의 심의를 받아야 한다.

② 제1항의 규정에 의한 심의를 필하지 아니한 영화는 이를 상영하지 못한다.

③~④ 생략

제13조

① 공연윤리위원회 또는 방송심의위원회는 제12조 제1항 또는 제4항의 규정에 의한 심의에 있어서 다음 각호의 1에 해당된다고 인정되는 영화에 대하여는 이를 심의필한 것으로 결정하지 못한다. 다만, 그 해당부분을 삭제하여도 상영에 지장이 없다고 인정될 때에는 그 부분을 삭제하고 심의필을 결정할 수 있다.

　1. 헌법의 기본질서에 위배되거나 국가의 권위를 손상할 우려가 있을 때

　2. 공서양속을 해하거나 사회질서를 문란하게 할 우려가 있을 때

　3. 국제간의 우의를 훼손할 우려가 있을 때

　4. 국민정신을 해이하게 할 우려가 있을 때

Ⅱ. 사실관계의 요지

서울지방법원은 제청신청인 갑에 대한 '영화법' 위반 피고사건을 심리하던 중 제청신청인의 위헌법률심판제청신청에 따라 '영화법' 제12조 제1항, 제2항 및 제13조 제1항의 위헌 여부가 위 영화법 위반 피고사건의 재판의 전제가 되고, 언론·출판에 대한 사전허가인 검열을 금지하고 있는 헌법 제21조 제2항에 위반될 소지가 있다는 이유로 이 사건 위헌법률심판 제청을 하였다.

Ⅲ. 주   문

영화법 제12조 제1항 및 제2항, 같은 법 제13조 제1항 중 공연윤리위원회의 심의에 관한 부분은 각 헌법에 위반된다.

Ⅳ. 결정 이유의 주요 논점 및 요지

1. 헌법 제21조 제2항의 검열금지의 원칙

의사표현의 자유는 헌법 제21조 제1항이 규정하는 언론·출판의 자유에 속하고, 여기서 의사표현의 매개체는 어떠한 형태이건 그 제한이 없다고 할 것이다. 영화도 의사표현의 한 수단이므로 영화의 제작 및 상영은 다른 의사표현수단과 마찬가지로 헌법에 의한 보장을 받음은 물론 영화는 학문적 연구결과를 발표하는 수단이 되기도 하고, 예술표현의 수단이 되기도 하므로 그 제작 및 상영은 학문·예술의 자유를 규정하고 있는 헌법 제22조 제1항에 의해서도 보장을 받는다. 헌법 제21조 제1항과 제2항은 모든 국민은 언론·출판의 자유를 가지며, 언론·출판에 대한 허가나 검열은 인정되지 않는다는 규정을 통해 언론·출판에 대한 '검열금지의 원칙'을 규정하고 있다. 헌법 제21조 제2항이 언론·출판에 대한 검열금지를 규정한 것은 비록 헌법 제37조 제2항이 국민의 자유와 권리를 국가안전보장·질서유지 또는 공공복리를 위하여 필요한 경우에 한하여 법률로써 제한할 수 있도록 규정하고 있다고 할지라도 언론·출판의 자유에 대하여는 검열을 수단으로 한 제한만은 법률로써도 허용되지 않는다는 점을 밝힌 것이다. 물론 여기서 말하는 검열은 그 명칭이나 형식에 구애됨이 없이 실질적으로 검열의 개념에 해당되는 모든 것을 그 대상으로 하는 것이다. 그러나 검열금지의 원칙은 모든 형태의 사전적인 규제를 금지하는 것이 아니고, 단지 의사표현의 발표여부가 오로지 행정권의 허가에 달려있는 사전심사만을 금지하는 것을 뜻한다. 그러므로 검열은 일반적으로 허가를 받기 위한 표현물의 제출의무, 행정권이 주체가 된 사전심사절차, 허가를 받지 않은 의사표현의 금지 및 심사절차를 관철할 수 있는 강제수단 등의 요건을 갖춘 경우에만 이에 해당하는 것이다.

심의기관에서 허가절차를 통하여 영화의 상영 여부를 종국적으로 결정할 수 있도록 하는 것은 검열에 해당하나, 예컨대, 영화의 상영으로 인한 실정법 위반의 가능성을 사전에 막고 청소년 등에 대한 상영이 부적절할 경우 이를 유통단계에서 효과적으로 관리할 수 있도록 미리 등급을 심사하는 것은 사전검열이 아니다. 설사 등급심사를 받지 않은 영화의 상영을 금지하고 이에 위반할 때에 행정적 제재를 가하는 경우에도 검열에는 해당하지 않는다. 여기서의 상영금지는 심의의 결과가 아니고 단지 일괄적인 등급심사를 관철하기 위한 조치에 지나지 않기 때문이다.

2. '영화법' 제12조 제1항, 제2항 및 제13조 제1항은 검열금지의 원칙에 위배돼 위헌

'영화법'은, 영화는 상영 전에 공연윤리위원회의 사전심의를 받아야 할 의무를 부과하고(제12조 제1항), 사전심의를 거치지 않은 모든 영화의 상영을 금지하고(제12조 제2항), 사전심의를 받지 않고 영화를 상영한 자는 2년 이하의 징역 또는 500만원 이하의 벌금에 처하도록(제32조 제5호) 규정하고 있다. 한편 '영화법' 제13조 제1항은 영화에 대한 심의기준을 정하고, 심의기관인 공연윤리위원회가 그 기준에 적합하지 않은 영화에 대하여는 심의필 결정을 할 수 없으나, 해당 부분을 삭제하여도 상영에 지장이 없다고 인정되는 경우에는 그 부분을 삭제하고 심의필을 결정할 수 있도록 규정하고 있다. 그렇다면 법이 규정하고 있는 영화에 대한 심의제의 내용은 심의기관인 공연윤리위원회가 영화의 상영에 앞서 그 내용을 심사하여 심의기준에 적합하지 않은 영화에 대해서는 상영을 금지할 수 있고, 심의를 받지 않고 영화를 상영할 경우에는 형사처벌까지 가능하도록 한 것이 그 핵심이므로 이는 명백히 앞에서 밝힌 헌법 제21조 제2항이 금지한 사전검열제도를 채택하고 있다고 볼 수밖에 없다.

헌법상의 검열금지의 원칙은 검열이 행정권에 의하여 행하여지는 경우에 한하므로 영화의 심의기관인 공연윤리위원회가 이에 해당한지에 대하여 의문이 있을 수 있다. 그러나 검열을 행정기관이 아닌 독립적인 위원회에서 행한다고 하더라도 행정권이 주체가 되어 검열절차를 형성하고 검열기관의 구성에 지속적인 영향을 미칠 수 있는 경우라면 실질적으로 보아 검열기관은 행정기관이라고 보아야 한다. 왜냐하면 그렇게 해석하지 않는다면 검열기관의 구성은 입법기술의 문제이므로 정부에게 행정관청이 아닌 독립된 위원회의 구성을 통하여 사실상 검열을 하면서도 헌법상 검열금지원칙을 위반하였다는 비난을 면할 수 있는 길을 열어주기 때문이다. 그런데 법은 영화를 상영하기 전에 공연윤리위원회의 사전심의를 받아야 한다고 규정하고 있고, '공연법'과 그 시행령에 의하면 공연윤리위원회의 위원은 문화체육부장관에 의하여 위촉되고(공연법 제25조의3 제3항), 위원장과 부위원장의 선출은 장관의 승인을 받아야 하며(같은 법 시행령 제20조 제1항), 위원장은 심의결과를 장관에게 보고하여야 하고(같은 법 시행령 제21조), 공연윤리위원회가 국가예산의 범위 안에서 공연윤리위원회의 운영에 필요한 경비의 보조를 받을 수 있도록(같은 법 제25조의 3 제6항) 규정하고 있다. 그렇다면 공연윤리위원회가 민간인으로 구성된 자율적인 기관이라고 할지라도 법에서 영화에 대한 사전허가제도를 채택하고, '공연법'에 의하여 공연윤리위원회를 설치토록 하여 행정권이 공연윤리위원회의 구성에 지속적인 영향을 미칠 수 있게 하였으므로 공연윤리위원회는 검열기관으로 볼 수밖에 없다. 또한 공연윤리위원회가 비록 그의 심의활동에 있어서 독립성이 보장된 심의기관이라 할지라도 검열기관인가를 판단하는데 있어서 그것은 결정적인 것이 되지 못한다. 심의기관의 독립성이 보장되어야 하는 것은 단지 심의절차와 그 결과의 공정성 및 객관성을 확보하기 위하여 모든 형태의 심의절차에 요구되는 당연한 전제일 뿐이기 때문이다. 국가에 의하여 검열절차가 입법의 형태로 계획되고 의도된 이상, 비록 검열기관을 문화체육부장관에서 민간인들로 구성된 공연윤리위원회로 대체했다고 하여 법이 정한 사전심의제도의 법적 성격이 바뀌는 것은 아니다.

V. 이 결정이 가지는 의미

이 만장일치의 위헌결정을 통해 헌법재판소는 '영화법'상의 공연윤리위원회에 의한 영화 사전심의제가 헌법 제21조 제2항이 금하는 검열제도에 해당한다고 보면서 위헌을 선언한다. 이 위헌결정에서 헌법재판소는 검열에 해당하기 위한 세 가지 요건으로 '(1) 허가를 받기 위한 표현물의 제출의무, (2) 행정권이 주체가 된 사전심사절차, (3) 허가를 받지 않은 의사표현의 금지 및 심사절차를 관철할 수 있는 강제수단의 존재'를 제시하고 있음에 주목을 요한다. 이 세 가지 요건을 갖추고 있으면 그 명칭이나 형식에 상관없이 모두 검열에 해당되어 위헌이라는 것이다.

공연윤리위원회의 음반 및 비디오물에 대한 사전심의제 사건

— 헌재 1996. 10. 31, 94헌가6 —

I. 심판대상

구 음반 및 비디오물에 관한 법률

제16조[심의]

① 판매·배포·대여 등의 목적으로 음반… 을 제작… 하고자 하는 자는 당해 음반…
의 내용에 관하여 대통령령이 정하는 바에 의하여 미리 공연법에 의한 공연윤리
위원회(이하 "공연윤리위원회"라 한다)의 심의를 받아야 한다.

② 누구든지 제1항의 규정에 의하여 심의를 받지 아니한 음반… 을 판매… 하여서는
아니 된다.

제24조[벌칙]

① 다음 각호의 1에 해당하는 자는 3년 이하의 징역 또는 2천만원 이하의 벌금에 처
한다.

　1. 내지 3. 생략

　4. 제16조 제2항의 규정에 위반한 자

② 제1항의 규정에 해당하는 자가 소유 또는 점유하고 있는 음반… 과 그 제작 또는
복제에 직접 사용된 기자재 및 제작에 사용할 수 있는 인쇄물은 이를 몰수하고 몰
수가 불가능한 때는 그 가액을 추징한다.

II. 사실관계의 요지

　서울형사지방법원은 제청신청인에 대한 '음반 및 비디오물에 관한 법률' 위반 피고
사건을 심리하던 중 제청신청인의 위헌법률심판 제청신청에 따라 구 '음반 및 비디오물
에 관한 법률'(1991. 3. 8. 법률 제4351호로 제정되어 1995. 12. 6. 법률 제5016호로 전문개정되기

전의 것, 이하 "법"이라고 한다) 제16조 제1항, 제2항, 제24조 제1항 제4호, 제2항의 위헌여부가 위 사건 재판의 전제가 된다고 하여 이 사건 위헌법률심판 제청을 하게 되었다.

Ⅲ. 주   문

구 음반 및 비디오물에 관한 법률 제16조 제1항 중 음반의 제작에 관한 부분, 제16조 제2항 전문 부분 중 음반의 판매에 관한 부분, 제24조 제1항 제4호 및 제24조 제2항 중 각 음반을 판매한 자에 관한 부분은 헌법에 위반된다.

Ⅳ. 결정 이유의 주요 논점 및 요지

1. 헌법 제21조 제2항의 검열금지의 원칙의 내용

헌법 제21조 제2항에서 금하는 검열은 그 명칭이나 형식과 관계없이 실질적으로 행정권이 주체가 되어 사상이나 의견 등이 발표되기 이전에 예방적 조치로서 그 내용을 심사 선별하여 사전에 억제하는, 즉 허가받지 않는 것의 발표를 금지하는 제도를 뜻한다. 그러나 검열금지의 원칙은 모든 형태의 사전적인 규제를 금지하는 것이 아니고, 의사표현의 발표여부가 오로지 행정권의 허가에 달려있는 사전심사만을 금지하는 것이다. 그리고 검열은 일반적으로 허가를 받기 위한 표현물의 제출의무, 행정권이 주체가 된 사전심사절차, 허가를 받지 않은 의사표현의 금지 및 심사절차를 관철할 수 있는 강제수단 등의 요건을 갖춘 경우에만 이에 해당하는 것이다.

한편, 표현의 자유에 대한 검열을 수단으로 한 제한은 법률로써도 허용될 수 없는 것이기 때문에 검열의 의미는 제한적으로 해석되어야 할 것이다. 먼저 헌법 제21조 제2항이 금지하는 검열은 사전검열만을 의미하므로 개인이 정보와 사상을 발표하기 이전에 국가기관이 미리 그 내용을 심사·선별하여 일정한 범위 내에서 발표를 저지하는 것만을 의미하고, 헌법상 보호되지 않는 의사표현에 대하여 공개한 뒤에 국가기관이 간섭하는 것을 금지하는 것은 아니다. 그러므로 사후심사나 앞에서 밝힌 검열의 성격을 띠지 않은 그 외의 사전심사는 검열에 해당하지 않는다. 다만, 이러한 검열의 성격을 띠지 않은 심사절차의 허용여부는 표현의 자유와 이와 충돌되는 다른 법익 사이의 조화의 문제이므로 헌법상의 기본권 제한의 일반적 원칙인 헌법 제37조 제2항에 의하여 결정되어야 할 것이다. 검열금지의 원칙은 정신작품의 발표 이후에 비로소 취해지는 사후적인 사법적 규제를 금지하는 것이 아니므로 사법절차에 의한 음반판매의 금지조치(예컨대 명예훼손이나 저작권침해를 이유로 한 가처분 등)나 그 효과에 있어서는 실질적으로 동일한 형벌규정(음란, 명예훼손 등)의 위반으로 인한 압수는 헌법상의 검열금지의 원칙에 위반되지 않는다. 또한 검열금지의 원칙은 음반에 대한 사전심사를 모두 금지하는 것은 아니다. 청소년 등에게 부적절한 내용의 음반에 대하여는 청소년에게 판매할 수 없도록 미리 등급을 심사하는 이른바 등급심사제도는 사전검열에 해당하지 않는다.

2. 검열금지원칙에 위배되어 위헌

　　법 제16조는 제1항에서 음반의 제작시 공륜의 사전심의를 받을 의무를 부과하고, 제2항에서 사전심의를 받지 않은 모든 음반에 관하여 판매 등을 금지하면서, 이에 위반한 경우에는 제24조 제1항 제4호에 따라 형사처벌을 하고, 제24조 제2항에 따라 위반자가 소유 또는 점유하는 음반과 그 제작기자재 등을 몰수할 수 있도록 규정하고 있다. 결국 이 사건 법률조항은 심의기관인 공륜이 음반의 제작 판매에 앞서 그 내용을 심사하여 심의기준에 적합하지 않은 음반에 대하여는 제작 판매를 금지하고, 심의를 받지 않은 음반을 제작 판매할 경우에는 형사처벌까지 할 수 있도록 규정하고 있는 것으로서 명백히 헌법 제21조 제2항이 금지한 사전검열제도를 채택하고 있다고 볼 수밖에 없다.

　　헌법상의 검열금지의 원칙은 검열이 행정권에 의하여 행하여지는 경우에 한하므로 음반의 심의기관인 공륜이 이에 해당하는지에 대해 의문이 있을 수 있다. 그러나 검열을 행정기관이 아닌 독립적인 위원회에서 행한다고 하더라도 행정권이 주체가 되어 검열절차를 형성하고 검열기관의 구성에 지속적인 영향을 미칠 수 있는 경우라면 실질적으로 보아 검열기관은 행정기관이라고 보아야 한다. 그렇게 해석하지 않는다면 검열기관의 구성은 입법기술의 문제이므로 정부로 하여금 행정관청이 아닌 독립된 위원회의 구성을 통해 사실상 검열을 하면서도 헌법상 검열금지원칙을 위반하였다는 비난을 면할 수 있는 길을 열어주기 때문이다. 그런데 법은 음반을 제작하기 전에 공륜의 사전심의를 받아야 한다고 규정하고 있고, 공연법과 그 시행령에 의하면 공륜의 위원은 문화체육부장관에 의하여 위촉되고(공연법 제25조의3 제3항), 위원장과 부위원장의 선출은 장관의 승인을 받아야 하며(같은 법 시행령 제20조 제1항), 위원장은 심의결과를 장관에게 보고하여야 하고(같은 법 시행령 제21조), 공륜은 국가예산의 범위 안에서 공륜의 운영에 필요한 경비의 보조를 받을 수 있도록(같은 법 제25조의3 제6항) 규정하고 있다. 이와 같이 법에서 음반에 대한 사전심의제도를 채택하고, 공연법에 의하여 공륜을 설치토록 하여 행정권이 공륜의 구성에 지속적인 영향을 미칠 수 있게 하였으므로 공륜은 실질적으로 헌법 제21조 제2항에서 금지하는 검열기관으로 볼 수밖에 없다. 공륜이 비록 민간인으로 구성되고 심의활동에 있어서 독립성이 보장된 심의기관이라 할지라도 검열기관인가를 판단하는 데 있어서 그것은 결정적인 것이 되지 못한다. 심의기관의 독립성이 보장되어야 하는 것은 단지 심의절차와 그 결과의 공정성 및 객관성을 확보하기 위하여 모든 형태의 심의절차에 요구되는 당연한 전제일 뿐이고, 국가에 의하여 검열절차가 입법의 형태로 계획되고 행정권이 공륜의 구성에 지속적인 영향을 미칠 수 있도록 한 이상 공륜이 민간인들로 구성되었다고 하여도 검열기관으로서의 법적 성격이 바뀌는 것은 아니기 때문이다. 따라서 법이 규정한 공륜의 심의는 헌법 제21조 제2항의 검열에 해당하므로 음반을 제작하기에 앞서 공륜의 심의를 받도록 하고, 공륜의 심의를 받지 않은 음반의 판매를 금지하면서 이에 위반한 자를 처벌하는 내용의 이 사건 법률조항부분은 헌법 제21조 제2항에 위반된다고 할 것이다.

V. 이 결정이 가지는 의미

관여 재판관 만장일치로 '구 음반 및 비디오물에 관한 법률'상의 공연윤리위원회에 의한 음반 등의 사전심의제가 위헌결정을 받은 사건이다. 이 결정에서도 헌법재판소는 검열의 세 가지 요건으로 다른 유사사건들에서 처럼 일관되게 '(1) 허가를 받기 위한 표현물의 제출의무, (2) 행정권이 주체가 된 사전심사절차, (3) 허가를 받지 않은 의사표현의 금지 및 심사절차를 관철할 수 있는 강제수단의 존재'를 제시했다. 더 나아가 검열을 행정기관이 아닌 독립적인 위원회에서 행한다고 하더라도 행정권이 주체가 되어 검열절차를 형성하고 검열기관의 구성에 행정권이 지속적인 영향을 미칠 수 있는 경우라면 실질적으로 보아 그 검열기관은 행정기관이라고 보아야 한다는 점을 강조하고 있음에 주목을 요한다.

공연예술진흥협의회의 음반 등 사전심의제 사건

─ 헌재 1999. 9. 16, 99헌가1 ─

Ⅰ. 심판대상

음반 및 비디오물에 관한 법률(1997. 4. 10. 법률 제5322호로 개정되고, 1999. 2. 8. 법률 제5925호 음반·비디오물 및 게임물에 관한 법률 부칙 제2조로 폐지되기 이전의 것)

제17조(심의)

① 판매·배포·대여·시청 제공 등의 목적으로 비디오물을 제작하거나 수입 또는 반입 추천을 받고자 하는 자는 당해 비디오물의 내용에 관하여 대통령령이 정하는 바에 의하여 미리 한국공연예술진흥협의회의 심의를 받아야 한다. 다만, 대통령령이 정하는 경우에는 그러하지 아니하다.

③ 누구든지 제1항의 규정에 의하여 심의를 받지 아니하거나 심의결과와 다른 내용의 비디오물을 판매·배포·대여 또는 시청 제공하거나 판매·배포·대여 또는 시청 제공할 목적으로 진열 또는 보관하거나 불특정다수인이 출입하는 장소에서 상영하여서는 아니 되며, 제18조 제2항의 규정에 의한 시청등급을 위반하여 연소자(18세 미만의 자)에게 판매·배포·대여 또는 시청하게 하여서는 아니 된다.

제25조(벌칙)

① 다음 각호의 1에 해당하는 자는 3년 이하의 징역 또는 2천만원 이하의 벌금에 처한다.

　3. 제17조 제3항의 규정에 위반한 자

② 제1항의 규정에 해당하는 자가 소유 또는 점유하는 다음 각호의 음반·비디오물과 그 제작에 직접 사용된 기자재 및 제작에 사용할 수 있는 인쇄물은 이를 몰수하고, 몰수할 수 없는 때에는 그 가액을 추징한다.

　3. 제17조 제1항의 규정에 의하여 심의를 받지 아니한 비디오물

Ⅱ. 사실관계의 요지

청구인 갑은 누구든지 한국공연예술진흥협의회의 심의를 받지 않은 비디오물을 시청 제공해서는 안 되는데도 불구하고, 모 강당에서 불특정 다수의 시민들을 상대로 위협의회의 심의를 받지 않은 비디오물인 호남호녀, 퓨마의 딸 등 총 11편의 비디오물을 상영함으로써 이를 시청 제공하였다. 또한, 위 협의회의 심의를 받지 않은 '레드헌트'라는 비디오물을 2회에 걸쳐 불특정 다수인이 참석한 가운데 상영함으로써 이를 시청 제공하였다.

청구인 갑은 위와 같은 공소사실로 기소되어 재판을 받던 중 '음반 및 비디오물에 관한 법률'(이하 '음반법'이라 한다) 제17조 제1항 등이 헌법에 위배된다는 이유로 위헌제청신청을 하였다. 수원지방법원은 음반법 제17조 제1항, 제17조 제3항 후단, 제25조 제1항 제3호 중 제17조 제3항 후단에 관한 부분, 제25조 제2항 제3호의 위헌여부에 관해 의문이 있다는 이유로 위헌여부 심판제청결정을 하였다.

Ⅲ. 주　문

1. 음반 및 비디오물에 관한 법률 제17조 제1항, 제3항 전단, 제25조 제1항 제3호 중 제17조 제3항 전단에 관한 부분, 제25조 제2항 제3호는 헌법에 위반된다.
2. 나머지 위헌제청부분은 이를 각하한다.

Ⅳ. 결정 이유의 주요 논점 및 요지

1. '음반법' 제17조 제3항 후단, 제25조 제1항 제3호 중 제17조 제3항 후단 부분은 각하

이 사건 위헌제청결정에 기재된 당해사건의 공소사실의 내용을 살펴보면 당해사건에 적용될 법률조항은 '음반법' 제17조 제3항 전단 및 제25조 제1항 제3호 중 제17조 제3항 전단에 관한 부분이고, '음반법' 제17조 제3항 후단 및 제25조 제1항 제3호 중 제17조 제3항 후단에 관한 부분은 당해사건에 적용될 법률조항이 아님이 명백하며, 달리 '음반법' 제17조 제3항 후단 및 제25조 제1항 제3호 중 제17조 제3항 후단에 관한 부분이 당해사건에 적용될 법률조항임을 인정할 자료를 전혀 찾아볼 수 없다. 그렇다면 이 사건 위헌제청 중 '음반법' 제17조 제3항 후단 및 제25조 제1항 제3호 중 제17조 제3항 후단에 관한 부분에 대한 위헌제청은 재판의 전제성을 결여한 것으로서 부적법하다.

2. '음반법' 제17조 제1항, 제25조 제2항 제3호는 사전검열에 해당되어 위헌

우리 재판소는 1998. 12. 24. 선고한 96헌가23 사건의 결정에서 구 '음반법' 제17조 제1항 등에 규정된 음반 등에 대한 공연윤리위원회의 사전심의제가 헌법 제21조 제2항의 사전검열에 해당해 헌법에 위반된다고 판시하였다. 그런데 위 96헌가23호 사건에서 위헌으로 결정한 법률조항과 이 사건 법률조항은 비디오물의 사전심의기구를 '공연윤리위원회'(이하 '공륜')에서 '공연예술진흥협의회'(이하 '공진협')로 변경한 것 이외에는 차이점이 없다.

우리 재판소는 93헌가13호 사건에서 검열을 행정기관이 아닌 독립적인 위원회에서 행한다고 하더라도 행정권이 주체가 되어 검열절차를 형성하고 검열기관의 구성에 지속적인 영향을 미칠 수 있는 경우라면 실질적으로 보아 검열기관은 행정기관이라고 보아야 한다고 판단했다. 왜냐하면 그렇게 해석하지 않는다면 검열기관의 구성은 입법기술의 문제이므로 정부에게 행정관청이 아닌 독립된 위원회의 구성을 통하여 사실상 검열을 하면서도 헌법상 검열금지원칙을 위반하였다는 비난을 면할 수 있는 길을 열어주기 때문이다. 공륜과 공진협에 관한 규정을 살피면 그 구성, 심의결과의 보고 등에 있어서 약간의 차이는 있으나, '공연법'에 의하여 행정권이 심의기관의 구성에 지속적인 영향을 미칠 수 있고 행정권이 주체가 되어 검열절차를 형성하고 있는 점에 있어서 큰 차이가 없다. 즉, 공진협의 위원 위촉에 있어서 대한민국예술원회장의 추천을 추가하였다고 하더라도 대한민국예술원 역시 정부의 후원에 의하여 운영되는 관변단체라는 점에서 그 이전과 큰 차이가 있다고 할 수 없고, 위원장과 부위원장의 선출에 문화체육부장관의 승인이 필요한지 여부에 따라 그 기관에 대한 행정기관의 영향에 큰 변화가 있을 수 없고, 심의결과를 장관에게 보고하는 것을 통보하는 것으로 바꾸었다고 하여 장관의 영향력이 감소된다고 할 수 없는 것이다. 오히려 공진협의 위원을 대통령이 위촉하고, 심의결과를 문화체육부장관에게 통보하여야 하며, 국가예산의 범위 안에서 공진협의 운영에 필요한 경비의 보조를 받을 수 있도록 하고 있는 구 공연법의 규정에 의하면 공진협은 그 성격에 있어서 공륜과 대동소이하다고 할 것이므로 위 93헌가13 등 사건의 결정취지에 따라 공진협도 검열기관으로 보는 것이 타당하다고 할 것이다. 그렇다면 '음반법' 제17조 제1항과 제25조 제2항 제3호는 헌법 제21조 제2항이 금지하고 있는 사전검열제도를 채택하는 규정으로서 헌법에 위배된다고 할 것이다.

3. '음반법' 제17조 제3항 전단 및 제25조 제1항 제3호 중 제17조 제3항 전단도 위헌

위에서 본 바와 같이 위헌제청법원은 착오로 '음반법' 제17조 제3항 후단 및 제25조 제1항 제3호 중 제17조 제3항 후단에 관한 부분에 대해 착오로 위헌제청신청을 하였다. 그런데 착오법률조항은 이 사건의 당해사건에 적용될 금지조항과 그에 대한 처벌조항으로서 앞서 위헌으로 판단한 '음반법' 제17조 제1항과 밀접한 관계에 있는 조항이다. 이 사건 위헌법률심판에서 음반법 제17조 제1항과 제25조 제2항 제3호에 대하여서만 위헌결정을 하게 된다면 이 사건 위헌제청의 목적을 달성할 수 없게 되므로 위 법률조항에 대하여서만 위헌결정을 하는 것은 소송목적의 달성을 위하여 적절한 것이라고 할 수 없다. 헌법재판소에서 위 법률조항에 대하여서만 위헌결정을 한다면 법원으로서는 다시 착오법률조항에 대하여 위헌제청을 하여 그에 대한 위헌결정을 선고받은 후 당해사건을 처리하여야 하는 번거로운 절차를 거쳐야 하기 때문이다. 따라서 이 사건 결정을 함에 있어서 착오법률조항에 관하여도 함께 위헌결정을 함이 상당하다.

Ⅴ. 이 결정이 가지는 의미

'공연윤리위원회'에 의한 음반 등에 대한 사전심의제가 사전검열에 해당돼 위헌결정을 받게 되자, '음반 및 비디오물에 관한 법률'은 법개정을 통해 '공연윤리위원회' 대신 '공연예술진흥협의회'에서 사전심의를 담당하도록 했다. 그러나 '공연예술진흥협의회'도 '행정권이 주체가 되어 검열절차를 형성하고 검열기관의 구성에 지속적인 영향을 미칠 수 있는 경우'에 해당돼 행정권에 의한 사전심의가 되고 따라서 사전검열로 위헌이라고 판단한 결정이다. 이 결정으로 '공연윤리위원회'의 후신인 '공연예술진흥협의회'도 없어졌다. 비록 법원에 의해 위헌제청되지 않은 법조항이라 하더라도 위헌으로 판단되는 조항과 밀접한 관계에 있다면 함께 위헌결정을 내릴 수 있다고 판시하고 있는 점에도 주목을 요한다.

영상물등급위원회 등급보류결정 사건

— 헌재 2001. 8. 30. 2000헌가9 —

Ⅰ. 심판대상

영화진흥법(1999. 2. 8. 법률 제5929호로 전문개정된 것)

제21조(상영등급분류)

④ 영상물등급위원회가 제3항의 규정에 의하여 상영등급을 분류함에 있어서 당해 영화가 다음 각호의 1에 해당된다고 인정되는 경우에는 내용검토 등을 위하여 대통령령이 정하는 바에 따라 3월 이내의 기간을 정하여 그 상영등급의 분류를 보류할 수 있다.

1. 헌법의 민주적 기본질서에 위배되거나 국가의 권위을 손상할 우려가 있을 때
2. 폭력·음란 등의 과도한 묘사로 미풍양속을 해치거나 사회질서를 문란하게 할 우려가 있을 때
3. 국제적 외교관계, 민족의 문화적 주체성 등을 훼손하여 국익을 해할 우려가 있을 때

Ⅱ. 사실관계의 요지

제청신청인 甲은 영화감독 乙이 연출한 영화(제목: 둘 하나 섹스)의 제작·배급사 대표로서 이 영화를 상영하기 위하여 영상물등급위원회에 상영등급분류신청을 하였다. 영상물등급위원회는 이 영화의 음란성 등을 문제삼아 영화진흥법 제21조 제4항에 의거하여 2개월의 상영등급분류보류결정을 하였고, 2개월의 보류기간이 경과한 다음 제청신청인이 다시 위 위원회에 상영등급분류신청을 하자, 영상물등급위원회는 마찬가지의 이유로 3개월의 상영등급분류보류결정을 하였다. 이에 제청신청인 甲은 서울행정법원에 영상물등급위원회를 상대로 위 상영등급분류보류결정의 취소를 구하는 소를 제기하였다. 서울행정법원은 당해 사건을 심리하던 중 제청신청인의 위헌제청신청을 받아들여 영화진흥법 제21조 제4항의 위헌 여부가 당해 사건 재판의 전제가 된다며 이 사건 위헌제청을 하였다.

Ⅲ. 주   문

영화진흥법(1999. 2. 8. 법률 제5929호로 전문개정된 것) 제21조 제4항은 헌법에 위반된다.

Ⅳ. 결정 이유의 주요 논점 및 요지

1. 영상물등급위원회의 등급분류보류제도와 언론·출판의 자유

이 사건 법률조항은 이른바 등급분류보류제도를 규정하고 있다. 이는 영상물등급위원회가 영화의 상영 이전에 영화의 상영등급을 분류함에 있어 당해 영화가 일정한 기준에 해당된다고 판단하는 경우에는 횟수제한 없이 당해 영화에 대한 등급분류를 일정 기간 보류할 수 있는 제도를 말한다. 그리고, 이 사건 법률조항의 입법취지는 영상물심의제도의 연혁을 살펴 볼 때, 영화의 상영 이전에 영화의 내용을 검토하여 당해 영화의 내용이 일정한 기준을 충족하는 경우에는 그 상영을 금지함으로써, 폭력·음란의 과도한 묘사로부터 청소년 및 공서양속을 보호하고, 기타 국가안전보장이나 질서유지를 위해 대중성·오락성·직접성이 그 특징인 영화를 규제하기 위한 것으로 볼 수 있다.

언론·출판의 자유에 속하는 의사표현·전파의 자유에서 보호대상이 되는 의사표현 또는 전파의 매개체는 어떠한 형태이건 가능하므로, 담화·연설·토론·연극·방송·음악·영화·가요 등과 문서·소설·시가·도화·사진·조각·서화 등 모든 형상의 의사표현 또는 의사전파의 매개체를 포함한다. 따라서 이 사건에서 문제가 되고 있는 영화도 의사형성적 작용을 하는 한 의사의 표현·전파의 형식의 하나로 인정되며, 결국 언론·출판의 자유에 의해서 보호되는 의사표현의 매개체라는 점은 의문의 여지가 없다.

2. 등급분류보류제도는 검열에 해당해 위헌

헌법 제21조 제2항의 "검열"은 그 명칭이나 형식과 관계없이 실질적으로 행정권이 주체가 되어 사상이나 의견 등이 발표되기 이전에 예방적 조치로서 그 내용을 심사, 선별하여 발표를 사전에 억제하는, 즉 허가받지 않은 것의 발표를 금지하는 제도를 뜻하고, 이러한 사전검열은 법률로써도 불가능한 것으로서 절대적으로 금지된다. 언론·출판에 대하여 사전검열이 허용될 경우에는 국민의 예술활동의 독창성과 창의성을 침해하여 정신생활에 미치는 위험이 크고 행정기관이 집권자에게 불리한 내용의 표현을 사전에 억제함으로써 이른바 관제의견이나 지배자에게 무해한 여론만이 허용되는 결과를 초래할 염려가 있기 때문에 헌법이 절대적으로 금지하는 것이다. 이러한 검열에 해당하기 위해서는 허가를 받기 위한 표현물의 제출의무, 행정권이 주체가 된 사전심사절차, 허가를 받지 않은 의사표현의 금지 및 심사절차를 관철할 수 있는 강제수단의 세 가지 요건을 갖추어야 한다.

첫째, 허가를 받기 위한 표현물의 제출의무 요건은 충족된다. 영화진흥법 제21조 제1항은 영화가 상영되기 위해서는 상영 전에 영상물등급위원회로부터 상영등급을 분류받아야 할 것을 규정하고 있고 이러한 사전등급제가 관철되기 위해서는 영화라는 표현물이 등급분류업무를 담당하는 기관에 상영 이전에 제출되어야 한다는 점은 분명하기 때문이다.

둘째, 행정권이 주체가 된 사전심사절차 요건도 충족된다. 영상물등급위원회는, 그 위원을 대통령이 위촉하고, 그 구성방법 및 절차에 관하여 필요한 사항을 대통령령으로 정하도록 하고 있으며, 국가 예산으로 그 운영에 필요한 경비의 보조를 받을 수 있도록 하고 있는 점 등에 비추어 행정권이 심의기관의 구성에 지속적인 영향을 미칠 수 있고 행정권이 주체가 되어 검열절차를 형성하고 있기 때문이다.

셋째, 허가를 받지 않은 의사표현의 금지 및 심사절차를 관철할 수 있는 강제수단 요건도 충족된다. 영화진흥법 제21조 제4항이 규정하고 있는 영상물등급위원회에 의한 등급분류보류제도는 영상물등급위원회가 영화의 상영에 앞서 영화를 제출받아 그 심의 및 상영등급분류를 하되, 등급분류를 받지 않은 영화는 상영이 금지되고 만약 등급분류를 받지 않은 채 영화를 상영한 경우 과태료, 상영금지명령에 이어 형벌까지 부과할 수 있도록 하며, 등급분류보류의 횟수 제한이 없어 실질적으로 영상물등급위원회의 허가를 받지 않는 한 영화를 통한 의사표현이 무한정 금지될 수 있기 때문이다.

그러므로 영화진흥법 제21조 제4항이 규정한 영상물등급위원회의 등급분류보류제도는 우리 헌법이 절대적으로 금지하고 있는 사전검열에 해당하는 것으로서 헌법에 위반된다.

V. 이 결정이 가지는 의미

영화진흥법 제21조 제4항이 규정한 영상물등급위원회의 등급분류보류제도가 검열에 해당해 위헌이라는 법정의견에 대해 송인준, 주선회 재판관은 각각 합헌의 반대의견을 개진하였다. 유념할 것은 이 결정에서 헌법재판소가 영상물등급위원회의 '상영등급부여제도'(사전등급제) 자체를 검열에 해당해 위헌이라고 판시한 것이 아니라, 횟수 제한이 없어 실질적으로 영상물등급위원회의 허가를 받지 않는 한 영화를 통한 의사표현이 무한정 금지되는 '등급분류보류제도'만을 위헌이라고 판시했다는 점이다.

　　이 사건 결정문에서 헌법재판소가 정리한 영상물심의제도의 연혁을 요약하면 다음과 같다. 영화에 대한 심의제도는 1962년 영화법 제정시부터 도입되었는데, 당시 심의주체는 문공부장관이었고 운영방식은 영화상영 사전허가제였다. 1984년의 영화법 일부개정으로 심의주체는 공연윤리위원회로, 운영방식은 사전심의제로 바뀌었다. 그 후 영화법이 폐지되고 영화진흥법이 제정되면서도 공연윤리위원회의 사전심의제는 여전히 채택되고 있었다. 하지만 헌법재판소는 영화에 대한 사전심의(헌재 1996. 10. 4. 93헌가13등)를 필두로 공연윤리위원회의 사전심의제에 대해 검열에 해당한다는 이유로 위헌결정을 내리기 시작했다. 음반의 사전심의제에 대해서는 같은 해 10월 31일(헌재 1996. 10. 31. 94헌가6)에, 비디오물의 사전심의제에 대해서는 1998년(헌재 1998. 12. 24. 96헌가23)에 위헌결정을 내렸다. 이러한 위헌결정의 결과 1997년의 영화진흥법 일부개정으로 상영등급부여제도가 도입되었는데, 등급부여를 위한 심의주체는 한국공연예술진흥협의회로 바뀌었고, 등급구분은 전체관람가, 12세관람가, 15세관람가, 18세관람가로 구분되었다. 또한 이때부터 본격적으로 등급부여보류제도가 신설되어 6개월 이내의 기간을 정해 등급부여를 보류할 수 있게 하였다. 1999년의 영화진흥법 전문개정에서는 심의주체가 영상물등급위원회로 바뀌었고, 등급구분에 있어서도 '15세관람가'등급이 삭제되고 등급보류기간도 3개월로 축소되었다. 헌법재판소는 1999년에 영상물등급위원회 이전의 사전심의기관이었던 한국공연예술진흥협의회에 의한 비디오물의 사전심의제도 사전검열에 해당한다며 위헌결정(헌재 1999. 9. 16. 99헌가1)을 내렸다. 그 후 2000년의 영화진흥법 일부개정에서는 삭제되었던 '15세관람가'등급이 다시 신설되었다.

영상물등급위원회의 외국음반 국내제작 추천제 사건

─ 헌재 2006. 10. 26, 2005헌가14 ─

Ⅰ. 심판대상

'음반·비디오물 및 게임물에 관한 법률'(2001. 5. 24 법률 제6473호로 전문개정된 것)
제35조(음반수입 등의 추천)

① 외국에서 제작된 음반(음반의 원판을 포함한다. 이하 "외국음반"이라 한다)을 영리의
목적으로 수입하거나 외국음반을 국내에서 제작하고자 하는 자는 대통령령이 정
하는 경우를 제외하고는 위원회의 추천을 받아야 한다.

제50조(벌칙) 다음 각호의 1에 해당하는 자는 2년 이하의 징역 또는 2천만원 이하
의 벌금에 처한다.

　　6. 제35조 제1항의 규정에 의한 추천을 받지 아니하고 외국음반을 영리의 목적으
　　　로 수입 또는 국내제작하거나 부정한 방법으로 추천을 받은 자

Ⅱ. 사실관계의 요지

당해사건의 피고인은 영상물등급위원회의 추천을 받지 않고 외국음반을 영리의 목
적으로 국내 제작하였다는 혐의로 서울지방법원에 공소 제기되었다(서울중앙지방법원
2004고정3482). 당해사건 법원은 외국음반의 영리목적 국내제작에 대해 영상물등급위원회
의 추천을 받도록 하고 이를 위반하면 처벌하도록 규정하고 있는 '음반·비디오물 및 게
임물에 관한 법률' 제35조 제1항 및 제50조 제6호 중의 각 외국음반 국내제작에 관한 부
분의 위헌여부가 당해사건 재판의 전제가 된다고 인정하여 직권으로 위 법률조항들에 대
한 위헌법률심판을 제청하였다.

Ⅲ. 주　문

'음반·비디오물 및 게임물에 관한 법률' 제35조 제1항 중 외국음반의 국내제작에 관

한 부분, 제50조 제6호 중 외국음반의 국내제작에 관한 부분은 헌법에 위반된다.

Ⅳ. 결정 이유의 주요 논점 및 요지

1. 언론·출판의 자유와 외국음반의 국내제작

헌법 제21조 제1항은 "모든 국민은 언론·출판의 자유와 집회·결사의 자유를 가진 다"고 규정하여 언론·출판의 자유를 보장하고 있으며, 의사표현의 자유는 바로 이 언론·출판의 자유에 속한다. 한편, 음반 및 비디오물도 의사형성적 작용을 하는 한 의사의 표현·전파의 형식의 하나로 인정되며, 이러한 작용을 하는 음반 및 비디오물의 제작은 언론·출판의 자유에 의해 보호된다는 것이 헌법재판소 판례이다. 외국음반의 국내제작도 의사형성적 작용이라는 관점에서 당연히 의사의 표현·전파 형식의 하나에 해당한다고 할 수 있으므로 역시 언론·출판의 자유의 보호범위 내에 있다.

또한, 헌법 제21조 제2항은 "언론·출판에 대한 허가나 검열과 집회·결사에 대한 허가는 인정되지 아니한다"고 규정하여 언론에 대한 검열금지원칙을 명문화하고 있다. 검열금지의 원칙은 모든 형태의 사전적인 규제를 금지하는 것이 아니고, 단지 의사표현의 발표여부가 오로지 행정권의 허가에 달려있는 사전심사만을 금지하는 것을 뜻한다. 우리 헌법이 금지하는 검열이 구체적으로 어떠한 것인지에 대해 헌법재판소는 이미 여러 차례 다음과 같이 밝힌 바 있다. 즉, 그 명칭이나 형식에 구애됨이 없이, ① 일반적으로 허가를 받기 위한 표현물의 제출의무, ② 행정권이 주체가 된 사전심사절차, ③ 허가를 받지 아니한 의사표현의 금지 및 심사절차를 관철할 수 있는 강제수단의 존재라는 요건을 갖춘 경우 검열에 해당한다는 것이다.

2. 외국음반 국내제작 추천제도의 내용

이 사건 법률조항들에 의한 외국음반 국내제작 추천제도는, 외국음반을 국내제작하고자 하는 자에게 음반 제작 전에 반드시 영상물등급위원회로부터 추천을 받도록 하고, 영상물등급위원회는 추천신청의 대상이 된 당해 외국음반이 '음반·비디오물 및 게임물에 관한 법률' 및 영상물등급위원회가 정하는 일정한 기준에 해당된다고 판단하는 경우 그 추천을 거부할 수 있으며, 추천을 받지 못한 자가 당해 외국음반을 국내제작한 경우에는 형사처벌을 부과하는 제도를 말한다. 외국음반 국내제작 추천제도의 연혁과 추천불가 판정의 기준에 관한 관련조항들을 종합적으로 고려할 때, 이 사건 법률조항들의 입법취지는 외국음반의 국내제작 이전에 외국음반의 내용을 검토하여 폭력·음란 등의 과도한 묘사로부터 청소년 및 미풍양속을 보호하고, 그 밖에 국가안전의 보장이나 질서유지를 기하는 데에 있다고 할 것이다.

3. 영상물등급위원회의 행정기관성 여부

헌법재판소는 이미 '공연법'에 의해 설치되어 외국비디오물의 수입추천업무를 수행하던 영상물등급위원회에 대해 그 조직과 구성 면에서 행정권의 성격을 가진 행정기관성을 인정한 바 있다(헌재 2005. 2. 3, 2004헌가8). 이 사건에서 문제되는 '음반·비디오물 및 게임물에 관한 법률'상의 영상물등급위원회의 경우에도 비록 2001년의 법 개정을 통해 그 근거법률이 공연법에서 '음반·비디오물 및 게임물에 관한 법률'로 바뀌면서 관련조항의 일부 내용에 변경이 있긴 했지만, 여전히 그 설립 및 구성이 국가 입법절차로 완성되고, 영상물·음반 등의 등급심의, 외국음반 수입 추천 및 국내제작 추천이라는 행정적 특권이 부여되고 있으며, 그 기관의 결정에 따라 형사적 처벌이라는 국가의 가장 강력한 강제수단의 부과여부가 결정된다는 점에서, 단지 그 기관구성원이 민간인이라는 점만으로 행정기관성을 부인하기 어렵다. 따라서, '공연법'상의 영상물등급위원회와 '음반·비디오물 및 게임물에 관한 법률'상의 영상물등급위원회는 그 설립·구성·절차 및 권한에 있어 거의 동일한 권한을 가진 행정기관에 해당한다고 하여야 할 것이다.

4. 이 사건 법률조항들의 위헌 여부

이 사건 법률조항들이 규정하고 있는 외국음반 국내제작 추천제도는 외국음반의 국내제작이라는 의사표현행위 이전에 그 표현물을 행정기관의 성격을 가진 영상물등급위원회에 제출토록 하여 당해 표현행위의 허용여부가 행정기관의 결정에 좌우되도록 하고 있으며, 더 나아가 이를 준수하지 않는 자들에 대하여 형사처벌 등 강제수단까지 규정하고 있다. 따라서, ① 허가를 받기 위한 표현물의 제출의무, ② 행정권이 주체가 된 사전심사절차, ③ 허가를 받지 아니한 의사표현의 금지 및 심사절차를 관철할 수 있는 강제수단의 존재라는 검열의 요건들을 모두 갖추고 있으므로, 우리 헌법 제21조 제2항이 절대적으로 금지하고 있는 사전검열에 해당하는 것으로서 위헌을 면할 수 없다. 특히 강한 시각적 자극, 높은 유통성, 복제용이성 및 접근용이성을 특징으로 하는 비디오물과 비교할 때 외국음반이 외국비디오물보다 청소년에게 미치는 파급효과나 영향력이 더 크다거나 직접적이라고 보기 어렵다는 점에서, 외국비디오물 수입 추천제도가 위헌이라면 외국음반 국내제작 추천제도 또한 마찬가지로 의사표현에 대한 사전검열행위로서 위헌이라 함이 마땅할 것이다.

V. 이 결정이 가지는 의미

헌법재판소장이 공석인 상태에서 관여 재판관 8인의 만장일치 의견으로 내려진 '음반·비디오물 및 게임물에 관한 법률'상의 영상물등급위원회에 의한 외국음반 국내제작 추천제 위헌결정이다. 헌법재판소는 이미 2001년에 공연법상의 영상물등급위원회에 의한 등급분류보류제도가 사전검열에 해당한다는 이유로 위헌이라 선언한 바 있었고(헌재 2001. 8. 30, 2000헌가9), 2005년에도 공연법상의 영상물등급위원회에 의한 외국비디오물의 수입추천제에 대해 같은 취지에서 사전검열로 보아 위헌선언을 한 바 있었다(헌재 2005. 2. 3. 2004헌가8).

다만, 이 사건 위헌제청 후인 2006년 4월 28일에 법률 제7943호로 제정된 '영화 및 비디오물의 진흥에 관한 법률' 부칙 제3조에 따라 2006년 10월 29일자로 '음반·비디오물 및 게임물에 관한 법률'이 폐지됨으로써 외국음반에 대한 국내수입 및 국내제작 추천제도도 없어지게 되어 있었고, 그 후속법률로 '음악산업 진흥에 관한 법률'(2006. 4. 28. 법률 제7942호)이 제정되어 2006년 10월 29일부터 시행을 앞두고 있었다. '음악산업 진흥에 관한 법률'에는 음반물의 내용에 대한 등급제조차 규정되어 있지 않았으며, 다만 제16조, 제17조, 제25조 등에 음악영상물에 대한 등급제만이 규정되어 있을 뿐이었다.

방송광고 사전심의제 사건

―헌재 2008. 6. 26, 2005헌마506―

Ⅰ. 심판대상

구 방송법(2004. 3. 22. 법률 7213호로 개정되고, 2008. 2. 29. 법률 제8867호로 개정된 것)

제32조(방송의 공정성 및 공공성 심의)

① 생략

② 위원회는 제1항의 규정에 불구하고 대통령령이 정하는 방송광고에 대하여는 방송되기 전에 그 내용을 심의하여 방송여부를 심의·의결할 수 있다.

③ 방송사업자는 제2항의 규정에 의한 방송광고에 대해서 위원회의 심의·의결의 내용과 다르게 방송하거나 심의·의결을 받지 않은 방송광고를 방송하여서는 아니된다.

④ 생략

방송법시행령(2004. 9. 17. 대통령령 18548호로 개정된 것)

제21조의2(사전심의 대상 방송광고) 법 제32조 제2항에서 "대통령령이 정하는 방송광고"라 함은 방송사업자가 행하는 텔레비전방송광고·라디오방송광고 및 데이터방송광고(동영상 및 음성이 포함된 방송광고에 한한다)로서 다음 각호의 방송광고를 제외한 방송광고를 말한다.

1. - 4. 생략

방송심의에 관한 규정(2000. 8. 28. 방송위원회규칙 제22호로 제정된 것)

제59조(심의미필 등 방송광고의 금지) 사업자는 방송광고심의에 관한 규정에 의해 방송가 결정을 받지 아니한 광고물, 결정을 받은 내용과는 다른 내용의 광고물 및 동 규정에서 정한 유효기간이 지난 광고물을 방송하여서는 아니 된다.

방송법(2008. 2. 29. 법률 제8867호로 개정된 것, 이하 '방송법'이라 한다)

제32조(방송의 공정성 및 공공성 심의)

① 생략

② 방송통신심의위원회는 제1항의 규정에 불구하고 대통령령이 정하는 방송광고에

대하여는 방송되기 전에 그 내용을 심의하여 방송여부를 심의·의결할 수 있다.

③ 방송사업자는 제2항의 규정에 의한 방송광고에 대해서 방송통신심의위원회의 심의·의결의 내용과 다르게 방송하거나 심의·의결을 받지 않은 방송광고를 방송하여서는 아니 된다.

④ 생략

Ⅱ. 사실관계의 요지

청구인은 강릉시에서 동해건어물을 경영하는 자이다. 모(某)방송국에 동해건어물의 방송광고를 청약하였으나 위 방송국으로부터 '방송법' 제32조, '방송법시행령' 제21조의2 등에 의한 사전심의를 받지 않았다는 이유로 방송청약을 거절당했다. 이에 청구인은 '방송법' 제32조 제2항, 제3항, '방송법시행령' 제21조의2 등이 청구인의 기본권을 침해한다고 주장하며 이 사건 헌법소원심판을 청구하였다. 한편, '방송법'은 그 후 2008년 2월 29일에 법률 제8867호로 개정되어 방송광고 사전심의의 주체를 방송통신심의위원회로 변경하였다.

Ⅲ. 주　문

텔레비전 방송광고에 관하여 사전에 심의를 받도록 규정하고 있는 구 방송법 제32조 제2항, 제3항, 방송법시행령 제21조의2 본문 중 '텔레비전방송광고' 부분, '방송심의에 관한 규정' 제59조, 방송법 제32조 제2항, 제3항은 헌법에 위반된다.

Ⅳ. 결정 이유의 주요 논점 및 요지

1. 사전검열에 해당하여 청구인의 표현의 자유를 침해

헌법 제21조 제1항은, 모든 국민은 언론·출판의 자유를 가진다고 규정하여 표현의 자유를 보장하고 있다. 광고도 사상·지식·정보 등을 불특정 다수인에게 전파하는 것으로서 언론·출판의 자유의 보호 대상이 되며, 방송광고 또한 언론·출판의 자유 보호의 대상이 된다. 한편, 우리 헌법 제21조 제2항은, 언론·출판에 대한 허가나 검열은 인정되지 아니한다고 규정하고 있다. 여기서 말하는 검열은 실질적으로 행정권이 주체가 되어 사상이나 의견 등이 발표되기 이전에 예방적 조치로서 그 내용을 심사, 선별하여 발표를 사전에 억제하는 제도를 뜻하는 것이다. 이 사건 방송광고 사전심의가 행정권이 주체가 된 사전심의인지를 살펴보자.

이 사건 규정들에 의하면 텔레비전 방송광고를 하고자 하는 자는 방송위원회의 사전심의를 받아야 한다. 대통령이 임명하는 9인의 위원으로 구성되는 방송위원회는 그 구성방법이나 업무내용 그리고 업무처리 방식 등을 살펴볼 때, 행정주체에 해당한다. 한편, 구 방송법 제103조 제2항은 방송위원회는 방송광고물의 사전심의에 관련된 업무를 민간기구·단체에 위탁하도록 하고 있고, 이에 따라 방송위원회는 방송광고의 사전심의 업무를 민간기구인 한국광고자율심의기구에 위탁하여 현재 방송광고의 사전심의는 자율심의기구가 하고 있다. 자율심의기구는 민간이 주도가 되어 설립한 기구로 20여 개의 광고 관련 단체를 회원으로 확보하고 있고, 2000년 8월 1일부터 방송위원회로부터 방송광고에 대한 심의 업무를 위탁받아 업무를 수행한 이래 현재까지 방송광고 사전심의를 담당하고 있다. 이 사건 텔레비전 방송광고의 사전심의를 담당하는 자율심의기구의 제1광고심의위원회는 위원장 1인과 부위원장 2인을 포함하여 9인 이내의 위원으로 구성되고, 1년을 임기로 이사회의 동의를 얻어 회장이 위촉한다. 이들을 위촉하고 위촉에 동의권을 행사하는 회장과 이사회 임원은 일정한 요건을 갖춘 자 중 총회에서 선임되며, 총회에서 선임된 이들은 문화관광부장관의 승인을 받아 취임하도록 되어 있다. 이와 같이 광고심의위원의 선임에 관여하는 회장과 이사의 선임에 문화관광부장관의 승인을 요하도록 하는 것은 자율심의기구 구성에 행정권이 개입하고 있는 것이라 볼 수 있다. 또한 이 사건 자율심의기구는 행정주체인 방송위원회로부터 위탁을 받아 방송광고의 사전심의라는 공무를 수행하고 있으므로 행정법상 공무수탁사인에 해당한다. 그런데 국가는 공무수탁사인에 대하여 위임사무 처리에 대하여 지휘·감독권을 갖고 있다. 이러한 경우 행정주체는 사인이 아니라 바로 그에게 공권을 수여한 국가 또는 공공단체 자신이라 할 것이며, 공무수탁사인의 공권력 행사는 국가가 행하는 것과 법적 효과 측면에서 전혀 다르지 않다. 나아가 방송위원회는 방송법상 방송광고의 심의 기준이 되는 방송광고 심의규정을 제정, 개정할 권한을 가지고 있으므로 방송위원회는 방송광고 심의규정을 개정함으로써 언제든지 자신이 원하는 대로 자율심의기구의 심의 내용을 원격 조정할 수 있고, 방송위원회는 자율심의기구의 운영비나 사무실 유지비, 인건비 등은 방송위원회가 비용을 지급하고 있으므로 자율심의기구는 그 영향력하에 있다고 할 것이다.

이상에서 본 바와 같이 방송광고 사전심의는 자율심의기구가 담당하고 있지만 그 실질은 방송위원회가 위탁이라는 방법으로 그 업무의 범위를 확장하고 있는 것에 지나지 않는다 할 것이고, 따라서 자율심의기구가 행하는 이 사건 방송광고 사전심의는 행정기관에 의한 사전검열로서 헌법이 금지하는 사전검열에 해당하여 청구인의 표현의 자유를 침해한다고 할 것이다.

2. 개정된 '방송법' 제32조 제2항, 제3항도 위헌

구 방송법 제32조는 2008년 2월 29일에 법률 제8867호로 개정되어 방송광고사전심의의 주체를 방송통신심의위원회로 변경하였다. 그런데 방송통신심의위원회의 구성이나 업무, 업무처리 방식 등은 구 방송위원회의 그것과 다르지 않다. 그럼에도 불구하고 개정된 현행 방송법을 그대로 둔다면, 이는 사전검열에 해당하는 방송광고 사전심의를 그대로 존치시켜 위헌적인 상태를 방치하는 결과가 될 것이다. 따라서 법질서의 정합성과 소송경제의 측면에서 개정된 방송법에 대해서도 위헌을 선언할 필요가 있다고 할 것이므로 구 방송법 규정과 함께 개정된 방송법 제32조 제2항, 제3항에 대해서도 위헌을 선언하기로 한다.

Ⅴ. 이 결정이 가지는 의미

재판관 8(조대현 재판관의 별개의견 포함) : 1(목영준 재판관의 헌법불합치의견)의 의견으로 텔레비전 방송광고에 관하여 사전에 심의를 받도록 규정하고 있는 구 '방송법' 제32조 제2항 등에 대해 사전검열에 해당되어 표현의 자유를 침해한다는 이유로 위헌이 선언된 사건이다. 헌법재판소는 이 판결에서도 종전의 '검열'에 대한 정의와 요건을 그대로 유지하고 있다. 청구인이 헌법소원심판 청구시 위헌임을 다투지 않은 개정 '방송법' 규정에 대해서도 구 '방송법' 규정과의 동일유사성을 이유로 법질서의 정합성과 소송경제를 고려하여 헌법재판소가 이를 심판대상에 포함시켜 같이 위헌선언하고 있음에 주목할 필요가 있다. 헌법재판소의 심리는 직권주의를 원칙으로 하고 있기 때문에, '심판대상'에 대해서도 헌법재판소 직권에 의한 추가가 가능함을 잘 보여주는 대목이다.

의료법상의 과대광고 금지 사건

─ 헌재 2007. 7. 26. 2006헌가4 ─

Ⅰ. 심판대상

의료법(2002. 3. 30. 법률 제6686호로 개정되고 2007. 1. 3. 법률 제8203호로 개정되기 전의 것)

제69조(벌칙) … 제46조… 제4항…에 위반한 자…는 300만 원 이하의 벌금에 처한다.

※ 참고조문

의료법 제46조(과대광고 등의 금지)

① 의료법인·의료기관 또는 의료인은 의료업무 또는 의료인의 경력에 관하여 허위 또는 과대한 광고를 하지 못한다.

② 의료법인·의료기관 또는 의료인이 아닌 자는 의료에 관한 광고를 하지 못한다.

③ 누구든지 특정의료기관이나 특정의료인의 기능·진료방법·조산방법이나 약효 등에 관하여 대중광고·암시적 기재·사진·유인물·방송·도안 등에 의하여 광고를 하지 못한다.

④ 의료업무에 관한 광고의 범위 기타 의료광고에 필요한 사항은 보건복지부령으로 정한다.

의료법시행규칙(2003. 10. 1. 보건복지부령 제261호로 개정되고 2007. 4. 6. 보건복지부령 제393호로 개정되기 전의 것)

제33조(의료광고의 범위 등)

① 법 제46조 제4항의 규정에 의하여 의료법인·의료기관 및 의료인이 행할 수 있는 의료광고의 범위는 다음 각호와 같다.

  1. 진료담당 의료인의 성명·성별 및 그 면허의 종류

  2. 전문과목 및 진료과목

  3. 의료기관의 명칭 및 그 소재지와 전화번호 및 인터넷 홈페이지 주소

  4. 진료일·진료시간

  5. 응급의료 전문인력·시설·장비 등 응급의료시설 운영에 관한 사항

  6. 예약진료의 진료시간·접수시간·진료인력·진료과목 등에 관한 사항

    7. 야간 및 휴일진료의 진료일자·진료시간·진료인력 등에 관한 사항

    8. 주차장에 관한 사항

    9. 의료인 및 보건의료인의 환자수에 대한 배치비율 및 각 인원수

   10. 의료인의 해당 분야에서의 1년 이상 임상경력

   11. 법 제32조의3의 규정에 의한 시설 등의 공동이용에 관한 사항

   12. 법 제47조의2의 규정에 의한 최근 3년 이내의 의료기관 평가결과

  ② 제1항의 광고는 텔레비전과 라디오를 제외한 모든 매체(인터넷 홈페이지를 포함한
     다)에 의하여 할 수 있다. 다만, 일간신문에 의한 광고는 월 2회를 초과할 수 없다.

  ③ 의료기관이 새로 개설되거나 휴업·폐업 또는 이전한 때에는 제2항 단서의 규정에
     불구하고 일간신문에 그 사실을 3회에 한하여 광고할 수 있다.

Ⅱ. 사실관계의 요지

    정형외과를 운영하는 의사인 당해사건의 피고인은 자신의 정형외과 인터넷 홈페이
지에 '관절의 상처가 거의 남지 않고 정확한 진단과 동시에 수술가능' 등의 내용 및 수술
장면 사진을 게재하였다. 검사는 당해사건에서 예비적 공소사실로서, 피고인은 '보건복지
부령에 정한 의료업무에 관한 광고의 범위 이외의 사항'에 대하여는 광고할 수 없음에도
위와 같이 광고를 함으로써 '의료법' 제69조 중 '제46조 제4항' 부분을 위반했다고 기소
하였다. 이에 제청법원은 이 조항에 대한 위헌법률심판을 헌법재판소에 제청하였다.

Ⅲ. 주   문

    의료법 제69조 중 '제46조 제4항' 부분은 헌법에 위반된다.

Ⅳ. 결정 이유의 주요 논점 및 요지

1. 명확성 원칙에 위배됨

    '의료법' 제46조 제4항은 형사처벌규정인 법 제69조의 구성요건을 이루고 있다. 그런
데 제46조 제4항은 "의료업무에 관한 광고의 범위 기타 의료광고에 필요한 사항은 보건
복지부령으로 정한다"라고만 규정할 뿐, 아무런 금지사항, 요구사항 또는 명령사항을 규
정하고 있지 않다. 그러므로 이 사건 법률조항이 죄형법정주의의 명확성원칙에 위배되는

지 여부가 문제될 수 있다. 우선 '의료법' 제46조 제4항과 제1 내지 3항의 관계가 모호하다. 만일 제46조 제4항이 같은 조 제1 내지 3항과 독립되어 제69조의 구성요건을 이루는 것이라면 제4항은 아무런 금지규정의 형식을 취하고 있지 않으므로 무엇을 위반하여야 처벌되는지 알 수가 없다. 반면 제4항이 제1 내지 3항이 금지하고 있는 의료광고의 예외로서 의료광고가 허용되는 범위를 정하는 규정으로 본다면, 제4항만으로는 '의료법' 제69조의 구성요건을 이룰 수 없게 된다. 다만 제3항 중 '의료기관이나 의료인의 기능·진료방법'에 대한 광고금지 부분은 헌재 2005. 10. 27, 2003헌가3 결정에 의해 이미 위헌으로 선고된 바 있다. 한편 위 제4항을 의료광고의 금지에 관련되는 규정으로 보건, 의료광고의 허용에 관한 규정으로 보건 간에, 제4항만으로는 그 범위가 '한정적'인 것인지 '예시적'인 것인지, 의료광고의 내용을 규율하는 것인지, 절차를 규율하는 것인지 알 수 없다.

결국 처벌조항인 '의료법' 제69조 중 제46조 제4항 부분은 금지된 행위가 무엇인지, 처벌의 범위가 어떠한지가 불분명하여 통상의 사람에게 예측가능성을 주지 못하고 있으므로 죄형법정주의의 명확성원칙에 위배된다. 법원과 검찰의 실무상 의료법 제46조 제4항을 '허용되는 의료광고의 범위를 한정적으로 위임한 것'으로, 제69조를 '허용되는 광고의 범위를 벗어나는 광고에 대한 처벌규정'으로 보는 예가 있다 하더라도, 형사처벌의 대상이 되는 법규범 자체가 위와 같이 지나치게 불명확한 이상, 이를 달리 볼 사정은 되지 못한다.

2. 포괄위임입법금지 원칙에 위배됨

'의료법' 제46조 제4항을 보면 그 문언상 무엇을 부령에 위임하는 취지인지 전혀 구체화되어 있지 않다. 즉, 위에서 본 바와 같이 위임되는 내용이 허용되는 의료광고의 범위인지, 금지되는 의료광고의 범위인지가 모호할 뿐만 아니라, 하위법령에 규정될 의료광고의 범위에 관한 내용이 한정적인 것인지, 예시적인 것인지도 불분명하다. 나아가 위 조항이 위임하고 있는 내용이 광고의 내용에 관한 것인지, 절차에 관한 것인지 그 위임의 범위를 특정하기도 쉽지 않다. 그렇다면 이 사건 조항은 형사처벌의 대상이 되는 구성요건을 구체적으로 위임하지 않고 있으며, 통상의 사람에게는 물론 법률전문가에게도 하위법령에서 어떤 행위가 금지될 것인지에 관해 예측할 수 없게 하므로, 헌법 제75조 및 제95조의 포괄위임입법금지 원칙에 위배된다.

V . 이 결정이 가지는 의미

　　이 결정에서 헌법재판소는 보건복지부령에서 의료업무에 관한 광고의 범위를 정하고 이외의 사항에 대해 광고를 하면 300만원 이하의 벌금형으로 처벌했던 의료법 제69조 중 '제46조 제4항' 부분에 대해 명확성의 원칙, 포괄위임입법금지의 원칙에 위배됨을 이유로 위헌결정을 내림으로써, 추상적이고 애매모호한 내용의 부령을 통해 의료업무 광고를 제한할 수 없음을 선언했다. 김희옥 재판관은 유일하게 반대의견을 내어, 입법연혁과 '의료법' 제46조 각 조항 간의 연관성, 법해석·집행 당국의 보충적 해석가능성, 수범자에게 있어서 예측가능성을 종합할 때, 이 사건 법률조항은 죄형법정주의의 명확성 원칙이나 포괄위임입법금지 원칙에 반한다고 볼 수 없어 합헌이라고 보았다.

　　이 사건 법률조항은 위 위헌심판제청이 신청된 이후인 2007년 1월 3일에 법률 제8203호로 개정되었는데, 제68조(벌칙)에서 "… 제46조 제1항 내지 제4항…에 위반한 자 …는 1년 이하의 징역 또는 500만 원 이하의 벌금에 처한다."라고 규정하면서, 제46조 제1항은 의료인 아닌 자의 의료광고금지를, 제2항은 금지되는 의료광고의 내용 등을, 제3항은 허위·과대광고의 금지를, 제4항은 의료광고방법의 제한을 각 규정한 후, 제5항은 "제1항 또는 제2항 규정에 따라 금지되는 의료광고의 구체적인 기준 등 의료광고에 관하여 필요한 사항은 대통령령으로 정한다"라고 규정하게 되었다. 그 후에도 '의료법'은 2007년 4월 11일에 법률 제8366호로 재차 개정되었는데, 2007년 4월 11일의 개정 후 제89조는 개정 전의 위 제68조와, 개정 후 제56조는 개정 전의 위 제46조와 대동소이하게 되었다. 그러나, 이 사건 판결에서 심판대상이 된 '의료법'은 2007년 1월 3일에 개정되기 전의 것임에 유념할 필요가 있다.

영화진흥법상의 제한상영가 사건

─헌재 2008. 7. 31, 2007헌가4─

Ⅰ. 심판대상

영화진흥법 제21조(상영등급분류)

③ 제1항의 규정에 의한 영화의 상영등급은 다음 각 호와 같다. 다만, 예고편·광고영화 등 본편 영화 상영 전에 상영되는 모든 영화는 제1호에 해당하는 경우에 한하여 상영등급을 분류 받을 수 있다.

　5. "제한상영가": 상영 및 광고·선전에 있어서 일정한 제한이 필요한 영화

⑦ 제1항의 규정에 의한 상영등급분류의 절차 및 방법, 제3항의 규정에 의한 상영등급분류의 구체적 기준 등에 관하여 필요한 사항은 영상물등급위원회의 규정으로 정한다.

「영화 및 비디오물 진흥에 관한 법률」 제29조(상영등급분류)

② 제1항 본문의 규정에 의한 영화의 상영등급은 다음 각 호와 같다. 다만, 예고편·광고영화 등 영화 상영 전에 상영되는 영화는 제1호에 해당하는 경우에 한하여 상영등급을 분류 받을 수 있다.

　5. 제한상영가: 상영 및 광고·선전에 있어서 일정한 제한이 필요한 영화

Ⅱ. 사실관계의 요지

주식회사 甲은 영상물등급위원회에 '카르로스 레이가다스' 감독의 '천국의 전쟁'에 대하여 등급분류 신청을 하였다. 영상물등급위원회는 이 사건 영화의 내용 중 '발기된 남성 성기의 구강섹스, 속까지 보여주는 여성 성기 및 발기된 남성 성기의 노골적 노출, 발기된 남성 성기 확대장면, 예수 그림 속의 음모노출, 남녀가 나체로 누워 있는 장면 등 섹스장면의 리얼함이 여과 없이 묘사되어 있고, 전례 없이 노골적인 표현으로 판단된다'는 이유로 제한상영가등급 판정처분을 하였다. 이에 주식회사 甲은 서울행정법원에 이 사건 처분의 취소를 구하는 행정소송을 제기하고, 그 후 제한상영가등급 판정을 규정한 '영화

진흥법' 제21조 제3항 제5호 등에 대하여 위헌제청신청을 하였으며, 법원이 이 신청을 받아들여 이 사건 위헌법률심판을 제청하였다. 한편, 국회는 2006년 4월 28일에 '영화진흥법'을 폐지하고 영화와 비디오물을 하나로 묶어 법률 제7943호로 '영화 및 비디오물 진흥에 관한 법률'을 제정하여 종래 '영화진흥법'에서 정한 내용들을 흡수하여 규율하게 되었다.

Ⅲ. 주   문

1. 영화진흥법(2002. 1. 26. 법률 제6632호로 개정되고, 2006. 4. 28. 법률 제7943호로 폐지된 것) 제21조 제3항 제5호 및 제21조 제7항 후문 중 '제3항 제5호' 부분은 헌법에 합치되지 아니한다.
법원 기타 국가기관 및 지방자치단체는 위 법률조항의 적용을 중지하여야 한다.
2. '영화 및 비디오물 진흥에 관한 법률'(2006. 4. 28. 법률 제7943호로 개정된 것) 제29조 제2항 제5호는 헌법에 합치되지 아니한다.
위 법률조항은 2009. 12. 31.을 시한으로 입법자가 개정할 때까지 계속 적용한다.

Ⅳ. 결정 이유의 주요 논점 및 요지

1. 이강국 헌법재판소장, 민형기, 이동흡, 송두환 재판관의 헌법불합치 의견

'영화진흥법' 제21조 제3항 제5호는 '제한상영가' 등급의 영화를 '상영 및 광고·선전에 있어서 일정한 제한이 필요한 영화'라고 정의하고 있는데, 이 규정은 제한상영가 등급의 영화가 어떤 영화인지를 말해주기보다는 제한상영가 등급을 받은 영화가 사후에 어떠한 법률적 제한을 받는지를 기술하고 있으므로, 제한상영가 영화가 어떤 영화인지 이 규정만 가지고는 도대체 짐작하기가 쉽지 않다. 그렇다고 다른 등급의 영화에 대한 규정이나 관련 규정들을 살펴보더라도 제한상영가 등급의 영화가 어떤 영화인지는 이를 예측할 수 없다. 따라서 제한상영가 등급에 관하여 정하고 있는 '영화진흥법' 제21조 제3항 제5호는 명확성 원칙에 위배된다. 한편, '영화진흥법' 제21조 제7항 후문 중 '제3항 제5호' 부분의 위임 규정은 영화상영등급분류의 구체적 기준을 헌법이 열거하고 있는 대통령령이나 총리령, 부령이 아닌 영상물등급위원회의 규정에 위임하고 있다. 그런데 위임되는 내용이 전문적·기술적 사항이거나 경미한 사항인 경우 이러한 위임의 형식도 허용된다고 할 것이나, 이 사건 위임규정에서 위임하고 있는 사항은 제한상영가 등급분류의 기준에 대한 것으로 그 내용이 도덕이나 윤리와 관련이 깊은 가치판단적인 것이어서 사회현상에 따라 급변하는 내용들도 아니고, 특별히 전문성이 요구되는 것도 아니며, 그렇다고 기술적인 사항도 아닐 뿐만 아니라, 더욱이 표현의 자유의 제한과 관련되어 있다는 점에서 경미한 사항이라고도 할 수 없다. 그런데도, 이 사건 위임 규정은 이를 영상물등급위원회 규정에 위임하고 있으므로 그 자체로서 포괄위임금지 원칙을 위반하고 있다. 나아가 이 사건 위임규정은 등급분류의 기준에 관하여 아무런 언급 없이 영상물등급위원회가 그 규정으로 이를 정하도록 하고 있는데 이것만으로는 무엇이 제한상영가 등급을 정하는 기준인지에 대해 전혀 알 수 없고, 다른 관련 규정들을 살펴보더라도 위임되는 내용이 구체적으로 무엇인지 알 수 없으므로 이는 포괄위임금지 원칙에 위반된다.

한편, 이 사건 '영화진흥법' 제21조 제3항 제5호는 '영화 및 비디오물 진흥에 관한 법률' 제29조 제2항 제5호로 전환되었는데, 제한상영가 등급의 내용을 종전과 같이 '상영 및 광고·선전에 있어서 일정한 제한이 필요한 영화'라고 동일하게 규정하고 있어, 명확성 원칙에 위배된다 할 것이다. 그러므로 위헌결정의 실효성을 담보하고, 소송경제를 도모하기 위하여 위 '영화 및 비디오물 진흥에 관한 법률' 규정에 대하여도 확장하여 위헌임을 선언하기로 한다. 다만 위헌결정을 하여 당장 그 효력을 상실시킬 경우 제한상영가 등급의 영화에 대한 법적 근거가 상실되어 법적 공백상태가 발생한다고 할 것이므로, 이 사건 심판대상 조항들에 대하여는 헌법불합치결정을 하고, '영화 및 비디오물 진흥에 관한 법률' 제29조 제2항 제5호는 입법자가 2009년 12월 31일을 시한으로 새 입법을 마련할 때까지 잠정 적용을 명한다. 한편, 이 사건 '영화진흥법' 규정은 폐지되었지만 당해사건과 관련하여서는 여전히 그 효력을 유지하고 있다 할 것이므로 당해사건과 관련하여 그 적용을 중지하고, 제한상영가 등급에 관하여 정하고 있는 '영화 및 비디오물 진흥에 관한 법률'이 개정될 때를 기다려 개정된 신법을 적용하여야 한다.

2. 김종대, 목영준 재판관의 헌법불합치의견

우리는 이 사건 심판대상 조항이 헌법에 위반되는지 여부에 관하여 다수의견과 입장을 같이 한다. 다만 '영화진흥법' 제21조 제7항 후문 중 '제3항 제5호' 부분에 관하여는 그 이유를 달리하므로 그 부분에 대하여 다음과 같은 의견을 밝힌다.

우리 헌법은 제40조에서 국회입법의 원칙을 천명하면서, 다만 헌법 제75조, 제95조, 제108조, 제113조 제2항, 제114조 제6항에서 법률의 위임을 받아 발할 수 있는 법규명령으로 대통령령, 총리령과 부령, 대법원규칙, 헌법재판소규칙, 중앙선거관리위원회규칙 등을 한정적으로 열거하고 있다. 그리고 우리 헌법은 경성헌법이므로 헌법 문언에 의해 규정된 원칙에 대하여는 헌법 자신이 인정하는 경우가 아니면 법률 또는 그 이하의 입법형식으로써 헌법상 원칙에 대한 예외를 인정할 수 없다. 그런데 상영이나 광고, 선전에 있어 많은 제약을 받게 되는 제한상영가 영화에 대한 등급분류 기준은 표현의 자유에 지대한 영향을 주는 등 법규적 사항에 해당함에도 불구하고 '영화진흥법' 제21조 제7항 후문 중 '제3항 제5호' 부분이 이러한 법규적 사항을 헌법에서 열거하고 있는 법규 명령의 형식을 통하지 않고 바로 영상물등급위원회의 규정에 위임한 것은 법률에서 임의로 법규적 사항에 대한 위임입법의 형식을 창설한 것으로서 포괄위임금지원칙을 위반하여 헌법에 위반된다.

V. 이 결정이 가지는 의미

위 의견에 대해, 영화의 제한상영가 등급에 관한 '영화진흥법'이나 '영화 및 비디오물의 진흥에 관한 법률' 규정들은 영화의 자유를 본질적으로 침해하므로 헌법에 위반된다는 조대현 재판관의 단순위헌의견도 개진되었다. 또한 정반대로, 위 규정들은 비교적 명확하고 위임되는 내용에 대해서도 구체적으로 정하고 있으므로 명확성 원칙이나 포괄위임금지원칙에 위배되지 않는다는 이공현, 김희옥 재판관의 합헌의견도 있었다. 결론적으로 헌법재판소는 재판관 7(헌법불합치 6인, 단순위헌 1인) : 2(합헌)의 의견으로 제한상영가 영화등급에 관하여 정하고 있는 '영화진흥법' 제21조 제3항 제5호 등과 '영화 및 비디오물 진흥에 관한 법률' 제29조 제2항 제5호에 대하여 명확성 원칙과 포괄위임금지원칙에 위배된다는 이유로 헌법불합치결정을 선고한 것이다.

그런데 같이 헌법불합치결정을 내리면서도, '영화 및 비디오물 진흥에 관한 법률' 제29조 제2항 제5호에 대해서는 국회에 의한 법개정시까지 잠정 적용을 명한 반면, 영화진흥법 규정은 당해사건과 관련해서는 여전히 그 효력을 유지하고 있으므로 당해사건과 관련해 그 적용을 중지하는 결정을 내리고 있음에 주목할 필요가 있다.

미네르바 사건

— 헌재 2010. 12. 28, 2008헌바157 등 병합 —

I. 심판대상

전기통신기본법(1996. 12. 30. 법률 제5291호로 개정된 것)

제47조(벌칙)

① 공익을 해할 목적으로 전기통신설비에 의하여 공연히 허위의 통신을 한 자는 5년 이하의 징역 또는 5천만 원 이하의 벌금에 처한다.

II. 사실관계의 요지

청구인 甲은 한 인터넷포털사이트 토론방에 '드디어 외환보유고가 터지는구나'라는 제목 하에 외환보유고가 고갈되어 외화예산 환전 업무가 중단된 것처럼 허위 내용의 글을 작성, 게시하여 수만 명이 열람하도록 함으로써 정부의 외환정책 및 대외지급능력에 대한 신뢰도, 우리나라 경제의 대외신인도를 저하시키는 등 공익을 해할 목적으로 전기통신설비에 의하여 공연히 허위의 통신을 하였다. 그리고 약 5개월 후 같은 토론방에 '대정부 긴급 공문 발송 -1보'라는 제목 하에 주요 7대 금융기관 및 수출입 관련 주요기업에게 달러 매수를 금지할 것을 긴급 공문 전송했다는 취지의 허위 내용의 글을 작성, 게시하여 약 10만 명 이상이 열람하도록 함으로써 정부의 환율정책 수행을 방해하고 우리나라 대외신인도를 저하시키는 등 공익을 해할 목적으로 전기통신설비에 의하여 공연히 허위의 통신을 하였다. 이 두 건을 이유로 甲은 '전기통신기본법' 제47조 제1항 위반 혐의로 기소되었고, 1심 재판 계속 중 위 법률조항에 대하여 위헌법률심판제청신청을 하였다. 그 후 법원은 위 청구인에 대하여 무죄판결을 선고하면서 위 신청을 기각하였는데, 검사가 이에 불복하여 항소하자, 甲은 위 법률조항의 위헌확인을 구하는 이 사건 헌법소원심판을 청구하였다.

Ⅲ. 주   문

전기통신기본법 제47조 제1항은 헌법에 위반된다.

Ⅳ. 결정 이유의 주요 논점 및 요지

1. 이 사건 법률조항의 입법연혁

1961. 12. 30. 제정된 구 '전기통신법' 제89조 제1항은 "공익을 해할 목적으로 전기통신설비에 의하여 허위의 통신을 발한 자는 5년 이하의 징역 또는 50만 환 이하의 벌금에 처한다"고 규정하고 있었고, 구 '전기통신법'의 수차례에 걸친 개정에도 불구하고, 위 조항은 그 조문의 위치와 법정형 중 벌금형 부분이 일부 개정된 것 외에는, 구 '전기통신법'이 '전기통신기본법'과 '공중전기통신사업법'으로 개편되기 전까지 그대로 존속하였다. 1983. 12. 30. 제정된 '전기통신기본법'은 제39조에 이 사건 법률조항과 동일한 행위를 처벌하는 규정을 두었고, 그 법정형은 5년 이하의 징역 또는 500만원 이하의 벌금으로 규정하였다. 이후 1991. 8. 10. 법률 제4393호로 '전기통신기본법'이 전부 개정되었을 때에도 조항의 위치가 제47조 제1항으로 변경되고 법정형 중 벌금형 부분이 '2천만원 이하의 벌금'으로 상향 조정되었을 뿐, 구성요건은 그대로 존속했다. 현행법은 1996. 12. 30. 법률 제5291호로 개정된 것으로, 역시 법정형중 벌금형만이 '5천만원 이하'로 상향 규정되었을 뿐 구성요건은 동일하다.

2. 표현의 자유 및 죄형법정주의와 명확성원칙

법률은 되도록 명확한 용어로 규정하여야 한다는 명확성의 원칙은 민주주의·법치주의 원리의 표현으로서 모든 기본권제한입법에 요구되는 것이나, 표현의 자유를 규제하는 입법에 있어서는 더욱 중요한 의미를 지닌다. 현대 민주사회에서 표현의 자유가 국민주권주의 이념의 실현에 불가결한 것인 점에 비추어 볼 때, 불명확한 규범에 의한 표현의 자유의 규제는 헌법상 보호받는 표현에 대한 위축효과를 수반하고, 그로 인해 다양한 의견, 견해, 사상의 표출을 가능케 하여 이러한 표현들이 상호 검증을 거치도록 한다는 표현의 자유의 본래의 기능을 상실케 한다. 즉, 무엇이 금지되는 표현인지가 불명확한 경우에, 자신이 행하고자 하는 표현이 규제의 대상이 아니라는 확신이 없는 기본권주체는 대체로 규제를 받을 것을 우려해서 표현행위를 스스로 억제하게 될 가능성이 높은 것이다. 그렇기 때문에 표현의 자유를 규제하는 법률은 규제되는 표현의 개념을 세밀하고 명확하게 규정할 것이 헌법적으로 요구된다.

　　또한 죄형법정주의의 원칙은 법률이 처벌하고자 하는 행위가 무엇이며 그에 대한 형벌이 어떠한 것인지를 누구나 예견할 수 있고, 그에 따라 자신의 행위를 결정할 수 있게끔 구성요건을 명확하게 규정할 것을 요구한다. 형벌법규의 내용이 애매모호하거나 추상적이어서 불명확하면 무엇이 금지된 행위인지를 국민이 알 수 없어 법을 지키기가 어려울 뿐만 아니라, 범죄의 성립 여부가 법관의 자의적인 해석에 맡겨져서 죄형법정주의에 의하여 국민의 자유와 권리를 보장하려는 법치주의의 이념은 실현될 수 없기 때문이다.

3. 엄격한 의미의 명확성원칙에 위배

　　이 사건 법률조항은 표현의 자유에 대한 제한입법이며, 동시에 형벌조항에 해당하므로, 엄격한 의미의 명확성 원칙이 적용된다. 헌법 제37조 제2항은 모든 자유와 권리는 국가의 안전보장·질서유지 또는 공공복리를 위하여 필요한 경우에 한하여 법률로써 제한할 수 있음을 규정하고 있고, 헌법 제21조 제4항은 언론·출판은 공중도덕이나 사회윤리를 침해하여서는 안 된다고 규정하고 있다. 그런데 이 사건 법률조항은 "공익을 해할 목적"의 허위의 통신을 금지하는데, 여기서의 "공익"은 위 헌법 제37조 제2항의 "국가의 안전보장·질서유지"와 헌법 제21조 제4항의 "공중도덕이나 사회윤리"와 비교하여 볼 때 '동어반복'이라고 할 수 있을 정도로 전혀 구체화되어 있지 않다. 형벌조항의 구성요건으로서 구체적인 표지를 정하고 있는 것이 아니라, 헌법상 기본권제한에 필요한 최소한의 요건 또는 헌법상 언론·출판자유의 한계를 그대로 법률에 옮겨 놓은 것에 불과할 정도로 그 의미가 불명확하고 추상적이다.

　　"공익"이라는 개념은 이처럼 매우 추상적인 것이어서 어떠한 표현행위가 과연 "공익"을 해하는 것인지 아닌지에 관한 판단은 사람마다의 가치관, 윤리관에 따라 크게 달라질 수밖에 없다. 건전한 상식과 통상적인 법감정을 가진 일반인들에게 있어 공통적으로 공익으로 인식될 수 있는 이익이 존재함은 의문의 여지가 없으나, 판단주체에 따라 공익인지 여부를 달리 판단할 가능성이 있는 이익이 존재함도 부인할 수 없다. 이는 판단주체가 법전문가라 해도 마찬가지이고, 법집행자의 통상적 해석을 통하여 그 의미내용이 객관적으로 확정될 수 있다고 보기도 어렵다.

　　나아가 현재의 다원적이고 가치상대적인 사회구조 하에서 구체적으로 어떤 행위상황이 문제되었을 때에 문제되는 공익은 하나로 수렴되지 않는 경우가 대부분이다. 문제되는 행위가 어떤 공익에 대하여는 촉진적이면서 동시에 다른 공익에 대하여는 해가 될 수도 있으며, 전체적으로 보아 공익을 해할 목적이 있는지 여부를 판단하기 위하여는 공익간 형량이 불가피하게 되는데, 그러한 형량의 결과가 언제나 객관적으로 명백한 것은 아니다. 결국, 이 사건 법률조항은 수범자인 국민에 대하여 일반적으로 허용되는 '허위의 통신' 가운데 어떤 목적의 통신이 금지되는 것인지 고지하여 주지 못한다. 어렴풋한 추측마저 불가능하다고는 할 수 없더라도, 그것은 대단히 주관적인 것일 수밖에 없다.

물론 입법에 있어서 추상적 가치개념의 사용이 필요한 것은 일반적으로 부인할 수 없고, "공익"이라는 개념을 사용하는 것이 언제나 허용되지 않는다고 단정할 수도 없다. 법률의 입법목적, 규율의 대상이 되는 법률관계나 행위의 성격, 관련 법규범의 내용 등에 따라서는 그러한 개념의 사용이 허용되는 경우도 있을 수 있을 것이다. 그러나 '허위의 통신'이라는 행위 자체에 내재된 위험성이나 전기통신의 효율적 관리와 발전을 추구하는 전기통신기본법의 입법목적을 고려하더라도 확정될 수 없는 막연한 "공익" 개념을 구성요건 요소로 삼아서 표현행위를 규제하고, 나아가 형벌을 부과하는 이 사건 법률조항은 표현의 자유에서 요구하는 명확성의 요청 및 죄형법정주의의 명확성원칙에 부응하지 못하는 것이라 할 것이다. 따라서, 이 사건 법률조항은 명확성원칙에 위배하여 헌법에 위반된다.

V. 이 결정이 가지는 의미

헌법재판소는 재판관 7(위헌) : 2(합헌)의 의견으로, 공익을 해할 목적으로 전기통신설비에 의하여 공연히 허위의 통신을 한 자를 형사처벌하는 '전기통신기본법' 제47조 제1항에 대해 명확성원칙 위반을 이유로 위헌결정을 내렸다. 이동흡, 목영준 재판관은 반대의견인 합헌의견을 개진했다. 즉, 이 사건 법률조항의 "공익"은 '대한민국에서 공동으로 사회생활을 영위하는 국민 전체 내지 대다수 국민과 그들의 구성체인 국가사회의 이익'을 의미하고, "허위의 통신"은 '객관적으로 진위가 밝혀질 수 있는 사실에 관한 것으로서 그 내용이 거짓이거나 명의가 거짓인 통신'을 의미한다고 할 것이므로 그 의미가 불명확하다고 할 수 없고, 또한 이 조항이 과잉금지원칙에 위반하여 표현의 자유를 침해하는 것이라 볼 수도 없다는 것이다.

이 사건 법률조항은 헌법재판소법 제47조 제2항 단서의 '형벌에 관한 법률 조항'에 해당하여 위헌결정으로 인해 소급하여 그 효력을 상실한다. 따라서 이 조항으로 인한 유죄의 확정판결에 대해서는 재심을 청구할 수 있게 되었다. 헌법재판소가 명확성의 원칙을 민주주의·법치주의 원리의 표현으로서 모든 기본권 제한 입법에 요구되는 원칙으로 보면서도, 표현의 자유를 규제하는 입법에 있어서는 더욱 중요한 의미를 지닌다는 점을 지적하고 있음에 주목을 요한다.

외교기관인근 집회금지 사건

─ 헌재 2003. 10. 30. 2000헌바67 ─

Ⅰ. 심판대상

집회 및 시위에 관한 법률(1999. 5. 24. 법률 제5985호로 개정된 것)
제11조(옥외집회 및 시위의 금지장소) 누구든지 다음 각호에 규정된 청사 또는 저택의 경계지점으로부터 1백미터 이내의 장소에서는 옥외집회 또는 시위를 하여서는 아니 된다.
1. 국회의사당, 각급법원, 헌법재판소, 국내주재 외국의 외교기관

Ⅱ. 사실관계의 요지

청구인 '민주주의 민족통일 전국연합'은 민주개혁과 조국의 평화통일을 실현하기 위한 목적으로 결성된 전국 규모의 시민운동단체이다. 청구인은 서울 광화문 시민열린마당 내 공터에서 '한국전쟁 당시 미군의 양민학살 진상규명 규탄대회'라는 제목의 옥외집회를 개최하고자, 위 집회장소를 관할하는 종로경찰서장에게 집회 및 시위에 관한 법률 제6조에 정한 바대로 옥외집회 신고서를 제출하였다. 그러나 종로경찰서장은 '이 사건 집회장소가 서울 종로구 세종로 82 소재 미국대사관의 경계로부터는 97m, 같은 구 수송동 146의 1 이마빌딩 소재 일본대사관 영사부의 경계로부터는 35m밖에 떨어져 있지 않으므로, 집회 및 시위에 관한 법률 제11조에 의한 옥외집회 및 시위의 금지장소에 해당한다'는 이유로, 위 장소에서 이 사건 집회를 금지하는 내용의 옥외집회 금지통고를 하였다.

이에 청구인은 위 처분의 근거가 된 '집회 및 시위에 관한 법률' 제11조 제1호가 헌법에 위반된다는 이유로 서울행정법원에 위 처분의 취소를 구하는 행정소송을 제기하고 위 법률조항에 대하여 위헌여부심판의 제청신청을 하였는데, 위 법원이 이를 기각하자 '헌법재판소법' 제68조 제2항에 의하여 이 사건 헌법소원심판을 청구하였다.

Ⅲ. 주   문

집회 및 시위에 관한 법률 제11조 제1호 중 "국내주재 외국의 외교기관" 부분은 헌법에 위반된다.

Ⅳ. 결정 이유의 주요 논점 및 요지

1. 집회의 자유 제한에 대한 목적의 정당성은 존재함

헌법 제21조 제1항은 "모든 국민은 언론·출판의 자유와 집회·결사의 자유를 가진다"고 규정하여, 타인과의 의견교환을 위한 기본권인 표현의 자유, 집회의 자유, 결사의 자유를 함께 국민의 기본권으로 보장하고 있다. 헌법은 집회의 자유를 국민의 기본권으로 보장함으로써, 평화적 집회 그 자체는 공공의 안녕질서에 대한 위험이나 침해로서 평가되어서는 아니 되며, 개인이 집회의 자유를 집단적으로 행사함으로써 불가피하게 발생하는 일반대중에 대한 불편함이나 법익에 대한 위험은 보호법익과 조화를 이루는 범위 내에서 국가와 제3자에 의하여 수인되어야 한다는 것을 헌법 스스로 규정하고 있는 것이다. 집회의 자유는 개인의 인격발현의 요소이자 민주주의를 구성하는 요소라는 이중적 헌법적 기능을 가지고 있다. 집회의 자유는 그 내용에 있어 집회의 시간, 장소, 방법과 목적을 스스로 결정할 권리를 보장한다. 특히 집회장소는 특별한 상징적 의미를 가진다. 특정 장소가 시위의 목적과 특별한 연관성이 있기 때문에 시위장소로서 선택되는 경우가 빈번하다. 일반적으로 시위를 통하여 반대하고자 하는 대상물이 위치하거나 또는 시위의 계기를 제공한 사건이 발생한 장소에서 시위를 통한 의견표명이 이루어진다. 집회장소가 바로 집회의 목적과 효과에 대하여 중요한 의미를 가지기 때문에, 누구나 '어떤 장소에서' 자신이 계획한 집회를 할 것인가를 원칙적으로 자유롭게 결정할 수 있어야만 집회의 자유가 비로소 효과적으로 보장되는 것이다. 따라서 집회의 자유는 다른 법익의 보호를 위하여 정당화되지 않는 한, 집회장소를 항의의 대상으로부터 분리시키는 것을 금지한다.

우선 이 사건 법률조항의 입법목적을 살펴보면, 외교기관 인근에서의 집회는 일반적으로 다른 장소와 비교할 때 중요한 보호법익과의 충돌상황을 야기할 수 있고, 이로써 법익에 대한 침해로 이어질 개연성이 높으므로, 이 사건 법률조항은 이와 같은 고도의 법익 충돌상황을 사전에 효과적으로 방지하기 위하여 외교기관 인근에서의 집회를 전면적으로 금지한 것이다. 이 사건 법률조항의 보호법익으로는 국내주재 외교기관에의 자유로운 출입 및 원활한 업무의 보장, 외교관의 신체적 안전이 고려된다. 한편, 외교기관 인근에서 당해국가에 대한 부정적인 의견을 표명하는 집회를 한다면 외국의 외교기관이 이러한 집회와 직접 대치하는 상황이 발생하여 '외국과의 선린관계'가 저해될 우려가 있기 때문에, 이를 방지하고자 하는 것도 이 사건 법률조항의 입법목적이 아닌가 하는 의문이 제기된다. 그러나 집회와 표현의 자유가 국민의 기본권으로 보장된 자유민주주의국가에서, 국민이 자신의 견해를 집단적으로 표현하기 위하여 집회에 참가하는 행위는 민주시민생활의 일상에 속하는 것이자 보편적으로 인정되는 가치이므로, 국민의 일부가 외교기관 인근에서 평화적인 방법으로 자신의 기본권을 행사하였다고 하여 '외국과의 선린관계'가 저해된다고 볼 수 없다. 즉 '외국과의 선린관계'란 법익은 외교기관 인근에서 국민의 기본권행사를 금지할 수 있는 합리적인 이유가 될 수 없는 것이다. 따라서 이 사건 법률조항의 입법목적은 외교기관 인근에서의 당해국가에 대한 부정적인 견해를 표명하는 집회를 금지함으로써 외국과의 선린관계를 유지하고자 하는 것이 아니라, 그 본질적인 내용은 궁극적으로 '외교기관의 기능보장'과 '외교공관의 안녕보호'에 있는 것으로 판단된다.

2. 최소침해성 위반

입법자가 '외교기관 인근에서의 집회의 경우에는 일반적으로 고도의 법익충돌위험이 있다'는 예측판단을 전제로 하여 이 장소에서의 집회를 원칙적으로 금지할 수는 있으나, 일반·추상적인 법규정으로부터 발생하는 과도한 기본권제한의 가능성이 완화될 수 있도록 일반적 금지에 대한 예외조항을 두어야 할 것이다. 즉 이 사건 법률조항의 보호법익에 대한 위험이 구체적으로 존재하지 않는 경우에 대하여 예외적으로 집회를 허용하는 규정을 두어야만, 이 사건 법률조항은 비례의 원칙에 부합하는 것이다. 그럼에도 불구하고 이 사건 법률조항은 전제된 위험상황이 구체적으로 존재하지 않는 경우에도 이를 함께 예외 없이 금지하고 있는데, 이는 입법목적을 달성하기에 필요한 조치의 범위를 넘는 과도한 제한인 것이다. 그러므로 이 사건 법률조항은 최소침해의 원칙에 위반되어 집회의 자유를 과도하게 침해하는 위헌적인 규정이다. 입법자가 비례의 원칙의 관점에서 예외허용규정을 두는 경우에는 '어떠한 경우에 외교기관 인근에서의 집회를 허용할 것인지'에 관한 허용요건의 대강을 스스로 규정함으로써 행정청이 허용여부를 결정함에 있어서 자의적으로 재량을 행사할 여지를 배제하여야 할 것이다. 우리 사회의 잘못된 시위문화가 평화적으로 집회의 자유를 행사하고자 하는 국민의 기본권행사 여부를 결정할 수는 없는 것이다. 우리 사회에서 금지되고 축출되어야 하는 것은 바로 폭력적·불법적 시위이지, 개인의 정당한 기본권행사가 아닌 것이다.

3. 법익균형성에도 위반

또한 이 사건 법률조항은 집회의 자유와 보호법익간의 적정한 균형관계를 상실하고 있다. 이 사건 법률조항은 개별적인 경우 보호법익이 위협을 받는가와 관계없이 특정 장소에서의 모든 집회를 전면적으로 금지함으로써, 개별적 집회의 경우마다 구체적인 상황을 고려하여 상충하는 법익간의 조화를 이루려는 아무런 노력 없이, 이 사건 법률조항에 의하여 보호되는 법익에 대하여 일방적인 우위를 부여하였다. 이로써 이 사건 법률조항은 민주국가에서 집회의 자유가 가지는 중요한 의미, 특히 대의민주제에서 표현의 자유를 보완하는 집회의 자유의 중요성을 간과하고 있다. 따라서 이러한 관점에서도 이 사건 법률조항은 비례의 원칙에 위반되어 집회의 자유를 과도하게 제한하는 규정이다.

Ⅴ. 이 결정이 가지는 의미

일정기관의 경계지점으로부터 100미터 이내 장소에서의 옥외집회나 시위를 금지한 '집회 및 시위에 관한 법률' 제11조 제1호 중 "국내주재 외국의 외교기관" 부분은 집회의 자유에 대한 최소침해성 및 법익균형성 원칙에 위반된다며 위헌결정을 내린 사건이다. 그러나, 반대의견으로, 합헌과 위헌의 경계가 모호하다는 김영일 재판관의 헌법불합치의견과 100m의 장소이격은 필요한 정도를 현저히 벗어난 것이라 볼 수 없다는 권성 재판관의 합헌의견도 있었다. 다수의견이 '목적의 정당성'을 살피면서 '외국과의 선린관계'란 법익은 외교기관 인근에서 국민의 기본권행사를 금지할 수 있는 합리적인 이유가 될 수 없음을 지적하고 있음에 주목을 요한다.

집회 사전신고제 사건

― 헌재 2009. 5. 28, 2007헌바22 ―

Ⅰ. 심판대상

구 집회 및 시위에 관한 법률(2004. 1. 29. 법률 7123호로 개정되고, 2007. 5. 11. 법률 제8424호로 전부 개정되기 전의 것)

제2조(정의) 이 법에서 사용하는 용어의 정의는 다음과 같다.

  1. "옥외집회"라 함은 천장이 없거나 사방이 폐쇄되지 않은 장소에서의 집회를 말한다.

제6조(옥외집회 및 시위의 신고 등)

① 옥외집회 또는 시위를 주최하고자 하는 자는 그 목적, 일시, 장소, 주최자·연락책임자·질서유지인의 주소·성명·직업·연락처, 참가예정단체 및 참가예정인원과 시위방법을 기재한 신고서를 옥외집회 또는 시위의 720시간 전부터 48시간 전에 관할 경찰서장에게 제출하여야 한다. 다만, 2 이상의 경찰서의 관할에 속하는 경우에는 관할 지방경찰청장에게 제출하여야 하고, 2 이상의 지방경찰청의 관할에 속하는 경우에는 주최지를 관할하는 지방경찰청장에게 제출하여야 한다.

제13조(적용의 배제) 학문·예술·체육·종교·의식·친목·오락·관혼상제 및 국경행사에 관한 집회에는 제6조 내지 제12조의 규정을 적용하지 아니한다.

제19조(벌칙)

② 제5조 제1항 또는 제6조 제1항의 규정에 위반하거나 제8조의 규정에 의하여 금지를 통고한 집회 또는 시위를 주최한 자는 2년 이하의 징역 또는 200만원 이하의 벌금에 처한다.

Ⅱ. 사실관계의 요지

청구인은 시민운동단체 회원 10여명과 함께 청구 외 박근혜의 사택 앞에서 보도자료를 배포하고, 차량이 지나가지 못하도록 그 앞에 드러누워 구호를 외치는 등 미신고

옥외집회를 주최하여 '집회 및 시위에 관한 법률' 위반으로 기소되었고, 1심에서 유죄판
결을 선고받았다. 청구인은 이에 불복하여 항소한 후 '집회 및 시위에 관한 법률' 제2조
제1호, 제6조 제1항, 제19조 제2항 및 제13조가 헌법에 위반된다고 주장하면서 위헌법률
심판제청신청을 하였으나, 법원이 위 신청을 기각하였다. 이에 청구인은 위 조항들의 위
헌확인을 구하는 이 사건 헌법소원심판을 청구하였다.

Ⅲ. 주   문

   1. 청구인의 구 '집회 및 시위에 관한 법률' 제13조에 대한 심판청구를 각하한다.
   2. 구 '집회 및 시위에 관한 법률' 제2조 제1호, 제6조 제1항 중 '옥외집회'에 관한 부
분, 제19조 제2항 중 '제6조 제1항의 옥외집회'에 관한 부분은 헌법에 위반되지 아니한다.

Ⅳ. 결정 이유의 주요 논점 및 요지

1. '집시법' 제13조는 재판의 전제성이 인정되지 않아 각하

   청구인은 미신고 옥외집회를 주최하였다는 이유에서 구 집시법 제19조 제2항, 제6조
제1항 위반죄로 공소 제기되었다. 학문·예술·체육·종교 등에 관한 집회에 대하여 신고
의무 등에 관한 '집회 및 시위에 관한 법률' 제6조 등의 적용을 배제한 구 집시법 제13조
는 본 사건에 적용되는 법률이 아니다. 따라서 위헌법률심판의 제기요건으로서의 '재판의
전제성'이 인정되지 않으므로 이에 대한 심판청구는 부적법하다.

2. '집시법' 제2조 제1호 등의 '옥외집회'에 관한 부분은 합헌

   일반적으로 집회는, 일정한 장소를 전제로 하여 특정 목적을 가진 다수인이 일시적
으로 회합하는 것을 말하는 것으로 일컬어지고 있고, 그 공동의 목적은 '내적인 유대 관
계'로 족하다. 대법원도, "집시법상의 집회란, 특정 또는 불특정 다수인이 특정한 목적 아
래 일시적으로 일정한 장소에 모이는 것을 말하고, 그 모이는 장소나 사람의 다과에 제
한이 있을 수 없다"고 판시하고 있다. 건전한 상식과 통상적인 법감정을 가진 사람이면
위와 같은 의미에서 구 '집시법'상 '집회'가 무엇을 의미하는지를 추론할 수 있다고 할 것
이다. 따라서 구 집시법상 '집회'의 개념이 불명확하다고 할 수 없고, 결국 구 집시법 제2
조 제1호, 제6조 제1항 중 '옥외집회'에 관한 부분, 제19조 제2항 중 '제6조 제1항의 옥외
집회'에 관한 부분은 명확성 원칙에 위배되지 않는다.

3. 옥외집회의 사전신고의무를 규정한 '집시법' 제6조 제1항도 합헌

구 '집시법'은 일정한 신고절차만 밟으면 일반적·원칙적으로 옥외집회 및 시위를 할 수 있도록 보장하고 있으므로, 집회에 대한 사전신고제도는 헌법 제21조 제2항의 사전허가금지에 반하지 않는다. 나아가 구 '집시법' 제6조 제1항은 평화적이고 효율적인 집회를 보장하고, 공공질서를 보호하기 위한 것으로 그 입법목적이 정당하고, 집회에 대한 사전신고를 통하여 행정관청과 주최자가 상호 정보를 교환하고 협력하는 것은 위와 같은 목적 달성을 위한 적절한 수단에 해당한다. 위 조항이 열거하고 있는 신고사항이나 신고시간 등은 지나치게 과다하거나 신고불가능하다고 볼 수 없으므로 최소침해성의 원칙에 반한다고 보기도 어렵고, 위 조항이 정하는 사전신고의무로 인하여 집회개최자가 겪어야 하는 불편함이나 번거로움 등 제한되는 사익과 신고로 인해 보호되는 집회의 자유 보장, 공공의 안녕질서 등 공익은 법익균형성 요건도 충족하므로 위 조항 중 '옥외집회'에 관한 부분이 과잉금지 원칙에 위배하여 집회의 자유를 침해한다고 볼 수 없다.

4. 처벌조항인 '집시법' 제19조 제2항도 합헌

어떤 행정법규 위반행위에 대하여, 직접적으로 행정목적과 공익을 침해한 행위로 보아 행정형벌을 과할 것인가, 그리고 행정형벌을 과할 경우 그 법정형의 형종과 형량을 어떻게 정할 것인가는, 기본적으로 입법권자가 제반 사정을 고려하여 결정할 그 입법재량에 속하는 문제이다. 미신고 옥외집회의 주최는 단순히 행정질서에 장해를 줄 위험성이 있는 정도의 의무태만 내지 의무위반이 아니고 직접적으로 행정목적을 침해하고 나아가 공익을 침해할 고도의 개연성을 띤 행위라고 볼 수 있다. 따라서 이에 대하여 행정형벌을 과하도록 한 '집시법' 제19조 제2항이 집회의 자유를 침해한다고 할 수 없고, 그 법정형이 입법재량의 한계를 벗어난 과중한 처벌이라고 볼 수 없으며, 이로 인하여 신고제가 사실상 허가제화한다고도 볼 수 없다. 한편 위 조항은 미신고 옥외집회의 주최와 미신고 시위의 주최를 함께 규율하고 있으나, 이것이 집회와 시위가 공공의 안녕질서에 미치는 영향이 동일하여 이를 동등하게 취급하기 위한 것이라고 보기는 어렵고, 공공의 안녕질서에 미치는 영향은 법관의 양형과정에서 고려될 수 있다. 따라서 위 조항은 평등원칙에도 위배된다고 할 수 없다.

V. 이 결정이 가지는 의미

헌법재판소는 첫째, 학문·예술·체육·종교 등에 관한 집회에 대하여 신고의무 등에 관한 '집시법' 제6조 등의 적용을 배제한 '집시법' 제13조는 재판의 전제성이 인정되지 않는다는 이유로 위 조항에 대한 청구를 만장일치의견으로 각하했다. 둘째, '옥외집회'를 정의한 '집시법' 제2조 제1호는 명확성원칙에 위배되지 않는다는 이유로 만장일치의견으로 합헌결정을 내렸다. 셋째, 옥외집회의 사전신고의무를 규정한 '집시법' 제6조 제1항에 대해 7인의 다수의견은 명확성원칙에 위배되지 않고 나아가 과잉금지원칙에 위배하여 집회의 자유를 침해한다고 볼 수도 없다는 이유로 합헌결정을 내렸다. 이에 대해 조대현 재판관은 신고의무의 대상이 되는 집회가 너무 광범위하고 사회질서를 해칠 개연성이 없는 집회나 긴급집회·우발적 집회에 대해서까지 신고를 요구하는 것은 헌법 제37조 제2항에 반한다는 일부 반대의견을 냈고, 송두율 재판관은 스스로 회피하였다. 넷째, 위 제6조 제1항에 위반한 집회를 주최한 자를 형사처벌하도록 규정한 '집시법' 제19조 제2항에 대해 6인의 다수의견은 명확성원칙에 위배되지 않고 과잉금지 원칙에 위반하여 과도한 제재를 과하고 있다거나 신고제를 사실상 허가제로 변화시켰다고 볼 수 없으며 평등원칙에도 반하지 않는다는 이유로 합헌결정을 내렸다. 그러나 조대현 재판관과 김종대 재판관은 미신고집회 주최자의 형사처벌은 단순한 행정절차적 협조의무 위반으로 행정상 제재에 그쳐야 할 것에 대하여 징역형이 있는 형벌을 부과하는 등 과잉형벌을 규정한 것이므로 헌법에 위반된다는 일부 반대의견을 냈다. 이에 대해서도 송두율 재판관은 스스로 회피했다.

헌법재판소가 이 사건 판결 현재 헌법재판소에 계류 중인 사건으로서, 절대적으로 금지되는 집회 및 시위를 규정한 '집시법' 제5조, 야간옥외집회 금지를 규정한 '집시법' 제10조, 일정 장소에서의 옥외집회 및 시위를 금지한 '집시법' 제11조의 위헌 여부에 관한 사건들은 이 사건과 심판대상이 서로 다른 별개의 사건들임을 분명히 하고 있음에 주목을 요한다.

야간옥외집회금지규정 사건

─ 헌재 2009. 9. 24, 2008헌가25 ─

Ⅰ. 심판대상

집회 및 시위에 관한 법률(2007. 5. 11. 법률 제8424호로 전부 개정된 것)

제10조(옥외집회와 시위의 금지 시간) 누구든지 해가 뜨기 전이나 해가 진 후에는 옥외집회 또는 시위를 하여서는 아니 된다. 다만, 집회의 성격상 부득이하여 주최자가 질서유지인을 두고 미리 신고한 경우에는 관할경찰관서장은 질서 유지를 위한 조건을 붙여 해가 뜨기 전이나 해가 진 후에도 옥외집회를 허용할 수 있다.

제23조(벌칙) 제10조 본문 또는 제11조를 위반한 자, 제12조에 따른 금지를 위반한 자는 다음 각 호의 구분에 따라 처벌한다.

1. 주최자는 1년 이하의 징역 또는 100만 원 이하의 벌금

Ⅱ. 사실관계의 요지

제청신청인은 2008년 5월 9일 19 : 35경부터 21 : 47경까지 야간에 옥외에서 미국산 쇠고기 수입반대 촛불집회를 주최하였다는 등의 이유로 '집회 및 시위에 관한 법률'(이하에서는 집시법)위반 등 혐의로 기소되었다. 1심 계속중 제청신청인에게 적용된 집시법 제10조, 제23조 제1호가 헌법상 금지되는 집회의 사전허가제를 규정한 것으로서 헌법에 위반된다고 주장하며 위헌법률심판 제청신청을 하였다. 당해사건 법원은 위 법률조항들이 당해사건 재판의 전제가 되고, 위헌이라고 인정할 만한 상당한 이유가 있다며 이 사건 위헌법률심판제청을 하였다.

Ⅲ. 주   문

집시법 제10조 중 '옥외집회'부분과 이에 위반한 경우 처벌하도록 한 집시법 제23조 제1호 중 '제10조 본문의 옥외집회'부분은 헌법에 합치되지 아니하고, 위 조항들은 2010

년 6월 30일을 시한으로 입법자가 개정할 때까지 계속 적용된다.

Ⅳ. 각 의견의 주요 논점 및 요지

1. 이강국, 이공현, 조대현, 김종대, 송두환 재판관의 위헌의견

헌법 제21조 제2항은 언론·출판에 대한 검열 등 금지와 아울러 집회에 대한 허가금지를 규정하고 있다. 헌법상의 집회에 대한 허가금지조항은 1960년 6월 15일 개정 헌법 등에서 규정되었다가 1972년의 소위 유신 헌법에서는 삭제되었으나, 현행 헌법에서 다시 규정된 것이다. 이는 언론·출판의 자유와 아울러 집회의 자유를 실질적으로 보장하기 위하여, 집회의 허용여부를 행정권의 일방적, 사전적 판단에 맡기는 집회에 대한 허가제는 집회에 대한 검열제와 같으므로 이를 헌법적으로 금지하겠다는 헌법개정권력자인 국민들의 헌법적 결단으로 보아야 한다. 따라서 헌법 제21조 제2항의 취지는 집회의 내용을 기준으로 한 허가뿐만 아니라 집회의 시간·장소를 기준으로 한 허가도 금지된다는 의미이므로 옥내·외의 집회나 주·야간의 집회를 막론하고 집회 전반에 걸쳐 허가제는 금지된다는 의미이다. 그리고 헌법 제21조 제2항의 '허가'는 행정권이 주체가 되어 집회 이전에 집회의 내용·시간·장소 등을 사전심사하여 특정한 경우에만 허용함으로써 집회를 할 수 있게 하는 제도, 즉 허가받지 않은 집회를 금지하는 제도를 의미하는 것이므로, 우리 재판소가 이미 합헌 결정을 한 바 있는 집회에 대한 신고제와는 그 의미와 내용을 달리하는 것이다.

그런데 '집시법' 제10조는 야간 옥외집회에 관한 일반적 금지를 규정한 본문과 관할 경찰서장의 사전적 심사에 의한 예외적 허용을 규정한 단서를 포함하여 그 전체로서 야간옥외집회에 대한 '허가'를 규정한 것이므로 헌법 제21조 제2항에 정면으로 위반되는 것이다. 세계 각국의 입법례에 의하더라도, 영국, 독일, 일본, 오스트리아 등은 야간옥외집회를 특별히 금지하거나 행정권에 의한 허가의 방법으로 제한하고 있지는 않으며, 프랑스에서는 밤 11시 이후의 집회만을, 러시아의 경우에도 밤 11시부터 아침 7시까지의 집회만을 금지하고 있는 점과도 비교된다. 결국, '집시법' 제10조 중 '옥외집회' 부분은 헌법 제21조 제2항에 위반되고, 그 처벌조항인 '집시법' 제23조 제1호 중 '제10조 본문의 옥외집회'부분도 헌법에 위반된다.

2. 민형기, 목영준 재판관의 헌법불합치의견

입법자가 법률로써 일반적으로 집회를 제한하는 것은 헌법 제21조 제2항이 금지하는 집회의 사전허가에 해당하지 않고, 입법자는 법률로써 옥외집회에 대하여 일반적으로 시간적, 장소적 및 방법적인 제한을 할 수 있다. 물론 이러한 법률적 제한이 실질적으로는 행정청의 허가없는 옥외집회를 불가능하게 하는 것이라면 헌법상 금지되는 사전허가제에 해당된다. 하지만, 그에 이르지 않는 한 헌법 제21조 제2항에 반하는 것은 아니며 헌법 제37조 제2항에 위반하여 집회의 자유를 과도하게 제한하는지 여부만이 문제된다. '집시법' 제10조 본문은 입법자가 스스로 옥외집회의 시간적 제한을 규정한 것이고, 단서는 본문에 의한 제한을 완화시키는 규정이다. 법률에 의한 시간적 제한으로서 헌법 제21조 제2항의 '사전허가금지'에 위반되지 않는다.

　　옥외집회는 개인적 의사표현의 경우보다 공공의 안녕질서와 마찰을 빚을 가능성이 크다. 그런데 야간이라는 특수한 시간적 상황의 경우, 시민들의 평온이 특히 요청되는 시간대임에도, 집회 참가자 입장에서는 감성적으로 민감해져 자제력이 낮아질 가능성이 높은 한편, 행정관서 입장에서는 폭력적 돌발상황에 대한 대응이 어려워 질서유지가 어려운 특성이 있다. '집시법' 제10조는 이러한 '야간'시간대의 옥외집회의 특징과 차별성을 고려하여, 원칙적으로 야간옥외집회를 제한하는 것으로, 그 입법목적의 정당성과 수단의 적합성이 인정된다. 그러나 '집시법' 제10조는 '해가 뜨기 전이나 해가 진 후'라는 광범위하고 가변적인 시간대의 옥외집회를 금지하는 것으로서, 주간동안 직업활동이나 학업활동을 해야 하는 직장인이나 학생 등은 사실상 집회를 주최하거나 참가할 수 없도록 하여 헌법이 모든 국민에게 보장하는 집회의 자유를 실질적으로 박탈하거나 명목상의 것으로 만드는 결과를 초래한다. 또한 도시화·산업화가 진행된 현대 사회에 있어서 앞서 살핀 야간의 특징이나 차별성은 주로 '심야'의 특수성으로 인한 위험성이라 할 것이고, 우리 '집시법'은 제8조, 제12조, 제14조 등에서 국민의 주거 및 사생활의 평온과 사회의 공공질서가 보호될 수 있는 보완장치를 두고 있으므로, 옥외집회가 금지되는 야간시간대를 집시법 제10조 본문과 같이 광범위하게 정하지 않더라도 입법목적을 달성하는 데 큰 어려움이 없음에도 불구하고, '집시법' 제10조는 목적달성을 위해 필요한 정도를 넘는 지나친 제한을 하고 있다. 이와 같은 과도한 제한을 완화하기 위하여 위 조항 단서는 관할경찰관서장이 일정한 조건하에 이를 허용할 수 있도록 규정하고 있으나, 그 허용 여부를 행정청의 판단에 맡기고 있는 이상, 과도한 제한을 완화하는 적절한 방법이라고 할 수 없다. 따라서 '집시법' 제10조는 침해최소성의 원칙에 반한다고 할 것이고, 이와 같은 광범위한 시간대의 제한으로 인하여 집회예정자가 받을 침해가 이로 인하여 달성할 공익보다 결코 작다고 할 수 없으므로 법익균형성도 갖추지 못하였다고 할 것이다. 결국 '집시법' 제10조는 과잉금지원칙에 위배하여 집회의 자유를 침해하는 것으로 헌법에 위반되고,

이를 구성요건으로 하는 '집시법' 제23조 제1호의 해당 부분 역시 헌법에 위반된다.

　　이 사건 법률조항들에는 위헌적인 부분과 합헌적인 부분이 공존하고 있으며, '해가 뜨기 전이나 해가 진 후' 중 어떠한 시간대에 옥외집회를 금지하는 것이 입법목적을 달성하면서도 집회의 자유를 필요최소한 범위에서 제한하는 것인지에 관하여는 이를 입법자의 판단에 맡기는 것이 바람직하다. 따라서 이 사건 법률조항들에 대하여 헌법불합치의 결정을 선고하되, 입법자가 2010년 6월 30일 이전에 개선입법을 할 때까지 계속 적용되어 그 효력을 유지하도록 하고, 만일 위 일자까지 개선입법이 이루어지지 않는 경우 위 법률조항들은 2010년 7월 1일부터 그 효력을 상실하도록 한다.

V. 이 결정이 가지는 의미

　　이 외에 김희옥, 이동흡 재판관은 합헌의견을 통해, 위 '집시법' 제10조와 제23조 제1호 부분은 집회의 자유에 대한 구체적이고 명확한 내용중립적인 시간적 기준에 의한 사전적 제한으로서 사전허가제에 해당하지 않을 뿐만 아니라 과잉금지 원칙에도 위배되지 않는다고 보았다. 이로써, 관여 재판관 5(위헌) : 2(헌법불합치) : 2(합헌)의 의견으로, 야간 옥외집회를 금지하고 있던 '집시법' 제10조와 그 처벌조항인 제23조 제1호는 5인의 위헌의견과 2인의 헌법불합치의견이 합쳐져 7인의 헌법불합치결정을 선고받으면서 2010년 6월 30일까지 국회가 이를 개정해야 하게 되었다. 이 결정은 1994년 4월 28일의 헌법재판소 91헌바14 결정에서 같은 '집시법' 제10조에 대해 합헌결정을 내린 것에서 판례 입장을 변경한 점에서 판결사적 의의를 가진다. 위헌의견을 낸 재판관 중 조대현, 송두환 재판관은, 위 집시법 제10조 본문은 합리적 사유도 없이 집회의 자유의 상당 부분을 박탈해 헌법 제37조 제2항에 위반된다는 점을 함께 선언해야 한다고 위헌의견에 대한 보충의견을 추가하였고, 다시 조대현 재판관은 헌법불합치결정을 하더라도 위 '집시법' 제10조와 제23조 제1호 부분의 계속적용을 해서는 안 된다는 적용중지의견을 냈음에 주목할 필요가 있다. 결정주문이 형벌법규에 대해 헌법불합치결정을 내리면서 국회의 법개정 전까지 이 조항을 계속 적용하게 함으로써, 이 조항 위반으로 재판에 계류 중인 사건 등에서 법개정 전까지 어떤 법적용을 해야 할 것인가를 놓고 많은 논란을 낳고 있다.

야간시위금지규정 사건

─ 헌재 2014. 3. 27. 2010헌가2 ─

Ⅰ. 심판대상

'집회 및 시위에 관한 법률'(2007. 5. 11. 법률 제8424호로 전부 개정된 것) 제10조 본문 중 '시위'에 관한 부분, 제23조 제3호 중 '제10조 본문' 가운데 '시위'에 관한 부분

제10조(옥외집회와 시위의 금지 시간) 누구든지 해가 뜨기 전이나 해가 진 후에는 옥외집회 또는 시위를 하여서는 아니 된다. 다만, 집회의 성격상 부득이하여 주최자가 질서유지인을 두고 미리 신고한 경우에는 관할경찰관서장은 질서 유지를 위한 조건을 붙여 해가 뜨기 전이나 해가 진 후에도 옥외집회를 허용할 수 있다.

제23조(벌칙) 제10조 본문 또는 제11조를 위반한 자, 제12조에 따른 금지를 위반한 자는 다음 각 호의 구분에 따라 처벌한다.

3. 그 사실을 알면서 참가한 자는 50만 원 이하의 벌금·구류 또는 과료

Ⅱ. 사실관계의 요지

제청신청인 갑은 2008년 6월 25일 19 : 15경부터 같은 날 21 : 50경까지 덕수궁 앞 및 세종로 일대에서 주최된 광우병 쇠고기 수입반대 시위에 참가하였다는 이유로 '집회 및 시위에 관한 법률' 위반 혐의로 약식기소되어 벌금 50만원의 약식명령을 고지받았다. 이에 갑은 정식재판을 청구한 후 제청신청인에게 적용된 '집회 및 시위에 관한 법률' 제10조와 제23조 제3호에 대하여 위헌법률심판제청 신청을 하였고, 서울중앙지방법원은 이 조항들에 대해 위헌법률심판을 제청하였다.

Ⅲ. 주   문

집회 및 시위에 관한 법률(2007. 5. 11. 법률 제8424호로 개정된 것) 제10조 본문 중 '시위'에 관한 부분 및 제23조 제3호 중 '제10조 본문' 가운데 '시위'에 관한 부분은 각

‘해가 진 후부터 같은 날 24시까지의 시위’에 적용하는 한 헌법에 위반된다.

Ⅳ. 결정 이유의 주요 논점 및 요지

1. ‘시위’의 의미와 ‘야간 시위’의 특수성

집시법상의 시위는, 다수인이 공동목적을 가지고 ① 도로·광장·공원 등 공중이 자유로이 통행할 수 있는 장소를 행진함으로써 불특정한 여러 사람의 의견에 영향을 주거나 제압을 가하는 행위와 ② 위력 또는 기세를 보여 불특정한 여러 사람의 의견에 영향을 주거나 제압을 가하는 행위를 말하고, 반드시 ‘일반인이 자유로이 통행할 수 있는 장소’에서 이루어져야 한다거나 ‘행진’ 등 장소 이동을 동반해야만 성립하는 것은 아니다. 집시법의 전체적인 규정체계를 종합하면, 입법자는 집시법상의 시위 개념을 집시법상의 집회, 옥외집회 개념으로부터 의도적으로 분리한 것으로 이해함이 상당하고, 예외적으로 해가 뜨기 전이나 해가 진 후의 옥외집회를 허용할 수 있도록 한 집시법 제10조 단서는 시위에 대해 적용되지 않는다.

시위는 다수인의 집단적인 행동을 수반한다는 점에서 개인적인 의사표현의 경우보다 공공의 안녕질서 등과 마찰을 빚을 가능성이 크고, 일반적으로 집회나 옥외집회보다 공공의 안녕질서, 법적 평화 및 타인의 평온에 미치는 영향이 크다. 또한 야간이라는 특수한 시간적 상황은 시민들의 평온이 강하게 요청되는 시간대로, 시위 참가자 입장에서도 주간보다 감성적으로 민감해지거나 합리적 판단력, 자제력이 낮아질 가능성이 있다. 나아가 야간의 시위는 주간의 시위보다 질서를 유지시키기가 어렵고, 예기치 못한 폭력적 돌발상황이 발생하여도 대응이 어렵다.

2. 집회의 자유에 대한 과잉금지원칙에 반하는 과잉한 제한

이 사건 법률조항이 야간의 시위를 금지한 것은 야간 시위의 이러한 특징과 차별성을 고려하여 사회의 안녕질서를 유지하고 시민들의 주거 및 사생활의 평온을 보호하기 위한 것으로서 정당한 목적 달성을 위한 적합한 수단이 된다. 그런데 이 사건 법률조항에 의하면, 낮 시간이 짧은 동절기의 평일의 경우, 직장인이나 학생은 사실상 시위를 주최하거나 참가할 수 없게 되는데, 이는 집회의 자유를 실질적으로 박탈하거나 명목상의 것으로 만드는 결과를 초래하게 된다. 또 도시화·산업화가 진행된 현대 사회에서 전통적 의미의 야간, 즉 ‘해가 뜨기 전이나 해가 진 후’라는 광범위하고 가변적인 시간대는 앞에서 본 바와 같은 '야간'이라는 시간으로 인한 특징이나 차별성이 명백하다고 보기 어렵다. 위와 같은 특징이나 차별성은 '심야'의 특수성으로 인한 위험성이라 할 것이다. 그럼에도 불구하고 이 사건 법률조항은 '해가 뜨기 전이나 해가 진 후'라는 광범위하고 가변적인 시간대의 시위를 금지하고 있으므로, 이는 목적달성을 위해 필요한 정도를 넘는 지나친 제한으로서 침해의 최소성 원칙에 반하며, 달성되는 공익에 비해 집회의 자유를 과도하게 제한하는 것으로 법익 균형성 원칙에도 위반된다. 따라서 이 사건 법률조항은 과잉금지 원칙에 위배하여 집회의 자유를 침해하는 것으로 헌법에 위반되고, 이를 구성요건으로 하는 집시법 제23조 제3호의 해당 부분 역시 헌법에 위반된다.

3. 한정위헌 결정형식을 택한 이유

다만 이 사건 법률조항에는 위헌적인 부분과 합헌적인 부분이 공존하고 있으며, 위와 같은 입법목적을 달성하면서도 시위의 주최자나 참가자의 집회의 자유를 필요최소한의 범위에서 제한하는 방법은 여러 방향에서 검토될 수 있으므로, 이는 원칙적으로 입법자의 판단에 맡기는 것이 바람직하다. 헌법재판소는 이와 유사한 이유로 2009. 9. 24. 야간의 옥외집회를 금지한 집시법 규정에 대하여 헌법불합치 결정(2008헌가25)을 했는데, 입법개선이 이루어지지 않음에 따라 그 규정은 전부 실효되었고, 야간의 옥외집회는 주간의 옥외집회와 마찬가지로 규율되게 되었다. 이후 불법·폭력 집회의 유의미한 증가세는 관찰되지 않으나, 이 점이 야간의 시위에 대한 규율의 필요성이 없다는 점을 방증하는 것이라 단정하기는 어렵다. 위와 같은 헌법재판소의 결정이 있던 때와 달리 현재는, 헌법에 합치되지 않는 법률의 잠정적용을 명하여야 할 예외적인 필요성은 인정하기 어렵다. 한편 이 사건 법률조항에 대하여 헌법불합치 결정을 하면서 전부의 적용을 중지할 경우, 야간의 옥외집회와 시위 전부가 주최 시간대와 관계없이 주간의 옥외집회나 시위와 마찬가지로 규율됨에 따라, 공공의 질서 내지 법적 평화에 대한 침해의 위험이 높아 일반적인 옥외집회나 시위에 비하여 높은 수준의 규제가 불가피한 경우에도 대응하기 어려운 문제가 발생할 수 있다. 따라서 이 사건 법률조항에 존재하는 합헌적인 부분과 위헌적인 부분 가운데, 현행 집시법의 체계 내에서 시간을 기준으로 한 규율의 측면에서 볼 때, 규제가 불가피하다고 보기 어려움에도 시위를 절대적으로 금지한 부분의 경우에는 위헌성이 명백하다고 할 수 있으므로 이에 한하여 위헌결정을 하기로 한다. 이 사건 법률조항과 이를 구성요건으로 하는 집시법 제23조 제3호의 해당 부분은, 이미 보편화된 야간의 일상적인 생활의 범주에 속하는 '해가 진 후부터 같은 날 24시까지의 시위'에 적용하는 한 헌법에 위반된다.

나아가 24시 이후의 시위를 금지할 것인지 여부는 국민의 주거 및 사생활의 평온, 우리나라 시위의 현황과 실정, 국민 일반의 가치관 내지 법감정 등을 고려하여 입법자가 결정할 여지를 남겨두는 것이 바람직하다. 입법자로서는 시간을 기준으로 하는 이 사건 법률조항의 입법개선을 포함하여 시위의 여러 양상들을 종합적으로 고려한 다방면의 입법조치를 검토하여 집회의 자유와 공공의 안녕질서가 조화를 이룰 수 있도록 하여야 할 것이다.

V. 이 결정이 가지는 의미

헌법재판소는 재판관 6:3의 의견으로, 집시법 제10조 중 야간시위금지 부분과 그 처벌조항 부분에 대해 한정위헌결정을 내렸다. 그리고 이에 대해서는 김창종, 강일원, 서기석 재판관의 반대의견으로 전부위헌 의견이 개진되었다. 이 반대의견은 야간의 시위를 전적으로 금지하는 심판대상 조항들이 과잉금지원칙에 위배하여 집회의 자유를 침해하는 것으로서 헌법에 위반된다는 점은 다수의견과 견해를 같이 하면서도, 법률조항의 내용 중 일부만이 위헌이라고 하더라도 위헌적인 부분을 명확하게 구분해 낼 수 없는 경우에는 원칙적으로 그 법률조항 자체가 위헌이라고 주장했다. 또한 헌법재판소가 스스로 일정한 시간대를 기준으로 하여 이 사건 법률조항의 위헌적인 부분과 합헌적인 부분의 경계를 명확하게 정하는 것은 입법자의 일차적인 입법 권한과 책임에 대한 제약으로 작용하여 권력분립의 원칙을 침해할 가능성을 배제할 수 없다는 주장도 폈다. 법정의견이 집시법 제10조 중 "옥외집회" 부분 및 제23조 제1호 중 "제10조 본문의 옥외집회" 부분에 대해 헌법불합치결정을 내린 야간옥외집회금지규정 사건에서 심판대상 조항이 헌법이 금지하는 허가제를 규정한 것인지 여부가 집시법 제10조 본문과 단서의 관계에서 문제되었으나, 본 사건의 경우 시위에는 집시법 제10조 단서가 적용되지 않는다고 하면서 헌법상 허가제 금지 위반 여부는 문제삼지 않은 점도 주목을 요한다.

복수조합 설립 금지 사건

― 헌재 1996. 4. 25, 92헌바47 ―

Ⅰ. 심판대상

구 축산업협동조합법(1994. 12. 22. 법률 제4821호로 개정되기 전의 것)
제99조 ② 조합의 구역 내에는 같은 업종의 조합을 2개 이상 설립할 수 없다.

Ⅱ. 사실관계의 요지

청구인은 이천군을 조합구역으로 하여 설립절차를 밟아 설립중에 있는 업종별축산업
협동조합으로서 농림수산부장관에게 조합설립인가를 신청하였다. 농림수산부장관은 위 조
합구역인 이천군이 이미 오랜 전에 인가를 받은 서울우유협동조합의 구역인 서울특별시,
경기도, 인천직할시와 중복되므로 조합구역이 같은 경우 같은 업종조합의 복수설립을 금
하는 취지의 '축협법' 제99조 제2항에 반한다는 이유로 위 신청에 대한 거부처분을 하였다.

청구인은 서울고등법원에 위 거부처분취소의 소를 제기하였으나 패소하였고, 대법원
에 상고를 한 후 헌법재판소에 위헌법률인지 여부의 제청을 하여 줄 것을 신청하였으나
기각당하였다. 이에 청구인은 '헌법재판소법' 제68조 제2항에 의한 이 사건 헌법소원심판
을 청구하였다.

Ⅲ. 주   문

구 축산업협동조합법 제99조 제2항은 헌법에 위반된다.

Ⅳ. 결정 이유의 주요 논점 및 요지

1. 재판의 전제성과 심판청구의 이익이 인정되는 적법한 헌법소원심판 청구

재판의 전제성과 관련해서는 만약 이 사건 심판대상조항이 위헌이라면 이에 근거한

농림수산부장관의 거부처분의 효력을 다툴 여지가 있어 이 사건 심판대상조항의 위헌 여부에 따라 재판의 결론인 주문에 영향을 줄 수 있다 할 것이므로 이 사건 심판대상조항의 위헌 여부는 위 관련사건의 재판의 전제가 된다고 할 것이다.

심판청구의 이익과 관련해서는 '헌법재판소법' 제75조 제7항은 위헌제청신청기각결정에 대한 헌법소원이 인용된 경우에 당해 헌법소원과 관련된 소송사건이 이미 확정된 때에는 당사자는 재심을 청구할 수 있는 것으로 규정하고 있으므로, 위 관련사건이 이미 확정되었다는 이유만으로 헌법소원심판청구의 이익을 부정할 수 없다. 또한 심판의 대상이 되는 법규는 심판당시 유효한 것이어야 함이 원칙이겠지만 위헌제청신청기각결정에 대한 헌법소원심판은 실질상 헌법소원심판이라기보다는 위헌법률심판이라 할 것이므로 폐지된 법률이라고 할지라도 그 위헌 여부가 재판의 전제가 된다면 심판청구의 이익이 인정된다고 할 것이다.

2. 결사의 자유, 직업의 자유, 평등권을 제한

이 사건 심판대상조항은 첫째, 결사의 자유를 제한하고 있다. 헌법 제21조가 규정하는 결사의 자유라 함은 다수의 자연인 또는 법인이 공동의 목적을 위하여 단체를 결성할 수 있는 자유를 말하는 것으로 적극적으로는 ① 단체결성의 자유, ② 단체존속의 자유, ③ 단체활동의 자유, ④ 결사에의 가입·잔류의 자유를, 소극적으로는 기존의 단체로부터 탈퇴할 자유와 결사에 가입하지 아니할 자유를 내용으로 한다. 또한 이 때의 결사란 자연인 또는 법인의 다수가 상당한 기간 동안 공동목적을 위하여 자유의사에 기하여 결합하고 조직화된 의사형성이 가능한 단체를 말하는 것으로 공법상의 결사는 이에 포함되지 아니한다. 그런데 우리나라 '축협법'상의 축협은 양축인의 자주적 협동조직으로서 그 목적이나 설립, 관리면에서 자율적인 단체로서 공법인이라기보다는 사법인이라고 할 것이다. 따라서 축협의 설립과 관련하여도 결사의 자유는 보장되며, 이 사건 심판대상조항은 기존의 조합과 구역을 같이하는 경우 신설 조합의 설립을 제한하고 있으므로 결사의 자유를 제한하고 있다고 할 것이다.

둘째, 직업의 자유를 제한하고 있다. 헌법 제15조가 규정하는 직업선택의 자유라 함은 자신이 원하는 직업을 자유로이 선택하고 이에 종사하는 등 직업에 관한 종합적이고 포괄적인 자유를 말하고, 직업결정의 자유, 직업종사(직업수행)의 자유, 전직의 자유 등을 포함하며, 법인의 설립은 그 자체가 간접적인 직업선택의 한 방법이다. 그런데 이 사건 심판대상조항에 의하여 청구인의 법인설립이 제한됨으로써 헌법상의 직업의 자유가 제한된다고 할 것이다.

셋째, 평등권도 제한하고 있다. 이 사건 심판대상조항으로 인하여 늦게 설립되는 조합은 그 구역이 기존의 조합과 중복되는 한 새로운 조합을 설립할 수 없으므로 이 사건 심판대상조항은 기존 조합과 신설되는 조합사이에 설립절차를 밟는 시기에 의한 차별을 두어 평등권을 침해하고 있다.

3. 헌법의 기본원리와의 관계에서 검토 필요

헌법의 기본원리는 헌법의 이념적 기초인 동시에 헌법을 지배하는 지도원리로서 입법이나 정책결정의 방향을 제시하며 공무원을 비롯한 모든 국민·국가기관이 헌법을 존중하고 수호하도록 하는 지침이 되며, 구체적 기본권을 도출하는 근거로 될 수는 없으나 기본권의 해석 및 기본권제한입법의 합헌성 심사에 있어 해석기준의 하나로서 작용한다. 그러므로 이 사건 심판대상조항의 위헌 여부를 심사함에 있어서도 우리 헌법의 기본원리를 그 기준으로 삼아야 할 것이다.

우리나라 헌법상의 경제질서는 사유재산제를 바탕으로 하고 자유경쟁을 존중하는 자유시장경제질서를 기본으로 하면서도 이에 수반되는 갖가지 모순을 제거하고 사회복지·사회정의를 실현하기 위하여 국가적 규제와 조정을 용인하는 '사회적 시장경제질서'로서의 성격을 띠고 있다. 우리 헌법도 제123조 제5항에서 "국가는 농·어민과 중소기업의 자조조직을 육성하여야 하며, 그 자율적 활동과 발전을 보장한다"는 규정을 둠으로써 국가가 자발적 협동조합을 육성하여야 함을 명문으로 규정하고 있다. 그런데 이 사건 심판대상조항은 농민의 자조조직인 업종별축협의 설립을 제한하는 규정이라 할 것이므로 위 헌법원리와의 관계에서 검토를 필요로 한다.

4. 기본권제한의 한계를 벗어나 위헌

국민의 기본권은 헌법 제37조 제2항에 따라 국가안전보장·질서유지 또는 공공복리를 위하여 제한할 수 있지만, 권리의 본질적인 내용을 침해할 수 없다. 위 제한의 한계로 "과잉금지의 원칙"을 적용할 수 있다. 즉, 국민의 기본권을 제한하는 입법의 목적의 정당성, 방법의 적절성, 피해의 최소성, 법익의 균형성이 인정되어야 하는 것이다.

이 사건 심판대상조항은 같은 구역 내에 2개 이상의 조합의 설립을 허용하는 경우 조합 사이의 부당한 경쟁을 초래하여 도리어 조합의 건전한 발전을 저해하는 결과를 가져올 수가 있으므로, 이러한 폐해를 방지함으로써 양축인의 자주적인 협동조합을 육성하고 축산업의 진흥과 구성원의 경제적 사회적 지위향상을 도모하여 국민경제의 균형있는 발전을 기하기 위한 것으로서 목적의 정당성은 인정된다. 그러나 방법의 적정성에 위배된다. 협동조합은 자본주의의 발달과정에서 사회적·경제적으로 생산자가 대기업에 종속될 수밖에 없는 소비자나 중소생산업자 등 사회적·경제적 이해관계를 같이 하는 자들이 그들의 권익을 옹호하기 위하여 결합한 인적 단체로서 조합원들의 자발적이고 자주적인 조직체라는 데서 그 본질을 찾을 수 있고, 이와 같은 본래의 존재의의로 인하여 다른 결사와는 구별되는 고유의 조직적인 특징을 가진다. 이를 협동조합원칙이라고 한다. 이 협동조합원칙 중 하나인 조합공개의 원칙은 "협동조합에의 가입은 자발적이어야 하며, 조합의 서비스를 이용하는 동시에 조합원으로서의 책임을 부담하려고 하는 모든 사람에게 인위적 제한이나 차별대우가 없이 문호가 개방되어야 한다"는 원칙을 말하며 이 원칙에 따라 조합원은 반드시 하나의 조합에의 가입만에 한정할 것이 아니고 그 필요에 따라 자유로이 복수의 조합을 설립하여 가입하는 것도 가능한 것이 원칙이고, 어느 시점에서의 조합의 육성에 대한 정책, 기존 조합의 이익·권익 옹호 등의 관계에서 새로운 조합 설립을 저지하는 것은 협동조합의 본질을 해하는 것이 되는 것이다. 그런데 이 사건 심판대상조항은 조합구역을 같이 하는 동종의 업종별축협이 복수로 설립되는 것을 금하고 있다. 그렇다면 이 사건 심판대상조항 등으로 인해 조합공개의 원칙이 보장되지 않고, 따라서 이 사건 심판대상조항은 입법목적의 달성을 위하여 앞서 본 바와 같은 우리 헌법의 기본원리에 배치되고 협동조합의 본질에 반하는 수단을 택하여 양축인이 자주적으로 협동조합을 설립하여 그들의 권익을 보호할 수 없게 함으로써 양축인의 결사의 자유, 직업수행의 자유의 본질적인 내용을 침해하고 있으며, 이 사건 심판대상조항에 의하여 기존 조합과 달리 신설 조합에 가해지는 위와 같은 설립제한에 합리적 이유가 있다고도 할 수 없다. 따라서 이 사건 심판대상조항은 과잉금지의 원칙 및 자의금지의 원칙에 반하여 청구인의 결사의 자유, 직업의 자유, 평등권을 침해하는 위헌의 법률조항이라고 할 것이다.

V. 이 결정이 가지는 의미

헌법재판소가 만장일치의견으로, 복수조항 설립을 금지했던 '축산업협동조합법' 제99조 제2항에 대해 위헌결정을 내린 사건이다. 이러한 규정은 양축인의 결사의 자유, 직업의 자유를 과잉금지원칙에 위배되게 과잉제한하고 있으며 신설조합에 가해지는 설립제한에 합리적 이유도 없으므로 자의금지원칙에 위배되게 평등권도 침해하고 있다는 점 등을 위헌의 근거로 들고 있다. 헌법재판소가 '사회적 시장경제질서'를 우리 헌법상의 기본원리로 인정하면서 이를 위헌판단의 기준으로 삼을 수 있다고 천명하고 있는 점에 주목을 요한다.

제사 주재자의 분묘 등 승계 사건

─ 헌재 2008. 2. 28, 2000헌바7 ─

Ⅰ. 심판대상

민법 제1008조의3 중 '족보와 제구'를 제외한 나머지 부분

민법

제1008조의3(분묘 등의 승계) 분묘에 속한 1정보 이내의 금양임야(禁養林野)와 600평 이내의 묘토인 농지, 족보와 제구의 소유권은 제사를 주재하는 자가 이를 승계한다.

Ⅱ. 사실관계의 요지

청구인들은 甲의 3남인 乙(1998년 타계)의 배우자 및 자녀들이고 청구 외 丙은 甲의 차남으로서, 2001년에 甲이 타계함에 따라 그 소유이던 임야와 밭 등의 부동산을 법정상속분에 따라 공동상속하였다. 그런데 丙은 이 사건 부동산이 '민법' 제1008조의3 소정의 금양임야 내지 묘토이고, 자신이 甲의 호주 지위를 승계하면서 선조에 대한 제사를 주재하게 되었으므로 위 조항에 따라 이 사건 부동산을 단독으로 승계하였다고 주장하였다. 그러면서 청구인들을 상대로 지분소유권이전등기의 말소등기절차 이행청구 등의 소를 제기하여 일부 승소판결을 받았다. 이에 청구인들은 상속재산에서 일정 범위의 재산을 '제사를 주재하는 자'에게 단독으로 승계하도록 규정한 '민법' 제1008조의3이 헌법에 위반된다는 이유로 위헌법률제청신청을 하였고, 위 신청이 법원에 의해 기각되자 이 사건 헌법소원심판을 헌법재판소에 청구하게 되었다.

Ⅲ. 주   문

민법 제1008조의3 중 '분묘에 속한 1정보 이내의 금양임야와 600평 이내의 묘토인 농지의 소유권은 제사를 주재하는 자가 이를 승계한다'는 부분은 헌법에 위반되지 않는다.

Ⅳ. 결정 이유의 주요 논점 및 요지

1. 재산권 침해 아님

우리 재판소는 이미 상속권을 재산권의 일종으로 보고 상속제도나 상속권의 내용은 입법자가 입법정책적으로 결정하여야 할 사항으로서 원칙적으로 입법자의 입법형성의 자유에 속한다고 할 것이지만, 입법자가 상속제도와 상속권의 내용을 정함에 있어서 입법형성권을 자의적으로 행사하여 헌법 제37조 제2항이 규정하는 기본권제한의 입법한계를 일탈하는 경우에는 그 법률조항은 헌법에 위반된다고 판시한 바 있으므로 이 사건 법률조항의 상속권 내지 재산권 침해 여부도 이러한 심사기준을 적용하여 판단되어야 할 것이다. 우리나라에서는 예로부터 조상숭배의 전통과 이를 기반으로 한 제사문화가 발전되어 왔고, 우리나라의 상속법제는 근대에 이르기까지 재산상속과 더불어 제사상속이 큰 비중을 차지하고 있었으며, 이러한 제사상속제도는 선조를 숭배하여 보은반은지성(報恩反恩之誠)을 극진히 하려는 유교의 예교사상에서 나온 것으로서 우리 고래의 순풍양속의 하나로 평가되었다.

제사용 재산은 이러한 우리의 전통적인 제사상속제도에 수반되는 것이고, 제사비용의 마련 등 선조에 대한 제사의 계속성을 확보하기 위하여 필요한 것일 뿐만 아니라 가통의 상징이 되는 정신적, 문화적 가치를 갖는 특별한 재산으로서 가문의 자랑이자 종족단결의 매개물이라는 특성을 지닌다. 이 사건 법률조항이 정하고 있는 제사용 재산의 승계제도는 이와 같이 특별한 의미를 갖는 제사용 재산을 유지하고 보존함으로써 조상숭배와 제사봉행이라는 우리의 전통을 보존하는 것을 일차적인 목적으로 하고 있다. 뿐만 아니라, 제사용 재산을 둘러싼 법적 분쟁이 발생하는 경우 그 당사자 적격과 제사용 재산에 관한 권리관계를 명확히 함으로써 '법적 안정성'이라는 공익도 도모하고 있으므로, 이 사건 법률조항은 헌법 전문과 헌법 제9조에서 선언하고 있는 '전통문화의 계승·발전'과 '법적 안정성'이라는 공익을 입법목적으로 하고 있는 것으로서 그 정당성을 수긍할 수 있다.

한편 이 사건 법률조항에서는 제사주재자가 제사용 재산을 승계한다고 하고 있을 뿐 제사주재자를 정하는 방법에 대해서는 따로 규정하고 있지 않다. 따라서, '상속세 및 증여세법 시행령' 제8조에 규정되어 있는 바와 같이, 제사용 재산을 승계하는 제사주재자는 '호주'나 '종손'이 아니라 '실제로 제사를 주재하는 자'로서 원칙적으로 공동상속인들의 협의에 따라 정해지고, 공동상속인들의 협의에 의하여 종손 이외의 차남이나 여자 상속인을 제사주재자로 할 수도 있으며 다수의 상속인들이 공동으로 제사를 주재하는 것도 가능할 것이다. 그리고 이 사건 법률조항에서 정하고 있는 제사용 재산의 범위가 '장사 등에 관한 법률' 등에서 정하고 있는 분묘 등의 면적에 비하여 상당히 넓은 것은 사실이나, 이 사건 법률조항에서 규정하고 있는 제사용 재산의 범위는 제사주재자가 승계할 수 있는 최대 범위를 정한 것에 불과하고, 실제로 인정되는 제사용 재산의 범위는 '제사봉행'을 위하여 필요한 범위 내로 제한되며, 대법원도 이 사건 법률조항에서 규정하고 있는 제사용 재산의 범위를 실질적으로 제사봉행에 사용되는 부분으로 제한적으로 해석하고 있다.

따라서 이 사건 법률조항의 입법자가 상속권의 내용에 관한 입법형성권을 자의적으로 행사하였다거나, 이 사건 법률조항이 헌법상 보장된 재산권을 과도하게 침해하여 헌법 제37조 제2항에서 정한 기본권제한의 입법한계를 벗어난 것이라고는 할 수 없다.

2. 종교의 자유 침해도 아님

물론 이 사건 법률조항이 호주제를 기반으로 하고 있다거나 유교적 제례를 강요함으로써 종교의 자유를 침해할 수 있다는 비판도 있을 수 있다. 그러나 이 사건 법률조항은 연혁적으로 제사용 재산의 승계를 호주상속인의 특권으로 규정하고 있던 구 '민법' 제996조를 삭제하면서 신설된 것이다. 즉, 제사용 재산을 '호주상속인'이 아닌 '제사주재자'가 승계하도록 규정함으로써 호주제도의 위헌성을 제거하였고, 이 사건 법률조항에서 제사주재자에게 제사의무를 강요하거나 유교적 제례 방식으로 제사를 행할 의무를 부여하고 있지도 않으므로, 이 사건 법률조항이 종교의 자유를 침해한다는 비판도 받아들이기 어렵다.

3. 평등권 침해도 아님

이 사건 법률조항은 일정 범위의 제사용 재산이 '제사주재자'에게 승계된다고만 규정하고 있을 뿐, 상속인들 중 특정인에게 제사주재자의 지위를 인정하고 있지는 않다. 즉 이 사건 법률조항은 상속인들 중 누구라도 제사주재자가 되면 제사용 재산을 승계할 수 있도록 규정하고 있다. 따라서 본질적으로 상속인들 사이에 어떠한 차별대우를 하고 있다고 볼 수 없다. 한편 상속인들 사이에 제사주재자의 선정 협의가 이루어지지 않는 경우에 종손이 제사용 재산을 단독으로 승계하게 됨으로써 종손인 상속인과 종손이 아닌 여자 상속인 내지 제사주재자가 되지 못한 다른 상속인들을 차별하는 결과가 생긴다고 하더라도, 이러한 차별대우는 이 사건 법률조항에 따른 것이 아니라 상속인들 사이의 협의의 불성립이라는 우연적인 것에 의하여 초래된 것일 뿐이라고 보아야 할 것이다. 또한 이러한 차별은 우리나라의 조상숭배와 제사봉행이라는 '전통의 보존'과 제사용 재산을 둘러싼 법적 분쟁에 있어서 당사자적격의 기준을 정하여 '법적 안정성'을 도모하기 위한 것으로서 합리적인 이유가 있다고 할 것이다. 따라서 이 사건 법률조항이 평등권을 침해한다고 볼 수도 없다.

V. 이 결정이 가지는 의미

헌법재판소가 관여 재판관 만장일치의 결정으로, 균분 상속을 원칙으로 하고 있는 일반 상속법리와는 달리 상속재산 중 일정 범위의 제사용 재산에 대해서는 '제사를 주재하는 자'가 승계하도록 규정하고 있는 '민법' 제1008조의3에 대해 합헌결정을 내린 사건이다.

헌법재판소가 이 합헌결정에서, 상속의 특례로서 일정 범위의 제사용 재산을 제사주재자가 승계하도록 규정하고 있는 이 사건 법률조항이 '조상숭배와 제사봉행'이라는 우리의 전통 보존과 법적 안정성을 도모하는 것으로서 지금도 그 목적의 정당성이 있음을 확인하면서 그 근거로 헌법 전문과 헌법 제9조에서 선언하고 있는 '전통문화의 계승·발전'을 제시한 점, 이 사건 법률조항이 위헌적인 과거의 호주제와는 절연되어 있고 과거처럼 호주가 자동적으로 제사주재자가 되는 것이 아니라 제사주재자가 원칙적으로 상속인들의 협의에 의하여 결정되므로 평등권 침해가 아니라고 본 점, 실제로 제사주재자에게 승계되는 제사용 재산의 범위가 제한됨을 지적하면서 재산권에 대한 합리적 제한이라고 본 점, 제사의 방식도 유교적 제례의 방식을 강요하고 있지 않음을 강조하면서 종교의 자유도 침해하지 않음을 지적한 점 등에 주목할 필요가 있다.

개발제한구역제도 사건

─ 헌재 1998. 12. 24, 89헌마214 등 ─

Ⅰ. 심판대상

도시계획법(1971. 1. 19. 법률 제2291호로 제정되어 1972. 12. 30. 법률 제2435호로 개정된 것)
제21조(개발제한구역의 지정)

① 건설교통부장관은 도시의 무질서한 확산을 방지하고 도시주변의 자연환경을 보존
   하여 도시민의 건전한 생활환경을 확보하기 위하여 또는 국방부장관의 요청이 있
   어 보안상 도시의 개발을 제한할 필요가 있다고 인정되는 때에는 도시개발을 제
   한할 구역의 지정을 도시계획으로 결정할 수 있다.

② 제1항의 규정에 의하여 지정된 개발제한구역안에서는 그 구역지정의 목적에 위배
   되는 건축물의 건축, 공작물의 설치, 토지의 형질변경, 토지면적의 분할 또는 도시
   계획사업의 시행을 할 수 없다. 다만, 개발제한구역 지정 당시 이미 관계법령의
   규정에 의하여 건축물의 건축·공작물의 설치 또는 토지의 형질변경에 관하여 허
   가를 받아 공사 또는 사업에 착수한 자는 대통령령이 정하는 바에 의하여 이를 계
   속 시행할 수 있다.

③ 제2항의 규정에 의하여 제한될 행위의 범위 기타 개발제한에 관하여 필요한 사항
   은 대통령령으로 정하는 범위 안에서 건설교통부령으로 정한다.

Ⅱ. 사실관계의 요지

청구인들은 '도시계획법' 제21조 제1항에 따라 건설부 고시에 의하여 개발제한구역
으로 지정된 토지 위에 관할관청의 허가를 받지 않고 건축물을 건축하여 소유하고 있다
는 이유로 구청장으로부터 위 건축물에 대한 철거대집행계고처분 등을 받고, 서울고등법
원에 위 구청장을 상대로 위 건축물철거대집행계고처분 등의 취소를 구하는 행정소송을
제기하였다. 청구인들은 위 소송 계속중 서울고등법원에 법 제21조가 재판의 전제가 된
다고 주장하면서 위헌심판제청을 신청하였으나 위 신청이 기각되자, 기각결정정본을 송

달받고 같은 달 이 사건 헌법소원심판을 청구하였다.

Ⅲ. 주 문

도시계획법 제21조는 헌법에 합치되지 아니한다.

Ⅳ. 결정 이유의 주요 논점 및 요지

1. 기존 용도대로 토지를 사용할 수 없는 경우까지 보상규정을 두지 않은 것은 재산권 침해

이 사건 법률조항은 입법자가 토지재산권에 관한 권리와 의무를 일반·추상적으로 확정하는 규정으로서 법질서 안에서 보호받을 수 있는 권리로서의 재산권의 내용과 한계를 정하는 재산권을 형성하는 규정인 동시에 공익적 요청에 따른 재산권의 사회적 제약을 구체화하는 규정이기도 하다. 토지의 개발이나 건축은 합헌적 법률로 정한 재산권의 내용과 한계 내에서만 가능한 것일 뿐만 아니라 토지재산권의 강한 사회성 내지는 공공성으로 말미암아 이에 대하여는 다른 재산권에 비하여 보다 강한 제한과 의무가 부과될 수 있다. 그러나 그렇다고 하더라도 토지재산권에 대한 제한입법 역시 다른 기본권을 제한하는 입법과 마찬가지로 과잉금지의 원칙을 준수해야 하고, 재산권의 본질적 내용인 사용·수익권과 처분권을 부인해서는 안 된다. 이 사건 법률조항을 규정함에 있어서 토지재산권을 제한하는 경우 지켜야할 과잉금지원칙을 지켰는지 경우를 나누어 살펴보면, 첫째, '구역지정 후 토지를 종래의 목적으로 사용할 수 있는 경우'는 과잉금지원칙에 위배되지 않는 재산권에 대한 합헌적 제한이다. 이 경우 개발제한구역의 지정에도 불구하고 토지소유자는 원칙적으로 종래와 같이 토지를 계속 이용할 수 있고, 구역내 토지 중 이미 개발된 토지의 경우에는 도시계획법시행령이 구역지정 당시부터 있던 기존 건축물의 증·개축을 허용하고 있으므로, 이 사건 법률조항이 개발제한구역으로 지정된 토지소유자에게 부과하는 현상태의 유지의무나 변경금지의무는 토지소유자가 자신의 토지를 원칙적으로 종래의 용도대로 사용할 수 있는 한, 재산권의 내용과 한계를 과잉금지원칙에 부합하게 합헌적으로 규율한 규정이라고 보아야 한다.

그러나, 둘째, '구역지정 후 토지를 종래의 목적으로도 사용할 수 없거나 또는 토지를 전혀 이용할 수 있는 방법이 없는 예외적인 경우'에는 재산권에 대한 과잉한 제한으로 위헌이다. 이러한 경우에는 재산권의 사회적 기속성으로도 정당화될 수 없는 가혹한 부담을 토지소유자에게 부과하는 것이므로 입법자가 그 부담을 완화하는 보상규정을 두어야만 비로소 헌법상으로 허용될 수 있기 때문이다. 우선 '나대지'의 경우, 개발제한구역 내의 토지 중 지정 당시의 지목이 대지로서 나대지의 상태로 있었던 토지는 구역의 지정과 동시에 건물의 신축이 금지되는 결과 실제로는 지정 당시의 지목과 토지의 현황에 따른 용도로조차 사용할 수 없게 되었다. 이 경우 나대지의 소유자는 개발제한구역의 지정 그 자체로서 그가 소유하는 토지의 이용이 사실상 폐지되는 것과 같은 결과를 감수하지 않으면 안되므로, 이는 그나마 종전의 용도대로는 계속 사용할 수 있는 다른 토지의 경우와는 달리 토지재산권에 대한 사회적 제약의 한계를 넘는 과도한 부담을 안게 되었다고 할 것이다. '사정변경으로 인한 용도의 폐지'의 경우, 토지가 종래 농지 등으로 사용되었으나 개발제한구역의 지정이 있은 후에 주변지역의 도시과밀화로 인하여 농지가 오염되거나 수로가 차단되는 등의 사유로 토지를 더 이상 종래의 목적으로 사용하는 것이 불가능하거나 현저히 곤란하게 되어버린 경우에도 당해 토지소유자에게 위 나대지의 경우에서와 유사한 가혹한 부담이 발생한다.

그러므로, 이 사건 법률조항에 의한 재산권의 제한은 종래의 지목과 토지현황에 의한 이용방법에 따른 토지의 사용도 할 수 없거나 실질적으로 사용·수익을 전혀 할 수 없는 예외적인 경우에도 아무런 보상없이 이를 감수하도록 하고 있는 한, 비례의 원칙에 위반되어 당해 토지소유자의 재산권을 과도하게 침해하는 것으로서 헌법에 위반된다.

2. 평등권 침해

개발제한구역의 지정으로 인하여 구역 내 토지소유자에게 발생하는 재산권에 대한 제한의 정도는 '토지를 종래의 지목과 그 현황에 따라 사용할 수 있는가'의 여부에 따라 현저히 상이한데도, 이를 가리지 아니하고 일률적으로 규정하여 구역 내의 모든 토지소유자에게 아무런 보상없이 재산권의 제한을 수인해야 할 의무를 부과하는 이 사건 법률조항은, 재산권의 제한에 있어서 보상을 필요로 하는 예외적인 범위 안에서 개별 토지소유자에게 발생한 재산적 부담의 정도를 충분히 고려하여 본질적으로 같은 부담은 같게 다른 부담은 다르게 규율할 것을 요청하는 평등원칙에도 위반된다.

3. 명확성의 원칙 위배는 아님

이 사건 법률조항뿐 아니라 법이 정한 다른 법률조항과의 연관관계에서 살펴보면, 이 사건 법률조항의 입법목적이 도시의 주변 등 일정 구역에 대하여 토지이용을 제한함으로써 도시의 지역적, 평면적 확산을 억제하고 그 구역의 자연환경을 훼손하지 않은 채 그대로 보전할 수 있도록 하며 그에 따라 도시에 거주하는 시민들의 생활환경을 건전하게 유지하려는 데 있다는 것을 법률의 해석을 통하여 쉽게 알 수 있고 이로써 행정청의 자의적인 법적용을 배제하는 객관적인 기준을 얻을 수 있으므로, 법률의 명확성원칙에 반한다고 할 수 없다.

4. 헌법불합치결정을 하는 이유

개발제한구역의 지정에 따라 생기게 된 가혹한 부담의 유무와 정도 및 이에 따른 보상의 구체적인 기준과 방법은 헌법재판소가 일률적으로 확정할 수 없고 개개의 토지에 대하여 구체적이고 객관적인 사정을 종합하여 입법자가 판단하여야 할 사항이다. 따라서 헌법재판소가 이 사건에 대해 불합치결정을 내린다. 따라서 이 헌법불합치결정은 위헌적 상태를 조속한 시일 내에 제거해야 할 입법자의 입법개선의무를 수반하게 되며, 헌법재판소가 불합치결정을 내리는 경우 위헌결정을 선고한 경우와 마찬가지로 원칙적으로 위헌적 법률의 적용이 금지되므로 행정청은 위헌적 상태를 제거하기 위한 보상입법이 마련되기 전에는 이 사건 법률조항에 근거하여 새로이 개발제한구역의 지정을 하여서는 안 된다.

V. 이 결정이 가지는 의미

이 결정이 개발제한구역제도 자체에 대해 헌법불합치결정을 내린 것이 아니라, 개발제한구역 지정으로 인해 '토지를 종래의 목적으로 사용할 수 없거나 토지를 전혀 이용할 수 있는 방법이 없는 예외적인 경우에까지 보상규정을 두지 않은 것'에 대해 헌법불합치결정을 내린 것이라는 점에 유념할 필요가 있다. 이 결정 이후 국회는 '개발제한구역의 지정 및 관리에 관한 특별조치법'을 제정하여 이러한 경우에 토지소유자가 토지매수청구권을 행사할 수 있게 하였다.

약사법 부칙 사건

― 헌재 1997. 11. 27, 97헌바10 ―

Ⅰ. 심판대상

약사법(1994. 1. 7. 법률 제4731호) **부칙**

제4조(약사의 한약조제에 관한 경과조치)

① 생략

② 이 법 시행당시 1年 이상 한약을 조제해온 약사로서 시장·군수 또는 구청장의 확인을 받은 자는 제21조 제1항의 규정에 불구하고 이 법 시행일부터 2년간 제21조 제7항의 규정에 준하여 한약을 조제할 수 있다.

Ⅱ. 사실관계의 요지

청구인은 약사면허를 받은 후 약국을 개설한 이래 현재까지 이를 운영하고 있는 약사로서 한약을 조제하여 왔으나 '약사법'이 1994년에 개정되어 시행됨으로 인해 약사법 부칙 제4조 제2항에 의해 한약사가 아닌 약사의 한약조제가 원칙적으로 금지되고, 위 개정법률 시행당시에 1년 이상 한약을 조제해 온 약사는 시장 등의 확인을 받아 그 시행일로부터 2년간만 한약을 조제할 수 있게 되었다. 청구인은 위 2년간의 유예기간 이후에도 한약조제권이 있다고 주장하며 서울고등법원에 한약조제면허권의 존재확인을 구하는 행정소송을 제기함과 아울러 그 재판의 전제가 된 위 부칙 조항이 소급입법에 의한 재산권 박탈금지, 행복추구권, 평등권, 직업선택의 자유 등에 관한 헌법의 각 규정에 위반된다 하여 위헌제청 신청을 하였으나, 서울고등법원은 청구인의 청구를 기각함과 동시에 위헌심판제청신청을 기각하였고, 청구인은 그 기각결정문을 송달받고 적법하게 이 사건 심판청구를 하였다.

Ⅲ. 주 문

약사법 부칙 제4조 제2항은 헌법에 위반되지 아니한다.

Ⅳ. 결정 이유의 주요 논점 및 요지

1. 소급입법에 의한 재산권 침해 없음

헌법 제23조 제1항은 국민의 재산권을 보장하고 있으며, 헌법 제13조 제2항은 소급입법에 의한 국민의 재산권 박탈을 금지하고 있다. 이 헌법조항들에 의해 보호되는 재산권은 사적 유용성 및 그에 대한 원칙적 처분권을 내포하는 재산가치 있는 구체적 권리이므로 구체적인 권리가 아닌 단순한 이익이나 재화의 획득에 관한 기회 등은 재산권 보장의 대상이 아니라 할 것이다. 그런데 약사면허는 약국의 개설과 관련하여 약품의 판매, 조제 등으로 경제적 활동을 할 수 있다는 점에서 경제적 가치와 무관하다고 볼 수는 없으나, 약사는 단순히 의약품의 판매뿐만 아니라 의약품의 분석, 관리 등의 업무를 다루며, 약사면허 그 자체는 양도·양수할 수 없고 상속의 대상도 되지 않는다. 또한 약사의 한약조제권이란 그것이 타인에 의하여 침해되었을 때 방해를 배제하거나 원상회복 내지 손해배상을 청구할 수 있는 권리가 아니라, 법률에 의하여 약사의 지위에서 인정되는 하나의 권능에 불과하다. 더욱이 의약품을 판매하여 얻게 되는 이익이란 장래의 불확실한 기대이익에 불과한 것이다. 그렇다면 약사의 한약조제권은 위 헌법조항들이 말하는 재산권의 범위에 속하지 않는다고 할 것이므로 한약조제권이 재산권임을 전제로 소급입법에 의한 재산권 침해라고 주장하는 청구인의 주장은 이유가 없다.

2. 직업의 자유 침해 없음

헌법 제15조는 "모든 국민은 직업선택의 자유를 가진다"고 규정하고 있고, 이는 직업결정의 자유, 전직의 자유, 직업수행의 자유 등을 그 내용으로 하는 종합적이고 포괄적인 직업의 자유를 보장하는 것이라고 해석된다. 이 사건 법률조항은 그 개정 이전부터 한약을 조제하여 온 약사들에게 향후 2년간만 한약을 조제할 수 있도록 하고 그 이후는 이를 금지함으로써 직업수행의 자유를 제한하고 있다고 보인다. 그러나 약사에게 이제까지 법적으로 한약의 조제권이 인정되었다고 해석하더라도, 그러한 권리가 무제한적이고 일반적인 것이었다고 말하기 어려운 것이 현실이다. 약사라는 직업에 있어서 한약의 조제라는 활동은 약사직의 본질적인 구성부분으로서의 의미를 갖기보다는 예외적이고 부수적인 의미를 갖고 있었다고 하여야 할 것이다. 약사들은 한약과 관련된 지식과 능력에 대한 객관적 검증이 충분하지 못한 상태에서 제한적·예외적으로 한약을 조제하여 왔으며, 국민들의 일반적인 인식도 이러하였다. 많은 약사들에게는 양약의 조제가 그 직업활동의 주요 내용을 이루었고, 한약의 조제는 양약의 조제에 부수되는 활동에 지나지 않았다. 약사가 한약의 조제권을 상실한다고 하더라도 그의 삶의 기초가 되는 소득의 감소가 어느 정도 있을 수는 있으나, 약사라는 본래적인 직업의 주된 활동을 위축시키거나 그에 현저한 장애를 가하여 사실상 약사라는 직업을 포기하게 하는 결과를 초래하는 것도 아니다. 이러한 사정은 청구인처럼 약사자격을 가지고서 양약은 취급하지 않고 전적으로 한약의 조제만을 하여 온 경우에도 마찬가지이다. 따라서 이 사건 법률조항은 직업의 자유의 본질적 내용을 침해하고 있다 할 수는 없다.

3. 신뢰이익보호원칙 위배 아님

이 사건 법률은 부칙 제4조 제1항에서, 2년 이내에 한약사자격시험 중 단지 한약조제시험에 합격하는 약사에게 한약조제권을 부여하는 또 다른 경과규정을 두고 있기도 하다. 따라서 약사들이 한약조제시험에 합격할 경우에 이들의 한약의 조제능력에 관한 사회적 신뢰와 위신도 상승되고, 그 결과 이들이 경영하는 약국에서의 한약조제 의뢰의 증가와 그에 따른 소득의 증가라는 이익도 수반되리라는 것은 충분히 예상되는 반면, 기존 약사들이 한약조제시험에 합격하지 못하는 경우에 잃게 되는 한약의 조제권은 약사직의 부수적인 의미를 갖는 것에 불과하며, 이를 상실한다고 하더라도 약사직을 아예 포기하도록 강제하는 결과를 초래하는 것도 아닌 점 등을 종합하여 고려하면, 이 사건 법률조항이 설정한 한약조제 유예기간 및 한약조제시험 등에 관한 경과규정은 기존 약사들의 신뢰를 충분히 보호하고 있다고 보아야 할 것이다. 즉 입법자는 한편으로는 한약을 취급하여 온 약사들의 신뢰를 보호하기 위하여 이 사건 법률 시행 후 2년간은 계속하여 한약을 조제할 수 있도록 하고, 다른 한편으로는 약사들이 종전의 한약 조제권에 대하여 갖는 신뢰이익이 갖는 의미에 비하여 국민건강이라는 중대한 공익의 보호가 월등히 중요하다는 정당한 평가에 기하여, 국민건강과 직결되는 한약의 조제를 계속 수행할 수 있는 유자격 약사를 가리기 위하여 이 사건 법률 시행 후 2년 내에 간이화된 한약조제시험을 치르도록 하고 있으므로 충돌하는 사익과 공익을 비례의 원칙에 적합하게 조정하고 있다고 할 것이기 때문이다.

4. 평등권 침해 없음

청구인은 수십 년간 한약만을 조제하여 온 약사들과 양약만을 취급하여 온 일반 약사들은 서로 명백히 구별됨에도 불구하고 과거에 한약을 조제하여 온 약사들로부터 일반 약사와 동일하게 한약의 조제권을 박탈하는 것은 평등권에 대한 침해라고 주장하나, 헌법 제11조가 규정하는 평등은 절대적 평등이 아니라 합리적인 근거에 기한 차별을 인정하는 상대적인 평등을 의미하며, 따라서 본질적으로 평등한 것을 자의적으로 불평등하게 취급하거나 본질적으로 불평등한 것을 자의적으로 평등하게 취급하는 것을 금지하고 있는 것이다. 따라서 이 사건 법률조항이 약사들의 한약조제권에 대한 신뢰이익의 보호에 충분할 정도로 유예기간을 설정하고 있다고 해석되는 이상 과거에 한약을 조제하여 온 약사와 일반 약사를 자의적으로 동일하게 취급하고 있는 것으로 볼 수는 없으므로, 평등권을 침해하지 않는다.

5. 행복추구권 침해 없음

이 조항이 포괄적이고 일반조항적인 성격을 갖고 있는 행복추구권을 침해하는 것이라고는 볼 수 없다.

V. 이 결정이 가지는 의미

조승형 재판관의 주문표시에 대한 별개의견이 있는 외에, 개정 '약사법' 시행 당시 1年 이상 한약을 조제해 온 약사는 시장·군수 또는 구청장의 확인을 받으면 법 시행일부터 2년간 한약을 조제할 수 있게 경과규정을 둔 약사법 부칙 제4조 제2항에 대해 헌법재판소는 만장일치로 합헌결정을 내렸다. 특히, 이 규정의 합헌결론을 내리기 위해 소급입법에 의한 재산권 침해 여부, 직업의 자유, 신뢰이익보호원칙, 평등권, 행복추구권 침해 여부 등 많은 기본권과 헌법상의 원칙 위배 여부가 본 결정에서 검토된 점에 주목을 요한다.

택지소유상한제 사건

— 헌재 1999. 4. 29, 94헌바37 외 66건 병합 —

I. 심판대상

1998. 9. 19. 법률 제5571호로 폐지되기 전의 '택지소유 상한에 관한 법률'(제정 1989. 12. 30. 법률 제4174호, 개정 1994. 12. 22. 법률 제4796호, 1995. 12. 29. 법률 제5108호, 1995. 12. 29. 법률 제5109호, 1997. 8. 30. 법률 제5410호) 제2조 제1호·제2호, 제4조, 제7조 제1항 제1호, 제8조, 제9조, 제11조 제1항 제5호, 제16조 제1항, 제18조 제1항, 제19조 제1호·제2호, 제20조 제1항 제1호·제3호·제8호, 제21조, 제22조, 제23조, 제24조 제1항, 제25조, 부칙(1989. 12. 30. 법률 제4174호) 제1조, 제2조, 제3조 제1항.

II. 사실관계의 요지

甲은 부산시 중구 소재의 대지를 '택지소유 상한에 관한 법률' 시행 이전부터 소유하면서 그 지상에 4층 건물 1동도 함께 소유하였다. 부산 중구청장은 앞의 부속토지 중 건물의 부속토지를 제외한 나머지 토지를 대상으로 초과소유부담금을 부과했다. 甲은 부산고등법원에 부과처분의 취소소송을 제기하면서 아울러 위헌심판제청 신청을 하였으나 기각되었다. 이에 甲은 '헌법재판소법' 제68조 제2항에 따라 헌법소원심판을 청구하였다.

III. 주 문

1998. 9. 19. 법률 제5571호로 폐지되기 전의 '택지소유 상한에 관한 법률'은 헌법에 위반된다.

Ⅳ. 결정 이유의 주요 논점 및 요지

1. 택지소유를 금하거나 상한을 설정하는 규정의 위헌 여부

재산권의 내용을 새로이 형성하는 법률에 대하여는, "법이 장래에 있어서 재산권을 제한하는 것이 헌법에 합치되는가" 하는 관점과 "법이 구법상태에서 이미 취득한 재산권을 제한하는 것이 헌법에 합치되는가" 하는 두 가지 관점에서 그 위헌성을 심사하여야 한다.

첫째, 법 시행 이후 택지를 소유하려는 경우에 비례의 원칙을 적용해 보면, 입법목적의 정당성과 수단의 적정성은 인정된다. 그러나 수단의 최소침해성에 위배된다. 개인이 어느 정도로 택지를 소유하는 것이 그 자체로 너무 과다하여 타인이 필요로 하는 택지의 공급을 저해하는 요인으로 작용하는가 하는 기준, 즉 적정한 택지공급의 관점에서 택지소유의 상한이 판단되어야 한다. 그러나 법의 규정 내용과 같이, 소유목적이나 택지의 기능에 따른 예외를 전혀 인정하지 아니한 채 일률적으로 660㎡로 소유상한을 제한함으로써, 어떠한 경우에도 어느 누구라도 660㎡를 초과하는 택지를 취득할 수 없게 한 것은, "적정한 택지공급"이라고 하는 입법목적을 달성하기 위하여 필요한 정도를 넘는 과도한 제한이다. 법익의 균형성에도 위배된다. 입법자가 소유상한을 지나치게 낮게 설정한 것은 택지의 강화된 사회적 의무성에도 불구하고 개인의 자유실현의 물질적 바탕으로서의 택지재산권의 기능을 충분히 고려하지 않았기 때문에, 재산권침해의 효과와 소유상한을 통해 달성하려는 "적정한 택지공급"이라는 공익 사이의 합리적인 비례관계를 명백히 벗어났다고 판단된다.

둘째, 법 시행 이전부터 택지를 소유하고 있는 경우를 보자. 일정한 법적 상태를 새로이 규율하는 규정이 장래에 발생하는 사실관계뿐만 아니라 이미 과거에 시작하였으나 아직 완성되지 아니한 채 진행과정에 있는 사실관계에도 적용되는 예는 법률개정의 경우 흔히 찾아 볼 수 있는 현상이며, 여기서 발생하는 문제는 소급효의 문제가 아니라 종래의 법적 상태에서 새로운 법적 상태로 이행하는 과정에서 불가피하게 발생하는 법치국가적 문제, 구체적으로 입법자에 대한 신뢰보호의 문제이다. 따라서 기존의 택지소유자에게도 처분 또는 이용·개발의무를 부과하는 법규정들이 헌법적으로 허용되는가 하는 문제는 법치국가적 신뢰보호 원칙을 기준으로 판단하여야 한다. 한편, 헌법상 재산권 보장의 중요한 기능은 국민에게 법적 안정성을 보장하고 합헌적인 법률에 의하여 형성된 구체적 재산권의 존속에 대한 신뢰를 보호하고자 하는 데 있다. 이러한 의미에서 재산권에 관한 법치국가적 신뢰보호 원칙은 헌법상 재산권 보장의 원칙을 통하여 고유하게 형성되고 구체적으로 표현되었다고 할 수 있고, 심판대상 법조항은 신뢰보호원칙을 위반하고 있다.

또한 법은 개인이 소유하고 있는 택지의 개별적 성격이 재산권의 자유보장적 기능의 관점에서 서로 다르다는 것을 전혀 고려하지 아니하고, 입법목적의 효율적인 달성을 꾀할 수 있는 수단의 정도를 넘어서 과도한 제한을 가함으로써, 택지를 자신의 주거장소이자 인간으로서의 존엄과 가치를 가진 개인의 행복을 추구할 권리를 실현할 장소로서만 소유하는 자의 재산권을 침해하고 있다고 할 것이고, 또한 "택지를 자신의 주거용으로 사용하는 자"와 "자신의 주거와 관계없이 과다한 택지를 소유하면서 이를 투기용 등으로 보유하고 있는 자"를 일률적으로 동일하게 취급함으로써, 헌법상의 재산권 보장의 기본이념에 비추어 본질적으로 다른 것을 같게 취급하고 있기 때문에, 평등원칙에도 위반된다고 할 것이다.

2. 처분 또는 이용·개발의무의 부과규정의 위헌 여부

처분 또는 이용·개발의무의 부과규정의 위헌 여부와 관련해서도 법 시행 이후 택지를 소유하려는 경우는 헌법적으로 문제될 것이 없고, 법 시행 이전부터 이미 택지를 소유하고 있는 경우가 헌법적으로 문제된다. 법이 처분이나 이용·개발의무기간을 정함에 있어서 개인의 주거용 택지를, 법 시행 이전에 투기 등의 목적으로 취득한 택지나 법 시행 이후에 취득한 택지와 동일하게 취급하는 것은 명백하게 평등원칙에 반하며, 법이 정하고 있는 처분 또는 이용·개발의무기간이 법 시행 이후의 택지취득자의 상황에 맞춘 것임을 감안한다면 법 시행 이전부터 택지를 소유하고 있는 택지소유자에게도 일률적으로 마찬가지의 처분 또는 이용·개발의무기간을 부과하는 것은 유예기간이 상대적으로 지나치게 짧아 기존 택지소유자의 재산권을 비례의 원칙에 위반되어 과도하게 침해하는 것이라 할 것이다.

3. 부담금 부과규정의 위헌 여부

사회적으로 바람직하지 않은 과다한 토지소유에 대한 행정제재로서 토지재산의 원본 자체에 대하여 어느 정도까지 재산적 부담을 부과할 수 있는가 하는 한계를 구체적 수치로 표현하는 것은 어려우나, 법 제24조 제1항은 연 4%에서 연 11%에 이르는 높은 부과율을 규정하면서 부과기간의 제한을 두고 있지 않기 때문에, 연 11%의 부과율이 적용되는 경우, 다른 조세부담을 고려하지 않더라도 약 10년이 지나면 그 부과율이 100%에 이르게 되어 결국 10년이란 짧은 기간에 사실상 토지가액 전부를 부담금의 명목으로 징수하는 셈이 되는바, 법의 입법목적을 시급하게 그리고 효율적으로 달성할 필요가 있고, 그렇게 하기 위하여서는 부담금이 재산원본에 대하여 부과되는 금전적 징계로서의 성격을 가질 수밖에 없기 때문에 처음부터 재산원본에 대한 침해가 불가피하다는 점을 감안하더라도, 아무런 기간의 제한없이 위와 같이 높은 부과율에 의한 부담금을 부과함으로 말미암아 짧은 기간 내에 토지재산권을 무상으로 몰수하는 효과를 가져오는 것은, 재산권에 내재하는 사회적 제약에 의하여 허용되는 침해의 한계를 넘는 것이라 아니할 수 없다. 또한 부담금의 목적이 소유상한을 초과한 택지에 관한 처분 또는 이용·개발의무를 강제하는 데 있다는 것에 비추어 볼 때, 택지의 소유자가 매수청구의 의사표시를 함으로써 해당 택지의 처분을 통하여 입법목적에 부합하도록 행동하겠다는 의사를 명백히 밝힌 경우에도 부담금을 부과하는 것은, 입법목적을 달성하기 위하여 필요한 수단의 범위를 넘는 과잉조치로서, 최소침해성의 원칙에 위반되어 재산권을 과도하게 침해하는 것이다.

4. 헌법재판소법 제45조 단서에 따라 법률 전체에 대해 위헌결정

택지소유의 상한을 정한 법 제7조 제1항, 법 시행 이전부터 이미 택지를 소유하고 있는 택지소유자에 대하여도 택지소유 상한을 적용하고 그에 따른 처분 또는 이용·개발 의무를 부과하는 부칙 제2조, 그리고 부담금의 부과율을 정한 법 제24조 제1항이 위헌으로 결정된다면 법 전부를 시행할 수 없다고 인정되므로 '헌법재판소법' 제45조 단서의 규정취지에 따라 법 전부에 대하여 위헌결정을 하는 것이 보다 더 합리적이라 할 것이다.

Ⅴ. 이 결정이 가지는 의미

헌법재판소가 택지의 소유목적이나 택지의 기능을 불문하고 200평으로 택지소유상한을 제한하는 법규정은 대도시에서 택지의 공급을 원활히 하기 위한 것이라 하더라도 재산권에 대한 과잉한 제한으로 위헌이라고 판시한 사건이다. 헌법재판소가 입법자는 토지재산권에 대해 다른 재산권보다 폭넓은 규제권한을 가진다는 점을 인정하면서도, 택지소유의 목적이나 택지의 기능 등을 따지지 않고 획일적으로 200평의 택지소유 제한을 두는 것이나, 법 시행 이전부터 이미 택지를 소유하고 있는 택지소유자에 대해서도 택지소유 상한을 적용하고 그에 따른 처분 또는 이용·개발의무를 부과한 데 대해 위헌성을 인정하고 있다. 그런데 헌법재판소가 심판대상 조항 중 일부에 대해 위헌성을 인정했으나, '헌법재판소법' 제45조 단서의 규정취지에 따라 이 경우를 "법률조항의 위헌결정으로 인하여 당해 법률 전부를 시행할 수 없다고 인정될 때"라고 보아 '택지소유 상한에 관한 법률' 전체에 대해 위헌결정을 내리고 있음에 주목을 요한다.

공무원연금법 사건

─헌재 2007. 3. 29, 2005헌바33─

Ⅰ. 심판대상

공무원연금법

제64조(형벌 등에 의한 급여의 제한)

① 공무원 또는 공무원이었던 자가 다음 각호의 1에 해당하는 경우에는 대통령령이 정하는 바에 의하여 퇴직급여 및 퇴직수당의 일부를 감액하여 지급한다. 이 경우 퇴직급여액은 이미 납부한 기여금의 총액에 민법의 규정에 의한 이자를 가산한 금액 이하로 감액할 수 없다.

1. 재직 중의 사유로 금고 이상의 형을 받은 때

Ⅱ. 사실관계의 요지

청구인은 지방공무원으로 근무하던 중 음주운전으로 교통사고를 냈다는 이유로 징역 10월에 집행유예 2년을 선고받고 지방공무원법에 의해 당연퇴직되었다. 이에 청구인은 공무원연금관리공단에 퇴직급여 및 퇴직수당을 청구하였으나, 공무원연금관리공단은 '공무원연금법' 제64조 제1항 제1호 및 동법 시행령 제55조 제1항에 따라 청구인의 퇴직급여 및 퇴직수당을 합한 총 급여액의 절반에 해당하는 금액을 공제하고 나머지 절반만을 지급하는 처분을 했다. 청구인은 이러한 퇴직급여 등의 감액에 불복하여 서울행정법원에 공무원연금관리공단을 상대로 위 처분의 취소를 구하는 소송을 제기하면서, '공무원연금법' 제64조 제1항 제1호가 청구인의 재산권을 침해하고 평등원칙에 위배되어 위헌이라는 취지의 위헌법률심판제청신청을 하였으나 기각되자 이 사건 헌법소원심판을 청구하였다.

Ⅲ. 주 문

1. 공무원연금법 제64조 제1항 제1호(1995. 12. 29. 법률 제5117호로 개정된 이후의 것)

는 헌법에 합치되지 아니한다.

　　2. 위 법률 조항은 2008년 12월 31일을 시한으로 입법자가 개정할 때까지 그 효력을
지속한다.

Ⅳ. 다수의견의 주요 논점 및 요지

1. 재산권에 대한 과잉금지원칙에 어긋나는 제한으로서 침해

　　공무원연금제도는 공무원을 대상으로 퇴직 또는 사망과 공무로 인한 부상·질병·폐
질에 대해 적절한 급여를 실시함으로써 공무원 및 유족의 생활안정과 복리향상에 기여하
는 데에 그 목적이 있다. '공무원연금법'상의 퇴직급여 등 급여수급권은 재산권의 성격을
갖는 기본권이므로, 이러한 기본권을 제한하는 입법을 함에 있어서도 입법목적의 정당성
과 그 목적달성을 위한 방법의 적정성, 피해의 최소성, 법익의 균형성을 모두 갖추어야
하며, 이를 준수하지 않은 법률조항은 기본권제한의 입법적 한계를 벗어난 것으로 헌법
에 위반된다.

　　공무원의 신분이나 직무상 의무와 관련이 없는 범죄의 경우에도 퇴직 급여 등을 제
한하는 것은, 공무원범죄를 예방하고 공무원이 재직 중 성실히 근무하도록 유도하는 입
법목적을 달성하는 데 적합한 수단이라 볼 수 없다. 그리고 특히 과실범의 경우에는 공
무원이기 때문에 더 강한 주의의무 내지 결과발생에 대한 가중된 비난가능성이 있다고
보기 어려우므로, 퇴직급여 등의 제한이 공무원으로서의 직무상 의무를 위반하지 않도록
유도 또는 강제하는 수단으로서 작용한다고 보기 어렵다.

　　공무원의 범법행위에 대한 제재방법은 일차적으로 파면을 포함한 징계가 원칙이다.
더 나아가 그 행위가 범죄행위에까지 이른 경우라면 형사처벌을 받게 하면 되고 일정한
경우에는 공무원의 지위를 박탈하는 것으로 공익목적을 충분히 달성할 수 있다. 따라서
입법자로서는 입법목적을 달성함에 반드시 필요한 범죄의 유형과 내용 등으로 그 범위를
한정하여 규정함이 최소침해성의 원칙에 따른 기본권 제한의 적절한 방식이다.

　　그리고 공직의 구조 및 사회인식의 변화로 일반직장인과 공직자는 같은 직업인이라
는 인식이 보편화되는 추세이다. 특히 오늘날 급여에 관한 한, 공익과 사익의 질적 구분
이 어려워진 상황 속에서 단지 금고 이상의 형을 받았다는 이유만으로 이미 공직에서 퇴
출당할 공무원에게 일률적으로 생존의 기초가 될 퇴직급여 등까지 반드시 감액하도록 규
정한다면 그 법률조항은 침해되는 사익에 비해 지나치게 공익만을 강조한 입법이다.

2. 자의적 차별로 평등권 침해

이 사건 법률조항은 공무원이 재직 중의 사유로 인해 금고 이상의 형을 받은 때에 퇴직급여 및 퇴직수당의 일부를 감액하여 지급하도록 규정하여 퇴직급여에 있어서는 '국민연금법'상의 사업장 가입자에 비해, 퇴직수당에 있어서는 '근로기준법'상의 근로자에 비해 각각 차별대우를 하고 있다. 이러한 차별은 일반국민이나 근로자에 대한 지나친 차별을 했다고 판단되고, 그 차별에는 합리적인 근거를 인정하기 어려워 결국 자의적인 차별에 해당한다.

3. 헌법불합치 및 입법촉구결정, 개정시까지 법규정의 잠정효 인정

이와 같은 이유로 이 사건 법률조항은 헌법에 위반되나, 단순위헌선언으로 그 효력을 즉시 상실시킬 경우에는 여러 가지 혼란과 부작용이 발생할 우려가 있고, 또한 이미 급여를 감액당한 다른 퇴직공무원과의 형평성도 고려하여야 한다. 그러므로 입법자는 퇴직급여 등을 제한해야 할 합리적이고 특별한 필요가 있는 경우로 그 제한의 사유를 한정함으로써 합헌적인 방향으로 법률을 개선해야 하고 그때까지 일정기간 동안은 위헌적인 법규정을 존속케 하고 또한 잠정적으로 적용케 할 필요가 있다. 입법자는 되도록 빠른 시일 내에, 늦어도 2008년 12월 31일까지 개선입법을 마련함으로써 이 법률조항의 위헌적 상태를 제거해야 할 것이다.

V. 이 결정이 가지는 의미

위와 같은 5인 재판관의 다수의견 이외에 이 사건 법률조항의 "재직 중의 사유" 중 "공무원의 신분이나 직무와 관련 없는 사유" 부분은 헌법에 위반되고 "공무원의 신분이나 직무와 관련 있는 사유" 부분은 헌법에 합치되지 아니한다는 조대현 재판관의 별개의견과 이강국, 이공현, 이동흡 재판관의 합헌의 반대의견이 있었다. 3인 재판관의 반대의견은 재산권의 내용과 한계를 처음으로 형성하는 입법의 경우에는 이미 형성되어 있는 기존의 재산권을 제한하는 입법의 경우와는 달리 입법자에게 광범위한 입법재량이 인정되므로 이런 경우에는 그 입법이 합리적 이유가 있으며 입법재량의 범위를 벗어나지 않는 한 재산권을 침해하지 않는다는 점, 다수의견과 같이 재산권 '제한'에 요구되는 과잉금지원칙을 엄격히 적용한다고 하더라도 이 사건 법률조항은 이에 위배되지 않는다는 점, 공무원연금제도를 형성하면서 보호여부 및 급여의 감액을 정함에 있어 법령준수, 근무관계의 충실 등 의무의 위반 여부를 판단기준으로 삼은 것은 합리적 이유가 있는 것으로서 차별취급이 아니어서 평등권을 침해하지 않는다는 점을 합헌의 이유로 들었다.

조대현 재판관의 일부 단순위헌, 일부 헌법불합치 의견에 다수의견인 5인 재판관의 전부 헌법불합치 의견을 가산하면 위헌 정족수를 충족하게 되어 헌법재판소는 이 사건 법률조항에 대해 헌법불합치를 선고하였던 것이다. 그리고 이와 함께 이 사건 법률조항과 동일한 취지를 규정하고 있던 구 공무원연금법 제64조 제1항이 헌법에 위반되지 아니한다고 판시한 1995. 6. 29, 91헌마50 및 1995. 7. 21, 94헌바27·29 결정들은 이 결정의 견해와 저촉되는 한도 내에서 변경되게 되었다.

이 결정의 핵심은, 헌법재판소가 판례 변경을 통해, 죄의 종류와 내용을 묻지 않고 모든 재직 중의 사유로 금고 이상의 형을 받은 경우에 획일적으로 퇴직급여 등을 제한하도록 하는 것은 헌법에 합치되지 않는다는 새로운 판단을 내린 데에 있다. 또한 헌법재판소가 헌법불합치 및 입법촉구결정을 통해 제시한 2008년 12월 31일의 기한 내로 법개정이 될 때까지는 결정주문에 따라 이 사건 법률조항이 존속되고 잠정적으로 적용된다는 점에도 유의할 필요가 있다. 그러나 입법자가 이 기한까지 입법개선의무를 이행하지 않는다면 익일인 2009년 1월 1일부터는 '공무원연금법'의 관련규정뿐만 아니라 하위법규인 시행령과 시행규칙도 그 관련부분은 효력을 상실하므로 법원 기타 국가기관 및 지방자치단체는 효력을 상실한 부분을 더 이상 적용할 수 없게 된다는 점도 명심해야 한다.

구 소득세법 제43조 제3항 사건

― 헌재 2008. 5. 29, 2006헌가16 등 병합 ―

I. 심판대상

구 소득세법

제43조(공동소유 등의 경우의 소득분배)

③ 거주자 1인과 그와 대통령령이 정하는 특수관계에 있는 자가 부동산임대소득·사업소득 또는 산림소득이 발생하는 사업을 공동으로 경영하는 사업자 중에 포함되어 있는 경우에는 당해 특수관계자의 소득금액은 그 지분 또는 손익분배의 비율이 큰 공동사업자의 소득금액으로 본다.

II. 사실관계의 요지

당해 사건의 원고가 1992년에 그 처와 공동으로 광주 동구 소재 대지 및 지상건물을 취득한 후 그 때부터 2003년까지 위 각 부동산의 임대사업을 하였다. 그럼에도 불구하고 위 기간 동안의 원고는 임대수입금액을 신고하지 않았다. 이를 이유로 서광주 세무서장은 구 '소득세법' 제43조 제3항에 따라 당해사건의 원고를 위 부동산임대사업의 주된 사업자로 보고 그에 대하여 1998년분부터 2003년분까지의 종합소득세를 부과하였다. 그런데, 그 중 1998년분 종합소득세 부과처분은 제척기간 도과를 이유로 그 뒤 취소되었다. 이에 당해사건의 원고는 광주지방법원에 위 1999년분부터 2003년분까지의 종합소득세 부과처분의 취소를 구하는 소를 제기하였고, 위 법원은 직권으로 위헌법률심판을 제청하였다.

III. 주 문

구 소득세법 제43조 제3항 중 거주자 1인과 그와 대통령령이 정하는 특수관계에 있는 자가 부동산임대소득이 발생하는 사업을 공동으로 경영하는 사업자 중에 포함되어 있는 경우에는 당해 특수관계자의 소득금액은 그 지분 또는 손익분배의 비율이 큰 공동사업자의 소득금액으로 본다는 부분은 헌법에 위반된다.

Ⅳ. 결정 이유의 주요 논점 및 요지

1. 선판례가 지적한 바와 같이 과잉금지원칙에 어긋나는 재산권 침해로 위헌

헌법재판소는 2006. 4. 27. 구 '소득세법' 제43조 제3항 중 '사업소득이 발생하는 사업'에 관한 부분, 즉 "거주자 1인과 그와 대통령령이 정하는 특수관계에 있는 자가 사업소득이 발생하는 사업을 공동으로 경영하는 사업자 중에 포함되어 있는 경우에는 당해 특수관계자의 소득금액은 그 지분 또는 손익분배의 비율이 큰 공동사업자의 소득금액으로 본다"고 규정한 부분이 헌법에 위반된다는 결정을 이미 선고하였고(헌재 2006. 4. 27. 2004헌가19), 그 결정의 주된 요지는 다음과 같다.

이 규정의 과잉금지원칙 위배여부와 관련하여 우선 '목적의 정당성 및 방법의 적절성'은 인정된다. 위 부분 법률조항은 사업을 공동으로 영위한 것으로 가장하여 소득을 위장 분산함으로써 소득세의 누진세율 차이에 따른 조세회피를 방지하기 위한 것을 그 주된 목적으로 하고 있어 입법목적의 정당성이 인정된다. 또한 이와 같은 입법목적을 달성하기 위하여 특수관계에 있는 자의 사업소득을 지분이나 손익분배 비율이 큰 공동사업자의 소득금액으로 의제케 함으로써 공동사업을 가장한 소득의 위장분산을 통한 누진세율 차이에 따른 조세회피행위를 방지하고 있으므로 그 방법의 적절성도 인정된다.

그러나 피해의 최소성 및 법익의 균형성에는 어긋난다. 위 부분 법률조항은 일률적으로 특수관계자의 사업소득을 지분이나 손익분배의 비율이 큰 공동사업자의 소득금액으로 의제함으로써 조세회피행위의 방지라는 입법목적을 달성하는 데 있어 필요 이상의 과도한 방법을 사용하였다. 즉, 실질적으로 사업소득이 누구에게 귀속되었는가와 상관없이 위 부분 법률조항을 일률적으로 적용하게 함으로써, 과세대상의 실질이나 경제적 효과가 납세자에게 발생한 것으로 볼 수 없는 상황에서도 실질조사나 쟁송 등을 통해 조세회피의 목적이 없음을 밝혀서 그 적용을 면할 수 있는 길을 열어두지 않고 있다. 이는 일정한 외관에 의거하여 가공의 소득, 또는 소득이 귀속되지 않은 자에 대하여 과세를 하는 것으로서 조세행정의 편의만을 위주로 제정된 불합리한 법률이다. 또한, 이러한 입법형식을 정당화시켜 줄 수 있는 다른 입법목적이나 조세정책적 필요성이 있다고 보이지도 않는다. 비록 공동사업을 가장한 소득의 위장 분산에 대한 개별 구체적 사정 등을 과세관청에서 실질적으로 조사하여 파악하기 어렵다 하여도 추정의 형식을 통해 그 입증책임을 납세자에게 돌릴 수 있다. 이러한 것이 조세행정상 과세관청의 부담을 특별히 가중시킨다고는 볼 수 없는 반면, 반증의 기회를 제공하지 않음으로써 납세자에게 회복할 수 없는 피해를 초래할 가능성이 높기 때문에, 이를 통해 달성하려는 입법목적과 사용된 수단 사이의 비례관계가 적정하지 않아 헌법상 과잉금지원칙에 위반된다. 따라서 위 부분 법률조항은 헌법에 위반된다.

2. '사업소득이 발생하는 사업'과 '부동산임대소득이 발생하는 사업'의 결과적 차이는 없음

위 선례의 '사업소득이 발생하는 사업'과 이 사건 법률조항의 '부동산임대소득이 발생하는 사업'의 차이는 다음과 같은 이유에서 선례의 견해를 달리 보아야 할 이유가 되지 못한다. 즉 이 사건 법률조항의 '부동산임대소득이 발생하는 사업'과 위 선례가 판시한 '사업소득이 발생하는 사업'은 그 실질에 있어서, 주된 사업자를 중심으로 특수한 관계에 있는 자들이 공동의 사업을 매개로 유기적으로 결합된 하나의 경제단위로서의 속성을 가진다는 점에서 공통되고, 위 각 사업 모두 그 사업을 공동으로 영위한 것으로 가장하여 소득을 위장 분산함으로써 소득세의 누진세율 차이에 따른 조세회피의 우려가 크다는 점에서 다르지 않다. 나아가 이러한 속성으로부터 쉽게 예상되는 특수관계자 사이의 공동사업을 통한 조세회피 가능성에 대응하여 조세정의를 실현하기 위한 정책적 방안을 강구할 필요성이 있다는 점에서도 차이가 없고, 이러한 이유로 특수관계자와의 공동사업을 통해 형성된 이윤에 대하여 이것을 하나의 과세단위로 볼 필요성이 생기게 된다는 면에서도 다를 것이 없다. 또한 현실적 측면을 볼 때, 과세관청이 이러한 소득의 위장 분산에 대한 관계를 심사하여 과세하기 어렵다는 점에서도 차이가 없다. 따라서 이 사건 법률조항이 "부동산임대소득"과 "사업소득"을 나란히 공동사업 합산과세제도의 대상사업으로 채택하고 있는 것은 이와 같이 양 사업을 동일한 입법취지에서 규율한 것으로 보아야 할 것이다.

한편, 실질적 과세규정으로서의 의제규정이 헌법적으로 용인되기 위해서는 실질조사나 쟁송 등을 통해 그 적용을 면할 수 있는 실효적인 대책이 마련되어 있거나, 과세 대상의 실질이나 그 경제적 효과가 납세자에게 발생한 것으로 볼 수 있어야 하며, 조세법적으로 이러한 입법형식을 정당화시켜 줄 수 있는 다른 입법목적이나 조세정책적 필요성이 강한 경우이어야 한다. 그런데 이와 같은 경우에 해당한다고 볼 수 없는 점에서도 '부동산임대소득이 발생하는 사업'과 '사업소득이 발생하는 사업' 사이에 차이가 없다. 그 밖에 선례의 견해를 변경하여야 할 만한 다른 사정이 발생하였다고도 보이지 않으므로, 위 선례의 견해는 이를 유지함이 상당하다. 따라서 이 사건 법률조항은 헌법에 위반된다.

Ⅴ. 이 결정이 가지는 의미

　　헌법재판소 전원재판부는 재판관 8대 1의 의견으로, 구 '소득세법' 제43조 제3항 중 거주자 1인과 그와 대통령령이 정하는 특수관계에 있는 자가 부동산임대소득이 발생하는 사업을 공동으로 경영하는 사업자 중에 포함되어 있는 경우에는 당해 특수관계자의 소득금액은 그 지분 또는 손익분배의 비율이 큰 공동사업자의 소득금액으로 본다는 부분에 대해 위헌결정을 내렸다. 물론 이에 대해서는 조대현 재판관의 합헌의견도 반대의견으로 개진되었다. 조대현 재판관은 이 사건 법률조항이 비록 소득세 개인과세주의 원칙에 대한 예외를 규정하고 있지만 실질적 조세부담능력을 파악하기 위하여 필요한 경우에 동거가족 합산과세주의를 취한다고 하여 헌법상 과세의 원리(응능부담주의)에 어긋나는 것은 아니라는 점, 수인이 공동으로 부동산임대소득을 취득한 경우에 그 소득을 개인별로 나누어 과세할 것인지 수인이 공동으로 취득한 부동산임대소득 전체를 하나의 과세대상으로 파악하여 과세할 것인지 여부도 과세정책에 따라 조세법률로 결정할 문제라고 할 수 있는 점 등에 근거해 이 사건 법률조항이 합리적인 입법목적을 가진 것으로서 헌법상의 과세원리에 어긋난다고 보기 어려우므로 일정한 동거가족이 공동으로 취득한 부동산임대소득을 합산하여 소득세를 과세한다고 하여 그들의 재산권을 부당하게 침해한다고 볼 수는 없다고 주장하였다.

　　조세법률주의를 통한 재산권 제한에 대해 과잉금지원칙을 적용하고 있는 판례라는 점에 주목할 필요가 있다.

변호사 개업지 제한 사건

― 헌재 1989. 11. 20, 89헌가102 ―

Ⅰ. 심판대상

변호사법 제10조(개업신고 등)

② 판사·검사·군법무관 또는 변호사의 자격이 있는 경찰공무원으로서 판사·검사· 군법무관 또는 경찰공무원의 재직 기간이 통산하여 15년에 달하지 아니한 자는 변호사의 개업신고 전 2년 이내의 근무지가 속하는 지방법원의 관할구역 안에서 는 퇴직한 날로부터 3년간 개업할 수 없다. 다만, 정년으로 퇴직하거나 대법원장 또는 대법관이 퇴직하는 경우에는 그러하지 아니하다.

③ 제2항의 지방법원의 관할구역은 각급법원의 설치와 관할구역에 관한 법률 제4조 의 규정에 불구하고 그 지방법원에 설치된 각 지원의 관할구역을 포함한다.

Ⅱ. 사실관계의 요지

이 사건 위헌심판의 제청신청인은 사법시험에 합격하고 사법연수원을 수료하여 변 호사의 자격을 취득한 후, 군법무관으로 육군에 입대하여 병역의무를 마치고 전역하였다. 그 후 서울지방변호사회를 경유하여 대한변호사협회에 변호사자격등록신청과 개업신고를 하였으나, 대한변호사협회는 제청신청인이 그 개업신고전 2년 이내에 서울지방법원의 관 할구역 안에 소재하는 육군본부 법무감실에서 송무장교로 근무한 사실을 들어 변호사법 제10조 제2항에 의하여 그 등록 및 신고를 거부하였다. 이에 제청신청인은 대한변호사협 회를 상대로 서울민사지방법원에 변호사자격등록이행청구의 소를 제기하였다가 각하되자 다시 서울고등법원에 항소하였다. 서울고등법원은 헌법재판소법 제41조 제1항에 따라 변 호사법 제10조 제2항의 위헌여부에 대한 심판을 제청하였다.

Ⅲ. 주   문

변호사법(1982. 12. 31. 법률 제3594호 전문개정, 1987.12.4. 법률 제3992호 개정) 제10조 제2항, 제3항은 헌법에 위반된다.

Ⅳ. 결정 이유의 주요 논점 및 요지

1. 직업선택의 자유 침해

헌법 제15조의 직업선택의 자유도 물론 헌법 제37조 제2항에 의하여 제한될 수 있다. 그러나 그 제한은 반드시 법률로써 하여야 할 뿐 아니라 국가안전보장, 질서유지 또는 공공복리 등 정당하고 중요한 공공의 목적을 달성하기 위하여 필요하고 적정한 수단·방법에 의하여서만 가능한 것이다.

이 사건 위헌심판의 대상인 '변호사법' 제10조 제2항의 입법제안 이유에 의하면, 그 입법취지는 판사나 검사 등으로 근무하던 공무원이 그 근무지에서 변호사로 개업함으로써 생길 수 있는 정실개입의 위험을 배제하고, 공무원 직무의 공정성에 대한 신뢰 확보에 있음이 분명하다. 또한 위 법률조항에 의한 제한 대상자를 관계공무원으로서 재직기간이 통산하여 15년에 달하지 아니한 자에 대해서만 적용하도록 규정한 점으로 미루어 보면, 법무부장관이 주장하듯 중견판사 및 검사를 확보하기 위함도 위 법률조항의 입법 취지의 하나로 인정된다.

변호사로 개업하고자 하는 판사나 검사 등의 개업지를 제한함으로써 개업을 막겠다는 것은 중견판사 및 검사의 확보라는 목적에 비추어 적절하거나 합리적인 방법이라 할 수 없다. 왜냐하면, 판사나 검사 등으로서의 직무 수행이 국민의 의무에 따른 복무가 아닌 한 필요한 인력의 확보는 인력충당의 장기계획이나 스스로 전직을 원하지 않도록 제도적 뒷받침을 마련함으로써 이루어야 하는 것이지 본인의 의사에 반하여 전직을 어렵게 하는 방법으로써 이루어서는 안 되기 때문이다.

'변호사법' 제10조 제2항은 법조경력이 15년이 되지 않은 변호사가 개업신고전 2년이내의 근무지가 속하는 지방법원의 관할구역 안에서 3년간 개업하는 것을 금지하고 있기는 하나, 개업이 금지된 곳에서 법률사무를 취급하는 행위 자체를 금지하고 있지는 않다. 따라서 위 법률조항이 변호사의 개업지를 제한하는 그 자체에 목적이 있는 것이 아니라 특정사건으로부터 정실개입의 소지가 있는 변호사의 관여를 배제하여 법률사무의 공정성과 공신성을 확보하자는 데 그 목적이 있는 것이라면, 그 제한이 획일적인 점을 감안해 볼 때 위 법률조항이 정한 개업지의 제한은 결국 정실배제라는 목적실현에도 필요하고 적정한 수단이라고 할 수 없다.

'변호사법' 제10조 제2항이 개업지의 제한 단위를 지방법원의 관할구역으로 정하고 있는 것도 문제다. 공무원이 법원이나 검찰청에서 근무하면서 그 동료들과 사이에 형성하는 친분관계는 그 관청의 규모나 본원·본청과 지원·지청간의 거리, 교통편의, 생활권의 범위 등에 따라 달라질 수 있을 것이다. 그럼에도 불구하고 '변호사법' 제10조 제2항은 각 지방법원의 규모 및 사회환경에 따른 특성에 관한 합리적 고려없이 일률적으로 지방법원의 관할구역을 단위로 하여 개업지를 제한하고 있다. 이는 국민에게 자신이 선택한 직업에 자유롭게 종사할 수 있는 직업행사의 자유를 심히 부당하게 제한하는 것이다. 더욱이 군법무관의 경우에는 군복무기간중 주로 법률사무 가운데 군사법원이 관할하는 한정된 범위에만 종사하는데다가 그 조직의 성격상 판사·검사나 경찰관과의 직무상 교류가 적은 만큼 변호사로 개업한다 하여 군사법원 관할사건 이외에 정실의 영향을 미칠 소지도 거의 없다. 그럼에도 불구하고 지방법원의 관할구역을 기준으로 하여 개업지를 제한함으로써 군사법원에 비하여 업무의 양이나 조직이 월등히 방대한 법원이나 검찰을 상대로 한 변호사로서의 활동까지 제한한다는 것은 법 제10조 제2항의 제정으로 이루고자 하는 공익과 비교하여 보아도 과잉제한이라 아니할 수 없다. 서울지방법원의 관할구역이 미치는 최전방 소재의 군사법원에서 복무하던 군법무관이 전역하여 변호사로 개업하고자 할 때 서울지방법원의 관할구역 어느 곳에서도 개업할 수 없다는 점을 상정해 보면 그 제한의 정도가 얼마나 부당하게 과잉한 것인가를 쉽사리 알 수 있다.

2. 평등권 침해

'변호사법' 제10조 제2항은 변호사의 개업지를 제한하면서 판사·검사·군법무관 또는 경찰공무원의 재직기간이 통산하여 15년에 달하는 경우와 정년으로 퇴직하거나 대법원장 또는 대법관이 퇴직하는 경우에는 위 법률의 조항이 정한 개업지 제한의 적용을 배제하고 있다. 그런데, 개업지의 제한을 둔 입법의 목적이 법률사무를 취급하는 공무원의 업무에 정실이 개입하지 못하도록 하자는 데 있는 것이라면, 재직기간이 길면 길수록 정실개입의 소지가 줄어든다는 사정이 있을 때에만 위 규정은 합리적이라 할 것이다.

그러나 변호사로 개업하는 공무원의 재직기간이 길수록 그가 법률사무를 취급하는 공무원의 업무에 친분관계로 인한 영향을 미칠 소지는 적어진다고 볼 합리적 근거는 발견되지 않는다. 그렇다면 법 제10조 제2항은 재직경력이 긴 사람에 대하여 그렇지 않은 사람과 구별하여 그 개업지 제한 규정의 적용을 배제하고 있어 변호사로서의 개업을 하고자 하는 동일한 처지에 있는 자를 합리적 이유없이 차별하고 있다 할 것이므로 이는 법 앞에서의 평등을 규정한 헌법 제11조 제1항에 위반된다.

3. 헌법 제39조 제2항에 위배

특히 위 법률의 조항이 병역의무의 이행으로 군법무관으로 복무한 자에게도 적용될 때에는 다음의 문제가 제기된다. 즉 사법연수원을 수료하고 즉시 개업하는 변호사의 경우 개업지를 선택함에 있어 아무런 제한을 받지 않으나, 병역의무의 이행을 위하여 군법무관으로 복무한 자는 전역 후 변호사로 개업함에 있어 개업지의 제한을 받게 된다. 군법무관으로의 복무 여부가 자신의 선택에 의하여 정해지는 경우와는 달리 병역의무의 이행으로 이루어지는 경우, 이는 병역의무의 이행으로 말미암아 불이익한 처우를 받게 되는 것이라 볼 수밖에 없어 이의 금지를 규정한 헌법 제39조 제2항에 위반된다.

V. 이 결정이 가지는 의미

판사나 검사 등으로 근무하던 공무원의 변호사 개업지 선택을 개업신고전 2년 이내의 근무지가 속하는 '지방법원의 관할구역'이라는 불합리한 획일적 기준에 입각해 금지하고, 그것도 15년 미만의 경력자에게만 적용하는 차별적 '변호사법' 제10조 제2항에 대해 직업선택의 자유, 평등권, 헌법 제39조 제2항의 병역의무 이행으로 인한 불이익 처우 금지조항 위반을 이유로 위헌이라 선언한 결정이다. 위헌제청시 제청된 법률조항이 아닌 변호사법 제10조 제3항에 대해서도, 헌법재판소가 '헌법재판소법' 제45조 단서에 근거해 독립하여 존속할 의미가 없다는 이유로 아울러 위헌선언을 한 점에 주목을 요한다.

자원의 절약과 재활용 촉진에 관한 법률 시행령 사건

─ 헌재 2007. 2. 22, 2003헌마428 ─

Ⅰ. 심판대상

1. 자원의 절약과 재활용 촉진에 관한 법률 시행령(2002. 12. 18. 대통령령 제17808호로 개정된 것) 제5조 별표 1의 1호 "용기"(종이, 금속박, 합성수지재질 등으로 제조된 것을 말한다) 중 "합성수지재질" 부분

2. 위 시행령 제8조 제1항 제2호 식품위생법 제21조 제1항 제3호의 규정에 의한 "식품접객업"부분

3. 위 법 시행규칙(2002. 12. 30. 환경부령 제135호로 개정된 것) 제4조 별표 2의 1호 식품접객업, 집단급식소 적용대상 1회용품의 1회용 용기(종이용기·합성수지용기·금속박용기 등) 중 "합성수지용기" 부분 및 별표 2 비고 1의 나 중 "다만, 도시락에 사용되는 1회용 용기의 경우 2003년 7월 1일 이후에는 합성수지재질외의 재질로 되거나 환경부장관이 산업자원부장관과 협의하여 고시하는 규격기준에 적합한 분해성 합성수지재질로 된 것이어야 한다"는 부분

Ⅱ. 사실관계의 요지

1. 2003헌마428 사건

이 사건 청구인들 대부분은 합성수지 용기를 사용한 도시락의 조리·판매를 하는 자들로서 '자원의 절약과 재활용 촉진에 관한 법률 시행령' 제8조 제1항 제2호에 규정한 식품접객업에 해당하는 사업자들이고, 일부 청구인들은 '합성수지 도시락 용기'를 직접 제조하여 도시락의 조리·판매를 하는 자들에게 판매하는 사업자들이다. 위 청구인들은 이 사건 심판대상 법령조항들이 청구인들의 영업의 자유, 평등권을 침해하고 신뢰보호의 원칙에도 위반된다고 주장하며 그 위헌확인을 구하는 이 사건 헌법소원심판을 청구하였다.

2. 2003헌마600 사건

이 사건 청구인들은 합성수지 용기를 사용한 도시락의 조리·판매를 하는 자들로서 '자원의 절약과 재활용 촉진에 관한 법률 시행령' 제8조 제1항 제2호에 규정한 식품접객업에 해당하는 사업자들이다. 이 사건 심판대상 규정들로 인하여 또는 심판대상 규정들 중 '자원의 절약과 재활용 촉진에 관한 법률 시행규칙' 제4조 별표 2 비고 1의 나 중 해당 부분을 삭제하라는 규제개혁위원회의 권고에 따르지 아니한 환경부장관의 공권력의 불행사로 인하여 2003년 7월 1일부터 합성수지 재질의 1회용 도시락 용기를 사용할 수 없게 되어 헌법상 영업의 자유 및 평등권을 침해받았다고 주장하며 헌법소원심판을 청구하였다.

Ⅲ. 주   문

식품접객업소에서 배달 등의 경우에 합성수지재질의 도시락 용기의 사용을 금지하는 내용의 자원의 절약과 재활용 촉진에 관한 법률 시행령 제5조 별표 1의 1호 "용기" (종이, 금속박, 합성수지재질 등으로 제조된 것을 말한다) 중 "합성수지재질" 부분 등은 헌법에 위반되지 않는다.

Ⅳ. 결정 이유의 주요 논점 및 요지

1. 합성수지재질의 도시락용기 생산업자들의 자기관련성 없음

이 사건 심판대상 규정들은 2003년 7월 1일부터 식품접객업소에서의 합성수지 도시락용기의 사용을 금지하는 것으로서 그 직접적인 수범자는 식품접객업주이므로 청구인들 중 합성수지 도시락 용기의 생산업자들은 원칙적으로 제3자에 불과하다. 또한 합성수지 도시락용기의 사용제한으로 인하여 입게 되는 영업매출의 감소 위험은 직접적, 법률적인 이해관계로 보기는 어렵고 간접적, 사실적 혹은 경제적인 이해관계라고 볼 것이므로 자기관련성을 인정하기 어렵다.

2. 환경부장관의 규제개혁위원회 권고결정 불이행이 공권력의 불행사에 해당하지 않음

행정규제기본법상으로 상대방 행정기관이 규제개혁위원회의 '권고'대로 이행할 것을 강제하기 위한 어떠한 절차규정도 두고 있지 않고, 규제개혁위원회의 권고결정이 내려졌다 하여 이를 근거로 이해관계인인 국민이 직접 상대방 행정기관에게 그 권고내용대로 조치할 것을 청구할 권한이 발생하는 것도 아니다. 따라서 환경부장관이 위 규제개혁위원회의 삭제 권고대로 이행하지 아니하였더라도 그것이 위 청구인들의 기본권을 침해하는 공권력의 불행사에 해당한다고 할 수 없다.

3. 과잉금지원칙에 위배되지 않는 직업수행의 자유에 대한 합헌적 제한

청구인들과 같이 도시락을 판매하면서 1995년경부터 규제를 받아 온 경쟁업종인 식품제조·가공업과 즉석판매제조·가공업에서는 이미 합성수지 용기 대신 대체용기를 사용해 왔다. 이미 개발된 천연소재 대체용기들은 합성수지 도시락 용기와 달리 썩고 분해된다는 점에서는 좀 더 환경친화적이다. 또한 이 문제는 합성수지 도시락 용기 규제와 관련해 입법자(혹은 이를 집행하는 행정부)가 청구인들의 주장대로 합성수지 재질로 된 포장용기의 수거를 철저히 하고 이를 토대로 재활용에 중점을 두는 정책을 취하거나, 부담금부과제도나 생산자책임재활용제도(EPR)를 취하거나, 이 사건 심판대상 규정과 같이 1회용품으로서 사용금지 정책을 취할 수도 있는 정책판단의 문제이다. 다른 합리적인 대체수단이 마련된 상태에서의 이 사건 심판대상 규정에 의한 사용금지 수단도 그 필요성이나 효용성을 충분히 인정할 수 있다. 따라서 피해의 최소성 원칙에 반하지 않는다고 볼 것이며, 그 외 목적의 정당성, 수단의 적절성, 법익의 균형성도 모두 인정할 수 있다.

4. 평등권도 침해하지 않음

1회용품은 재사용이 불가능한 것이므로 그 폐기물의 발생을 원천적으로 줄이기 위해 가급적 다회용품을 사용하거나 또는 보다 재활용이 용이하거나 처리가 쉬운 친환경재질로 대체하는 것이 바람직한 반면에 포장재는 폐기물의 발생을 전제로 폐기물의 발생을 가급적 줄이거나 기타 발생폐기물에 대한 재활용률을 높이는 방법을 강구함이 바람직한 점, 1회용품은 생활·소비용품으로서 우리나라 쓰레기 수거 및 처리체계에 비추어 이를 수거하여 재활용하기가 매우 어려우므로 생산자보다는 음식점, 백화점 등 이를 사용하는 특정의 사업자에게 사용규제의무를 부과하는 것이 효과적인 반면에 포장재는 제품의 생산자나 수입자에게 감량이나 재활용의무를 부과하는 것이 보다 효율적인 점, 그리고 도시락용기는 단기 유통을 전제로 하는 것이며 대체용기도 개발되어 있고 용기 교체시 특별한 시설변경 등이 요구되지 않아 사용금지로 인한 업주의 피해가 상대적으로 크지 않은 반면에 컵라면용기와 햇반 등은 장기유통을 전제로 제조시 변질 방지를 위하여 포장 공정을 거쳐 생산되며 이러한 산업에서 용기교체의 경우에 기계설비의 전면교체 등이 필요하여 비용부담이 크고 대체용기도 개발되어 있지 않아 사용금지의 대상으로 삼기에는 부적절하고 일정한 정도의 사용은 필요한 점 등을 고려하면, 1회용품과 포장재 등을 서로 차별 취급함에는 합리적인 이유가 있다.

5. 신뢰보호의 원칙에 위배되지 않음

심판대상 규정들의 입법연혁과 관련 법령의 내용을 살펴보면, 1995년부터 도시락제조업자의 합성수지 도시락용기의 사용이 금지된 이래 합성수지 도시락용기의 사용제한이 확대되어 왔던 점을 알 수 있고, 청구인들 대부분은 식품접객업 이외의 경쟁 도시락 업종에서는 이미 합성수지 도시락 용기의 사용이 금지되어 있다는 사정을 충분히 알았을 것으로 보이는 점 등을 고려하면, 청구인들은 배달 등의 경우에 예외를 인정한 종전의 시행규칙 조항이 향후 개정될 것이라고 충분히 예상할 수 있었다고 할 것이어서 청구인들의 신뢰는 존재하지 않거나 존재한다고 하더라도 매우 미약하여 헌법적 보호의 대상이 될만한 현저한 신뢰라 보기 어렵고 그 신뢰보호의 필요성도 인정하기 어렵다.

V. 이 결정이 가지는 의미

이 사건 규정들이 합성수지 도시락 용기의 사용을 금지하고 다른 대체용기의 사용을 강제하는 것은 직업수행의 자유와 관련해 목적달성에 필요한 최소한의 방법을 선택하여야 하는 최소침해성의 원칙에 반한다는 조대현 재판관의 위헌의견도 있었지만 관여재판관 8대 1의 의견으로 합헌결정이 내려졌다. 직업수행의 자유와 직업결정의 자유를 구분하면서 직업수행의 자유 제한에 대해서는 합헌성을 널리 인정하는 삼단계이론의 종래 법리를 계속해서 따르고 있는 점에 주목을 요한다.

화장품법 사건

─ 헌재 2007. 4. 26, 2006헌가2 ─

Ⅰ. 심판대상

화장품법 제14조 제1항 중 '제10조 및 제11조의 규정에 의한 가격의 기재·표시를 하지 아니한 화장품을 판매의 목적으로 보관하는 부분'

※ 관련조문

화장품법

제14조(판매 등의 금지)

① 제3조 제1항 전단의 규정에 의한 제조업의 신고를 하지 아니한 자가 제조한 화장품, 제10조 또는 제11조의 규정에 위반되는 화장품은 이를 판매하거나 판매의 목적으로 보관 또는 진열하여서는 아니 된다.

제10조(용기 등의 기재사항)

① 화장품의 용기 또는 포장 및 첨부문서(첨부문서가 있는 경우에 한한다)에는 다음 각호의 사항을 기재·표시하여야 한다. 다만, 보건복지부령이 정하는 용기 또는 포장에는 명칭·상호 및 가격외의 기재·표시를 생략할 수 있다.

6. 가격

② 제1항 제6호의 가격은 직접 소비자에게 판매하는 자가 기재·표시하여야 한다.

제11조(기재·표시상의 주의) 제10조에 규정된 사항의 기재·표시는 다른 문자·문장·도화 또는 도안보다 쉽게 볼 수 있는 곳에 하여야 하며, 보건복지부령이 정하는 바에 따라 읽기 쉽고 이해하기 쉬운 용어로 정확히 기재·표시하여야 한다.

제29조(벌칙)

① 제9조의2, 제12조 또는 제14조 제1항·제3항의 규정에 위반한 자는 1년 이하의 징역 또는 500만원 이하의 벌금에 처한다.

② 제1항의 징역형과 벌금형은 이를 병과할 수 있다.

Ⅱ. 사실관계의 요지

　제청신청인들은 수입 화장품 판매업에 종사하는 개인이나 법인이다. 이들은 화장품의 가격을 표시하지 않고 판매 목적으로 보관하였다는 혐의로 약식 기소되어 각각 벌금 100만원에 처해지는 약식명령을 받았다. 이에 제청신청인들은 자신들 처벌의 근거가 된 '화장품법' 제14조을 위헌이라 주장하며 이에 대해 위헌법률심판제청신청을 하였고, 제청법원은 '화장품법' 제14조 제1항 중 "보관" 부분에 대하여 헌법재판소에 위헌법률심판제청을 하였다. 제청법원의 위헌제청 이유는, "판매의 목적으로 보관"한다는 개념이 불명확하고 판매 내지 진열의 전 단계 행위로서 이른바 불가벌적 사전행위의 성격을 지니는 보관 단계에서까지 가격표시를 강제하는 것은 과잉금지원칙에 위배된다는 것이었다.

Ⅲ. 주   문

　가격 표시를 하지 않은 화장품을 판매 목적으로 보관하지 못하도록 하고 있는 화장품법 제14조 제1항의 관련 부분은 헌법에 위반되지 않는다.

Ⅳ. 결정 이유의 주요 논점 및 요지

1. 화장품 판매자 가격표시제는 명확성의 원칙에 위배되지 않음

　'화장품법'에 의하면, 화장품의 용기 또는 포장 및 첨부문서에는 가격을 기재·표시하여야 하는데(제10조 제1항 제6호), 표시의무자는 직접 소비자에게 판매하는 자이다(제10조 제2항). 이에 위반되는 화장품을 판매하거나 판매의 목적으로 보관 또는 진열하여서는 아니 되며(제14조 제1항), 이에 위반한 자에 대하여는 형사처벌이 가하여진다(제29조). 이러한 화장품 판매자 가격표시제는 첫째, 소비자가 화장품을 구입하는 데 필요한 필수정보인 가격정보를 정확하게 제공하기 위하여 직접 소비자에게 판매하는 자로 하여금 화장품 가격을 자율적으로 정하도록 한 것이고, 둘째, 제조(수입)업자가 실제 거래가격보다 훨씬 고가로 권장 판매가격을 표시하고 판매업자가 가격을 대폭 할인하여 판매함으로써 유통구조를 왜곡하고 소비자의 불신을 야기하는 문제점을 개선하기 위한 것이다.

　화장품 판매자 가격표시제에 관한 '화장품법' 제14조 제1항 중 "판매의 목적으로 보관"이라는 개념은 보편적으로 일반입법이나 처벌법규에서 사용되고 있는 것으로서 법관은 통상적 법해석 방법을 통하여 그 의미 내용을 확정할 수 있고, 법률의 수범자인 일반인 또한 건전한 상식적 법관념을 통해 어떠한 행위가 규제되고 있는지 충분히 알 수 있다. 따라서 '화장품법' 제14조 제1항 중 "판매의 목적으로 보관"부분은 죄형법정주의의 명확성원칙에 위배되지 않는다.

2. 직업행사의 자유에 대한 과잉한 규제도 아님

판매의 목적으로 화장품을 보관하는 행위라 하더라도 그 구체적 보관의 형태는 다양할 수 있다. 그런데, 모든 보관행위에 대하여 일률적으로 가격표시의무를 지우고, 그 위반행위에 대해 형사처벌을 가할 수 있다고 보는 것은 화장품 판매업자의 직업행사의 자유를 필요 이상으로 제한하여 과잉금지원칙에 위배될 소지가 있다.

그러나 헌법에서 보장하는 직업의 자유의 의미와 효력에 비추어 심판대상조항을 합헌적으로 해석하면, 심판대상조항은 '보관 장소, 보관의 형태, 포장 상태 등 제반 사정에 비추어 볼 때 직접 판매에 제공될 수 있는 것으로 인정되는 화장품'을 그 규제대상으로 삼고 있다고 보는 것이 올바른 해석이다. 결론적으로 심판대상조항은, '제10조 및 제11조의 규정에 의한 가격의 기재·표시를 하지 아니한 화장품으로서 그 보관 장소, 보관의 형태 등 제반 사정에 비추어 볼 때 직접 판매에 제공될 수 있는 것'을 보관하여서는 안 된다는 뜻으로 해석되고, 따라서 심판대상조항이 직업행사의 자유에 대한 과잉한 제한에까지 이르는 것은 아니다.

Ⅴ. 이 결정이 가지는 의미

헌법재판소 전원재판부(주심 김희옥 재판관)는 2007년 4월 26일, 재판관 7인의 다수의견으로 가격 표시를 하지 않은 화장품을 판매 목적으로 보관하지 못하도록 하고 있는 화장품법 제14조 제1항의 관련 부분에 대해 헌법에 위반되지 않는다는 합헌결정을 내렸다. 이 결정에는 재판관 2인의 위헌의견도 있었다.

우선 조대현 재판관은 반대의견에서, 판매목적의 보관단계는 판매조건에 관련된 제반 사항을 검토·판단하고 준비하는 단계이므로 이러한 단계에서 화장품의 가격표시를 강요할 이유가 없는데도 불구하고 가격의 표시를 요구하고 행정처분과 형사처벌의 근거로 삼는 것은 위헌이라고 보았다. 김종대 재판관도 반대의견에서, 가격 표시를 하지 않고 판매 목적으로 화장품을 보관한 자에 대해 형사처벌을 가할 것인지 여부가 문제된 당해 사건에서 재판의 전제성이 있는 법률조항은, 일반적인 금지의무만을 규정하고 있는 "제14조 제1항"이 아니라 형사처벌의 전제가 되는 금지의무를 규정한 "제29조 중의 제14조

제1항" 부분이므로 이를 심판대상으로 삼아야 한다고 보았다. 그러면서, 심판대상조항은 그 문언상 보관의 방법과 태양에 대해 아무런 제한을 두고 있지 않아 판매의 목적을 가진 모든 보관행위를 그 대상으로 하고 있으므로, 처벌하고자 하는 행위와 처벌대상에서 제외되는 행위를 명확하게 구분하여 규정하지 않음으로써 수범자로 하여금 어떠한 행위가 처벌되는 행위인지를 명확히 예측할 수 없도록 하고 있으므로 죄형법정주의의 명확성 원칙에 위반되어 위헌이라고 보았다.

명확성의 원칙은 죄형법정주의의 한 파생원칙이기도 하지만, 언론·출판의 자유와 같은 중요한 표현의 자유를 제한하는 법률의 합헌성 판단여부에도 사용되는 원칙이고, 더 일반적으로는, 헌법 제37조 제2항에 의해 국민의 기본권을 제한하는 '법률'이 갖추어야 할 원칙이기도 하다. 이 사건에서 7인의 다수의견은 화장품 판매자가 가격표시를 하지 않은 화장품을 '보관'하는 행위까지 처벌한다고 규정한 화장품법 제14조 제1항 관련 부분이 '죄형법정주의'하의 명확성의 원칙에 위배되지 않는다고 본 데 주목할 필요가 있다.

또한, 헌법재판소 판례와 다수 학설에 의하면, 헌법 제15조의 직업선택의 자유는 크게 어떤 직업을 직업으로서 선택하는 데 따른 자유인 '직업결정의 자유'와 결정된 직업을 수행하는 방법에 따른 자유인 '직업행사의 자유'로 나누어진다. 헌법재판소는 심판대상조항이 직업행사의 자유에 대한 제한이 될 수 있다고 전제했지만, '제10조 및 제11조의 규정에 의한 가격의 기재·표시를 하지 아니한 화장품으로서 그 보관 장소, 보관의 형태 등 제반 사정에 비추어 볼 때 직접 판매에 제공될 수 있는 것'을 보관하여서는 안 된다는 뜻으로 이 조항을 해석한다면 직업선택의 자유를 과잉금지원칙에 위배되게 과잉하게 제한해 침해에 이르는 정도는 아니라고 보았음에도 유념할 필요가 있다.

학교정화구역 내 PC방 금지 사건
─헌재 2008. 4. 24, 2004헌바92 등 병합─

Ⅰ. 심판대상

구 학교보건법(2005. 3. 24. 법률 제7396호로 개정되고, 2007. 4. 27. 법률 제8391호로 개정되기 전의 것)

제6조(정화구역 안에서의 금지행위 등)

① 누구든지 학교환경위생정화구역 안에서는 다음 각 호의 1에 해당하는 행위 및 시설을 하여서는 아니 된다. 다만, 대통령령이 정하는 구역 안에서는 제2호, 제2호의2, 제4호, 제8호, 제10호 내지 제13호 및 제15호에 규정한 행위 및 시설 중 교육감 또는 교육감이 위임한 자가 학교환경위생정화위원회의 심의를 거쳐 학습과 학교보건위생에 나쁜 영향을 주지 않는다고 인정하는 행위 및 시설은 제외한다.

    15. 기타 제1호·제2호·제2호의2·제2호의3·제3호 내지 제14호와 유사한 행위 및 시설과 미풍양속을 해하는 행위 및 시설로서 대통령령으로 정하는 행위 및 시설

※ 병합된 2004헌바92 사건에서는 구 학교보건법(2004. 2. 9. 법률 제7170호로 개정되고, 2005. 3. 24. 법률 제7396호로 개정되기 전의 것) 제6조 제1항 제14호에 해당함

제19조(벌칙) 제6조 제1항의 규정에 위반한 자는 1년 이하의 징역 또는 500만원 이하의 벌금에 처한다.

Ⅱ. 사실관계의 요지

청구인들은 학교정화구역 안에서 PC방 영업을 운영해 오던 PC방 영업주들이다. 청구인들은 자신들이 경영하는 PC방이 구 '학교보건법' 소정의 학교정화구역 안에 위치한다는 이유로 법원으로부터 '학교보건법'위반죄로 약식명령을 고지받고 정식재판을 청구하였다. 그리고 위 재판계속 중 구 '학교보건법' 제19조, 제6조 제1항 제15호에 대하여 위헌법률심판제청신청을 하였다가 기각되자, 이 사건 헌법소원을 청구하였다.

Ⅲ. 주   문

구 학교보건법 제6조 제1항 제15호(2006헌바60 등 사건, 2004헌바92 사건에서는 제14호
에 해당, 이하 같다) 및 제19조는 헌법에 위반되지 아니한다.

Ⅳ. 결정 이유의 주요 논점 및 요지

1. '미풍양속을 해하는 행위 및 시설' 부분이 죄형법정주의의 원칙에 위반되지 않음

이 사건 금지조항이 범죄구성요건으로 사용한 '미풍양속을 해하는 행위 및 시설'의
개념은 가치개념을 사용한 규범적 개념으로서 추상적이고 포괄적이라고 할 수 있다. 그
러나 구 '학교보건법'에서 학교정화구역을 설정하고 일정한 행위와 시설을 금지하는 목적
이 학교의 보건·위생과 학습환경에 나쁜 영향을 주는 행위 및 시설을 금지하기 위한 것
이라는 점에 비추어 보면, 이 사건 금지조항의 '미풍양속을 해하는 행위 및 시설'의 개념
은 '미풍양속을 해하는 행위 및 시설' 중에서도 학교의 보건·위생과 학습환경에 나쁜 영
향을 주는 행위 및 시설을 의미한다고 해석할 수 있다. 여기에는 영업행위 또는 시설의
존재 자체나 영업내용의 전부 또는 일부가 육체적·정신적으로 미성숙한 학생들에게 성
적 호기심을 유발시키거나 폭력성이나 반윤리적 행위를 조장 또는 보편화시키는 행위 및
시설은 물론, 사리분별력과 자기절제력이 미약한 학생들로 하여금 반사회적·반윤리적 행
위로 나아가기 쉽게 하거나 사행행위나 오락에 빠지게 하여 학습을 소홀하게 할 우려가
큰 행위 및 시설도 포함된다고 할 것이다. 따라서 건전한 상식과 통상적인 법감정을 가
진 사람이라면, 이 사건 금지조항이 '미풍양속을 해하는 행위 및 시설'이라는 구성요건에
의하여 금지하고자 하는 대상을 충분히 예견할 수 있다고 할 것이므로, 이 부분이 죄형
법정주의 또는 명확성의 원칙에 위반된다고 보기 어렵다.

2. 헌법 제75조의 위임입법의 한계에 위반되지도 않음

첫째, 이 사건 금지조항 중 '기타 제1호·제2호·제2호의2·제2호의3·제3호 내지 제
14호와 유사한 행위 및 시설' 부분(2006헌바60 등 사건, 2004헌바92 사건에서는 '기타 제1호
내지 제13호와 유사한 행위 및 시설' 부분임)이 대통령령에 위임하고 있는 내용은 구 학교
보건법 제6조 제1항이 제1호 내지 제14호(2004헌바92 사건에서는 제1호 내지 제13호임)에서
구체적으로 열거하고 있는 행위 및 시설의 종류와 유사한 행위 및 시설이다. 대통령령으

로 규정될 행위 및 시설은 법률에서 구체적으로 규정하고 있는 행위 및 시설과 유사한 행위 및 시설이어야 하고, '학교보건법'의 입법목적, 학교정화구역을 설정한 취지에 비추어 학생 및 교직원의 보건위생 및 학습환경에 좋지 않은 영향을 미치는 행위 및 시설이어야 한다. 따라서 그 위임의 범위는 구체적으로 제한되어 있고, 누구든지 쉽게 예측할 수 있다고 할 것이다. 둘째, 이 사건 금지조항 중 '미풍양속을 해하는 행위 및 시설'의 개념은 앞서 본 바와 같이 '미풍양속을 해하는 행위 및 시설' 중에서 학교의 보건·위생과 학습환경에 나쁜 영향을 주는 행위 및 시설을 의미한다. 따라서 이 사건 금지조항에 의해 대통령령에 위임되는 범위는, '미풍양속을 해하는 행위 및 시설'로서 학교의 보건위생과 학습환경에 나쁜 영향을 주는 정도가 구 '학교보건법' 제6조 제1항에서 구체적으로 열거하고 있는 행위 및 시설과 비슷한 행위 및 시설을 의미한다고 할 수 있다. 이러한 관점에서 생각하면, 건전한 상식을 갖춘 통상인이 이 사건 법률조항에 따라 대통령령에서 금지대상으로 규정될 수 있는 '미풍양속을 해하는 행위 및 시설'의 범위를 예측할 수 없다고 보기는 어렵다. 따라서 이 사건 법률조항은 헌법 제75조에 위반된다고 볼 수 없다.

3. 직업수행의 자유 침해도 아님

이 사건 법률조항들의 목적은 학교 주변의 일정 지역을 학교정화구역으로 설정하여 청소년들이 건전하고 조화로운 인격을 형성할 수 있게 하고, 학생들의 건전한 육성을 기하기 위한 것으로서 그 정당성을 인정할 수 있다. 그리고 학교의 보건위생과 학습환경에 나쁜 영향을 주는 행위 및 시설을 학교정화구역 안에서 금지하는 것은 위와 같은 입법목적을 달성하기 위해 효과적이고 적절한 방법이다. 구 '학교보건법' 제5조 제1항에 의하여 직업수행이 제한되는 범위는 학교경계선으로부터 200미터 이내의 학교정화구역 안에 국한되므로 기본권 제한의 정도가 크지 않고, 구 '학교보건법' 제6조 제1항 단서에 의하면, 학교정화구역 중 상대정화구역(학교 경계선으로부터 50m 초과 200m 이내의 지역) 안에서 학습과 학교보건위생에 나쁜 영향을 주지 않는다고 인정하는 행위와 시설은 허용될 수 있다. 따라서 이 사건 법률조항들에 의한 직업수행 자유의 제한은 그 입법목적 달성을 위하여 필요한 정도를 넘어 과도하게 제한하는 것이라고 할 수 없다. 나아가 이 사건 법률조항들로 침해받는 사익은 학교정화구역 안에서 학교의 보건위생과 학습환경에 나쁜 영향을 주는 행위 및 시설이 금지되는 불이익이고, 이 사건 법률조항들이 추구하는 공익은 학생들의 건전한 육성과 학교교육의 능률화라고 할 수 있다. 이 사건 법률조항들로 인하여 제한되는 사익이 이 사건 법률조항들이 추구하는 공익보다 더 중대한 것이라고 보기 어렵다. 따라서 이 사건 법률조항이 직업수행의 자유를 침해하여 헌법에 위반된다고 할 수 없다.

V. 이 결정이 가지는 의미

헌법재판소 7인 재판관의 다수의견은 학교정화구역 내에서 PC방 설치 및 운영을 금
지한 구 '학교보건법' 제6조 제1항 제15호와 그 처벌조항 제19조가 죄형법정주의나 위임
입법의 한계에도 위배되지 않고 직업수행의 자유도 침해하지 않아 합헌이라고 판시했다.
이에 대해 김종대, 송두환 재판관의 반대의견은 다수의견이 이 사건 금지조항 중 '미풍양
속을 해하는 행위 및 시설' 부분이 죄형법정주의의 명확성원칙에 어긋나고 위임입법의
한계에도 위배된다고 보면서 헌법불합치의 의견을 개진했다.

헌법재판소는 학교정화구역 내에서의 극장 영업을 금지하는 '학교보건법' 규정과 관련
해 2004. 5. 27, 2003헌가1 사건에서 대학의 정화구역에 대해서는 위헌결정을, 유치원 및
초·중·고등학교의 정화구역에 대해서는 헌법불합치결정을 선언한 바 있음을 상기할 필
요가 있다. 즉, 학교정화구역 내에서의 극장 영업은 위헌성이 있다고 보았지만, 학교정화
구역 내에서의 PC방 영업 금지는 합헌이라고 본 점을 잘 구분해 정리해 둘 필요가 있다.

태아성감별금지 사건

— 헌재 2008. 7. 31, 2005헌바90 —

Ⅰ. 심판의 대상

구 의료법(1987. 11. 28. 법률 제3948호로 개정되고, 2007. 4. 11. 법률 제8366호로 전부 개정되기 전의 것)

제19조의2(태아의 성감별행위 등의 금지)

② 의료인은 태아 또는 임부에 대한 진찰이나 검사를 통하여 알게 된 태아의 성별을 임부 본인, 그 가족 기타 다른 사람이 알 수 있도록 하여서는 아니 된다.

의료법(2007. 4. 11. 법률 제8366호로 전부 개정된 것)

제20조(태아 성 감별 행위 등 금지)

② 의료인은 태아나 임부를 진찰하거나 검사하면서 알게 된 태아의 성(性)을 임부, 임부의 가족, 그 밖의 다른 사람이 알게 하여서는 아니 된다.

Ⅱ. 사실관계의 요지

청구인은 산부인과 전문의로서 서울에서 산부인과 병원을 운영하고 있다. 그런데 보건복지부장관은 청구인이 2001년 7월부터 3차례에 걸쳐 산모인 甲에게 태아의 성별을 확인하여 주어 '의료법' 제19조의2 제2항을 위반하였다는 이유로 청구인에 대해 의사면허자격정지 6월을 명하는 처분을 하였다. 이에 청구인은 서울행정법원에 보건복지부장관을 상대로 하여 위 의사면허자격정지처분의 취소를 구하는 소송을 제기하고, 그 재판 계속 중 '의료법' 제19조의2 제2항의 위헌 여부가 재판의 전제가 된다고 하여 위헌법률심판제청신청을 하였다. 이후 서울행정법원은 위 자격정지처분취소청구를 기각함과 동시에 위 위헌법률심판제청신청을 기각하였다. 그러자 청구인은 '의료법' 제19조의2 등이 청구인의 직업의 자유 등을 침해한다고 주장하며, 그 위헌확인을 구하는 이 사건 헌법소원심판을 청구하였다.

Ⅲ. 주   문

1. 의료법 제19조의2 제2항은 헌법에 합치되지 아니한다. 법원 기타 국가기관 및 지
방자치단체는 위 법률조항의 적용을 중지하여야 한다.

2. 의료법 제20조 제2항은 헌법에 합치되지 아니한다. 위 규정은 2009. 12. 31.을 시
한으로 입법자가 개정할 때까지 계속 적용된다.

Ⅳ. 다수의견(이강국, 김희옥, 민형기, 목영준, 송두환 재판관)의 주요 논점 및 요지

1. 과잉금지원칙을 위반해 의사의 직업수행의 자유 및 임부나 그 가족이 태아 성별 정보에 대한 접근을 방해받지 않을 권리 등을 침해

이 사건 규정의 태아 성별 고지 금지는 낙태, 특히 성별을 이유로 한 낙태를 방지함
으로써 성비의 불균형을 해소하고 태아의 생명권을 보호하기 위해 입법된 것이다. 자녀
의 출산과 관련해 현재에는 남아에 대한 뚜렷한 선호가 존재한다고 단언하기는 곤란하지
만, 그 입법 배경이나 남아에 대한 선호가 유난히 두드러졌던 지난날 우리나라의 현실에
비추어 볼 때, 태아의 생명을 보호하기 위해 그 성별의 고지를 금지하여야 할 이유는 존
재한다. 그러나 임신 기간이 통상 40주라고 할 때, 낙태가 비교적 자유롭게 행해질 수
있는 시기가 있는 반면에, 낙태를 할 경우 태아는 물론, 산모의 생명이나 건강에 중대한
위험을 초래하여 낙태가 거의 불가능하게 되는 시기도 있다. 예컨대 모자보건법 제14조
는 일정한 우생학적 또는 유전학적 정신장애나 신체질환이 있는 경우와 같은 예외적인
경우에는 낙태를 허용하고 있지만, 모자보건법시행령 제15조 제1항은 이러한 예외적인
낙태도 임신한 날로부터 28주가 지나면 이를 하지 못하도록 금지하고 있다. 임신 후반기
에 접어들면 대체로 낙태 그 자체가 위험성을 동반하게 되므로 태아와 산모를 보호하기
위해 이를 절대적으로 금지하고 있는 것이다. 따라서 이와 같이 낙태 그 자체의 위험성
으로 인하여 낙태가 사실상 이루어질 수 없는 임신 후반기에는 태아에 대한 성별 고지를
예외적으로 허용하더라도 성별을 이유로 한 낙태가 행해질 가능성은 거의 없다고 할 것
이다. 그럼에도 불구하고 성별을 이유로 하는 낙태가 임신 기간의 전 기간에 걸쳐 이루
어질 것이라는 전제 하에, 이 사건 규정이 낙태가 사실상 불가능하게 되는 시기에 이르
러서도 태아에 대한 성별 정보를 태아의 부모에게 알려 주지 못하게 하는 것은 의료인과
태아의 부모에 대한 지나친 기본권 제한으로서 피해의 최소성 원칙을 위반한다.

우리 '형법'은 성별에 따른 낙태뿐만 아니라 모든 경우의 낙태를 방지하기 위해 낙태죄를 형사처벌하는 규정을 두고 있다. 그런데 이와는 별도로 이 사건 규정은 여러 가지 낙태 중에서 특히 성별을 이유로 한 낙태를 근절시킨다는 명목 하에 태아의 성별 고지를 금지하고 있다. '형법'상 낙태죄만 가지고는 성별을 이유로 한 낙태를 방지하는 것이 어렵다고 보고, 이 사건 태아의 성별고지금지 제도를 추가한 것으로 보인다. 하지만 오늘날에 와서는 이 사건 규정의 입법 당시에 비해 남아선호경향이 현저히 완화되고 있고, 전체 성비가 2006년 107.4로 자연성비 106에 근접하고 있다. 이러한 점에 비추어 볼 때, 과연 성비불균형이 심각한 사회문제인가 하는 것과 태아에 대한 성별고지가 낙태의 원인행위로 작용하고 있는가 하는 점에 의문을 갖지 않을 수 없다. 그럼에도 불구하고 이 사건 규정이 임신기간 전 기간에 걸쳐 태아의 성별 고지를 금지하는 것은 과도한 대처라고 할 것이다. 태아의 생명은 중요한 법익으로서 국가는 이를 보호할 책임이 있으나 태아의 생명에 대한 보호가 그다지 문제되지 않는 시기에 접어들어서까지 태아의 생명보호를 이유로 의사의 직업수행의 자유나 임부 및 그 가족의 기본권을 무조건 제한해서는 안 될 것이다. 그런데 이 사건 규정은 공익에 대한 보호의 필요성이 거의 제기되지 않는 낙태 불가능 시기 이후에도 의사가 자유롭게 직업수행을 하는 자유를 제한하고, 임부나 그 가족의 태아 성별 정보에 대한 접근을 방해하여 의사 또는 임부나 그 가족의 기본권을 침해하고 있다. 이것은 과도한 사익의 침해로서 기본권 제한의 법익 균형성 요건을 충족시키지 못하고 있다고 할 것이다.

2. 헌법불합치결정형식을 취함

이상에서 본 바와 같이 이 사건 규정은 과잉금지원칙을 위반하여 의사의 직업수행의 자유 및 임부나 그 가족이 태아 성별 정보에 대한 접근을 방해받지 않을 권리 등을 침해하고 있으므로 헌법에 위반된다. 한편, 국회는 2007년 4월 11일 법률 제8366호로 이 사건 의료법을 전부 개정하여 위 19조의2 제2항이 개정 '의료법' 제20조 제2항으로 변경되었으나 그 규율 내용에 있어서는 아무런 변화가 없다. 따라서 위 개정 규정에 관하여도 여전히 의료인의 직업수행의 자유 및 태아 부모의 태아 성별 정보에 대한 접근을 방해받지 않을 권리를 침해하는지 등의 문제가 그대로 발생한다. 따라서 법질서의 정합성과 소송경제의 측면에서 개정된 의료법에 대해서도 이 사건 규정과 함께 위헌을 선언할 필요가 있다고 할 것이므로, 이 사건 규정과 함께 '의료법' 제20조 제2항에 대해서도 위헌을 선언하기로 한다. 다만 이 사건 심판대상 규정들에 대해 단순위헌결정을 할 경우 태아의 성별 고지 금지에 대한 근거 규정이 사라져 법적 공백상태가 발생하게 될 것이므로 헌법불합치결정을 하기로 한다. '의료법' 제20조 제2항은 입법자가 2009년 12월 31일을 기한으로 새 입법을 마련할 때까지 잠정 적용을 해야 하며, 구 '의료법' 제19조의2 제2항은 이미 개정되어 효력을 상실하고 있지만 2005헌바90 당해사건과 관련하여서는 여전히 그 효력을 유지하고 있다고 할 것이므로 당해사건과 관련하여 그 적용을 중지하고, 국회가 '의료법' 규정을 개정하면 그 개정된 법률을 적용하여야 할 것이다.

Ⅴ. 이 결정이 가지는 의미

위의 5인 재판관의 헌법불합치의견에 대해 이공현, 조대현, 김종대 재판관의 3인의 재판관은 태아의 생명을 보호하기 위해 낙태죄를 형법이 처벌하고 있는 마당에 여기에 더해 이 사건 심판대상 규정들이 태아의 생명을 보호한다는 명목으로 성별고지를 금지하는 것은 입법목적 자체가 정당하지 않은 것으로서 단순위헌결정을 하여야 한다는 의견을 개진하였다. 이 3인 재판관의 위헌의견이 위의 5인 재판관의 헌법불합치의견과 합쳐져, 태아성별에 대한 고지를 금지하고 있는 구 '의료법' 제19조의2 제2항과 '의료법' 제20조 제2항에 대해 이 규정들이 의료인의 직업의 자유와 태아 부모의 태아성별 정보에 대한 접근을 방해받지 않을 권리를 침해하고 있다는 이유로 헌법불합치결정이 선고된 것이다.

이 사건에서 원래 청구인이 위헌을 문제삼았던 것은 구 '의료법' 제19조의2 제2항이었으나, 그 후 의료법이 전부 개정되었고 이 조항은 일부 문언의 변경에도 불구하고 그 실질적 내용에는 변함이 없이 개정 '의료법' 제20조 제2항으로 조문의 위치가 변경되었을 뿐이었다. 따라서 헌법재판소는 직권으로 '의료법' 제20조 제2항도 이 사건 심판대상에 포함시켰다. 헌법재판소의 심리가 직권심리주의를 원칙으로 하고 있기 때문에 가능한 일이다.

한국방송공사의 지상파 방송광고 판매대행 독점 사건
─ 헌재 2008. 11. 27, 2006헌마352 ─

Ⅰ. 심판대상

구 **방송법**(2000. 1. 12. 법률 제6139호로 폐지·제정되고, 2007. 1. 26. 법률 제8301호로 일부 개정되기 전의 것)

제73조(방송광고등)

⑤ 지상파방송사업자는 한국방송광고공사 또는 대통령령이 정하는 방송광고판매대행사가 위탁하는 방송광고물 이외에는 방송광고를 할 수 없다. 다만, 대통령령이 정하는 방송광고에 대하여는 그러하지 아니하다.

구 **방송법시행령**(2000. 3. 13. 대통령령 제16751호로 폐지·제정되고, 2007. 8. 7. 대통령령 제20219호로 개정되기 전의 것)

제59조(방송광고)

③ 법 제73조 제5항 본문에서 "대통령령이 정하는 방송광고 판매대행사"라 함은 방송광고 판매대행을 위하여 설립된 주식회사로서 한국방송광고공사가 출자한 회사를 말한다.

※ 방송법 제73조 제5항은 2007년에 개정되어 지상파방송사업자에 지상파방송사업자와 방송채널사용계약을 체결하고 그 채널을 사용하여 지상파방송을 하는 방송채널사용사업자를 포함시켰으며, 방송법시행령 제59조 제3항도 2007년에 개정되면서 조항의 위치를 제5항으로 옮겼다. 개정 후의 방송법 제73조 제5항과 방송법시행령 제59조 제3항도 심판대상이 되었다.

Ⅱ. 사실관계의 요지

청구인은 국내외 지상파 방송광고 판매대행 사업 및 국내외 CATV, 위성방송, DMB 등의 방송광고 판매대행 사업 등을 목적으로 설립된 주식회사이다. 현재 CATV나 위성방송, DMB 등에 대해 방송광고 판매대행 사업을 하고 있다. 그런데 '방송법' 제73조 제5

항은, 지상파 방송사업자는 한국방송광고공사 또는 대통령령이 정하는 방송광고 판매대
행사가 위탁하는 방송광고물 이외에는 방송광고를 할 수 없도록 하고 있고, '방송법시행
령' 제59조 제3항에서는 대통령령이 정하는 방송광고 판매대행사를 방송광고 판매대행을
위하여 설립된 주식회사로서 한국방송광고공사가 출자한 회사로 한정하고 있다. 따라서
한국방송광고공사의 출자 없이 설립된 청구인 회사는 위 '방송법' 조항과 시행령 조항에
의해 지상파방송사에는 방송광고 판매대행 사업을 할 수 없다. 이에 청구인은 위 규정들
이 청구인의 직업선택의 자유와 평등권 등을 침해한다고 주장하며 2006년에 이 사건 헌
법소원심판을 청구하였다.

Ⅲ. 주   문

1. 방송법 제73조 제5항 및 방송법 시행령 제59조 제3항은 헌법에 합치되지 아니한다.
2. 방송법 제73조 제5항은 헌법에 합치되지 아니한다.
3. 위 제2항 규정들은 2009. 12. 31.을 시한으로 개정될 때까지 계속 적용된다.

Ⅳ. 결정 이유의 주요 논점 및 요지

1. 과잉금지원칙에 위반해 직업수행의 자유 침해

이 사건 규정은 지상파 방송광고 판매대행 시장에 제한적 경쟁체제를 도입함과 동
시에 방송의 공정성과 공익성, 그리고 다양성을 확보하기 위해 한국방송광고공사와 이로
부터 출자를 받은 회사에 대해서만 지상파 방송광고 판매대행을 할 수 있도록 하고 있
다. 이 규정은 한국방송광고공사에게만 지상파 방송광고 판매대행을 할 수 있도록 하던
것을 해제하여 한국방송광고공사가 출자한 회사의 경우에도 지상파 방송광고 판매대행을
할 수 있도록 함으로써 외관상으로는 제한적 경쟁체제를 도입하였다. 그런데 실제 이 사
건 규정이 만들어진 2000년 이후 오늘날까지 한국방송광고공사가 지상파 방송광고 판매
대행을 할 수 있도록 출자를 한 회사는 한 곳도 없다. 이와 같이 한국방송광고공사가 경
영상의 판단을 이유로 지금처럼 계속해서 출자를 미룬다면 한국방송광고공사의 독점체제
는 무너지지 않을 것이다. 이것은 이 사건 규정에서 지상파 방송광고 판매대행사업자를
합리적이고도 객관적인 기준에 의해 정하고 있는 것이 아니라 아무런 기준 없이 한국방
송광고공사와 이로부터 출자를 받은 회사로 한정하여 특정 주체에게만 지상파 방송광고
판매대행을 할 수 있도록 하는 방법을 택하고 있는 데 기인하는 것이다. 이 사건 규정이

이와 같이 한국방송광고공사의 재량적 판단에 지상파 방송광고 판매대행 시장의 경쟁체제의 실현 여부를 맡겨 놓은 것은 제한적으로라도 경쟁체제를 도입한 것이라고 말할 수 없다.

한편, 위에서 본 바와 같이 한국방송광고공사와 이로부터 출자를 받은 회사에게만 지상파 방송광고 판매대행을 할 수 있도록 하는 것은 이 사건 규정의 입법목적을 달성하는 적절한 수단이 아님은 물론, 기본권 제한을 최소화하는 방법도 될 수 없다. 예컨대 이 사건 규정이 목표로 하는 방송의 공공성, 공익성, 다양성을 보장하고 실질적인 제한적 경쟁체제를 도입하면서도 이로 인한 기본권 침해를 최소화하는 방법으로 입법자는 지상파 방송광고 판매대행사업을 일정한 요건, 조직, 시설을 갖춘 업체에 한하여 허가제로 한다든지, 중소 방송국에 일정량의 방송광고를 제공하는 경우에만 민영 광고판매 대행사업자의 설립을 허가한다든지, 방송광고 가격의 상한선을 정하다든지, 특정 장르, 특정 시청자를 대상으로 한 프로그램 쿼터제를 도입한다든지, 방송사의 출연금으로 기금을 조성하여 공공성이 높은 프로그램제작에 보조금을 지급한다든지, 허가를 받은 경우에도 방송의 공익성·공정성을 해하는 영업을 할 경우에는 허가를 취소한다든지 하는 등의 방법을 선택할 수 있다. 그럼에도 불구하고 입법자는 위와 같은 방법을 외면한 채, 한국방송광고공사와 이로부터 출자를 받은 회사만 지상파방송광고의 판매대행을 할 수 있도록 함으로써 기본권 침해의 최소침해성 원칙을 위반하고 있다. 결국 이 사건 규정은 과잉금지원칙을 위반하여 청구인의 직업수행의 자유를 침해하고 있다.

2. 평등권도 침해

이 사건 규정은 지상파 방송광고 판매대행과 관련하여 제한적 경쟁체제를 도입하면서도 방송의 공공성 내지 공익성, 다양성을 담보하기 위해 지상파 방송광고 판매대행사로 한국방송광고공사와 이로부터 출자를 받은 자로 한정하고 있다. 그런데 한국방송광고공사나 이로부터 출자를 받은 회사에게만 지상파 방송광고 판매대행을 맡길 이유는 없다. 위와 같은 입법목적의 달성은 한국방송광고공사이거나 이로부터 출자를 받았는지 여부로 좌우되지는 않으며, 지상파 방송광고 판매대행사가 공영인지 민영인지, 또는 공적부분의 출자가 있었는지 여부를 불문하고 실질적인 경쟁관계를 형성할 수 있는 복수의 광고판매 대행사가 존재하는지, 공공성이나 다양성 등을 제고하기 위한 실질적인 제도를 구축하고 있는지 여부에 달려 있다. 그러나 이 사건 규정은 민영 방송광고 판매대행사는 사적 이익만을 위해 설립된 회사라 단정하고 한국방송광고공사와 이로부터 출자를 받은 회사에만 지상파방송사업자에 대한 방송광고 판매대행을 할 수 있도록 하고 있다. 이것은 차별목적과 수단 사이에 비례성을 상실한 것이라 할 것이다. 따라서 이 사건 규정은 청구인의 평등권을 침해하고 있다.

3. 심판대상 확장 및 헌법불합치 결정과 잠정적용 명령

위에서 본 바와 같이 이 사건 구 '방송법' 규정과 구 '방송법 시행령' 규정은 그 내용에는 변함이 없이 개정이 이루어져 현재에 이르고 있다. 개정된 규정들과 구 방송법령 규정 사이에는 본질적인 차이가 없으므로 위헌결정의 실효성을 담보하고, 법질서의 정합성과 소송경제를 위하여 개정된 '방송법'과 '방송법 시행령' 규정에 대해서도 이 사건 규정과 함께 위헌을 선언하기로 한다. 다만 이 사건 심판대상 규정들에 대해 단순위헌결정을 하여 당장 그 효력을 상실시킬 경우 지상파 방송광고 판매대행을 규제하는 근거규정이 사라져 방송광고 판매대행사업자가 난립함으로써 지상파 방송광고 판매대행 시장을 무질서한 상태에 빠뜨리게 될 것이므로 헌법불합치결정을 하기로 한다. '방송법' 제73조 제5항과 '방송법 시행령' 제59조 제5항은 그 위헌성이 제거될 때까지 잠정적으로 적용되어야 하고, 늦어도 2009년 12월 31일까지는 개정을 하여야 할 것이다.

V. 이 결정이 가지는 의미

한국방송광고공사와 이로부터 출자를 받은 회사에 대해서만 지상파 방송광고 판매대행을 할 수 있도록 한 신구 '방송법' 및 '방송법 시행령' 규정에 대해 직업수행의 자유와 평등권 침해를 이유로 헌법불합치 및 입법촉구결정을 내린 사건이다. 이공현 재판관은 헌법불합치결정을 내릴 이유가 없고 위헌결정을 내리면 된다는 단순위헌의견을, 조대현 재판관은 대행제한부분 뿐만 아니라 위탁강제부분도 헌법에 위반된다는 전부위헌의견을, 이동흡 재판관은 법률조항에 대해서는 반대의견인 각하의견을, 시행령조항에 대해서는 다수의견의 결론에는 동의하지만 그 위헌성 심사의 방식 및 내용에 있어서 의견을 달리하는 별개의견을 개진했다. 직업의 자유 중 '직업결정의 자유'가 아닌 '직업수행의 자유' 제한에 과잉금지원칙을 적용해 직업수행의 자유를 침해하고 있다고 판시하고 있음에 주목할 필요가 있다. 직업수행의 자유는 삼단계이론에 의할 경우 직업결정의 자유보다 그 제한이 더 용이한 기본권이다.

성인대상 성범죄자의 학원 취업제한 사건

─ 헌재 2016. 7. 28. 2015헌마359 ─

Ⅰ. 심판대상

아동·청소년의 성보호에 관한 법률(2012. 12. 18. 법률 제11572호로 전부개정된 것) 제56조(아동·청소년 관련기관 등에의 취업제한 등)

① 아동·청소년대상 성범죄 또는 성인대상 성범죄로 형 또는 치료감호를 선고받아 확정된 자는 그 형 또는 치료감호의 전부 또는 일부의 집행을 종료하거나 집행이 유예·면제된 날부터 10년 동안 가정을 방문하여 아동·청소년에게 직접교육 서비스를 제공하는 업무에 종사할 수 없으며 다음 각 호에 따른 시설·기관 또는 사업장을 운영하거나 아동·청소년 관련기관 등에 취업 또는 사실상 노무를 제공할 수 없다. 다만, 제10호 및 제14호 경우에는 경비업무에 종사하는 사람, 제12호의 경우에는 「의료법」 제2조의 의료인에 한한다.

3. 「학원의 설립·운영 및 과외교습에 관한 법률」 제2조 제1호의 학원, 같은 조 제2호의 교습소 및 같은 조 제3호의 개인과외교습자(아동·청소년의 이용이 제한되지 아니하는 학원·교습소로서 교육부장관이 지정하는 학원·교습소 및 아동·청소년을 대상으로 하는 개인과외교습자를 말한다)

※ 이 중에서 제56조 제1항의 "성인대상 성범죄로 형…를 선고받아 확정된 자"와 제3호의 "「학원의 설립·운영 및 과외교습에 관한 법률」 제2조 제1호의 학원" 부분이 심판대상임.

Ⅱ. 사실관계의 요지

청구인은 학원을 운영하여 오던 중 강제추행 사실로 벌금 700만 원의 유죄판결을 선고받았고, 항소하였으나 항소이유서 미제출로 항소가 기각되어 위 벌금형이 확정되었다. 청구인은 제1심 소송 계속 중 자신이 '아동·청소년의 성보호에 관한 법률'상 취업제한 대상자에 해당되어 10년간 학원을 운영하지 못하게 될 것인데, 이는 자신의 직업의 자유를 침해한다고 주장하면서 이 사건 헌법소원심판을 청구하였다.

Ⅲ. 주   문

'아동·청소년의 성보호에 관한 법률'(2012. 12. 18. 법률 제11572호로 전부개정된 것) 제56조 제1항 제3호의 "'학원의 설립·운영 및 과외교습에 관한 법률' 제2조 제1호의 학원" 중 '성인대상 성범죄로 형을 선고받아 확정된 자'에 관한 부분은 헌법에 위반된다.

Ⅳ. 결정 이유의 주요 논점 및 요지

1. 좁은 의미의 직업선택의 자유를 제한

헌법 제15조는 "모든 국민은 직업선택의 자유를 가진다."고 규정하여, 개인이 원하는 직업을 자유롭게 선택하는 '좁은 의미의 직업선택의 자유'와 그가 선택한 직업을 자기가 원하는 방식으로 자유롭게 수행할 수 있는 '직업수행의 자유'를 보장하고 있다.

심판대상조항은 성인대상 성범죄로 형을 선고받아 확정된 자에 대해 그 집행이 종료된 때로부터 10년간 아동·청소년 관련 학원을 운영할 수 없도록 하거나, 위 기관에 취업할 수 없도록 하고 있으므로, 청구인의 직업선택의 자유를 제한한다.

직업의 자유도 헌법 제37조 제2항에 따라 국가안전보장, 질서유지 또는 공공복리 등 정당하고 중요한 공공의 목적을 달성하기 위하여 필요한 경우에는 그 본질적 내용을 침해하지 않는 범위 내에서 제한될 수 있지만, 좁은 의미의 직업선택의 자유를 제한하는 것은 인격발현에 대한 침해의 효과가 직업수행의 자유를 제한하는 경우보다 일반적으로 크기 때문에 전자에 대한 제한은 후자에 대한 제한보다 더 엄격한 제약을 받는다.

2. 과잉금지원칙에 위배

첫째, 목적의 정당성 및 수단의 적합성을 충족한다. 이 사건 법률조항은 성인대상 성범죄자에 대하여 일정기간 "'학원의 설립·운영 및 과외교습에 관한 법률' 제2조 제1호의 학원"을 운영하거나 그 기관 등에 취업하는 것을 제한하여 아동·청소년들과의 접촉을 차단함으로써, 아동·청소년을 성범죄로부터 보호하는 동시에 아동·청소년 관련 학원의 윤리성과 신뢰성을 높여 아동·청소년 및 그 보호자가 이들 기관을 믿고 이용하거나 따를 수 있도록 하려는 입법목적을 지닌다. 이러한 입법목적은 정당하다. 또한 성인대상 성범죄자에 대하여 일정기간 아동·청소년 관련 학원에 취업제한을 하는 것은 위와 같은 입법목적을 달성할 수 있는 하나의 방안이 될 수 있으므로 수단의 적합성도 인정된다.

둘째, 침해의 최소성 원칙에 위반된다. 심판대상조항은 성범죄 전력에 기초하여 어떠한 예외도 없이 그 대상자의 재범 위험성을 당연시할 뿐 아니라 형의 집행이 종료된 때부터 10년이 경과하기 전에는 결코 재범의 위험성이 소멸하지 않는다는 입장이라고 할 수 있는데, 이처럼 심판대상조항이 성범죄 전력만으로 재범의 위험성이 있다고 간주하고 일률적으로 아동·청소년 관련 학원에 10년간 취업제한을 하는 것은 지나친 기본권 제한에 해당한다. 또한 범죄행위의 유형이나 구체적 태양 등을 고려하지 않은 채, 범죄의 경중이나 재범의 위험성에 관한 개별적 판단 없이 일률적으로 일정기간에 걸쳐 취업 등을 차단하는 것은 죄질이 가볍고 재범의 위험성이 적은 자에 대한 지나친 기본권 침해가 될 수 있다. 이러한 문제점을 해결하기 위해서는 성인대상 성범죄 전과자의 취업제한을 하기에 앞서, 그러한 대상자들에게 재범의 위험성이 있는지 여부, 만약 있다면 어느 정도로 취업제한을 해야 하는지를 구체적이고 개별적으로 심사하는 절차가 필요하다. 이에 관해서는 추후 심도 있는 사회적 논의가 필요하겠지만, 10년이라는 현행 취업제한기간을 기간의 상한으로 두고 법관이 대상자의 취업제한기간을 개별적으로 심사하는 방식도 하나의 대안이 될 수 있을 것이다. 독일의 입법례는 취업제한을 성범죄자로 한정하지 않았다는 점에서 우리와 차이가 있지만, 취업제한을 위해 법관의 판단절차를 요구하고 있어서 참조가 될 수 있을 것이다. 따라서 이 사건 법률조항은 침해의 최소성 요건을 충족했다고 보기 힘들다.

셋째, 법익의 균형성 원칙에도 위반된다. 심판대상조항은 아동·청소년을 성범죄로부터 보호하고, 아동·청소년 관련 학원의 윤리성과 신뢰성을 높여 아동·청소년 및 그 관계자들이 이 기관을 믿고 이용하도록 하는 것이 우리 사회의 중요한 공익에 해당한다. 하지만 심판대상조항은 범죄의 경중이나 재범의 위험성 여부를 떠나 형 집행이 종료된 때로부터 10년이라는 기간 동안 아동·청소년 관련 학원에 대한 취업제한을 함으로써 그것이 달성하려는 공익의 무게에도 불구하고 성인대상 성범죄 전과자의 기본권을 과도하게 제한하고 있다. 따라서 법익의 균형성 원칙에도 위반된다.

그러므로 이 사건 법률조항은 청구인의 직업선택의 자유를 침해한다.

V. 이 결정이 가지는 의미

헌법재판소는 재판관 전원 일치의 의견으로 성인대상 성범죄로 형을 선고받아 확정된 자는 그 형의 집행을 종료한 날부터 10년 동안 '학원의 설립·운영 및 과외교습에 관한 법률' 제2조 제1호의 학원을 개설하거나 위 기관에 취업할 수 없도록 한 '아동·청소년의 성보호에 관한 법률' 제56조 제1항 제3호의 "'학원의 설립·운영 및 과외교습에 관한 법률' 제2조 제1호의 학원" 중 '성인대상 성범죄로 형을 선고받아 확정된 자'에 관한 부분에 대해 위헌결정을 내렸다. '아동·청소년 성보호에 관한 법률'상의 취업제한제도에 관한 후속 판례로, 헌법재판소가 성인대상 성범죄 의료인의 의료기관에 대한 취업제한 조항에 대해 위헌결정을 내린 사건(헌재 2016. 3. 31.2013헌마585, 2013헌바394, 2015헌마199(병합)사건) 등의 연장선에서 같은 '아동·청소년 성보호에 관한 법률'상 의료기관이 아닌 학원이라는 타 기관에 대한 취업제한이 같은 취지로 위헌임을 선언한 결정이다.

  이 사건 결정에서 헌법재판소는 취업제한 제재 자체가 위헌이라고 보지는 않았다. 다만 10년이라는 현행 취업제한기간을 기간의 상한으로 두고 법관이 대상자의 취업제한 기간을 개별적으로 심사하는 방식도 하나의 대안이 될 수 있음을 언급한 부분은 현행 제도를 합리적으로 교정하여 합헌적으로 운영할 수 있다는 의미로 해석된다. 이 사건 결정문에서 독일의 입법례가 참조가 될 것이라고 설시한 점도 주목을 끈다.

정화조청소업 허가제 사건

— 헌재 2007. 4. 26, 2004헌바56 —

Ⅰ. 심판대상

'오수·분뇨 및 축산폐수의 처리에 관한 법률'(2002. 12. 26. 법률 제6827호로 개정된 것) 제35조 제1항과 제5항 중 정화조청소업에 관한 부분

제35조(분뇨 등 관련영업)

① 분뇨 또는 축산폐수의 수집·운반 또는 처리나 오수처리시설 및 단독정화조의 청소·관리 또는 오수처리시설 및 단독정화조의 청소과정에서 발생하는 오니의 운반을 업(이하 "분뇨 등 관련영업"이라 한다)으로 하고자 하는 자는 대통령령이 정하는 기준에 의한 시설·장비 및 기술능력 등 요건을 갖추어 업종별로 시장·군수·구청장의 허가를 받아야 하며, 허가받은 사항을 변경하고자 하는 때에는 환경부령이 정하는 바에 의하여 변경허가 또는 변경신고를 하여야 한다.

⑤ 시장·군수·구청장은 관할구역 안에서 발생되는 오수·분뇨·축산폐수를 효율적으로 수집·운반·처리하기 위하여 필요한 때에는 제3항의 규정에 의한 허가를 함에 있어 대통령령이 정하는 바에 따라 영업구역을 정하거나 필요한 조건을 붙일 수 있다.

Ⅱ. 사실관계의 요지

청구인은 '오수·분뇨 및 축산폐수의 처리에 관한 법률'에서 정한 정화조 청소업을 영위하기 위하여 법 및 시행령 소정의 시설, 장비 및 기술능력을 모두 갖추고 서울특별시 강서구청장에게 분뇨 등 관련영업(정화조청소업) 허가신청을 하였다. 그러나 강서구청장은 이미 정화조청소를 대행하고 있는 2개 업체의 보유 인력, 시설, 장비만으로도 관내에서 발생하는 오니를 충분히 처리할 수 있고, 정화조 청소업체가 늘어나면 과당경쟁에 의한 청소부실화와 주민불편 등이 우려된다는 이유로 청구인의 허가신청을 반려하는 처분을 하였다.

이에 청구인은 서울행정법원에 위 처분의 취소를 구하는 소를 제기하면서 법 제35조 제1항, 제3항(2002. 12. 26. 법률 제6827호로 개정되면서 제5항으로 위치가 바뀜)에 대하여 위헌법률심판제청신청을 하였고 법원이 이를 기각하자, 위 조항들이 청구인의 직업선택의 자유와 평등권 등을 침해한다고 주장하면서 이 사건 헌법소원심판을 청구하였다.

Ⅲ. 주   문

정화조 청소업의 허가를 제한할 수 있도록 한 '오수·분뇨 및 축산폐수의 처리에 관한 법률' 제35조 제1항 중 정화조 청소업에 관한 부분은 헌법에 위반되지 않는다.

Ⅳ. 결정 이유의 주요 논점 및 요지

1. 제35조 제5항 부분의 헌법소원심판 청구는 재판의 전제성이 결여돼 부적법함

법 제35조 제5항은 구청장 등이 분뇨 등 관련영업의 허가를 할 경우 대통령령이 정하는 바에 따라 영업구역을 정하거나 필요한 조건을 붙일 수 있다는 내용으로서 영업허가를 하는 것을 전제로 적용되는 규정이므로, 청구인의 당해사건에는 적용되지 않는다 할 것이다. 그리고, 가사 법 제35조 제5항이 위헌으로 선언된다고 하더라도 그것이 청구인에 대한 위 정화조 청소업 허가 여부를 결정하는 데에 어떠한 영향을 미친다고 보기 어려워, 위 법률조항에 대한 헌법소원 심판청구는 재판의 전제성이 인정되지 않는 것으로서 부적법하다.

2. 제35조 제1항은 직업선택의 자유를 침해하지 않음

법원의 해석에 의해 구체화된 위 법률조항의 내용은, 구청장 등이 정화조 청소업을 허가함에 있어서 시설·장비 및 기술능력 외에 분뇨 처리계획, 관할구역 안에서의 현재 및 장래의 분뇨 발생량, 현재의 분뇨 처리상황 등을 고려할 수 있고, 기존업체의 시설과다, 업체간 과당경쟁, 무계획적 수집·운반으로 인한 행정의 비효율 초래 등이 우려되는 경우 그 허가를 제한할 수 있다는 것이다. 이와 같은 허가제한사유가 직업선택의 자유를 제한하는 경우에도 그 합헌성 여부는 과잉금지의 원칙에 의하여 심사할 수 있으나, 정화조 청소업의 특성, 특히 국민보건과 환경보전에 직접적인 영향을 미치는 오수·분뇨 등의 수집·운반 및 처리와 관련되는 직업의 자유에 대하여는 폭넓은 국가적 규제가 가능하고,

또 입법자의 입법형성권의 범위도 광범위하게 인정되는 분야라고 보아야 할 것이므로, 일반적인 침해적 행위에 비해 보다 완화된 심사가 가능하다고 할 것이다.

　　정화조 청소업은 일반적인 상거래 분야와 상당한 부분 차이가 있으며, 지방자치단체 장이 오로지 공익목적을 위하여 정화조 청소업의 허가 여부를 결정하는 데 재량의 여지가 있는 이상, 그 허가를 함에 있어 당해 지방자치단체 내의 분뇨 등 발생량에 비하여 기존업체의 시설이 과다하여 신규허가를 한다면 업체간의 과당경쟁 및 무계획적인 수집·운반으로 인하여 분뇨의 수집·운반에 관한 안정적이고 효율적인 책임행정의 이행이 불가능하게 될 것으로 예상하는 경우에는 신규허가를 제한하는 것이 합리적인 제한이라고 할 것이고, 그것이 과잉금지의 원칙에 위배되어 허가신청권자의 직업선택의 자유의 본질적인 내용을 침해한다고 볼 수 없다.

3. 제35조 제1항은 평등원칙에 위배되지도 않음

　　법 제35조 제1항이나 이를 구체화하는 법원의 해석이 시설·장비 및 기술능력 등 법령상 허가기준 이외의 사유로 분뇨 등 관련영업의 허가를 제한하는 것은 그 자체가 신규 허가신청권자와 이미 영업허가를 받은 자를 구별하여 차별적으로 취급하는 것을 예정하고 있지 않다. 설령, 이미 정화조 청소업 허가를 받은 자가 지방자치단체 내의 분뇨 등 발생량에 비해 과다하게 시설과 장비 등 처리능력을 증가시키는 경우에 사실상 신규 신청권자는 위와 같은 진입장벽에 봉착할 수밖에 없어 사실상 허가의 신청 시기에 따른 차별의 문제가 발생할 여지가 있다 하더라도, 정화조 청소업 허가의 특성, 제한적 허가를 통해 달성하려는 공익 및 이에 의해 침해되는 신규 허가신청자의 이익 등에 비추어 볼 때, 정화조 청소업 신규 허가신청자에 대하여 기존업체의 시설과다, 업체간 과당경쟁, 무계획적 수집·운반으로 인한 행정의 비효율 초래 등을 고려하여 신규허가를 제한하는 것이 기존 허가권자와 비교하여 신규 허가신청자에 대한 합리적 이유가 없는 자의적 차별이라고 보기 어렵다. 따라서 위 법률조항이 헌법상 평등원칙에 위배된다고 볼 수 없다.

4. 제35조 제1항은 위임입법의 한계도 일탈하지 않음

　　행정청이나 법원이 시설·장비 및 기술능력 등 법령상 허가기준 외에 정화조 오물의 발생량, 관내 업체의 처리능력 등을 허가제한사유로 고려할 수 있다고 해석·적용하는 것은, 위임입법에 의해서가 아니라 행정청이나 법원의 구체적인 해석·적용을 통해서 생기는 것에 불과하므로, 이를 두고서 헌법 제75조에 의한 위임입법의 한계를 일탈한 것이라 볼 수도 없다.

V. 이 결정이 가지는 의미

　　헌법재판소는 재판관 전원의 만장일치의견으로, 정화조 청소업의 허가를 제한할 수 있도록 한 '오수·분뇨 및 축산폐수의 처리에 관한 법률' 제35조 제1항 중 정화조 청소업에 관한 부분이 헌법에 위반되지 않는다며 합헌결정을 내렸다. 청구인이 위헌성을 주장하며 헌법소원심판을 제기한 또 다른 부분인 법 제35조 제5항 부분은 재판의 전제성이 없어 그 헌법소원심판 청구가 부적법하며, 법 제35조 제1항 부분은 직업선택의 자유, 평등원칙, 위임입법의 한계라는 측면들에서 검토해 본 결과 이를 침해하거나 이에 위배되지 않는다는 것이다.

　　특히 직업선택의 자유 제한과 관련해 과잉금지원칙을 적용하면서 정화조 청소업의 허가제한에 대해 일반적인 침해적 행위에 비해 완화된 심사를 하고 있음에 주목할 필요가 있다. 즉, 구청장 등이 정화조 청소업을 허가함에 있어 그 허가제한사유가 직업선택의 자유를 제한하는 경우에도 그것의 합헌성 여부는 과잉금지의 원칙에 의하여 심사할 수는 있으나, 국민보건과 환경보전에 직접적인 영향을 미치는 오수·분뇨 등의 수집·운반 및 처리와 관련되는 직업의 자유에 대해서는 폭넓은 국가적 규제가 가능하다든가, 입법자의 입법형성권의 범위가 광범위하게 인정되는 분야라고 보면서, 일반적인 침해적 행위에 비해 보다 완화된 심사가 가능하다는 논리를 전개하고 있다. 그러면서 정화조 청소업의 허가제한사유가 과잉금지의 원칙에 위배되어 허가신청권자의 직업선택의 자유의 본질적인 내용을 침해한다고 볼 수는 없다는 결론에 이르고 있는 것이다.

참정권

선거권 연령 사건

— 헌재 2001. 6. 28, 2000헌마111 —

I. 심판대상

'공직선거 및 선거부정 방지법'(1994. 3. 16. 법률 제4739호로 제정된 것)

제15조(선거권)

① 20세 이상의 국민은 대통령 및 국회의원의 선거권이 있다.

※ 관련조문

제17조(연령산정기준) 선거권자와 피선거권자의 연령은 선거일 현재로 산정한다.

II. 사실관계의 요지

청구인 갑은 1980. 10. 11.생, 청구인 을은 1981. 2. 26.생으로서, 제16대 국회의원 선거일인 2000. 4. 13. 기준으로 20세 미만이라는 이유로 '공직선거 및 선거부정 방지법'(이하 "공선법"이라 한다) 제15조 제1항에 의해 위 국회의원 선거에서 선거권을 행사하지 못하게 될 것으로 예상되자, 고등학교 졸업연령인 18~19세의 국민들에게 선거권을 인정하지 않고 선거권행사 연령을 20세 이상으로 제한한 위 규정은 헌법 제11조 제1항의 평등권을 침해하고 제41조 제1항의 보통·평등선거의 원칙에 반하는 위헌의 조항이라고 주장하면서 이 사건 헌법소원심판청구를 하였다

III. 주 문

청구인들의 심판청구를 기각한다.

Ⅳ. 결정 이유의 주요 논점 및 요지

1. 헌법소원심판 청구의 적법요건은 갖추고 있음

첫째, 자기관련성, 현재성, 직접성의 요건을 갖추었다. 청구인들은 본건 헌법소원심판청구 당시 18, 19세로서 이 사건 법률조항의 선거권연령 제한과 법적으로 관련되어 있고, 본건 심판청구 후 2개월 내에 국회의원 선거가 실시될 예정이었으므로 기본권침해가 틀림없을 것으로 예측되어 그 현재성도 인정된다 할 것이며, 별도의 구체적인 집행행위를 기다리지 않고 이 사건 법률조항에 의하여 청구인들의 평등권 등 기본권이 직접 침해를 받는 경우이므로 그 직접성도 인정할 수 있다.

둘째, 청구기간의 요건도 갖추었다. 이 사건 법률조항의 시행 후 어느 시점에 청구인들의 기본권이 구체적으로 침해받거나 그 침해가 확실히 예상되었다고 볼 수 있는지, 즉 청구인들이 그러한 점을 언제 알게 되었는지에 관하여는 기록상 이를 인정할 명백한 자료가 없지만 이러한 경우 권리구제 및 헌법질서의 유지라는 헌법소원의 기능에 비추어 가능한 한 청구인들에게 유리한 해석을 함이 타당하다는 측면에서, 청구인들은 제16대 국회의원 선거일이 임박해지자 이 사건 법률조항의 적용으로 인하여 18~19세가 된 청구인들로서는 선거권을 행사할 수 없게 됨을 알게 되면서 바로 이 사건 헌법소원심판을 청구하였다고 봄이 상당하다. 따라서, 본건 심판청구는 이 사건 법률조항의 시행 후 그 법령에 해당하는 사유가 발생하였음을 안 날로부터 60일 이내에 적법하게 제기된 것으로 보아야 할 것이다.

셋째, 권리보호의 이익의 예외에 해당한다. 헌법소원은 심판청구 당시에 기본권의 침해가 있었다 할지라도 결정 당시 이미 그 침해상태가 종료되었다면 심판청구는 권리보호의 이익이 없음이 원칙이다. 청구인들은 2000. 4. 13. 실시예정인 국회의원 선거에서 선거권을 행사할 목적으로 2000. 2. 16. 본건 심판청구를 하였으나 위 선거는 이미 종료되었고, 또한 심판 계속 중 청구인들은 모두 20세가 됨으로써 이 사건 법률조항에 의한 주관적인 기본권의 침해상태도 종료되었다고 볼 수 있다. 그러나, 헌법소원제도는 청구인 자신의 주관적인 기본권 구제를 위한 것일 뿐만 아니라, 객관적인 헌법질서의 수호·유지를 위한 제도이므로, 비록 본건 심판청구에 의한 결정이 청구인들의 주관적 권리구제에는 도움이 되지 않는다 하더라도 헌법질서의 수호·유지를 위하여 그에 대한 헌법적 해명이 긴요하거나 그러한 침해행위가 앞으로도 반복될 위험이 있는 등의 경우에는 예외적으로 심판청구의 이익을 인정하여 이미 종료된 침해행위가 위헌이었음을 확인할 필요가 있다는 것이 종래 헌법재판소의 판례이다. 따라서, 본건 심판청구는 선거권연령을 20세 이상의 국민으로 정한 것이 18~19세의 국민들에 대한 평등권과 선거권을 침해하는지 여부를 가리는 헌법적으로 해명할 필요가 있는 중요한 사안이고 앞으로도 계속 반복될 성질이 있는 것이므로, 권리보호의 이익을 인정함이 상당하다.

2. 평등권을 침해하지 않고 보통·평등선거의 원칙에 위배되지 않음

본 재판소는 1997. 6. 26, 96헌마89 사건에서 이 사건 법률조항에 대해 다음과 같은 내용의 합헌결정을 내린 바 있다.

이 사건의 쟁점은 선거권 연령을 20세 이상으로 정한 이 사건 법률조항이 18~19세 국민들의 평등권과 선거권을 침해하는지 여부이다. 우리 헌법이 선거의 기본원칙 중 하나로 채택하고 있는 보통선거제도는 일정한 연령에 이르지 못한 국민에 대하여 선거권을 제한하는 것을 당연한 전제로 삼고 있다. 그런데 헌법은 제24조에서 모든 국민은 '법률이 정하는 바'에 의하여 선거권을 가진다고만 규정함으로써 선거권연령의 구분을 입법자에게 위임하고 있다. 이와 같이 선거권 연령의 구분이 입법자의 몫이라 하여도, 선거권연령에 이르지 못한 국민들의 선거권이 제한되고 그들과 선거권 연령 이상의 국민들 사이에 차별취급이 발생하므로, 이에 관한 입법은 국민의 기본권을 보장하여야 한다는 헌법의 기본이념과 연령에 의한 선거권 제한을 인정하는 보통선거제도의 취지에 따라 합리적인 이유와 근거에 터잡아 합목적적으로 이루어져야 할 것이며, 그렇지 않은 자의적 입법은 헌법상 허용될 수 없는 것이다. 대학진학과 취업을 앞둔 고등학교에 재학중인 학생 일부를 정치에 참여케 하는 선거권 부여는 교육상 바람직하지 않는 것으로 보인다(교육법 제96조, 제102조의2, 제107조). 또한 18~19세의 미성년자들은 부모나 보호자에게 의존하므로 이러한 미성년자의 정치적 의사표현은 독자적인 판단에 의한 바람직한 결과가 나타나지 않을 수도 있다. 입법자가 '공선법'에서 민법상의 성년인 20세 이상으로 선거권 연령을 합의한 것은 위에서 본 미성년자의 정신적 신체적 자율성의 불충분 외에도 교육적인 측면에서 예견되는 부작용과 일상생활 여건상 독자적으로 정치적인 판단을 할 수 있는 능력에 대한 의문 등을 고려한 것이다. 제2차 세계대전이 끝난 뒤에 세계경제의 급속한 발전으로 지역과 지역, 국가와 국가간의 경제적 정치적인 간격이 좁아지고 인쇄와 방송매체들로 인한 전반적인 문화수준의 향상과 상대적으로 국민들의 교육열이 높아져서 1970년대 전후에 각국의 선거권 연령이 하향조정 되었다는 청구인들의 주장은 부정하지 않는다. 그리고 선거권 연령을 18~19세의 국민들에게까지 확대하여야 하는 이유로서 들고 있는 '근로기준법', '병역법', '민법'상의 약혼(혼인)연령, '공무원임용 및 시험시행규칙', '도로교통법' 등의 규정은 개개 법률의 입법목적에 따른 것이고, 특히 '공무원임용 및 시험

시행규칙' 소정의 공무담임권의 연령 18세는 고등학교 졸업연령을 고려한 것으로 보인다. 선거권과 공무담임권의 연령을 어떻게 규정할 것인가는 입법자가 입법목적 달성을 위한 선택의 문제이고 입법자가 선택한 수단이 현저하게 불합리하고 불공정한 것이 아닌 한 재량에 속하는 것이다. 위에서 설시한 이유를 되돌아보고 다시 생각하건대, 선거권 연령을 공무담임권의 연령인 18세와 달리 20세로 규정한 것은 청구인들이 주장하는 사정을 감안하더라도 입법부에 주어진 합리적인 재량의 범위를 벗어난 것으로 볼 수 없다. 따라서, 이 사건 법률조항이 18~19세 미성년자들에게 보장된 헌법 제11조 제1항의 평등권과 제24조의 선거권을 침해한 위헌조항이라는 청구인들의 이 심판청구는 이유가 없다.

　돌이켜 이 사건에 있어서, 96헌마89 사건에서 표명된 위와 같은 합헌결정의 이유는 여전히 타당하다 할 것이고, 위 결정선고 이후 이를 달리 판단하여야 할 특별한 사정변경이 있다고 할 수도 없다.

Ⅴ. 이 결정이 가지는 의미

　선거연령을 20세 이상으로 제한하고 있는 '공선법' 제15조 제1항에 대해, 재판관 만장일치의 합헌결정이 내려진 사건이다. 헌법재판소는 헌법재판소의 합헌결정에 대해서는 기속력을 인정하지 않고 있음을 이 결정을 통해 다시 한 번 확인할 수 있다. 헌법재판소는 본 결정문에서 헌법재판소 스스로가 인용하고 있는 헌재 1997. 6. 26, 96헌마89 결정에서도 이미 선거연령을 20세로 규정한 공직선거법 제15조에 대해 기각의 합헌결정을 내린 적이 있기 때문이다. 그 후 국회가 2005년 8월 4일의 '공선법' 개정으로 법을 "19세 이상의 국민은 대통령 및 국회의원의 선거권이 있다"라고 규정함으로써 선거연령을 19세로 낮추었다.

재외국민 등 참정권 확대 사건

― 헌재 2007. 6. 28. 2004헌마644·2005헌마360 병합 ―

Ⅰ. 심판대상

공직선거법(2005. 8. 4. 법률 제7681호로 개정된 것)

제15조(선거권)

② 다음 각 호의 어느 하나에 해당하는 자는 그 구역에서 선거하는 지방자치단체의 의회의원 및 장의 선거권이 있다.

  1. 19세 이상의 국민으로서 제37조 제1항의 선거인명부작성기준일 현재 당해 지방자치단체의 관할 구역 안에 주민등록이 되어 있는 자

제16조(피선거권)

③ 선거일 현재 계속하여 60일 이상 당해 지방자치단체의 관할구역안에 주민등록이 되어 있는 주민으로서 25세 이상의 국민은 그 지방의회의원 및 지방자치단체의 장의 피선거권이 있다. 이 경우 60일의 기간은 그 지방자치단체의 설치·폐지·분할·합병 또는 구역변경에 의하여 중단되지 아니한다.

제37조(명부작성)

① 선거를 실시하는 때에는 그때마다 구청장·시장·읍장·면장은 대통령선거에 있어서는 선거일 전 28일, 국회의원선거와 지방자치단체의 의회의원 및 장의 선거에 있어서는 선거일 전 19일 현재로 그 관할 구역 안에 주민등록이 되어 있는 선거권자를 투표구별로 조사하여 선거인명부작성기준일부터 5일 이내에 선거인명부를 작성하여야 한다.

제38조(부재자신고)

① 선거인명부에 오를 자격이 있는 국내거주자로서 선거일에 자신이 투표소에 가서 투표할 수 없는 때에는 선거인명부 작성기간 중에 구·시·읍·면의 장에게 서면으로 부재자신고를 할 수 있다. 이 경우 우편에 의한 부재자신고는 등기우편으로 처리하되, 그 우편요금은 국가 또는 당해 지방자치단체가 부담한다.

국민투표법

제14조(투표인명부의 작성)

① 국민투표를 실시할 때에는 그때마다 구청장·시장·읍장·면장은 국민투표일공고일 현재로 그 관할구역안에 주민등록이 된 투표권자를 투표구별로 조사하여 국민투표일공고일로부터 5일 이내에 투표인명부를 작성하여야 한다.

Ⅱ. 사실관계의 요지

청구인들은 모두 대한민국 국적을 보유한 일본 영주권자들이거나 미국 또는 캐나다 영주권자들이다. 이들은 위 조항들이 대통령·국회의원 선거권, 지방선거 선거권 및 피선거권, 국민투표권의 행사요건으로 주민등록을 요구함으로써, 또 '공직선거법' 제38조 제1항이 선거인명부에 오를 자격이 있는 국내거주자에 대하여만 부재자신고를 할 수 있도록 함으로써, 주민등록을 할 수 없는 재외국민 또는 국외거주자가 투표권을 행사할 수 없도록 한 것이 청구인들의 기본권을 침해한다고 주장하면서 헌법소원심판을 제기하였다.

Ⅲ. 주　문

1. 공직선거법 제15조 제2항 제1호 중 "당해 지방자치단체의 관할 구역 안에 주민등록이 되어 있는 자"에 관한 부분, 제16조 제3항 중 "당해 지방자치단체의 관할 구역 안에 주민등록이 되어 있는 주민"에 관한 부분, 제37조 제1항 중 "그 관할 구역 안에 주민등록이 되어 있는 선거권자"에 관한 부분, 제38조 제1항 중 "선거인명부에 오를 자격이 있는 국내거주자"에 관한 부분과 국민투표법(1994. 12. 22. 법률 제4796호로 개정된 것) 제14조 제1항 중 "그 관할 구역 안에 주민등록이 된 투표권자"에 관한 부분은 각 헌법에 합치되지 아니한다.

2. 위 각 법률조항 부분은 2008. 12. 31.을 시한으로 입법자가 개정할 때까지 계속 적용된다.

Ⅳ. 결정 이유의 주요 논점 및 요지

1. 국정선거권(대통령·국회의원 선거권)의 경우

북한주민이나 조총련계 재일동포가 선거에 영향을 미칠지도 모른다는 추상적 위험성만으로 재외국민의 선거권 행사를 전면적으로 부정하는 것을 정당화할 수 없다. 선거기술상의 어려움은 정보통신기술의 발달 등으로 극복할 수 있으므로, 선거기술상의 어려움 역시 재외국민의 선거권 행사를 전면적으로 박탈하기 위한 합당한 사유라 보기 어렵다. 납세와 국방의 의무 불이행을 이유로 재외국민의 선거권을 부인할 수도 없다. 헌법이 국민의 기본권행사를 납세나 국방의 의무 이행에 대한 반대급부로 예정하고 있지 않을 뿐만 아니라, 재외국민에게도 병역의무 이행의 길이 열려 있는 점, 재외국민 중에는 병역의무와 무관한 여자들도 있는 점, 청구인들 중 이미 국내에서 병역의무를 필한 사람도 있는 점 등을 감안할 때 그러하다. 따라서, 단지 주민등록이 되어 있는지 여부에 따라 선거인명부에 오를 자격을 결정하여 그에 따라 선거권 행사 여부가 결정되도록 함으로써, 주민등록법상 주민등록을 할 수 없는 재외국민의 선거권 행사를 전면적으로 부정하고 있는 법 제37조 제1항은 그에 대한 정당한 목적을 찾기 어려우므로 헌법 제37조 제2항에 위반하여 재외국민의 선거권과 평등권을 침해하고 보통선거원칙에 위배된다.

직업이나 학문 등의 사유로 자진출국한 자들이라고 해서 선거권 행사를 못하도록 하는 것은 해외체류자의 국외 거주·이전의 자유, 직업의 자유 등의 기본권을 희생하도록 강요한다는 점에서 부적절하며, 가속화되고 있는 국제화시대에 해외로 이주하는 경우가 높아지고 있는 상황에서 그것이 자발적 계기에 의해 이루어졌다는 이유만으로 국민이면 누구나 향유해야 할 기본적인 권리인 선거권의 행사가 부인되는 것은 타당성을 갖기 어렵다. 따라서 선거인명부에 오를 자격이 있는 국내거주자에 대해서만 부재자신고를 허용함으로써 재외국민과 단기해외체류자 등 국외거주자 전부에 대해 국정선거권의 행사 가능성을 부인하고 있는 법 제38조 제1항은 정당한 입법목적을 갖추지 못한 것으로 헌법 제37조 제2항에 위반하여 국외거주자의 선거권과 평등권을 침해하고 보통선거원칙에 위반된다.

2. 지방선거 참여권(선거권 및 피선거권)의 경우

'주민등록이 되어 있는 국민인 주민'과 '주민등록을 하지 못하는 재외국민인 주민'은 주민등록이 되어 있는지 여부에 대한 차이만 존재할 뿐, 국민의 신분을 가지고 있는 지방자치단체의 주민이라는 점에서는 양자 사이에 아무런 차이가 없다. 따라서 지방선거 선거권 부여에 있어 양자에 대한 차별을 정당화할 어떠한 사유도 존재하지 않는다. 또한 법 제15조 제2항 제2호는 '영주의 체류자격 취득일로부터 3년이 경과한 19세 이상의 외국인'에 대해서도 일정한 요건 하에 지방선거 선거권을 부여하고 있다. 그런데 현행법에 의하면 지방의회 선거권에 관한 한, 헌법상의 권리인 국내거주 재외국민의 선거권이 단순한 '법률상의 권리'인 외국인의 선거권에 못 미치는 현상을 초래하고 있어 부당하다. 따라서 국내거주 재외국민에 대해서 주민등록만을 기준으로 그 체류기간을 불문하고 전면적, 획일적으로 지방선거권을 박탈하는 법 제15조 제2항 제1호, 제37조 제1항은 헌법상 평등원칙에 어긋날 뿐 아니라 헌법 제37조 제2항이 요구하는 기본권제한의 한계를 넘은 것으로 국내거주 재외국민의 평등권과 지방의회 의원선거권을 침해한다.

　　지방선거에서의 피선거권에 대해서만 주민등록 여부를 기준으로 하여 주민등록이 되어 있지 않은 자의 피선거권을 부정하는 것은 설득력이 없다. 그럼에도 오로지 일정 기간 이상의 '주민등록'만을 기준으로 지방선거 피선거권 자격을 결정함으로써, 일정 기간 이상 주민으로 생활하면서 당해 지방자치단체의 사무와 밀접한 이해관계를 가지고 있는 재외국민이라도 주민등록이 되지 않는다는 이유로 지방선거 피선거권을 전면적으로 부정하고 있는 법 제16조 제3항은 이를 정당화할 합리적 근거도 찾아보기 어려우므로, 헌법 제37조 제2항에 위반하여 국내거주 재외국민의 공무담임권을 침해한다.

3. 국민투표권의 경우

　　국민투표는 국가의 중요정책이나 헌법개정안에 대해 주권자로서의 국민이 그 승인 여부를 결정하는 절차인데, 주권자인 국민의 지위에 아무런 영향을 미칠 수 없는 주민등록 여부만을 기준으로 하여 주민등록을 할 수 없는 재외국민의 국민투표권 행사를 전면적으로 배제하는 '국민투표법' 제14조 제1항은 국정선거권의 제한에 대한 판단에서와 동일한 이유에서 청구인들의 국민투표권을 침해한다.

V. 이 결정이 가지는 의미

　　이 결정은 주민등록만을 기준으로 재외국민의 참정권을 제한하거나 국외거주자에 대해 부재자투표를 인정하지 않는 것이 헌법에 불합치됨을 선언함으로써 종래의 합헌결정(1999. 1. 28. 선고 97헌마253 등)을 8년 만에 변경했다. 다만 선거에 철저한 준비를 기하고 선거관리의 혼란을 피하기 위해 2008년 12월 31일까지 종전 법의 잠정적용을 명했으며, 그 시한까지 법개정이 없으면 그 다음 날인 2009년 1월 1일부터 문제의 조항들은 자동적으로 효력을 상실하게 됨에도 주목할 필요가 있다. 헌법재판소가 가속화되는 국제화 시대에 발맞추어 국경을 넘어 해외에 거주하는 재외국민 등에게도 참정권을 인정한 이정표적 결정이다.

지방자치단체장 3기 초과 연임 제한 사건

─ 헌재 2006. 2. 23, 2005헌마403 ─

Ⅰ. 심판대상

지방자치법(1994. 12. 20. 법률 제4789호로 개정된 것)

제87조(지방자치단체의 장의 임기)

① 지방자치단체의 장의 임기는 4년으로 하며, 지방자치단체의 장의 계속 재임은 3기에 한한다.

Ⅱ. 사실관계의 요지

서울 강남구청장인 甲을 포함한 27인의 청구인들은 각 3기에 걸쳐 지방자치단체장으로 재임하고 있는 자들이다(이하 위 청구인들을 '청구인 자치단체장들'이라 한다). 또한 서울 강남구 거주자로서 선거권자인 乙을 포함한 8인은 선거권자이다(이하 위 청구인들을 '청구인 주민들'이라 한다). 청구인들은 '지방자치법' 제87조 제1항의 자치단체장의 3기 초과 연임제한 규정이 청구인들의 헌법상 보장된 공무담임권, 선거권, 평등권 등의 기본권을 침해한다고 주장하면서 이 사건 헌법소원을 제기하였다.

Ⅲ. 주 문

이 사건 심판청구를 기각한다.

Ⅳ. 결정 이유의 주요 논점 및 요지

1. 청구인적격과 청구기간의 적법요건은 갖추었음

청구인들은 3기를 연임하고 있는 지방자치단체의 장으로서 이 사건 법률조항으로 인해 다시 자치단체장 선거에 출마할 수 없게 된 자이거나, 선거권자로서 3기를 연임하고 있는 자치단체장에게 투표할 수 없게 된 자들이다. 그렇다면, 이 사건 법률조항은 매개행위 없이 직접적으로 청구인들의 기본권에 제한을 가한 것으로 직접성은 갖추었다. 그리고 자신의 기본권을 제한받았으므로 자기관련성 요건도 충족되었다. 그리고 장래 확실히 기본권 제한이 예측되므로 미리 앞당겨 현재의 법적 관련성을 인정할 수 있다.

행정자치부장관은 이 사건 법률조항은 1994년 12월 20일경부터 시행되었으므로 이 사건 심판청구는 청구기간을 도과하여 부적법하다고 주장한다. 그러나 이 사건 법률조항은 이 사건 법률의 시행과 동시에 청구인들의 기본권을 침해하는 것이 아니다. 법률 시행 후 청구인 자치단체장들이 3기 초과 연임을 하고자 하는 경우에 비로소 기본권 침해가 구체적으로 현실화되므로 청구기간을 도과하였다고 할 수 없다.

2. 공무담임권 침해 아님

헌법 제25조는 "모든 국민은 법률이 정하는 바에 의하여 공무담임권을 가진다"고 규정하고 있다. 따라서 국민은 '법률이 정하는 바에 의하여' 공무담임권을 가지므로, 공무담임권의 내용에 관하여는 입법자에게 넓은 입법형성권이 인정된다고 할 것이다. 그러나 그 경우에도 헌법 제37조 제2항의 기본권제한의 입법적 한계를 넘는 지나친 것이어서는 안 된다.

첫째, '목적의 정당성'은 충족된다. 이 사건 법률조항의 입법취지는 장기집권으로 인한 지역발전저해 방지와 유능한 인사의 자치단체장 진출확대로 대별할 수 있고 이 사건 법률조항은 3기 계속 재임 후 연임유혹을 떨쳐내고 소속 정당의 입장을 초월하여 지방행정업무를 공정하고 합리적으로 처리할 수 있게 해 주는 부수적인 효과도 가져오기 때문이다. 둘째, '방법의 적절성'도 충족된다. 지역내 유력인사가 일단 자치단체 장에 당선되면 지방자치단체 내 공무원 및 지역 지지세력을 장악 및 결집하여 장기간 연속당선을 기도할 가능성이 많다. 특히 인사권을 무기로 다른 후보자에 비하여 선거에서 절대적인 우위를 확보할 수 있고, 나아가 토호세력 및 재력가들과의 정경유착을 통해 유력자들의 지지를 쉽게 획득할 수 있다. 특히 자치단체 장 및 지방의회의원의 선거에 대한 주민들의 투표율이 그다지 높지 않은 현실에서 위와 같이 사익을 바탕으로 형성된 세력에 의한 지지는 장기집권의 가능성을 더욱 높이고, 장기집권 과정에서 형성된 사조직이나 파벌 등은 자치행정기능을 사실상 마비시키는 사태까지 초래할 가능성도 있다. 셋째, '피해의 최소성'도 충족된다. 이 사건 법률조항은 3기 초과 연임제한에 관한 것이어서 청구인 자치단체장들에 대하여 처음부터 공무담임을 제한하지는 않는다. 그리고 연속으로 선출되지 않으면 제한 없이 입후보할 수 있고, 연속으로 선출된 경우도 3기까지는 계속하여 재임할 수 있다. 그리고 그 후 입후보하지 않을 경우 다시 3기 계속 재임할 수 있다. 그렇다면 이 사건 법률조항에 의한 공무담임권 제한의 정도는 상대적으로 완화되어 있다고 할 수 있다. 넷째, '법익의 균형성'도 충족된다. 이 사건 법률조항이 공무담임권을 제한하고 있으나 공무담임의 기회를 처음부터 박탈하는 것이 아니고 또한 3기까지는 연속하여 재임할 수 있는 점을 고려하면 기본권 제한의 정도는 비교적 미약하다고 할 수 있는 반면에, 이 사건 법률조항으로 달성하고자 하는 지역발전저해 방지와 유능한 인사의 자치단체장 진출확대는 이제 막 시작한 실질적인 지방자치제도의 발전을 위하여 달성하여야 할 중요한 공익 중 하나라고 할 것이기 때문이다.

3. 행복추구권 침해 아님

하나의 규제로 인해 여러 기본권이 동시에 제약을 받는 경우에는 기본권 침해를 주장하는 청구인의 의도 및 기본권을 제한하는 입법자의 객관적 동기 등을 참작하여 먼저 사안과 가장 밀접한 관계에 있고 또 침해의 정도가 큰 주된 기본권을 중심으로 해서 그 제한의 한계를 따져 보아야 할 것이다. 이 사건에서 청구인들의 주장, 입법자의 동기를 고려하면 이 사건 법률조항으로 인한 규제는 공무담임권과 가장 밀접한 관계에 있고, 제한의 정도가 가장 큰 주된 기본권도 공무담임권으로 보이므로, 행복추구권 침해 여부에 대한 청구인들의 주장은 공무담임권 침해 여부에 대한 위 판단을 원용함으로써 족하다.

4. 평등권 침해 아님

공무담임권의 제한의 경우는 그 직무가 가지는 공익실현이라는 특수성으로 인하여 그 직무의 본질에 반하지 아니하고 결과적으로 다른 기본권의 침해를 야기하지 아니하는 한 상대적으로 강한 합헌성이 추정될 것이므로, 주로 평등의 원칙이나 목적과 수단의 합리적인 연관성 여부가 심사대상이 될 것이며, 법익형량에 있어서도 상대적으로 다소 완화된 심사를 하게 된다. 따라서 이 사건 법률조항에 대한 평등권 심사는 합리성 심사로 족하다. 같은 선출직공무원인 지방의회의원, 국회의원과 비교해 볼 때, 이 사건 법률조항이 지방자치의 민주성과 능률성, 지방의 균형적 발전의 저해요인이 될 가능성이 상대적으로 큰 자치단체장의 장기 재임에 대하여만 규제대상으로 삼은 데에는 합리적인 이유가 있다고 할 것이다.

5. 선거권 침해 아님

청구인 주민들은 법률이 정하는 바에 따라 자치단체장을 선거하는 권리를 가지고 있다. 그러나 자치단체장에 대한 선거권을 행사함에 있어서 투표할 대상자가 스스로 또는 법률상의 제한으로 입후보를 하지 않는 경우 입후보자의 입장에서 공무담임권 제한의 문제가 발생하겠지만, 선거권자로서는 후보자의 선택에 있어서의 간접적이고 사실상의 제한에 불과할 뿐 그로 인하여 선거권자가 자신의 선거권을 행사함에 있어서 침해를 받게 된다고 보기 어렵다.

6. 지방자치제도 위배 아님

제도적 보장으로서 주민의 자치권은 원칙적으로 개별 주민들에게 인정된 권리라 볼 수 없으며, 청구인들의 주장을 주민들의 지역에 관한 의사결정에 참여 내지 주민투표에 관한 권리침해로 이해하더라도 이러한 권리를 헌법이 보장하는 기본권인 참정권이라고 할 수 없는 것이다. 즉, 헌법상의 주민자치의 범위는 법률에 의하여 형성되고, 핵심영역이 아닌 한 법률에 의하여 제한될 수 있는 것이다.

Ⅴ. 이 결정이 가지는 의미

권성, 송인준, 주선회 재판관은 반대의견을 통해 이 사건 법률조항이 민주주의 및 지방자치의 기본원리에 반하여 부적절하고 지나친 방법을 통하여 자치단체장들의 공무담임권을 침해함으로써 헌법에 위반된다고 보았다. 합헌의 다수의견이 지방자치제도 위배 여부를 검토하면서 제도적 보장으로서의 주민자치권을 개별 주민들에게 인정된 권리나 헌법이 보장하는 기본권으로 보지 않고 있는 점에 주목을 요한다.

지방선거 후보자 기호 배정 사건

― 헌재 2007. 10. 4, 2006헌마364, 587, 791 병합 ―

Ⅰ. 심판대상

공직선거법(2005. 8. 4. 법률 제7681호로 개정된 것)

제150조(투표용지의 정당·후보자의 게재순위 등)

①~③ 생략

④ 제3항의 규정에 의하여 관할선거구선거관리위원회가 정당 또는 후보자의 게재순위를 정함에 있어서는 후보자등록마감일 현재 국회에 의석을 가지고 있는 정당이나 그 정당의 추천을 받은 후보자 사이의 게재순위는 국회에서의 다수의석순으로 하되, 같은 의석을 가진 정당이 2 이상인 때에는 최근에 실시된 비례대표국회의원선거에서의 득표수 순으로 하며, 국회에서 의석을 가지고 있지 아니한 정당이나 그 정당의 추천을 받은 후보자 사이의 게재순위는 그 정당의 명칭의 가나다순에 의하고, 무소속후보자 사이의 게재순위는 후보자성명의 가나다순에 의한다.

⑤ 제4항의 규정에 따라 국회에서 의석을 가지고 있는 정당이나 그 정당추천후보자 사이의 게재순위를 정함에 있어 다음 각 호의 어느 하나에 해당하는 정당은 그 정당별로 전국적으로 통일된 기호를 우선하여 부여한다. 이 경우 지역구자치구·시·군의원선거에 있어서 전국적으로 통일된 기호를 부여받은 정당이 같은 선거구에 2인 이상의 후보자를 추천한 경우 그 정당이 추천한 후보자 사이의 기호는 후보자성명의 가나다순에 따라 "1-가, 1-나, 1-다" 등으로 표시하여야 한다.

1. 국회에 5인 이상의 소속 지역구국회의원을 가진 정당

2. 직전 대통령선거, 비례대표국회의원선거 또는 비례대표지방의회의원선거에서 전국 유효투표총수의 100분의 3 이상을 득표한 정당

⑥~⑨ 생략

Ⅱ. 사실관계의 요지

1. 2006헌마364, 791 사건

청구인 성백진은 서울특별시 중랑구의회 의원이었던 자, 청구인 이종근은 경기도 시흥시의회 의원이었던 자로서 2006년 실시된 제4회 전국동시지방선거에 열린우리당의 공천을 받아 해당 선거구에서 각 "1-나"의 기호를 배정받았으나 낙선하였다. 현행 '공직선거법' 제150조 제5항 후문은 지역구 자치구·시·군의원 선거에 있어서 전국적으로 통일된 기호를 부여받은 정당이 같은 선거구에 2인 이상의 후보자를 추천한 경우 그 정당이 추천한 후보자 사이의 기호는 후보자성명의 가나다순에 따라 "1-가, 1-나, 1-다" 등으로 표시하도록 하고 있다. 청구인들은 위 조항이 부모로부터 물려받은 성씨라는 우연적 요소에 의하여 상대적으로 후보자들을 차별하므로 청구인들의 성명권, 평등권, 공무담임권 등을 침해하는 것이라며 이 사건 헌법소원을 청구하였다.

2. 2006헌마587 사건

청구인 최명수는 2006년 실시된 제8대 청주시의회의원선거 청주시 다선거구에 무소속으로 입후보하여 기호 "7"을 배정받았으나 낙선하였다. 현행 '공직선거법' 제150조 제4항은 투표용지에 표시되는 기호(아라비아 숫자)의 게재순위와 관련하여, 국회에 의석을 가지고 있는 정당이나 그 정당의 추천을 받은 후보자 사이의 게재순위는 국회에서의 다수 의석순으로 하되, 같은 의석을 가진 정당이 2 이상인 때에는 최근에 실시된 비례대표 국회의원선거에서의 득표수 순으로 하며, 국회에서 의석을 가지고 있지 않은 정당이나 그 정당의 추천을 받은 후보자 사이의 게재순위는 그 정당 명칭의 가나다순에 의하고, 무소속후보자 사이의 게재순위는 후보자성명의 가나다순에 의하도록 하고 있다. 청구인은 무소속후보자의 기호를 후보자성명의 가나다순에 의하도록 규정한 위 조항으로 인해 후보자등록마감일 이후에야 무소속후보자의 기호가 결정되는 결과 이는 정당소속 후보자에 비하여 무소속 후보자를 차별하여 청구인의 평등권 및 선거운동에 있어서의 기회균등권을 침해하는 것이라며 이 사건 헌법소원을 청구하였다.

Ⅲ. 주　　문

(가) 투표용지에 표시되는 기호의 게재순위와 관련하여 정당·의석수를 기준으로 기호배정을 하도록 하는 공직선거법 제150조 제4항 및 (나) 지방선거에서 통일된 기호를

부여받는 정당이 같은 선거구에 2인 이상의 후보자를 추천하는 경우 후보자성명의 가나
다순에 따라 기호배정을 하도록 하는 공직선거법 제150조 제5항 후문은 헌법에 위반되
지 않는다.

Ⅳ. 결정 이유의 주요 논점 및 요지

1. 정당·의석수를 기준으로 한 기호배정 부분 합헌

'공직선거법' 제150조 제4항은 다수의석을 가진 정당후보자, 소수의석을 가진 정당후
보자, 의석 없는 정당후보자, 무소속 후보자간에 후보자 기호결정에 관하여 상대적으로
차별을 두고 있으나, 이는 정당제도의 존재의의에 비추어 그 목적이 정당할 뿐만 아니라
당적유무, 의석순, 정당명 또는 후보자 성명의 가나다순 등 합리적 기준에 의하고 있으므
로 평등권을 침해하는 위헌조항이라 할 수 없다.

2. 지방선거에서 통일된 기호를 부여받는 정당이 같은 선거구에 2인 이상의 후보자를 추천하는 경우 후보자 성명의 가나다순 기호배정 부분도 합헌

'공직선거법' 제150조 제5항 후문은 선거운동의 준비, 홍보효과 등의 점에 있어서 선
순위 기호를 가진 후보자를 유리하게 하고, 후순위 기호를 가진 후보자를 상대적으로 불
리하게 하는 등 차별을 두고 있다. 그러나 정당이 복수의 후보자를 추천하는 경우 그 후
보자 간에 후보자 성명의 가나다순을 기준으로 기호를 배정하는 것은 기호배정과 관련하
여 일정한 기준을 마련하고, 선거의 원활한 운영을 도모하기 위한 것이어서 그 입법목적
이 정당하며, 입법목적 달성을 위한 방법 또한 추첨이나 당내경선에 의한 득표수순에 의
한 방법과 비교하더라도 적정하다고 할 것이므로 이 사건 조항은 청구인들의 평등권을
침해할 정도로 입법형성권의 한계를 벗어난 것이라고 볼 수 없다.

이 사건 조항은 같은 선거구에 등록한 동일한 정당의 후보자에 대하여 투표용지 게
재순위를 결정하는 방법에 관한 것일 뿐, 후보자 선택의 폭을 제한하거나 후순위 성명을
가진 후보자의 당선기회를 봉쇄하는 것이 아니어서 공무담임권의 내용과 관련되는 사안
이 아니므로, 청구인들의 공무담임권을 제한하는 것이라고 볼 수 없다. 청구인들은 이 사
건 조항이 무조건 성씨의 가나다순에 의하여 후보자 기호를 결정하도록 규정하는 것은
인격권의 일종인 성명권을 침해한다고 주장하나, 이 사건 조항은 후보자성명의 가나다순
에 따라 기호배정을 하고 있는 것일 뿐 후보자의 성명을 간섭하거나 박탈하는 내용이 아
니어서 성명권과는 직접 관련이 없다 할 것이다. 따라서 성명권을 제한하는 것이라고 볼

수도 없다.

Ⅴ. 이 결정이 가지는 의미

　　재판관 전원의 만장일치 의견으로, 투표용지에 표시되는 기호의 게재순위와 관련하여 정당·의석수를 기준으로 기호배정을 하도록 하는 '공직선거법' 제150조 제4항과, 지방선거에서 통일된 기호를 부여받는 정당이 같은 선거구에 2인 이상의 후보자를 추천하는 경우 후보자성명의 가나다순에 따라 기호배정을 하도록 하는 '공직선거법' 제150조 제5항 후문에 대해 합헌결정을 내린 사건이다. 우리 헌법재판소는 1996. 3. 28., 1997. 10. 30. 및 2004. 2. 26. 이미 세 차례에 걸쳐 정당·의석수를 기준으로 한 입후보자의 기호 결정방법이 평등권과 공무담임권을 침해하지 않는다는 결정(96헌마9 등, 96헌마94 및 2003헌마601)을 내린 바 있었고, 그것이 이 사건 판결을 통해 '공직선거법' 제150조 제4항의 합헌결정에서 계속 유지되고 있음에 주목을 요한다.

5급 국가공무원 공채시험 연령제한 사건

— 헌재 2008. 5. 29, 2007헌마1105 —

I. 심판대상

국가공무원법(2004. 3. 11. 법률 제7187호로 개정되고, 2008. 3. 28. 법률 제8996호로 개정되기 전의 것)

제36조(응시자격) 각종 시험에 있어서 담당할 직무수행에 필요한 최소한도의 학력·경력·연령 기타 필요한 자격요건은 국회규칙·대법원규칙·헌법재판소규칙·중앙선거관리위원회규칙 또는 대통령령으로 정한다.

공무원임용시험령(2004. 6. 11. 대통령령 제18424호로 전문개정된 것)

제16조(응시연령)

① 공무원의 채용시험에 응시하고자 하는 자는 최종시험예정일이 속한 연도에 별표 4의 응시연령에 해당하여야 한다. 다만, 별표 4의 응시상한연령을 1세 초과한 자로서 1월 1일 출생자는 응시할 수 있다.

[별표 4] 〈개정 2008. 2. 22.〉

채용시험 응시연령표(제16조 관련)

계 급	공개경쟁채용시험	특별채용시험
5급	20세부터 32세까지	20세부터
6급 및 7급	20세부터 35세까지	20세부터
8급 및 9급	18세(교정·보호 직렬은 20세)부터 32세까지	18세(교정·보호 직렬은 20세)부터
기능직 기능7급 이상	18세부터 40세까지	18세부터
기능직 기능8급 이하	18세부터 35세까지	18세부터

Ⅱ. 사실관계의 요지

청구인은 1971년 2월 8일생으로서 2008년도 5급 국가공무원 공개경쟁채용시험을 준비 중인 사람이다. 청구인은 '국가공무원법' 제36조와 '공무원임용시험령' 제16조 [별표 4]가 5급 공채시험의 응시연령 상한을 '32세까지'로 제한하고 있어서 헌법상 보장된 청구인의 공무담임권과 평등권을 침해한다고 주장하면서 이 사건 헌법소원심판을 청구하였다.

Ⅲ. 주　　문

공무원임용시험령 제16조 [별표 4] 중 5급 공개경쟁채용시험의 응시연령 상한 '32세까지' 부분이 헌법에 합치되지 아니한다. 이 조항은 입법자가 2008. 12. 31.을 시한으로 개정할 때까지 계속 적용된다.

Ⅳ. 결정이유의 주요 논점 및 요지

1. '국가공무원법' 제36조에 대한 심판청구는 부적법하여 각하

이 사건에서 '국가공무원법' 조항은 그 구체적인 내용을 대통령령에서 정하도록 위임하고 있으므로 이로부터 직접 기본권이 침해된다고 볼 수 없다. 그러므로 '국가공무원법' 조항에 대한 심판청구 부분은 기본권 침해의 직접성을 인정할 수 없어 부적법하다.

2. '공무원임용시험령' 제16조 별표4 중 5급 공채 응시연령을 32세까지 제한한 것은 헌법불합치

이 사건 시행령조항이 5급 국가공무원 공채시험의 응시연령 상한을 32세까지로 제한하는 것은 32세가 넘은 사람의 공직취임권을 직접적으로 제한하는 것이다. 따라서 그러한 제한이 합헌이기 위해서는 헌법 제37조 제2항이 요구하는 과잉금지의 원칙에 부합되어야 한다. 그런데 이 사건 시행령조항이 32세가 넘은 사람의 공직취임권을 직접적으로 제한하면서 헌법 제37조 제2항의 요건에 합치되는지 여부에 관하여는, 5인 재판관의 헌법불합치의견과 3인 재판관의 위헌의견으로 견해가 나뉘었다.

첫째, 이강국, 김희옥, 민형기, 이동흡, 송두환 재판관의 헌법불합치의견은 다음과 같은 주장을 펴고 있다. 이 사건 시행령조항은 직업공무원을 양성하여 직업공무원제도를 구현하는 한편 유능한 인재가 공무원시험에 장기간 매달리지 않고 사회 각 분야의 적재적소에서 활동하도록 유도하려는 것이다. 정년에 임박한 사람을 공무원으로 채용하면 공무수행의 효율성을 확보하기 어려울 것이므로, 공무원으로 새로 채용하는 사람의 연령을 어느 정도 제한할 필요도 수긍할 수 있다. 따라서 이 사건 시행령조항은 공공복리를 증진시키기 위한 것으로서 헌법 제37조 제2항이 정하는 기본권 제한 사유로 삼을 수 있다고 할 것이다. 또한 위와 같은 입법목적을 달성하기 위하여 이 사건 시행령조항과 같이 공무원 공개채용시험의 응시연령을 제한하는 방법을 사용하는 것도 부적절하다고 보기 어렵다. 그러나 32세까지는 5급 공무원의 직무수행에 필요한 최소한도의 자격요건을 갖추고, 32세가 넘으면 그러한 자격요건을 상실한다고 보기 어렵다. 그리고 6급 및 7급 공무원 공채시험의 응시연령 상한을 35세까지로 규정하면서 그 상급자인 5급 공무원의 채용연령을 32세까지로 제한한 것은 합리적이라고 볼 수 없다. 따라서 이 사건 시행령조항이 5급 공채시험 응시연령의 상한을 '32세까지'로 제한하고 있는 것은 기본권 제한을 최소한도에 그치도록 요구하는 헌법 제37조 제2항에 부합된다고 보기 어렵다. 그러나 5급 공무원의 공채시험에서 응시연령의 상한을 제한하는 것이 전면적으로 허용되지 않는다고 보기는 어렵고, 정년제도의 틀 안에서 공무원 채용 및 공무수행의 효율성을 도모하기 위하여 필요한 최소한도의 제한은 허용된다고 할 것이며, 그 한계는 공무원정년제도와 인사정책 및 인력수급의 조절 등 여러 가지 입법정책을 고려하여 입법기관이 결정할 사항이라고 할 것이다.

둘째, 조대현, 김종대, 목영준 재판관의 위헌의견은 다음과 같은 주장을 펴고 있다. 이 사건 시행령조항은 32세가 넘으면 5급공무원의 직무수행에 필요한 자격요건을 상실한다고 볼 수 없다. 32세가 넘은 사람의 공직취임권을 직접적으로 제한한다. 5급공무원 공채시험의 응시연령 상한을 제한하지 않으면 직업공무원의 양성이나 직업공무원제도의 구현에 지장을 준다고 보기 어렵다. 이 사건 시행령조항이 유능한 인재가 공무원시험에 장기간 매달리지 않고 사회 각 분야의 적재적소에서 활동하도록 유도하려는 목적을 가진다고 하지만, 그러한 목적은 사회의 각 분야에서 일하는 것이 5급 공무원으로 취임하는 것보다 유익하도록 사회의 제반 여건을 조성함으로써 달성하여야 하는 것이고, 5급 공무원 취임권을 불합리하게 제한하는 수단까지 정당화하는 것이라고 볼 수는 없다. 나아가 이 사건 시행령조항이 직업공무원의 양성이나 직업공무원제도의 구현에 이바지하거나 유능한 인재를 사회의 각 분야에 안배시키는 효과는 어느 정도로 확실한 것인지 알 수 없고, 이 사건 시행령조항으로 인하여 32세가 넘은 국민의 공직취임권이 제한되는 효과는 직접적이고 확실하다. 이 사건 시행령조항에 의하여 기대되는 공익의 실현이 32세가 넘은 자의 공직취임권을 제한하는 불이익보다 더 크고 더 중요한 것이라고 보기도 어렵다.

또한 연령에 의한 차별은 개인이 책임질 수 없는 조건에 의한 차별에 해당되는 측면이 크고, 또 그 직급에 종사할 수 있는 최대연령인 정년이 있는 이상 정년에 걸리지 않으면 그 직급에 종사할 기회를 가능한 한 뺏지 않는 것이 합당하다. 따라서 이 사건 시행령조항은 헌법 제37조 제2항에 위반하여 32세가 넘은 국민의 공직취임권을 직접적으로 침해한다.

　　이 사건에서는 이 사건 시행령조항이 청구인의 공직취임권을 침해하는지에 대해서 재판관 5인이 헌법불합치의견을 표시하고, 재판관 3인이 위헌의견을 표시하였다. 그런데 단순위헌의견도 헌법불합치의견의 범위 내에서는 헌법불합치의견과 의견을 같이 하는 것이기 때문에, 이 사건 시행령조항이 헌법에 합치하지 않는다는 점에 대해 8인의 재판관이 찬성을 한 것이다.

V. 이 결정이 가지는 의미

　　이 결정은 헌법재판소가 공직취임권의 연령제한과 관련해 헌법불합치결정을 통해 그 위헌성을 지적한 최초의 결정이라는 점에서 판결사적 의미를 가진다. 다만, 이 사건에서 헌법불합치결정을 받은 부분은 모든 공무원 계급, 모든 공무원시험에 걸친 것이 아니고 5급공무원 공개경쟁채용시험의 응시연령 상한을 32세로 정한 부분에 한한다는 점, 그리고 이 조항은 입법자가 2008년 12월 31일을 시한으로 개정할 때까지 계속 적용됨을 판결주문에서 선언하고 있는 점에 주목할 필요가 있다.

대선후보 기탁금 사건

― 헌재 2008. 11. 27, 2007헌마1024 ―

Ⅰ. 심판대상

공직선거법(1997. 11. 14. 법률 제5412호로 개정된 것)

제56조(기탁금)

① 후보자등록을 신청하는 자는 등록신청시에 후보자 1인마다 다음 각 호의 기탁금을 중앙선거관리위원회규칙이 정하는 바에 따라 관할선거구관리위원회에 납부하여야 한다.

1. 대통령선거는 5억 원

2. 국회의원선거는 1천 500만 원

3. 시·도의회의원선거는 300만 원

4. 시·도지사선거는 5천만 원

5. 자치구·시·군의 장 선거는 1천만 원

6. 자치구·시·군의원선거는 200만 원

공직선거법

제57조(기탁금의 반환 등)

① 선거구선거관리위원회는 다음 각호의 구분에 따른 해당 금액 중에서 제56조(기탁금) 제3항의 규정에 의하여 기탁금에서 부담하는 비용을 뺀 나머지 금액을 선거일 후 30일 이내에 기탁자에게 반환한다.

1. 대통령선거, 지역구국회의원선거, 지역구지방의회의원선거 및 지방자치단체의 장 선거

　가. 후보자가 당선되거나 사망한 경우와 유효투표총수의 100분의 15 이상을 득표한 경우에는 기탁금 전액

　나. 후보자가 유효투표총수의 100분의 10 이상 100분의 15 미만을 득표한 경우에는 기탁금의 100분의 50에 해당하는 금액

Ⅱ. 사실관계의 요지

청구인 장기표 씨는 2007년 8월 9일 중앙선거관리위원회에 제17대 대통령선거 예비후보자로 등록하고 같은 날 '대통령선거 출마 기자회견문'을 발표하였고, 2007년 12월 19일에 실시되는 제17대 대통령선거에 무소속으로 출마하고자 한다고 주장하였다. 청구인은 대통령선거 후보자로 등록할 때 5억 원의 기탁금을 납부하도록 한 '공직선거법' 제56조 제1항 제1호가 평등권과 공무담임권 등을 침해한다며 이 사건 헌법소원심판을 청구하였다.

Ⅲ. 주　　문

공직선거법 제56조 제1항 제1호는 헌법에 합치되지 아니한다. 위 법률조항은 2009. 12. 31.을 시한으로 입법자가 개정할 때까지 계속 적용한다.

Ⅳ. 다수의견의 주요 논점 및 요지

1. 공무담임권 침해

대통령선거에서 진지하지 못한 불성실한 후보자들이 난립할 경우 불법선거운동의 감시와 투개표 등 선거관리에 지장이 초래되며, 선거에 관한 국가비용이 증가하게 되고 후보자들에게 불법선거에 대한 과태료나 불법시설물 등에 대한 대집행비용이 발생하는 경우를 대비하여 기탁금을 예납하게 할 필요성도 있다. 그러나 후보자난립 방지를 위하여 기탁금제도를 두더라도 후보예정자의 참정권과 정치적 의사표현의 자유를 과도하게 제약하지 않는 한도 내에서 입법자의 정책적 재량이 행사되어야 한다. 그 금액이 현저하게 과다하거나 불합리하게 책정된 것이라면 허용될 수 없다.

헌법재판소는 1995년 5월 25일 선고 92헌마269 등 결정에서 대통령선거에 3억 원의 기탁금을 규정한 구 '대통령선거법' 제26조 제1항을 합헌으로 결정하였다. 당시의 선거법은 기탁금으로 선거인 명부 및 부재자신고인 명부의 사본작성비용을 부담하도록 하였으며, TV와 라디오를 통한 각 1회의 후보자 및 연설원의 연설비용을 국가가 부담하면서 유효투표총수의 7% 이상 득표를 하지 못한 경우 이를 기탁금에서 공제하도록 하였다. 그런데 현행법에서는 선거인 명부 작성비용을 기탁금으로 부담하게 하는 제도가 폐지되었고 선거방송비용도 선거방송토론위원회가 주관하는 대담·토론회 및 정책토론회 외에는 전적으로 후보자 개인부담이 된다. 선거방송토론위원회가 주관하는 위 토론회는 기본적으로 대상이 한정되므로, 후보자가 난립한다고 해서 그 비용이 증가할 것이라고 단정할 수 없다. 과태료 내지 불법시설물 등에 대한 대집행비용은 기탁금에서 공제하게 되나, 이를 미리 확보하기 위하여 기탁금이 3억 원이나 5억 원과 같은 고액일 필요는 없다. '공직선거법'은 투표참관인과 개표참관인의 수당과 식비를 국가나 지방자치단체가 부담하도록 하였으나, 군소정당 후보자나 무소속 후보자의 경우 참관인 선정은 모든 투표소나 개표소에 이루어진 것이 아니고 적은 수에 그치고 있으므로 후보자가 난립된다고 해서 그 부담이 비약적으로 증가할 것이라고 단정하기 어렵다.

　기탁금이 고액이 아닐 경우 후보자가 늘어날 가능성은 있지만, 무소속 후보자의 경우 검인된 추천장을 사용하여 5 이상의 시·도에 나누어 총 선거권자 2,500명 내지 5,000명의 추천을 받아야 하며, 통상 대통령선거에서 소요되는 많은 비용과 노력을 감안하면 기탁금 액수만 가지고 후보자난립 문제를 대처할 필요는 없다고 볼 것이다. 또한 정당정치의 발전과 국민들의 정치문화의 성숙도에 따라 진지하지 못한 후보자의 난립현상은 줄어들 수 있다.

　대통령선거에서 사후에 보고되는 총 선거비용이 정당추천 후보자에 따라서는 3~400여억 원에 이르는 상황을 보면 기탁금 5억 원은 상대적으로 적은 금액이라고 볼 수 있으나, 모든 후보자가 그 정도의 선거비용을 사용할 수 있는 것은 아니며, 일단 후보자 등록 단계에서 5억 원을 조달할 수 없으면 후보자가 될 수 없으며, 아무리 훌륭한 자질을 가지고 있거나 사회적으로 지지를 받는 사람들이라도 5억 원이 지나친 부담이 되어 입후보를 포기하게 한다면 이들에게는 대통령직에 대한 피선거권의 행사가 봉쇄당하게 된다. 그러한 사람들이 소수에 그치더라도 그러한 소수자들의 기회가 박탈당하는 것은 정당하지 않다. 일부 소수층의 참정권 제한은 문제될 것이 없다고 한다면 다수결의 원리에 의하여 지배되는 정치과정에서 필연적으로 발생하는 '소외된 소수자'들의 인권을 헌법보장의 사각지대에 방치하는 결과가 되어 결국 헌법의 기본권 보장정신에 어긋나기 때문이다. 대통령제를 둔 외국에서는 대통령선거에 기탁금제도를 두는 나라 자체를 찾아볼 수 없으며, 유일하게 프랑스에서 기탁금제도를 찾아볼 수 있으나 우리 돈 260만 원 정도에 그치고 있다. 선거제도의 차이점을 감안한다고 하더라도 지구상에 유래가 없는 그런 고액의 기탁금제도를 우리나라에서만 두어야 하는 합리적 이유를 발견하기 어렵다.

　결론적으로, 이 사건 조항이 설정한 5억 원의 기탁금은 대통령선거에서 후보자난립을 방지하기 위한 입법목적의 달성수단으로서는 개인에게 현저하게 과다한 부담을 초래하며, 이는 고액 재산의 다과에 의하여 공무담임권 행사기회를 비합리적으로 차별하므로, 입법자에게 허용된 재량의 범위를 넘어선 것이다. 이 사건 조항은 청구인의 공무담임권을 침해한다.

2. 헌법불합치 결정 형식을 취함

이 사건 조항이 헌법에 위반되는 이유는, 기탁금제도 자체에 있는 것이 아니라 기탁금 액수가 지나치게 고액이라는 데에 있다. 그러므로 위 기탁금 액수는 대통령선거에 출마하는 진지하고 성실한 후보자라면 적법한 범위 내에서 충분히 조달할 수 있는 금액으로 조정되어야 한다. 또 무소속후보자의 추천요건을 강화하는 방안이 고려될 수 있다. 이 사건 조항에 대하여 단순위헌 선언을 하여 조항 자체를 폐지시키는 것 보다는 추후 입법자가 여러 사정을 고려하여 합헌적으로 개정할 수 있도록 헌법불합치 선언을 하고, 입법자가 2009년 12월 31일을 시한으로 하여 개정할 때까지 이를 계속 적용하는 것이 상당하다.

V. 이 결정이 가지는 의미

이러한 이강국, 김희옥, 민형기, 목영준, 송두환 재판관의 헌법불합치 다수의견에 대해 김종대, 이동흡 재판관은 위헌의 이유는 다수의견과 같으나 주문형식이 다른 단순위헌의견을 개진했다. 다음 대통령선거가 2012년으로 예정되어 있어 헌법재판소가 이 사건 조항을 단순위헌으로 선언하더라도 입법자는 충분한 기간 내에서 기탁금제도를 후보자가 조달할 수 있는 합헌적인 범위로 정할 수 있다는 점, 헌법재판소가 이미 2001년 7월 19일의 2000헌마91 등 결정에서 선거가 종료된 후 재선거나 보궐선거가 있을 것을 고려할 필요가 없는 경우에는 위헌적 기탁금제도에 대해 단순위헌결정을 하였다는 점을 근거로 들었다. 조대현 재판관도 공직선거의 기탁금제도와 그 몰수제도는 헌법 제37조 제2항이 요구하는 기본권 제한사유도 없이 공무담임권과 정치적 표현의 자유를 제한하는 것이고, 합리적 사유도 없이 기탁금을 납부하거나 포기할 경제적 능력이 없는 국민의 후보자 등록을 어렵게 하여 차별하는 것이어서 헌법에 위반된다는 위헌의견을 개진했다.

이에 비해 이공현 재판관은 합헌의견을 개진했다. 우리 대통령선거에서 후보난립을 방지할 필요성이 매우 절실하다는 점, 여러 가지 이유로 기탁금액이 과다하다고 볼 수도 없다는 점을 이유로 들었다. 위헌의견이 3인으로 6인의 정족수에 미달해 5인 재판관의 헌법불합치의견이 법정의견이 됐음에 주목할 필요가 있다.

지방자치단체장 직무정지 사건

— 헌재 2010. 9. 2. 2010헌마418 —

Ⅰ. 심판대상

지방자치법(2007. 5. 11. 법률 제8423호로 전부개정된 것)

제111조(지방자치단체의 장의 권한대행 등)

① 지방자치단체의 장이 다음 각 호의 어느 하나에 해당되면 부지사·부시장·부군수·부구청장이 그 권한을 대행한다.

　3. 금고 이상의 형을 선고받고 그 형이 확정되지 아니한 경우

Ⅱ. 사실관계의 요지

　청구인 甲은 제5회 전국동시지방선거에서 강원도지사에 당선되어 강원도지사에 취임하였다. 甲은 강원도지사에 당선되기 약 한 달 전에 '정치자금법'위반죄로 서울고등법원에서 징역 6월에 집행유예 1년의 형을 선고받았으며, 甲이 그 직후 대법원에 상고하여 현재 위 사건은 상고심에 계속되어 있다. '지방자치법' 제111조 제1항 제3호는 지방자치단체의 장이 금고 이상의 형을 선고받고 그 형이 확정되지 않은 경우 부단체장이 그 권한을 대행하도록 규정하고 있어, 甲은 강원도지사에 취임한 직후부터 직무에서 배제되게 되었다. 이에 甲은 위 '지방자치법' 제111조 제1항 제3호가 무죄추정의 원칙에 위배될 뿐만 아니라 헌법상 보장된 공무담임권 및 평등권을 침해하여 헌법에 위반된다는 이유로 이 사건 헌법소원심판을 청구하였다.

Ⅲ. 주　문

1. 지방자치법 제111조 제1항 제3호는 헌법에 합치되지 아니한다.
2. 위 법률조항은 입법자가 2011. 1. 31.까지 개정하지 아니하면 2012. 1. 1.부터 그 효력을 상실한다.

3. 법원 기타 국가기관 및 지방자치단체는 입법자가 개정할 때까지 위 법률조항의
　　적용을 중지하여야 한다.

Ⅳ. 결정 이유의 주요 논점 및 요지

1. 이강국, 김희옥, 김종대, 목영준, 송두환 재판관의 위헌의견

(1) 무죄추정의 원칙 위배

　　헌법 제27조 제4항은 "형사피고인은 유죄의 판결이 확정될 때까지는 무죄로 추정된
다"고 선언함으로써, 공소가 제기된 피고인이 비록 1심이나 2심에서 유죄판결을 선고받
았더라도 그 유죄판결이 확정되기 전까지는 원칙적으로 죄가 없는 자에 준하여 취급해야
함은 물론, 유죄임을 전제로 하여 해당 피고인에 대하여 유형·무형의 일체의 불이익을
가하지 못하도록 하고 있다. 그런데 이 사건 법률조항은 '금고 이상의 형이 선고되었다'
는 사실 자체에 주민의 신뢰가 훼손되고 자치단체장으로서 직무의 전념성이 해쳐질 것이
라는 부정적 의미를 부여한 후, 그러한 판결이 선고되었다는 사실만을 유일한 요건으로
하여, 형이 확정될 때까지의 불확정한 기간 동안 자치단체장으로서의 직무를 정지시키는
불이익을 가하고 있으며, 그와 같이 불이익을 가함에 있어 필요최소한에 그치도록 엄격
한 요건을 설정하지도 않았으므로, 무죄추정의 원칙에 위배된다.

(2) 공무담임권을 제한함에 있어 과잉금지의 원칙을 위반

　　자치단체장직에 대한 공직기강을 확립하고 주민의 복리와 자치단체행정의 원활한
운영에 초래될 수 있는 위험을 예방하기 위한 입법목적을 달성하기 위하여 자치단체장을
직무에서 배제하는 수단을 택하였다 하더라도, 과잉금지의 원칙상, 입법자는 선택할 수
있는 여러 수단 중에서 국민의 기본권을 가장 덜 제한하는 수단을 채택하여야 한다. 그
런데, 금고 이상의 형을 선고받은 자치단체장을 다른 추가적 요건없이 직무에서 배제하
는 것이 공직기강을 확립하고 자치단체행정에 대한 주민의 신뢰를 지키기 위한 최선의
방안이라고 단정하기는 어렵다. 특히, 이 사건 청구인의 경우처럼, 금고 이상의 형의 선
고를 받은 이후 선거에 의하여 자치단체장으로 선출된 경우에는 '자치단체행정에 대한
주민의 신뢰유지'라는 입법목적은 자치단체장의 공무담임권을 제한할 적정한 논거가 되
기 어렵다.

　　이 사건 법률조항에 의한 공무담임권 제한이 자치단체장의 직무전념성을 확보하기
위하여 필요최소한의 범위에 그치고 있다고 보기도 어렵다. 왜냐하면, 첫째, 금고 이상의
형을 선고받았더라도 불구속상태에 있는 이상 자치단체장이 직무를 수행하는 데는 아무

런 지장이 없으므로 직무를 정지시키고 부단체장에게 그 권한을 대행시킬 직접적인 필요가 없을 뿐만 아니라, 둘째, 자치단체장의 재판절차 수행으로 직무전념성을 해칠 위험성은, 형사재판뿐만 아니라 자치단체장이 당사자인 민사재판에도 있고, 금고 이상의 형이 아닌 다른 내용의 형사재판에도 있을 수 있기 때문이다. 혹시 금고 이상의 형을 선고받을 경우 직무정지의 필요성이 인정된다 하더라도, 형이 확정될 때까지 기다리게 되면 자치단체행정의 원활한 운영에 상당한 위험이 초래될 것으로 명백히 예상된다거나 회복할 수 없는 공익이 침해될 우려가 있는 제한적인 경우로 한정되어야 한다.

입법목적과 관련하여 본다면, 금고 이상의 형을 선고받은 범죄가 해당 자치단체장에 선출되는 과정에서 또는 선출된 이후 자치단체장의 직무에 관련하여 발생하였는지 여부, 고의범인지 과실범인지 여부, 범죄의 유형과 죄질이 자치단체장의 직무를 수행할 수 없을 정도로 주민의 신뢰를 중차대하게 훼손하는지 여부 등을 가려서, 형이 확정되기 전이라도 미리 직무를 정지시켜야 할 이유가 명백한 범죄를 저질렀을 경우로만 한정할 필요도 있다. 그런데 이 사건 법률조항은 자치단체장에게 아무런 소명의 기회조차 부여하지 아니한 채, 단순히 금고 이상의 형을 선고받을 수 있는 모든 범죄로 그 적용대상을 무한정 확대함으로써, 사안에 따라 직무정지의 필요성이 달리 판단될 수 있는 가능성마저 전혀 배제시키고 있다.

형사재판은 피고인의 행위에 대한 유·무죄를 가리고 죄책의 정도에 따라 합당한 형을 부과하는 제도일 뿐, 자치단체장에 대한 직무정지의 필요성을 심리하지 않는다는 점에 비추어 볼 때, 금고 이상의 형을 선고한 형사판결에 의존하여 직무정지라는 제재를 가하고 있는 점 역시 필요최소한의 범위를 넘어선 기본권제한에 해당한다.

이 사건 법률조항으로 인하여 해당 자치단체장은 불확정한 기간 동안 직무를 정지당함은 물론 주민들에게 유죄가 확정된 범죄자라는 선입견까지 주게 되고, 더욱이 장차 무죄판결을 선고받게 되면 이미 침해된 공무담임권은 회복될 수도 없는 등의 심대한 불이익을 입게 된다. 이러한 불이익은 이 사건 법률조항이 달성하려는 공익과 비교하여 결코 작다고 할 수 없으므로, 법익균형성 요건 또한 갖추지 못하였다.

(3) 평등권도 침해

선거직 공무원으로서 선거과정이나 그 직무수행의 과정에서 요구되는 공직의 윤리성이나 신뢰성 측면에서는 국회의원의 경우도 자치단체장의 경우와 본질적으로 동일한 지위에 있다고 할 수 있는데, 국회의원에게는 금고 이상의 형을 선고받은 후 그 형이 확정되기도 전에 직무를 정지시키는 제도가 없으므로, 자치단체장에게만 이러한 제재를 가하고 있는 것은 합리적 차별이라고 볼 수 없어 평등원칙에 위배된다.

2. 조대현 재판관의 헌법불합치의견

선거에 의하여 주권자인 국민으로부터 직접 공무담임권을 위임받는 자치단체장의 경우, 첫째, 그와 같이 공무담임권을 위임한 선출의 정당성이 무너지거나, 둘째, 공무담임권 위임의 본지를 배반하는 직무상 범죄를 저질렀다면, 이러한 경우에도 계속 공무를 담당하게 하는 것은 공무담임권 위임의 본지에 부합된다고 보기 어려우므로, 위 두 사유에 해당하는 범죄로 자치단체장이 금고 이상의 형을 선고받은 경우라면, 그 형이 확정되기 전에 해당 자치단체장의 직무를 정지시키더라도 무죄추정의 원칙에 직접적으로 위배된다고 보기 어렵고, 과잉금지의 원칙도 위반하였다고 볼 수 없다. 하지만, 위 두 가지 경우 이외에는, 금고 이상의 형의 선고를 받았다는 이유로 형이 확정되기 전에 자치단체장의 직무를 정지시키는 것은 무죄추정의 원칙과 과잉금지의 원칙에 위배된다. 따라서, 이 사건 법률조항에는 위헌적인 부분과 합헌적인 부분이 공존하고 있고, 이를 가려내는 일은 국회의 입법형성권에 맡기는 것이 바람직하므로, 헌법불합치결정을 할 필요성이 인정된다.

V. 이 결정이 가지는 의미

헌법재판소는 지방자치단체의 장이 금고 이상의 형을 선고받고 그 형이 확정되지 않은 경우 부단체장이 그 권한을 대행하도록 규정한 '지방자치법' 제111조 제1항 제3호에 대해, 재판관 5(단순위헌) : 1(헌법불합치) : 3(합헌)의 의견으로 헌법불합치결정을 내렸다. 무죄추정원칙 위배, 공무담임권에 대한 과잉한 제한, 평등권 침해를 근거로 들었다. 헌법불합치 및 입법촉구결정과 함께 심판대상 조항에 대한 적용중지명령을 함께 내려 더 이상 이 조항이 적용될 수 없게 하고 있다는 점에 주목할 필요가 있다. 더불어 이 결정으로 이 사건 법률조항에 해당하는 구 '지방자치법' 조항이 과잉금지원칙을 위반하여 자치단체장의 공무담임권을 제한하는 것이 아니고 무죄추정의 원칙에도 저촉되지 않는다고 판시했던 헌법재판소의 2005. 5. 26, 2002헌마699, 2005헌마192(병합) 결정에 대해 판례변경이 있었음에도 유념할 필요가 있다.

청구권

국회 청원 절차 사건

— 헌재 2006. 6. 29, 2005헌마604 —

Ⅰ. 심판대상

국회법(1991. 5. 31. 법률 제4385호로 개정된 것)

제123조(청원서의 제출)

① 국회에 청원하려고 하는 자는 의원의 소개를 얻어 청원서를 제출하여야 한다.

※ 관련 조문

국회법(2006. 2. 21. 법률 제7849호로 개정된 것)

제58조(위원회의 심사)

① 위원회는 안건을 심사함에 있어서 먼저 그 취지의 설명과 전문위원의 검토보고를 듣고 대체토론(안건 전체에 대한 문제점과 당부에 관한 일반적 토론을 말하며 제안자와의 질의·답변을 포함한다)과 축조심사 및 찬반토론을 거쳐 표결한다.

② 상임위원회는 안건을 심사함에 있어서 제57조 제2항의 규정에 의한 상설소위원회에 회부하여 이를 심사·보고하도록 한다. 다만, 필요한 경우 제57조 제1항의 규정에 의한 소위원회에 이를 회부할 수 있다.

③ 위원회가 안건을 소위원회에 회부하고자 하는 때에는 제1항의 규정에 의한 대체토론이 끝난 후가 아니면 회부할 수 없다.

④ 제1항 및 제3항의 규정에 불구하고 소위원회에 회부되어 심사 중인 안건과 직접 관련된 안건이 위원회에 새로이 회부된 경우 위원장이 간사와 협의를 거쳐 필요하다고 인정하는 때에는 이를 바로 해당 소위원회에 회부하여 함께 심사하게 할 수 있다.

⑤ 제1항의 규정에 의한 축조심사는 위원회의 의결로 이를 생략할 수 있다. 다만, 제정법률안 및 전부개정법률안에 대하여는 그러하지 아니하다.

⑥ 위원회는 제정법률안 및 전부개정법률안에 대하여는 공청회 또는 청문회를 개최하여야 한다. 다만, 위원회의 의결로 이를 생략할 수 있다.

⑦ 위원회는 안건이 예산상의 조치를 수반하는 경우에는 정부의 의견을 들어야 한다.

⑧ 제1항의 규정에 의한 전문위원의 검토보고서는 특별한 사정이 없는 한 당해 안건의 위원회상정일 48시간 전까지 소속위원에게 배부되어야 한다.

⑨ 제5항 단서 및 제6항의 규정은 법제사법위원회의 체계·자구심사에 있어서는 이를 적용하지 아니한다.

제123조(청원서의 제출)

① 국회에 청원하려고 하는 자는 의원의 소개를 얻어 청원서를 제출하여야 한다.

② 청원서에는 청원자의 주소·성명(법인의 경우에는 그 명칭과 대표자의 성명)을 기재하고 서명·날인하여야 한다.

③ 재판에 간섭하거나 국가기관을 모독하는 내용의 청원은 이를 접수하지 아니한다.

Ⅱ. 사실관계의 요지

甲 전자주식회사의 소액주주로 구성된 甲 전자 소액주주운동본부는 위 회사의 주주총회결의의 무효를 구하는 소송을 제기하여 기각되었고, 그 소송에서 보조참가한 위 운동본부 대표자였던 청구인의 항소 및 상고도 기각되었다. 그러자 청구인은 위 대법원의 기각판결에 법률의 적용과 해석상 오류가 있다고 하여 위 판결에 관여한 대법관들을 탄핵하기 위한 청원서를 국회에 제출하려고 하였다. 그러나 '국회법' 제123조 제1항에 의한 국회의원의 소개를 얻지 못하여 청원서를 접수하지 못하게 되자, 위 청원서를 접수하지 않은 피청구인의 부작위와 위 '국회법' 조항의 위헌확인을 구하는 이 사건 헌법소원심판을 청구하였다.

Ⅲ. 주　　문

이 사건 심판청구를 기각한다.

Ⅳ. 결정 이유의 주요 논점 및 요지

1. 청원권 침해 아님

헌법은 제26조 제1항에서 "모든 국민은 법률이 정하는 바에 의하여 청원할 권리를 가진다"라고 하여 청원권을 보장하고 있다. 청원권은 공권력과의 관계에서 일어나는 여러 가지 이해관계, 의견, 희망 등에 관하여 적법한 청원을 한 모든 국민에게 국가기관인 그 주관관서가 청원을 수리할 뿐만 아니라 이를 심사하여 청원자에게 그 처리결과를 통지할 것을 요구할 수 있는 권리를 말한다. 헌법재판소는 지방의회에 제출하는 청원서에 대하여 이 법과 동일한 제한을 두고 있는 지방자치법 제65조 제1항 위헌확인 사건에서 "청원권의 구체적 내용은 입법활동에 의하여 형성되며 입법형성에는 폭넓은 재량권이 있으므로 입법자는 지방의회에 제출되는 청원서에 대하여 청원의 내용과 절차는 물론 청원의 심사·처리를 공정하고 효율적으로 행할 수 있게 하는 합리적인 수단을 선택할 수 있는 것이다"라고 판시한 바도 있다.

이 사건 법률조항이 의회에 청원을 할 때에 의원의 소개를 얻도록 한 것은 무책임한 청원서의 제출을 규제하여 그 남용을 예방하고 의원이 미리 청원의 내용을 확인하여 그 후 이루어질 심사의 실효성을 확보하려는 데에 그 목적이 있다. 국회의 민원처리절차는 크게 의원의 소개를 요하는 청원과 의원의 소개를 요하지 않는 진정으로 나누어져 처리된다. 청원은 일반의안과 같이 소관위원회의 심사를 거쳐야 하며 심사절차도 일반의안과 동일한 절차를 밟는데, 소개의원은 필요할 경우 '국회법' 제125조 제3항에 의해 청원의 취지를 설명해야 하고 질의가 있을 경우 답변을 해야 한다. 그러므로 청원서 제출단계에서부터 의원의 관여가 필요하며, 국회의원 중 청원의 소개의원이 되려는 의원이 단한 명도 없다면 결국 그 청원에 대해 찬성하는 의원이 아무도 없다는 것을 의미한다 할 것이므로 이러한 경우에까지 청원서를 제출할 수 있도록 하여 이를 심사할 실익은 없다 할 것이다. 의회가 모든 민원을 청원으로 접수한 후 청원심사위원회 등 예비심사제도를 통해 무의미한 청원을 선별해 낸 후 심사하는 방식으로도 입법목적을 달성할 수 있겠으나 입법자는 청원권의 구체적 입법형성에 있어서 광범위한 재량권을 가지고 있기 때문에 국회가 '민원처리장화'되는 것을 방지하기 위하여 적절한 수단을 선택할 수 있다 할 것이므로 의원의 소개를 청원서 제출의 요건으로 규정하여 의원의 소개를 얻은 민원은 일반의안과 같이 처리하고, 그 외 의원의 소개를 얻지 못한 민원은 진정으로 처리하는 방식을 택하는 것은 입법자에게 부여된 입법재량이라 할 것이다.

그렇다면 이 사건 법률조항은 불필요한 청원을 억제하여 청원의 효율적인 심사를 제고하기 위한 것으로서 국회는 의원의 소개를 얻지 못한 민원들을 진정으로 접수하여 처리하고 있고, 청원의 소개의원은 1인으로 족한 점 등을 감안 할 때 입법형성의 재량의 범위를 넘어 기본권을 침해하였다고 볼 수 없다.

2. 평등원칙 침해 아님

행정부 등에 대한 청원은 대개 단독 행정기관이 행한 행정처분에 대하여 그 시정을 요구하는 것으로서 민원사항의 접수 및 처리에 있어서도 당해 기관이 단독으로 의사결정을 할 수 있기 때문에 합의제 기관인 국회에 대한 청원과는 달리 취급할 수 있다. 또한 의원의 소개가 없는 민원의 경우 국회가 '진정'으로 접수하여 처리하고 있다. 그러므로 국회에 대한 청원을 행정부 등 다른 국가기관에 대한 청원과 달리 취급한다고 하여 이러한 차별입법이 자의적이라거나 합리성이 없는 것이라고 볼 수 없다.

V. 이 결정이 가지는 의미

국회에 청원을 할 때에 국회의원의 소개를 얻어 청원서를 제출하도록 규정한 '국회법' 제123조 제1항에 대해 헌법재판소가 국회 입법형성의 재량의 범위를 넘어 기본권을 침해했다고 볼 수 없다며 합헌결정을 내린 사건이다. 이 사건 법률조항이 무책임한 청원서의 제출을 규제하여 그 남용을 예방하고 의원이 미리 청원의 내용을 확인하여 그 후 이루어질 심사의 실효성을 확보하려는 데에 목적이 있다는 점 등을 합헌의 근거로 제시했다. 이러한 합헌의 다수의견에 대해 송인준, 주선회 재판관은 반대의견인 위헌의견을 통해, 소개 여부를 의원 개인의 판단에 맡겨 놓고 청원권의 행사에 의원의 동의를 얻도록 하고 있는 것은 청원권을 사실상 박탈하고 본질적인 내용을 침해하고 있다고 주장하면서 다수의견이 합헌의 근거로 들고 있는 청원의 남발 방지는 예비심사제도 등을 통해 이룰 수 있다는 의견을 개진했다. 헌법이 규정하고 있는 청구권적 기본권의 하나인 청원권을 위헌심사의 근거로 사용한 몇 안 되는 헌법재판소 결정들 중의 하나라는 점에서 주목을 요한다.

채권자취소권 사건 I

― 헌재 2006. 11. 30, 2003헌바66 ―

I. 심판대상

민법 제406조 제2항 중 '법률행위 있은 날로부터 5년 내' 부분

※ 민법

제406조(채권자취소권)

① 채무자가 채권자를 해함을 알고 재산권을 목적으로 한 법률행위를 한 때에는 채권자는 그 취소 및 원상회복을 법원에 청구할 수 있다. 그러나 그 행위로 인하여 이익을 받은 자나 전득한 자가 그 행위 또는 전득 당시에 채권자를 해함을 알지 못한 경우에는 그러하지 아니하다.

② 전항의 소는 채권자가 취소원인을 안 날로부터 1년, 법률행위 있은 날로부터 5년 내에 제기하여야 한다.

II. 사실관계의 요지

청구인들은, 청구인들의 선대인 망 노모씨가 생전에 자신의 재산 대부분을 차남에게 증여하여 주었고 이에 차남은 선대의 재산 대부분을 증여 받는 대신 이를 다른 형제들에게 분배하기로 하여 누나인 청구인 3인에게 각각 3억 원씩을, 형에게 15억 원을 지급하기로 약속하였다. 그러나, 차남은 이를 이행하지 않고 자신 소유명의 건물의 각각 3분의 1 지분에 대하여 1997년 2월 11일 이혼에 따른 재산분할을 원인으로 하여 그의 처와 아들에게 각각 소유권이전등기를 경료해 주었다. 그러자, 본 사건 청구인들은 이것이 사해행위에 해당한다고 주장하면서 2003년 1월 15일 서울지방법원 남부지원에 사해행위취소소송을 제기하였고 이와 함께 '민법' 제406조 제2항 중 "전항의 소는 법률행위 있은 날로부터 5년 내에 제기하여야 한다"는 부분에 대하여 위헌제청신청을 하였다. 서울지방법원 남부지원은 위의 본안소송이 등기원인일인 1997년 2월 11일자 약정이 있은 때로부터 5년이 지나서 제기되었다는 이유로 이를 각하하고, 위헌제청신청도 기각하였다. 이에 청구

인들은 이 사건 헌법소원심판을 헌법재판소에 청구하였다.

Ⅲ. 주　　문

채권자취소권의 제소기간에 관한 민법 제406조 제2항 중 '법률행위 있은 날로부터 5년 내' 부분은 헌법에 위반되지 않는다.

Ⅳ. 결정 이유의 주요 논점 및 요지

1. 재판청구권과 재산권을 침해하지 않음

이 사건 법률조항은 채권자취소권을 행사하려는 채권자의 권리행사기간을 '법률행위 시로부터 5년'으로 제한하고 있으며, 대법원은 이 기간을 제척기간으로 보고 있다. 따라서 이 기간이 경과한 후에는 채권자가 더 이상 채권자취소권을 재판상 주장할 수 없게 되고 이에 따라 수익자 또는 전득자는 사해행위의 결과로 취득한 재산권의 정당한 소유자로 확정된다. 그리고 사해행위취소권은 그 자체로 경제적 가치가 있는 사법상의 권리인 재산권으로 볼 수 있으므로 결국 이 사건 법률조항에 의해 채권자는 재판청구권과 함께 재산권인 사해행위취소권의 행사에 제한을 받게 된다. 채권자취소제도의 채택여부나 채권자취소권의 내용은 원칙적으로 입법자가 입법 정책적으로 결정하여야 할 사항이다. 그 권리의 행사기간을 구체적으로 얼마로 정하느냐 하는 것은 채권자의 이익과 거래의 안전 같은 서로 충돌하는 이익을 고려하여 그 경계를 설정하고 조화를 이루어야 하는 문제이다. 더구나 재산권을 형성하는 내용의 완전히 새로운 제도를 창설하면서 그 행사기간 등을 정하는 경우에 있어서는 기본적으로 입법재량이 인정되고 이에 기초한 정책적 판단이 이루어져야 할 특별한 영역에 해당되므로 그 입법이 합리적인 재량의 범위를 일탈한 것인지 여부만을 기준으로 심사하여야 한다.

채권자취소권제도는 제3자에게 미치는 영향이 크고 거래의 동적 안전을 해칠 우려가 있으므로 일정한 제한을 둘 수밖에 없다. 이 사건 법률조항은 법률관계의 조속한 확정을 위해 객관적 사유인 채무자의 법률행위시를 기준으로 채권자취소의 제소기간에 제한을 둔 것으로서 그 입법목적이 정당하다. 채권자취소권의 대상은 공시방법을 전제로 한 법률행위에만 국한되는 것이 아니어서 공시방법이 없는 법률행위에 대해서도 사해행위 취소에 관한 제척기간의 기산점을 명확히 할 필요가 있는 점, 채권자로서는 미리 가압류 등의 조치를 취함으로써 채무자의 사해행위를 방지하고 그 책임재산을 확보할 법률적인 수단을 갖고 있는 점, 일반적으로 채무자가 부동산 등의 재산처분행위를 한 후 그 등기를 마치지 않고 있다가 5년이 지난 시점에 이르러서야 등기를 하는 것은 매우 이례적이며 채무자가 등기된 재산을 갖고 있는 경우에 제3자가 이를 파악하고 보전하는 것이 훨씬 더 용이하므로 등기가 이루어진 시점을 제척기간의 기산점으로 삼는 방법으로 이에 해당하는 채권자를 특별히 더 보호해야 할 필요는 없는 점, 채무자의 법률행위시로부터 일률적으로 5년의 기간을 설정한 것은 외국의 입법례 등에 비추어 채권의 보전을 위하여 너무 짧다거나 불합리하다고 볼 수 없는 점, 채권자취소권의 제척기간 경과로 채권자의 채권 자체가 소멸하는 것은 아니고 집행할 재산으로서 채무자의 책임재산을 상실한 것에 불과한 점, 우리 '민법'은 법률관계를 조속히 확정시키기 위하여 여러 제척기간을 두고 있으며 이러한 규정들과 비교해 보아도 채권자취소권의 행사기간이 현저하게 형평에 반한다고 보기 어려운 점, 청구인들이 주장하는 "알 수 있었던 때"의 개념은 아주 명확한 것은 아니어서 이는 법원의 사실인정이나 해석에 상당부분 의존할 수밖에 없어 행사기간의 기산점으로서 확실한 기준이라고 보기에 부적절한 점 등을 고려하면, 이 사건 법률조항이 채권자에게 현저하게 불리하거나 합리성이 없다고 볼 수 없다. 오히려 이 조항은 채권의 존속기간을 고려하여 채권자취소권의 행사기간을 정함으로써 채권자의 이익을 보호하고 있을 뿐만 아니라 채권자의 이익이 감소하는 시점에서 법률관계의 조속한 안정과 제3자의 보호를 통한 거래의 동적 안전도 도모하고 있으므로 그것이 현저히 불합리하여 기본권 제한의 입법적 한계를 벗어난 것이라고 할 수 없다.

2. 평등권을 침해하지 않음

'민법' 제146조에 의하면 일반적인 취소권의 제척기간은 취소권행사의 제척기간의 기산점과 채권 소멸시효의 기산점이 거의 동일하다는 점을 고려한 것으로서 원칙적으로 채권자의 채권발생 후의 시점에서 사해행위를 예정하고 있는 채권자취소와는 그 제도의 취지가 전혀 다른 점, 일반적인 취소권행사의 대상이 되는 법률행위는 성립 당시에 하자가 있는 경우로서 유효하게 성립된 법률행위를 취소하는 채권자취소의 경우보다 보호가치가 적다고 볼 수 있는 점, 일반적인 취소권의 행사에 있어서 상대방은 주로 법률행위의 직접당사자로서 취소원인을 직접 알 수 있는 위치에 있는 반면 채권자취소의 경우에 수익자나 전득자는 취소채권자와는 아무런 법률관계를 맺고 있지 않으며 직접 거래당사자가 아닌 제3자가 이를 취소하게 된다는 측면에서 거래의 안전에 끼치는 영향이 더 클 수 있다는 점을 고려해야 한다. 또한, 상속회복청구권은 10년의 제척기간이 경과하면 진정상속인은 참칭상속인에 대한 아무런 권리도 행사할 수 없게 되는 것인 반면, 채권자취소권의 경우에는 채권자취소권이 인정되지 아니하더라도 채권자는 채무자의 책임재산에 대한 추급이 어려워지는 것일 뿐 채권을 확보할 모든 수단을 상실하는 것도 아니다. 채권자취소권은 채권을 보전하기 위한 것이지 소유권에 기한 물권적 청구권과 유사한 권리를 행사하는 것도 아니다. 따라서, 채권자취소권은 '민법'상의 일반적인 취소권이나 상속회복청구권과는 본질적으로 다른 것이기 때문에 비교대상으로 삼기에 부적절하거나 그 차별에 합리적인 이유가 있다고 할 것이므로 청구인들의 평등권을 침해하지 않는다.

Ⅴ. 이 결정이 가지는 의미

헌법재판소 전원재판부(주심 이공현 재판관)는 이 사건에서 관여재판관 전원의 일치된 의견으로 채권자취소권의 제소기간에 관한 '민법' 제406조 제2항 중 '법률행위 있은 날로부터 5년 내'부분은 헌법에 위반되지 않음을 선언하였다. 이 사건 결정에서 헌법재판소는 채권자의 이익도 중요하지만 그에 못지않게 법률관계의 조속한 안정과 제3자의 보호를 통한 거래의 동적 안전 도모도 대단히 중요한 이익임을 강조하고 있다. 이 결정은 이런 강조점 하에서 채권자취소권 제척기간의 기산점을 '법률행위시로부터 5년'으로 규정하고 있는 '민법' 제406조 제2항 부분에 대해 재판청구권, 재산권, 평등권 중 어느 것도 침해하지 않아 합헌이라는 면죄부를 부여하고 있다. 채권자 개인의 이익 보호보다는 전체 거래의 안전 우선이라는 큰 틀에서 헌법적 판단을 하고 있는 점이 눈길을 끈다.

강제집행정지 불복신청 금지 사건

― 헌재 1993. 11. 25, 91헌바8 ―

Ⅰ. 심판대상

민사소송법

제473조(재심 또는 상소추완신청에 인한 집행정지)

③ 제1항 및 제2항의 재판은 변론없이 할 수 있다. 이 재판에 대하여는 불복을 신청하지 못한다.

민사소송법

제474조(상소제기로 인한 집행정지) 가집행선고 있는 판결에 대하여 상소의 제기가 있는 경우에는 제473조의 규정을 준용한다.

Ⅱ. 사실관계의 요지

청구인 甲은 서울민사지방법원에 청구외 乙건설주식회사를 상대로 손해배상청구소송을 제기한 결과 乙회사는 청구인에게 금 13억원을 지급하라는 가집행선고부 청구인 일부승소판결이 선고되었다. 위 판결에 대해 원·피고 쌍방이 항소하였고, 乙회사는 위 판결정본에 기한 강제집행의 정지신청을 하여 서울민사지방법원은 청구외 회사에게 보증으로 금 2억원을 공탁할 것을 조건으로 위 청구인 승소금액 중 1/3 부분에 대한 강제집행을 정지하는 결정을 하였다. 위 사건의 항소심인 서울고등법원은 1심 판결의 내용을 변경하여 乙회사는 청구인에게 금 25억원 및 그 지연이자를 지급하라는 가집행선고부 청구인 일부승소판결을 선고하였다. 위 항소심 판결에 대하여도 역시 쌍방이 상고를 하였고, 乙회사는 서울고등법원에 위 항소심 판결정본에 기한 강제집행의 정지신청을 한 결과 동 법원은 乙회사에게 보증으로 금 4억원을 공탁할 것을 조건으로 위 판결에 기한 강제집행을 상고심 판결선고시까지 정지한다는 결정을 하였다. 甲은 위 강제집행정지결정은 乙회사의 그 신청이유가 법률상 이유도 되지 않고 주장사실에 대한 아무런 소명이 없는데도 불구하고, 그 정지를 위한 담보로 지연이자까지 포함하면 금 40여억 원에 이르는 청구인

승소금액의 1/10에 지나지 않는 4억원만의 공탁을 조건으로 내려진 것으로서 지극히 부당하다는 이유로 대법원에 항고를 제기하였다. 甲은 대법원에 위 항고를 제기하면서 가집행선고부 판결에 기한 강제집행정지의 재판에 대하여는 불복을 신청하지 못한다는 취지의 '민사소송법' 제474조, 제473조 제3항의 규정은 헌법 제27조, 제101조 제2항에 위반된다고 주장하여 위 규정 등에 대한 위헌여부심판을 제청하였으나 대법원에서 이를 기각하자, 甲은 헌법재판소에 이 사건 헌법소원을 제기하였다.

Ⅲ. 주　　문

민사소송법(개정 1990. 1. 13. 법률 제4201호) 제474조 및 같은 법 제473조 제3항 후문은 헌법에 위반되지 아니한다.

Ⅳ. 결정 이유의 주요 논점 및 요지

1. 재판받을 권리의 침해는 아님

헌법 제27조 제1항은 "모든 국민은 헌법과 법률이 정한 법관에 의하여 법률에 의한 재판을 받을 권리를 가진다"라고 규정하고 있다. 이 조항의 전단 부분인 "헌법과 법률이 정한 법관에 의하여" 재판을 받을 권리라 함은 생각건대 헌법과 법률이 정한 자격과 절차에 의하여 임명되고(헌법 제104조, 법원조직법 제41조 내지 제43조), 물적 독립(헌법 제103조)과 인적 독립(헌법 제106조, 법원조직법 제46조)이 보장된 법관에 의한 재판을 받을 권리를 의미한 것이라 봄이 상당하고, 반드시 사건의 경중을 가리지 않고 모든 사건에 대하여 대법원 또는 상급법원을 구성하는 법관에 의한 균등한 재판을 받을 권리라고 보여지지는 않는다. 나아가 후단의 "법률에 의한" 재판을 받을 권리라 함은 법관에 의한 재판은 받되 법대로의 재판, 즉 절차법이 정한 절차에 따라 실체법이 정한 내용대로 재판을 받을 권리를 보장하자는 취지라고 할 것이고, 이는 재판에 있어서 법관이 법대로가 아닌 자의와 전단에 의하는 것을 배제한다는 것이지 여기에서 곧바로 상급심 재판을 받을 권리가 발생한다고 보기는 어렵다고 할 것이다. 재판이란 사실확정과 법률의 해석적용을 본질로 함에 비추어 법관에 의하여 사실적 측면과 법률적 측면의 한 차례의 심리검토의 기회는 적어도 보장되어야 할 것이며, 또 그와 같은 기회에 접근하기 어렵도록 제약이나 장벽을 쌓아서는 안 된다고 할 것으로, 만일 그러한 보장이 제대로 안 되면 재판을 받을 권리의 본질적 침해의 문제가 생길 수 있다고 할 것이다. 그러나 모든 사건에 대해 똑같이 세 차례의 법률적 측면에서의 심사기회의 제공이 곧 헌법상의 재판을 받을 권리의 보장이라고는 할 수 없을 것이다. 국가에 따라서는 국민에게 상소심에서 재판을 받을 권리를 헌법상 명문화한 예도 있다. 그러나 그와 같은 명문규정이 없고 상소문제가 일반 법률에 맡겨진 것이 우리 법제라면 헌법 제27조에서 규정한 재판을 받을 권리에 모든 사건에 대해 상소법원의 구성법관에 의한, 상소심 절차에 의한 재판을 받을 권리까지도 당연히 포함된다고 단정할 수 없을 것이고, 모든 사건에 대해 획일적으로 상소할 수 있게 하느냐 않느냐는 특단의 사정이 없는 한 입법정책의 문제라고 할 것으로 결국 재판을 받을 권리의 침해라는 논지는 받아들일 수 없다.

2. 평등권 침해도 아님

상급심에서의 재판을 받을 권리가 헌법상 제한이 불가능한 기본권이라고 할 수는 없다. 어느 정도까지 상급심의 판단을 받을 기회를 부여할 것인가의 문제는 각 사건유형의 성질과 경중에 따라 입법자가 법률로써 제한할 수 있는 문제라고 할 것이다. 다만 우리나라 민사소송법은 판결에 대하여서는 항소와 상고, 결정·명령에 대하여서는 항고와 재항고를 인정하는 등 3심제도를 원칙적으로 하고 있다고 할 것이므로, 만일 이 사건 규정이 합리적인 이유도 없이 집행정지재판에 대하여 타사건의 재판과 비교할 때 자의적으로 3심제도를 근간으로 한 상소를 배제하고 있는 것이라면 이는 집행정지사건의 재판 당사자에 대하여 헌법 제11조 제1항의 평등권을 침해하는 것이 될 수 있다고 할 것이다. 그러므로 나아가 이 사건 규정이 합리적인 이유 없이 자의적으로 상소를 제한하고 있는 규정인지의 여부에 관하여 살피건대, 이 사건 규정은 간추려 아래와 같은 두 가지 이유에서 그 합리성이 인정된다고 할 것이므로 위 헌법규정에 위반되지 않는다고 판단된다.

첫째, 판결절차가 심리의 공평, 신중을 주안으로 하여 실체적 권리 유무의 종국적 확정에 그 목적이 있다면, 집행절차는 정확, 신속을 제일로 하여 권리의 만족 내지 이행청구권의 실현을 목적으로 하고 있다고 할 것이다. 그런데 가집행선고부 판결이 선고된 경우 그 판결에 기한 집행의 정지허용 여부의 문제는 이제 집행절차의 문제로서 신속성의 요구가 보다 강하다고 할 것이다. 그렇기 때문에 집행정지재판에 있어서의 증거자료는 소명으로써 족하고, 재판은 변론 없이 할 수 있도록 규정되어 있으며, 또 실제에 있어서도 변론 없이 재판하는 사례가 보편화되어 있다. 위와 같이 판결이 미확정인 경우 그에 대한 가집행허용 여부가 신속 내지 긴급히 확정지어져야 한다면, 집행정지재판에 대하여서는 불복을 허용하지 않는 것이 합리적이라고 할 수 있을 것이다. 따라서 가집행선고부 판결에 대하여 상소를 제기하면서 한 차례 더 가집행의 필요 여부에 대하여 법원의 판단을 받을 수 있도록 한 이 사건 심판대상규정은 위 가집행선고제도의 본래 취지를 관철시키기 위한 것으로서 그 합리성이 인정된다고 할 것이다.

둘째, 이 사건 규정이 비록 가집행선고부 판결에 대한 집행정지의 재판에 대하여 불복을 신청할 수 없다고 규정하고 있으나, 위 재판에 대하여 대법원에 불복할 수 있는 기회를 근본적으로 박탈하고 있는 것은 아니라는 점이다. 즉 '민사소송법' 제420조는 통상의 불복방법이 없는 결정·명령에 대하여도 재판에 영향을 미친 헌법 또는 법률의 위반이 있는 때에는 대법원에 불복할 수 있도록 이른바 특별항고제도를 두고 있기 때문이다. 이는 결정·명령이 헌법 또는 법률에 위반되는 경우에 사안의 중대성에 비추어 대법원에 항고하여 시정할 수 있도록 하기 위한 것인데, 이에 의하여 헌법국가의 이념 내지 법치국가의 원리는 구현될 수 있게 되어 있는 것이라고 할 수 있는 것이다.

V. 이 결정이 가지는 의미

헌법재판소가 만장일치의견으로, 가집행선고부 판결에 대한 상소의 경우의 집행정지 신청에 대한 재판에 대하여는 불복을 신청하지 못한다는 취지의 '민사소송법' 제473조 및 제474조 규정에 대해 국민의 재판받을 권리나 평등권을 침해하지 않아 합헌이라고 결정한 사건이다. 헌법재판소는 1992. 6. 26. 선고, 90헌바25 '소액사건심판법' 제3조에 대한 헌법소원사건 결정에서도 소액사건에 대한 상고 및 재항고 이유를 제한한 법규정에 대해 같은 이유로 합헌결정을 내린 바 있다. 재판받을 권리와 관련하여 최고법원인 대법원의 재판을 포함하여 상급법원의 재판을 받을 권리가 헌법상 절대로 제한이 불가능한 국민의 기본권은 아니라는 점이 이 결정의 핵심법리이다.

특허심판 사건

― 헌재 1995. 9. 28, 92헌가11 ―

I. 심판대상

구 특허법(1995. 1. 5. 법률 제4892호로 개정되기 전의 것)

제186조(상고대상 등)

① 항고심판의 심결을 받은 자 또는 제170조 제1항의 규정에 의하여 준용되는 제51조 제1항의 규정에 의한 각하결정을 받은 자가 불복이 있는 때에는 그 심결이나 결정이 법령에 위반된 것을 이유로 하는 경우에 한하여 심결 또는 결정등본을 송달받은 날부터 30일 이내에 대법원에 상고할 수 있다.

구 의장법(1995. 1. 5. 법률 제4894호로 개정되기 전의 것)

제75조(특허법의 준용) 특허법 제179조·제180조·제182조 내지 제185조의 규정은 재심에 관하여, 제186조 내지 제191조의 규정은 소송에 관하여 이를 각 준용한다.

II. 사실관계의 요지

위헌제청신청인 甲은 특허청에 「수압을 이용, 중력을 동력으로 바꾸는 장치」에 대하여 특허출원을 하였으나 거절사정을 받고 위 거절사정에 대한 항고심판을 청구하였으나 청구기각의 심결을 받았다. 이에 甲은 대법원에 상고를 하였으나 대법원도 신청인의 상고를 기각하였다. 한편, 신청인은 위 항고심판청구와는 별도로 서울고등법원에 특허청장을 상대로 위 거절사정처분의 취소를 구하는 행정소송을 제기함과 동시에 특허청의 항고심판심결에 대하여는 곧바로 대법원에 상고하도록 되어있는 현행 '특허법' 제186조 제1항의 위헌 여부가 위 행정소송의 적법 여부의 전제가 된다고 주장하면서 같은 법원에 위 조항에 대한 위헌제청신청을 하였다. 법원은 이를 받아들여 이 사건 위헌제청을 하였다.

Ⅲ. 주   문

특허법 제186조 제1항 및 의장법 제75조 중 특허법 제186조 제1항을 준용하는 부분은 헌법에 합치되지 아니한다. 다만, 위 두 법률조항은 특허법 중 개정법률(1995. 1. 5. 개정. 법률 제4892호) 및 의장법 중 개정법률(1995. 1. 5. 개정. 법률 제4894호)이 시행되는 1998. 3. 1.의 전일까지 이 사건 위헌여부심판 제청의 각 당해 사건을 포함한 모든 특허 및 의장 쟁송사건에 대하여 그대로 적용된다.

Ⅳ. 결정 이유의 주요 논점 및 요지

1. 재판청구권의 본질적 내용 침해

헌법 제27조 제1항은 "모든 국민은 헌법과 법률이 정한 법관에 의하여 법률에 의한 재판을 받을 권리를 가진다"고 규정함으로써 모든 국민은 헌법과 법률이 정한 자격과 절차에 의하여 임명되고, 물적 독립과 인적 독립이 보장된 법관에 의하여 합헌적인 법률이 정한 내용과 절차에 따라 재판을 받을 권리를 보장하고 있다. 따라서 법관에 의한 재판을 받을 권리를 보장한다고 함은 결국 법관이 사실을 확정하고 법률을 해석·적용하는 재판을 받을 권리를 보장한다는 뜻이고, 그와 같은 법관에 의한 사실확정과 법률의 해석 적용의 기회에 접근하기 어렵도록 제약이나 장벽을 쌓아서는 안 된다고 할 것이며, 만일 그러한 보장이 제대로 이루어지지 않는다면 헌법상 보장된 재판을 받을 권리의 본질적 내용을 침해하는 것으로서 우리 헌법상 허용되지 않는다.

그런데 '특허법' 제186조 제1항은 특허청의 항고심판절차에 의한 항고심결 또는 보정각하결정에 대하여 불복이 있는 경우에도 법관에 의한 사실확정 및 법률적용의 기회를 주지 않고 단지 그 심결이나 결정이 법령에 위반된 것을 이유로 하는 경우에 한하여 곧바로 법률심인 대법원에 상고할 수 있도록 하고 있다. 따라서 특허청의 심판절차에 의한 심결이나 보정각하결정은 특허청의 행정공무원에 의한 것으로서 이를 헌법과 법률이 정한 법관에 의한 재판이라고 볼 수 없다. 그렇다면 결국 '특허법' 제186조 제1항은 법관에 의한 사실확정 및 법률적용의 기회를 박탈한 것으로서 헌법상 국민에게 보장된 "법관에 의한"재판을 받을 권리의 본질적 내용을 침해하는 위헌규정이라 할 것이다.

2. 헌법 제101조 제1항 및 제107조 제3항 위배

헌법 제101조 제1항, 제2항은 "사법권은 법관으로 구성된 법원에 속한다. 법원은 최고법원인 대법원과 각급법원으로 조직된다"고 규정하고 있고 헌법 제107조 제3항 전문은 "재판의 전심절차로서 행정심판을 할 수 있다"고 규정하고 있다. 이는 우리 헌법이 국가권력의 남용을 방지하고 국민의 자유와 권리를 확보하기 위한 기본원리로서 채택한 3권분립주의의 구체적 표현으로서 일체의 법률적 쟁송을 심리 재판하는 작용인 사법작용은 헌법 그 자체에 의한 유보가 없는 한 오로지 대법원을 최고법원으로 하는 법원만이 담당할 수 있고 또 행정심판은 어디까지나 법원에 의한 재판의 전심절차로서만 기능하여야 함을 의미한다.

　　그런데 특허청의 항고심판심결이나 결정은 그 판단주체로 보아 행정심판임이 분명하고 이러한 행정심판에 대하여는 법원에 의한 사실적 측면과 법률적 측면의 심사가 가능하여야만 비로소 특허사건에 대한 사법권 내지는 재판권이 법원에 속한다고 할 수 있을 것인데, '특허법' 제186조 제1항이 이러한 행정심판에 대한 법원의 사실적 측면과 법률적 측면에 대한 심사를 배제하고 대법원으로 하여금 특허사건의 최종심 및 법률심으로서 단지 법률적 측면의 심사만을 할 수 있도록 하고 재판의 전심절차로서만 기능해야 할 특허청의 항고심판을 사실확정에 관한 한 사실상 최종심으로 기능하게 하고 있는 것은, 일체의 법률적 쟁송에 대한 재판기능을 대법원을 최고법원으로 하는 법원에 속하도록 규정하고 있는 헌법 제101조 제1항 및 제107조 제3항에 위반된다.

3. 평등원칙 위반

　　'특허법' 제186조 제1항이 채택한 차별의 수단, 즉 특허분쟁 사건에 있어서는 사실관계의 확정을 특허청 내부의 행정심판기관에 일임하고 법원에 의한 사실확정을 배제한 것은, 그 입법목적의 달성과 필연적 혹은 실질적 관련성이 희박하고 그 정도 또한 적정하지 않다. 왜냐하면 법원에 의한 사실심리기회의 박탈은 오히려 과학발명가들의 권리보호에 역행하는 결과를 초래할 수도 있기 때문이다. 따라서 그 차별의 합리성을 인정하기 어려우므로 심판대상 조항은 평등의 원칙을 규정한 헌법 제11조 제1항에 위반된다.

4. 헌법불합치결정과 법조항 잠정적용

　　현행 특허쟁송제도에 위헌적인 요소를 제거한 합헌적인 특허쟁송제도의 방안은 여러 가지가 있을 수 있고, 그 여러 가지의 방안들 중에서 어느 것을 선택할 것인가 하는 것은 결국 입법자의 정책적인 결단에 맡겨진 문제라고 할 것이므로 헌법재판소의 결정이 있기 전에 명백히 밝혀진 입법자의 의사가 있다면 그것이 또 다른 위헌성을 내포하고 있지 않는 한 존중되어야 할 것이다. 그런데 입법자는 스스로 심판대상 법률조항 및 이에 근거한 현행 특허쟁송제도에 관한 관련 법규정들을 헌법합치적으로 개정하였다. 즉 입법자는 1994. 7. 27. 법률 제4765호로 법원조직법을 개정하여 "특허법원"을 설치하고 특허법원으로 하여금 특허쟁송의 제1심 사건을 심판하게 하는 한편, 1995. 1. 5. 법률 제4892호로 '특허법'을 개정하여 현재 특허청 내에 설치되어 있는 심판소와 항고심판소를 통합하여 "특허심판원"을 설치함으로써 행정부 내에서의 2단계 심판을 1단계로 줄이고, 특허심판원의 심결 등에 대한 불복의 소는 "특허법원"의 전속관할로 하였으며, '상표법', '의장법', '실용신안법'의 각 준용규정도 모두 개정하였다. 다만 입법자는 위 각 개정법의 시행일을 1998. 3. 1.로 정함으로써 위 시점 이전까지는 현행 특허쟁송제도를 유지하도록 하고 있다.

　　만약 이 사건의 당해사건과 이 사건 결정이 선고되는 시점에 법원에 계속중인 모든 특허 및 의장쟁송사건에 대하여 심판대상 법률조항의 적용이 배제되고 행정소송법의 규정에 따른 절차가 진행되어야 한다면 현실적으로 재판을 담당할 준비를 갖추지 못한 일반법원에 대하여 재판의 담당을 강제하는 결과로 되어 버릴 가능성이 크다. 그러므로 당 재판소는, 심판대상 법률조항이 헌법에 불합치함을 선언하면서도, 합헌적인 개정법률이 시행될 때까지는 이를 잠정적으로 그대로 계속 적용할 것을 명함과 동시에, 헌법불합치 선언이 당해 사건 등에 미칠 효과로 인한 법률적 혼란과 충격을 막기 위하여 이 사건 위헌여부심판제청의 당해 사건을 포함한 모든 특허 및 의장쟁송사건에 대하여 위 심판대상 법률조항의 적용을 명한다.

V. 이 결정이 가지는 의미

　　일반 행정소송에서는 사실심인 고등법원의 재판과 법률심인 대법원의 재판을 거칠 수 있는 반면, 특허쟁송에서는 특허청의 심판과 항고심판에서 사실심이 모두 끝나고 고등법원의 재판을 거치지 않고 곧바로 법률심인 대법원의 재판을 받게 한 법률규정에 대해 헌법불합치결정과 잠정적용명령을 내린 사건이다. 변형결정의 사용에 반대한 조승형 재판관의 반대의견도 있었다. 헌법재판소가 재판청구권 중 '법관에 의한 재판을 받을 권리'의 본질적 내용은 법률 해석 및 적용뿐만 아니라 사실확정까지 법관에 의할 것을 요구한다고 보고 있음에 주목을 요한다.

변호사징계위원회 사건

— 헌재 2002. 2. 28, 2001헌가18 —

I. 심판대상

변호사법

제100조(징계결정에 대한 불복)

④ 법무부징계위원회의 결정에 대하여 불복이 있는 징계혐의자는 그 통지를 받은 날부터 7일 이내에 대법원에 즉시항고를 할 수 있다.

⑤ 제4항의 규정에 의한 즉시항고는 집행정지의 효력이 없다.

⑥ 제4항의 규정에 의한 즉시항고에 관하여는 민사소송법 중 재항고에 관한 규정을 준용한다.

※ 참조조문

변호사법(2000. 1. 28. 법률 제6207호로 개정된 것)

제94조(법무부 변호사징계위원회의 구성)

① 법무부변호사징계위원회(이하 "법무부징계위원회"라 한다)는 위원장 1인과 위원 8인으로 구성하며, 예비위원 8인을 둔다.

② 위원장은 법무부장관이 되고, 위원과 예비위원은 법원행정처장이 추천하는 판사 중에서 각 2인, 검사 중에서 각 2인과 대한변호사협회의 장이 추천하는 변호사 중에서 각 1인, 변호사가 아닌 자로서 법과대학 교수 또는 경험과 덕망이 있는 자 각 3인을 법무부장관이 임명 또는 위촉한다. 다만, 위원의 경우 검사 2인 중 1인은 법무부차관으로 할 수 있다.

행정소송법

제9조(재판관할)

① 취소소송의 제1심관할법원은 피고의 소재지를 관할하는 행정법원으로 한다. 다만, 중앙행정기관 또는 그 장이 피고인 경우의 관할법원은 대법원소재지의 행정법원으로 한다.

민사소송법(2002. 1. 26. 법률 제6626호로 개정되기 전의 것)

제412조(재항고) 항고법원, 고등법원 또는 항소법원의 결정 및 명령에 대하여는 재판에 영향을 미친 헌법·법률·명령 또는 규칙의 위반이 있음을 이유로 하는 때에 한하여 재항고할 수 있다.

Ⅱ. 사실관계의 요지

당해사건의 원고인 甲은 변호사이다. 대한변호사협회 변호사징계위원회는 심판외 乙로부터 甲에게 주식회사 丁은행과 심판외인 사이의 보증채무금 반환청구사건을 위임하면서 丁은행을 피공탁자로 하여 공탁을 하여 달라는 요청과 함께 공탁금으로 삼천여만원을 지급하였다. 그러나 甲이 이를 공탁하지 않아 심판외인의 급료 및 퇴직금채권이 가압류됨으로써 물심양면으로 피해를 입었다는 진정서가 접수되자, 甲에게 수차례에 걸쳐 경위서의 제출을 요구하였고 甲이 끝까지 이를 제출하지 않음으로써 변호사로서의 직무를 성실하게 수행하지 않아 의뢰인과의 사이에 분쟁을 야기하고, 변호사협회로부터 지시받은 사항을 처리하지 않아 변호사로서의 품위를 손상시켰다는 이유로 과태료 500만원의 징계를 결정하였다.

甲은 위 징계결정에 불복하여 법무부 변호사징계위원회에 이의신청을 제기하였으나 그 신청이 기각되자 그 무렵 대법원에 즉시항고를 제기하는 한편, 서울행정법원에 위 징계결정의 취소를 구하는 행정소송을 제기하였다. 서울행정법원은 그 심리중 '변호사법' 제100조 제4항 내지 제6항이 당해사건 재판의 전제가 되며 위헌여부에 의문이 있다고 하여 직권으로 이 사건 위헌여부의 심판을 제청하였다.

Ⅲ. 주　문

변호사법 제100조 제4항 내지 제6항은 헌법에 위반된다.

Ⅳ. 결정 이유의 주요 논점 및 요지

1. 법관에 의한 재판을 받을 권리 침해

헌법 제27조 제1항은 "모든 국민은 헌법과 법률이 정한 법관에 의하여 법률에 의한 재판을 받을 권리를 가진다"고 규정함으로써 모든 국민은 헌법과 법률이 정한 자격과 절차에 의하여 임명되고, 물적 독립과 인적 독립이 보장된 법관에 의하여 합헌적인 법률이 정한 내용과 절차에 따라 재판을 받을 권리를 보장하고 있다. 한편, 재판이라 함은 구체적 사건에 관하여 사실의 확정과 그에 대한 법률의 해석적용을 그 본질적인 내용으로 하는 일련의 과정이다. 따라서 법관에 의한 재판을 받을 권리를 보장한다고 함은 결국 법관이 사실을 확정하고 법률을 해석·적용하는 재판을 받을 권리를 보장한다는 뜻이고, 만일 그러한 보장이 제대로 이루어지지 않는다면, 헌법상 보장된 재판을 받을 권리의 본질적 내용을 침해하는 것으로서 우리 헌법상 허용되지 않는다.

그런데 이 사건 법률조항은 변호사에 대한 징계결정에 대하여 불복이 있는 경우에도 법관에 의한 사실확정 및 법률적용의 기회를 주지 않고, 단지 그 결정이 법령에 위반된 것을 이유로 하는 경우에 한하여 법률심인 대법원에 즉시항고할 수 있도록 하고 있다. 따라서 대한변호사협회 변호사징계위원회나 법무부 변호사징계위원회의 징계에 관한 결정은 비록 그 징계위원중 일부로 법관이 참여한다고 하더라도 이를 헌법과 법률이 정한 법관에 의한 재판이라고 볼 수는 없다. 그렇다면 결국 이 사건 법률조항은 법관에 의한 사실확정 및 법률적용의 기회를 박탈한 것으로서 헌법상 국민에게 보장된 "법관에 의한" 재판을 받을 권리의 본질적 내용을 침해하는 위헌규정이다.

2. '법원사법의 원칙'을 규정한 헌법 제101조 제1항 및 제107조 제3항 위반

헌법 제101조 제1항, 제2항은 "사법권은 법관으로 구성된 법원에 속한다. 법원은 최고법원인 대법원과 각급법원으로 조직된다"고 규정하고 있고 헌법 제107조 제3항 전문은 "재판의 전심절차로서 행정심판을 할 수 있다"고 규정하고 있다. 이는 우리 헌법이 국가권력의 남용을 방지하고 국민의 자유와 권리를 확보하기 위한 기본원리로서 채택한 3권분립주의의 구체적 표현으로서 일체의 법률적 쟁송을 심리하고 재판하는 작용인 사법작용은 헌법 그 자체에 의한 유보가 없는 한 오로지 대법원을 최고법원으로 하는 법원만이 담당할 수 있고, 또 행정심판은 어디까지나 법원에 의한 재판의 전심절차로서만 기능하여야 함을 의미한다. 그런데 법무부 변호사징계위원회의 징계결정이나 기각결정은 그 판단주체 및 기능으로 보아 행정심판에 불과하고, 이러한 행정심판에 대하여는 법원에 의한 사실적 측면과 법률적 측면의 심사가 가능하여야만 비로소 변호사징계사건에 대한 사법권 내지는 재판권이 법원에 속한다고 할 수 있을 것이다. 따라서 이 사건 법률조항은 이러한 행정심판에 대한 법원의 사실적 측면과 법률적 측면에 대한 심사를 배제하고, 대법원으로 하여금 변호사징계사건의 최종심 및 법률심으로서 단지 법률적 측면의 심사만을 할 수 있도록 하며, 재판의 전심절차로서만 기능해야 할 법무부 변호사징계위원회를 사실확정에 관한 한 사실상 최종심으로 기능하게 하고 있다. 이것은 일체의 법률적 쟁송에 대한 재판기능을 대법원을 최고법원으로 하는 법원에 속하도록 규정하고 있는 헌법 제101조 제1항 및 제107조 제3항에 위반된다.

3. 평등원칙을 규정한 헌법 제11조 제1항 위반

이 사건 법률조항은 변호사징계사건에 대하여는 행정법원 및 고등법원에 의한 사실심리의 기회를 배제하고 있다. 따라서 변호사의 자유성·공공성·단체자치성·자율성 등 두드러진 직업적 특성들을 감안하더라도 의사·공인회계사·세무사·건축사 등 여타 전문직 종사자들에 비하여 위와 같은 차별을 합리화할 어떠한 정당한 목적이 있다고 할 수 없으므로 이 점에서 이 사건 법률조항은 평등의 원칙을 규정한 헌법 제11조 제1항에 위반된다.

V. 이 결정이 가지는 의미

이미 이 사건 법률조항과 같은 내용을 규정했던 구 '변호사법'(2000. 1. 28. 법률 제6207호로 전문개정되기 전의 것) 제81조 제4항 내지 제6항에 대해 위헌선언을 했던 헌법재판소 2000. 6. 29, 99헌가9 결정의 요지를 그대로 인용하면서 헌법재판소는 만장일치로 '변호사법' 제100조 제4항 내지 제6항에 대해 위헌결정을 내렸다.

'법원사법의 원칙'을 규정한 헌법 제101조 제1항 및 제107조 제3항 위반과 평등원칙을 규정한 헌법 제11조 제1항 위반도 위헌의 근거로 판결문에서 지적되었지만, 역시 위헌결정의 핵심적 근거는 헌법 제27조에 규정된 재판청구권의 한 세부적 권리로서 "헌법과 법률이 정한 법관의" 재판을 받을 권리 침해로 보아야 할 것이다. 즉, 법무부 변호사징계위원회결정이 법률 위반에 관한 것인 경우에만 대법원에 즉시항고 할 수 있게 하고 징계위원 중 일부만 법관이라면, 이것은 "헌법과 법률이 정한 법관의" 재판을 받을 권리를 침해하게 된다는 것이다.

변호사 보수 소송비용 산입 사건

─ 헌재 2002. 4. 25, 2001헌바20 ─

Ⅰ. 심판대상

구 민사소송법(1990. 1. 13. 법률 제4201호로 개정되고, 2002. 1. 26. 법률 제6626호로 개정되기 전의 것)

제99조의2(변호사 보수와 소송비용)

① 소송대리를 한 변호사에게 당사자가 지급한 또는 지급할 보수는 대법원규칙으로 정하는 금액의 범위 안에서 이를 소송비용으로 한다.

※ 참조조문

구 민사소송법

제89조(소송비용부담의 원칙) 소송비용은 패소한 당사자의 부담으로 한다.

제95조(각 심급의 소송비용의 재판) 법원은 사건을 완결하는 재판에서 직권으로 그 심급의 소송비용전부에 대하여 재판하여야 한다. 다만, 사정에 따라 사건의 일부나 중간쟁의에 관한 재판에서 그 비용의 재판을 할 수 있다.

제100조(소송비용액 확정결정)

① 법원이 소송비용의 부담을 정한 재판에 그 수액을 정하지 아니한 때에는 제1심수소법원은 그 재판의 확정 후 당사자의 신청에 의하여 결정으로 정한다.

Ⅱ. 사실관계의 요지

청구인은 청구 외 삼성생명보험주식회사에 대한 보험금청구소송의 제1심에서 청구기각판결을, 항소심에서는 일부승소판결을 각 선고받고 대법원에 상고하였으나, 상고가 기각되었다. 판결이 확정된 후 위 회사는 청구인을 피신청인으로 하여 법원에 소송비용액확정결정을 신청하였고, 법원은 위 회사가 항소심 및 상고심에서 지출한 변호사보수 중 금 3,051,200원이 소송비용에 산입되는 것으로 하여 청구인이 부담할 소송비용액을 금 3,156,014원으로 확정하였다. 이에 청구인은 위 법원에 즉시항고를 제기하는 한편, 위

회사가 지출한 변호사보수를 소송비용에 산입하도록 규정한 구 '민사소송법' 제99조의2 가 청구인의 재판청구권 등을 침해하여 위헌이라고 주장하면서 위 법원에 위헌제청을 신 청하였다. 그러나 법원은 즉시항고를 기각하면서 같이 위헌제청신청도 기각하였고, 청구 인은 같은 해 이 사건 헌법소원심판을 청구하였다.

Ⅲ. 주　　문

구 민사소송법 제99조의2 제1항은 헌법에 위반되지 아니한다.

Ⅳ. 결정 이유의 주요 논점 및 요지

1. 변호사보수를 소송비용에 산입하는 구 '민사소송법' 조항의 취지

우리의 경우에도 이 사건 법률조항이 제정되기 전에는 변호사보수의 소송비용산입 에 대한 명문의 규정이 없어 변호사보수는 소송을 변호사에게 위임한 각 당사자의 부담 으로 하였으나, 입법론으로는 이를 소송비용에 산입하여 패소한 당사자의 부담으로 하여 야 한다는 주장이 강력히 제기되었고, 대법원도 부당제소·부당항쟁·부당응소 등의 경우 에는 변호사보수를 배상하여야 한다고 판시하여 제한적으로나마 이러한 주장을 뒷받침하 였다. 이러한 주장과 판례의 추세에 따라 민사소송에 관한 임시조치법이 폐지되고 새로 제정된 소송 촉진 등에 관한 법률 제16조 제1항에서는 "소송대리를 한 변호사에게 당사 자가 지급한 또는 지급할 보수는 대법원규칙으로 정하는 금액의 범위 안에서 이를 소송 비용으로 한다"라고 하여 변호사보수를 소송비용에 산입하는 규정을 신설하였고, 1990년 에 법률 제4201호로 법을 개정하면서 위 조항을 법으로 편입시켜 변호사보수의 소송비 용산입이 제도적으로 정착되게 되었다. 그러므로 이 사건 법률조항은 변호사보수를 소송 비용에 산입하는 근거조항으로서 변호사에게 소송을 위임한 당사자가 지급한 또는 지급 하기로 약정한 변호사보수를 승소한 경우에 패소자로부터 상환 받을 수 있게 하는 데 그 취지가 있다.

2. 과잉금지원칙에 위배되지 않는 재판청구권에 대한 합헌적 제한

이 사건 법률조항이 변호사보수를 소송비용에 산입하여 패소한 당사자의 부담으로 한 것이 정당한 권리실행을 위하여 소송제도를 이용하려는 자, 특히 자력이 부족한 자의 법원에의 접근을 과잉금지의 원칙에 반하여 필요이상으로 곤란하게 함으로써 재판청구권을 침해하는 것인지 여부에 관하여 본다.

첫째, 목적의 정당성과 수단의 적절성은 있다. 이 사건 법률조항은 변호사보수를 소송비용에 산입하여 패소한 상대방으로부터 이를 상환받게 함으로써 정당한 권리행사를 위하여 소송을 제기하거나 부당한 제소에 대하여 응소하려는 당사자를 위하여 실효적인 권리구제를 보장하고, 남소와 남상소를 방지하여 사법제도의 적정하고 합리적인 운영을 도모하려는 데에 그 취지가 있다고 할 것이므로 그 입법목적이 정당하고, 이로써 정당한 권리실행을 위하여 소송을 제기하거나 응소한 사람의 경우 지출한 변호사비용을 상환받을 수 있게 되는 반면, 패소할 경우 비교적 고액인 변호사비용의 부담으로 인하여 부당한 제소 및 방어와 상소를 자제하게 되어 입법목적의 달성에 실효적인 수단이 된다고 할 것이므로 방법의 적정성도 인정된다. 청구인은 변호사강제주의를 취하지 않은 우리 소송제도에 있어 이 사건 법률조항이 추구하는 입법목적의 정당성에 의문을 제기하나, 부당한 제소나 응소로부터의 정당한 권리자의 보호, 남소와 남상소의 방지는 중대한 입법목적이라고 하지 않을 수 없고 각국의 입법례도 이러한 추세에 있다.

둘째, 최소침해성과 법익의 균형성도 존재한다. 이 사건 법률조항은 당사자와 변호사 사이에 지급하기로 약정한 또는 이미 지급한 변호사보수를 무제한적으로 소송비용에 산입하여 패소한 당사자로부터 이를 상환받을 수 있게 한 것이 아니라 대법원규칙이 정하는 금액의 범위안에서 이를 소송비용으로 산입하도록 규정하고 있는데, 이에 근거하여 제정된 '변호사 보수의 소송비용 산입에 관한 규칙'은 다음과 같이 보수의 기준과 감액에 관한 규정을 두어 패소한 당사자가 부담하게 될 변호사보수를 제한하고 있다. 즉, 변호사 보수규칙 제3조는 소송비용에 산입될 변호사의 보수를 당사자가 보수계약에 의하여 지급한 또는 지급할 보수액의 범위 내에서 각 심급단위로 소송물의 가액에 따라 일정한 비율에 의하여 산정하고, 통상적인 소송에 비하여 그 내용이나 절차에 있어 간이한 변론을 거친 가압류·가처분 명령의 신청, 그 명령에 대한 이의 또는 취소의 신청사건에 있어서는 위 산정가액의 2분의 1로 하며, 제5조에서는 통상적인 소송사건이라 하더라도 피고의 전부자백 또는 의제자백에 의한 판결의 경우와 소송이 화해, 청구의 포기, 인낙 기타 재판에 의하지 않고 완결한 경우에는 위 기준에 의하여 산정한 금액의 2분의 1로 감액하고, 제6조에서는 위의 기준들에 의하여 산정한 금액의 전부를 소송비용에 산입하는 것이 현저히 부당하다고 인정되는 경우에는 법원이 상당한 정도로 감액할 수 있게 하고 있다. 나아가 대법원도 소송대리인으로 선임된 변호사가 변론이나 증거조사 등 소송절차에 전혀 관여한 적이 없다면 그에 대하여 보수가 지급되었다고 하더라도 소송비용에 포함될 수 없다고 하여 변호사보수가 실제 소송수행과정에서 필요적 비용으로 인정되는 경우에만 이를 소송비용에 산입하도록 제한하고 있다.

그러므로 변호사보수를 소송비용에 산입함으로써 자신의 정당한 권리실행을 위하여 제소하거나 응소하려는 자가 패소할 경우의 변호사비용의 상환을 염려하여 소송제도의 이용을 꺼리게 될 것을 방지하기 위하여 이 사건 법률조항과 이에 근거한 변호사보수규칙은 소송비용에 포함되는 변호사보수를 구체적인 소송의 유형에 따라 차등을 두어 따로 정하고, 같은 소송의 유형이라도 사건처리의 경과와 난이도 및 변호인의 노력 정도에 따라 법원이 재량으로 변호사보수로 산정될 금액을 감액할 수 있도록 하여 패소한 당사자가 부담하게 되는 구체적인 소송비용의 상환범위를 당사자가 수인할 수 있는 범위 내에서 이 사건 법률조항의 입법목적을 실현할 수 있도록 합리적으로 제한하고 있다고 보인다. 나아가 비록 변호사보수를 소송비용에 산입함으로써 특히 경제적인 능력이 부족한 사람들의 법원에의 접근을 일부 제한하게 되는 점은 부인할 수 없다고 할 것이지만, 이 사건 법률조항은 정당한 권리실행을 위하여 소송제도를 이용하려는 사람들에게 실효적인 권리구제수단을 마련하고 사법제도를 적정하고 합리적으로 운영하기 위한 중대한 공익을 추구하고 있다고 할 것이므로 피해의 최소성과 법익의 균형성도 갖추고 있다. 그렇다면 이 사건 법률조항은 과잉금지원칙에 위배하여 청구인의 재판청구권을 침해하였다고 볼 수 없다.

V. 이 결정이 가지는 의미

헌법재판소가 대법원규칙으로 정하는 금액의 범위 안에서 변호사비용을 패소한 당사자가 부담하는 소송비용으로 하고 있는 구 '민사소송법' 제99조의2에 대해 합헌결정을 내린 사건이다. 목적의 정당성, 수단의 적절성, 최소침해성, 법익의 균형성을 일일이 적용한 후 이 사건 법률조항이 재판청구권을 제한함에 있어 과잉금지원칙에 위배되지 않는다고 판단했다. 특히 이 사건 법률조항으로 인해 변호사보수를 소송비용에 산입함으로써 경제적 능력이 부족한 사람들이 법원에 접근하는 것을 일부 꺼리게 된다는 점과, 정당한 권리실행을 위하여 소송제도를 이용하려는 사람들에게 이 사건 법률조항이 실효적인 권리구제수단을 마련하고 사법제도를 적정하고 합리적으로 운영하게 한다는 점을 비교한 결과, 헌법재판소가 후자에서 오는 이익이 더 크다고 법익형량을 하고 있는 점에 주목을 요한다.

교원징계재심결정 불복금지 사건

—헌재 2006. 2. 23, 2005헌가7 등 병합—

Ⅰ. 심판대상

교원 지위 향상을 위한 특별법(2001. 1. 29. 법률 제6400호로 개정된 것)

제10조(재심결정)

③ 교원은 재심위원회의 결정에 대하여 그 결정서의 송달을 받은 날부터 60일 이내에 행정소송법이 정하는 바에 의하여 소송을 제기할 수 있다.

교원 지위 향상을 위한 특별법(2005. 1. 27. 법률 제7354호로 개정된 것)

제10조(소청심사결정)

③ 교원은 심사위원회의 결정에 대하여 그 결정서의 송달을 받은 날부터 60일 이내에 행정소송법이 정하는 바에 의하여 소송을 제기할 수 있다.

Ⅱ. 사실관계의 요지

제청신청인은 A대학교를 설치·운영하는 학교법인이고, 당해 사건 피고(교육인적자원부 교원징계재심위원회) 보조참가인인 甲은 1996. 3. 1. 위 대학교 조형예술학부 공예학과에 전임강사로 임용되어 조교수로 근무하다가 2004. 8. 31. 그 임용기간이 만료될 예정이었던 자이다. 제청신청인 산하에 설치된 교원인사위원회는 2004. 6. 23. 甲에 대한 재임용 여부를 심사한 결과, 동료 교수와의 갈등에 학생들을 끌어들여 정상적인 학사운영을 저해하는 등 교수로서의 품위와 명예를 실추시켰다는 이유로 재임용을 하지 않기로 의결하고 이를 甲에게 통지하였다. 이에 甲은 '교원 지위 향상을 위한 특별법' 제9조 제1항에 근거하여 재임용거부처분의 취소를 구하는 재심을 청구하였고, 당해 사건 피고는 제청신청인의 재임용거부행위가 위 특별법 제7조 제1항의 '의사에 반하는 불리한 처분'에 해당한다며 위 재심청구를 인용하는 결정을 하였으며 이 결정은 甲에게 송달되었다.

그러자 제청신청인은 서울행정법원에 위 재심결정의 취소를 구하는 행정소송을 제기함과 동시에 재심결정에 대한 제소권한을 교원으로 한정한 위 특별법 제10조 제3항에 대하여 위헌심판 제청신청을 하였고, 위 법원은 이 제청신청을 받아들여 위 특별법 조항에 대한 위헌제청결정을 하였다.

Ⅲ. 주   문

교원지위 향상을 위한 특별법 제10조 제3항은 각 헌법에 위반된다.

Ⅳ. 결정 이유의 주요 논점 및 요지

1. 재심결정에 대한 불복절차를 형성하는 입법형성권의 범위와 그 한계

헌법 제27조 제1항은 "모든 국민은… 법률에 의한 재판을 받을 권리를 가진다"라고 규정하여 법원이 법률에 기속된다는 당연한 법치국가적 원칙을 확인하고, '법률에 의한 재판, 즉 절차법이 정한 절차에 따라 실체법이 정한 내용대로 재판을 받을 권리'를 보장하고 있다. 그런데 이러한 재판청구권의 실현은 재판권을 행사하는 법원의 조직과 소송절차에 관한 입법에 의존하고 있기 때문에 입법자에 의한 재판청구권의 구체적 형성은 불가피하며, 따라서 입법자는 소송요건과 관련하여 소송의 주체·방식·절차·시기·비용 등에 관하여 규율할 수 있다. 그러나 헌법 제27조 제1항은 권리구제절차에 관한 구체적 형성을 완전히 입법자의 형성권에 맡기지는 않는다. 입법자가 단지 법원에 제소할 수 있는 형식적인 권리나 이론적인 가능성만을 제공할 뿐, 권리구제의 실효성이 보장되지 않는다면 권리구제절차의 개설은 사실상 무의미할 수 있기 때문이다. 그러므로 재판청구권은 법적 분쟁의 해결을 가능하게 하는 적어도 한번의 권리구제절차가 개설될 것을 요청할 뿐 아니라, 그를 넘어서 소송절차의 형성에 있어서 실효성 있는 권리보호를 제공하기 위하여 그에 필요한 절차적 요건을 갖출 것을 요청한다. 비록 재판절차가 국민에게 개설되어 있다 하더라도, 절차적 규정들에 의하여 법원에의 접근이 합리적인 이유로 정당화될 수 없는 방법으로 어렵게 된다면, 재판청구권은 사실상 형해화될 수 있으므로, 바로 여기에 입법형성권의 한계가 있다.

2. 입법형성권의 한계를 넘어 학교법인의 재판청구권 등 침해

이 사건 법률조항은 국·공립학교 교원과 사립학교 교원의 징계 등 불리한 처분에 대한 불복절차를 통일적으로 규정함으로써 국가의 학교법인에 대한 감독권 행사의 실효성을 보장하고, 감독권의 행사로서 재심위원회의 재심결정에도 불복하는 경우 사립학교

교원에게 행정소송을 제기할 수 있게 함으로써 사립학교 교원의 신분보장과 지위향상에 그 입법목적이 있으며 이는 헌법 제31조 제6항이 정하는 교원지위 법정주의에 근거한 것으로서 그 정당성을 긍정할 수 있다. 또한 이 사건 법률조항이 제정되기 전에는 교원이 국·공립학교 교원인지 또는 사립학교 교원인지 여부에 따라 재심절차를 달리 규정하였고 사립학교 교원의 경우에는 학교법인이 사실상 인사권한과 그에 대한 재심권한을 동시에 보유하는 점을 악용하여 이를 자의적으로 행사함으로써 그 신분이 매우 불안정한 상황에 있었던 현실에서, 사립학교 교원의 신분을 국·공립학교 교원과 동일한 수준으로 보장하려는 취지에서 이 사건 법률조항은 재심결정에 대하여 교원에게만 제소권한을 부여하고 학교법인에게는 이를 금지하고 있고, 이로써 재심절차에서 교원의 청구가 인용되는 경우 교원은 확정적·최종적으로 징계 등 불리한 처분에서 벗어나게 되므로 그 수단의 적절성도 인정된다.

그러나 사립학교 교원에 대한 불리한 처분을 둘러싼 법률상 분쟁의 당사자로서 학교법인은 재심절차에서 피청구인의 지위에 있고, 이로 인하여 재심결정의 기속력을 직접 받게 되므로 교원과 마찬가지로 학교법인도 재심결정의 기속력에서 벗어날 수 있는 권리구제절차가 필연적으로 요청된다. 물론 그동안 열악한 상태에 놓여있던 사립학교 교원의 신분보장과 그 지위향상을 위하여 필요한 범위에서 재심결정에 대한 학교법인의 재판청구권을 제한할 필요성을 부인할 수는 없지만, 그러한 경우에도 권리구제를 위한 학교법인의 법원에의 접근을 완전히 배제하는 것은 이를 정당화할 특별한 사정이 없는 한 허용되지 않는다.

학교법인의 징계 등 불리한 처분에 대하여 교원이 교원지위법이 정한 절차에 따라 재심절차와 행정소송절차를 반드시 거쳐야 하는 것은 아니고, 그 선택에 따라서 재심절차를 거쳤는지 여부에 관계없이 원래의 법률관계인 사법관계에 따른 권리구제절차로서 민사소송을 제기할 수 있고 이 경우 학교법인은 응소하거나 또는 그 소송의 피고로서 재판절차에 참여함으로써 자신의 침해된 권익을 구제받을 수 있다. 그러나 이는 교원이 교원지위법이 정하는 재심절차와 행정소송절차를 포기하고 민사소송을 제기하는 경우에 비로소 가능한 것이므로 이를 들어 학교법인에게 자신의 침해된 권익을 구제받을 수 있는 실효적인 권리구제절차가 제공되었다고 보기는 어렵다. 또한 학교법인이 적극적으로 징계 등 처분이 유효함을 전제로 제기하는 교원지위부존재확인 등 민사소송절차도 교원이 처분의 취소를 구하는 재심을 따로 청구하거나 또는 재심결정에 불복하여 행정소송을 제기하는 경우에는 민사소송의 판결과 재심결정 또는 행정소송의 판결이 서로 모순·저촉될 가능성이 상존하므로 간접적이고 우회적인 권리구제수단에 불과하다. 한편, 학교법인에게 재심결정에 불복할 제소권한을 부여한다고 하여 이 사건 법률조항이 추구하는 사립학교 교원의 신분보장에 특별한 장애사유가 생긴다든가 그 권리구제에 공백이 발생하는 것도 아니다.

따라서 이 사건 법률조항은 사립학교 교원의 징계 등 불리한 처분에 대한 권리구제절차를 형성하면서 분쟁의 당사자이자 재심절차의 피청구인인 학교법인에게는 효율적인 권리구제절차를 제공하지 않으므로 학교법인의 재판청구권을 침해한다. 또한 학교법인은 그 소속 교원과 사법상의 고용계약관계에 있고 재심절차에서 그 결정의 효력을 받는 일방 당사자의 지위에 있음에도 불구하고 이 사건 법률조항은 합리적인 이유 없이 학교법인의 제소권한을 부인함으로써 헌법 제11조의 평등원칙에 위배되고, 사립학교 교원에 대한 징계 등 불리한 처분의 적법 여부에 관하여 재심위원회의 재심결정이 최종적인 것이 되는 결과 일체의 법률적 쟁송에 대한 재판권능을 법원에 부여한 헌법 제101조 제1항에도 위배될 뿐 아니라, 행정처분인 재심결정의 적법 여부에 관하여 대법원을 최종심으로 하는 법원의 심사를 박탈함으로써 헌법 제107조 제2항에도 아울러 위배된다.

V. 이 결정이 가지는 의미

헌법재판소가 만장일치의견으로, 교원징계재심결정에 대해 교원에게만 행정소송을 제기할 수 있도록 하고 학교법인에게는 이를 금지한 '교원 지위 향상을 위한 특별법' 제10조 제3항에 대해, 종전의 판례 입장을 변경하여 학교법인의 재판청구권 등을 침해한다는 이유로 위헌을 선언한 사건이다. 헌법재판소는 약 8년 전인 1998. 7. 16. 95헌바19 등 결정에서는 이와 견해를 달리하여 이 사건 법률조항에 대해 합헌결정을 내린 바 있었다. 이 1998년의 합헌결정에서는 사립학교 교원의 경우 학교법인이 사실상 인사권한과 그에 대한 재심권한을 동시에 보유하는 점을 악용하여 이를 자의적으로 행사함으로써 사립학교 교원의 신분이 매우 불안정한 상황에 있었던 당시까지의 열악한 현실을 깊이 고려했고, 따라서 사립학교 교원의 신분보장과 그 지위향상을 위하여 필요한 범위에서 재심결정에 대한 학교법인의 재판청구권을 제한할 필요성이 크다고 보았다.

교통사고처리특례법상 중상해 사건

─ 헌재 2009. 2. 26, 2005헌마764 ─

Ⅰ. 심판대상

교통사고처리특례법(2003. 5. 29. 법률 제6891호로 개정된 것)

제4조(보험 등에 가입된 경우의 특례)

① 교통사고를 일으킨 차가 보험업법 제4조 및 제126조 내지 제128조, 육운진흥법 제
8조 또는 화물자동차운수사업법 제36조의 규정에 의하여 보험 또는 공제에 가입
된 경우에는 제3조 제2항 본문에 규정된 죄를 범한 당해 차의 운전자에 대하여 공
소를 제기할 수 없다.

Ⅱ. 사실관계의 요지

청구인 甲은 2004년에, 청구인 乙과 丙은 2007년에 각각 교통사고를 당한 피해자들
로서 뇌손상으로 인한 안면마비가 있거나 외상성 스트레스 증후군 등 심각한 교통사고
후유증을 앓고 있는 자들이다. 검사가 '교통사고처리특례법' 제4조 제1항 규정에 따라 가
해운전자에 대하여 공소권없음 결정을 하자, 위 법률규정이 국가의 기본권보호의무에 관
한 과소보호금지 원칙에 위배되고, 청구인들의 평등권 및 재판절차진술권을 침해하였다
고 주장하면서 이 사건 헌법소원심판을 청구하였다.

Ⅲ. 주   문

교통사고처리특례법(2003. 5. 29. 법률 제6891호로 개정된 것) 제4조 제1항 본문 중 업
무상 과실 또는 중대한 과실로 인한 교통사고로 말미암아 피해자로 하여금 중상해에 이
르게 한 경우에 공소를 제기할 수 없도록 규정한 부분은 헌법에 위반된다.

IV. 결정 이유의 주요 논점 및 요지

1. 교통사고 피해자의 재판절차진술권을 침해

우선 교통사고 피해자가 업무상 과실 또는 중대한 과실로 인하여 '중상해'를 입은 경우를 살펴보자. 교통사고 피해자가 신체의 상해로 인하여 생명에 대한 위험이 발생하거나 불구 또는 불치나 난치의 질병에 이르게 된 경우, 즉 중상해를 입은 경우(형법 제258조 제1항 및 제2항 참조), 사고발생 경위, 피해자가 노약자 등인 경우와 같은 피해자의 특이성과 사고발생에 관련된 피해자의 과실 유무 및 정도 등을 살펴 가해자에 대하여 정식 기소 이외에도 약식기소 또는 기소유예 등 다양한 처분이 가능하고 정식 기소된 경우에는 피해자의 재판절차진술권을 행사할 수 있게 하여야 함에도, 이 사건 법률조항에서 가해차량이 종합보험 등에 가입하였다는 이유로 '교통사고처리특례법' 제3조 제2항 단서조항에 해당하지 않는 한 무조건 면책되도록 한 것은 기본권침해의 최소성에 위반된다.

우리나라 교통사고율이 OECD 회원국에 비하여 매우 높고, 교통사고를 야기한 차량이 종합보험 등에 가입되어 있다는 이유만으로 그 차량의 운전자에 대하여 공소제기를 하지 못하도록 한 입법례는 선진 각국의 사례에서 찾아보기 힘들다. 이로 인해 가해자는 자칫 사소한 교통법규위반을 대수롭지 않게 생각하여 운전자로서 요구되는 안전운전에 대한 주의의무를 해태하기 쉽고, 교통사고를 내고 피해자가 중상해를 입은 경우에도 보험금 지급 등 사고처리는 보험사에 맡기고 피해자의 실질적 피해회복에 성실히 임하지 않는 풍조가 있다. 이러한 점 등에 비추어 보면 이 사건 법률조항에 의하여 중상해를 입은 피해자의 재판절차진술권의 행사가 근본적으로 봉쇄된 것은 교통사고의 신속한 처리 또는 전과자의 양산 방지라는 공익을 위하여 위 피해자의 사익이 현저히 경시된 것이므로 법익의 균형성을 위반하고 있다. 따라서 이 사건 법률조항은 과잉금지원칙에 위반하여 업무상 과실 또는 중대한 과실에 의한 교통사고로 중상해를 입은 피해자의 재판절차진술권을 침해한 것이라 할 것이다

한편, 교통사고 피해자가 업무상 과실 또는 중대한 과실로 인하여 '중상해가 아닌 상해'를 입은 경우를 살펴보자. 이 사건 법률조항이 교통사고로 인한 피해자에게 중상해가 아닌 상해의 결과만을 야기한 경우 가해 운전자에 대하여 가해차량이 종합보험 등에 가입되어 있음을 이유로 공소를 제기하지 못하도록 규정한 한도 내에서는, 그 제정목적인 교통사고로 인한 피해의 신속한 회복을 촉진하고 국민생활의 편익을 도모하려는 공익과 동 법률조항으로 인하여 침해되는 피해자의 재판절차에서의 진술권과 비교할 때 상당한 정도 균형을 유지하고 있다. 또한 단서조항에 해당하지 않는 교통사고의 경우에는 대

부분 가해 운전자의 주의의무태만에 대한 비난가능성이 높지 않고, 경미한 교통사고 피의자에 대하여는 비형벌화하려는 것이 세계적인 추세이다. 이와 같은 점 등에 비추어도 위와 같은 목적의 정당성, 방법의 적절성, 피해의 최소성, 이익의 균형성을 갖추었으므로 과잉금지의 원칙에 반하지 않는다.

2. 교통사고 피해자의 평등권을 침해

우선, 교통사고 피해자가 업무상 과실 또는 중대한 과실로 인하여 '중상해'를 입은 경우를 보자. 단서조항에 해당하지 않는 교통사고로 중상해를 입은 피해자와 단서조항에 해당하는 교통사고의 중상해 피해자 및 사망사고의 피해자 사이의 차별문제는 교통사고 운전자의 기소 여부에 따라 피해자의 헌법상 보장된 재판절차진술권이 행사될 수 있는지 여부가 결정되어 이는 기본권 행사에 있어서 중대한 제한을 구성하기 때문에 엄격한 심사기준에 의하여 판단한다. '교통사고처리특례법' 제3조 제2항 단서조항에 해당하지 않는 교통사고로 인하여 중상해를 입은 피해자는, 자신에게 발생한 교통사고의 유형이 단서조항에 해당하지 않는다는 우연한 사정에 의하여 형사재판에서의 진술권을 전혀 행사하지 못하게 된다. 이는 역시 우연하게도 단서조항에 해당하는 교통사고를 당한 중상해 피해자가 재판절차진술권을 행사하게 되는 것과 비교할 때 합리적인 이유 없이 차별취급을 당한 것이다. 또한 교통사고로 인해 중상해를 입은 결과, 식물인간이 되거나 평생 심각한 불구 또는 난치의 질병을 안고 살아가야 하는 피해자의 경우, 그 결과의 불법성이 사망사고 보다 결코 작다고 단정할 수 없으므로, 교통사고로 인해 피해자가 사망한 경우와 달리 중상해를 입은 경우 가해 운전자를 기소하지 않음으로써 그 피해자의 재판절차진술권을 제한하는 것 또한 합리적인 이유가 없는 차별취급이라고 할 것이다. 따라서 이 사건 법률조항으로 인하여 단서조항에 해당하지 않는 교통사고로 중상해를 입은 피해자를 단서조항에 해당하는 교통사고의 중상해 피해자 및 사망사고의 피해자와 재판절차진술권의 행사에 있어서 달리 취급한 것은, 단서조항에 해당하지 않는 교통사고로 중상해를 입은 피해자들의 평등권을 침해하는 것이라 할 것이다.

다음으로 교통사고 피해자가 업무상 과실 또는 중대한 과실로 인하여 '중상해가 아닌 상해'를 입은 경우를 살펴보자. 업무상 과실 또는 중대한 과실로 인한 교통사고로 피해자에게 중상해가 아닌 상해의 결과만을 야기한 경우에는, 앞서 본 바와 같이 재판절차진술권의 행사에 있어 중상해 피해자와 비교하여 달리 취급할 만한 정당한 사유가 있다 할 것이므로 피해자 보호 및 가해운전자의 처벌에 있어서 평등의 원칙에 반하지 않는다.

3. 교통사고 피해자에 대한 국가의 기본권보호의무에는 위반하지 않음

국가의 신체와 생명에 대한 보호의무는 교통과실범의 경우 발생한 침해에 대한 사후처벌뿐이 아니라, 무엇보다도 우선적으로 운전면허취득에 관한 법규 등 전반적인 교통관련법규의 정비, 운전자와 일반국민에 대한 지속적인 계몽과 교육, 교통안전에 관한 시설의 유지 및 확충, 교통사고 피해자에 대한 보상제도 등 여러 가지 사전적·사후적 조치를 함께 취함으로써 이행되고, 이 경우 형벌은 국가가 취할 수 있는 유효적절한 수많은 수단 중의 하나일 뿐이지, 결코 형벌까지 동원해야만 보호법익을 유효적절하게 보호할 수 있다는 의미의 최종적인 유일한 수단이 될 수는 없다. 그러므로 이 사건 법률조항은 국가의 기본권보호의무의 위반 여부에 관한 심사기준인 과소보호금지의 원칙에 위반한 것이라고 볼 수 없다.

V. 이 결정이 가지는 의미

헌법재판소가 1997. 1. 16, 90헌가110·136(병합) 사건 결정에서 구 '교통사고처리특례법' 제4조 제1항이 헌법에 위반하지 않는다고 했던 입장을 변경하여, '교통사고처리특례법' 제4조 제1항 본문 중 업무상 과실 또는 중대한 과실로 인한 교통사고로 말미암아 피해자로 하여금 중상해에 이르게 한 경우에 공소를 제기할 수 없도록 규정한 부분은 헌법에 위반된다고 결정한 사건이다. 반대의견으로 민형기, 조대현 재판관의 합헌의견도 개진되었다.

이 사건 법률조항 중 업무상 과실 또는 중대한 과실로 인한 교통사고로 말미암아 피해자로 하여금 중상해에 이르게 한 경우 공소를 제기하지 못하도록 규정한 부분은 판결시점 이후로 효력을 상실하게 되어 교통사고 가해자가 종합보험 등에 가입하고 '교통사고처리특례법' 제3조 제2항 단서조항에 해당하지 않더라도 피해자가 중상해에 이르면 '교통사고처리특례법' 제3조 제1항 위반죄로 처벌될 수 있게 된 점에 주목할 필요가 있다.

형사보상금 사건

─ 헌재 2010. 10. 28, 2008헌마514 ─

Ⅰ. 심판대상

형사보상법(1987. 11. 28. 법률 제3956호로 개정된 것)

제4조(보상의 내용)

① 구금에 대한 보상에 있어서는 그 일수에 따라 1일 5천원 이상 대통령령이 정하는 금액 이하의 비율에 의한 보상금을 지급한다.

형사보상법 시행령(1991. 6. 19. 대통령령 제13386호로 개정된 것)

제2조(보상의 상한) 법 제4조 제1항의 규정에 의한 구금에 대한 보상금의 상한은 1일 보상청구의 원인이 발생한 연도의 최저임금법상 일급최저임금액의 5배로 한다.

형사보상법(1958. 8. 13. 법률 제494호로 제정된 것)

제19조(불복신청)

① 보상의 결정에 대하여는 불복을 신청할 수 없다.

Ⅱ. 사실관계의 요지

청구인 甲은 2007. 10. 29. 야간주거침입절도 혐의로 구속되어 기소되었으나 2008. 1. 24. 부산지방법원에서 무죄판결을 선고받아 석방된 후, 2008. 5. 8. 항소가 기각되고, 2008. 7. 24. 상고가 기각되어 무죄판결이 확정되었다. 위 청구인은 2008. 7. 28. 위 구금에 관한 형사보상을 청구하여 2010. 2. 4. 부산지방법원에서 보상의 결정을 받았는데, 위 형사보상청구 후 보상의 내용을 규정한 '형사보상법' 제4조 제1항 및 '형사보상법 시행령' 제2조가 헌법이 보장하고 있는 형사보상청구권 등을 침해하고, 보상 결정에 대하여 불복할 수 없도록 한 '형사보상법' 제19조 제1항이 재판청구권 등을 침해하여 위헌이라고 주장하면서 이 사건 헌법소원심판을 청구하였다.

또한 청구인 乙은 1994. 11. 30. 업무상과실치사 혐의로 구속되었다가 1994. 12. 20. 구속이 취소되었고, 이후 경합범 관계에 있는 건축법위반, 건설업법위반 피의사실이 추가로 발견되어 1995. 7. 28. 다시 구속 기소되었다. 그 후 청구인은 1995. 9. 7. 보석으로 석방되어 불구속 상태에서 전주지방법원에서 징역 1년에 집행유예 2년을 선고받은 후, 항소기각되고, 상고기각되어 유죄판결이 확정되었다. 청구인은 그 후 재심을 통하여 건축법위반 및 건설업법위반의 점에 대하여는 징역 5월에 집행유예 2년 및 미결구금일수 60일 산입 을, 위 업무상과실치사의 점에 대해서는 무죄를 선고받아 그 판결이 확정되었다. 위청구인은 위 구금에 관한 형사보상을 청구하여 전주지방법원으로부터 총 미결구금일수63일 중 유죄가 확정된 징역 5월의 형에 산입된 60일을 제외한 나머지 3일에 관한 보상의 결정을 받은 후, 위 결정에 대한 불복을 신청하였으나 받아들여지지 않자, 보상의 내용을 규정한 '형사보상법' 제4조 제1항 및 '형사보상법 시행령' 제2조, 보상의 결정에 대하여 불복을 신청할 수 없도록 규정한 '형사보상법' 제19조 제1항이 위 청구인의 평등권등을 침해한다고 주장하면서 이 사건 헌법소원심판을 청구하였다.

Ⅲ. 주   문

1. 형사보상법(1958. 8. 13. 법률 제494호로 제정된 것) 제19조 제1항은 헌법에 위반된다.
2. 형사보상법(1987. 11. 28. 법률 제3956호로 개정된 것) 제4조 제1항 및 형사보상법시행령(1991. 6. 19. 대통령령 제13386호로 개정된 것) 제2조에 대한 심판청구를 기각한다.

Ⅳ. 결정 이유의 주요 논점 및 요지

1. 형사보상법 제4조 제1항과 형사보상법 시행령 제2조는 합헌

헌법 제28조는 형사피고인 등으로서 구금되었던 자가 무죄판결 등을 받은 경우에 국가에 대하여 물질적·정신적 피해에 대한 정당한 보상을 청구할 수 있는 권리를 보장함으로써 국민의 기본권 보호를 강화하고 있다. 그러나 형사보상청구권은 헌법 제28조에 따라 '법률이 정하는 바에 의하여' 행사되므로 그 내용은 법률에 의해 정해지는데, 형사보상의 구체적 내용과 금액 및 절차에 관한 사항은 입법자가 정하여야 할 사항이다.

이 사건 보상금조항 및 이 사건 보상금 시행령조항은 보상금을 일정한 범위 내로 한정하고 있는데, 형사보상은 형사사법절차에 내재하는 불가피한 위험으로 인한 피해에 대한 보상으로서 국가의 위법·부당한 행위를 전제로 하는 국가배상과는 그 취지 자체가 상이하다. 따라서 형사보상절차로서 인과관계 있는 모든 손해를 보상하지 않는다고 하여 반드시 부당하다고 할 수는 없다. 또한 보상금액의 구체화·개별화를 추구할 경우에는 개별적인 보상금액을 산정하는데 상당한 기간의 소요 및 절차의 지연을 초래하여 형사보상 제도의 취지에 반하는 결과가 될 위험이 크고, 나아가 그로 인하여 형사보상금의 액수에 지나친 차등이 발생하여 오히려 공평의 관념을 저해할 우려가 있다. 그러므로 이 사건 보상금조항 및 이 사건 보상금시행령조항은 헌법 제28조 및 헌법 제37조 제2항에 위반 된다고 볼 수 없다.

2. 형사보상법 제19조 제1항은 형사보상청구권 및 재판청구권을 침해해 위헌

이 사건 불복금지조항은 형사보상의 청구에 대하여 한 보상의 결정에 대하여는 불 복을 신청할 수 없도록 하여 형사보상의 결정을 단심재판으로 규정하고 있다. 보상액의 산정에 기초되는 사실인정이나 보상액에 관한 판단에서 오류나 불합리성이 발견되는 경 우에도 그 시정을 구하는 불복신청을 할 수 없도록 하는 것은 형사보상청구권 및 그 실 현을 위한 기본권으로서의 재판청구권의 본질적 내용을 침해하는 것이라 할 것이다. 나 아가 법적 안정성만을 지나치게 강조함으로써 재판의 적정성과 정의를 추구하는 사법제 도의 본질에 부합하지 않는 것이다. 또한 불복을 허용하더라도 즉시항고는 절차가 신속 히 진행될 수 있고 사건수도 과다하지 않은 데다 그 재판내용도 비교적 단순하므로, 불 복을 허용한다고 하여 상급심에 과도한 부담을 줄 가능성은 별로 없다고 할 것이다. 그 러므로 이 사건 불복금지조항은 형사보상청구권 및 재판청구권의 본질적 내용을 침해하 는 것으로 헌법에 위반된다.

V. 이 결정이 가지는 의미

헌법재판소 만장일치의견으로, 형사보상의 청구에 대하여 한 보상의 결정에 대하여 는 불복을 신청할 수 없도록 규정하고 있는 '형사보상법' 제19조 제1항이 형사보상청구권 및 재판청구권을 침해해 위헌이라고 판시한 사건이다. 반면에 이 사건 결정에서 형사보 상금을 일정한 범위 내로 한정하도록 규정하고 있는 '형사보상법' 제4조 제1항과 그에 따 라 보상금의 상한내용을 구체적으로 정하고 있는 '형사보상법 시행령' 제2조에 대해서는 7(합헌) : 2(위헌)로 합헌결정을 내렸다. 여기서 반대의견인 2인의 위헌의견은 조대현, 김 종대 재판관이 개진하였다. 형사사법권을 행사하는 과정에서 국가가 비록 불법을 저지르 지는 않았더라도 결과적으로는 무고한 사람을 구금한 것으로 밝혀진다면 그 구금으로 인 하여 개인이 입은 손해에 대해 국가는 마땅히 책임을 져야 하고 이는 국민주권을 기본원 리로 하는 우리 헌법 하에서 자명한 결론이라는 점, 헌법 제28조 형사보상청구권에서의

'정당한 보상' 역시 구금으로 인한 손해 전부를 완전하게 보상하는 것을 의미한다고 보아야 하며 보상금의 상한을 제한하는 목적은 형사보상금으로 지급되는 금액이 지나치게 많아짐에 따라 발생하게 될 국가재정에 대한 부담을 방지하려는 것으로 볼 수밖에 없는데 형사보상금을 지급하는 것은 헌법에 따라 국가가 이행해야 할 당연한 의무이므로 재정부담을 이유로 국가가 헌법상 의무를 부인할 수는 없는 것이기 때문에 이 사건 보상금 조항과 이 사건 보상금 시행령 조항은 정당한 목적도 없이 일정 상한을 초과하는 형사보상청구권을 부인함으로써 헌법 제28조에 위반하여 청구인들의 형사보상청구권을 침해하고 있다는 점을 위헌의 근거로 들었다.

형사보상청구권과 관련해, 형사보상은 인신의 구속으로 말미암은 손실의 발생에 대해 결과책임인 무과실손실보상책임을 인정한 것으로 보는 손실보상설이 통설이다. 따라서 형사보상책임은 무과실의 결과책임이므로 관계기관의 고의나 과실을 요하지 않는다. 또한 여기서의 "불기소처분"으로 인한 구금에는 협의의 불기소처분, 기소중지처분, 기소유예처분으로 인한 구금이 있으나 피의자보상청구가 가능한 불기소처분은 협의의 불기소처분만이다. 기소중지처분이나 기소유예처분은 범죄가 성립하고 혐의가 충분함에도 불구하고 기소편의주의에 따라 제 상황을 고려하여 기소를 중지하거나 유예한 경우이므로 형사보상을 청구할 수 없다. 또한 '형사보상법' 제24조 제1항에 규정된 '형사보상결정의 공시제'에 따라 법원은 보상의 결정이 확정되었을 때에는 2주일 내에 보상 결정의 요지를 관보에 게재하여 공시하여야 하며, 이 경우 보상의 결정을 받은 자의 신청이 있을 때에는 그 결정의 요지를 신청인이 선택하는 2종 이상의 일간신문에 각 1회 공시하여야 하며 그 공시는 신청일로부터 30일 이내에 하여야 한다.

형사보상청구에 대한 결정에 불복할 경우, 피의자보상의 청구에 대한 보상심의회의 결정에 대해서는 '형사보상법' 제27조 제1항에 따라 법무부장관의 재결을 거쳐 행정소송을 제기할 수 있고, 피고인보상인 경우에는 청구를 기각한 결정에 대해서는 '형사보상법' 제19조 제2항에 따라 즉시항고를 할 수 있었지만, 기각결정 이외의 법원의 보상결정에 대해서는 '형사보상법' 제19조 제1항에 따라 불복방법이 없었다. '형사보상법'이 제정된 이래 형사보상결정을 단심으로 운용하던 제도를 버리고 불복신청을 통해 형사보상결정의 하자를 다툴 수 있게 됨으로써 국민의 형사보상청구권이 실질화되었다는 점에 이 결정의 의의가 있다.

사회권

시각장애인 안마사제도 사건

— 헌재 2008. 10. 30, 2006헌마1098 —

I. 심판대상

구 의료법(2006. 9. 27. 법률 제8007호로 개정되고 2007. 4. 11. 법률 제8366호로 전부 개정되기 전의 것)

제61조(안마사)

① 안마사는「장애인복지법」에 따른 시각장애인 중 다음 각 호의 어느 하나에 해당하는 자로서 시·도지사의 자격인정을 받아야 한다.

    1.「초·중등교육법」제2조 제5호의 규정에 따른 특수학교 중 고등학교에 준한 교육을 하는 학교에서 제4항의 규정에 의한 안마사의 업무한계에 따라 물리적 시술에 관한 교육과정을 마친 자

    2. 중학교 과정 이상의 교육을 받고 보건복지부장관이 지정하는 안마수련기관에서 2년 이상의 안마수련과정을 마친 자

의료법(2007. 4. 11. 법률 제8366호로 전부 개정된 것)

제82조(안마사)

① 안마사는「장애인복지법」에 따른 시각장애인 중 다음 각 호의 어느 하나에 해당하는 자로서 시·도지사의 자격인정을 받아야 한다.

    1.「초·중등교육법」제2조 제5호의 규정에 따른 특수학교 중 고등학교에 준한 교육을 하는 학교에서 제4항의 규정에 의한 안마사의 업무한계에 따라 물리적 시술에 관한 교육과정을 마친 자

    2. 중학교 과정 이상의 교육을 받고 보건복지부장관이 지정하는 안마수련기관에서 2년 이상의 안마수련과정을 마친 자

Ⅱ. 사실관계의 요지

청구인들과 공동심판참가인들은 안마, 마사지 또는 지압을 업으로 하려는 사람들이다. 헌법재판소는 2006년 6월 25일에 시각장애인만 안마사자격을 취득할 수 있도록 한 '안마사에 관한 규칙' 제3조 제1항 제1호와 제2호 중 각 "앞을 보지 못하는" 부분을 위헌선언을 했으나 국회는 2006년 9월 27일에 시각장애인만 안마사 자격을 취득할 수 있도록 '의료법' 제61조 제1항을 새로 개정함으로써 비시각장애인의 안마사 자격취득 제한을 그대로 유지하였다.

청구인들 및 공동심판참가인들은 안마업 또는 마사지업에 종사하기 위해 안마사자격인정신청을 하였으나, 관할 시·도지사로부터 '장애인복지법'에 따른 시각장애인이 아니라는 이유로 이를 거부하는 처분을 받았거나 이러한 처분을 받을 예정에 있다. 그러자 청구인과 공동심판참가인들은 개정 '의료법'이 '장애인복지법'에 따른 시각장애인 중 일정한 사람만이 안마사 자격인정을 받을 수 있도록 하고 시각장애인이 아닌 일반인은 안마사 자격인정을 받을 수 없도록 규정함으로써 청구인들의 직업선택의 자유 등 기본권을 침해하고 있다고 주장하면서 이 사건 헌법소원심판을 청구하였다.

Ⅲ. 주   문

구 의료법 제61조 제1항 중 "「장애인복지법」에 따른 시각장애인 중" 부분 및 의료법 제82조 제1항 중 "「장애인복지법」에 따른 시각장애인 중" 부분이 헌법에 위반되지 않는다.

Ⅳ. 결정 이유의 주요 논점 및 요지

1. 기본권제한입법의 한계를 벗어나 비시각장애인의 직업선택의 자유나 평등권을 침해하지는 않음

이 사건 법률조항은 신체장애자 보호에 대한 제34조 제5항의 헌법적 요청 등에 바탕을 두고 시각장애인의 생계를 보장하기 위한 것으로, 이러한 헌법적 요청과 일반국민의 직업선택의 자유 등 기본권이 충돌하는 상황이 문제될 수 있다. 위 법률조항이 헌법 제37조 제2항에 의한 기본권제한입법의 한계를 벗어났는지 여부를 심사함에 있어서, 구체적인 최소침해성 및 법익균형성 심사과정에서 이러한 헌법적 요청뿐만 아니라, 일반국민의 기본권 제약 정도, 시각장애인을 둘러싼 기본권의 특성과 복지정책의 현황, 시각장애인을 위한 직업으로서의 안마사제도와 그와 다른 대안의 가능성 등을 종합하여 형량할 필요가 있을 것이다.

이 사건 법률조항은 시각장애인에게 삶의 보람을 얻게 하고 인간다운 생활을 할 권리를 실현시키려는 데에 그 목적이 있으므로 입법목적이 정당하고, 다른 직종에 비해 공간이동과 기동성을 거의 요구하지 않을 뿐더러 촉각이 발달한 시각장애인이 영위하기에 용이한 안마업의 특성 등에 비추어 시각장애인에게 안마업을 독점시킴으로써 시각장애인의 생계를 지원하고 직업활동에 참여할 수 있는 기회를 제공하는 이 사건 법률조항의 경우 이러한 입법목적을 달성하는데 적절한 수단임을 인정할 수 있다. 나아가 시각장애인에 대한 복지정책이 미흡한 현실에서 안마사가 시각장애인이 선택할 수 있는 거의 유일한 직업이라는 점, 안마사 직역을 비시각장애인에게 허용할 경우 시각장애인의 생계를 보장하기 위한 다른 대안이 충분하지 않다는 점, 시각장애인은 역사적으로 교육, 고용 등 일상생활에서 차별을 받아온 소수자로서 실질적인 평등을 구현하기 위해서 이들을 우대하는 조치를 취할 필요가 있는 점 등에 비추어 최소침해성 원칙에 반하지 않고, 이 사건 법률조항으로 인해 얻게 되는 시각장애인의 생존권 등 공익과 그로 인해 잃게 되는 일반국민의 직업선택의 자유 등 사익을 비교해 보더라도, 공익과 사익 사이에 법익 불균형이 발생한다고 단정할 수도 없다. 따라서 이 사건 법률조항이 헌법 제37조 제2항의 기본권제한입법의 한계를 벗어나서 비시각장애인의 직업선택의 자유를 침해하거나 평등권을 침해한다고 볼 수 없다.

2. 입법자 등 정부 당국에 대한 요구

다만, 이와 같이 일반국민의 기본권을 제한함으로써 시각장애인의 생존권 등을 확보할 수밖에 없는 시각장애인 안마사제도는 시각장애인의 생존권보장에 효율적인 정책수단을 발견하기 어려운 현재의 우리 사회 현실에 비추어 불가피하게 수용할 수밖에 없는 정책수단일 뿐이고 향후 사회경제적 여건이 선진화되는 경우까지 이를 그대로 유지할 수는 없을 것이다. 이러한 측면을 감안한다면 입법자를 비롯한 정부 당국으로서는 시각장애인의 생존권과 비시각장애인의 직업선택의 자유라는 상충되는 기본권간의 갈등관계를 해소하고 조화롭게 양 기본권을 공존시킬 수 있는 방안에 대하여 보다 진지하고 적극적인 검토가 요구된다고 할 것이다.

V. 이 결정이 가지는 의미

　　합헌의 다수의견에 대하여 위 조항들이 과잉금지원칙에 위배하여 직업의 자유의 본질적 내용을 침해하는 것으로 위헌이라는 이강국, 이공현, 조대현 재판관 3인의 반대의견도 있었다. 시각장애인의 생계를 보장하고 직업활동 참여의 기회를 제공하는 것은 중요한 공익적 목적임을 충분히 인정할 수 있으나 이 사건 법률조항에 의한 시각장애인에 대한 안마사자격의 독점적 유보가 제거된다 하더라도 안마사 자격자들의 영업활동이 불가능해지는 것이 아니며 단지 비시각장애인 안마사들과 경쟁하는 입장에 처하게 되는 것이라는 점 등에서 직업선택의 자유의 제한을 정당화할 명백하고 확실한 위험이 있다고 보기 어렵고, 단지 안마업의 독점기회를 제공하는 것이 자아실현과 개성신장의 도구로서의 직업을 선택할 기회를 제공한다고 볼 수도 없으므로 이 사건 법률조항이 실질적으로 입법목적 달성에 충분히 기여하고 있음을 인정하기도 어렵다고 보았다. 또한 이 사건 법률조항에 의한 시각장애인의 안마사 직역 독점 외에 시각장애인의 생계보장 및 직업활동 참여기회 제공을 달성할 다른 수단이 없는 것도 아니라는 점 등에 비추어 위 법률조항에 의한 시각장애인의 안마사 직역 독점은 입법목적 달성을 위한 불가피한 수단이라고 보기 어려워 기본권의 최소침해성 원칙에 위반되고, 위 법률조항으로 달성하려는 시각장애인의 생계보장 등 공익이 비시각장애인들이 받게 되는 직업선택의 자유의 박탈보다 우월하다고 보기도 어렵다고 주장했다.

　　헌법재판소는 이미 시각장애인 안마사제도와 관련하여, 2003년 6월 26일 구 '의료법' 제61조 제1항 및 제4항이 의회유보원칙 및 포괄위임입법금지원칙을 위반하지 않는다는 합헌결정(2002헌가16)을 내렸다가, 약 3년 후인 2006년 5월 25일에는 반대로 비맹제외기준을 규정한 '안마사에 관한 규칙'이 비시각장애인의 직업선택의 자유를 침해한다며 위헌결정(2003헌마715)을 내렸었다. 이 위헌결정으로 국회가 시각장애인에 대한 국가의 보호의무를 규정한 헌법 제34조 제5항의 정신을 고려하여 비맹제외기준을 그대로 유지하는 이 사건 법률조항으로 법 개정을 하였는데, 헌법재판소는 다시 그로부터 2년 후 이 사건 합헌결정을 통해 이러한 헌법적 요청뿐 아니라 미흡한 시각장애인 복지정책의 현실 등을 고려하여 위 조항이 헌법 제37조 제2항의 기본권제한입법의 한계 내에 있다고 판단하고 있음에 주목할 필요가 있다. 즉, 시각장애인의 절박한 생존권과 비시각장애인의 직업선택의 자유 및 평등권이 충돌하는 상황에서 그 절박성을 고려해 시각장애인의 생존권을 우선시킨 결정이라 볼 수 있다.

학교용지부담금제 사건

— 헌재 2008. 9. 25, 2007헌가9 —

Ⅰ. 심판대상

구 학교용지확보 등에 관한 특례법(2005. 3. 24. 법률 제7397호로 개정되고 2007. 12. 14. 법률 제8679호로 개정되기 전의 것)

제2조(정의) 이 법에서 사용하는 용어의 정의는 다음과 같다.

　　2. "개발사업"이라 함은 「건축법」, 「도시개발법」, 「도시 및 주거환경정비법」, 「주택법」, 「택지개발촉진법」 및 「산업입지 및 개발에 관한 법률」에 의하여 시행하는 사업 중 100세대 규모 이상의 주택건설용 토지를 조성·개발하거나 공동주택을 건설하는 사업을 말한다.

제5조(부담금의 부과·징수)

① 시·도지사는 개발사업지역에서 단독주택 건축을 위한 토지를 개발하여 분양하거나 공동주택을 분양하는 자에게 부담금을 부과·징수할 수 있다. (단서 생략)

④ 시·도지사는 다음 각 호의 어느 하나에 해당하는 경우에는 부담금을 면제할 수 있다. 다만, 제1호와 제3호의 경우에는 부담금을 면제하여야 한다.

　　1. 개발사업시행자가 제3조 제3항의 규정에 의한 교육감 의견으로 제시된 학교용지를 교육비 특별회계에 기부채납하는 경우

　　2. 최근 3년 이상 취학 인구의 지속적인 감소로 인하여 학교 신설의 수요가 없는 지역에서 개발사업을 시행하는 경우

　　3. 「노인복지법」 제32조의 규정에 의한 노인복지주택 등 취학 수요의 발생이 없는 용도로 개발사업을 시행하는 경우

Ⅱ. 사실관계의 요지

　　甲 아파트재건축조합은 서울특별시 강동교육청 교육장과의 사이에서 乙 초등학교의 기존교사를 개축하여 강동교육청에 기부채납하고, 丙 중학교의 교육환경 확보를 위한

—544—

조치를 취하기로 하는 내용의 협약을 체결하였다. 그 후 송파구청장은 이 사건 조합에 대하여 아파트 및 부대시설로 65동 5,536세대, 주거중심시설 1동을 건축하는 내용의 사업계획을 승인하면서 "초등학교 개축에 관하여는 교육청과의 협약을 준공 전까지 이행하시기 바랍니다."라는 내용 등의 사업계획승인조건을 부가하였다.

위 조합은 아파트 5,563세대 중 1,115세대를 일반분양하기로 하고 송파구청장에게 입주자모집공고 승인신청 및 착공신고를 하였고, 송파구청장의 승인을 받아 입주자모집공고를 한 후 분양을 완료하였다. 송파구청장은 위와 같은 협약에도 불구하고 위 조합에게 '구 학교용지 확보 등에 관한 특례법' 제2조 제2호, 제5조 제1항 본문에 따라 위 일반분양분 1,115세대에 대해 학교용지부담금 11억여 원을 부과하였고, 위 조합은 이러한 부과처분에 불복하여 송파구청장을 상대로 그 취소를 구하는 행정소송을 제기하였다. 이에 제청법원은 특례법 제2조 제2호, 제5조 제1항 본문, 제5조 제4항이 헌법에 위반된다는 판단 하에 위 조항들에 대하여 직권으로 위헌법률심판제청을 하였다.

Ⅲ. 주 문

1. 구 '학교용지 확보 등에 관한 특례법'(2005. 3. 24. 법률 제7397호로 개정되고 2007. 12. 14. 법률 제8679호로 개정되기 전의 것) 제2조 제2호, 제5조 제1항 본문은 헌법에 위반되지 아니한다.

2. 구 '학교용지 확보 등에 관한 특례법'(2005. 3. 24. 법률 제7397호로 개정되고 2007. 12. 14. 법률 제8679호로 개정되기 전의 것) 제5조 제4항은 헌법에 합치되지 아니한다. 위 법률조항은 2009. 6. 30.을 시한으로 입법자가 개정할 때까지 계속 적용된다.

Ⅳ. 결정 이유의 주요 논점 및 요지

1. 특례법 제2조 제2호, 제5조 제1항 본문상의 개정된 학교용지부담금 제도가 의무교육의 무상성에 반하지 않음

의무교육의 무상성에 관한 헌법상 규정은 교육을 받을 권리를 보다 실효성 있게 보장하기 위해 의무교육 비용을 공동체 전체의 부담으로 이전하라는 명령일 뿐이고 의무교육의 비용을 오로지 조세로만 해결해야 함을 의미하는 것은 아니다. 따라서 학교용지부담금의 부과대상을 수분양자가 아닌 개발사업자로 정하고 있는 위 조항은 헌법 제31조 제3항의 의무교육의 무상성과는 무관하다.

2. 특례법 제2조 제2호, 제5조 제1항 본문상의 학교용지부담금이 평등의 원칙과 비례의 원칙을 충족시키고 있음

취학률이 100%수준에 달하고 학생수는 계속적으로 감소하고 있는 현재의 상황에서 개발사업지역만을 중심으로 발생하는 학교신설 수요는 국민 모두의 교육수요 충족과는 관계가 없는 것으로 개발지역에서의 학교시설 확보는 특별한 공익사업으로서의 성격을 가지고 있다. 또한 위 조항은 일정규모 이상의 개발사업을 통해 학교신설의 수요를 야기한 개발사업자라는 동질적인 특정요소를 가진 집단을 부과대상으로 하여 부과대상 사이에 내부적, 외부적 동질성이 존재한다. 이들은 개발사업을 통해 이익을 얻었다는 점에서 학교시설 확보라는 공적 과제와 밀접한 관련성을 가지고 있을 뿐만 아니라 이에 대해 일정한 부담을 져야 할 책임도 가지고 있다. 따라서 이들에 대한 학교용지부담금 부과는 평등의 원칙에 반하지 않는다. 또한 학교용지부담금 제도는 '학교용지 확보를 위한 새로운 재원의 마련'이라는 정당한 입법목적의 달성을 위한 적절한 수단으로서 부담금의 부과율이 지나치게 높아 납부의무자에게 과도한 부담을 지우는 것이라고 볼 수 없고, 교육의 기회를 균등하게 보장해야 한다는 공익과 사인의 재산적 이익을 적절히 형량하고 있다. 따라서 이 사건 법률조항은 납부의무자인 개발사업자의 재산권 제한에 있어 비례원칙을 준수하고 있다고 할 것이다.

3. 특례법 제5조 제4항은 평등원칙에 위배되어 헌법불합치

이 사건 중 특례법 제5조 제4항과 관련된 쟁점은 기존학교를 증축하여 기부채납한 경우를 필요적 면제사유로 정하고 있지 않은 것에 합리적인 이유가 있는가 하는 점이다. 학교용지를 기부채납한 자와 학교건물을 증축하여 기부채납한 자는 위 특례법상 목적 달성에 기여하였다는 점에서 동일하다. 그런데 학교용지를 기부채납한 자에 대해서만 이중의 부담을 방지할 수 있는 필요적 면제규정을 두고, 학교건물을 증축하여 기부채납한 자에 대해서는 이를 위한 일체의 규정을 두지 않은 것에 합리적 이유를 발견할 수 없다. 따라서 특례법 제5조 제4항은 평등의 원칙에 반하는 것이다. 그러나 이에 대해 단순위헌을 선언할 경우 학교용지를 확보하여 기부채납한 자나 학교신설 수요를 야기하지 않은 자에게 부담금을 필요적으로 면제하도록 한 규정이 효력을 잃게 되어 법치국가적으로 용인하기 어려운 법적 공백상태가 발생한다 할 것이므로 이에 대해 잠정 적용을 명하는 헌법불합치 결정을 선고한다.

Ⅴ. 이 결정이 가지는 의미

  헌법재판소는 학교용지부담금 제도를 정하고 있는 학교용지 확보 등에 관한 특례법 제2조 제2호, 제5조 제1항 본문에 대해서는 재판관 7(합헌) : 2(위헌)의 의견으로 합헌을, 학교용지부담금의 면제사유를 정하고 있는 동법 제5조 제4항에 대해서는 재판관 8(헌법불합치) : 1(합헌)의 의견으로 헌법불합치를 각각 선고하였다.

  특례법 제2조 2호, 제5조 제1항에 대한 다수의 합헌의견에 대해 이공현, 민형기 재판관은 반대의견인 위헌의견을 통해, 의무교육의 재정을 조세가 아닌 부담금을 통해 마련하는 것은 헌법상 의무교육의 무상원칙에 반하며, 부담금이 중·고등 교육 재원으로 사용되는 경우에도 학교용지부담금은 평등의 원칙과 비례의 원칙을 충족시키지 못한 것으로 헌법에 반한다고 보았다. 또한 특례법 제5조 제4항에 대한 다수의견인 헌법불합치 의견에 대해서도 조대현 재판관은 반대의견인 합헌의견을 통해, 학교의 건축·기부가 법률상 근거 없이 공권력의 불법적인 강요에 의하여 이루어지는 경우 이를 학교용지부담금의 면제사유로 규정하게 할 것이 아니라 이러한 행정청의 행위 및 효과를 근본적으로 부정해야 할 것이라는 이유로 학교를 증축하여 기부채납한 경우를 면제사유로 정하고 있지 않은 특례법 제5조 제4항은 헌법에 반하지 않는다고 보았다.

  헌법재판소가 본 법규정이 2007년 12월 14일에 법률 제8679호로 개정되기 전인 2005년 3월 31일에 수분양자를 부과대상자로 하는 학교용지부담금 제도가 의무교육의 무상성에 반하고 평등의 원칙 및 비례의 원칙에 위반된다는 이유로 위헌이라는 결정을 내린 바 있었다. 본 결정에서는 비록 학교용지부담금의 면제사유규정에 대해서는 헌법불합치결정이 내려졌지만, 학교용지부담금제도 자체에 대해서는 합헌결정이 내려졌음에 주목할 필요가 있다.

형법상의 업무방해죄규정 사건

― 헌재 2010. 4. 29. 2009헌바168 ―

Ⅰ. 심판대상

형법(1995. 12. 29. 법률 제5057호로 개정된 것)

제314조(업무방해)

① 제313조의 방법 또는 위력으로써 사람의 업무를 방해한 자는 5년 이하의 징역 또는 1천 500만 원 이하의 벌금에 처한다.

※ 이 사건 결정에서 청구인이 이 사건 법률조항 전부에 대해 위헌여부의 판단을 구하고 있으나, 청구인은 이 사건 법률조항의 행위태양 중 '위력'으로써 업무를 방해하였다는 사실로 기소되어 재판받은 자이므로, 이 사건 심판대상은 형법 제314조 제1항 중 "위력으로써 사람의 업무를 방해한 자" 부분이 헌법에 위반되는지 여부로 한정함이 상당하다고 하면서 헌법재판소는 직권으로 심사대상을 한정했다.

※ 관련규정

노동조합 및 노동관계조정법(2006. 12. 30. 법률 제8158호로 개정된 것)

제2조(정의)

5. "노동쟁의"라 함은 노동조합과 사용자 또는 사용자 단체간에 임금·근로시간·복지·해고 기타 대우 등 근로조건의 결정에 관한 주장의 불일치로 인하여 발생한 분쟁상태를 말한다. 이 경우 주장의 불일치라 함은 당사자간에 합의를 위한 노력을 계속하여도 더 이상 자주적 교섭에 의한 합의의 여지가 없는 경우를 말한다.

6. "쟁의행위"라 함은 파업·태업·직장폐쇄 기타 노동관계 당사자가 그 주장을 관철할 목적으로 행하는 행위와 이에 대항하는 행위로서 업무의 정상적인 운영을 저해하는 행위를 말한다.

Ⅱ. 사실관계의 요지

청구인은 주식회사 甲의 비정규직 해고와 관련하여 약 10시간 20여분에 걸쳐 홈에버 월드컵점 매장 앞에서 조합원 등과 함께 집회를 하며 매장의 점거를 시도하였다. 그리고 그 과정에서 경찰과 충돌하는 등의 위력을 사용하여 위 매장의 업무를 방해하였다는 범죄사실로 '형법' 제314조 제1항 위반으로 벌금 150만원의 약식명령을 고지받았다. 이에 청구인은 정식재판을 청구하였고, 서울서부지방법원에서 벌금 150만원을 선고받았다. 청구인은 항소하여 재판계속 중, 형법 제314조 제1항에 대해 위헌제청신청을 하였으나 항소와 함께 위헌제청신청도 기각되자, 이 사건 헌법소원심판을 청구하였다.

Ⅲ. 주   문

위력에 의한 업무방해죄를 형사처벌하는 이 사건 법률조항은 헌법에 위반되지 아니한다.

Ⅳ. 결정 이유의 주요 논점 및 요지

1. 죄형법정주의의 명확성 원칙에 위배되지 않음

이 사건 심판대상 규정의 보호법익, 같이 규정된 다른 행위태양인 "허위사실의 유포"나 "위계" 그리고 이 사건 심판대상 규정과 함께 같은 장에 규정되어 있는 신용훼손죄나 경매방해죄의 해석, 그 외 형사법상의 폭력, 폭행, 협박 등의 개념과 관련지어 볼 때 일반적으로 "위력"이라 함은 사람의 의사의 자유를 제압, 혼란케 할 만한 일체의 세력을 의미하고, "업무"란 사람이 그 사회적 지위에 있어서 계속적으로 종사하는 사무 또는 사업을 의미한다. 이러한 해석은 건전한 상식과 통상적인 법 감정을 가진 일반인으로서도 능히 인식할 수 있는 것으로서 죄형법정주의의 명확성의 원칙에 위반된다고 할 수 없다.

2. 단체행동권도 침해하지 않음

헌법재판소는 이미 1990년 1월 15일의 89헌가103결정에서 "노동관계 당사자가 쟁의행위를 함에 있어서는 그 목적, 방법 및 절차상의 한계를 존중하지 않으면 아니 되며 그 한계를 벗어나지 아니한 범위 안에서 관계자들의 민사상 및 형사상 책임이 면제되는 것이다… 쟁의행위는 노동관계 당사자가 임금 및 근로조건 등을 정하는 단체협약을 체결함에 있어서 보다 유리한 결과를 자신에게 가져오게 하기 위하여 행사하는 최후의 강제수단이다. 따라서 쟁의행위는 주로 단체협약의 대상이 될 수 있는 사항을 목적으로 하는 경우에만 허용되는 것이고, 단체협약의 당사자가 될 수 있는 자에 의하여서만 이루어져야 하는 것이다"라고 하여 쟁의행위의 한계를 설정하고 있다. 이를 기초로 이 사건 법률조항을 해석할 경우, 형법상 업무방해죄는 모든 쟁의행위에 대하여 무조건 적용되는 것이 아니라, 단체행동권의 내재적 한계를 넘어 정당성이 없다고 판단되는 쟁의행위에 대하여만 적용되는 조항임이 명백하다고 할 것이다. 따라서 그 목적이나 방법 및 절차상 한계를 넘어 업무방해의 결과를 야기시키는 쟁의행위에 대하여만 이 사건 법률조항을 적용하여 형사처벌하는 것은 헌법상 단체행동권을 침해하였다고 볼 수 없다.

다만, '노동조합 및 노동관계조정법' 제2조 제5호에서 말하는 노동관계 당사자간에 근로조건의 결정에 관한 주장의 불일치로 인해 발생한 분쟁상태에 있어서, 헌법이 보장한 근로자의 단체행동권 행사로서 파업·태업 등 근로자가 그 주장을 관철할 목적으로 행하는 업무의 정상적인 운영을 저해하는 동법 제2조 제6호상의 쟁의행위는 원칙적으로 형법상의 위력에 의한 업무방해를 구성하지 않는다고 봄이 상당하다. 헌법 제33조 제1항은 근로자의 단체행동권을 헌법상 기본권으로 보장하고 있고, 단체행동권에 대한 어떠한 개별적 법률유보조항도 두고 있지 않다. 단체행동권에 있어서 쟁의행위는 핵심적인 것인데, 쟁의행위는 고용주의 업무에 지장을 초래하는 것을 당연한 전제로 한다. 헌법상 기본권 행사에 본질적으로 수반되는 것으로서 정당화될 수 있는 업무의 지장 초래가 당연히 업무방해에 해당하여 원칙적으로 불법한 것이라 볼 수는 없다.

또한 '노동조합 및 노동관계조정법' 제4조는 노동조합의 쟁의행위로서 동법의 목적 달성을 위해서 한 정당한 행위에 대해 위법성 조각사유에 관한 형법 제20조를 적용하도록 하고 있다. 그러나 이것이 단체행동권의 행사로서 노동법상의 요건을 갖추어 헌법적으로 정당화되는 행위를 범죄행위의 구성요건에 해당하는 행위임을 인정하되 다만 위법성을 조각하도록 한 취지라고 할 수는 없다. 그런 해석은 헌법상 기본권의 보호영역을 하위법률을 통해 지나치게 축소시키는 것이다. '노동조합 및 노동관계조정법' 제4조는 쟁의행위가 처벌의 대상이 되어서는 안 된다는 점을 강조한 것으로 이해해야 한다. 또한 동법 제3조가 사용자로 하여금 적법한 쟁의행위로 인해 입은 손해를 노동조합 또는 근로자에 대해 배상청구할 수 없도록 한 것도 동일한 맥락에서 바라보아야 할 것이다.

구체적 사안에서 쟁의행위가 목적·방법·절차상의 내재적 한계를 일탈하여 이 사건 법률조항에 의하여 처벌될 수 있는지 여부는 법원이 쟁의과정을 종합적으로 고려해 판단해야 할 사항이나, 헌법 제33조에 의해 보장되는 근로자의 단체행동권의 보호영역을 지나치게 축소시켜서는 안 될 것이다.

3. 평등원칙, 과잉금지원칙에도 위배되지 않음

형법상 업무방해죄는 다른 노동관련 법규와 그 보호법익이나 죄질이 다르고 법정형을 정함에 있어서 고려해야 할 여러가지 요소도 근본적으로 같지 않다. 따라서 이 사건 법률조항이 다른 범죄자와의 관계에 있어서 평등원칙에 반한다거나, 헌법상의 비례의 원칙이나 과잉금지의 원칙에 위배되는 것으로 평가되는 등 입법재량권이 자의적으로 행사된 경우에 해당한다고 할 수 없다.

V. 이 결정이 가지는 의미

헌법재판소가 위력으로써 사람의 업무를 방해한 자를 형사처벌하도록 규정하고 있는 형법 제314조 제1항 중 "위력으로써 사람의 업무를 방해한 자" 부분에 대해 만장일치로 합헌결정을 내린 사건이다. "위력"이란 사람의 의사의 자유를 제압, 혼란케 할 만한 일체의 세력을 뜻하고 "업무"란 사람이 그 사회적 지위에 있어 계속적으로 종사하는 사무를 의미하므로 죄형법정주의의 명확성원칙에 위반된다고 할 수 없다는 점, 이 사건 법률조항이 모든 쟁의행위에 적용되는 것이 아니라 헌법이 보장하는 단체행동권의 내재적 한계를 넘어 정당성이 없다고 판단되는 쟁의행위의 경우에만 적용되므로 헌법상 단체행동권을 침해한다고 볼 수 없다는 점, 다른 노동관련 법규와 그 보호법익이나 죄질이 다르므로 법정형이 지나치게 높다거나 평등원칙에 위배된다고 볼 수도 없다는 점을 헌법재판소는 합헌결정의 주된 근거로 들었다. 다만 헌법재판소가 헌법 제33조 제1항이 근로자의 단체행동권을 헌법상 기본권으로 보장하고 있고 단체행동권에 대한 어떠한 개별적 법률유보조항도 두고 있지 않으며 쟁의행위는 단체행동권의 핵심일 뿐만 아니라 쟁의행위는 고용주의 업무에 지장을 초래하는 것을 당연한 전제로 하는 것으로 단체행동권이라는 기본권 행사에 본질적으로 수반되는 정당화할 수 있는 업무의 지장 초래는 업무방해에 해당하지 않는다고 판시하고 있는 점에 주목을 요한다.

과외교습 금지 사건

— 헌재 2000. 4. 27, 98헌가16 —

I. 심판대상

학원의 설립·운영에 관한 법률(1995. 8. 4. 법률 제4964호로 전문개정된 이후의 것)

제3조(과외교습) 누구든지 과외교습을 하여서는 아니 된다. 다만, 다음 각호의 1에 해당하는 경우에는 그러하지 아니하다.

1. 학원 또는 교습소에서 기술·예능 또는 대통령령이 정하는 과목에 관한 지식을 교습하는 경우
2. 학원에서 고등학교·대학 또는 이에 준하는 학교에의 입학이나 이를 위한 학력인정에 관한 검정을 받을 목적으로 학습하는 수험준비생에게 교습하는 경우
3. 대학·교육대학·사범대학·전문대학·방송통신대학·개방대학·기술대학 또는 개별 법률에 의하여 설립된 대학 및 이에 준하는 학교에 재적중인 학생(대학원생을 포함한다)이 교습하는 경우

제22조(벌칙)

① 다음 각호의 1에 해당하는 자는 1년 이하의 징역 또는 300만원 이하의 벌금에 처한다.

1. 제3조의 규정에 위반하여 과외교습을 한 자

II. 사실관계의 요지

청구외 甲은 서울지방법원에 학원의 설립·운영에 관한 법률 위반으로 공소 제기되었다. 그 공소사실의 요지는 '피고인은 "하누리교육"의 대표로서, 피씨 통신업체인 천리안, 미래텔에 개설한 "하누리방"을 통하여 회원으로 가입한 2,415명으로부터 약 3억7천여 만원을 받고 수천회에 걸쳐 문제를 내고 질의·응답하는 방식으로 과외교습을 하고, 지도교사로 하여금 교습비를 내고 가입한 회원의 집을 방문지도하게 하는 방식으로 과외교습을 함으로써 위 법률 제22조 제1항 제1호, 제3조에 위반하였다'는 것이다. 서울지방

법원은 그 소송계속 중 甲에게 적용될 학원의 설립·운영에 관한 법률 제22조 제1항 제1호, 제3조에 헌법위반의 의심이 있다고 하여 직권으로 위헌여부의 심판을 제청하였다.

Ⅲ. 주　문

학원의 설립·운영에 관한 법률 제3조, 제22조 제1항 제1호는 헌법에 위반된다.

Ⅳ. 결정 이유의 주요 논점 및 요지

1. 부모의 자녀교육권, 국가의 교육책임, 그리고 사교육

자녀의 양육과 교육은 일차적으로 부모의 천부적인 권리인 동시에 부모에게 부과된 의무이기도 하다. '부모의 자녀에 대한 교육권'은 비록 헌법에 명문으로 규정되어 있지는 않지만, 이는 모든 인간이 국적과 관계없이 누리는 양도할 수 없는 불가침의 인권으로서 혼인과 가족생활을 보장하는 헌법 제36조 제1항, 행복추구권을 보장하는 헌법 제10조 및 "국민의 자유와 권리는 헌법에 열거되지 아니한 이유로 경시되지 아니한다"고 규정하는 헌법 제37조 제1항에서 나오는 중요한 기본권이다. 그러나 부모는 헌법 제36조 제1항에 의하여 자녀교육에 대한 독점적인 권리를 부여받는 것은 아니다. 헌법 제31조 제1항은 "모든 국민은 능력에 따라 균등하게 교육을 받을 권리를 가진다"라고 규정하여 국민의 교육을 받을 권리를 보장하고 있다. 특히 같은 조 제6항은 "학교교육 및 평생교육을 포함한 교육제도와 그 운영, 교육재정 및 교원의 지위에 관한 기본적인 사항은 법률로 정한다"고 함으로써 학교교육에 관한 국가의 권한과 책임을 규정하고 있다. 위 조항은 국가에게 학교제도를 통한 교육을 시행하도록 위임하였고, 이로써 국가는 학교제도에 관한 포괄적인 규율권한과 자녀에 대한 학교교육의 책임을 부여받았다. 자녀의 교육은 헌법상 부모와 국가에게 공동으로 부과된 과제이므로 부모와 국가의 상호연관적인 협력관계를 필요로 한다. 하지만 자녀에 대한 교육의 책임과 결과는 궁극적으로 그 부모에게 귀속된다는 점에서, 국가는 제2차적인 교육의 주체로서 교육을 위한 기본조건을 형성하고 교육시설을 제공하는 기관일 뿐이다. 따라서 자녀의 양육과 교육에 있어서 부모의 교육권은 교육의 모든 영역에서 존중되어야 하며, 다만, 학교교육의 범주 내에서는 국가의 교육권한이 헌법적으로 독자적인 지위를 부여받음으로써 부모의 교육권과 함께 자녀의 교육을 담당하지만, 학교 밖의 교육영역에서는 원칙적으로 부모의 교육권이 우위를 차지한다. 또한 헌법은 제31조의 '교육을 받을 권리'의 보장을 통하여 교육영역에서의 기회균등을 이

룩할 의무를 부과하고 있다. 그러나 이 조항은 교육의 모든 영역, 특히 학교교육 밖에서의 사적인 교육영역에까지 균등한 교육이 이루어지도록 개인이 별도로 교육을 시키거나 받는 행위를 국가가 금지하거나 제한할 수 있는 근거를 부여하는 수권규범이 아니다. 오히려 국가는 원칙적으로 의무교육의 확대 등 적극적인 급부활동을 통하여 사인간의 교육기회의 불평등을 해소할 수 있을 뿐, 과외교습의 금지나 제한의 형태로 개인의 기본권행사인 사교육을 억제함으로써 교육에서의 평등을 실현할 수는 없는 것이다.

2. 과외교습을 하고자 하는 자, 받으려는 아동과 청소년, 부모의 기본권을 제한하는 법 제3조

법 제3조는 첫째, 과외교습을 하고자 하는 자의 직업선택의 자유를 제한한다. 대학(원)생을 제외한 일반인이 과외교습을 직업으로 선택하고자 하는 경우에는 학원이나 교습소를 설립하여야 하는 제한을 가하고 있다. 따라서 법 제3조는 개인이 국가의 간섭을 받지 않고 원하는 직업을 자유롭게 선택할 수 있는 권리를 보장하는 기본권인 직업선택의 자유(헌법 제15조)를 제한하는 규정이다. 무상 또는 일회적·일시적으로 가르치는 행위는 헌법 제15조의 직업의 자유에 의하여 보호되는 생활영역이 아니다. 이러한 성격과 형태의 가르치는 행위는 일반적 행동의 자유에 속하는 것으로서 헌법 제10조의 행복추구권에 의하여 보호된다. 둘째, 과외교습을 받으려는 아동과 청소년의 '인격의 자유로운 발현권'을 제한한다. 법 제3조는 비록 직접적으로는 과외교습을 하려는 교습자에게만 과외교습을 금지하고 있지만, 그 결과 실질적으로는 학습자의 위치에 있는 초·중·고등학생 등이 학교교육 밖에서 자유로이 배우는 행위를 제한함으로써 배우고자 하는 아동과 청소년의 행복추구권을 제한하고 있다. 행복추구권은 일반적인 행동의 자유와 인격의 자유로운 발현권을 포함하는데, 과외교습금지에 의하여 학생의 '인격의 자유로운 발현권'이 제한된다. 셋째, 부모의 교육권을 제한한다. 부모의 자녀에 대한 교육권은 천부적인 권리로서 헌법 제36조 제1항, 제10조, 제37조 제1항에서 파생하는 기본권이다.

3. 피해의 최소성, 법익의 균형성에 위배되는 과잉한 제한으로 위헌

법 제3조가 위의 기본권들을 제한함에 있어 비례의 원칙 중 첫째, 입법목적의 정당성은 인정된다. 사교육의 영역에 관한 한, 우리 사회가 불행하게도 이미 자정능력이나 자기조절능력을 현저히 상실했고, 이로 말미암아 국가가 부득이 개입하지 않을 수 없는 실정이므로 위와 같이 사회가 자율성을 상실한 예외적인 상황에서는 법 제3조가 의도하는 입법목적도 입법자가 '잠정적으로' 추구할 수 있는 정당한 공익이라고 할 수 있기 때문이다. 둘째, 수단의 적합성도 인정된다. 법 제3조와 같은 수단이 위 입법목적의 달성에 어느 정도 기여한다는 점은 의문의 여지가 없기 때문이다. 셋째, 수단의 최소침해성에는 어긋난다. 입법자는 지나친 고액과외교습을 방지하기 위하여 모든 과외교습에 대하여 '원칙적인 금지와 예외적인 허용'이라는 방식을 채택하였고, 이로써 개인의 과외교습을 전면 금지하였다. 그 결과 '고액과외교습의 방지'라는 입법목적의 달성과 아무런 관련이 없는 교습행위, 즉 고액과외교습의 위험성이 없는 교습행위까지도 광범위하게 금지당하게 되었다. '원칙과 예외'가 전도된 규율형식을 취하고 있는 것이다. 따라서 입법자가 선택한 규제수단인 법 제3조는 입법목적의 달성을 위한 최소한의 불가피한 수단이라고 볼 수 없다. 넷째, 법익의 균형성에도 어긋난다. 입법자가 법 제3조를 통하여 실현하려는 공익인 '고액과외교습의 방지'는 오늘의 교육현실과 같은 예외적인 상황을 인정하더라도 그 비중이 그다지 크다고 보기 어려운데 반해, 법 제3조에 의하여 초래되는 기본권제한의 효과 및 헌법이 지향하는 문화국가의 실현을 저해하는 효과는 매우 크기 때문이다.

V. 이 결정이 가지는 의미

헌법재판소가 과외교습을 원칙적으로 금지하고 있던 '학원의 설립·운영에 관한 법률' 제3조와 그 벌칙규정 제22조에 대해 위헌결정을 내린 유명한 사건이다. 반대의견으로 한대현, 정경식 재판관의 헌법불합치의견, 학습자의 기본권의 본질적인 내용을 침해하는 것이 아니므로 합헌이라는 이영모 재판관의 합헌의견이 개진되었다. 과잉제한으로 침해된 기본권으로 과외교습을 하고자 하는 자의 직업선택의 자유, 과외교습을 받으려는 아동과 청소년의 인격의 자유로운 발현권, 부모의 교육권이 제시되고 있음에 주목을 요한다.

학원 교습시간제한에 관한 서울시 조례 사건

─ 헌재 2009. 10. 29, 2008헌마635 ─

Ⅰ. 심판대상

서울특별시 학원의 설립·운영 및 과외교습에 관한 조례(2008. 4. 3. 조례 제4624호로 개정된 것)

제5조(학원의 교습시간)

① 법 제16조 제2항의 규정에 의한 학교교과교습학원 및 교습소의 교습시간은 05:00부터 22:00까지로 한다. 다만, 독서실은 관할 교육장의 승인을 받아 이를 연장할 수 있다.

Ⅱ. 사실관계의 요지

청구인들은 고등학생, 학부모, 학교교과교습학원 운영자 및 강사들이다. 학교교과교습학원 및 교습소의 교습시간을 5시부터 22시까지 규정하고 있는 '서울특별시 학원의 설립·운영 및 과외교습에 관한 조례' 제5조 제1항이 청구인들의 인격의 자유로운 발현권, 자녀교육권, 직업의 자유 및 평등권을 침해한다고 주장하며 이 사건 헌법소원심판을 청구하였다.

Ⅲ. 주 문

이 사건 심판청구를 기각한다.

Ⅳ. 결정 이유의 주요 논점 및 요지

1. 인격의 자유로운 발현권, 자녀교육권 및 직업수행의 자유에 대한 과잉하지 않은 합헌적 제한

학원의 교습시간을 제한하여 학생들의 수면시간 및 휴식시간을 확보하고, 학교교육을 정상화하며, 학부모의 경제적 부담을 덜어주려는 이 사건 조례의 입법목적은 정당하다. 또한 학원의 교습시간을 제한하게 되면 학생들이 보다 일찍 귀가하여 여가와 수면을 취할 수 있으므로 수단의 적합성도 인정된다. 이 사건 조항은 원칙적으로 학원에서의 교습은 보장하면서 심야에 한하여 교습시간을 제한하고 있고, 사교육 유형 중 참여율이 높고 심야교습에 의한 폐해의 정도 및 사회적 파급효과가 큰 학교교과교습학원 및 교습소에 대하여만 교습시간을 제한한다. 따라서 학원 운영자는 방과 후부터 제한되는 시간 전까지는 교습시간을 충분히 확보할 수 있고, 학생과 학부모들도 제한되는 시간 외의 학원에서의 교습 및 제한되는 시간에는 다른 수단에 의한 교습이 가능하다. 또한 학원 등에서의 교습을 원하는 학생들이 학교의 야간자율학습 대신 학원 등의 수강을 선택하는 것이 금지되는 것도 아니다. 그리고 이 사건 조항이 각급 학교별 차이를 고려하지 않고 일률적으로 교습시간을 정하고 있으나, 이는 서울시 의회가 공청회와 토론회 등을 통해 의견 수렴 후 규정한 것이고 고등학생도 성장과 피로회복을 위한 충분한 수면시간의 확보는 중요하므로 이 사건 조항이 일률적으로 교습시간을 22시까지로 정하였다고 해서 이를 두고 과도한 기본권 제한이라고 보기는 어렵다. 따라서 이 사건 조항이 그 입법목적 달성을 위하여 필요한 정도를 넘어 과도하게 청구인들의 기본권을 제한하는 것이라고 할 수 없다. 나아가 이 사건 조항으로 인하여 제한되는 사익은 일정한 시간 학원이나 교습소에서의 교습이 금지되는 불이익인 반면, 이 사건 조항이 추구하는 공익은 학생들의 건강과 안전, 학교교육의 충실화, 부차적으로 사교육비의 절감이므로 법익의 균형성도 충족한다.

그렇다면 이 사건 조항이 학교교과교습학원 및 교습소의 교습시간을 제한하였다고 하여 청구인들의 인격의 자유로운 발현권, 자녀교육권 및 직업수행의 자유를 침해하여 헌법에 위반된다고 할 수 없다.

2. 평등권 침해도 아님

조례에 의한 규제가 지역의 여건이나 환경 등 그 특성에 따라 다르게 나타나는 것은 헌법이 지방자치단체의 자치입법권을 인정한 이상 당연히 예상되는 불가피한 결과이므로, 이 사건 조항으로 인하여 청구인들이 다른 지역의 주민들에 비하여 더한 규제를 받게 되었다 하더라도 평등권이 침해되었다고 볼 수는 없다.

　　그리고 이 사건 조항은 학생 및 학부모인 청구인들이 22시 이후에 개인과외교습을 받는 것 자체를 금지하는 것은 아니고, 개인과외교습을 받을 것인지 여부는 개인의 선택에 맡겨져 있으므로 이 사건 조항이 학원 및 교습소의 교습시간을 제한하였다고 하여 이를 두고 청구인들과 22시 이후에 개인과외교습을 받는 자들을 차별하였다고 볼 수 없다. 또한 이 사건 조항이 학교, 교육방송 및 다른 사교육에 대하여는 교습시간을 제한하지 않으면서 학원 및 교습소의 교습시간만 제한하였다고 하여도 공교육의 주체인 학교 및 공영방송인 한국교육방송공사가 사교육 주체인 학원과 동일한 지위에 있다고 보기 어렵고, 다른 사교육인 개인과외교습이나 인터넷 통신 강좌에 의한 심야교습이 초래하게 될 사회적 영향력이나 문제점이 학원에 의한 심야교습보다 적으므로 학원 및 교습소의 교습시간만 제한하였다고 하여 이를 두고 합리적 이유 없는 차별이라고 보기는 어렵다. 그러므로 이 사건 조항이 학원 운영자 등의 평등권을 침해하였다고 보기는 어렵다.

Ⅴ. 이 결정이 가지는 의미

　　헌법재판소가 재판관 5(합헌) : 4(위헌)의 의견으로, 학교교과교습학원 및 교습소의 교습시간을 5시부터 22시까지로 제한하고 있는 '서울특별시 학원의 설립·운영 및 과외교습에 관한 조례' 제5조 제1항 본문을 청구인들의 인격의 자유로운 발현권, 자녀교육권, 직업의 자유 및 평등권을 침해하지 않는다는 이유로 합헌결정을 내린 사건이다. 조대현, 김희옥, 이동흡, 송두환 재판관의 위헌의견은 첫째, 이 사건 조항의 입법목적은 심야교습을 금지함으로써 학생들의 건강과 안전을 보호하고 학교교육의 충실화를 유도하기 위한 것이나 학교 밖의 교육영역에 있어서 교습시간 자체를 규제함으로써 학교교육의 충실화를 유도한다는 것은 정당한 입법목적이라고 보기 어렵다고 보아 '목적의 정당성'을 부정했다. 둘째, '방법의 적정성'과 관련해서도, 현 입시체제하에서 학생들은 학교나 독서실에서의 자율학습, 개인과외교습 및 심야에 이루어지는 인터넷교습 또는 방송교습으로 인하여 수면시간과 여가시간이 부족할 수 밖에 없으므로 학원 등에서의 교습시간을 제한한다고 하더라도 학생들의 건강과 안전보호 및 학교교육의 충실화라는 입법목적을 달성하기에 적절한 방법이라고 보기 어렵다고 하면서 '방법의 적정성'도 부정했다. 그리고 '법익의 균형성'과 관련해서는, 학생들의 상황, 교습의 형태나 내용을 전혀 고려하지 않고 보호자의 동의가 있다고 하더라도 22시 이후의 교습이 전면적으로 금지되어 청구인들의 기본권을 과도하게 제한하면서 오히려 적발의 위험성으로 인한 사교육비의 증가, 고액 개인과외교습 유발로 인한 경제적 불평등을 야기하게 될 것이며, 나아가 학생과 학부모는 원하는 학원교육을 원하는 시간에 받을 수 없고, 학원 등의 운영자는 심야교습을 하지 못하여 사실상 학원 운영을 하지 못하는 중대한 불이익을 받는 반면, 이 사건 조항의 입법목적은 입시체제의 전환이 없이 단순히 학원 등의 교습시간만을 제한한다고 달성할 수 있는 것은 아니므로 결국 이 사건 조항으로 인한 기본권제한은 '법익의 균형성'도 상실했다고 판단했다. 그러면서 결론적으로 이 사건 조항은 기본권 제한의 비례원칙에 반하여 청구인들의 인격의 자유로운 발현권, 학부모의 자녀교육권 및 학원운영자의 직업수행의 자유를 침해하였으므로 헌법에 위반된다고 본 것이다. 위헌의견은 또한 평등권과 관련해서도 대학교 및 일부 중등학교에의 진학 경쟁이 전국의 수험생들을 대상으로 이루어지는 현실에서 이 사건 조항은 사실상 학원교습이 불가능한 시간으로 서울특별시 학원 및 교습소의 교습시간을 제한하여 학원 교습을 받고자 하는 학생들의 교습의 기회를 아예 박탈하고 있으므로 이는 결국 자치입법권의 한계를 넘어서는 것으로서 교습시간을 제한하지 않거나 이 사건 조항보다 교습시간을 상대적으로 늦게 규정하고 있는 지방자치단체의 학생들 및 학원영업자들과 비교하여 청구인들의 평등권을 침해하며, 학교, 교육방송 및 인터넷 강좌를 통한 심야교습도 제한되어야 함에도 이는 전혀 규제하지 않고 학원의 교습시간만을 제한하는 것, 사교육에 있어서 고액의 비용 등을 이유로 개인과외교습으로 인한 폐해가 학원보다 더 큰 상황임에도 학원 및 교습소의 교습시간만 제한하는 것도 합리적 이유 없이 학원 및 교습소 운영자를 차별하는 것으로 평등권을 침해한다고 보았다. 나아가 조대현 재판관은 반대의견에 대한 보충의견을 통해 이 조례의 모법인 '학원법' 제16조 제2항도 학생의 학습권과 학부모의 교육권 및 학원의 직업수행의 자유를 침해하는 것으로 위헌이라고 보았다. 헌법재판소가 보기 드물게 '인격의 자유로운 발현권' 침해 여부를 심사하고 있음에 주목을 요한다.

미국산 쇠고기 수입 위생조건 사건

— 헌재 2008. 12. 26, 2008헌마419 —

Ⅰ. 심판대상

2006년 3월 6일 당시 농림부장관이 가축전염병예방법 제34조 제2항에 근거하여 제정·공포한 미국산 쇠고기 수입의 위생조건에 관한 고시

Ⅱ. 사실관계의 요지

2006년 3월에 농림부장관은 '가축전염병예방법' 제34조 제2항에 근거하여 '미국산 쇠고기 수입의 위생조건에 관한 고시'를 제정·공포하였다. 이 개정 전 고시는 수입이 가능한 미국산 쇠고기의 범위를 뼈를 제외한 30개월령 미만 소의 쇠고기로 제한하고, 모든 연령 소의 특정위험물질에 대해서는 이를 제거하여 수출하도록 하며, 미국의 수출 작업장이 특정위험물질을 한국에 선적했을 경우 한국이 수입중단 조치를 취할 수 있도록 하였다. 미국에서 2003년 12월 광우병이 발생하여 쇠고기 수입이 중단된 이후 2006년 10월 개정 전 고시에 따라 수입이 재개되었으나, 그 후 여러 차례에 걸쳐 개정 전 고시에 위반된 사례가 발견되자 정부는 2007년 10월 경 검역 및 수입을 전면 중단하는 조치를 단행했다.

한편 미국은 2007년 5월 국제수역사무국(OIE)으로부터 '광우병 위험통제국가'의 지위를 획득하였고, 이에 따라 우리 정부와 미국 정부는 위 개정 전 고시를 개정하기 위한 협상을 진행해 2008년 4월 18일에 타결시켰다. 타결된 위 협상의 골자는 1단계로 30개월령 미만 소의 뼈를 포함하여 쇠고기 수입을 허용하고, 2단계로 미국의 사료 금지조치가 강화될 때 30개월령 이상의 쇠고기도 수입을 허용하면서, 30개월령 미만 소의 부위 중 수입이 금지되는 특정위험물질의 범위를 축소하는 것이다.

정부는 위 협상 결과에 따라 농림수산식품부 공고로 미국산 쇠고기 수입위생조건 고시 개정안을 예고하였다가, 미국산 쇠고기 수입에 대한 여론이 악화되자 미국과의 추가협상을 통해 위 고시 개정안에 부칙 제7항 내지 제9항을 신설한 다음, 농림수산식품부

고시 '미국산 쇠고기 수입위생조건'을 관보에 게재하여 공포하였다. 청구인들은 이 사건 고시가 청구인들의 기본권을 침해하여 헌법에 위반된다며 이 사건 고시의 위헌확인을 구하고 있다.

Ⅲ. 주　　문

청구인 진보신당의 심판청구를 각하하고, 나머지 청구인들의 심판청구를 모두 기각한다.

Ⅳ. 결정 이유의 주요 논점 및 요지

1. 진보신당이 청구한 부분 이외에는 헌법소원심판 청구의 적법요건을 충족함

광우병의 위험성, 미국내에서의 발병사례, 국내에서의 섭취가능성을 감안할 때 미국산 쇠고기가 수입·유통되는 경우 광우병에 감염된 것이 유입되어 소비자의 생명·신체의 안전이라는 중요한 기본권적인 법익이 침해될 가능성이 있음을 전적으로 부정할 수는 없으므로, 국가로서는 미국산 쇠고기의 수입과 관련하여 광우병의 원인물질인 변형 프리온 단백질이 축적된 것이 유입되는 것을 방지하기 위해 적절하고 효율적인 조치를 취함으로써 소비자인 국민의 생명·신체의 안전을 보호할 구체적인 의무가 있다. 이 사건 고시는 광우병의 원인물질이 축적된 쇠고기의 유입을 방지하기 위한 방책들을 포함하고 있는 등 미국산 쇠고기의 수입과 관련하여 광우병 등 질병으로부터 소비자인 국민의 생명·신체의 안전을 보호하기 위한 위험방지 조치 중의 하나이다. 따라서 미국산 쇠고기의 수입과 관련하여 소비자인 청구인들에게 법적 관련성이 인정될 경우 이들이 이 사건 고시가 국민의 생명·신체의 안전을 보호하기에 적절하고 효율적인 조치를 다하지 못하였다고 주장하며 국가의 기본권 보호의무 위반을 이유로 헌법소원심판을 청구할 때 이를 적법한 것으로 받아들여 그 본안에 관하여 심판함이 상당하다. 그러나, 청구인인 진보신당의 경우에는 이 사건에서 침해된다고 하여 문제되는 생명·신체의 안전에 관한 기본권이 성질상 자연인에게만 인정되는 것이므로 기본권 행사의 주체가 될 수 없어 청구인능력이 인정되지 않는다.

이 사건 고시는 소비자의 생명·신체의 안전을 보호하기 위한 조치의 일환으로 행하여진 것이어서 실질적인 규율 목적 및 대상이 쇠고기 소비자와 관련을 맺고 있으므로 쇠고기 소비자는 이에 대한 구체적인 이해관계를 가진다 할 것이므로, 진보신당 외의 나머지 청구인들에 대해서는 이 사건 고시가 생명·신체의 안전에 대한 보호의무를 위반함으로 인하여 초래되는 기본권 침해와의 법적 관련성을 인정할 수 있다.

2. 이 사건 고시가 생명·신체의 안전에 관한 보호의무를 위반하지는 않음

국가가 국민의 생명·신체의 안전을 보호할 의무를 진다하더라도 국가의 보호의무를 입법자 또는 그로부터 위임받은 집행자가 어떻게 실현하여야 할 것인가 하는 문제는 원칙적으로 권력분립과 민주주의의 원칙에 따라 국민에 의하여 직접 민주적 정당성을 부여받고 자신의 결정에 대해 정치적 책임을 지는 입법자의 책임범위에 속한다. 따라서 헌법재판소는 단지 제한적으로만 입법자 또는 그로부터 위임받은 집행자에 의한 보호의무의 이행을 심사할 수 있는 것이다. 국가가 국민의 생명·신체의 안전에 대한 보호의무를 다하지 않았는지 여부를 헌법재판소가 심사할 때에는 국가가 이를 보호하기 위하여 적어도 적절하고 효율적인 최소한의 보호조치를 취하였는가 하는 이른바 '과소보호 금지원칙'의 위반 여부를 기준으로 삼아야 한다. 국민의 생명·신체의 안전을 보호하기 위한 조치가 필요한 상황인데도 국가가 아무런 보호조치를 취하지 않았든지, 아니면 취한 조치가 법익을 보호하기에 전적으로 부적합하거나 매우 불충분한 것임이 명백한 경우에 한하여 국가의 보호의무의 위반을 확인하여야 하는 것이다.

이 사건 고시에 대한 위헌 심사를 함에 있어서도 이 사건 고시 제정자가 구체적인 위험상황에서 국민의 생명·신체의 안전을 보호하기 위하여 적어도 적절하고 효율적인 최소한의 보호조치를 취했는가를 살펴 그 보호조치 위반이 명백할 경우 이 사건 고시가 기본권 보호의무 위반에 해당한다고 보아야 할 것이다. 이러한 판단을 하기 위해서는 이 사건에서 문제되는 위험상황과 보호조치의 성격 등을 고려하여야 한다.

이 사건 고시는 미국산 쇠고기 수입과 관련하여 미국에서의 광우병 발병 이후 그 위험상황에 대응하고자 취해진 보호조치로서, 그 속성상 수출국인 미국에서의 위험상황과 국제무역 환경 그리고 관련 과학기술 지식 등에 기초하여 합리적인 범위 내에서 그 보호조치의 내용을 정할 수밖에 없는 것이며, OIE 국제기준은 광우병 발병위험과 관련한 특정위험물질의 범위 등에 관한 과학적 연구결과에 기초한 것이다. 그렇다면 이 사건 고시가 개정 전 고시에 비해 완화된 수입위생조건을 정한 측면이 있다 하더라도, 미국산 쇠고기의 수입과 관련한 위험상황 등과 관련해 개정 전 고시 이후에 달라진 여러 요인들을 고려하고 지금까지의 관련 과학기술 지식과 OIE 국제기준 등에 근거하여 보호조치를 취한 것이라면, 이를 들어 피청구인이 자의적으로 재량권을 행사하였다거나 합리성을 상실하였다고 하기 어렵다. 그리고 최근 들어 미국에서 광우병이 추가로 발병되었음이 확인되지 않고 광우병에 대한 위험통제 조치에 특별한 문제점이 발견된 적이 없다. 또한 이 사건 고시에 따른 특정위험물질의 수입허용 범위를 비롯한 제반 수입위생조건을 보더라도 광우병 감염 우려가 있는 미국산 쇠고기의 국내유입을 막기 위한 여러 보호조치를 마련하고 있다고 보일 뿐만 아니라, 그 밖에 이 사건 고시를 보완하기 위하여 가축전염병예방법이 개정된 데다가 추가로 검역 및 검사 지침과 원산지표시제 등이 시행되었다. 이러한 점 등을 종합해 보면, 이 사건 고시상의 보호조치가 체감적으로 완벽한 것은 아니라 할지라도, 앞서 본 기준과 내용에 비추어 쇠고기 소비자인 국민의 생명·신체의 안전을 보호하기에 전적으로 부적합하거나 매우 부족하여 그 보호의무를 명백히 위반한 것이라고 단정하기는 어렵다. 나아가 청구인들은 검역주권 위반, 법률유보 위반, 적법절차원칙 위반, 명확성원칙 위반 등을 주장하는데, 이에 대해 살펴더라도 이 사건 고시가 청구인들의 헌법상 보장된 기본권을 침해한다고 볼 수 없다.

Ⅴ. 이 결정이 가지는 의미

'촛불시위'라는 국민적 저항을 불러왔던 '미국산 쇠고기 수입위생조건 고시'에 대해 헌법재판소 재판관들이 기각의견 5인, 각하의견 3인, 위헌의견 1인으로 나뉘면서 합헌의견인 기각의견이 법정의견으로 채택된 사건이다. 법정의견이 이 사건에서 국가가 국민의 생명·신체의 안전에 대한 보호의무를 다하지 않았는지 여부를 심사할 때 '과소보호 금지원칙'의 위반 여부를 기준으로 삼아야 한다고 본 점에 주목을 요한다. 즉, OIE의 국제기준과 현재의 과학기술 지식을 토대로 볼 때, 비록 이 사건 고시상의 보호조치가 완벽한 것은 아니라 할지라도 생명·신체의 안전을 보호할 국가의 헌법상 의무를 위반한 조치임이 명백하다고 할 만큼 전적으로 부적합하거나 매우 부족한 것이라고 단정할 수 없다면서 합헌의 결론에 이르고 있다.

통치구조의 구성원리와 정부형태

비례대표 지방의회의원 궐원 승계 사건

─ 헌재 2009. 6. 25, 2007헌마40 ─

I. 심판대상

공직선거법(2005. 8. 4. 법률 제7681호로 개정된 것)

제200조(보궐선거)

② 비례대표국회의원 및 비례대표지방의회의원에 궐원이 생긴 때에는 선거구선거관
리위원회는 궐원통지를 받은 후 10일 이내에 그 궐원된 의원이 그 선거 당시에
소속한 정당의 비례대표 국회의원 후보자명부 및 비례대표 지방의회의원 후보자
명부에 기재된 순위에 따라 궐원된 국회의원 및 지방의회의원의 의석을 승계할
자를 결정하여야 한다. 다만, 제264조(당선인의 선거범죄로 인한 당선무효)의 규정
에 의하여 당선이 무효로 되거나 그 정당이 해산된 때 또는 임기만료일 전 180
일 이내에 궐원이 생긴 때에는 그러하지 아니하다.

II. 사실관계의 요지

청구인은 지방의회의원선거 당시 구 국민중심당의 비례대표 논산시의회의원 후보자
명부에 등록된 자이다. 청구인은 구 국민중심당의 비례대표 논산시의회의원 당선인이 선
거범죄로 의원직을 상실하게 됨으로 인하여 궐원된 비례대표 논산시의회의원 의석을 승
계할 수 있게 되었음에도 '공직선거법' 제200조 제2항 단서에서 규정하고 있는 승계의
예외사유인 "제264조(당선인의 선거범죄로 인한 당선무효)의 규정에 의하여 당선이 무효로
된 때"에 해당된다는 이유로 궐원된 비례대표지방의회의원의 의석을 승계하지 못하게 되
었다. 이에 청구인은 위 법률조항 부분이 청구인들의 공무담임권 등을 침해하고 있다고
주장하면서 이 사건 헌법소원심판을 청구하였다.

Ⅲ. 주 문

공직선거법(2005. 8. 4. 법률 제7681호로 개정된 것) 제200조 제2항 단서 중 '비례대표지방의회의원 당선인이 제264조(당선인의 선거범죄로 인한 당선무효)의 규정에 의하여 당선이 무효로 된 때' 부분은 헌법에 위반된다.

Ⅳ. 결정 이유의 주요 논점 및 요지

1. 헌법의 기본원리인 대의제 민주주의원리에 부합하지 않음

현행 비례대표선거제하에서 선거에 참여한 선거권자들의 정치적 의사표명에 의하여 직접 결정되는 것은, 어떠한 비례대표 지방의회의원 후보자가 비례대표 지방의회의원으로 선출되느냐의 문제라기보다는 비례대표 지방의회의원 의석을 할당받을 정당에 배분되는 비례대표지방의회의원의 의석수라고 할 수 있다. 그런데 심판대상조항은 선거범죄를 범한 비례대표 지방의회의원 당선인 본인의 의원직 박탈로 그치지 않고 그로 인하여 궐원된 의석의 승계를 인정하지 않음으로써 결과적으로 그 정당에 비례대표 지방의회의원 의석을 할당받도록 한 선거권자들의 정치적 의사표명을 무시하고 왜곡하는 결과가 된다. 더욱이 117개 자치구·시·군의회의 비례대표 지방의회의원 정수가 1인에 불과하여, 그 의석승계를 인정하지 않는다면 극단적으로는 상당수의 자치구·시·군의회에서 비례대표 지방의회의원이 없게 될 수도 있으므로, 비례대표선거제를 둔 취지가 퇴색될 수도 있다. 또한 당선인이 선거범죄로 당선이 무효로 된 경우를 일반적 궐원사유인 당선인의 사직 또는 퇴직 등의 경우와 달리 취급하여야 할 합리적인 이유가 있는 것으로 보기도 어렵다. 참고로 독일과 일본에서도 심판대상조항과 같은 예외를 규정하고 있지 않다. 따라서 심판대상조항은 선거권자의 의사를 무시하고 왜곡하는 결과를 낳을 수 있다는 점에서 헌법의 기본원리인 대의제 민주주의 원리에 부합되지 않는다고 할 것이다.

2. 자기책임원리에 부합하지 않음

심판대상조항에서 정하고 있는 정당의 비례대표 지방의회의원 후보자명부에 의한 승계원칙의 예외사유는, 궐원된 비례대표 지방의회의원의 의석 승계가 허용되지 않음으로써 불이익을 입게 되는 소속 정당이나 후보자명부상의 차순위 후보자의 귀책사유에서 비롯된 것이 아니라 당선이 무효가 된 비례대표 지방의회의원 당선인의 선거범죄에서 비롯된 것이다. 그런데 심판대상조항에서는 당선인의 선거범죄에 그 소속 정당이나 차순위

후보자의 개입 내지는 관여 여부를 전혀 묻고 있지 않고, 당선인의 선거범죄가 비례대표 지방의회의원선거에 있어 정당에 대한 투표결과에 영향을 미치기 위한 것이었는지, 또 실제로 그러한 결과를 초래하였는지에 대해서도 전혀 고려대상으로 하고 있지 않다. 나아가 당선이 무효로 되는 개개의 선거범죄의 내용이나 법정지구당이 폐지되고 5 이상의 시·도당을 법정 시·도당으로 정하고 있는 정당제도의 현황에 비추어 정당이 비례대표 지방의회의원 후보자의 선거범죄를 미리 예방할 수 있다거나 후보자에 대한 실질적인 감독·통제가 가능한 여건이 조성되어 있는 것으로 보이지도 않는다. 이와 같은 점을 종합해 볼 때, 정당 또는 비례대표 지방의회의원 후보자명부상의 차순위 후보자에 대한 불이익을 규정한 심판대상조항은 자기책임의 범위를 벗어나는 제재라고 하지 않을 수 없다.

3. 과잉금지원칙에 위배하여 청구인의 공무담임권을 침해

심판대상조항은 왜곡된 선거인의 의사를 바로잡고 선거의 공정성 확보라는 구체적 입법목적 달성에 기여하는 것이라기보다는 오로지 선거범죄에 대한 엄정한 제재를 통한 공명한 선거 분위기의 창출이라는 추상적이고도 막연한 구호에 이끌려 비례대표 지방의회의원선거를 통하여 표출된 선거권자들의 정치적 의사표명을 무시, 왜곡하는 결과를 초래할 뿐이라 할 것이다. 따라서 수단의 적합성 요건을 충족한 것으로 보기 어렵다. 또한 선거범죄 예방을 통한 선거의 공정성 확보라는 입법목적은 선거범죄를 규정한 각종 처벌조항과 선거범죄를 범한 당선인의 당선을 무효로 하는 것만으로도 어느 정도 달성될 수 있는 것이고, 선거권자의 의사를 최대한 반영하면서도 덜 제약적인 대체수단을 통해서도 입법목적의 달성이 가능한 것이므로, 심판대상조항은 필요 이상의 지나친 규제를 정하고 있는 것이라고 보지 않을 수 없다. 따라서 심판대상조항은 과잉금지원칙에 위배하여 청구인의 공무담임권을 침해한 것이다.

V. 이 결정이 가지는 의미

헌법재판소가 관여 재판관 8(위헌) : 1(합헌)의 의견으로 비례대표 지방의회의원에 궐원이 생긴 때에 비례대표 지방의회의원 후보자명부에 의한 승계원칙의 예외를 규정한 '공직선거법' 제200조 제2항 단서 중 '비례대표 지방의회의원 당선인이 제264조(당선인의 선거범죄로 인한 당선무효)의 규정에 의하여 당선이 무효로 된 때'부분은 대의제 민주주의 원리 및 자기책임의 원리에 부합하지 않는 것으로서 궐원된 의원이 소속한 정당의 비례대표 지방의회의원 후보자명부상의 차순위후보자의 공무담임권을 침해한다는 이유로 위

법률조항 부분에 대해 위헌결정을 내린 사건이다. 이에 대해 이강국 헌법재판소장은 반대의견으로 합헌의견을 개진했다. 심판대상조항은 당선인의 선거범죄로 인하여 왜곡된 선거인들의 선거의사를 바로잡기 위한 것이므로 대의제 민주주의 원리에 반하지 않는다는 점, 후보자 추천과 등록, 선거운동과정 전반에 걸친 정당의 책임을 강조하여 선거부정 방지를 도모하고자 하는 입법자의 입법재량에 따른 것이어서 자기책임의 원리에 반하는 것이라고 볼 수도 없다는 점, 입법목적 달성에 기여할 수 있는 보다 덜 제약적인 수단을 상정하기도 쉽지 않아 심판대상조항이 입법재량을 현저히 일탈하여 청구인의 공무담임권을 과잉침해한 것이라고 볼 수도 없다는 점을 근거로 들었다.

　이 사건 결정은 비례대표 지방의회의원에 궐원이 생긴 때에 그 궐원된 의석의 승계를 어떻게 정할 것인지는 원칙적으로 입법형성권의 범위 내에 속하지만 그 입법형성권에도 명백한 한계가 있음을 선언했다는 점에 의의가 있다. 이 결정에 따라, 비례대표 지방의회의원 당선인이 선거범죄로 인하여 당선이 무효로 된 때에도 비례대표 지방의회의원 후보자명부에 의한 승계가 가능하게 되었다. 다만 이 사건 심판대상조항은 비례대표 지방의회의원의 경우에 한정된 것이고 비례대표 국회의원의 경우에는 이 사건 결정이 내려진 같은 날에 헌법재판소에 의해 '공직선거법' 제200조 제2항 단서 중 '임기만료일 전 180일 이내에 비례대표국회의원에 궐원이 생긴 때' 부분에 대해 헌법불합치결정(2008헌마413)이 내려졌음에 주목할 필요가 있다.

입법부

미신고 상속재산 상속세 포함 사건

― 헌재 1992. 12. 24. 90헌바21 ―

I. 심판대상

구 상속세법(1988.12.26. 법률 제4022호로 개정되기 전의 것)

제9조(상속재산의 가액평가)

② 제20조에 규정에 의하여 신고를 하지 아니하거나 신고에서 누락된 상속재산의 가액(제4조의 규정에 의하여 상속재산가액에 가산되는 증여재산가액을 포함한다)은 제1항의 규정에 불구하고 상속세부과 당시의 가액으로 평가한다. 다만, 상속개시 당시의 현황에 의한 과세가액이 제5조·제11조 내지 제11조의4의 규정에 의한 공제액 이하인 경우에는 그러하지 아니하다.

II. 사실관계의 요지

청구인들에게는 총 3개의 토지에 대해 소유권이전등기가 경료 되었는데, 이는 상속인으로부터 증여받은 토지에 대한 이전등기였다. 이에 강남세무서장은 청구인들이 토지 또는 토지지분을 각 소유권이전등기일자에 증여받은 것으로 인정하였고, 그 증여신고가 없었다는 이유로 개정전 '상속세법' 제34조의5에 의하여 증여세에 준용되는 같은 법 제9조 제2항에 의거해 부과당시의 가액으로 증여세액을 평가하여 청구인들에게 증여세를 부과하였다. 이에 청구인들은 서울고등법원에 강남세무서장을 상대로 하여 위 증여세등부과처분의 취소를 구하는 행정소송을 제기하고 위의 개정전 상속세법 제9조 제2항이 헌법에 위반된다고 주장하면서 그에 관한 위헌제청신청을 하였다. 그러나 위 법원이 이를 기각하자 헌법재판소법 제68조 제2항에 의하여 이 사건 헌법소원심판청구를 하였다.

III. 주 문

1988. 12. 26. 개정 전의 상속세법 제9조 제2항 본문은 헌법에 위반된다.

Ⅳ. 결정 이유의 주요 논점 및 요지

1. 조세법률주의에 위배

우리 헌법은 제38조에서 "모든 국민은 법률이 정하는 바에 의하여 납세의 의무를 진다"라고 규정하고 또 제59조에서 "조세의 종목과 세율은 법률로 정한다"라고 규정하였다. 이러한 헌법규정에 근거를 둔 조세법률주의는 조세평등주의(헌법 제11조 제1항)와 함께 조세법의 기본원칙으로서 법률의 근거 없이는 국가는 조세를 부과·징수할 수 없고 국민은 조세의 납부를 요구당하지 않는다는 원칙이다. 이러한 조세법률주의는 조세는 국민의 재산권을 침해하는 것이 되므로 납세의무를 성립시키는 납세의무자, 과세물건, 과세표준, 과세기간, 세율 등의 모든 과세요건과 조세의 부과·징수절차는 모두 국민의 대표기관인 국회가 제정한 법률로 이를 규정하여야 한다는 것(과세요건 법정주의)과 또 과세요건을 법률로 규정하였다고 하더라도 그 규정내용이 지나치게 추상적이고 불명확하면 과세관청의 자의적인 해석과 집행을 초래할 염려가 있으므로 그 규정내용이 명확하고 일의적이어야 한다는 것(과세요건 명확주의)을 그 핵심적 내용으로 하고 있다.

이러한 조세법률주의의 관점에서 볼 때 첫째, '국세기본법'이 상속세의 납부의무는 "상속을 개시하는 때", 증여세의 납부의무는 "증여에 의하여 재산을 취득하는 때"에 성립한다고 규정한 것은, 비록 계수적으로는 아직 미확정이어서 추상적으로 성립된 개념이라 할지라도 법률상으로는 이미 그 시점에서 국가와 납세의무자간에 조세채권채무가 성립되었다고 보는 것이고, 그 재산의 평가라든가 신고, 납부 등은 그 성립한 조세채무를 확정, 이행하는 절차에 불과한 것이며, '국세기본법' 제22조 제1항 및 동법 시행령 제10조의2 제3호가 상속세나 증여세는 그 과세표준과 세액을 정부가 결정하는 때에 확정된다고 규정한 것을 보면 정부의 조사·결정이란 법률상 이미 성립된 납세의무를 확정시키는 효력을 갖는 것일 뿐 그 조사·결정으로 인하여 비로소 납세의무가 성립되는 것은 아니라 할 것이므로, 조세의 부과요건이나 부과기준은 어디까지나 납세의무성립인 현재를 기준으로 해야 할 것이다. 둘째로, 이 사건 법률조항과 같이 상속재산(증여재산)의 가액을 상속세(증여세)부과당시의 가액으로 평가하도록 한 것은, 이미 객관적으로 확정된 과세원인사실의 발생시점, 즉 사람의 사망시기나 어떤 재산의 증여시기를 법률로 바꾸겠다는 것과 같은 것이어서 매우 불합리할 뿐만 아니라, 과세관청이 과세처분을 언제 하느냐에 따라 그 상속재산(증여재산)의 가액평가를 달리 할 수 있는 것이어서 과세관청의 의사나 업무처리시기에 따라 과세표준의 평가기준 그 자체가 달라지고, 나아가서는 과세표준과 세율이 달라지며 끝내는 세금액이 달라지게 되므로 이것은 조세법률주의에 정면으로 위반된다고 할 것이다. 셋째로, 상속재산이나 증여재산의 가액을 상속개시 당시 또는 증여당시를 기준으로 하지 않고 상속세나 증여세의 부과당시를 기준으로 평가하여 과세처분을 할 수 있다고 하는 것은, 납세의무자인 국민으로서는 예측할 수 없는 사후적 사정(과세관청의 과세처분시기의 선택)으로 인하여 과세요건이 변동되고 그에 따라 세금액이 달라지는 심히 불합리한 결과를 낳게 되며, 나아가서는 경제생활상의 법적 안정성과 예측가능성을 현저히 침해하는 결과가 된다. 이는 국민의 기본권과 관련된 법률은 법률의 형식으로 되어 있다고 해서 족한 것이 아니고 실질적으로 헌법이념이 추구하는 기본권보장을 충족시키는 내용으로 되어야 한다는 실질적 법치주의의 측면에서 보아도 그러하다.

2. 평등원칙 위배

헌법 제11조의 평등원칙 혹은 조세평등주의의 관점에서 보면, 첫째로, 우리나라의 현행 조세법제에 의하면 상속세나 증여세는 정부가 부과처분을 행함으로써 비로소 그 조세채무가 확정되는 이른바 부과과세방식을 택하고 있는데, 이러한 부과과세방식의 조세인 상속세나 증여세에 있어서 상속사실 또는 증여사실의 신고는 과세자료의 제출이라는 과세관청에 대한 일종의 협력의무에 불과한 것이고, 이 협력의무를 이행하지 않았다고 하여 상속재산(증여재산)의 가액자체를 상속(증여)세 부과당시를 기준으로 무겁게 평가하여 징벌적, 차별적인 중과세를 하는 것은 어느 모로 보아도 합리성이 없다. 둘째로, 다른 조세실체법은 납세신고의무의 불이행자에 대하여 "가산세"를 부과하는 외에 따로 더 부과되는 제재수단(즉 추가적 행정벌 또는 이중의 행정벌)을 규정하고 있지 않음에도 불구하고, 유독 이 사건 법률조항만이 그 신고의무의 이행여부에 따라 과세표준의 평가기준 그 자체를 달리 규정함으로써 그 신고의무 불이행자에 대하여 가산세의 부과 외에 다른 또 하나의 불이익을 주고 있는데, 이는 우리나라 조세법체계의 전체적 균형에서 보더라도 조세평등주의에 현저히 위반되며 다른 조세에 관한 신고의무 불이행자와 비교할 때 합리적 이유없는 차별대우라 하지 않을 수 없다. 또 상속재산이나 수증재산을 이미 처분한 후에 상속세나 증여세가 부과되는 때에는 경우에 따라서는 그 처분가격보다 훨씬 많은 세금(때로는 처분가격의 몇 10배나 몇 100배가 되는 경우도 있다)을 납부하여야 하는 불합리한 결과가 발생할 수도 있는데, 이 점에 있어서는 그 성실신고자와의 관계에서 볼 때에도 합리적인 차별이라고 할 수 없다. 또한 동일한 무신고자 또는 과소신고자 사이에 있어서도 각기 소관 과세관청이 다른 경우에는 각 소관청의 인력이나 업무량에 따라 또는 그 업무처리능력에 따라 과세시점이 달라질 수 있고 그 결과 세금액이 달라질 수 있다. 이렇게 볼 때, 이 사건 법률조항은 헌법이 규정한 평등의 원칙(조세평등주의)에 위반된다.

3. 재산권 침해

또한 그로 말미암아 국가가 과세권행사라는 이름 아래 합리적 이유없이 국민의 재산권을 침해하게 되는 것이므로 헌법상의 재산권보장규정에도 위반된다고 할 것이다. 한편, 상속세(증여세)에 관한 물납제도는 상속(증여)재산 중에 현금이 별로 없고 부동산이나 유가증권이 많아 납세의무자가 그 상속(증여)세의 납세자금을 현금으로 준비하기 어려운 경우를 예상하고 납세의무자의 편의를 도모함과 동시에 조세징수의 확보를 위하여 마련된 제도에 불과한 것으로서, 그 제도로 인하여 이 사건 법률조항의 위헌성이 치유되는 것은 아니라고 할 것이다.

V. 이 결정이 가지는 의미

제1기 헌법재판소가 만장일치의견으로, 신고가 없거나 누락된 경우 상속재산가액을 상속세 부과 당시의 가액으로 평가하도록 한 구 '상속세법' 제9조 제2항에 대해 헌법상의 조세법률주의, 평등원칙 내지는 조세평등주의, 재산권 침해를 이유로 위헌을 선언한 결정이다. 기존의 행정편의주의적 발상에서 벗어나 국민의 재산권 보호에 만전을 기하고자 한 제1기 헌법재판소의 대표적 결정들 중의 하나이다. 조세 입법의 기준을 제시한 결정이라는 후한 평가도 받고 있다.

KBS수신료 사건

― 헌재 1999. 5. 27, 98헌바70 ―

Ⅰ. 심판대상

한국방송공사법(1990. 8. 1. 법률 제4264호로 개정된 것)

제35조(텔레비전수상기의 등록과 수신료 납부의무) 텔레비전방송을 수신하기 위하여 텔레비전수상기를 소지한 자는 대통령령이 정하는 바에 따라 공사에 그 수상기를 등록하고 텔레비전방송수신료를 납부하여야 한다. 다만, 대통령령이 정하는 수상기에 대하여는 그 등록을 면제하거나 수신료의 전부 또는 일부를 감면할 수 있다.

제36조(수신료의 결정)

① 수신료의 금액은 이사회가 심의·결정하고, 공사가 공보처장관의 승인을 얻어 이를 부과·징수한다.

Ⅱ. 사실관계의 요지

한국전력공사는 청구인에 대하여 1998년 2월분 텔레비전방송수신료 금 2,500원의 부과처분을 하였다. 청구인은 서울행정법원에 한국전력공사를 상대로 위 부과처분의 취소를 구하는 행정소송을 제기하고 소송계속 중에 부과처분의 근거가 된 '한국방송공사법' 제35조, 제36조 제1항이 헌법상의 조세법률주의에 위반된다고 주장하며 위헌심판제청신청을 하였다. 그러나 부과처분 취소청구와 함께 위 신청이 기각되자, 청구인은 헌법재판소법 제68조 제2항에 따라 이 사건 헌법소원심판을 청구하였다.

Ⅲ. 주 문

1. 한국방송공사법 제35조는 헌법에 위반되지 아니한다.
2. 같은 법 제36조 제1항은 헌법에 합치되지 아니한다.
3. 위 제2항의 법률조항은 1999. 12. 31.을 시한으로 입법자가 개정할 때까지 그 효력

을 지속한다.

Ⅳ. 결정 이유의 주요 논점 및 요지

1. 제35조는 조세법률주의에 위반되지 않음

이 법에 의해 부과·징수되는 수신료는 공영방송사업이라는 특정한 공익사업의 소요경비를 충당하기 위한 것으로서 일반 재정수입을 목적으로 하는 조세와 다르다. 또, 텔레비전방송을 수신하기 위하여 수상기를 소지한 자에게만 부과되어 공영방송의 시청가능성이 있는 이해관계인에게만 부과된다는 점에서도 일반 국민·주민을 대상으로 하는 조세와 차이가 있다. 그리고 '공사의 텔레비전방송을 수신하는 자'가 아니라 '텔레비전방송을 수신하기 위하여 수상기를 소지한 자'가 부과대상이므로 실제 방송시청 여부와 관계없이 부과된다는 점, 그 금액이 공사의 텔레비전방송의 수신정도와 관계없이 정액으로 정해져 있는 점 등을 감안할 때 이를 공사의 서비스에 대한 대가나 수익자부담금으로 보기도 어렵다. 따라서 수신료는 공영방송사업이라는 특정한 공익사업의 경비조달에 충당하기 위하여 수상기를 소지한 특정집단에 대하여 부과되는 특별부담금에 해당한다고 할 것이다. 따라서 수신료가 조세임을 전제로 이 법 제35조가 조세법률주의에 위반된다는 청구인의 주장은 타당하지 않다.

2. 제35조 단서는 포괄금지원칙에 위반되지 않음

이 법 제35조 단서는 등록면제 또는 수신료가 감면되는 수상기의 범위에 관하여 아무런 조건없이 단순히 대통령령이 정하도록 하고 있으나, 등록면제 또는 수신료감면에 관한 규정은 국민에게 이익을 부여하는 수익적 규정에 해당하는 것이어서 이에 대하여 요구되는 위임입법의 구체성·명확성의 정도는 상대적으로 완화될 수 있는 것이고, 또한 수신료 납부의무자의 범위가 '텔레비전방송을 수신하기 위하여' 수상기를 소지한 자로 되어 있으며, 수신료의 징수목적이 공사의 경비충당에 있다는 점을 감안하면 대통령령에서 정할 수신료감면 대상자의 범위는 텔레비전방송의 수신이 상당한 기간 동안 불가능하거나 곤란하다고 볼만한 객관적 사유가 있는 수상기의 소지자, 공사의 경비충당에 지장이 없는 범위안에서 사회정책적으로 수신료를 감면하여 줄 필요가 있는 수상기소지자 등으로 그 범위가 정하여질 것임을 예측할 수 있다. 따라서 이 법 제35조는 헌법 제75조에 규정된 포괄위임금지의 원칙에 위반되지 않는다.

3. 제36조 제1항은 법률유보원칙에 위반됨

헌법은 법치주의를 그 기본원리의 하나로 하고 있으며, 법치주의는 행정작용에 국회가 제정한 형식적 법률의 근거가 요청된다는 법률유보를 그 핵심적 내용의 하나로 하고 있다. 그런데 오늘날 법률유보원칙은 단순히 행정작용이 법률에 근거를 두기만 하면 충분한 것이 아니라, 국가공동체와 그 구성원에게 기본적이고도 중요한 의미를 갖는 영역, 특히 국민의 기본권실현에 관련된 영역에 있어서는 행정에 맡길 것이 아니라 국민의 대표자인 입법자 스스로 그 본질적 사항에 대하여 결정하여야 한다는 요구까지 내포하는 것으로 이해하여야 한다(이른바 의회유보원칙). 그리고 행정작용이 미치는 범위가 광범위하게 확산되고 있으며, 그 내용도 복잡·다양하게 전개되는 것이 현대행정의 양상임을 고려할 때, 형식상 법률상의 근거를 갖출 것을 요구하는 것만으로는 국가작용과 국민생활의 기본적이고도 중요한 요소마저 행정에 의하여 결정되는 결과를 초래하게 될 것이다. 이러한 결과는 국가의사의 근본적 결정권한이 국민의 대표기관인 의회에 있다고 하는 의회민주주의의 원리에 배치되는 것이라 할 것이다.

이와 같이 수신료는 국민의 재산권보장의 측면에서나 공사에게 보장된 방송자유의 측면에서나 국민의 기본권실현에 관련된 영역에 속하는 것이고, 수신료금액의 결정은 납부의무자의 범위, 징수절차 등과 함께 수신료에 관한 본질적이고도 중요한 사항이므로, 수신료금액의 결정은 입법자인 국회가 스스로 행하여야 할 것이다. 물론 여기서 입법자의 전적인 자의가 허용되는 것은 아니어서, 입법자는 공사의 기능이 제대로 수행될 수 있으며 방송프로그램에 관한 자율성이 보장될 수 있도록 적정한 규모의 수신료를 책정하여야 하고, 공사에게 보장된 방송의 자유를 위축시킬 정도의 금액으로 결정하여서는 안 된다. 이 조항은 공사의 수신료금액 결정에 관하여 공보처장관의 승인을 얻도록 규정하고 있으나, 이는 행정기관에 의한 방송통제 내지 영향력 행사를 초래할 위험을 내포하는 것이어서 위와 같은 문제점에 대한 하등의 보완책이 되지 못한다. 그러므로 이 법 제36조 제1항은 법률유보원칙(의회유보원칙)에 어긋나는 것이어서, 헌법 제37조 제2항과 법치주의원리 및 민주주의원리에 위반된다.

4. 헌법불합치결정을 하는 이유

제36조 제1항에 대해 단순위헌결정을 하여 당장 그 효력을 상실시킬 때에는 수신료수입이 공사의 연평균 전체수입의 약 40퍼센트에 해당한다는 점을 고려할 때 공사의 방송사업은 당장 존폐의 위기에 처하게 될 것이고 그러한 사태는 우리 사회에 적지 않은

파장을 미치게 됨은 물론 방송의 자유와 국민의 알권리도 사실상 심각한 훼손을 입게 될 것이다. 반면, 공사의 원칙적 재원을 수신료로 하는 것이나 수신료 납부의무자를 텔레비전방송을 수신하기 위하여 수상기를 소지한 자로 정하여 이들에 대하여 수신료를 부과·징수하는 것 자체에 위헌성이 있는 것이 아니므로 위헌성이 있는 위 조항의 잠정적 적용으로 인한 기본권침해의 정도는 상대적으로 크다고 할 수 없다. 따라서 이 법 제36조 제1항에 대해 단순위헌결정을 함으로써 바로 그 효력을 상실하게 하는 대신 헌법불합치결정을 하고 빠른 시일내에 헌법위반 상태의 제거를 위한 입법촉구를 하되, 현 국회의원의 임기만료 등을 고려하여 그 입법활동이 사실상 종료되는 1999. 12. 31.까지는 이 조항의 효력이 지속되도록 한다.

Ⅴ. 이 결정이 가지는 의미

헌법재판소가 텔레비전방송수신료 부과 자체에 위헌성이 있는 것이 아니라 국회의 관여 없이 수신료를 결정할 수 있도록 한 부분에 위헌성이 있다면서 '한국방송공사법' 제36조 제1항에 대해 헌법불합치 및 입법촉구결정을 내린 사건이다. 조승형 재판관은 반대의견에서 단순위헌결정을 내려야 한다고 주장했다. 다수의견이 취하는 헌법불합치결정은 '헌법' 제111조 제1항 제1호 및 제5호, '헌법재판소법' 제45조, 제47조 제2항의 명문규정에 반하며, 헌법재판소 결정의 소급효를 원칙적으로 인정하고 있는 독일의 법제와 원칙적으로 장래효를 인정하고 있는 우리 법제를 혼동하여 독일의 판례를 무비판적으로 잘못 수용한 것이라는 점을 근거로 들었다. 헌법재판소가 이 사건 판결을 통해 국민에게 이익을 부여하는 수익적 규정에 해당하는 경우에는 위임입법의 구체성·명확성의 요건이 완화될 수 있다고 밝히고 있는 점, 법률유보원칙은 단순히 행정작용이 법률에 근거를 두기만 하면 충분한 것이 아니라 국가공동체와 그 구성원에게 기본적이고도 중요한 의미를 갖는 영역 특히 국민의 기본권실현에 관련된 영역에 있어서는 행정에 맡길 것이 아니라 국민의 대표자인 입법자 스스로 그 본질적 사항에 대하여 결정하여야 한다는 요구까지 내포하고 있다고 본 점에 주목을 요한다. 이 판결 이후 '한국방송공사법'은 폐지되었고 2005년 1월 27일에 '방송법'이 일부 개정되면서 '방송법' 제65조에서 "수신료의 금액은 이사회가 심의·의결한 후 방송위원회를 거쳐 국회의 승인을 얻어 확정되고, 공사가 이를 부과·징수한다"로 바뀌었다.

법인세법 제28조 사건

— 헌재 2007. 1. 17, 2005헌바75 등 —

I. 심판대상

구 법인세법(1993. 12. 31. 법률 제4664호로 개정되고, 1998. 12. 28. 법률 제5581호로 전문 개정되기 전의 것)

제18조의3(지급이자의 손금불산입)

① 다음 각 호의 1에 해당하는 자산을 취득하거나 보유하고 있는 내국법인에 대하여는 각 사업연도에 지급한 차입금의 이자 중 대통령령이 정하는 바에 의하여 계산한 금액(차입금 중 당해 자산가액에 상당하는 금액의 이자를 한도로 한다)은 각 사업연도의 소득금액계산상 이를 손금에 산입하지 아니한다.

3. 제20조의 규정에 의한 특수관계에 있는 자에게 업무와 관련없이 지급한 가지급금 등으로서 대통령령이 정하는 것

법인세법(1998. 12. 28. 법률 제5581호로 전문 개정된 것)

제28조(지급이자의 손금불산입)

① 다음 각 호의 차입금의 이자는 내국법인의 각 사업연도의 소득금액계산에 있어서 이를 손금에 산입하지 아니한다.

4. 다음 각 목의 1에 해당하는 자산을 취득하거나 보유하고 있는 내국법인이 각 사업연도에 지급한 차입금의 이자 중 대통령령이 정하는 바에 따라 계산한 금액(차입금 중 당해 자산가액에 상당하는 금액의 이자를 한도로 한다)

나. 제52조 제1항의 규정에 의한 특수관계자에게 당해 법인의 업무와 관련없이 지급한 가지급금 등으로서 대통령령이 정하는 것

II. 사실관계의 요지

청구인들은 정기예금 등을 담보로 제공하는 등의 방법으로 법인세법상 자신들과 특수관계에 있는 법인들에게 업무와 관련없이 자금을 대여했다. 이에 과세관청은 청구인들

에 대해 이 사건 심판대상조항들에 따라 그 대여액에 상당하는 차입금의 이자를 손금에 불산입하는 한편, 위 자금의 대여를 특수관계자에게 낮은 이율로 금전을 대여한 것으로 보아 부당행위계산부인에 따른 위 대여금의 인정이자를 익금에 가산하여 산정한 법인세를 부과하고 고지했다. 청구인들은 위 법인세부과처분의 취소를 구하는 소송을 제기하였고, 소송 계속 중 이 사건 심판대상조항들이 헌법에 위반된다며 위헌법률심판제청을 신청하였다. 법원이 이를 기각하자 헌법재판소법 제68조 제2항에 의해 이 사건 헌법소원심판을 청구하였다.

Ⅲ. 주   문

구 법인세법(1993. 12. 31. 법률 제4664호로 개정되고, 1998. 12. 28. 법률 제5581호로 전문 개정되기 전의 것) 제18조의3 제1항 제3호와 법인세법(1998. 12. 28. 법률 제5581호로 전문 개정된 것) 제28조 제1항 제4호 나목은 헌법에 위반되지 아니한다.

Ⅳ. 결정 이유의 주요 논점 및 요지

1. 포괄위임입법금지원칙에 위배되지 않음

이 사건 심판대상조항들의 입법목적은, 차입금을 보유하고 있는 법인이 특수관계자에게 업무와 관련없이 가지급금 등을 지급한 경우 이에 상당하는 차입금의 지급이자를 손금불산입토록 하는 조세상의 불이익을 주어, 차입금을 생산적인 부분에 사용하지 않고 계열사 등 특수관계자에게 대여하는 비정상적인 행위를 제한함으로써 타인자본에 의존한 무리한 기업확장으로 기업의 재무구조가 악화되는 것을 막고, 기업자금의 생산적 운용을 통한 기업의 건전한 경제활동을 유도하는 데 있다. 이러한 입법목적을 달성하기 위해 손금불산입에 해당하는 '가지급금 등'의 범위를 어떻게 정할 것인가는 금융시장 및 실물경제의 상황 등 국가의 경제사정이나 국가의 기업정책 등 여러 가지 경제상황의 변화에 따라 달라져야 할 성질의 것이다. 따라서 이에 관한 세부적인 사항은 국회 제정의 법률에 비하여 보다 탄력적인 행정입법에 위임할 필요성이 인정된다.

또한 이 사건 심판대상조항들은, 차입금 지급이자 손금불산입의 대상을 대통령령에 무제한적으로 위임한 것이 아니라, (1) '제20조의 규정에 의한 특수관계에 있는 자'나 '제52조 제1항의 규정에 의한 특수관계자'에게 지급한다고 하여 지급 대상을 한정하고, (2) '업무와 관련 없는 자금'으로 자금의 성격을 제한하며, (3) '가지급금 등'이라는 예시를 통해 가지급금과 유사한 성격의 자금으로 범위를 구체적으로 한정함으로써 그로부터 대통령령에 규정될 내용의 대강을 예측할 수 있으므로 헌법이 정한 위임입법의 한계를 준수하고 있다 할 것이다.

2. 재산권을 침해하지 않음

이 사건 심판대상조항들의 입법목적은 위에서 본 바와 같고 목적의 정당성은 인정된다. 또한 차입금을 보유한 법인이 특수관계자에게 업무와 관련없이 지급한 가지급금 등에 대해 이에 상당하는 차입금의 지급이자를 손금에 산입하지 못하도록 규정한 손금불산입제도는 법인세의 부담을 증가시킴으로써 이러한 입법목적 달성을 유도하기 위한 것이므로 그 방법의 적절성도 인정된다.

이 사건 손금불산입제도의 입법목적은 위에서 본 바와 같은 반면, 부당행위계산부인에 따른 인정이자 익금산입제도는 법인과 특수관계에 있는 자와의 거래가 경제적 합리성을 무시하여 조세법적 측면에서 부당한 것이라고 보일 때 과세권자가 객관적으로 타당하다고 인정되는 소득이 있었던 것으로 의제하여 과세함으로써, 과세의 공평을 기하고 조세회피행위를 방지하고자 하는 입법목적을 가지고 있다. 그리하여 양 제도는 이러한 조세정책적 목적에 필요한 범위 내에서 그 적용요건을 달리 규율하고 있다. 손금불산입제도와 인정이자 익금산입제도는 '특수관계자에 대한 대여'라는 점에서만 공통될 뿐, 전자가 '비업무성'을 요구하는 데 반하여 후자는 이를 필요로 하지 않고, 전자가 '차입금 보유'를 전제로 함에 반하여 후자는 이를 전제로 하지 않는다. 반면 후자가 '정상 미만의 이율'을 전제로 하는 데 반하여 전자는 이율과는 무관하다. 따라서 법인이 특수관계자에게 대여하더라도, 법인이 차입금을 보유하지 않거나 업무관련성이 있거나 정상적인 이자율 이상으로 대여한다면 이러한 중복 적용의 위험은 발생하지 않는다. 이와 같이 양 제도는 상이한 입법목적을 위해 서로 다른 적용요건을 가지고 있으므로 어느 경우에 우연히 양자의 요건을 동시에 갖춤으로써 두 제도가 함께 적용된다 하더라도 그것이 하나의 행위에 대한 이중의 제재라든가 동일한 담세물에 대한 중복과세라고는 보기 어렵고, 따라서 피해 최소성의 원칙에 반하지 않는다. 나아가 이 사건 심판대상조항들의 입법목적인 차입금 유입 억제를 통한 기업의 건전한 재무구조유도와 기업자금의 생산적 운용이라는 조세정책적 공익은 차입금에 대한 지급이자 손금불산입에 따른 법인세 증가라는 사익에 비해 결코 작다고 할 수 없으므로 법익의 균형성을 상실했다고 볼 수 없다.

결국 부당행위계산부인과 함께 손금불산입 적용을 받는 것은 실질과세원칙과 과잉금지원칙에 위배되지 않는다고 할 것이므로, 이 사건 심판대상조항들은 헌법에 위반하여 청구인들의 재산권을 침해하지 않는다.

3. 조세평등주의에 위배되지 않음

이 사건 심판대상조항들은 법률상 규정된 '특수관계자'에 대한 차입금에 대한 지급이자를 손금에 불산입하도록 하고 있으므로 '특수관계자'와 '특수관계자 이외의 자'를 법률상 차별하고 있다. 그런데 규율의 대상이 되는 특수관계자는 법인이 기업자금을 생산적인 부분에 사용하지 않고 업무와 관련 없는 가지급금 등을 지급할 가능성이 높은 집단을 조세정책적 필요에 의해 특별히 구별지어 규율하고 있다. 따라서 기업의 재무구조가 악화되는 것을 방지하고 기업자금의 생산적 운용을 통한 기업의 건전한 경제활동을 유도하기 위하여 법인이 업무와 상관없이 가지급금 등을 지급할 가능성이 높은 특수관계자를 특수관계자 이외의 자와 달리 취급하는 것은 합리적인 사유에 의한 차별로서 조세평등주의에 위반되지 않는다.

V. 이 결정이 가지는 의미

헌법재판소 전원재판부는 재판관 전원의 만장일치의견으로 2007년 1월 17일에 구 '법인세법' 제18조의3 제1항 제3호와 '법인세법' 제28조 제1항 제4호 나목이 헌법에 위반되지 않는다는 합헌결정을 내렸다. 즉, 법이 규정한 손금불산입제도를 차입금 유입 억제를 통한 기업의 건전한 재무구조 유도와 기업자금의 생산적 운용 등을 이루기 위한 재산권의 합헌적 제한으로 보았으며, 포괄위임입법금지의 원칙이나 조세평등주의에도 위배되지 않는다고 보았던 것이다. 경제적 기본권 제한 입법의 합헌성 판단에서 국회의 입법형성권을 폭넓게 인정하려는 헌법재판소의 기본입장을 알 수 있게 해주는 여러 결정들 중의 하나이다.

구 상속세 및 증여세법 사건

— 헌재 2007. 1. 17, 2006헌바22 —

Ⅰ. 심판대상

구 상속세 및 증여세법(1999. 12. 28. 법률 제6048호로 개정되고, 2000. 12. 29. 법률 제 6301호로 개정되기 전의 것)

제63조(유가증권 등의 평가)

① 유가증권 등의 평가는 다음 각 호의 1에서 정하는 방법에 의한다.

  1. 주식 및 출자지분의 평가

    다. 나목 외의 한국증권거래소에 상장되지 아니한 주식 및 출자지분은 당해 법인의 자산 및 수익 등을 감안하여 대통령령이 정하는 방법에 의하여 평 가한다.

③ 제1항 제1호 및 제2항의 규정을 적용함에 있어서 대통령령이 정하는 최대주주 또는 최대출자자 및 그와 특수관계에 있는 주주 또는 출자자의 주식 및 출자지 분(평가기준일이 속하는 사업연도전 3년 이내의 사업연도부터 계속하여 법인세법 제 14조 제2항의 규정에 의한 결손금이 있는 법인의 주식 또는 출자지분을 제외한다)에 대하여는 제1항 제1호 및 제2항의 규정에 의하여 평가한 가액에 그 가액의 100 분의 20을 가산하되, 최대주주 등이 당해 법인의 발행주식 총수 등의 100분의 50을 초과하여 보유하는 경우에는 100분의 30을 가산한다. 이 경우 최대주주 등이 보유하는 주식 또는 출자지분의 계산은 대통령령으로 정한다.

Ⅱ. 사실관계의 요지

청구인들은 청구 외 비상장 법인의 최대주주들로부터 일정 주식을 명의신탁 받았다. 이에 과세관청은 명의신탁 받은 주식에 대하여 증여의제규정을 적용하여 청구인들에 대 해 각 증여세를 부과하면서, 이들이 최대주주들로부터 증여받았다는 것을 이유로 이 사 건 심판대상 조항을 적용하여 주식가액의 20%를 할증하여 과세가액을 산정하였다. 청구인들은 위 증여세부과처분에 대한 취소소송을 제기하면서, 위 증여세 부과 처분시 주식에 대한 과세가액 산정에 있어 주식평가액의 100분의 20을 가산하도록 규정하고 있는이 사건 법률조항이 헌법에 위반된다며 위헌법률심판제청을 신청하였으나 그 신청이 기각되었다. 이에 청구인들은 헌법재판소법 제68조 제2항에 의해 이 사건 헌법소원심판을 청구하였다.

Ⅲ. 주　　문

　　구 상속세 및 증여세법(1999. 12. 28. 법률 제6048호로 개정되고, 2000. 12. 29. 법률 제6301호로 개정되기 전의 것) 제63조 제3항 전문 전단 중 '제63조 제1항 제1호 다목이 정한주식'에 관한 부분은 헌법에 위반되지 아니한다.

Ⅳ. 결정 이유의 주요 논점 및 요지

1. 조세평등주의에 위반되지 않음

　　이 사건 심판대상 조항이 최대주주 등의 보유주식 등의 가치를 다른 주주의 보유주식 등과 달리 취급하면서 예외를 인정하지 않는 일률적인 규율방식을 취했고, 또한 거래주식 등의 수량이나 거래의 상대방 등에 따라 그 적용범위를 한정하는 방식을 취하지 않았다고 하더라도, 이는 주식 등의 가치 및 회사 지배권의 특성을 감안한 바탕 위에 공평한 조세부담을 통한 조세정의의 실현 요구, 징세의 효율성이라는 조세정책적·기술적 요구를 종합적으로 고려하여 결정한 것이라고 할 수 있을 뿐, 그 입법목적에 비추어 자의적이거나 임의적인 것으로서 입법형성권의 한계를 벗어났다고 볼 수 없으므로 조세평등주의에 위반되지 않고, 달리 일률적인 가산방식이 최소침해원칙에 위배된다고 볼 수도없다.

　　한편 청구인들은, 이 사건과 같이 명의신탁을 통해 명의만 이전된 경우에는 실질적으로 지배권이 이전되지 않았으므로, 이는 지배권의 이전이 없는 주식에 대하여 지배권의 이전이 있는 주식과 동등하게 평가하여 과세하는 것으로서 조세평등주의와 실질과세원칙에 위배된다고 주장한다. 하지만, 우리 세법은 조세정책적 측면에서 명의신탁이라는문언에 불구하고 주식 등이 명의신탁 된 경우를 증여된 것으로 의제하고 있으므로(상속세 및 증여세법 제41조의2 제1항), 적어도 세법상으로는 명의신탁과 단순증여의 법률적 효과를 동일하게 취급할 수밖에 없고, 따라서 최대주주의 주식이 명의신탁된 것으로 의제되는 경우에도 단순증여의 경우와 마찬가지로 통상 주식의 평가액에 가산하여 과세가액을 정할 수밖에 없다. 결국 이 사건 심판대상조항에 주식명의신탁의 경우를 배제하지 않은 것이 조세평등주의 또는 실질과세원칙에 위반된다고 볼 수 없다.

2. 재산권을 침해하지 않음

최대주주의 보유주식 할증평가제는 최초에 비상장 법인의 지배주주 이외의 자가 보유하는 주식에 대하여 그 가액의 10%를 공제하여 주는 방식으로 도입되었다가, 이후 지배주주(후에 최대주주로 변경)의 주식에 대해 평가액의 10%를 가산하는 방식으로 개정되었으며, 그 후 이 사건 심판대상 조항과 같이 최대주주 지분율이 50% 이하인 경우 20%를, 최대주주 지분율이 50%를 초과하는 경우 30%를 가산하는 방식으로 개정되었다. 최대주주가 보유한 주식은 그 가치에 더하여 당해 회사의 지배권을 행사할 수 있는 특수한 가치인 '지배권 프리미엄'을 지니고 있으며, 이것은 개별 회사의 자본 및 부채의 구조, 경영실적 등 다양한 요소들에 의해 그 가치가 달라질 수 있다. 따라서 개개 법인에 존재하는 지배권의 가치를 개별적으로 정확하게 파악하는 것은 결코 쉬운 일이 아니며 지배가치를 평가함에 있어 어떠한 입법 방식을 택하고 어느 정도의 가치를 부여할 것인가의 문제는 여러 사회·경제적 요소들을 고려하여 입법자가 입법형성적 재량을 일탈하지 않는 범위 내에서 선택할 수 있는 사항이다.

위와 같은 사정에 비추어 볼 때, 이 사건 심판대상 조항이 최대주주의 주식에 대하여 20%의 가산율을 규정한 것이 지나치게 과잉한 것으로 입법자의 입법형성적 재량을 일탈하여 청구인들의 재산권을 침해하였다고 볼 수는 없다.

Ⅴ. 이 결정이 가지는 의미

헌법재판소는 2007년 1월 17일 재판관 전원의 일치된 의견으로 본 사건의 구 '상속세 및 증여세법'(1999. 12. 28. 법률 제6048호로 개정되고, 2000. 12. 29. 법률 제6301호로 개정되기 전의 것) 제63조 제3항 전문 전단 중 '제63조 제1항 제1호 다목이 정한 주식'에 관한 부분에 대해 합헌결정을 내렸다. 이것은 헌법재판소가 2003년 1월 30일에 선고된 2002헌바65사건 결정에서 이 사건 심판대상 조항과 유사한 구 '상속세 및 증여세법'(1998. 12. 28. 법률 제5582호로 개정되기 전의 것) 제63조 제3항에 대해 합헌결정을 한 것의 연장선 속에서 이해될 수 있다. 이 사건 심판대상 조항이 2003년 선례의 심판대상 조항과 다른 점은, 첫째, 평가기준일이 속하는 사업연도 전 3년 이내에 사업연도부터 계속하여 법인세법 규정에 의한 결손금이 있는 법인의 주식에 대하여는 적용되지 않는다는 점, 둘째, 가산되는 비율이 10%에서 20%로 높아졌다는 점뿐이다. 따라서, 유사한 조항에 대해 헌법재판소는 비슷한 논리를 통해 합헌결정을 내린 것이다.

기본권의 제한과 관련해 인정되는 '이중기준의 원칙'이란, 양심의 자유, 종교의 자유, 학문·예술의 자유, 언론·출판·집회·결사의 자유와 같은 정신적 자유권은 원칙적으로 제한되지 않으며 예외적으로 제한되는 경우에도 그 제한입법의 합헌성 여부에 대한 판단은 재산권이나 직업선택의 자유와 같은 경제적 기본권에 대한 제한입법의 합헌성 여부에 대한 판단보다 엄격해야 한다는 원칙을 말한다. 이러한 결정들에서 우리가 알 수 있는 것은, 헌법재판소가 최대주주의 주식에 대해 20%의 가산율을 규정한 것이 입법자의 입법형성적 재량 내에 있다고 한 것처럼, 재산권의 제한과 관련해 입법자의 입법형성권을 넓게 인정하여 상대적으로 재산권의 제한을 정신적 자유권의 제한보다 용이하게 하려는 이중기준의 원칙을 우리 헌법재판소가 판결을 통해 따르려 하고 있다는 점이다. 즉, 경제적 기본권의 하나인 재산권의 법률에 의한 제한에 있어서는 입법자의 입법형성권을 넓게 인정해 재산권 제한의 합리적 사유만 있으면 이를 합헌으로 인정하려 하고 있는 것이다.

대통령과 행정부

사법시험 영어 대체 및 응시자격 제한 사건

─헌재 2007. 4. 26, 2003헌마947─

Ⅰ. 심판대상과 주요내용

사법시험법 제9조(시험과목) 제1항은 제1차시험 과목으로 헌법, 민법, 형법 이외에 "대통령령이 정하는 과목"을 둘 수 있게 하고 제2항은 "제1차시험의 과목 중 대통령령이 정하는 과목은 당해 시험 공고일부터 역산하여 2년이 되는 날이 속하는 해의 1월 1일 이후에 실시된 다른 시험기관의 시험에서 취득한 성적으로 그 과목의 시험을 대체할 수 있다. 이 경우 다른 시험의 종류와 해당과목의 합격에 필요한 점수 및 그 소명방법은 대통령령으로 정한다"고 규정하고 있다. 사법시험법 시행령 제4조(시험과목)는 "제1차시험의 과목 중 대통령령으로 정하는 과목"을 영어라 하면서 시험의 종류와 합격에 필요한 점수의 소명방법 등에 대해 규정하고 있다.

사법시험법 제5조(응시자격)는 제1항에서 일정학점 이상의 법학과목을 이수한 자일 것을 요구하고 제2항에서 법학과목의 종류, 학점의 수, 학점인정의 기준 및 응시자격의 소명방법을 대통령령으로 정하게 하고 있다. 사법시험법 시행령 제3조(응시자격)는 이에 대해 구체화하면서 제2항에서 비법학과 졸업생의 경우 35학점 이상의 법학과목을 이수할 것을 요구하고 있다.

Ⅱ. 사실관계의 요지

이 사건의 청구인들은 사법시험에 응시하고자 하는 사람들이다. 청구인들은 위 조항들이 청구인들에게 헌법상 보장된 기본권을 침해하여 위헌이라고 주장하면서 이 사건 헌법소원심판을 청구하였다.

Ⅲ. 주   문

1. 청구인들의 심판청구 중 법무부 공고 제2004-1호「2004년도 사법시험 실시계획

공고」 중 2. 나. 어학과목 (영어)시험 실시방법 부분, 8. 영어과목 시험성적표 제출 부분, 2003. 12. 29. 법무부가 홈페이지를 통하여 한 「법학과목의 종류 및 학점인정의 기준」 공지 중 3. 나. 동일과목으로 학점이 합산되지 않는 경우 부분에 대한 심판청구를 각 기각한다.

2. 청구인들의 나머지 심판청구를 각하한다.

Ⅳ. 결정 이유의 주요 논점 및 요지

1. 영어대체시험제도는 합헌

첫째, 직업선택의 자유를 침해하지 않는다. 영어대체시험제도는 법조인의 국제화, 국제적 법률문제에 대한 실무능력 향상이라는 목적의 정당성이 인정되고, 영어를 필수과목으로 하는 것은 효과적이고 적절한 수단의 선택이라 평가할 수 있다. 한편, 각 대체시험별로 연 10여 회의 응시기회가 부여되므로 침해의 최소성도 충족되었다. 한편, 법조인의 국제화라는 공익이 사법시험응시자가 입게 될 불이익에 비하여 매우 크다 할 것이므로 법익균형성도 충족한다.

둘째, 평등권도 침해하지 않는다. 종전에 제2외국어로 시험공부를 해오던 사람들이 불이익한 점이 있으나, 영어대체시험제도의 정당성이 인정되고 나아가 영어대체시험제도에 적응할 수 있는 충분한 유예기간을 두고 있으므로 차별은 정당화된다. 텝스에 대해 요구되는 기준점수가 토익이나 토플에 대해 요구하는 기준점수보다 높아서 텝스응시자가 다른 영어시험응시자에 비해 불리하다고 주장하나, 청구인은 자신의 선택에 따라 토익, 토플, 또는 텝스 중 하나를 정하여 응시할 수 있으므로 텝스에 대해 정한 기준점수가 토익이나 토플에 대해 정한 기준 점수보다 높다고 하더라도 이를 두고 청구인들의 평등권을 침해한다고 할 수는 없다.

셋째, 포괄위임금지원칙에도 위반되지 않는다. 법 제9조 제1항의 '대통령령이 정하는 과목' 부분에 의하여 대통령령에 정해질 내용을 전혀 예측할 수 없어서 포괄위임금지원칙에 위반된다고 주장하나, 법 제9조 제1항은 사법시험 제1차시험 과목 전부를 대통령령에 위임한 것이 아니라 헌법, 민법, 형법을 기본과목으로 하고 그 밖에 '대통령령이 정하는 과목'을 추가할 수 있도록 하고 있고, 법 제1조의 목적조항에 비추어 법조인의 자질을 평가할 수 있는 과목이 될 것임을 짐작할 수 있으며, 법 제9조 제4항은 시험과목을 신설하는 경우에 상당한 기간 유예기간을 두도록 하고 있음에 비추어 포괄위임금지에 위배된다고 보기 어렵다. 법 제9조 제2항에 따라 대통령령으로 정해질 '다른 시험의 종류'와 '해당과목의 합격에 필요한 점수' 및 '그 소명방법'을 예견할 수 없는가 하는 점에 대해 보면, 영어대체시험을 무엇으로 할 것인가에 따라 수험생의 영어구사능력에 대한 평가가 크게 달라진다고 하기 어려운 것이어서 그 당시의 상황에 적응하여 대통령령이 영어대체시험의 종류를 정함이 상당하다고 판단한 입법자의 결정이 부당하다고 하기는 어렵고, '그 소명방법'은 매우 기술적이고 절차적인 사항이어서 바로 대통령령에서 정할 수도 있는 사항인데 법에서 위임하는 바가 포괄적이어서 위헌이라 할 수는 없으며, '해당과목의 합격에 필요한 점수'에 대해 보건대 각 영어대체시험별로 만점이 모두 달라 법률이 합격점수의 상한을 미리 정하여 놓는다는 것이 기술적으로 매우 곤란하고 법 제5조 제1항에 비추어 대학졸업자에 상응하는 영어구사능력을 요구할 것임은 짐작할 수 있다 할 것이므로 포괄위임금지에 위반되지 않는다.

넷째, 법률유보원칙에도 위반되지 않는다. 법 제9조 제2항이 대통령령에 위임하고 있는 사항은 사법시험의 응시기회를 획득하느냐와 직결된 본질적 사항이므로 이를 시행령에 위임한 것은 법률유보의 원칙에 위배된다고 주장하나, 법이 이미 판사·검사·변호사 또는 군법무관이 되기 위해서는 사법시험에 합격하여야 한다는 점을 이미 밝히고 있고, 응시자격, 시험방법, 시험과목의 중요한 내용을 법이 스스로 정한 뒤 그 구체적 내용의 일부를 대통령령에 위임하고 있을 뿐이므로 청구인들의 주장은 이유 없다.

2. 법학과목이수제도도 합헌

첫째, 직업선택의 자유를 침해하지 않는다. 법학과목이수제도는 법학교육과 연계시켜 전문지식과 법적소양을 종합적으로 검증하고 이를 통하여 대학교육의 정상화 및 국가인력자원의 효율적 배분을 기하고자 하는 취지에서 도입된 것으로, 그 입법목적이 정당하고, 통상 학위취득을 위해 이수하여야 할 최소 학점인 35학점을 이수하도록 하는 수단은 적절하다. 한편, 독학사시험 등 응시자격요건 구비를 위한 다양한 대체수단을 마련하고 있으며, 나아가 이 제도가 달성하고자 하는 공공의 이익이 일부 사법시험응시자에게 추가적으로 요구되는 노력에 비해 매우 큰 것이므로 법익의 균형성도 갖추었다.

둘째, 신뢰보호원칙에도 위반되지 않는다. 법학과목이수제도가 새로이 도입되었으나, 독학사시험 등 합리적인 대체방법이 마련되어 있고, 상당한 유예기간을 설정하여 두었다는 점에 비추어 청구인들의 법학과목을 이수하지 않고 사법시험을 볼 수 있다는 신뢰가 헌법상 용인할 수 없을 정도로 훼손되었다고 보기 어렵다.

셋째, 평등권도 침해하지 않는다. 청구인들은 법학과목이수제도가 대학의 비법학과 재학생, 중고등학교졸업자 등의 사법시험 응시를 제한하여 평등권이 문제될 수 있다고 주장하나, 법학과목이수제도는 제도적 정당성이 인정되고 아울러 응시자격요건의 충족을 위한 다양한 제도가 마련되어 있고 그 자격요건 자체가 사법시험준비와 무관한 것이 아니라 할 것이므로, 일부 사법시험응시자가 요건충족을 위해 별도의 노력을 기울여야 한다고 하더라도 그것에 합리적인 근거가 있는 이상 자의적인 차별취급이라고 할 수는 없다.

넷째, 포괄위임금지원칙에도 위배되지 않는다. 청구인들은 법 제5조 제2항이 대통령령에 규정될 내용에 대해 예측할 수 없도록 규정되어 있다고 주장하나, 법 제5조 제2항은 "법학과목의 종류, 학점의 수, 학점인정의 기준 및 응시자격의 소명방법"이라 열거하면서 대통령령에 규정되어질 항목을 구체적으로 나열하고 있고, 이 사항들은 법학과목이수제도의 구체적인 내용을 형성하는 것으로서 충분히 위임의 필요성이 인정되는 사항들이다.

다섯째, 법률유보원칙에도 위반되지 않는다. 청구인들은 학점의 수 및 학점인정의 기준은 사법시험의 응시자격 제한에 있어서 본질적이고도 중요한 요소임에도 이를 대통령령에 위임한 것은 법률유보의 원칙에 어긋난다고 주장하나, 법학과목이수제도에 관한 본질적 내용은 사법시험에 일정한 정도의 법학과목을 이수한 자만이 응시할 수 있다는 것이고, 그 내용은 법 제5조에서 이미 정하고 있으므로 법률유보원칙에 위반된다고 볼 수 없다.

V. 이 결정이 가지는 의미

관여재판관 전원의 일치된 의견으로 사법시험 제1차시험에 응시함에 있어 어학과목을 영어로 한정하고 다른 시험에서 일정 수준의 합격점수를 얻도록 요구하는 영어대체시험관련 법령과, 35학점 이상의 법학과목을 이수한 자에 한하여 사법시험응시자격을 부여하는 법학과목이수관련 법령에 대하여 합헌을 선고한 결정이다. 영어대체시험제도와 법학과목이수제도 모두에서 직업선택의 자유 침해 여부를 따지면서 과잉금지원칙의 네 가지 세부원칙들을 세밀히 적용해준 점이 주목을 끈다.

사법부

법무사법시행규칙 사건

─ 헌재 1990. 10. 15, 89헌마178 ─

Ⅰ. 심판대상

법무사법시행규칙 제3조

① 법원행정처장은 법무사를 보충할 필요가 있다고 인정되는 경우에는 대법원장의 승인을 얻어 법무사시험을 실시할 수 있다.

※ 참조 조문

법무사법 제4조

① 다음 각호의 1에 해당하는 자는 법무사의 자격이 있다.

1. 7년 이상 법원·헌법재판소·검찰청에서 법원주사보나 검찰주사보 이상의 직에 있던 자 또는 5년 이상 법원·헌법재판소·검찰청에서 법원사무관이나 검찰사무관(수사사무관을 포함한다) 이상의 직에 있던 자로서 법무사업무의 수행에 필요한 법률지식과 능력이 있다고 대법원장이 인정한 자

2. 법무사시험에 합격한 자

② 제1항 제1호의 규정에 의한 법무사의 자격인정 및 동항 제2호의 규정에 의한 법무사시험의 실시에 관하여 필요한 사항은 대법원규칙으로 정한다.

Ⅱ. 사실관계의 요지

청구인 甲은 법무사사무소 사무원으로 15년, 변호사사무소 사무원으로 12년을 종사해 오면서 법무사가 되고자 법무사시험 준비를 해왔다. 그런데 '법무사법 시행규칙' 제3조 제1항은 법무사시험을 반드시 정기적으로 실시하도록 한 '법무사법' 제4조 제1항 제2호의 취지에 반하여 법무사시험의 실시여부를 전적으로 법원행정처장의 자유재량에 맡김으로써 법원행정처장이 법무사시험을 실시하지 않을 수도 있게 하였다. 이 때문에 법원행정처장은 법정기간 이상을 근무하고 퇴직한 법원공무원이나 검찰공무원만으로도 법무사 충원에 지장이 없다는 이유로 법무사시험을 실시하지 않고 있었다. 결국 '법무사법 시

행규칙' 제3조 제1항은 본법인 '법무사법' 제4조 제1항 제2호에 의하여 甲이나 그 밖에 법무사가 되고자 하는 사람들에게 부여된 법무사시험 응시의 기회를 박탈함으로써 평등권을 침해한 것이라 주장하며 청구인 甲이 헌법소원심판을 청구하였다.

Ⅲ. 주 문

법무사법시행규칙(1990. 2. 26. 대법원규칙 제1108호) 제3조 제1항은 평등권과 직업선택의 자유를 침해하는 것이므로 헌법에 위반된다.

Ⅳ. 결정 이유의 주요 논점 및 요지

1. 헌법소원 대상적격 충족

헌법 제107조 제2항은 "명령·규칙 또는 처분이 헌법이나 법률에 위반되는 여부가 재판의 전제가 된 경우에는 대법원은 이를 최종적으로 심사할 권한을 가진다"라고 규정하고 있다. 그런데 이 조항이 규정한 명령·규칙에 대한 대법원의 최종심사권이란 구체적인 소송사건에서 명령·규칙의 위헌여부가 재판의 전제가 되었을 경우 법률의 경우와는 달리 헌법재판소에 제청할 것 없이 대법원이 최종적으로 심사할 수 있다는 의미이며, 헌법 제111조 제1항 제1호에서 법률의 위헌여부심사권을 헌법재판소에 부여한 이상 통일적인 헌법해석과 규범통제를 위하여 공권력에 의한 기본권침해를 이유로 하는 헌법소원심판청구사건에 있어서 법률의 하위법규인 명령·규칙의 위헌여부심사권이 헌법재판소의 관할에 속함은 당연한 것으로서 헌법 제107조 제2항의 규정이 이를 배제한 것이라고는 볼 수 없다. 그러므로 법률의 경우와 마찬가지로 명령·규칙 그 자체에 의하여 직접 기본권이 침해되었음을 이유로 하여 헌법소원심판을 청구하는 것은 위 헌법 규정과는 아무런 상관이 없는 문제이다. 그리고 헌법재판소법 제68조 제1항이 규정하고 있는 헌법소원심판의 대상으로서의 "공권력"이란 입법·사법·행정 등 모든 공권력을 말하는 것이므로 입법부에서 제정한 법률, 행정부에서 제정한 시행령이나 시행규칙 및 사법부에서 제정한 규칙 등은 그것들이 별도의 집행행위를 기다리지 않고 직접 기본권을 침해하는 것일 때에는 모두 헌법소원심판의 대상이 될 수 있는 것이다.

2. 보충성원칙의 예외에 해당

청구인의 궁극적 목적이 법원행정처장으로 하여금 법무사시험을 실시하게 하여 청구인 자신이 법무사시험에 응시할 기회를 얻고자 함에 있는 것이기는 하다. 그러나 청구인이 이 사건에서 심판청구의 대상으로 하는 것은 법원행정처장의 법무사시험 불실시, 즉 공권력의 불행사가 아니라 법원행정처장으로 하여금 그 재량에 따라 법무사시험을 실시하지 않아도 괜찮다고 규정한 법무사법시행규칙 제3조 제1항이다. 또한 헌법재판소법 제68조 제1항 후단 소정의 다른 법률에 의한 구제절차란, 소원의 목적물인 공권력의 행사 또는 불행사를 직접 대상으로 하여 그 효력을 다툴 수 있는 절차를 의미하는 것이지 최종 목적을 달성키 위하여 취할 수 있는 모든 우회적인 구제절차를 의미하는 것이 아니다. 이 사건에서 청구인으로서는 법원행정처장에게 법무사시험 실시를 요구하고 그 결과 (거부처분이나 부작위)에 대하여 불복청구하는 행정심판이나 행정소송을 제기할 수 있을는지도 모르나 가사 그러한 구제절차가 인정된다고 하더라도 그러한 것은 우회적인 절차여서 신속한 권리구제를 받기란 기대하기 어려운 것이므로 이는 헌법재판소법 제68조 제1항 후단 소정의 구제절차에 해당되지 않고, 법령자체에 의한 직접적인 기본권 침해여부가 문제되었을 경우 그 법령의 효력을 직접 다투는 것을 소송물로 하여 일반 법원에 구제를 구할 수 있는 절차는 존재하지 않으므로 이 경우에는 다른 구제절차를 거칠 것 없이 바로 헌법소원심판을 청구할 수 있는 것이다.

3. 위임입법권의 한계를 일탈해 평등권, 직업선택의 자유 침해

'법무사법' 제4조 제1항 제2호에서 법무사시험에 합격한 자에게도 법무사 자격을 인정하는 취지는, 헌법 전문에서 "정치·경제·사회·문화의 모든 영역에 있어서 각인의 기회를 균등히 하고 능력을 최고도로 발휘하게 하며"라고 하고 제11조 제1항에서 "모든 국민은 법 앞에 평등하다"라고 하여 천명한 기회균등 및 평등의 원칙 아래 모든 국민에게 법무사 자격의 문호를 공평하게 개방하여 국민 누구나 법이 정한 시험에 합격한 자는 법률상의 결격사유가 없는 한 법무사업을 선택하여 이를 행사할 수 있게 함으로써 특정인이나 특정 집단에 의한 특정 직업 또는 직종의 독점을 배제하고 자유경쟁을 통한 개성신장의 수단으로 모든 국민에게 보장된 헌법 제15조의 직업선택의 자유를 구현시키려는데 있는 것이다. 그러므로 이 조항은 법무사시험이 합리적인 방법으로 반드시 실시되어야 함을 전제로 하는 것이고, 따라서 '법무사법' 제4조 제2항이 대법원규칙으로 정하도록 위임한 이른바 "법무사시험의 실시에 관하여 필요한 사항"이란 시험과목·합격기준·시험실시방법·시험실시시기·실시횟수 등 시험실시에 관한 구체적인 방법과 절차를 말하는 것이지 시험의 실시여부까지도 대법원규칙으로 정하라는 말은 아니다. 그럼에도 불구하고 법무사법시행규칙 제3조 제1항은 "법원행정처장은 법무사를 보충할 필요가 있다고 인정되는 경우에는 대법원장의 승인을 얻어 법무사시험을 실시할 수 있다"라고 규정하고 있다. 이는 법원행정처장이 법무사를 보충할 필요가 없다고 인정하면 법무사시험을 실시하지 않아도 된다는 것으로서 상위법인 법무사법 제4조 제1항에 의하여 청구인을 비롯한 모든 국민에게 부여된 법무사자격 취득의 기회를 하위법인 시행규칙으로 박탈하고 법무사업을 법원·검찰청 등의 퇴직공무원에게 독점시키는 것이 되며, 이는 결국 대법원이 규칙제정권을 행사함에 있어 위임입법권의 한계를 일탈하여 청구인이나 기타 법무사자격을 취득하고자 하는 모든 국민의 헌법 제11조 제1항의 평등권과 헌법 제15조의 직업선택의 자유를 침해한 것이다.

V. 이 결정이 가지는 의미

헌법재판소가 8인 재판관의 다수의견으로 법무사시험 실시여부를 법원행정처장의 재량에 맡기고 있던 '법무사법 시행규칙' 제3조 제1항에 대해 이를 헌법소원의 대상으로 받아들이면서 평등권과 직업선택의 자유 침해를 이유로 위헌결정을 내린 사건이다. 이 위헌결정의 결과 '법무사법 시행규칙' 제3조 제1항은 헌법재판소법 제75조 제3항에 의하여 취소되었다. 이성렬 재판관은 반대의견인 합헌의견을 냈다. 법무사법 제4조 제2항이 시험실시에 관한 구체적 방법과 절차뿐만 아니라 그 실시시기 까지 아울러 규정할 수 있도록 위임한 것이라는 점, 시험의 방법에 의하여 법무사의 자격을 취득하는 것을 제한하는 심판대상 규정은 그 제한의 목적 및 필요성, 제한되는 직업의 성질 및 내용, 제한의 정도 및 방법 등 여러 측면에서 이를 검토해 보면 헌법 제37조 제2항에서 정하는 비례의 원칙에도 저촉되지 않는다는 점, 법무사제도의 구체적 사항을 어떻게 정할 것인지의 문제는 근본적으로 입법기관의 입법형성의 자유에 속하는 영역으로서 그 판단은 일차적으로 입법기관의 재량에 맡겨져 있으며 그 판단이 명백히 불합리하고 불공정하지 않은 한 이는 존중되어야 한다는 점을 합헌의 근거로 들었다. 이 결정으로 인해 비록 명령·규칙이라 하더라도 그것의 존재 자체가 집행행위의 매개 없이 직접 국민의 기본권을 침해할 경우에는 이 명령·규칙을 헌법소원의 대상으로 삼을 수 있게 되었음에 주목을 요한다.

헌법재판소

부동산 명의신탁 사건

― 헌재 2007. 10. 4, 2005헌바71 ―

Ⅰ. 심판대상

'**부동산 실권리자명의 등기에 관한 법률**'(2002. 3. 30. 법률 제6683호로 개정된 것)
제5조(과징금)

① 다음 각호의 1에 해당하는 자에 대하여는 당해 부동산가액의 100분의 30에 해당
하는 금액의 범위 안에서 과징금을 부과한다.

1. 제3조 제1항의 규정을 위반한 명의신탁자

제12조(실명등기의무 위반의 효력등)

② 제11조의 규정을 위반한 자에 대하여는 제3조 제1항의 규정을 위반한 자에 준하
여 제5조 및 제6조의 규정을 적용한다.

※ 관련법규정

동법 제3조(실권리자명의 등기의무 등)

① 누구든지 부동산에 관한 물권을 명의신탁약정에 의하여 명의수탁자의 명의로 등
기하여서는 아니 된다.

제11조(기존 명의신탁약정에 의한 등기의 실명등기 등)

① 이 법 시행전에 명의신탁약정에 의하여 부동산에 관한 물권을 명의수탁자의 명
의로 등기하거나 하도록 한 명의신탁자는 이 법 시행일부터 1년의 기간 이내에
실명등기하여야 한다. 다만, 공용징수·판결·경매 기타 법률의 규정에 의하여 명
의수탁자로부터 제3자에게 부동산에 관한 물권이 이전된 경우와 종교단체, 향교
등이 조세포탈, 강제집행의 면탈을 목적으로 하지 아니하고 명의신탁한 부동산으
로서 대통령령이 정하는 부동산의 경우는 그러하지 아니하다.

Ⅱ. 사실관계의 요지

청구인은 1973년 서울 강남구 대치동에 소재한 이 사건 토지를 박래영으로부터 매

수하여 1979년경 그 지상에 이 사건 건물인 2층 주택을 신축하였다. 그리고 나서 청구인은 자신의 아버지인 청구외 망 송인헌과 명의신탁약정을 하여 이 사건 건물에 관해 송인헌 명의로 소유권보존등기를 마쳤고, 이 사건 토지에 관해서도 송인헌 명의로 소유권이전등기를 하였다. 그런데 위 송인헌이 그 후 사망하여 이 사건 토지 및 건물을 청구인, 청구인의 어머니인 이병완, 청구인의 형제자매들인 송재갑 등 8인이 공동상속하였다. 그러자 청구인은 위 이병완 등 다른 상속인들에 대하여 이 사건 부동산에 대하여 청구인 앞으로 소유권이전등기를 하여 줄 것을 요청하였으나 그들이 불응하자 이들을 상대로 소를 제기하여, 이 사건 부동산에 관하여 청구인에게 소유권이전등기절차를 이행하라는 판결을 선고받았고, 위 판결은 확정되었다.

　　그런데 서울특별시 강남구청장은 2003년 5월 12일 청구인이 이 사건 부동산을 '부동산 실권리자명의 등기에 관한 법률' 제11조 제1항에서 정한 실명등기 유예기간까지 실명등기를 하지 않았다는 사유로 위 법률 제12조 제2항, 제5조, 위 법시행령 제3조의2에 의하여 과징금 약 1억원을 부과하는 처분을 하였다. 청구인은 이에 불복하여 2005년 1월 19일에 서울특별시 강남구청장을 상대로 주위적으로 이 사건 처분의 무효확인을, 예비적으로 이 사건 처분의 취소를 구하는 행정소송을 제기하고, '부동산 실권리자명의 등기에 관한 법률' 제12조 제2항, 제5조 제1항, 제6항에 대하여 위헌법률심판제청신청을 하였으나, 위 법원은 청구인의 주위적 청구를 기각하고, 예비적 청구 부분의 소를 각하하고, 청구인의 위헌법률심판제청신청을 기각하였다. 청구인은 서울행정법원의 위헌법률심판 제청신청 기각결정문을 송달받은 후, 위 법률 제12조 제2항, 제5조 제1항, 제6항이 청구인의 행복추구권, 평등권 등의 기본권을 침해하여 위헌이라고 주장하면서, 헌법재판소법 제68조 제2항의 규정에 따라 이 사건 헌법소원을 청구하였다.

Ⅲ. 주　　문

　　이 사건 심판청구를 각하한다.

Ⅳ. 결정 이유의 주요 논점 및 요지

1. 당해사건의 예비적 청구와 재판의 전제성 존재 여부

　　구체적인 사건이 법원에 계속중일 것이라는 요건은 당해사건이 법원에 '적법'하게 계속될 것을 요하기 때문에, 만일 당해사건이 부적법한 것이어서 법률의 위헌 여부를 따져 볼 필요조차 없이 각하를 면할 수 없는 것일 때에는 위헌여부심판의 제청신청은 적법 요건인 재판의 전제성을 흠결한 것으로서 각하될 수밖에 없다. 그리고 법원에서 당해 소송사건에 적용되는 재판규범 중 위헌제청신청대상이 아닌 관련 법률에서 규정한 소송요건을 구비하지 못하였기 때문에 부적법하다는 이유로 소각하 판결을 선고하고 그 판결이 확정되거나, 소각하 판결이 확정되지 않았더라도 당해 소송사건이 부적법하여 각하될 수밖에 없는 경우에는 당해 소송사건에 관한 재판의 전제성 요건이 흠결되어 부적법하다.

당해사건 법원은 예비적 청구에 대하여 청구인이 이 사건 처분이 있음을 안 2003년 5월 12일경으로부터 90일이 경과한 2005년 1월 19일에야 이 사건 처분의 취소를 구하였음을 들어 예비적 청구 부분의 소를 각하하였으며, 이 부분 판단은 날짜 계산상 명백하여 상급심에서 변경될 것으로 보이지 않는다. 그렇다면 이 사건 처분에 대한 취소청구 부분은 제소기간이 경과하였기 때문에 부적법하여 각하를 면할 수 없으므로, 이 부분과 관련해 이 사건 법률조항들에 대한 재판의 전제성을 인정할 수 없어 부적법하다.

2. 당해사건의 주위적 청구와 재판의 전제성 존재 여부

대법원은 1995년 7월 11일에 선고한 94누4615 사건 판결 이후 '중대명백설'을 채택하고 있다. 즉, "하자 있는 행정처분이 당연무효가 되기 위하여는 그 하자가 법규의 중요한 부분을 위반한 중대한 것으로서 객관적으로 명백한 것이어야 하며 하자가 중대하고 명백한 것인지 여부를 판별함에 있어서는 그 법규의 목적, 의미, 기능 등을 목적론적으로 고찰함과 동시에 구체적 사안 자체의 특수성에 관해서도 합리적으로 고찰함을 요한다"고 하였다. 한편, 헌법재판소는 1999년 9월 16일에 선고한 92헌바9 사건에서 "원칙적으로 행정처분의 근거가 된 법률이 헌법재판소에서 위헌으로 선고된다고 하더라도 그 전에 이미 집행이 종료된 행정처분이 당연무효가 되지는 않으므로, 행정처분에 대한 쟁송기간 내에 그 취소를 구하는 소를 제기한 경우는 별론으로 하고, 쟁송기간이 경과한 후에는 행정처분의 근거법률이 위헌임을 이유로 무효확인소송 등을 제기하더라도 행정처분의 효력에는 영향이 없다. 그러므로 행정처분에 대한 쟁송기간이 경과된 후에 그 행정처분의 근거가 된 법률에 대한 위헌 여부에 대한 심판청구를 한 경우에는 당해사건을 담당하는 법원이 그 법률에 대한 위헌결정이 있는 경우 다른 내용의 재판을 할 예외적인 사정이 있는지 여부에 따라 재판의 전제성 유무가 달라지게 된다고 할 것이다. 그런데 그 법률에 대한 위헌결정이 행정처분의 효력에 영향을 미칠 여지가 없는 경우에는 그 법률의 위헌여부에 따라 당해사건에 대한 재판의 주문이 달라지거나 재판의 내용과 효력에 관한 법률적 의미가 달라질 수 없는 것이므로 재판의 전제성을 인정할 수 없게 된다. 한편, 위와 같은 경우 행정처분이 무효인지 여부는 당해사건을 재판하는 법원이 판단할 사항이다"라고 판시하였다.

이 사건에서 당해사건의 주위적 청구는 행정처분에 대한 쟁송기간이 경과한 후에 무효확인소송을 제기한 것이다. 따라서, 위 대법원 및 헌법재판소의 판례에 비추어 볼 때, 이 사건 법률조항들이 위헌이라고 섣불리 단정할 수 없을 뿐만 아니라, 설사 위헌이라고 하더라도 국회에서 헌법과 법률이 정한 절차에 의하여 제정·공포된 법률이 헌법에 위반된다는 사정은 헌법재판소의 위헌결정이 있기 전에는 객관적으로 명백한 것이라고할 수는 없으므로 특별한 사정이 없는 한 이러한 하자는 행정처분의 취소사유에 해당할 뿐 당연무효 사유는 아니라고 할 것이다. 따라서 이 사건 법률조항들의 위헌여부에 따라 당해사건의 주위적 청구와 관련하여 재판의 주문이 달라지거나 재판의 내용과 효력에 관한 법률적 의미가 달라지는 경우로 볼 수 없으므로, 이 사건 심판청구는 재판의 전제성 요건을 충족하지 못했다.

V. 이 결정이 가지는 의미

조대현, 김종대 재판관을 제외한 7인의 재판관들은 다수의견에서 제소기간이 경과한 후에 과징금부과처분의 취소 및 무효확인 청구를 하는 행정소송을 제기한 후 과징금부과 처분의 근거법률인 '부동산 실권리자명의 등기에 관한 법률' 제12조 제2항 등이 위헌이라 주장하며 제기한 헌법소원심판청구를 재판의 전제성이 존재하지 않는다는 이유로 각하하였다. 어떤 법률에 대한 위헌결정이 이에 근거한 행정처분의 효력에 영향을 미칠 여지가 없는 경우에는, 그 법률의 위헌여부에 따라 당해사건에 대한 재판의 주문(主文)이 달라지거나 재판의 내용과 효력에 관한 법률적 의미가 달라질 수 없는 것이므로 위헌법률심판 제청을 위한 '재판의 전제성'을 인정할 수 없다고 보고 있음에 주목을 요한다.

소득세법 사건

—헌재 1995. 11. 30. 95헌바13 등—

Ⅰ. 심판대상

구 소득세법 제23조(양도소득)

④ 양도가액은 그 자산의 양도 당시의 기준시가에 의한다. 다만, 대통령령이 정하는 경우에는 그 자산의 실지거래가액에 의한다.

구 소득세법 제45조(양도소득의 필요경비계산)

① 주거자의 양도차익의 계산에 있어서 양도가액에서 공제할 필요경비는 다음 각호에 게기하는 것으로 한다.

    1. 당해 자산의 취득당시의 기준시가에 의한 금액, 다만, 대통령령이 정하는 경우에는 그 자산의 취득에 소요된 실질거래가액

Ⅱ. 사실관계의 요지

청구인들이 1989년 7월 10일부터 1990년 2월 13일까지 사이에 서울 노원구 하계동 토지를 210억원에 양도한 사실에 대하여 강남세무서장과 송파세무서장은 위 양도면적이 국세청장이 정한 규모를 초과하고 청구인들이 토지거래계약신고를 하면서 매매예정가격을 실제보다 낮게 신고하여 국토이용관리법을 위반하는 등 투기성이 있다는 이유로 위 구 소득세법 제23조 제4항 단서 및 제45조 제1항 제1호 단서, 동법시행령 제170조 제1항 단서, 제4항 제2호 마목 등을 적용하여 실지거래가액을 기준으로 양도차익을 산정한 후 양도소득세 등 합계 150억원을 부과·고지하였다. 이에 청구인들은 서울고등법원에 위 양도소득세등부과처분의 취소를 구하는 행정소송을 제기하였다가 패소하자 이에 불복하여 대법원에 상고하는(94누9993) 한편, 위 부과처분의 근거법령인 위 구 소득세법 제23조 제4항 단서, 제45조 제1항 제1호 단서가 헌법에 위반된다고 주장하며 위헌제청신청을 하였다. 그 후 대법원은 청구인들의 상고를 기각함과 동시에 위헌심판제청신청을 기각하였고, 청구인들은 그 신청기각의 결정을 고지받은 다음 이 사건 헌법소원심판청구를 하였다.

Ⅲ. 주   문

구 소득세법 제23조 제4항 단서, 제45조 제1항 제1호 단서(각 1982.12.21. 법률 제 3576호로 개정된 후 1990.12.31. 법률 제4281호로 개정되기 전의 것)는 실지거래가액에 의할 경우를 그 실지거래가액에 의한 세액이 그 본문의 기준시가에 의한 세액을 초과하 는 경우까지를 포함하여 대통령령에 위임한 것으로 해석하는 한 헌법에 위반된다.

Ⅳ. 결정 이유의 주요 논점 및 요지

이 사건 위임조항의 각 본문이 기준시가과세원칙을 채택한 입법목적은 모든 자산의 거래에 관하여 납세의무자가 진실한 실지거래가액을 신고하리라고는 사실상 기대할 수 없는 데다 과세관청이 일일이 실지거래가액을 조사한다는 것도 조세행정상 심히 곤란함 에도 실지거래가액에 의한 과세를 원칙으로 고집한다면, 납세의무자의 조세저항만을 증 폭시킬 뿐 객관성 있는 조사도 어렵고, 담당공무원의 능력이나 자세에 따라 납세의무자 의 세부담이 달라지게 되며, 실지거래가액을 조작한 자만 이득을 보게 될 여지도 있어 오히려 실질적으로는 조세공평주의에 반하는 결과가 초래될 우려가 있다는 점 등을 고려 하여 획일적인 기준시가에 의하여 양도차익을 산정함으로써 조세법의 집행과정에 개재될 수 있는 부정을 배제하고, 실질적인 조세부담의 공평과 조세정의를 실현하고자 하는 데 있는 것이어서 토지 등의 부동산의 양도에 대한 양도소득세의 과세표준 산정에 있어서 기준시가과세원칙을 채택하게 된 데에는 그렇게 할 만한 합리적인 이유가 있다고 할 것 이다.

그러나 모든 경우에 일관하여 기준시가에 의하여 양도소득세의 과세표준을 산정할 경우에는 실지양도차익 자체를 초과하는 세액이 부과되거나 그 정도에까지는 이르지 않 더라도 과세표준이 실지양도차익보다 과중하게 산정됨으로써 본래의 제도 취지와는 달리 오히려 국민이 부당하게 과중한 조세를 부담하고 조세정의에 반하는 결과를 초래하여 기 준시가과세원칙이 실질적 조세법률주의나 조세평등주의에 위반될 소지가 있어서 이와 같 은 기준시가과세원칙이 안고 있는 문제점을 보완하기 위하여 이 사건 위임조항을 규정하 고 있는 것이다.

그러므로, 이 사건 위임조항이 "대통령령이 정하는 경우에는 실지거래가액에 의한 다."고 규정하여 직접적, 명시적으로는 위임의 범위를 구체적으로 규정하고 있지는 않 지 만 소득세법의 전 체계, 양도소득세의 본질과 기준시가과세원칙에 내재하는 헌법적 한계 및 이 사건 위임조항의 의미를 합리적으로 해석할 때, 이 사건 위임조항은 납세의무자가 기준시가에 의한 양도차익의 산정으로 말미암아 실지거래가액에 의한 경우보다 불이익을 받지 않도록 보완하기 위한 규정으로서 결국 실지거래가액에 의한 세액이 기준시가에 의한 세액을 초과하지 않는 범위내에서 실지거래가액에 의하여 양도차익을 산정할 경우를 대통령령으로 정하도록 위임한 취지로 보아야 하고, 그 한도 내에서 이 사건 위임조항은 그 위임의 범위를 구체적으로 정하고 있는 것이므로, 이를 가리켜 헌법상의 조세법률주의나 포괄위임금지의 원칙에 위반되는 규정이라고 볼 수는 없다.

　　결론적으로, 이 사건 위임조항은 납세의무자가 기준시가에 의한 양도차익의 산정으로 말미암아 실지거래가액에 의한 경우보다 불이익을 받지 않도록 하기 위하여 실지거래가액에 의한 세액이 기준시가에 의한 세액을 초과하지 않는 범위 내에서 실지거래가액에 의하여 양도차익을 산정할 경우를 대통령령으로 정하도록 위임한 취지로 해석되므로, 위 위임의 범위를 벗어나 실지거래가액에 의하여 양도소득세의 과세표준을 산정할 경우를 그 실지거래가액에 의한 세액이 그 본문의 기준시가에 의한 세액을 초과하는 경우까지를 포함하여 대통령령에 위임한 것으로 해석한다면 그 한도 내에서는 헌법 제38조, 제59조가 규정한 조세법률주의와 헌법 제75조가 규정한 포괄위임금지의 원칙에 위반된다.

Ⅴ. 이 결정이 가지는 의미

　　이 사건에서 유일하게 김진우 재판관은 헌법불합치와 입법촉구결정을 내려야 한다는 반대의견을 개진하였다. 문제는 이 헌법재판소 결정이 선고된 약 4개월 후에 대법원은 '증여세등부과처분취소사건' 판결(大判 1996. 4. 9. 95누11405)에서 다음과 같은 근거에 의해 헌법재판소 한정위헌결정의 기속력을 부인하고 헌법재판소가 한정위헌결정을 내린 구 소득세법 제23조 제4항 단서와 제45조 제1항 제1호 단서에 근거해 이루어진 동작세무서장의 7억여원 상당의 양도소득세 부과처분이 적법하다고 하면서 상고기각 판결을 내린다.

　　첫째, 헌법재판소 한정위헌결정은 대법원 등의 판단을 구속하는 기속력이 없다. 헌법재판소의 결정이 그 주문에서 당해 법률이나 법률조항의 전부 또는 일부에 대하여 특정의 해석기준을 제시하면서 그러한 해석에 한하여 위헌임을 선언하는 이른바 한정위헌결정의 경우에는 헌법재판소의 결정에 불구하고 법률이나 법률조항은 그 문언이 전혀 달라지지 않은 채 그냥 존속하고 있는 것이므로 이와 같이 법률이나 법률조항의 문언이 변경되지 않은 이상 한정위헌결정은 법률 또는 법률조항의 의미·내용과 그 적용범위를 정하는 법률해석이라고 이해하지 않을 수 없다. 그런데 구체적 사건에 있어서 당해 법률 또는 법률조항의 의미·내용과 적용범위가 어떠한 것인지를 정하는 권한, 곧 법령의 해석·적용 권한은 바로 사법권의 본질적 내용을 이루는 것으로서, 전적으로 대법원을 최고법원으로 하는 법원에 전속한다. 그러므로 한정위헌결정에 표현되어 있는 헌법재판소의 법률해석에 관한 견해는 법률의 의미·내용과 그 적용범위에 관한 헌법재판소의 견해를 일응 표명한 데 불과하여 이와 같이 법원에 전속되어 있는 법령의 해석·적용 권한에 대하여 어떠한 영향을 미치거나 기속력도 가질 수 없다.

　　둘째, 구소득세법 제23조 제4항 단서 및 제45조 제1항 제1호 단서가 대통령령에 위임하는 사항의 범위를 명시적으로 특정하지는 않았다 하더라도 위 조항에 있어서의 내재적인 위임의 범위나 한계는 충분히 인정될 수 있다고 할 것이고, 구 소득세법상 종전의 실지거래가액 과세원칙으로부터 기준시가 과세원칙으로 개정된 입법 동기와 연혁, 그리고 다시 기준시가 과세원칙에 대한 예외로서 실지거래가액에 따라 과세할 수 있는 경우를 규정하게 된 입법목적을 두루 고려하여 보더라도, 위 각 조항 단서가 기준시가에 의한 과세보다 실지거래가액에 의한 과세가 납세자에게 유리한 경우만을 한정하여 대통령령에 위임한 것이라는 해석에는 도저히 이를 수 없다. 따라서 대법원은 이 사건 과세처분에 적용된 구 소득세법 제23조 제4항 단서 및 제45조 제1항 제1호 단서와 구 소득세법시행령 제170조 제4항 제2호가 헌법상의 조세법률주의와 포괄위임금지원칙에 위배되지 않는 유효한 규정이라고 해석하여 온 지금까지의 견해는 변경할 필요가 없다.

한정위헌결정의 기속력 사건

— 헌재 1997. 12. 24, 96헌마172·173(병합) —

I. 심판대상

헌법재판소법 제68조(청구 사유)

① 공권력의 행사 또는 불행사(不行使)로 인하여 헌법상 보장된 기본권을 침해받은 자는 법원의 재판을 제외하고는 헌법재판소에 헌법소원심판을 청구할 수 있다.

대법원 1996. 4. 9. 선고, 95누11405 판결

피청구인 동작세무서장의 1992년 6월 16일자 과세처분

II. 사실관계의 요지

피청구인 동작세무서장은 청구인이 자기 처의 명의로 서울 관악구 소재 임야를 취득하였다가 양도한 사실에 대하여 구 소득세법 시행령 제170조 제4항 제2호에 해당한다는 이유로 구 소득세법 제23조 제4항 단서, 제45조 제1항 제1호 단서에 의해 1992년 6월 16일에 이 사건 과세처분을 하였다. 청구인은 이 사건 과세처분의 취소를 구하는 행정소송을 제기하였고 그 후 사건이 상고심에 계속 중일 때 헌법재판소는 위 구 소득세법 각 조항에 한정위헌결정(95헌바13 등)을 선고하였다. 그런데 대법원은 헌법재판소의 한정위헌결정에도 불구하고 위 법률조항들이 유효한 규정이라고 보아 이 사건 과세처분이 적법한 것이라고 본 원심판단을 정당한 것이라고 판단하여 청구인의 상고를 기각하는 판결(95누11405)을 선고하였다.

이에 청구인은, 이 사건 과세처분은 헌법재판소의 위헌결정의 선고로 효력이 상실된 위 법률조항에 근거한 것으로서 청구인은 피청구인의 공권력의 행사인 위 과세처분으로 인하여 헌법상 보장된 기본권을 침해받았다는 이유로 위 과세처분의 취소를 구하는 헌법소원심판을 청구(96헌마173)함과 아울러, 헌법소원의 대상에서 법원의 재판을 제외하고 있는 헌법재판소법 제68조 제1항은 헌법상 보장된 자신의 평등권을 침해한 것이므로 헌법에 위반되는 것이고, 이 사건 과세처분은 헌법에 위반된 것으로 마땅히 취소되어야 할

것인데도 대법원은 헌법재판소의 위헌결정의 기속력을 무시한 채 위 과세처분이 위법한 것이라는 청구인의 주장을 배척하고 청구인의 상고를 기각함으로써 헌법상 보장된 자신의 기본권을 침해하였다는 이유로 헌법재판소법 제68조 제1항과 대법원 1996. 4. 9. 선고, 95누11405 판결의 위헌선언을 구하는 헌법소원심판을 청구(96헌마172)하였다.

Ⅲ. 주   문

1. 헌법재판소법 제68조 제1항 본문의 '법원의 재판'에 헌법재판소가 위헌으로 결정한 법령을 적용함으로써 국민의 기본권을 침해한 재판도 포함되는 것으로 해석하는 한도 내에서, 헌법재판소법 제68조 제1항은 헌법에 위반된다.

2. 대법원 1996. 4. 9. 선고, 95누11405 판결은 청구인의 재산권을 침해한 것이므로 이를 취소한다.

3. 피청구인 세무서장이 1992. 6. 16. 청구인에게 양도소득세 금 736,254,590원 및 방위세 금 147,250,910원을 부과한 처분은 청구인의 재산권을 침해한 것이므로 이를 취소한다.

Ⅳ. 결정 이유의 주요 논점 및 요지

1. 헌법재판소법 제68조 제1항 한정위헌

헌법 제111조 제1항 제5호가 "법률이 정하는 헌법소원에 관한 심판"이라고 규정한 뜻은 결국 헌법이 입법자에게 공권력 작용으로 인하여 헌법상의 권리를 침해받은 자가 그 권리를 구제받기 위한 주관적 권리구제절차를 각종 요소를 고려하여 헌법의 이념과 현실에 맞게 구체적인 입법을 통해 구현하게끔 위임한 것이다. 따라서 언제나 '법원의 재판에 대한 소원'을 그 심판대상에 포함하여야만 비로소 헌법소원제도의 본질에 부합한다고 단정할 수 없다.

법원도 재판절차를 통하여 기본권을 침해할 가능성이 없지 않지만, 그것이 국회나 행정부에 의한 경우보다 상대적으로 적고 상급심 법원이 다시 심사할 기회를 가진다는 점에서 본질적인 차이가 있다. 그렇다면 법원의 재판을 헌법소원의 대상에서 제외한 것은 평등원칙에 위반되지 않는다.

재판청구권은 사실관계와 법률관계에 관하여 최소한 한 번의 재판을 받을 기회가 제공될 것을 국가에게 요구할 수 있는 절차적 기본권을 뜻하므로 기본권의 침해에 대한 구제절차가 반드시 헌법소원의 형태로 독립된 헌법재판기관에 의하여 이루어질 것만을 요구하지는 않는다. 따라서 헌법재판소법 제68조 제1항이 재판청구권을 침해하였다거나 법치국가원칙에 위반된다고 할 수 없다.

헌법재판소의 법률에 대한 위헌결정에는 단순위헌결정은 물론 한정합헌, 한정위헌결정과 헌법불합치결정도 포함되고 이들은 모두 당연히 기속력을 가진다. 헌법재판소법 제68조 제1항은 법원이 헌법재판소의 기속력 있는 위헌결정에 반하여 그 효력을 상실한 법률을 적용함으로써 국민의 기본권을 침해하는 경우에는 예외적으로 그 재판도 헌법소원심판의 대상이 된다고 해석하여야 한다. 따라서 헌법재판소법 제68조 제1항의 "법원의 재판"에 헌법재판소가 위헌으로 결정하여 그 효력을 상실한 법률을 적용함으로써 국민의 기본권을 침해하는 재판도 포함되는 것으로 해석하는 한도 내에서 헌법에 위반된다.

2. 대법원판결도 취소

만일 한정위헌결정을 법원의 고유권한인 법률해석권에 대한 침해로 파악하여 헌법재판소의 결정 유형에서 배제해야 한다면, 이는 합헌적 법률해석방법을 통하여 실현하려는 입법형성권에 대한 존중과 헌법재판소의 사법적 자제를 포기하는 것이 된다. 또한 헌법재판소의 한정위헌결정에도 불구하고 위헌으로 확인된 법률조항이 법률문언의 변화 없이 계속 존속된다고 하는 관점은 헌법재판소 결정의 기속력을 결정하는 기준이 될 수 없다.

그렇다면 이 사건 대법원판결은 헌법재판소가 한정위헌결정을 선고함으로써 이미 부분적으로 그 효력이 상실된 법률조항을 적용한 것으로서 위헌결정의 기속력에 반하는 재판임이 분명하므로 이에 대한 헌법소원은 허용된다고 할 것이고, 이 사건 대법원판결로 말미암아 청구인의 헌법상 보장된 기본권인 재산권 역시 침해되었다 할 것이다. 따라서 이 사건 대법원판결은 헌법재판소법 제75조 제3항에 따라 취소되어야 마땅하다.

3. 과세처분도 취소

원래 공권력의 행사로 인하여 헌법상 보장된 기본권을 침해받은 자는 원칙적으로 헌법소원을 청구할 수 있다. 그러나 행정처분의 경우 헌법재판소법 제68조 제1항 단서에 의하여 헌법소원심판을 청구하기에 앞서 행정소송절차를 거치도록 되어 있고, 법원의 재판을 원칙적으로 헌법소원심판의 대상에서 제외한 취지에 비추어 그에 대한 헌법소원심판 청구의 적법성이 문제되었던 것이다. 하지만 이 사건의 경우와 같이 법원의 판결에 대한 헌법소원이 예외적으로 허용되는 경우에는 행정처분에 대한 헌법소원심판의 청구가 허용된다고 할 것이다.

이 사건 과세처분은 헌법재판소가 위헌으로 결정하여 그 효력을 상실한 법률조항을 적용하여 한 처분임이 분명하고, 달리 새로운 사실인정이나 법률해석을 통한 소급효 제한의 필요성이 인정되지 않는다. 따라서 청구인은 피청구인의 위법한 공권력 행사인 이 사건 과세처분으로 말미암아 헌법상 보장된 기본권인 재산권을 침해받았다고 할 것이므로, 헌법재판소법 제75조 제3항에 따라 이 사건 과세처분을 취소하기로 한다.

Ⅴ. 이 결정이 가지는 의미

한정위헌결정의 기속력을 부정한 대법원판결에 대해 이 사건에서 헌법재판소는 "헌법재판소가 위헌으로 결정한 법령을 적용함으로써 국민의 기본권을 침해한 재판"에 해당한다고 하면서 그 대법원판결을 취소하고 원행정처분인 과세처분까지 취소하는 결정을 내렸다. 이재화, 고중석, 한대현 재판관의 반대의견이 있었다.

이 헌법재판소 결정은 헌법소원심판의 대상에서 '법원재판제외의 원칙'에 대한 예외를 제시한 결정으로 유명하다. 또한 헌법재판소의 법률에 대한 위헌결정에는 단순위헌결정은 물론, 한정합헌, 한정위헌결정과 헌법불합치결정도 포함되고 이들은 모두 당연히 기속력을 가진다고 선언하고 있는 점에도 주목을 요한다.

지방자치법상의 주민투표권 사건

― 헌재 2001. 6. 28, 2000헌마735 ―

Ⅰ. 심판대상

지방자치법 제13조의2 제2항에 따라 주민투표의 대상·발의자·발의요건·기타 투표 절차 등에 관한 법률을 따로 제정하지 아니하는 입법부작위가 위헌인지의 여부

※ 관련 법조항들

지방자치법(1994. 3. 16. 법률 제4741호로 공포된 것)

제13조의2(주민투표)

① 지방자치단체의 장은 지방자치단체의 폐치·분합 또는 주민에게 과도한 부담을 주거나 중대한 영향을 미치는 지방자치단체의 주요 결정사항 등에 대하여 주민투표에 붙일 수 있다.

② 주민투표의 대상·발의자·발의요건·기타 투표절차 등에 관하여는 따로 법률로 정한다.

헌법

제117조(자치권, 자치단체의 종류)

① 지방자치단체는 주민의 복리에 관한 사무를 처리하고 재산을 관리하며, 법령의 범위안에서 자치에 관한 규정을 제정할 수 있다.

② 지방자치단체의 종류는 법률로 정한다.

제118조(지방자치단체의 조직·운영)

① 지방자치단체에 의회를 둔다.

② 지방의회의 조직·권한·의원선거와 지방자치단체의 장의 선임방법 기타 지방자치단체의 조직과 운영에 관한 사항은 법률로 정한다.

제72조(중요정책의 국민투표) 대통령은 필요하다고 인정할 때에는 외교·국방·통일 기타 국가안위에 관한 중요정책을 국민투표에 붙일 수 있다.

Ⅱ. 사실관계의 요지

　　정부는 울산 울주군 등지에 핵발전소 8기의 건설계획을 가지고 있다고 발표하였고 울주군 군수인 청구외 甲은 세수 증대 등을 이유로 이를 적극 지지하였다. 그러나 정작 그곳에 사는 주민들과 울산환경운동연합 등의 시민단체에서는 격렬하게 핵발전소의 유치를 반대해 왔다. 정부는 산업자원부 고시 제2000-88호로 울산 울주군 서생면 신암리·신리 일대를 4기의 가압경수로 원자력 발전소를 건설하기 위한 전원개발사업예정구역으로 지정·고시하는 한편, 위 서생면 비학리에 신고리원전 1호기를 건설하기로 최종 확정하였다고 발표하였다. 이에 따라 울산광역시 주민 13만여 명은 국회에 그 철회를 요구하는 청원서를 제출하기도 하였다.

　　울산 울주군 서생면 주민들인 청구인들은 이 사건 원전유치 문제가 주민에게 중대한 영향을 미치는 사항이라 보고 '지방자치법' 제13조의2 소정의 주민투표에 붙이고자 하였으나, 주민투표의 대상·발의자·발의요건·기타 투표절차 등에 관하여 아무런 입법조치가 없어 그 실시가 불가능하였다. 이에 이와 같은 입법부작위가 청구인들의 주민투표권(참정권), 주민자치권, 환경권, 행복추구권 등을 침해한다고 주장하면서 그 위헌확인을 구하여 이 사건 헌법소원심판을 청구하였다.

Ⅲ. 주　　문

　　이 사건 심판청구를 모두 각하한다.

Ⅳ. 결정 이유의 주요 논점 및 요지

1. 진정입법부작위에 대한 헌법소원에 해당함

　　넓은 의미의 입법부작위에는, 입법자가 헌법상 입법의무가 있는 어떤 사항에 관하여 전혀 입법을 하지 않음으로써 입법행위의 흠결이 있는 경우와 입법자가 어떤 사항에 관하여 입법은 하였으나 그 입법의 내용·범위·절차 등이 당해 사항을 불완전, 불충분 또는 불공정하게 규율함으로써 입법행위에 결함이 있는 경우가 있다. 일반적으로 전자를 진정입법부작위, 후자를 부진정입법부작위라고 부르고 있다. 청구인들이 '지방자치법' 제13조의2 제2항에 따라 제정하여야 한다고 주장하고 있는 주민투표에 관한 법률은 아직까지 전혀 입법이 없는 상태이므로, 이 사건 입법부작위는 진정입법부작위에 해당한다.

그런데 진정입법부작위에 대한 헌법소원은, 헌법에서 기본권 보장을 위하여 법령에 명시적인 입법위임을 하였음에도 입법자가 이를 이행하지 않은 경우이거나, 헌법해석상 특정인에게 구체적인 기본권이 생겨 이를 보장하기 위한 국가의 행위의무 내지 보호의무가 발생하였음이 명백함에도 불구하고 입법자가 아무런 입법조치를 취하지 않은 경우에 한하여 허용된다는 것이 본 재판소의 일관된 판례이다.

2. 입법자가 주민투표에 대한 법률을 제정할 헌법상 의무는 없음

우리 헌법은 지방자치제도를 보장하기 위하여 제117조에서 "① 지방자치단체는 주민의 복리에 관한 사무를 처리하고 재산을 관리하며, 법령의 범위 안에서 자치에 관한 규정을 제정할 수 있다. ② 지방자치단체의 종류는 법률로 정한다"라고 규정하고 있고, 제118조에서 "① 지방자치단체에 의회를 둔다. ② 지방의회의 조직·권한·의원선거와 지방자치단체의 장의 선임방법 기타 지방자치단체의 조직과 운영에 관한 사항은 법률로 정한다"라고 규정함으로써 '지방자치단체의 자치'를 제도적으로 보장하고 있다. 즉 헌법 제117조 및 제118조가 보장하고 있는 본질적인 내용은 자치단체의 존재의 보장, 자치기능의 보장 및 자치사무의 보장으로 어디까지나 지방자치단체의 자치권인 것이다. 따라서 헌법은 지역 주민들이 자신들이 선출한 자치단체의 장과 지방의회를 통하여 자치사무를 처리할 수 있는 대의제 또는 대표제 지방자치를 보장하고 있을 뿐이지 주민투표에 대하여는 어떠한 규정도 두고 있지 않다.

물론 이러한 대표제 지방자치제도를 보완하기 위하여 주민발안, 주민투표, 주민소환 등의 제도가 도입될 수도 있고, 실제로 우리의 '지방자치법'은 주민에게 주민투표권(제13조의2)과 조례의 제정·개폐청구권(제13조의3) 및 감사청구권(제13조의4)을 부여함으로써 주민이 지방자치사무에 직접 참여할 수 있는 길을 열어 놓고 있다. 그렇지만 이러한 제도는 어디까지나 입법에 의하여 채택된 것일 뿐, 헌법이 이러한 제도의 도입을 보장하고 있는 것은 아니다. 이 점에서 우리 헌법이 제72조에서 대표제 민주주의를 보완하기 위하여 '국민투표제'를 직접 도입한 것과 다르다고 하겠다. 따라서 '지방자치법' 제13조의2가 주민투표의 법률적 근거를 마련하면서, 주민투표에 관련된 구체적 절차와 사항에 관하여는 따로 법률로 정하도록 하였다고 하더라도, 주민투표에 관련된 구체적인 절차와 사항에 대하여 입법하여야 할 헌법상 의무가 국회에 발생하였다고 할 수는 없다.

3. 주민투표권은 헌법상의 참정권도 아님

이에 대하여 청구인은 주민투표제도가 도입된 이상 헌법상 기본권인 참정권의 일부를 구성하는 주민투표권을 보장하기 위하여 국가의 행위의무 내지 보호의무가 발생하였다 할 것이므로 국가로서는 주민투표에 관한 법률을 제정하여야 할 헌법상 입법의무를 부담한다고 주장하므로 과연 주민투표권이 헌법이 보장하는 참정권에 해당하는지 여부에 관하여 살핀다. 일반적으로 참정권은 국민이 국가의 의사형성에 직접 참여하는 직접적인 참정권과 국민이 국가기관의 형성에 간접적으로 참여하거나 국가기관의 구성원으로 선임될 수 있는 권리인 간접적인 참정권으로 나눌 수 있다. 이에 따라 우리 헌법은 참정권과 관련해, 간접적인 참정권으로 공무원선거권(헌법 제24조), 공무담임권(헌법 제25조)을, 직접적인 참정권으로 국민투표권(헌법 제72조, 제130조)을 규정하고 있다. 즉 우리 헌법은 법률이 정하는 바에 따른 '선거권'과 '공무담임권' 및 국가안위에 관한 중요정책과 헌법개정에 대한 '국민투표권'만을 헌법상의 참정권으로 보장하고 있다. 따라서 '지방자치법' 제13조의2에서 규정한 주민투표권은 그 성질상 위에서 본 선거권, 공무담임권, 국민투표권과는 다른 것이어서 이를 법률이 보장하는 참정권이라고 할 수는 있을지언정 헌법이 보장하는 참정권이라고 할 수는 없다. 그렇다면 주민투표권이 헌법상 보장하는 참정권에 해당한다는 점을 전제로 한 청구인의 위 주장은 받아들일 수 없다.

Ⅴ. 이 결정이 가지는 의미

헌법재판소는 주민투표에 대한 입법부작위의 위헌확인을 구하는 이 사건 헌법소원심판에 대해 만장일치로 각하결정을 내렸다. 주민투표와 관련하여 헌법의 명시적인 입법위임도 존재하지 않고, 헌법해석상 그러한 입법의무가 새롭게 발생하는 것도 아니라는 점을 주된 근거로 들었다. 특히 헌법재판소는 이 사건에서, 헌법은 지역 주민들이 직접 선출한 자치단체의 장과 지방의회를 통해 자치사무를 처리할 수 있는 대의제 지방자치를 보장하고 있을 뿐이지 주민투표에 대해서는 어떤 규정도 두고 있지 않다는 점을 강조하면서, 이러한 '대의제 지방자치제도'를 보완하기 위해 주민발안, 주민투표, 주민소환 등의 제도가 도입될 수 있고 실제로 우리 '지방자치법'이 주민에게 주민투표권(제13조의2)과 조례의 제정·개폐청구권(제13조의3) 및 감사청구권(제13조의4)을 부여함으로써 주민이 지방자치사무에 직접 참여할 수 있는 길을 열어놓고 있다고 본 점에 주목할 필요가 있다. 또한 '지방자치법' 제13조의2에서 규정한 '주민투표권'은 법률이 보장하는 권리라고는 할 수 있을지언정 헌법에 의해 직접 보장되는 참정권은 아니라고 하면서 '법률상의 권리'와 '헌법상의 기본권'을 구분하고 있음에도 유의할 필요가 있다.

법무관 급여 사건

— 헌재 2004. 2. 26. 2001헌마718 —

I. 심판대상

구 군법무관임용법(1967. 3. 3. 법률 제1904호로 개정되고 2000. 12. 26. 법률 제6291호로 전문개정되기 전의 것) 제5조 제3항 및 '군법무관 임용 등에 관한 법률'(2000. 12. 26. 법률 제6291호로 전문개정된 것) 제6조의 위임에 따라 군법무관의 대우(봉급과 그 밖의 보수)를 법관 및 검사의 대우(예)에 준하여 지급하도록 하는 대통령령을 제정하지 않는 부작위.

※ 관련조항

구 군법무관임용법 제5조

③ 군법무관의 대우는 법관 및 검사의 대우에 준하여 대통령령으로 정한다.

'군법무권 임용 등에 관한 법률' 제6조(군법무관의 보수) 군법무관의 봉급과 그 밖의 보수는 법관 및 검사의 예에 준하여 대통령령으로 정한다.

II. 사실관계의 요지

청구인 甲, 乙, 丙은 군법무관임용시험 혹은 사법시험에 합격한 후 현재 군법무관으로 근무 중이고, 청구인 丁은 군법무관으로 근무하다가 전역하였다. 청구인들은 구 군법무관임용법(이하 '구법'이라 한다) 제5조 제3항 및 '군법무관 임용 등에 관한 법률'(이하 '법'이라 한다) 제6조의 위임에 따라 피청구인이 군법무관의 봉급과 그 밖의 보수를 법관 및 검사의 대우(예)에 준하여 지급하도록 하는 시행령을 제정할 의무가 있음에도 불구하고 이를 이행하지 아니함으로써 자신들의 기본권을 침해하고 있다며 이 사건 헌법소원을 청구하였다.

III. 주 문

피청구인이 구 군법무관임용법 제5조 제3항 및 군법무관임용등에관한법률 제6조의

위임에 따라 군법무관의 봉급과 그 밖의 보수를 법관 및 검사의 예에 준하여 지급하도록
하는 대통령령을 제정하지 아니하는 입법부작위는 위헌임을 확인한다.

Ⅳ. 결정 이유의 주요 논점 및 요지

1. 진정 입법부작위에 대한 헌법소원

　　국방부장관은 공무원보수규정 별표 13, 공무원수당등에관한규정 제14조에 근거한 별
표 11에 따른 보수 규정을 들어 법 제6조에 따른 입법의무는 상당 부분 이행되고 있으
므로, 이 사건은 입법은 있으나 불완전한 경우(부진정 입법부작위)에 해당된다고 답변한
다. 그러나 법관 및 검사의 경우에도 현재 특정 수당이 지급되고 있는 점을 감안하면, 위
규정들이 법 제6조 내지 구법 제5조 제3항에 따라 제정되어야 할 대통령령을 대체하거
나 보완하는 것이라고 단정하기 어렵다. 그렇다면 이 사건에서 문제되는 것은 부진정 입
법부작위가 아니라 진정 입법부작위에 해당되는 것이다. 한편 진정 입법부작위에 대해서
는 청구기간의 제한이 없으며, 국방부장관이 의견서에서 기재한 고충심사제도는 대통령
령의 미제정이 문제된 이 사건에서 효과적인 사전구제절차에 해당된다고 볼 수 없다. 청
구인 丁의 경우 이 사건 심리 도중 전역하였지만, 이 사건은 헌법적으로 해명할 필요가
있는 중요한 사안이므로 동 청구인의 경우만 따로 부적법 각하할 것이 아니라 권리보호
이익을 인정함이 상당하다.

2. 행정입법 의무의 성격과 행정입법부작위

　　행정권력의 부작위에 대한 헌법소원은 공권력의 주체에게 헌법에서 유래하는 작위
의무가 특별히 구체적으로 규정되어 이에 의거하여 기본권의 주체가 행정행위를 청구할
수 있음에도 공권력의 주체가 그 의무를 해태하는 경우에 허용되고, 특히 행정명령의 제
정 또는 개정의 지체가 위법으로 되어 그에 대한 법적 통제가 가능하기 위하여는 첫째,
행정청에게 시행명령을 제정(개정)할 법적 의무가 있어야 하고 둘째, 상당한 기간이 지났
음에도 불구하고 셋째, 명령제정(개정)권이 행사되지 않아야 한다.

　　우리 헌법은 국가권력의 남용으로부터 국민의 자유와 권리를 보호하려는 법치국가
의 실현을 기본이념으로 하고 있고, 자유민주주의 헌법의 원리에 따라 국가의 기능을 입
법·행정·사법으로 분립하여 견제와 균형을 이루게 하는 권력분립제도를 채택하고 있다.
행정과 사법은 법률에 기속되므로, 국회가 특정한 사항에 대하여 행정부에 위임하였음에
도 불구하고 행정부가 정당한 이유 없이 이를 이행하지 않는다면 권력분립의 원칙과 법

치국가 내지 법치행정의 원칙에 위배되는 것이다. 따라서 이 사건과 같이 군법무관의 보수의 지급에 관하여 대통령령을 제정하여야 하는 것은 헌법에서 유래하는 작위의무를 구성한다.

구 군법무관임용법 제5조 제3항은 1967년 3월 3일에 제정되어 2000년 12월 26일에 폐지되었고, '군법무관 임용 등에 관한 법률' 제6조는 2000년 12월 26일에 제정되었다. 그러나 해당 시행령은 지금까지 제정된 바 없으며, 구법조항과 현행법 조항은 자구 내용만 일부 달라졌을 뿐 기본적으로 내용이 동일하다. 그렇다면 구법 시행 기간 동안인 약 34년간과 신법 시행 기간인 약 3년간 입법부작위의 상태가 지속되고 있다.

행정부가 위임입법에 따른 시행명령을 제정하지 않거나 개정하지 않은 것에 정당한 이유가 있었다면 그런 경우에는 헌법재판소가 위헌확인을 할 수는 없을 것이다. 그런데 그러한 정당한 이유가 인정되기 위해서는 그 위임입법 자체가 헌법에 위반된다는 것이 누가 보아도 명백하거나, 위임입법에 따른 행정입법의 제정이나 개정이 당시 실시되고 있는 전체적인 법질서 체계와 조화되지 아니하여 그 위임입법에 따른 행정입법 의무의 이행이 오히려 헌법질서를 파괴하는 결과를 가져옴이 명백할 정도는 되어야 할 것이다.

위 조항들은 군법무관의 보수 수준에 관한 것으로서 위헌임이 명백할 만큼 자의적이라고 할 수 없고, 군법무관 직무의 특수성을 고려할 때 위 규정이 입법자의 입법형성의 헌법적 한계를 벗어난 것이라고도 볼 수 없다. 또한 이 사건 입법부작위의 정당한 이유로써 국방부장관의 답변서에서 거론된 '타 병과 장교와의 형평성 문제'는 시행령 제정의 근거가 되는 법률의 개정을 추구할 사유는 될 수 있어도 해당 법률에 따른 시행령 제정을 거부하는 사유는 될 수 없으며, '예산상의 제약'이 있다는 논거도 예산의 심의·확정권을 국회가 지니고 있는 한 이 사건에서 입법부작위에 대한 정당한 사유라고 하기 어렵다.

3. 재산권 침해

헌법 제23조 제1항은 "모든 국민의 재산권은 보장된다. 그 내용과 한계는 법률로 정한다."고 규정한다. 우리 헌법이 보장하고 있는 재산권은 경제적 가치가 있는 모든 공법상·사법상의 권리를 뜻한다. 법 제6조 내지 구법 제5조 제3항은 군법무관의 보수를 법관, 검사의 예에 의할 것이라고 규정하고 다만 그 구체적 내용을 시행령에 위임하고 있다. 이러한 법조항들은 군법무관의 보수의 내용을 법률로써 일차적으로 형성한 것이고, 이 법률들에 의하여 상당한 수준의 보수(급료)청구권이 인정되는 것이라 해석될 여지가 있다. 그렇다면 그러한 보수청구권은 단순한 기대이익을 넘어서는 것으로서 법률의 규정에 의하여 인정된 재산권의 한 내용으로 봄이 상당하다. 따라서 대통령이 정당한 이유

없이 해당 시행령을 만들지 않아 그러한 보수청구권이 보장되지 않고 있다면 이는 재산권의 침해에 해당된다고 볼 것이다.

Ⅴ. 이 결정이 가지는 의미

이 사건에서 권성 재판관은 유일한 반대의견을 통해 각하의견을 개진하였다. 법률의 합헌 여부가 명백하다고 보기 어렵거나 그것이 의심되는 경우에는 행정입법 부존재의 위헌성을 검토하기 전에 먼저 법률의 위헌 여부를 검토해야 하는데, 이 사건은 헌법에서 그 지위와 신분보장을 명백히 하고 있는 법관과 그렇지 아니한 군법무관을 평준화의 관점에서 비교하는 등 법률 자체가 불합리하여 위헌성이 확인되므로 헌법재판소의 권한에 속하지 않는 사항에 대한 재판을 요청하는 부적법한 청구임을 이유로 하여 각하하여야 한다고 보았다.

이 결정은 행정입법과 관련한 진정 입법부작위를 인정한 것으로 유명하다. 위헌적인 행정입법부작위가 성립하기 위한 세 가지 요건과 함께 이에 대한 면책사유로서 '정당한 이유'에 해당하는 두 가지 사유를 제시하고 있는 점에 주목을 요한다.

일본군위안부 행정부작위 사건

— 헌재 2011. 8. 30. 2006헌마788 —

Ⅰ. 심판대상

청구인들이 일본국에 대하여 가지는 일본군위안부로서의 배상청구권이 '대한민국과 일본국 간의 재산 및 청구권에 관한 문제의 해결과 경제협력에 관한 협정' 제2조 제1항에 의하여 소멸되었는지 여부에 관한 한·일 양국 간 해석상 분쟁을 위 협정 제3조가 정한 절차에 따라 해결하지 않고 있는 피청구인의 부작위

※ 관련된 협정의 내용

'대한민국과 일본국 간의 재산 및 청구권에 관한 문제의 해결과 경제협력에 관한 협정'(1965. 6. 22. 체결, 1965. 12. 18. 발효)

제2조 1. 양 체약국은 양 체약국 및 그 국민(법인을 포함함)의 재산, 권리 및 이익과 양 체약국 및 그 국민간의 청구권에 관한 문제가 1951년 9월 8일에 샌프란시스코시에서 서명된 일본국과의 평화조약 제4조 (a)에 규정된 것을 포함하여 완전히 그리고 최종적으로 해결된 것이 된다는 것을 확인한다.

제3조 1. 본 협정의 해석 및 실시에 관한 양 체약국 간의 분쟁은 우선 외교상의 경로를 통하여 해결한다.

2. 1.의 규정에 의하여 해결할 수 없었던 분쟁은 어느 일방 체약국의 정부가 타방 체약국의 정부로부터 분쟁의 중재를 요청하는 공한을 접수한 날로부터 30일의 기간 내에 각 체약국 정부가 임명하는 1인의 중재위원과 이와 같이 선정된 2인의 중재위원이 당해 기간 후의 30일의 기간 내에 합의하는 제3의 중재위원 또는 당해 기간 내에 이들 2인의 중재위원이 합의하는 제3국의 정부가 지명하는 제3의 중재위원과의 3인의 중재위원으로 구성되는 중재위원회에 결정을 위하여 회부한다. 단, 제3의 중재위원은 양 체약국 중의 어느 편의 국민이어서는 아니 된다.

3. 어느 일방 체약국의 정부가 당해 기간 내에 중재위원을 임명하지 아니하였을 때, 또는 제3의 중재위원 또는 제3국에 대하여 당해 기간 내에 합의하지 못하였을 때에는 중재위원회는 양 체약국 정부가 각각 30일의 기간 내에 선정하는 국가의 정부가 지명하는

각 1인의 중재위원과 이들 정부가 협의에 의하여 결정하는 제3국의 정부가 지명하는 제3
의 중재위원으로 구성한다.

　　4. 양 체약국 정부는 본조의 규정에 의거한 중재위원회의 결정에 복한다.

Ⅱ. 사실관계의 요지

　　청구인들은 일제에 의하여 강제로 동원되어 성적 학대를 받으며 위안부로서의 생활
을 강요당한 '일본군위안부 피해자'들이다. 청구인들이 일본국에 대하여 가지는 일본군위
안부로서의 배상청구권이 '대한민국과 일본국 간의 재산 및 청구권에 관한 문제의 해결
과 경제협력에 관한 협정'(조약 제172호) 제2조 제1항에 의하여 소멸되었는지 여부에 관
하여, 일본국은 위 규정에 의하여 청구권이 모두 소멸되었다며 청구인들에 대한 배상을
거부하고 있고, 대한민국 정부는 청구인들의 위 배상청구권은 이 사건 협정에 의하여 해
결된 것이 아니라는 입장이어서, 한·일 양국 간에 이에 관한 해석상 분쟁이 존재한다.
피청구인으로서는 이 사건 협정 제3조가 정한 절차에 따라 위와 같은 해석상 분쟁을 해
결하기 위한 조치를 취할 의무가 있다고 할 것인데도 이를 전혀 이행하지 않고 있다고
주장하면서, 이러한 피청구인의 부작위가 청구인들의 기본권을 침해하여 위헌이라는 확
인을 구하는 이 사건 헌법소원심판을 청구하였다.

Ⅲ. 주　　문

　　청구인들이 일본국에 대하여 가지는 일본군위안부로서의 배상청구권이 '대한민국과
일본국 간의 재산 및 청구권에 관한 문제의 해결과 경제협력에 관한 협정' 제2조 제1항
에 의하여 소멸되었는지 여부에 관한 한·일 양국 간 해석상 분쟁을 위 협정 제3조가 정
한 절차에 따라 해결하지 아니하고 있는 피청구인의 부작위는 위헌임을 확인한다.

Ⅳ. 결정 이유의 주요 논점 및 요지

1. 행정부작위에 대한 헌법소원으로서 피청구인의 작위의무 존재

　　행정권력의 부작위에 대한 헌법소원은 공권력의 주체에게 헌법에서 유래하는 작위
의무가 특별히 구체적으로 규정되어 이에 의거하여 기본권의 주체가 행정행위 내지 공권
력의 행사를 청구할 수 있음에도 공권력의 주체가 그 의무를 해태하는 경우에만 허용된

다. 이 때 "공권력의 주체에게 헌법에서 유래하는 작위의무가 특별히 구체적으로 규정되어"가 의미하는 바는, 첫째, 헌법상 명문으로 공권력 주체의 작위의무가 규정되어 있는 경우, 둘째, 헌법의 해석상 공권력 주체의 작위의무가 도출되는 경우, 셋째, 공권력 주체의 작위의무가 법령에 구체적으로 규정되어 있는 경우 등을 포괄하고 있는 것으로 볼 수 있다.

헌법 전문, 헌법 제10조, 제2조 제2항과 이 사건 협정 제3조의 문언에 비추어 볼 때, 피청구인이 위 제3조에 따라 분쟁해결의 절차로 나아갈 의무는 일본국에 의해 자행된 조직적이고 지속적인 불법행위에 의하여 인간의 존엄과 가치를 심각하게 훼손당한 자국민들이 배상청구권을 실현하도록 협력하고 보호하여야 할 헌법적 요청에 의한 것으로서, 그 의무의 이행이 없으면 청구인들의 기본권이 중대하게 침해될 가능성이 있으므로, 피청구인의 작위의무는 헌법에서 유래하는 작위의무로서 그것이 법령에 구체적으로 규정되어 있는 경우에 해당한다.

특히, 우리 정부가 직접 일본군위안부 피해자들의 기본권을 침해하는 행위를 한 것은 아니지만, 일본에 대한 배상청구권의 실현 및 인간으로서의 존엄과 가치의 회복에 대한 장애상태를 초래한 데는 청구권의 내용을 명확히 하지 않고 '모든 청구권'이라는 포괄적인 개념을 사용하여 이 사건 협정을 체결한 우리 정부에도 책임이 있다는 점에 주목한다면, 그 장애상태를 제거하는 행위로 나아가야 할 구체적 의무가 있음을 부인하기 어렵다. 피청구인은 이와 같은 작위의무를 이행하지 아니하여 청구인들의 기본권을 침해하였을 가능성이 있다 할 것이므로, 적법요건은 모두 갖추었다.

2. 피청구인의 행정부작위는 위헌

이 사건 협정 제2조 제1항의 대일청구권에 일본군위안부 피해자의 배상청구권이 포함되는지 여부에 관하여 한·일 양국 간에 해석 차이가 존재하고, 그것이 위 협정 제3조의 '분쟁'에 해당한다는 것은 분명하므로, 피청구인으로서는 이 사건 협정 제3조에 의한 분쟁해결절차에 따라 외교적 경로를 통하여 해결하고, 그러한 해결노력이 소진된 경우 이를 중재에 회부하여야 하는 것이 원칙이라 할 것이다. 이러한 분쟁해결절차로 나아가지 않은 피청구인의 부작위가 청구인들의 기본권을 침해하여 위헌인지 여부는, 침해되는 기본권의 중대성, 기본권침해 위험의 절박성, 기본권의 구제가능성, 작위로 나아갈 경우 진정한 국익에 반하는지 여부 등을 종합적으로 고려하여, 국가기관의 기본권 기속성에 합당한 재량권 행사 범위 내로 볼 수 있을 것인지 여부에 따라 결정된다.

일본국에 의하여 광범위하게 자행된 반인도적 범죄행위에 대하여 일본군위안부 피해자들이 일본에 대하여 가지는 배상청구권은 헌법상 보장되는 재산권일 뿐만 아니라, 그 배상청구권의 실현은 무자비하고 지속적으로 침해된 인간으로서의 존엄과 가치 및 신체의 자유를 사후적으로 회복한다는 의미를 가지는 것이므로, 그 실현을 가로막는 것은 헌법상 재산권 문제에 국한되지 않고 근원적인 인간으로서의 존엄과 가치의 침해와 직접 관련이 있다. 따라서 침해되는 기본권이 매우 중대하다. 또한, 일본군위안부 피해자는 모두 고령으로서, 더 이상 시간을 지체할 경우 일본군위안부 피해자의 배상청구권을 실현함으로써 역사적 정의를 바로세우고 침해된 인간의 존엄과 가치를 회복하는 것은 영원히 불가능해질 수 있으므로, 기본권 침해 구제의 절박성이 인정되고, 이 사건 협정의 체결 경위 및 그 전후의 상황, 일련의 국내외적인 움직임을 종합해 볼 때 구제가능성이 결코 작다고 할 수 없다. 국제정세에 대한 이해를 바탕으로 한 전략적 선택이 요구되는 외교행위의 특성을 고려한다고 하더라도, 피청구인이 부작위의 이유로 내세우는 '소모적인 법적 논쟁으로의 발전가능성'이나 '외교관계의 불편'이라는 매우 불분명하고 추상적인 사유를 들어, 기본권 침해의 중대한 위험에 직면한 청구인들에 대한 구제를 외면하는 타당한 사유라거나 진지하게 고려되어야 할 국익이라고 보기는 힘들다. 그러므로 이 사건 협정 제3조에 의한 분쟁해결절차로 나아가는 것만이 국가기관의 기본권 기속성에 합당한 재량권 행사라 할 것이고, 피청구인의 부작위로 인하여 청구인들에게 중대한 기본권의 침해를 초래하였다 할 것이므로, 이는 헌법에 위반된다.

V. 이 결정이 가지는 의미

이 사건에서 조대현 재판관의 보충의견과, 이강국, 민형기, 이동흡 재판관의 각하의견인 반대의견이 있었다. 이 헌법재판소 결정은 행정부작위로 인한 국가의 기본권 보호의무 위반을 최초로 인정한 결정이라는 점에 의미가 있다. 기존의 부작위 위헌확인 판례들이 주로 입법부작위에 관한 사건들이었음에 반해, 이 사건은 행정부작위의 위헌성을 처음으로 인정했다는 점에 주목을 요한다.

대통령의 헌법소원심판 청구 사건

― 헌재 2008. 1. 17, 2007헌마700 ―

Ⅰ. 심판대상

이 사건 조치로서, '중앙선거관리위원회 위원장이 대통령에게 한 2007. 6. 7.자 '선거중립의무 준수 요청 조치'와 2007. 6. 18.자 '선거중립의무 준수 재촉구 조치'

이 사건 법률조항으로서, 공직선거법(1994. 3. 16. 법률 제4739호 구 '공직선거 및 선거부정방지법'으로 제정되었다가 2005. 8. 4. 법률 제7681호로 법명개정된 것 포함)

제9조(공무원의 중립의무 등)

① 공무원 기타 정치적 중립을 지켜야 하는 자(기관·단체를 포함한다)는 선거에 대한 부당한 영향력의 행사 기타 선거결과에 영향을 미치는 행위를 하여서는 아니 된다.

Ⅱ. 사실관계의 요지

청구인인 대통령은 참여정부평가포럼 주최 모임에 참석하여 '해외신문에서 한국의 지도자가 무슨 독재자의 딸이니 하는 얘기가 나오면 곤란하다', '창조적 전략 없는 대운하, 열차페리공약, 대운하 건설비는 단기간에 회수되지 않는 투자이다', '한나라당 정권을 잡으면 어떤 일이 생길까, 이게 좀 끔찍해요. 무책임한 정당이다. 이 사람들이 정권을 잡으면 지역주의가 강화될 것입니다' 등과 같은 내용의 발언을 하였다. 이에 한나라당은 위 강연내용이 '공직선거법' 제9조 제1항 등에 위반된다는 이유로 청구인을 중앙선거관리위원회에 고발하였다. 이에 중앙선거관리위원회는 전체회의를 개최하여 청구인의 위 발언이 선거에 영향을 미치는 것으로서 '공직선거법' 제9조가 정한 공무원의 선거중립의무를 위반하였다고 확인하고, 앞으로는 선거법 위반 논란이 일어나지 않도록 유의하여 주기 바란다는 내용의 '대통령의 선거중립의무 준수 요청' 조치를 취한 후 이를 청구인에게 통고하면서 언론사를 통하여 공표하였다. 또한 청구인은 원광대학교에서 명예정치학 박사학위를 수여받는 자리에서 "이명박 씨가 내놓은 감세론이요, 6조 8천억 원의 세수 결손을 가져오게 돼 있거든요. 6조 8천억 원이면 우리가 교육혁신을 할 수 있고요, 복지 수

3. 헌법소원심판—청구요건 중 청구인적격

준을 한참 끌어올릴 수도 있습니다. 이 감세론, 절대로 속지 마십시오. 대운하, 민자로 한다는데 그거 진짜 누가 민자로 들어오겠어요?"라는 등의 발언을 하였다. 또한 세종문화회관에서 열린 제20주년 6·10민주항쟁 기념식에 참석하여 "지난날의 기득권 세력들은 수구언론과 결탁하여 끊임없이 개혁을 반대하고, 진보를 가로막고 있습니다. … 나아가서는 민주세력 무능론까지 들고 나와 민주적 가치와 정책이 아니라 지난날 개발독재의 후광을 빌어서 정권을 잡으려 하고 있습니다"라는 등의 발언을 하였고, 또한 청와대접견실에서 한겨레신문사와 특별대담을 하면서, "참평포럼이 나를 따를 것이라고 생각한다면 내가 어디로 가느냐가 중요한 것 아닌가? 나는 열린우리당에서 선택된 후보를 지지한다. 불변이다. 열린우리당이 선택한 후보를 지지하고, 그 후보가 또 어디 누구하고 통합해 가지고 단일화하면 그 단일화된 후보를 지지하는 것이 내가 갈 길이다"라는 등의 발언을 하였다.

이에 한나라당은 청구인을 중앙선거관리위원회에 고발하였고, 중앙선거관리위원회는 전체회의를 열어 청구인의 발언이 '공직선거법' 제9조를 위반하고, 앞으로 선거결과에 영향을 미칠 수 있는 발언을 자제해 줄 것을 촉구하는 내용의 '대통령의 선거중립의무 준수 재촉구' 조치를 취한 후 이를 청구인에게 통고하면서 언론사를 통하여 공표하였다. 청구인은 피청구인인 중앙선거관리위원회 위원장의 위 각 조치가 청구인이 개인으로서 가지는 정치적 표현의 자유를 침해하였다고 주장하면서 헌법재판소법 제68조 제1항에 따라 이 사건 헌법소원심판을 청구하였다.

Ⅲ. 주   문

청구인의 심판청구를 기각한다.

Ⅳ. 결정 이유의 주요 논점 및 요지

1. 헌법소원 제기의 적법요건을 갖춤

먼저, 이 사건 조치는 '선거관리위원회법' 제14조의2에 근거한 '경고'로 봄이 상당하다. 또한 선거관리위원회의 헌법상 지위, 대통령의 헌법과 법률 준수 의무를 고려할 때 이 사건 조치를 단순히 권고적, 비권력적 행위라고 볼 수는 없으며, 이 사건 조치 그 자체로 표현의 자유에 대한 위축효과를 줄 수 있음이 명백하므로 기본권침해 가능성있는 공권력행사라고 할 것이다.

또한 국가기관의 기본권주체성과 관련하여, 원칙적으로 국가기관은 기본권의 수범자로서 국민의 기본권을 보호할 의무를 지고 있으므로 헌법소원을 제기할 수 없으나, 언제나 그러한 것은 아니고, 심판대상 조항이나 공권력작용이 공적 과제를 수행하는 주체의 권한 내지 직무영역을 제약하는 성격이 강한 경우에는 기본권주체성이 부인되나, 일반 국민으로서 국가에 대하여 가지는 헌법상의 기본권을 제약하는 성격이 강한 경우에는 기본권주체성을 인정할 수 있다. 이러한 기준을 전제로 하여 보면, 이 사건에서 문제된 청구인의 발언내용은 사적 성격이 강한 것도 있고, 직무부문과 사적 부문이 경합하는 것도 있어 순전히 대통령의 권한이나 직무에만 관련된 것으로 단정하기 어렵다. 따라서 이 사건 조치로 대통령 개인으로서의 표현의 자유가 제한되었을 가능성이 있으므로 기본권주체성을 인정할 수 있다.

2. 공직선거법 제9조 제1항 합헌

이 사건 법률조항을 정무직 공무원의 정치활동을 허용하고 있는 '국가공무원법' 조항과 종합해 살펴보면, 정무직 공무원은 평소 정치적·정무적 활동을 할 수 있으나 선거에 대하여는 부당한 영향력의 행사 기타 선거결과에 영향을 미치는 행위를 하여서는 안 된다는 취지이다. 이러한 이 사건 법률조항은 첫째, 입법목적과 입법경위, 수범자의 범위 및 선거과정의 특징을 고려할 때 명확성의 원칙에 반하지 않는다. 둘째, 대통령의 정치인으로서의 지위가 인정된다고 하더라도 선거활동에 관하여는 선거중립의무가 우선되어야 하며, 이 사건 법률조항은 단지 선거가 임박한 시기에 부당한 영향력을 행사하는 방법으로 선거결과에 영향을 미치는 행위만을 제한적으로 금하고 있으므로 과잉금지원칙에 위반되어 정치적 표현의 자유를 침해한다고 볼 수도 없다. 셋째, 대통령은 국정의 책임자이자 행정부의 수반이므로 공명선거에 대한 궁극적 책무를 지고 있고 공무원들은 최종적인 인사권과 지휘감독권을 갖고 있는 대통령의 정치적 성향을 의식하지 않을 수 없으므로 대통령의 선거개입은 선거의 공정을 해칠 우려가 높은 반면, 국회의원이나 지방의회의원은 공무원의 선거관리에 영향을 미칠 가능성이 높지 않고 국회의원은 국회의 구성원임과 동시에 정당소속원으로서 선거에 직접 참여하는 당사자가 될 수도 있고 복수정당제나 자유선거의 원칙을 실현하기 위하여 정책홍보 등 광범위한 선거운동의 주체가 될 필요도 있으므로 선거에서의 중립성을 요구하는 것이 적절하지 않다. 결국 국회의원과 지방의회의원이 대통령과 달리 이 사건 법률조항의 적용을 받지 않는 것은 합리적인 차별이라고 할 것이므로, 위 법률조항은 평등의 원칙에 반하지 않는다. 따라서 이 사건 법률조항은 헌법에 위반되지 않는다.

3. 중앙선거관리위원회의 두 조치도 합헌

이 사건 조치의 구체적인 내용을 살펴볼 때 발언의 당사자인 청구인으로서는 위 조치에서 언급하는 선거법위반행위가 무엇인지 알 수 있을 만큼 특정되었다고 할 것이므로 불명확하다거나, 이 사건 조치 전에 청구인에게 의견진술의 기회를 부여하지 않은 것이 적법절차에 어긋난다고 볼 수 없다. 또한 청구인의 발언은 대통령 선거가 다가오고 야당의 당내경선이 이루어지는 시기에 국민들이 관심을 갖는 공공의 모임에서 야당의 유력 후보자들을 비난하고 그들의 정책을 지속적, 반복적으로 비판한 것으로서 이는 선거에 대한 부당한 영향력을 행사하여 선거결과에 영향을 미치는 행위라고 할 것이므로, 이 사건 조치가 이 사건 법률조항을 잘못 해석, 적용한 것이라고 할 수 없다. 따라서 이 사건 조치가 청구인의 기본권을 침해하였다고 볼 수 없다.

Ⅴ. 이 결정이 가지는 의미

이 사건 법률조항과 이 사건 조치가 모두 합헌이라고 본 5인 재판관의 기각의 다수의견 이외에 2인 재판관의 각하의견과 나머지 2인 재판관의 인용의견(위헌의견)도 있었다. 헌법재판소는 원칙적으로 국가기관의 기본권주체성과 헌법소원 청구인적격을 부정하던 종래의 입장과는 달리, 이 판결에서 경우를 둘로 나누어, 청구심판대상 조항이나 공권력작용이 공적 과제를 수행하는 주체의 권한 내지 직무영역을 제약하는 성격이 강한 경우에는 기본권주체성이 부인되나, 일반 국민으로서 국가에 대하여 가지는 헌법상의 기본권을 제약하는 성격이 강한 경우에는 기본권주체성을 인정할 수 있으며 따라서 후자의 경우에는 국가기관의 헌법소원 청구인적격을 인정할 수 있다고 판시한 점에 특히 주목을 요한다.

생명윤리법 사건

― 헌재 2010. 5. 27, 2005헌마346 ―

Ⅰ. 심판대상

생명윤리 및 안전에 관한 법률(2004. 1. 29. 법률 제7150호로 제정된 것)

제16조(배아의 보존기간 및 폐기)

① 배아의 보존기간은 5년으로 한다. 다만, 동의권자가 보존기간을 5년 미만으로 정한 경우에는 이를 보존기간으로 한다.

② 배아생성의료기관은 제1항의 규정에 의한 보존기간이 도래한 배아 중 제17조의 규정에 의한 연구의 목적으로 이용하지 아니하고자 하는 배아를 폐기하여야 한다.

이 외에 동법 제13조 제1항, 제16조 제1항 내지 제3항, 제17조 제1호, 제2호, 제20조 제4항, 제22조, 부칙 제2항, 제3항 및 구 생명윤리 및 안전에 관한 법률(2008. 2. 29. 법률 제8852호로 개정되기 전의 것) 제16조 제4항, 제17조 제3호, 제20조 제1항 내지 제3항

Ⅱ. 사실관계의 요지

청구인1과 청구인2는 甲의료재단 부산분원 내에서 임신의 목적으로 청구인3으로부터 채취된 정자와 청구인4로부터 채취된 난자의 체외 인공수정으로 생성된 배아 중 청구인4의 체내에 이식되지 않고 남아 위 의료재단에 보존되어 있는 배아들이다. 청구인3과 청구인4는 부부로서 임신의 목적으로 위와 같이 정자 또는 난자를 제공하여 청구인1과 청구인2를 생성하게 한 배아생성자들이다. 청구인5 내지 청구인13은 법학자, 윤리학자, 철학자, 의사 등의 직업을 가진 사람들이다.

청구인들은 생명윤리 및 안전에 관한 법률 제16조 제1항, 제2항 등이 임신목적의 배아 생성을 허용하면서 인공수정배아를 인간이 아닌 세포군으로 규정하여 이에 대한 연구목적의 이용 가능성을 열어두고 있고, 잔여배아의 보존기간과 그 폐기 및 연구에 관해 불충분하게 규율하고 있으며, 생성배아의 수효에 관한 제한 및 인공수정을 할 수 있는 전제와 기준·방법 등에 대해 규율하지 않고, 체세포핵이식행위를 통해 생성된 체세포복

제배아의 연구·폐기를 허용함으로써 청구인들의 기본권을 침해한다고 주장하며 이 사건 헌법소원심판을 청구하였다.

Ⅲ. 주　문

1. 청구인 남 모, 김 모의 심판청구 중 '생명윤리 및 안전에 관한 법률' 제16조 제1항, 제2항에 대한 청구 부분을 기각한다.
2. 청구인 남 모, 김 모의 나머지 심판청구 부분과 나머지 청구인들의 심판청구를 모두 각하한다.

Ⅳ. 결정 이유의 주요 논점 및 요지

1. 초기배아인 청구인1과 청구인2의 헌법소원심판 청구는 각하

청구인1과 청구인2는 체외 인공수정으로 생성된 배아로서 수정란 상태로 의료재단에 보존되어 있는 배아들이다. 출생 전 형성 중의 생명에 대해서 헌법적 보호의 필요성이 크고 일정한 경우 그 기본권 주체성이 긍정된다고 하더라도, 어느 시점부터 기본권 주체성이 인정되는지, 또 어떤 기본권에 대해 기본권 주체성이 인정되는지는 생명의 근원에 대한 생물학적 인식을 비롯한 자연과학·기술 발전의 성과와 그에 터 잡은 헌법의 해석으로부터 도출되는 규범적 요청을 고려해 판단하여야 할 것이다.

청구인1과 청구인2는 '생명윤리법'상의 '배아'에 해당하며, 그 중에서도 수정 후 14일이 경과하여 원시선이 나타나기 전의 수정란 상태인 초기배아들이다. 청구인1과 청구인2가 수정이 된 배아라는 점에서 형성 중인 생명의 첫걸음을 떼었다고 볼 여지가 있기는 하나 아직 모체에 착상되거나 원시선이 나타나지 않은 이상 현재의 자연과학적 인식 수준에서 독립된 인간과 배아 간의 개체적 연속성을 확정하기 어렵다고 봄이 일반적이라는 점, 배아의 경우 현재의 과학기술 수준에서 모태 속에서 수용될 때 비로소 독립적인 인간으로의 성장가능성을 기대할 수 있다는 점, 수정 후 착상 전의 배아가 인간으로 인식된다거나 그와 같이 취급하여야 할 필요성이 있다는 사회적 승인이 존재한다고 보기 어려운 점 등을 종합적으로 고려할 때, 초기배아에 대한 국가의 보호필요성이 있음은 별론으로 하고, 청구인1과 청구인2의 기본권 주체성을 인정하기는 어렵다고 할 것이다. 그렇다면 청구인1과 청구인2는 기본권의 주체가 될 수 없으므로 헌법소원을 제기할 수 있는 청구인적격이 없다.

2. 청구인3과 청구인4의 청구 중 생명윤리법 제16조 제1항, 제2항에 대해서는 합헌, 나머지 청구는 각하

배아생성자는 배아에 대해 자신의 유전자정보가 담긴 신체의 일부를 제공하고, 또 배아가 모체에 성공적으로 착상하여 인간으로 출생할 경우 생물학적 부모로서의 지위를 갖게 되므로, 배아의 관리 또는 처분에 대한 결정권을 가진다. '생명윤리법' 제16조 제1항, 제2항이 생성된 배아의 보존기간을 최장 5년으로 정하면서 보존기간이 지난 후 연구목적에 이용되지 않는 배아는 폐기하도록 하고 있으므로, 이로 인해 배아생성자의 배아에 대한 결정권이 직접 제한된다. 그러나 체외수정기법에 의한 임신성공률을 높이기 위해 한 번에 다수의 체외수정배아를 생성함으로써 잔여배아가 발생하는 것은 불가피한 측면이 있다고 할 때, 냉동된 잔여배아 수의 증가로 인한 사회적 비용을 절감하고 의료기관의 관리 소홀로 배아가 부적절한 연구목적으로 부당하게 사용되는 것을 방지해야 할 필요성이 크므로, 이 사건 심판대상 조항이 배아에 대한 5년의 보존기간 및 보존기관 경과 후 폐기의무를 규정한 것은 그 입법목적의 정당성과 방법의 적절성이 인정된다. 나아가 5년의 보존기간 및 폐기의무를 규정하는 것과 다른 방식으로 입법의 목적을 실현하면서도 기본권을 덜 침해하는 수단이 명백히 존재한다고 할 수 없는 점, 5년 동안의 보존기간이 임신을 원하는 사람들에게 배아를 이용할 기회를 부여하기에 명백히 불합리한 기간이라고 볼 수 없는 점, 배아 수의 지나친 증가와 그로 인한 사회적 비용의 증가 및 부적절한 연구목적의 이용가능성을 방지하여야 할 공익적 필요성의 정도가 배아생성자의 자기결정권이 제한됨으로 인한 불이익의 정도에 비해 작다고 볼 수 없는 점 등을 고려하면, 이 사건 심판대상조항이 피해의 최소성에 반하거나 법익의 균형성을 잃었다고 보기도 어렵다. 따라서 '생명윤리법' 제16조 제1항, 제2항은 청구인 3, 4의 배아에 대한 자기결정권을 침해하여 헌법에 위반되지 않는다.

또한 청구인3과 청구인4의 '생명윤리법' 제16조 제1항, 제2항에 대한 심판청구 부분을 제외한 나머지 심판대상조항에 대한 심판청구는 기본권 침해가능성 또는 자기관련성을 인정하기 어렵다.

3. 법학자, 윤리학자, 철학자, 의사 등의 직업인으로 이루어진 청구인들의 청구도 각하

나머지 법학자, 윤리학자, 철학자, 의사 등의 직업인으로 이루어진 청구인들의 청구에 대해서 보면, 이 청구인들이 이 사건 심판대상 조항으로 인해 불편을 겪는다고 하더라도 이는 사실적, 간접적 불이익에 불과한 것이고, 인공수정배아 및 체세포복제배아에 관한 이 사건 심판대상조항의 규율과 관련하여 위 청구인들에 대한 기본권 침해의 가능성 및 자기관련성을 인정하기 어렵다.

V. 이 결정이 가지는 의미

헌법재판소가 만장일치의견으로 청구인인 초기배아들의 심판청구는 청구인적격이 없다는 이유로 각하하고, 배아생성자인 청구인들의 심판청구 중 잔여배아에 대해 5년의 보존기간을 정하고 이후 폐기하도록 한 '생명윤리법' 제16조 제1항, 제2항 부분에 대해서는 합헌결정을 내린 사건이다. 이 결정은 생명공학의 발전과 더불어 제정된 생명윤리와 관련된 법에 대해 최초의 헌법적 평가를 내린 점에서 의의가 크다.

헌법학계에서는 인간의 始期와 관련해 受胎時設이 통설이다. 즉, 정자와 난자가 결합된 수정란이 자궁에 착상된 시점부터 이를 인간으로 봄으로써, 태아의 생명권을 비롯한 여러 헌법적 권리를 보호하려 하고 있다. 헌법재판소는 본 사건 결정에서 인간의 始期가 언제부터라고 명시적으로 언급하지는 않았다. 그러나 청구인 배아의 기본권 주체성을 부정함으로써 적어도 수정단계 및 초기배아 단계에서는 이를 인간으로 부를 수 없다고 봤다는 점에 주목할 필요가 있다. 그럼으로써 인간이라고 부를 수 없는 시기의 배아에 대해서는 법이 정하기에 따라 제한적으로나마 배아의 연구목적 이용의 길이 열리게 된 것이기 때문이다. 물론 배아생성자가 배아에 대해 자신의 유전자정보가 담긴 신체의 일부를 제공하고 또 배아가 모체에 성공적으로 착상하여 인간으로 출생할 경우 생물학적 부모로서의 지위를 갖게 되므로 배아의 관리 또는 처분에 대한 결정권을 가진다고 판시함으로써 앞으로 이러한 권리를 근거로 배아의 무분별한 연구목적 이용 등을 헌법재판을 통해 통제할 여지는 남겨두었다. 또한 헌법재판소가 배아 연구의 구체적인 내용은 '생명윤리법' 등 법률을 통해 이를 정할 수 있게 했다는 점에도 유의할 필요가 있다.

국가보안법상의 구속기간 연장 사건

─ 헌재 1992. 4. 14, 90헌마82 ─

I. 심판대상

국가보안법

제19조(구속기간의 연장)

① 지방법원판사는 제3조 내지 제10조의 죄로서 사법경찰관이 검사에게 신청하여
  검사의 청구가 있는 경우에 수사를 계속함에 상당한 이유가 있다고 인정한 때에
  는 형사소송법 제202조의 구속기간의 연장을 1차에 한하여 허가할 수 있다.

② 지방법원판사는 제1항의 죄로서 검사의 청구에 의하여 수사를 계속함에 상당한
  이유가 있다고 인정한 때에는 형사소송법 제203조의 구속기간의 연장을 2차에
  한하여 허가할 수 있다.

③ 제1항 및 제2항의 기간의 연장은 각 10일 이내로 한다.

※ 참조조문

형사소송법

제202조(사법경찰관의 구속기간) 사법경찰관이 피의자를 구속한 때에는 10일 이내
(以內)에 피의자를 검사에게 인치하지 아니하면 석방하여야 한다.

제203조(검사의 구속기간) 검사가 피의자를 구속한 때 또는 사법경찰관으로부터 피
의자의 인치를 받은 때에는 10일 이내에 공소를 제기하지 아니하면 석방하여야 한다.

제205조(구속기간의 연장)

① 지방법원판사는 검사의 신청에 의하여 수사를 계속함에 상당한 이유가 있다고
  인정한 때에는 10일을 초과하지 아니하는 한도에서 제203조의 구속기간의 연장
  을 1차에 한하여 허가할 수 있다.

국가보안법(國家保安法)

제7조(찬양·고무 등)

① 국가의 존립·안전이나 자유민주적 기본질서를 위태롭게 한다는 정을 알면서 반
  국가단체나 그 구성원 또는 그 지령을 받은 자의 활동을 찬양·고무·선전 또는

이에 동조하거나 국가변란을 선전·선동한 자는 7년 이하의 징역에 처한다.

② 삭제

③ 제1항의 행위를 목적으로 하는 단체를 구성하거나 이에 가입한 자는 1년 이상의 유기징역에 처한다.

④ 제3항에 규정된 단체의 구성원으로서 사회질서의 혼란을 조성할 우려가 있는 사항에 관하여 허위사실을 날조하거나 유포한 자는 2년 이상의 유기징역에 처한다.

⑤ 제1항·제3항 또는 제4항의 행위를 할 목적으로 문서·도화 기타의 표현물을 제작·수입·복사·소지·운반·반포·판매 또는 취득한 자는 그 각 항에 정한 형에 처한다.

⑥ 제1항 또는 제3항 내지 제5항의 미수범은 처벌한다.

⑦ 제3항의 죄를 범할 목적으로 예비 또는 음모한 자는 5년 이하의 징역에 처한다.

제10조(불고지) 제3조, 제4조, 제5조 제1항·제3항(제1항의 미수범에 한한다)·제4항의 죄를 범한 자라는 정을 알면서 수사기관 또는 정보기관에 고지하지 아니한 자는 5년 이하의 징역 또는 200만원 이하의 벌금에 처한다. 다만, 본범과 친족관계가 있는 때에는 그 형을 감경 또는 면제한다.

Ⅱ. 사실관계의 요지

청구인들은 '국가보안법'위반 등의 혐의로 구속되어 치안본부 대공분실에서 수사를 받으면서 '국가보안법' 제19조 제1항에 의해 구속기간이 1차 연장되었다. 서울지방검찰청에 송치되어 수사를 받던 중에도 구속기간이 1차 연장되고 '국가보안법' 제19조 제2항에 의하여 다시 구속기간이 2차 연장되었다가 국가보안법 제7조 위반으로 서울형사지방법원에 공소제기 되었다. 청구인들은 법원에 사건이 계속 중 서울 구치소에 수감되어 있으면서 '국가보안법' 제19조의 위헌을 주장하면서 이 사건 헌법소원심판을 청구하였다.

Ⅲ. 주　문

국가보안법(1980. 12. 31. 법률 제3318호, 개정 1991. 5. 31. 법률 제4373호) 제19조 중 제7조 및 제10조의 죄에 관한 구속기간연장부분은 헌법에 위반된다.

IV. 결정 이유의 주요 논점 및 요지

1. 보충성의 원칙의 예외에 해당

헌법소원심판의 대상이 될 수 있는 법률은 그 법률에 기한 다른 집행행위를 기다리지 않고 직접 국민의 기본권을 침해하는 법률이어야 하지만 구체적 집행행위가 존재한다고 하여 언제나 반드시 법률 자체에 대한 헌법소원심판청구의 적법성이 부정되는 것은 아니다. 즉 예외적으로 집행행위가 존재하는 경우에도 그 집행행위를 대상으로 하는 구제절차가 없거나 구제절차가 있다고 하더라도 권리구제의 기대가능성이 없고 다만 기본권 침해를 당한 자에게 불필요한 우회절차를 강요하는 것밖에 되지 않는 경우로서 당해 법률에 대한 전제관련성이 확실하다고 인정되는 때에는 당해 법률을 헌법소원의 직접대상으로 삼을 수 있다.

2. 권리보호의 이익의 예외에 해당

헌법소원의 본질은 주관적 권리구제뿐만 아니라 객관적인 헌법질서의 보장도 겸하고 있으므로 침해행위가 이미 종료하여서 이를 취소할 여지가 없기 때문에 헌법소원이 주관적 권리구제에는 별 도움이 안 되는 경우라도 그러한 침해행위가 앞으로도 반복될 위험이 있거나 당해 분쟁의 해결이 헌법질서의 수호·유지를 위하여 긴요한 사항이어서 그 해명이 헌법적으로 중대한 의미를 지니고 있는 경우에는 헌법소원의 이익을 인정하여야 한다.

3. 과잉금지의 원칙을 위배한 신체의 자유, 무죄추정의 원칙 및 신속한 재판을 권리 침해

'형사소송법'상의 구속기간은 헌법상의 무죄추정의 원칙에서 파생되는 불구속수사원칙에 대한 예외로 설정된 기간으로서 이 구속기간을 더 연장하는 것은 예외에 대하여 또 다시 특례를 설정하는 것이 되므로 그 예외의 범위를 확장하는 데에는 국가안전보장과 질서유지라는 공익과 국민의 기본권보장이라는 상충되는 긴장관계의 비례성 형량에 있어서 더욱 엄격한 기준이 요구되며 따라서 그 예외의 확장은 극히 최소한에 그쳐야 한다. '국가보안법' 제7조(찬양·고무) 및 제10조(불고지)의 죄는 구성요건이 특별히 복잡한 것도 아니고 사건의 성질상 증거수집이 더욱 어려운 것도 아님에도 불구하고 '국가보안법' 제19조가 제7조 및 제10조의 범죄에 대해서까지 형사소송법상의 수사기관에 의한 피의자 구속기간 30일보다 20일이나 많은 50일을 인정한 것은 국가형벌권과 국민의 기본권과의 상충관계 형량을 잘못하여 불필요한 장기구속을 허용하는 것이다. 따라서, 헌법 제37조 제2항의 기본권 제한입법의 원리인 과잉금지의 원칙을 현저하게 위배하여 피의자의 신체의 자유, 무죄추정의 원칙 및 신속한 재판을 받을 권리를 침해한 것이다.

Ⅴ. 이 결정이 가지는 의미

　　1990년 4월 2일 '국가보안법' 제7조(찬양·고무 등)에 대해 헌법재판소가 한정합헌결정(헌재 1990. 4. 2, 89헌가113)을 내린 후 1991년 5월 31일에 국회가 이러한 헌법재판소의 결정취지를 반영해 '국가보안법' 제7조뿐만이 아니라 제1조를 비롯해 국가보안법상의 많은 조항들을 개정·보완한다. 이 사건은 이러한 1991년 국가보안법 개정 후의 사건이라는 점에 일단 유념할 필요가 있다.

　　이 사건 위헌결정으로 위헌무효가 선언된 것은 '국가보안법' 제19조 전체가 아니라 '국가보안법' 제19조 중 제7조와 제10조의 죄에 관한 구속기간 연장부분뿐이라는 점에도 주목을 요한다. 이렇듯 법조문의 어떤 적용례에 대해서만 위헌선언을 하는 것을 헌법학에서는 적용위헌(질적 일부위헌결정)이라 부른다. 헌법재판소는 제3조(반국가단체의 구성), 제4조(목적수행), 제5조(자진지원·금품수수), 제6조(잠입·탈출), 제8조(회합·통신), 제9조(편의 제공)의 죄에 있어서는 수사에 착수해 공소제기 여부의 결정을 하기까지 소요되는 시간과 노력의 정도는 구체적 사건의 사안의 경중 및 수사의 난이도 등에 따라 다르겠지만 구성요건의 내용으로 볼 때 사건에 따라서는 수사에 착수해 공소제기 여부의 결정을 하기까지는 일반 형사사건에서보다는 비교적 시간과 노력이 더 필요할 수도 있다는 요지로 판시하여 이 죄들에 관한 구속기간 연장부분에 대해서는 위헌선언을 하지 않은 것이다.

대법원장의 인사명령 사건

― 헌재 1993. 12. 23, 92헌마247 ―

Ⅰ. 심판대상

대법원장의 전보발령처분

※ 참조조문

국가공무원법

제76조(심사청구와 후임자 보충발령)

① 제75조의 규정에 의한 처분사유설명서를 받은 공무원은 그 처분에 불복이 있을 때에는 그 설명서를 받은 날부터, 공무원이 제75조에서 정한 처분 이외의 그 의사에 반한 불리한 처분을 받았을 때에는 그 처분이 있은 것을 안 날부터 각각 30일 이내에 소청심사위원회에 이에 대한 심사를 청구할 수 있다. 이 경우에는 변호사를 대리인으로 선임할 수 있다.

법원조직법

제70조(행정소송의 피고) 대법원장이 행한 처분에 대한 행정소송의 피고는 법원행정처장으로 한다.

행정소송법

제1조(목적) 이 법은 행정소송절차를 통하여 행정청의 위법한 처분 그밖에 공권력의 행사·불행사 등으로 인한 국민의 권리 또는 이익의 침해를 구제하고, 공법상의 권리관계 또는 법적용에 관한 다툼을 적정하게 해결함을 목적으로 한다.

Ⅱ. 사실관계의 요지

청구인은 1987년 법관으로 임용된 이래 인천, 서울 등 재경지역 법원에 근무하다가 법원내부의 확립된 인사원칙의 하나인 경향교류원칙에 따라 1991년 광주지법 목포지원 판사로 전보발령되었다. 이후 재경지역 법원으로의 복귀발령을 위한 정기인사를 불과 6개월 남짓 앞둔 1992년에 아무런 예고도 없이 광주지방법원 판사로 전보발령을 받았고 그 뒤 시행된 1993년 3월 및 9월의 법관 정기인사에서 지방의 경향교류 대상 법관들이 예외 없이 소정임기를 마치고 서울지역의 각 법원으로 복귀발령을 받았으나 유독 청구인만 그 인사에서 제외되었다. 이에 청구인은 피청구인의 청구인에 대한 위 인사처분은 각급 법원에의 적절한 인력배치와 필요한 인원의 조정 및 활용이라는 법관인사의 본래 목적과는 전혀 무관한 것으로, 청구인이 행한 법관의 승급기준에 관한 규칙의 위헌성 지적 및 목포경찰서 경찰관 등의 피의자 불법감금사건에 대한 고발 등 일련의 행동 등에 대한 피청구인의 주관적인 부정적 평가를 바탕으로 한 자의적인 것으로 볼 수밖에 없다고 주장했다. 결국 청구인은 피청구인의 위 인사처분은 법관의 인사를 징계 내지 문책의 수단으로 악용한 것으로 청구인을 여타의 경향교류대상 법관과 달리 부당하게 차별함으로써 청구인의 헌법상 보장된 평등권을 침해했다며 헌법소원을 제기하였다.

Ⅲ. 주　　문

이 사건 심판청구를 각하한다.

Ⅳ. 결정 이유의 주요 논점 및 요지

1. 헌법재판소법 제68조 제1항 단서부분의 의미

헌법재판소법 제68조 제1항은 "공권력의 행사 또는 불행사로 인하여 헌법상 보장된 기본권을 침해받은 자는 법원의 재판을 제외하고는 헌법재판소에 헌법소원심판을 청구할 수 있다. 다만, 다른 법률에 구제절차가 있는 경우에는 그 절차를 모두 거친 후가 아니면 청구할 수 없다"라고 규정하고 있다. 위 법률조항 단서부분의 뜻은 헌법소원이 그 본질상 헌법상 보장된 기본권 침해에 대한 예비적이고 보충적인 최후의 구제수단이므로 공권력작용으로 말미암아 기본권의 침해가 있는 경우에는 먼저 다른 법률이 정한 절차에 따라 침해된 기본권의 구제를 받기 위한 모든 수단을 다하였음에도 그 구제를 받지 못한 경우에 비로소 헌법소원심판을 청구할 수 있다는 것을 밝힌 것이다.

2. 보충성의 원칙에 위배

'국가공무원법' 제2조 및 제3조에 의하면 법관은 경력직공무원 중 특정직공무원으로서, 다른 법률에 특별한 규정이 없는 한, 국가공무원법의 적용을 받도록 규정하고 있고, 같은 법 제9조에는 법원 소속 공무원의 소청에 관한 사항을 심사결정하게 하기 위하여 법원행정처에 소청심사위원회를 두도록 하고 있으며, 같은 법 제9조부터 제15조에는 소청심사위원회의 조직, 심사절차 및 결정의 효력에 관하여 자세한 규정을 두고 있다. 한편 같은 법 제76조 제1항에는 국가공무원이 그 의사에 반하여 불리한 처분을 받았을 때에는 소청심사위원회에 이에 대한 심사를 청구하여 그 시정을 구할 수 있도록 규정하고 있다. 따라서 청구인은 위 각 법률조항이 정한 절차에 따라 이 사건 인사처분에 대하여 그 구제를 청구할 수 있고, 그 절차에서 구제를 받지 못한 때에는 '국가공무원법' 제16조, '법원조직법' 제70조, '행정소송법' 제1조의 규정에 미루어 다시 행정소송을 제기하여 그 구제를 청구할 수 있음이 명백하다. 그럼에도 불구하고, 청구인이 위와 같은 구제절차를 거치지 아니한 채 바로 이 사건 헌법소원심판을 청구한 점은 스스로 이를 인정하고 있으므로, 특별한 사정이 없는 한, 이 사건 심판청구는 다른 법률이 정한 구제절차를 모두 거치지 아니한 채 제기된 부적법한 심판청구라 아니할 수 없다.

3. 보충성원칙의 예외에 해당하지도 않음

청구인은, 청구인에 대한 이 사건 인사처분이 사법부의 장으로서 법관에 대한 인사권자이기도 한 대법원장에 의하여 행하여진 것이기 때문에, 법원행정처의 소청심사위원회는 물론 법원의 행정소송절차에 따른 심판으로는 권리구제의 실효성을 기대하기는 매우 어렵다고 할 특별한 사정이 있다고 보아야 할 것이고, 이와 같은 사정이 있을 때에는 바로 헌법소원심판을 청구하여 그 권리를 구제받을 수밖에 없다 할 것이므로 보충성의 원칙에 대한 예외가 인정되어야 한다고 주장한다. 물론 청구인의 위 주장은, 이해관계를 가진 청구인의 주관적인 입장에서 볼 때에는 이 사건 심판의 대상이 된 처분이 대법원장에 의하여 행하여진 것이라는 점에서 일응 수긍이 가는 점도 없지 않다. 그러나 다른 법률에 정하여진 권리구제절차가 있기는 하나 그 절차에서 권리구제의 실효성을 기대할 수 없어 헌법재판소법 제68조 제1항 소정 헌법소원 사건에서 요구되는 이른바 '보충성의 원칙'의 적용을 배제할 예외적인 사유가 있다고 하기 위해서는, 그 구제절차가 당해 사건에 관하여 객관적으로 실효성이 없을 것임이 확실히 예견되는 경우라야 한다.

공무원은 임용권자가 누구인가를 가리지 않고 국민에 대한 봉사자이며 국민에 대해 책임을 지는 지위에 있고, 특히 법관은 헌법 제103조가 "법관은 헌법과 법률에 의하여 그 양심에 따라 독립하여 심판한다"고 규정하여 법관의 독립을 보장하고 있을 뿐만 아니라 헌법과 법률에 의하여 그 신분을 두텁게 보장함으로써 이를 뒷받침하고 있는 터이므로 소청심사위원이나 행정소송의 재판을 담당할 법관에 대한 인사권자와 청구인에 대한 이 사건 인사처분권자가 동일인이라는 이유만으로 소청이나 행정소송절차에 의해서는 권리구제의 실효성을 기대하기 어렵다고 할 수 없다. 만약, 이 사건과 같은 경우까지를 위 보충성의 원칙에 대한 예외적인 사유가 있는 것으로 인정한다면, 사실상 사법행정과 관련된 일체의 쟁송은 국가권력에 의한 개인의 권리침해를 구제하여야 할 일차적이고도 기본적인 권한과 책임을 가지고 있는 법원의 관할에서 완전히 배제되고 오로지 헌법재판소만이 이를 담당해야 한다는 결론에 이르게 된다. 이것은 바로 사법제도의 본질과 헌법상의 법치주의의 원칙에도 반하는 것이다. 따라서 이 사건 심판의 대상이 대법원장의 인사처분이라는 이유만으로 헌법소원의 보충성의 원칙에 대한 예외로 보아야 한다는 청구인의 주장은 받아들일 수 없다.

그렇다면 이 사건 심판청구는 다른 법률에 구제절차가 있는 경우임에도 불구하고 그 절차를 모두 거치지 아니하고 청구한 것이어서 보충성의 요건을 갖추지 못한 부적법한 것이므로 이를 각하한다.

Ⅴ. 이 결정이 가지는 의미

헌법재판소는 청구인의 귀책사유로 돌릴 수 없는 정당한 이유로 전심절차를 거치지 않은 경우, '통상의 권리구제절차로 권리가 구제될 가능성이 희박한 경우', 특정한 경우에 통상의 권리구제절차가 허용되는지가 객관적으로 분명치 않은 경우, 기타 전심절차를 거칠 것을 기대하기 어려운 경우에는 보충성원칙의 예외를 인정해 바로 헌법재판소에 헌법소원심판을 청구할 수 있게 하고 있다. 본 결정에서 헌법재판소는 '통상의 권리구제절차로 권리가 구제될 가능성이 희박한 경우'를 '통상의 권리구제절차가 당해 사건에 관해 객관적으로 실효성이 없을 것임이 확실히 예견되는 경우'로 좁게 보아 본 사건의 경우를 보충성원칙의 예외에 해당하지 않는다고 본 점에 주목을 요한다.

법률안 날치기 통과 사건

─ 헌재 1997. 7. 16, 96헌라2 ─

I. 심판대상

피청구인이 제182회 임시회 제1차 본회의를 개의하고 국가안전기획부법중개정법률안, 노동조합및노동관계조정법안, 근로기준법중개정법률안, 노동위원회법중개정법률안, 노사협의회법중개정법률안의 5개 법률안을 상정하여 가결선포한 행위가 헌법 또는 법률에 의하여 부여받은 청구인들의 법률안 심의·표결의 권한을 침해한 것인지의 여부와 그로 인하여 위 가결선포행위가 위헌인지의 여부

※ 참조조문

헌법재판소법

제62조(권한쟁의심판의 종류)

① 권한쟁의심판의 종류는 다음과 같다.

    1. 국가기관 상호간의 권한쟁의심판 국회, 정부, 법원 및 중앙선거관리위원회 상호간의 권한쟁의심판

II. 사실관계의 요지

국회부의장 甲은 1996년 12월 26일 오전 6시경 피청구인을 대리하여 신한국당 소속 국회의원 155인이 출석한 가운데 제182회 임시회 제1차 본회의를 개의하고 위의 5개 법률안을 상정, 표결을 하여 가결되었음을 선포하였다. 이에 새정치국민회의 및 자유민주연합 소속 국회의원인 청구인들은 피청구인이 야당 국회의원인 청구인들에게 변경된 개의시간을 통지하지도 않은 채 비공개로 본회의를 개의하는 등 헌법 및 국회법이 정한 절차를 위반하여 위 법률안을 가결시킴으로써 독립된 헌법기관인 청구인들의 법률안 심의·표결권을 침해하였다고 주장하면서 그 권한침해의 확인과 아울러 위 가결선포행위에 대한 위헌확인을 구하는 이 사건 권한쟁의심판을 청구하였다.

Ⅲ. 주　　문

1. 피청구인이 1996. 12. 26. 6시경 제182회 임시회 제1차 본회의를 개의하고 국가안전기획부법중개정법률안, 노동조합및노동관계조정법안, 근로기준법중개정법률안, 노동위원회법중개정법률안, 노사협의회법중개정법률안을 상정하여 가결선포한 것은 청구인들의 법률안 심의·표결의 권한을 침해한 것이다.

2. 청구인들의 나머지 청구를 기각한다.

Ⅳ. 결정 이유의 주요 논점 및 요지

1. 국회의원과 국회의장이 권한쟁의심판의 당사자가 될 수 있음

헌법 제111조 제1항 제4호에서 헌법재판소의 관장사항의 하나로 "국가기관 상호간, 국가기관과 지방자치단체간 및 지방자치단체 상호간의 권한쟁의에 관한 심판"이라고 규정하고 있을 뿐 권한쟁의심판의 당사자가 될 수 있는 국가기관의 종류나 범위에 관하여는 아무런 규정을 두고 있지 않고, 이에 관하여 특별히 법률로 정하도록 위임하고 있지도 않다. 따라서 입법자인 국회는 권한쟁의심판의 종류나 당사자를 제한할 입법형성의 자유가 있다고 할 수 없고, 헌법 제111조 제1항 제4호에서 말하는 국가기관의 의미와 권한쟁의심판의 당사자가 될 수 있는 국가기관의 범위는 결국 헌법해석을 통하여 확정하여야 할 문제이다. 헌법 제111조 제1항 제4호 소정의 '국가기관'에 해당하는지 아닌지를 판별함에 있어서는 그 국가기관이 헌법에 의하여 설치되고 헌법과 법률에 의하여 독자적인 권한을 부여받고 있는지 여부, 헌법에 의하여 설치된 국가기관 상호간의 권한쟁의를 해결할 수 있는 적당한 기관이나 방법이 있는지 여부 등을 종합적으로 고려하여야 할 것이다. 이 사건 심판청구의 청구인인 국회의원은 헌법 제41조 제1항에 따라 국민의 선거에 의하여 선출된 헌법상의 국가기관으로서 헌법과 법률에 의하여 법률안 제출권, 법률안 심의·표결권 등 여러 가지 독자적인 권한을 부여받고 있으며, 피청구인인 국회의장도 헌법 제48조에 따라 국회에서 선출되는 헌법상의 국가기관으로서 헌법과 법률에 의하여 국회를 대표하고 의사를 정리하며, 질서를 유지하고 사무를 감독할 지위에 있고, 이러한 지위에서 본회의 개의시의 변경, 의사일정의 작성과 변경, 의안의 상정, 의안의 가결선포 등의 권한을 행사하게 되어 있다. 따라서 국회의원과 국회의장 사이에 위와 같은 각자 권한의 존부 및 범위와 행사를 둘러싸고 언제나 다툼이 생길 수 있고, 이와 같은 분쟁은 단순히 국회의 구성원인 국회의원과 국회의장간의 국가기관 내부의 분쟁이 아니라 각각 별개의 헌법상의 국가기관으로서의 권한을 둘러싸고 발생하는 분쟁이라고 할 것인데, 이와 같은 분쟁을 행정소송법상의 기관소송으로 해결할 수 없고 권한쟁의심판 이외에 달리 해결할 적당한 기관이나 방법이 없으므로 국회의원과 국회의장은 헌법 제111조 제1항 제4호 소정의 권한쟁의심판의 당사자가 될 수 있다고 보아야 할 것이다.

2. 국회의원의 법률안 심의·표결권 침해가 있었음

국회의원의 법률안 심의·표결권은 비록 헌법에는 이에 관한 명문의 규정이 없지만 의회민주주의의 원리, 입법권을 국회에 귀속시키고 있는 헌법 제40조, 국민에 의하여 선출되는 국회의원으로 국회를 구성한다고 규정하고 있는 헌법 제41조 제1항으로부터 당연히 도출되는 헌법상의 권한이다. 그리고 이러한 국회의원의 법률안 심의·표결권은 국회의 다수파의원에게만 보장되는 것이 아니라 소수파의원과 특별한 사정이 없는 한 국회의원 개개인에게 모두 보장되는 것임도 당연하다.

피청구인이 주장하는 대로의 통지가 있었다 하더라도 그러한 통지는 야당소속 국회의원들의 본회의 출석을 도저히 기대할 수 없는 것으로서 '국회법' 제76조 제3항에 따른 적법한 통지라고 할 수 없어서 이 사건 본회의의 개의절차에는 위 국회법의 규정을 명백히 위반한 흠이 있다고 아니할 수 없다. 한편 피청구인이 주장하는 바와 같이 사건 법률안의 의결처리 과정에서 청구인들의 일부가 포함된 야당의원들이 위력을 행사하여 본회의 개의를 저지함으로써 국회운영의 정상적인 진행을 봉쇄하였다는 이유만으로 이 사건 피청구인의 위법행위가 정당화된다고 할 수 없다. 그렇다면 피청구인이 국회법 제76조 제3항을 위반하여 청구인들에게 본회의 개의일시를 통지하지 않음으로써 청구인들은 이 사건 본회의에 출석할 기회를 잃게 되었고 그 결과 이 사건 법률안의 심의·표결과정에도 참여하지 못하게 되었다. 따라서 피청구인의 그러한 행위로 인하여 청구인들이 헌법에 의하여 부여받은 권한인 법률안 심의·표결권이 침해되었음이 분명하다.

3. 이 사건 법률안 가결선포행위가 위헌무효는 아님

우리 헌법은 국회의 의사절차에 관한 기본원칙으로 제49조에서 '다수결의 원칙'을, 제50조에서 '회의공개의 원칙'을 각 선언하고 있으므로, 이 사건 법률안의 가결선포행위의 효력 유무는 결국 그 절차상에 위 헌법규정을 명백히 위반한 흠이 있는지 여부에 의하여 가려져야 할 것이다. 이 사건 법률안은 재적의원의 과반수인 국회의원 155인이 출석한 가운데 개의된 본회의에서 출석의원 전원의 찬성으로(결국 재적의원 과반수의 찬성으로) 의결처리되었고, 그 본회의에 관하여 일반국민의 방청이나 언론의 취재를 금지하는 조치가 취하여지지도 않았음이 분명하므로, 그 의결절차에 위 헌법규정을 명백히 위반한 흠이 있다고는 볼 수 없다. 청구인들은 위 본회의의 소집과정에서 상당수 국회의원들에 대하여 적법한 개회통지가 이루어지지 않았고 또 전격적인 개의로 말미암아 일반국민의 방청이나 언론의 취재도 사실상 곤란하였다는 점을 들어 이 사건 법률안이 입법절차에 관한 헌법의 규정을 위반하여 가결선포된 것이라고 주장하고 있으나, 이러한 문제는 모두 의사절차상의 국회법 위반 여부나 의사절차의 적정성 여부에 관련된 것에 불과한 것으로 보아야 할 것이다. 그렇다면 피청구인의 이 사건 법률안의 가결선포행위에는 국회법 위반의 하자는 있을지언정 입법절차에 관한 헌법의 규정을 명백히 위반한 흠이 있다고 볼 수 없으므로, 이를 무효라고 할 수는 없다.

V. 이 결정이 가지는 의미

헌법재판소가 국회의장에 의한 소위 법률안 날치기통과에 대해 헌법에 의하여 부여받은 청구인 국회의원들의 법률안 심의·표결의 권한을 침해한 것은 인정했지만 법률안 가결선포행위가 위헌무효라는 청구에 대해서는 인용의견이 재판관 과반수에 이르지 못해 위헌무효라 할 수는 없다고 판시한 사건이다. 권한 침해는 있었는데 위헌무효는 아니라는 이상한 논리를 보이고 있어 이 결정에 대한 비판이 많다. 이재화, 조승형, 고중석 재판관은 반대의견에서 의회민주주의와 다수결원리의 헌법적 의미를 고려할 때 헌법 제49조는 국회의 의결이 통지가 가능한 국회의원 모두에게 회의에 출석할 기회가 부여된 바탕위에 재적의원 과반수의 출석과 출석의원 과반수의 찬성으로 이루어져야 함을 뜻하는 것으로 해석되어야 하며, 이 점에서 야당의원들에게 본회의 개의일시를 알리지 않음으로써 출석가능성을 배제한 가운데 본회의를 개의하여 여당의원들만 출석한 가운데 그들만의 표결로 법률안을 가결선포한 행위는 헌법 제49조에 명백히 위배되어 위헌무효라는 입장을 개진했다. 헌법재판소가 판례 입장을 변경해, 권한쟁의심판의 당사자적격에 관한 헌법재판소법 제62조 제1항 제1호를 예시규정으로 보면서 국회의장과 국회의원의 당사자적격을 인정한 첫 결정이라는 점에도 주목을 요한다.

미디어법 권한쟁의심판 사건 I
― 헌재 2009. 10. 29, 2009헌라8 ―

Ⅰ. 심판대상

피청구인들이 2009. 7. 22. 15:35경 개의된 제283회 국회임시회 제2차본회의에서 신문법안, 방송법안, 인터넷멀티미디어법안, 금융지주회사법안의 각 가결을 선포한 행위가 청구인들의 법률안 심의·표결 권한을 침해하였는지 여부 및 나아가 위 각 법률안에 대한 가결선포행위가 무효인지 여부.

Ⅱ. 사실관계의 요지

청구인은 진보신당, 민주당, 창조한국당, 민주노동당 소속 국회의원들이다. 국회부의장은 민주당 소속 국회의원들의 출입문 봉쇄로 국회본회의장에 진입하지 못한 국회의장으로부터 의사진행을 위임받아 제283회 국회임시회 제2차 본회의의 개의를 선언한 다음, 15:37경 '신문 등의 자유와 기능보장에 관한 법률' 전부개정법률안, '방송법 일부개정법률안', '인터넷멀티미디어 방송사업법 일부개정법률안'을 일괄 상정한다고 선언하고, 심사보고나 제안설명은 단말기 회의록, 회의자료로 대체한다고 하였다. 표결 결과 재적 294인, 재석 162인, 찬성 152인, 반대 0인, 기권 10인의 표결결과가 나오자 국회부의장은 신문법 수정안이 가결되었으므로 신문법 전부개정법률안은 수정안 부분은 수정안대로, 나머지 부분은 '신문법' 원안의 내용대로 가결되었다고 선포하였다. '방송법'은 원안이 아닌 수정안에 대하여 표결을 진행하였고, 몇 분이 경과한 후 "투표를 종료합니다"라고 선언하여 투표종료버튼이 눌러졌는데, 전자투표 전광판에는 국회 재적 294인, 재석 145인, 찬성 142인, 반대 0인, 기권 3인이라고 표시되었다. 이에 국회부의장은 "수정안에 대해서 투표를 다시 해 주시기 바랍니다," "재석의원이 부족해서 표결 불성립되었으니 다시 투표해 주시기 바랍니다"라고 하여 다시 투표가 진행되었고, "투표 종료를 선언합니다"라고 말한 후 전자투표 전광판에 재적 294인, 재석 153인, 찬성 150인, 반대 0인, 기권 3인으로 투표 결과가 집계되자 '방송법' 수정안이 가결되었으므로 '방송법 일부개정 법률안'은 수정된 부분은 수정안대로, 나머지 부분은 원안대로 가결되었다고 선포하였다. 그 이후 '인터넷멀티미디어 법안'과 '금융지주회사법 일부개정법률안'에 대해서도 표결이 이루어져 가결·선포되었다. 위 '신문법안', '방송법안', '인터넷멀티미디어 법안' 및 '금융지주회사법안'은 정부로 이송되어 국무회의를 거쳐 공포되었다.

Ⅲ. 주   문

1. 청구인들의 피청구인 국회부의장에 대한 심판청구를 모두 각하한다.

2. 피청구인 국회의장이 2009. 7. 22. 15:35경 개의된 제283회 국회임시회 제2차 본회의에서 '신문 등의 자유와 기능보장에 관한 법률 전부개정법률안'의 가결을 선포한 행위 및 '방송법 일부개정법률안'의 가결을 선포한 행위는 청구인들의 법률안 심의·표결권을 침해한 것이다.

3. 청구인들의 피청구인 국회의장에 대한 '인터넷멀티미디어 방송사업법 일부개정법률안' 및 '금융지주회사법 일부개정법률안'의 각 가결선포행위로 인한 권한침해 확인청구를 모두 기각한다.

4. 청구인들의 피청구인 국회의장에 대한 '신문 등의 자유와 기능보장에 관한 법률 전부개정법률안,' '방송법 일부개정법률안,' '인터넷멀티미디어 방송사업법 일부개정법률안' 및 '금융지주회사법 일부개정법률안'의 각 가결선포행위에 관한 무효확인 청구를 모두 기각한다.

Ⅳ. 결정 이유의 주요 논점 및 요지

1. 국회부의장에 대한 심판청구는 부적법

권한쟁의심판에서는 처분 또는 부작위를 야기한 기관으로서 법적 책임을 지는 기관만이 피청구인적격을 가지므로, 이 사건 권한쟁의심판은 의안의 상정·가결선포 등의 권한을 갖는 피청구인 국회의장을 상대로 제기되어야 한다. 피청구인 국회부의장은 '국회법' 제12조 제1항에 따라 국회의장의 직무를 대리하여 법률안을 가결선포할 수 있을 뿐이고 법률안 가결선포행위에 따른 법적 책임을 지는 주체가 될 수 없다. 따라서 피청구인 국회부의장에 대한 이 사건 심판청구는 피청구인 적격이 인정되지 않는 자를 상대로 제기되어 부적법하다.

2. 신문법안 가결선포행위로 인한 심의·표결권의 침해

김희옥, 김종대, 송두환은 심의절차의 제안취지 설명 절차부분이 '국회법' 제93조에 위배되어 청구인들의 심의·표결권을 침해했다고 보았고, 이강국, 조대현, 김희옥, 김종대, 이동흡, 송두환 재판관은 심의절차의 질의·토론 절차부분이 '국회법' 제93조에 위배되어 청구인들의 심의·표결권을 침해하였다고 보았으며, 특히 이강국, 이공현, 조대현, 김희옥, 송두환 재판관은 신문법 수정안에 대한 표결절차가 자유와 공정이 현저히 저해된 상태에서 이루어졌으며, 표결과정에서 무권투표가 발생하는 등의 현저한 무질서와 불합리 내지 불공정이 표결결과의 정당성에 영향을 미쳤을 개연성이 있다고 판단되므로, 피청구인의 신문법 수정안의 가결선포행위는 '헌법' 제49조 및 '국회법' 제109조의 다수결 원칙에 위배되어 청구인들의 표결권을 침해했다고 보았다. 따라서, 피청구인의 신문법안 가결선포행위가 청구인들의 심의·표결권을 침해하였다는 의견이 관여 재판관 9인 중 7인으로 과반수를 충족하므로 이 부분 심판청구는 인용되었다.

3. 방송법안 가결선포행위로 인한 심의·표결권의 침해

조대현, 김종대, 이동흡, 송두환 재판관은 '방송법안' 심의절차에 있어 질의·토론 절차부분이 '국회법' 제93조에 위배되어 청구인들의 심의·표결권을 침해하였다고 보았다. 또한 조대현, 김종대, 민형기, 목영준, 송두환 재판관은 '헌법' 제49조 및 '국회법' 제109조가 의결을 위한 출석정족수와 찬성을 위한 정족수를 단계적으로 규정하고 있는 독일, 일본 등과는 달리, 의결정족수에 관하여 의결을 위한 출석정족수와 찬성정족수를 병렬적으로 규정하고 있기 때문에 표결이 종료되어 '재적의원 과반수의 출석'에 미달하였다는 결과가 확인된 이상, '출석의원 과반수의 찬성'에 미달한 경우와 마찬가지로 국회의 의사는 부결로 확정되었다고 보아야 한다고 보았다. 따라서 '방송법안' 표결결과 부결이 확정되었음에도 부결을 선포하지 않은 채 재표결을 실시하고, 재표결결과에 따라 '방송법안'의 가결을 선포한 것이 '국회법' 제92조에 위배하여 청구인들의 표결권을 침해하였다는 입장을 개진했다. 종합적으로 봤을 때, 피청구인의 '방송법안' 가결선포행위가 청구인들의 심의·표결권을 침해하였다는 의견이 관여 재판관 9인 중 6인으로 과반수를 충족하므로 이 부분 심판청구도 인용되었다. '인터넷멀티미디어법안', '금융지주회사법안'의 가결선포행위에 대해서는 9인 중 5인 재판관이 심의·표결권을 침해를 인정하지 않았다.

4. 신문법안 가결선포행위 무효확인청구는 기각

이강국, 이공현, 김종대, 이동흡, 민형기, 목영준의 6인 재판관은 '신문법안' 가결선포행위에 대한 무효확인 청구를 기각하여야 한다고 보았다. 그 가운데 이강국, 이공현 재판관은 신문법 가결선포행위가 법률안 심의·표결권을 침해한 것은 인정하면서도, 권한쟁의심판 결과 드러난 위헌·위법 상태를 제거함에 있어 피청구인에게 정치적 형성의 여지가 있는 경우 헌법재판소는 피청구인의 정치적 형성권을 가급적 존중하여야 하며 헌법재판소법 제66조 제2항도 헌법재판소가 권한 침해의 발견시에 권한 침해의 원인이 된 피청구인의 처분을 취소하거나 "그 무효를 확인할 수 있고"라고 규정하고 있기 때문에 권한 침해가 있다고 반드시 의무적으로 무효선언을 해야 하는 것은 아니고 무효선언 여부가 헌법재판소의 재량사항이라고 보았다. 그러면서 이 재량적 판단에 의한 무효확인 또는 취소를 통하여 피청구인의 처분의 효력을 직접 결정하는 것은 권한질서의 회복을 위하여 헌법적으로 요청되는 예외적인 경우에 한정되어야 한다고 하면서 이 사건에 있어서도 기능적 권력분립과 국회의 자율권을 존중하는 의미에서 헌법재판소는 원칙적으로 처분의 권한 침해만 확인하고, 권한 침해로 야기된 위헌·위법상태의 시정은 피청구인에게 맡기는 것이 바람직함을 기각의 이유로 들었다. 이에 비해 조대현, 송두환, 김희옥 재판관은 인용의견을 개진했다.

5. 방송법안 가결선포행위의 무효확인청구도 기각

이강국, 이공현, 김희옥 재판관은 애초에 '방송법안' 가결선포행위가 청구인들의 법률안 심의·표결권을 침해하지 않았다고 보았기 때문에 기각의견을 개진했다. 민형기, 이동흡, 목영준 재판관은 청구인들의 심의·표결권은 침해되었지만 그것이 입법절차에 관한 헌법규정을 위반하는 등 가결선포행위를 취소 또는 무효로 할 정도의 하자에 해당한다고 보기는 어렵다는 이유로 기각의견을 냈다. 이에 비해 조대현, 송두환 재판관은 무효를 선언해야 한다는 인용의견을 개진했다.

V. 이 결정이 가지는 의미

헌법재판소가 1997년 7월 16일 96헌라2 결정에 이어 국회의장의 '국회법' 조항 등을 위반한 가결선포행위가 야당 국회의원의 심의·표결권을 위법하게 침해했다고 다시한번 인정한 사건이다. 특히 1997년 7월 16일 결정에서는 국회의장의 법률안 가결선포행위가

'국회법'의 여러 적법절차조항에 위배되어 '위법한 권한 침해'가 있었다고만 보았고 헌법
조항에는 위배되지 않아 '위헌적 권한 침해'는 없었다는 점을 국회의장 가결선포행위 무
효확인청구 기각의 근거로 삼은 반면에, 12년 후의 이 결정에서는 '신문법안' 가결선포행
위 무효확인청구에 대해 이강국, 이공현 재판관이 기각의견을 개진하면서 "권한쟁의심판
결과 드러난 위헌·위법 상태를 제거함에 있어 피청구인에게 정치적 형성의 여지가 있는
경우"라는 표현을 쓰고 있는 데에서도 드러나듯 '위법성'과 함께 '위헌성'까지 인정했음에
도 불구하고 무효선언이 의무사항은 아니고 재량사항이라고 하면서 무효선언을 하지 않
고 있다는 점에 주목을 요한다.

미디어법 권한쟁의심판 사건 II

— 헌재 2010. 11. 25, 2009헌라12 —

I. 심판대상

헌법재판소가 2009. 10. 29. 2009헌라8 등 사건에서 피청구인이 이 사건 각 법률안의 가결을 선포한 행위는 청구인들의 이 사건 각 법률안 심의·표결권을 침해한 것이라는 결정을 선고한 이후에도, 피청구인이 청구인들에게 침해된 이 사건 각 법률안 심의·표결권을 회복할 수 있는 조치를 취하지 아니하는 부작위

II. 사실관계의 요지

청구인들은 야당 소속의 제18대 국회의원들로서 헌법재판소에 국회의장을 피청구인으로 한 2009헌라8·9·10 권한쟁의심판청구를 하였다. 헌법재판소는 2009. 10. 29. 위 사건에 대하여, 피청구인이 2009. 7. 22. 15 : 35경 개의된 제283회 국회임시회 제2차 본회의에서 '신문법'(공식 법률명칭은 '신문 등의 자유와 기능보장에 관한 법률')안 및 '방송법' 일부개정법률안의 가결을 선포한 행위는 청구인들의 위 각 법률안 심의·표결권을 침해한 것임을 확인하고도, 위 각 법률안 가결선포행위의 무효확인청구는 이를 기각하는 결정을 선고하였다. 위 결정 이후, 문제가 되었던 '방송법'과 '신문법'은 각 시행되었고, 위 각 법률의 시행령도 대통령령으로 각 개정되어, 각 시행되었다.

청구인들 중 이용삼 외 11인은 위 결정 이후 신문법 폐지법률안과 신문법안 및 방송법 폐지법률안과 방송매체의 자유와 독립성 보장 등에 관한 법률안을 각각 발의하였다. 위 4개의 법률안은 제284회 국회 제9차 본회의에 보고되었고, 같은 날 소속 상임위원회인 국회 문화체육관광방송통신위원회에 회부되었으나, 의안상정이 이루어지지 않은 상태로 위 위원회에 계류되어 있다.

청구인들은 헌법재판소가 2009헌라8 등 사건의 결정주문에서 피청구인의 신문법안 및 방송법안 가결선포행위가 청구인들의 이 사건 각 법률안 심의·표결권을 침해한 것이라고 인정한 이상, 위 주문의 기속력에 따라 피청구인은 청구인들에게 이 사건 각 법률

안에 대한 심의·표결권을 행사할 수 있는 조치를 취하여야 함에도 불구하고 피청구인이 아무런 조치를 취하지 않고 있고, 피청구인의 이러한 부작위는 청구인들의 이 사건 각 법률안 심의·표결권을 침해한다고 주장하며 이 사건 권한쟁의심판을 청구하였다.

Ⅲ. 주   문

1. 청구인 이용삼의 이 사건 권한쟁의심판절차는 2010. 1. 20. 위 청구인의 사망으로 종료되었다.
2. 나머지 청구인들의 이 사건 심판청구를 모두 기각한다.

Ⅳ. 결정 이유의 주요 논점 및 요지

1. 김종대 재판관의 기각의견

헌법재판소법 제67조 제1항에 따라 모든 국가기관과 지방자치단체는 헌법재판소의 권한쟁의심판사건에 관한 결정에 기속되는데, 헌법재판소가 국가기관 상호간의 권한쟁의심판을 관장하는 점, 권한쟁의심판의 제도적 취지, 국가작용의 합헌적 행사를 통제하는 헌법재판소의 기능 등을 종합하면, 권한침해확인결정의 기속력을 직접 받는 피청구인은 그 결정을 존중하고 헌법재판소가 그 결정에서 명시한 위헌·위법성을 제거할 헌법상의 의무를 부담한다.

권한쟁의심판은 본래 청구인의 "권한의 존부 또는 범위"에 관하여 판단하는 것이므로, 종전 권한침해확인결정이 갖는 기속력의 본래적 효력은 피청구인의 이 사건 각 법률안 가결선포행위가 청구인들의 법률안 심의·표결권을 위헌·위법하게 침해하였음을 확인하는 데 그친다. 그 결정의 기속력에 의하여 법률안 가결선포행위에 내재하는 위헌·위법성을 어떤 방법으로 제거할 것인지는 전적으로 국회의 자율에 맡겨져 있다. 따라서 헌법재판소가 "권한의 존부 또는 범위"의 확인을 넘어 그 구체적 실현방법까지 임의로 선택하여 가결선포행위의 효력을 무효확인 또는 취소하거나 부작위의 위법을 확인하는 등 기속력의 구체적 실현을 직접 도모할 수는 없다.

일반적인 권한쟁의심판과는 달리, 국회나 국회의장을 상대로 국회의 입법과정에서의 의사절차의 하자를 다투는 이 사건과 같은 특수한 유형의 권한쟁의심판에 있어서는 헌법재판소법 제66조 제2항을 적용할 수 없다. "처분"은 본래 행정행위의 범주에 속하는 개념일 뿐 입법행위를 포함하지 않고, "입법관련 행위"에 대한 권한침해확인결정의 구체적

실현방법은 국회의 자율에 맡겨지는데, 국회법이나 국회규칙 어디에도 이에 관하여 국회의 자율권을 제한하는 규정이 없으며, 법률안 가결선포행위를 무효확인하거나 취소할 경우 그것은 실질적으로 해당 법률 전체의 효력을 무효화하는 결과를 초래하기 때문이다. 이러한 점 때문에 권한침해확인결정의 기속력에도 일정한 한계가 있다.

이 사건 심판청구 취지가 2009헌라8 등 결정의 기속력 실현의 한 방법으로 이 사건 각 법률안 가결선포행위를 취소하는 등 재입법을 위한 특정한 작위의무의 이행을 구하는 것이라면, 위 결정이 갖는 기속력의 한계를 벗어나 부당하다. 단순히 피청구인에게 이 사건 각 법률안 가결선포행위의 위헌·위법성을 제거할 의무가 있다는 확인을 구하는 취지라면, 이는 종전 권한침해확인결정의 기속력에 의하여 이미 발생한 것이므로 거듭 구할 필요성이 없다. 따라서, 이 사건 심판청구는 어느 모로 보나 이유 없어 기각함이 상당하다.

2. 이공현, 민형기, 이동흡, 목영준 재판관의 각하 의견

헌법재판소의 권한쟁의심판의 결정은 '헌법재판소법' 제67조 제1항에 따라 모든 국가기관과 지방자치단체를 기속하는데, 권한침해의 확인결정에도 기속력이 인정된다. 그러나 그 내용은 장래에 어떤 처분을 행할 때 그 결정의 내용을 존중하고 동일한 사정 하에서 동일한 내용의 행위를 하여서는 안 되는 의무를 부과하는 것에 그치고, 적극적인 재처분 의무나 결과제거 의무를 포함하는 것은 아니다. 재처분 의무나 결과제거 의무는 처분 자체가 위헌·위법하여 그 효력을 상실하는 것을 전제하는데, 이는 처분의 취소결정이나 무효확인 결정에 달린 것이기 때문이다.

'헌법재판소법'은 제66조 제2항 후단에서 헌법재판소가 피청구인이나 제3자에 대하여 적극적으로 의무를 부과할 권한을 부여하고 있지 않고, 부작위에 대한 심판청구를 인용하는 결정을 한 때에 피청구인에게 결정의 취지에 따른 처분의무가 있음을 규정할 뿐이다. 따라서 헌법재판소가 피청구인의 처분을 직접 취소하거나 무효확인함으로써 그 기속력의 내용으로서 피청구인에게 원상회복의무가 인정되는 것은 별론으로 하고, 헌법재판소가 권한의 존부 및 범위에 관한 판단을 하면서 피청구인이나 제3자인 국회에게 직접 어떠한 작위의무를 부과할 수는 없으며, 권한의 존부 및 범위에 관한 판단 자체의 효력으로 권한침해행위에 내재하는 위헌·위법상태를 적극적으로 제거할 의무가 발생한다고 보기도 어렵다.

따라서 위 2009헌라8 등 사건에서 헌법재판소가 권한침해만을 확인하고 권한침해의 원인이 된 처분의 무효확인이나 취소를 선언하지 않은 이상, 종전 권한침해확인결정의 기속력으로 피청구인에게 종전 권한침해행위에 내재하는 위헌·위법성을 제거할 적극적 조치를 취할 법적 의무가 발생한다고 볼 수 없으므로, 이 사건 심판청구는 부적법하다.

Ⅴ. 이 결정이 가지는 의미

　　이 사건에서 헌법재판소는 2009. 10. 29. 2009헌라8 등 사건에서 피청구인이 이 사건 신문법안 및 방송법안의 가결을 선포한 행위는 청구인들의 위 각 법률안 심의·표결권을 침해한 것이라는 결정을 선고한 이후에도 피청구인이 청구인들에게 침해된 위 각 법률안 심의·표결권을 회복할 수 있는 조치를 취하지 않는 부작위가, 청구인들의 위 각 법률안 심의·표결권을 침해한다고 주장하면서도 청구인들이 제기한 권한쟁의심판청구 자체는 기각하였다. 이 사건 심판청구에 대해 재판관 4인은 각하의견을, 재판관 1인은 기각의견을, 재판관 4인은 인용의견을 각 개진하였다. 각하의견은 이 사건 심판청구를 받아들일 수 없다는 결론에 한해서는 기각의견과 견해가 일치하고, 각하의견과 기각의견을 합하면 출석재판관 과반수 찬성이라는 권한쟁의심판의 심판정족수가 충족되므로 기각결정을 내리게 된 것이다.

　　'헌법재판소법' 제66조 제2항 후단의 "헌법재판소가 부작위에 대한 심판청구를 인용하는 결정을 한 때에는 피청구인은 결정취지에 따른 처분을 하여야 한다"는 부분의 해석과 관련해, 기각의견은 여기서의 "처분"이 본래 행정행위의 범주에 속하는 개념일 뿐 입법행위를 포함하지 않고 '입법관련 행위'에 대한 권한침해확인결정의 구체적 실현방법은 국회의 자율에 맡겨진다고 하면서, 국회의장의 법률안 가결선포행위를 취소하는 등 재입법을 위한 특정한 작위의무의 이행을 구하는 것은 헌법재판소의 권한쟁의심판 결정이 갖는 기속력의 한계를 벗어난다는 점을 기각의 주된 근거로 내세우고 있다. 또한, 각하의견은 제66조 제2항 후단에서 헌법재판소 자체가 피청구인이나 제3자에 대하여 적극적으로 의무를 부과할 권한을 부여하고 있지 않고 헌법재판소가 부작위에 대한 심판청구를 인용하는 결정을 한 때에 피청구인에게 결정의 취지에 따른 처분의무가 있음을 규정할 뿐이라고 해석하면서, 헌법재판소에 의한 권한의 존부 및 범위에 관한 판단 자체의 효력으로 권한침해행위에 내재하는 위헌·위법상태를 적극적으로 제거할 의무가 발생한다고 보기도 어렵다는 점을 각하의 주된 근거로 든다. 이에 대해서는 '헌법재판소법' 제66조 제2항 후단을 너무 소극적으로 해석해, '위헌·위법상태의 적극적인 시정으로 인한 헌법질서의 수호·유지'라는 헌법재판소의 사명을 소홀히 여긴 결정이 아니냐는 비판이 가능하다.

북제주군과 완도군 등 간의 권한쟁의 사건

─ 헌재 2008. 12. 26, 2005헌라11 ─

Ⅰ. 심판대상

피청구인들에 대해 이 사건 섬에 대한 자치권한이 청구인에게 속하는지 여부와 피청구인 완도군수에 대해 이 사건 섬을 지번 "전남 완도군 소안면 당사리 산26", 지목 및 면적 "임야 214,328㎡", 사유 "1979년 2월 2일 신규등록", 소유자 "국(재무부)"으로 임야대장에 등록한 것의 말소절차를 이행하지 않은 부작위가 위헌 내지 위법인지 여부

Ⅱ. 사실관계의 요지

이 사건 섬을 두고 청구인인 제주특별자치도측은 "사수도", 피청구인들인 완도군과 완도군수측은 "장수도"라 불러왔는데, 국토지리정보원의 주관으로 인공위성 영상 및 항공사진, 구 지도 등을 확인한 결과 양측이 주장하는 섬은 그 면적, 형태에 있어 동일하였다. 이 사건 섬은 임야 조사령에 따라 1919년 7월 10일 '예초리 산21 임야 6정 9단 7무(69,223㎡)' 소유자 김유홍으로 사정되어 임야대장에 최초로 등록되었다. 그 후 이 사건 섬은 1930년 4월 9일 '제주도 추자면 예초리 산21번지 임야 6정 9단 7무'로 소유권보존등기가 마쳐지고 같은 '대서리'에 주소를 두고 있던 일본인에게 소유권이전되었으며, 1960년에는 대한민국으로 소유권이전되었고, 1972년에는 제주 북제주군 추자면 대서리 31에 주소를 둔 추자초등학교 육성회가 소유권을 취득하였으며, 2000년에 이 육성회가 명의를 '추자초등학교 운영위원회'로 변경하여 오늘에 이르고 있다. 한편 1978년 당시 내무부장관은 각 시·도에 미등록 도서의 지적등록을 지시하였고, 그 지시에 따라 완도군은 1979년 이 사건 섬에 관하여 '전남 완도군 소안면 당사리 산 26 임야 214,328㎡' 소유자 국(재무부)으로 임야대장에 신규 등록하였다.

청구인은 2005년 9월 23일경 피청구인 완도군수에게 이 사건 섬이 청구인의 관할구역에 속하므로 임야대장을 말소하여 줄 것 등을 요청하였으나 거절당하자 피청구인들에 대하여 이 사건 섬에 대한 자치권한이 청구인에게 있다는 확인을 구하고, 피청구인 완도

군수에 대하여 이 사건 섬의 임야대장 등록말소를 구한다는 취지로 2005년에 이 사건 권한쟁의심판을 청구하였다. 그 후 2006년 7월 1일 '제주도 행정체제 등에 관한 특별법' 이 시행됨에 따라 기존의 북제주군이 폐지되면서 제주특별자치도가 그 권한을 포괄적으로 승계하였고, 이에 따라 제주특별자치도가 2006년 8월에 소송수계신청을 하였다.

Ⅲ. 주 문

1. 청구인의 피청구인 완도군수에 대한 심판청구를 각하한다.
2. 동경 126°38′, 북위 33°55′에 위치한 섬에 대한 관할권한이 청구인에게 있음을 확인한다.

Ⅳ. 결정 이유의 주요 논점 및 요지

1. 완도군수에 대한 심판청구는 각하

피청구인 완도군수에 대한 심판청구는 지방자치단체인 청구인이 국가사무인 지적공부의 등록사무에 관한 권한의 존부 및 범위에 관하여 국가기관의 지위에서 국가로부터 사무를 위임받은 피청구인 완도군수를 상대로 다투고 있는 것임이 분명하다. 따라서 이 부분 심판청구는 그 다툼의 본질을 지방자치권의 침해로 보기 어렵고, 청구인의 권한에 속하지 않는 사무에 관한 권한쟁의심판 청구로서 부적법하다.

2. 섬은 제주특별자치도에 귀속됨

관할권한 판단 기준과 관련해 봤을 때, '지방자치법'(2007. 5. 11. 법률 제8423호로 전부개정된 것) 제4조 제1항은 "지방자치단체의 명칭과 구역은 종전과 같이 하고, 명칭과 구역을 바꾸거나 지방자치단체를 폐지하거나 설치하거나 나누거나 합칠 때에는 법률로 정하되, 시·군 및 자치구의 관할 구역 경계변경은 대통령령으로 정한다"고 규정하고 있다. 헌법재판소는 이 '종전의 구역'의 의미에 대해 1948년 8월 15일 현재의 구역을 의미하는 것으로 판시한 바 있다. 여기서 '종전'이란 종전의 법령 내용만을 의미하는 것이 아니고, 지적공부상의 기재 등까지를 포괄하는 의미로 해석되어야 하며, '지방자치단체의 행정구역은 종전에 의한다'는 것은 동법 시행시 존재한 구역을 그대로 답습한다는 것을 의미한다. 지방자치단체의 관할구역 중 육지에 관한 부분은 위와 같은 법령에 의해 직접 특정되지는 않았더라도 위 법령에서 예컨대, 경기도의 관할구역을 광주군 등으로 한다고 규정하고 그 중 특정 토지가 지적관련공부에서 광주군에 이어 면, 동, 번지로 특정됨에 따라 그 특정 토지는 경기도의 관할구역으로 특정되게 되었다고 판시한 바 있다.

　'지방자치법' 제4조 제1항에서 정한 관할구역의 기준과 관련하여 다양한 해석론이 제시될 수 있으나, 육지에 대한 지방자치단체의 관할구역의 경우 지적법에 의하여 공부상 정리되어 있고, 지적법에 따라 임야대장 등 지적공부에 토지를 등록하면서 토지 특정의 한 방법으로 소재지의 지번을 기재하는 행정구역의 표시는 당해 토지를 관할하는 지방자치단체의 특정이라는 의미도 가진다고 할 것이다. 따라서 육지에 대한 지방자치단체의 관할구역을 결정함에 있어서는 앞서 헌법재판소가 판시한 바와 같이 원칙적으로 '지적공부상의 기재'를 기준으로 하되 지적공부상 기재에 명백한 오류가 있거나 그 기재내용을 신뢰하기 어려운 특별한 사정이 있는 경우에는 지형도, 기타 역사적, 행정적 관련 자료 등을 종합하여 판단하여야 할 것이다.

　위와 같이 '지방자치법' 제4조 제1항에서 말하는 '종전'이란 법령 내용만을 의미하는 것이 아니고, 지적공부상의 기재 등까지를 포괄하는 의미로 해석되는 것이므로 육지의 경계확정 분쟁과 유사한 성격을 가지는 이 사건 분쟁의 성격상 지적공부를 중심으로 이 사건 섬의 귀속을 판단하여야 할 것이다. 증거자료에 나타난 사실관계에 의하면, 지적공부상으로 이 사건 섬은 현재 청구인과 피청구인 완도군 모두에게 등록되어 있으나, '지방자치법' 제4조 제1항에 따라 1948. 8. 15. 당시를 기준으로 할 경우 당시 지적공부인 임야대장과 토지등기부, 임야도에 청구인만이 이 사건 섬을 등록하고 있고, 나아가 위 지적공부상 기재에 명백한 오류가 있거나 그 기재 내용을 신뢰하지 못할 만한 다른 사정이 있다고 보기 어려운 점 등에 비추어 이 사건 섬에 대한 자치권한은 청구인에게 귀속된다고 할 것이다. 또한, 1931년 7월 20일 조선총독부에서 '추자면 예초리 사수도'라고 적시하면서 어업면허를 한 사실과 1932년에는 추자면 예초리로 적시되어 해조채취구역으로 지정된 사실을 확인할 수도 있어 최초 지방자치법 시행 당시인 1948년 8월 15일 무렵에는 이 사건 섬 및 그 인근지역을 청구인 측에서 관리하였다고 봄이 상당하다. 따라서 1948년 8월 15일 당시를 기준으로 지적공부의 기재뿐만 아니라 위와 같은 연혁 및 역사적 사실을 종합하여 보더라도 이 사건 섬에 대한 자치권한은 청구인에게 귀속된다고 할 것이다. 한편, 헌법재판소의 선판례에서 국토지리정보원 작성의 지형도에 의해 해상경계선을 인정한 사안의 경우 공유수면의 해상경계선이 문제된 것으로 이 사건과 사안을 달리하고 있는 점 등에 비추어 국토지리정보원에서 작성된 지형도상의 경계표시에 의하여 이 사건 섬의 귀속 여부를 결정할 수는 없다고 할 것이다. 나아가 이 사건 섬 인근의 공유수면에 대해 북제주군 추자면에서 어업면허를 하고 제주해양경찰에서 경계업무를 수행하는 등 청구인측에서 관할권을 행사하여 온 점까지 감안한다면, 이 사건 섬이 피청구인 완도군에 귀속되었다고 볼만한 해상관습법 등 불문법상 근거에 의한 변경이 있었다고 볼 수도 없다.

V. 이 결정이 가지는 의미

　　헌법재판소 전원재판부는 재판관 8대 1의 의견으로 동경 126°38′, 북위 33°55′에 위치한 섬에 대한 관할권한은 제주특별자치도에게 있음을 확인하고, 이 사건 심판청구 중 피청구인 완도군수에 대한 심판청구는 각하하는 결정을 내렸다. 육지의 경계확정 분쟁과 유사한 성격을 가지는 이 사건 분쟁의 성격상 지적공부를 중심으로 이 사건 섬의 귀속을 판단해야 하며, '지방자치법' 제4조 제1항에 따라 1948년 8월 15일 당시를 기준으로 할 경우 당시 지적공부인 임야대장 등에 청구인만이 이 사건 섬을 등록하고 있고, 나아가 위 지적공부상 기재에 명백한 오류가 있거나 그 기재 내용을 신뢰하지 못할 만한 다른 사정이 있다고 보기 어려운 점 등에 비추어 이 사건 섬에 대한 관할권한이 청구인에게 귀속된다고 본 것이다.

　　이러한 다수의견에 대해 조대현 재판관은 완도군수에 대한 심판청구와 관련한 반대의견을 통해, 피청구인 완도군수가 청구인의 관할권한 행사를 방해하고 있는 이상 청구인의 청구는 완도군수가 청구인의 관할권한을 침해하는 상태를 제거시키는 적절한 수단이라고 할 것이고 이를 인용함이 상당하다는 주장을 폈다. 토지가 어느 지방자치단체에 귀속되느냐가 권한쟁의심판의 형식으로 다투어진 사건이고, 청구인인 제주특별자치도의 지방자치권이 완도군에 의해 침해되었음을 인정했다는 점에서 권한쟁의심판사건에서 인용결정을 내린 몇 안 되는 사건들 중의 하나임에 주목할 필요가 있다.

옹진군과 태안군 등 간의 권한쟁의 사건

— 헌재 2009. 7. 30, 2005헌라2 —

I. 심판대상

1. 피청구인 태안군수에 대한 심판청구

① 이 사건 쟁송해역에 대한 자치권한이 청구인 옹진군에게 속하는지 여부, ② 피청구인 태안군수가 이 사건 쟁송해역 중 가덕도 해역과 선갑도 해역에 대하여 한 해사채취허가처분이 청구인 옹진군의 자치권한을 침해한 것인지 여부, ③ 피청구인 태안군수가 이 사건 쟁송해역 중 가덕도 해역 및 선갑도 해역에 대해 한 해사채취허가처분에 따른 법적 상태를 제거하지 않고 있는 부작위가 청구인 옹진군의 자치권한을 침해한 것인지 여부.

2. 피청구인 태안군에 대한 심판청구

① 이 사건 쟁송해역에 대한 자치권한이 청구인 옹진군에게 속하는지 여부, ② 피청구인 태안군이 이 사건 쟁송해역에 대하여 행사할 장래처분이 청구인 옹진군의 자치권한을 침해할 위험성이 있는지 여부.

II. 사실관계의 요지

피청구인 태안군수는 별지 '인천-충남간 해상 광업지적 내 행정경계구역도' 표시 가덕도 쟁송해역과 선갑도 쟁송해역에 대하여 바다골재(해사)채취허가처분을 하고, 점용료 및 사용료를 부과하였다. 청구인 옹진군은 국토지리정보원 발행의 지형도에서의 해상경계선에 따르면, 별지 '인천-충남간 해상 광업지적 내 행정경계구역도' 표시 이 사건 쟁송해역은 청구인의 관할해역에 속한다고 주장하며, 피청구인 태안군수에게 위 관할해역 내에 대한 해사채취허가행위의 취소, 점용료 및 사용료 부과·징수행위의 즉각적인 정지 등을 요구하였으나, 피청구인 태안군수는 이에 불응하였다. 이에 청구인 옹진군은 이 사건 쟁송해역에 대한 관할권한이 청구인 옹진군에게 있음의 확인 등을 구하는 권한쟁의심판을 청구하였다.

Ⅲ. 주   문

1. 청구인의 피청구인 태안군수에 대한 심판청구를 각하한다.

2. [별지] '인천-충남 간 해상 광업지적 내 행정경계구역도' 표시 "A, B, C, A"의 각 점을 순차적으로 연결한 선 내 부분 해역에 대한 관할권한은 청구인에게 있음을 확인한다.

Ⅳ. 결정 이유의 주요 논점 및 요지

1. 피청구인 태안군수에 대한 심판청구는 부적법 각하

청구인 옹진군의 피청구인 태안군수에 대한 심판청구의 본질은 이 사건 쟁송해역에 대한 해사채취허가사무를 집행할 정당한 권한이 누구에게 있는지에 대한 다툼으로, 이는 결국 이 사건 쟁송해역에 대한 해사채취허가사무에 관한 권한의 존부 및 범위에 관한 다툼이라고 할 것이다. 그런데 해사채취허가사무는 전국적으로 통일적 처리가 요구되는 중앙행정기관인 국토해양부장관의 고유업무인 국가사무로서 지방자치단체의 장에게 위임된 기관위임사무에 해당한다고 할 것이다. 따라서 지방자치단체인 청구인 옹진군이 국가사무인 해사채취허가사무에 관한 권한의 존부 및 범위에 관하여 다투고 있는 이 부분 심판청구는 지방자치단체인 청구인의 권한에 속하지 않는 사무에 관한 권한쟁의심판청구라고 할 것이므로 부적법하다.

2. 피청구인 태안군에 대한 심판청구 부분

태안군수가 이 사건 쟁송해역에 대하여 해사채취허가처분을 하고 그에 따른 점용료 및 사용료를 부과, 징수하였다. 이에 대해 청구인 옹진군은 이 사건 쟁송해역에 대한 관할권한이 청구인에게 있다고 주장하고 있는 반면, 피청구인 태안군은 이 사건 쟁송해역에 대한 관할권한이 오히려 자신에게 있고, 태안군수의 해사채취허가처분 및 그에 다른 점용료 및 사용료의 부과는 정당하다고 주장하고 있다. 따라서 이 사건 쟁송해역에 대한 피청구인 태안군의 관할권한 행사가 확실하게 예정되어 있다고 할 것이고, 피청구인 태안군의 장래처분이 확정적으로 존재하며, 피청구인 태안군의 장래처분에 의하여 청구인의 이 사건 쟁송해역에 대한 관할권한이 침해될 위험성이 있어서 청구인의 권한을 사전에 보호해야 할 필요성이 매우 크다고 할 것이다. 그러므로 피청구인 태안군의 장래처분은 헌법재판소법 제61조 제2항에서 규정하고 있는 처분에 해당된다고 할 것이어서 청구인의 피청구인 태안군에 심판청구는 적법하다.

지방자치단체의 관할구역에 대해서는 '지방자치법' 제4조 제1항이 "지방자치단체의 명칭과 구역은 종전과 같이 하고"라고 규정하고 있다. 또한 지방자치단체가 관할하는 구역의 범위와 관련해 우리 재판소는 '지방자치법' 제4조 제1항에 규정된 지방자치단체의 구역은 주민·자치권과 함께 자치단체의 구성요소이며, 자치권이 미치는 관할구역의 범위에는 육지는 물론 바다도 포함되므로, 공유수면에 대한 지방자치단체의 자치권한이 존재한다고 판시한 바 있다. 현행 지방자치법 제4조 제1항은 지방자치단체의 관할구역 경계를 결정함에 있어서 '종전'에 의하도록 하고 있고, '지방자치법' 제4조 제1항의 개정연혁에 비추어 보면 위 '종전'이라는 기준은 최초로 제정된 법률조항까지 순차로 거슬러 올라가게 되므로 1948년 8월 15일 당시 존재하던 관할구역의 경계가 원천적인 기준이 된다. 따라서 특별한 사정이 없다면 조선총독부 육지측량부가 제작한 지형도상의 해상경계선이 그 기준이 될 것이다. 그러나 위 지형도가 현재 존재하지 않거나 위 지형도상에 해상경계선이 제대로 표시되어 있지 않더라도, 주민·구역과 자치권을 구성요소로 하는 지방자치단체의 관할구역에 경계가 없는 부분이 있다는 것은 상정할 수 없고, 조선총독부가 제작한 지형도는 해방 이후 국토지리정보원이 발행한 국가기본도에 대부분 그대로 표시되었으므로, 국토지리정보원이 발행한 지형도 중 1948년 8월 15일에 가장 근접한 것을 기준으로 하여 종전에 의한 해상경계선을 확인하여야 한다. 또한 지형도상의 해상경계선이 명시적으로 표시되어 있지 않은 경우에는 행정관습법이 존재한다면 이에 의하고, 행정관습법이 성립하지 않은 경우에는 지형도에 표시된 해상경계선에서 합리적으로 추단할 수 있는 해상경계선에 의하여야 할 것이다.

국토지리정보원에서 발행된 국가기본도상 이 사건 쟁송해역 및 그 인근해역에는 모두 11개의 해상경계선 표시가 존재하고, 각 해상경계선들은 모두 부분적으로만 표시되어 있다. 그런데 11개의 해상경계선 중 이 사건 쟁송해역에서 1948년 8월 15일 당시와 시기적으로 가장 근접한 것은 풍도 해상광구의 경우에는 1965년 발행된 국가기본도상의 해상경계선이고, 선갑도 해상광구의 경우에는 1971년 발행된 국가기본도상의 해상경계선이며, 가덕도 해상광구와 이곡 해상광구의 경우에는 1969년 발행된 국가기본도상의 해상경계선이다. 이 사건 쟁송해역의 해상경계선은 특별한 사정이 없다면 풍도 해상광구의 1965년 해상경계선, 선갑도 해상광구의 1971년 해상경계선, 가덕도와 이곡 해상광구의 1969년 해상경계선을 합리적으로 연결한 선이 청구인 옹진군과 피청구인 태안군의 관할구역 경계라고 볼 가능성이 크다. 그런데 청구인이 제출한 '인천-충남간 해상 광업지적

내 행정경계구역도' 표시 "A, C"의 각 점을 연결한 선이 위 3개의 해상경계선을 연결한
선상에 있고, 다른 해상경계선들도 위 "A, C"의 각 점을 연결한 선상에 있음에 비추어
볼 때, 이를 풍도 해상광구의 1965년 해상경계선, 선갑도 해상광구의 1971년 해상경계선,
가덕도 해상광구와 이곡 해상광구의 1969년 해상경계선을 가장 합리적으로 연결한 선이
라고 할 것이다. 또한 법률 또는 대통령령의 개폐, 행정관습법의 성립 등으로 적법하게
변경되었다고 볼 특별한 사정이 존재하지 않으므로 이를 지방자치법 제4조 제1항이 정한
'종전'에 의한 관할구역의 경계로 봄이 상당하다. 따라서 이 사건 쟁송해역은 청구인 옹
진군의 관할권한에 속한다.

V. 이 결정이 가지는 의미

헌법재판소는 재판관 6 : 2의 의견으로 인천광역시 옹진군과 충청남도 태안군 사이
의 공유수면 바다 중 일부인 이 사건 쟁송해역에 대한 관할권한의 귀속을 다투는 권한쟁
의 심판사건에서, 지방자치단체의 자치권이 미치는 관할구역의 범위에는 육지는 물론 바
다도 포함되고, 국토지리정보원 발행의 국가기본도상의 해상경계선에 비추어 볼 때 이
사건 쟁송해역에 대한 관할권한은 청구인 옹진군에게 있음을 선고하였다. 조대현, 송두환
재판관은 반대의견에서 영해구역을 지방자치단체별 관할구역으로 구분하려면 '지방자치
법' 제4조 제1항에 의하여 영해구역에 대한 지방자치단체의 관할구역과 경계가 법령으로
정해져야 하지만 아직까지 영해구역에 대한 관할구역에 관한 법령이 정비되지 않았고,
또 그 동안의 행정관습에 의하여 영해구역 내에 지방자치단체의 관할구역과 경계가 명확
하게 형성되었다고 보기도 어려우므로 이 사건 심판청구는 해역관할권의 범위와 그 관할
권의 침해여부를 판단할 수 없어 기각하여야 한다는 기각의견을 개진하였다.

헌법재판소는 과거 당진군과 평택시 간의 권한쟁의 심판사건에 대한 2004. 9. 23.
2000헌라2 결정이나 광양시 등과 순천시 등 간의 권한쟁의 심판사건에 대한 2006. 8. 31.
2003헌라1 결정과 같은 연장선상에서 바다에도 지방자치단체의 자치권한이 존재함을 재
차 확인하였다. 또한 국토지리정보원 발행의 국가기본도상의 해상경계선을 고려하는 등
지방자치단체간의 바다에 대한 관할구역 경계확정의 기준을 구체적으로 제시했다는 점에
도 주목할 필요가 있다. 헌법재판소가 권한쟁의심판의 대상 범위를 점차로 넓혀가고 있
다는 점도 놓쳐서는 안 될 대목이다.

대통령의 국가인권위원회 직제령 개정 사건

— 헌재 2010. 10. 28, 2009헌라6 —

Ⅰ. 심판대상

'피청구인의 이 사건 직제령 개정행위가 청구인의 권한을 침해하거나 침해할 현저한 위험이 있는지 여부' 및 '이로 인하여 이 사건 직제령이 무효인지 여부'

※ 청구인은 피청구인을 상대로 이 사건 직제령 개정안을 심판대상으로 삼아 이로 인한 청구인의 권한침해 확인 및 그 무효 확인을 구했으나, 이 사건 권한쟁의심판 청구 이후 피청구인은 직제령 개정행위를 완성하여 이 사건 직제령의 효력을 발생시켰으므로 심판의 대상을 위와 같이 정함.

Ⅱ. 사실관계의 요지

청구인은 국가인권위원회법에 의하여 인권침해행위에 대한 조사와 구제 등의 업무를 수행하기 위하여 설립된 국가기관이다. '국가인권위원회법' 제18조에 의하면 국가인권위원회법에 규정된 사항 외에 국가인권위원회의 조직에 관하여 필요한 사항은 대통령령으로 정하도록 하고 있다. 이에 관한 대통령령이 '국가인권위원회와 그 소속기관 직제' 즉 '직제령'이다. 행정안전부장관은 정부조직과 정원 등에 관한 사무를 관장하는 중앙행정기관으로서 국가인권위원회 직제령에 대한 전부 개정안을 국무회의 안건으로 상정하였고, 국무회의는 같은 날 이를 의결하였다. 이 사건 직제령 개정안의 주요 내용은 청구인 조직을 종전 5본부 22팀 4소속기관에서 유사기능을 통합하고 하부조직을 大課 체제로 전환하여 1관 2국 11과 3소속기관으로 개편하면서 정원을 208명에서 164명으로 21.2% 감축하는 것이었다.

청구인은 이 사건 직제령 개정안이 헌법 및 국가인권위원회법에 의하여 부여된 청구인의 독립적 업무수행 권한을 침해하고 있다고 주장하면서, 피청구인을 상대로 그 권한침해 확인 및 위 직제령 개정안의 무효 확인을 구하는 이 사건 권한쟁의심판을 청구하였다. 피청구인은 그 후 이 사건 직제령 개정안에 따라 대통령령으로 전부 개정된 직제령을 관보에

게재함으로써 공포절차를 마쳤고, 그 효력은 부칙규정에 의하여 공포일로부터 발생하였다.

Ⅲ. 주   문

이 사건 심판청구를 각하한다.

Ⅳ. 결정 이유의 주요 논점 및 요지

1. 권한쟁의심판의 당사자로서의 "국가기관"의 의미

헌법은 제111조 제1항 제4호에서 헌법재판소의 관장사항의 하나로 "국가기관 상호간, 국가기관과 지방자치단체 간 및 지방자치단체 상호간의 권한쟁의에 관한 심판"이라고 규정하고 있을 뿐이다. 권한쟁의심판의 당사자가 될 수 있는 국가기관의 종류나 범위에 관하여는 아무런 헌법상의 규정을 두고 있지 않고, 이에 관하여 특별히 법률로 정하도록 위임하고 있지도 않다. 따라서 입법자인 국회는 권한쟁의심판의 종류나 당사자를 제한할 입법형성의 자유가 있다고 할 수 없고, 헌법 제111조 제1항 제4호에서 말하는 국가기관의 의미와 권한쟁의심판의 당사자가 될 수 있는 국가기관의 범위는 결국 헌법해석을 통하여 확정하여야 할 문제이다.

그런데 헌법이 특별히 권한쟁의심판의 권한을 법원의 권한에 속하는 기관소송과 달리 헌법의 최고 해석·판단기관인 헌법재판소에 맡기고 있는 취지에 비추어 보면, 헌법 제111조 제1항 제4호가 규정하고 있는 "국가기관 상호간"의 권한쟁의심판은 헌법상의 국가기관 상호간에 권한의 존부나 범위에 관한 다툼이 있고 이를 해결할 수 있는 적당한 기관이나 방법이 없는 경우에 헌법재판소가 헌법해석을 통하여 그 분쟁을 해결함으로써 국가기능의 원활한 수행을 도모하고 국가권력 간의 균형을 유지하여 헌법질서를 수호·유지하고자 하는 제도라고 할 것이다. 따라서 헌법 제111조 제1항 제4호 소정의 "국가기관"에 해당하는지 아닌지를 판별함에 있어서는 그 국가기관이 헌법에 의하여 설치되고 헌법과 법률에 의하여 독자적인 권한을 부여받고 있는지 여부, 헌법에 의하여 설치된 국가기관 상호간의 권한쟁의를 해결할 수 있는 적당한 기관이나 방법이 있는지 여부 등을 종합적으로 고려하여야 할 것이다.

2. "법률"에 의해 설치된 국가인권위원회의 권한쟁의심판 당사자능력 부인

청구인은, 헌법에 설치근거를 갖지 않고 단지 법률에 의하여 설치된 국가기관이라고 하더라도 그 권한이 기본권 보장 등 헌법상 국가에 부여된 업무 수행에 관한 것이고, 헌법에 설치근거를 둔 국가기관에 준할 정도의 독립성이 부여되어 있는 등 헌법상 국가기관에 준하는 지위를 부여받고 있다고 보이는 한편, 그 권한분쟁에 관하여 헌법재판소에 의한 권한쟁의심판 절차에 의하지 않고는 권한분쟁을 해결할 수 있는 적당한 기관이나 방법이 따로 존재하지 않는다면, 해당 국가기관에 대하여 권한쟁의심판의 당사자능력을 인정하여야 한다고 주장한다.

그러나 권한쟁의심판은 국회의 입법행위 등을 포함하여 권한쟁의 상대방의 처분 또는 부작위가 헌법 또는 법률에 의하여 부여받은 청구인의 권한을 침해하였거나 침해할 현저한 위험이 있는 때 제기할 수 있는 것이다. 그런데 헌법상 국가에게 부여된 임무 또는 의무를 수행하고 그 독립성이 보장된 국가기관이라고 하더라도, 오로지 법률에 설치근거를 둔 국가기관이라면 국회의 입법행위에 의하여 존폐 및 권한범위가 결정될 수 있으므로, 이러한 국가기관은 '헌법에 의하여 설치되고 헌법과 법률에 의하여 독자적인 권한을 부여받은 국가기관'이라고 할 수 없다. 즉, 청구인이 수행하는 업무의 헌법적 중요성, 기관의 독립성 등을 고려한다고 하더라도, 국회가 제정한 국가인권위원회법에 의하여 비로소 설립된 청구인은 국회의 위 법률 개정행위에 의하여 존폐 및 권한범위 등이 좌우되므로, 헌법 제111조 제1항 제4호 소정의 헌법에 의하여 설치된 국가기관에 해당한다고 할 수 없다. 법률에 의하여 설치된 기관의 경우는 그 권한을 둘러싼 분쟁이 헌법문제가 아니라 단순한 법률문제에 불과하다. 따라서 권한쟁의심판의 당사자능력을 법률에 의하여 설치된 국가기관으로까지 넓게 인정한다면 헌법해석을 통하여 중요한 헌법상의 문제를 심판하는 헌법수호기관으로서의 헌법재판소의 지위와 기능에도 맞지 않고 헌법재판소와 법원의 관할을 나누어 놓고 있는 헌법체계에도 반한다.

또한, 청구인은 중앙행정기관에 해당하고 타 부처와의 갈등이 생길 우려가 있는 경우에는 피청구인의 명을 받아 행정 각부를 통할하는 국무총리나 피청구인에 의해 분쟁이 해결될 수 있고, 청구인의 대표자가 국무회의에 출석해 국무위원들과 토론을 통하여 문제를 해결할 수 있는 점에 비추어서도 청구인이 헌법 제111조 제1항 제4호 소정의 "국가기관"에 해당한다고 보기 어렵다. 그리고 행정소송법상 기관소송이 그 관할범위가 협소하여 국가기관의 권한분쟁에 대한 해결수단으로 미흡하다면, 이는 입법적으로 기관소송의 범위를 확대하는 등의 방법으로 해결해야지, 헌법상 권한쟁의심판의 대상 범위를 확장하여 해결할 일은 아니다.

Ⅴ. 이 결정이 가지는 의미

헌법재판소가 재판관 6(각하) : 3의 의견으로 국가인권위원회가 대통령을 상대로 제기한 권한쟁의 심판청구는 국가인권위원회가 헌법에 의하여 설치된 국가기관이 아니고 법률에 의하여 설치된 국가기관으로서 권한쟁의심판을 청구할 당사자 능력이 없다는 이유로 심판청구를 각하한다는 결정을 선고하였다. 즉, 국회가 제정한 국가인권위원회법에 의하여 비로소 설립된 청구인은 국회의 위 법률 개정행위에 의하여 존폐 및 권한범위 등이 좌우되므로, 헌법 제111조 제1항 제4호 소정의 헌법에 의하여 설치된 국가기관에 해당한다고 할 수 없으며, 따라서 권한쟁의심판의 당사자능력은 헌법에 의하여 설치된 국가기관에 한정하여 인정하는 것이 타당하므로 법률에 의하여 설치된 청구인에게는 권한쟁의심판의 당사자능력이 인정되지 않는다는 것이다.

노무현대통령 탄핵사건

─ 헌재 2004. 5. 14. 2004헌나1 ─

Ⅰ. 심판대상

대통령이 직무집행에 있어서 헌법이나 법률에 위반했는지의 여부 및 대통령에 대한 파면결정을 선고할 것인지의 여부

Ⅱ. 사실관계의 요지

국회는 2004년 3월 12일 제246회 국회(임시회) 제2차 본회의에서 유용태·홍사덕 의원 외 157인이 발의한 '대통령(노무현)탄핵소추안'을 상정하여 재적의원 271인 중 193인의 찬성으로 가결하였다. 소추위원인 김기춘 국회 법제사법위원회 위원장은 헌법재판소법 제49조 제2항에 따라 소추의결서의 정본을 같은 날 헌법재판소에 제출하여 피청구인에 대한 탄핵심판을 청구하였다.

Ⅲ. 주   문

이 사건 심판청구를 기각한다.

Ⅳ. 결정 이유의 주요 논점 및 요지

1. 탄핵소추는 적법함

(1) 국회에서의 충분한 조사 및 심사가 결여되었다는 주장에 관하여

물론 국회가 탄핵소추를 하기 전에 소추사유에 관하여 충분한 조사를 하는 것이 바람직하지만 국회법 규정에 의하면 조사의 여부를 국회의 재량으로 규정하고 있으므로, 이 사건에서 국회가 별도의 조사를 하지 않았다 하더라도, 헌법이나 법률을 위반하였다고 할 수 없다.

(2) 적법절차원칙에 위배되었다는 주장에 관하여

피청구인은 "이 사건 탄핵소추를 함에 있어서 청구인은 피청구인에게 혐의사실을 정식으로 고지하지도 않았고 의견제출의 기회도 부여하지 않았으므로 적법절차원칙에 위반된다."고 주장한다. 여기서 '적법절차원칙'이란, 국가공권력이 국민에 대하여 불이익한 결정을 하기에 앞서 국민은 자신의 견해를 진술할 기회를 가짐으로써 절차의 진행과 그 결과에 영향을 미칠 수 있어야 한다는 법원리를 말한다. 그런데 이 사건의 경우, 국회의 탄핵소추절차는 국회와 대통령이라는 헌법기관 사이의 문제이고, 국회의 탄핵소추의결에 의하여 사인으로서의 대통령의 기본권이 침해되는 것이 아니라, 국가기관으로서의 대통령의 권한행사가 정지되는 것이다. 따라서 국가기관이 국민과의 관계에서 공권력을 행사함에 있어서 준수해야 할 법원칙으로서 형성된 '적법절차의 원칙'을 국가기관에 대하여 헌법을 수호하고자 하는 '탄핵소추절차'에는 직접 적용할 수 없다고 할 것이고, 그 외 달리, 탄핵소추절차와 관련하여 피소추인에게 의견진술의 기회를 부여할 것을 요청하는 명문의 규정이 없으므로, 국회의 탄핵소추절차가 적법절차원칙에 위배되었다는 주장은 이유없다.

2. 헌법 제65조의 탄핵심판절차의 본질

헌법 제65조는 집행부와 사법부의 고위공직자에 의한 헌법위반이나 법률위반에 대하여 탄핵소추의 가능성을 규정함으로써, 그들에 의한 헌법위반을 경고하고 사전에 방지하는 기능을 하며, 국민에 의하여 국가권력을 위임받은 국가기관이 그 권한을 남용하여 헌법이나 법률에 위반하는 경우에는 다시 그 권한을 박탈하는 기능을 한다. 공직자가 직무수행에 있어서 헌법에 위반한 경우 그에 대한 법적 책임을 추궁함으로써, 헌법의 규범력을 확보하고자 하는 것이 바로 탄핵심판절차의 목적과 기능인 것이다. 헌법 제65조는 탄핵소추의 사유를 '헌법이나 법률에 대한 위배'로 명시함으로써 탄핵절차를 정치적 심판절차가 아니라 규범적 심판절차로 규정하였고, 이에 따라 탄핵소추의 목적이 '정치적 이유가 아니라 법 위반을 이유로 하는' 대통령의 파면임을 밝히고 있다.

3. 노무현 대통령이 직무집행에 있어서 헌법이나 법률을 위반함

(1) 기자회견에서 특정 정당의 지지행위는 공선법 제9조 위반

2004년 2월 18일 경인지역 6개 언론사와의 기자회견, 2004년 2월 24일 한국방송기자클럽 초청 기자회견에서 특정 정당을 지지한 행위가 공선법 제9조의 '공무원의 중립의무'에 위반했는지의 여부가 문제된다.

첫째, 대통령도 '선거에서의 중립의무'를 지는 공무원인지에 관하여 살펴보자. 선거에서의 공무원의 정치적 중립의무는 '국민 전체에 대한 봉사자'로서의 공무원의 지위를 규정하는 헌법 제7조 제1항, 자유선거원칙을 규정하는 헌법 제41조 제1항 및 제67조 제1항, 정당의 기회균등을 보장하는 헌법 제116조 제1항으로부터 나오는 헌법적 요청이며, 공선법 제9조는 이러한 헌법적 요청을 구체화하고 실현하는 법규정이다. 따라서 공선법 제9조의 '공무원'이란, 위 헌법적 요청을 실현하기 위하여 선거에서의 중립의무가 부과되어야 하는 모든 공무원, 즉 구체적으로 '자유선거원칙'과 '선거에서의 정당의 기회균등'을 위협할 수 있는 모든 공무원을 의미한다. 그런데 사실상 모든 공무원이 그 직무의 행사를 통하여 선거에 부당한 영향력을 행사할 수 있는 지위에 있으므로, 여기서의 공무원이란 원칙적으로 국가와 지방자치단체의 모든 공무원, 즉 좁은 의미의 직업공무원은 물론이고, 적극적인 정치활동을 통하여 국가에 봉사하는 정치적 공무원을 포함한다. 다만, 국회의원과 지방의회의원은 정당의 대표자이자 선거운동의 주체로서의 지위로 말미암아 선거에서의 정치적 중립성이 요구될 수 없으므로, 공선법 제9조의 '공무원'에 해당하지 않는다. 국가의 중립의무에 의하여 보장된 '정당간의 자유경쟁'에서 국회의원은 정당의 대표자로서 선거운동의 주역으로 활동하게 되는 것이다. 따라서 선거에 있어서의 정치적 중립성은 행정부와 사법부의 모든 공직자에게 해당하는 공무원의 기본적 의무이다. 더욱이 대통령은 행정부의 수반으로서 공정한 선거가 실시될 수 있도록 총괄·감독해야 할 의무가 있으므로 당연히 선거에서의 중립의무를 지는 공직자에 해당하는 것이고, 이로써 공선법 제9조의 '공무원'에 포함된다.

둘째, 이 사건의 경우 대통령의 발언이 공무원의 정치적 중립의무에 위반된다. 여기서 문제되는 기자회견에서의 대통령의 발언은 공직자의 신분으로서 직무수행의 범위 내에서 또는 직무수행과 관련하여 이루어진 것으로 보아야 한다. 대통령이 특정 정당을 일방적으로 지지하는 발언을 함으로써 국민의 의사형성과정에 영향을 미친다면, 정당과 후보자들에 대한 정당한 평가를 기초로 하는 국민의 자유로운 의사형성과정에 개입하여 이를 왜곡시키는 것이며, 동시에 지난 수년 간 국민의 신뢰를 얻기 위하여 꾸준히 지속해 온 정당과 후보자의 정치적 활동의 의미를 반감시킴으로써 의회민주주의를 크게 훼손시키는 것이다. 그런데 이 부분 대통령의 발언은 그 직무집행에 있어서 반복하여 특정 정당에 대한 자신의 지지를 적극적으로 표명하고, 나아가 국민들에게 직접 그 정당에 대한 지지를 호소하는 내용이라 할 수 있다. 따라서 선거에 임박한 시기이기 때문에 공무원의 정치적 중립성이 어느 때보다도 요청되는 때에, 공정한 선거관리의 궁극적 책임을 지는 대통령이 기자회견에서 전 국민을 상대로, 대통령직의 정치적 비중과 영향력을 이용하여 특정 정당을 지지하는 발언을 한 것은, 대통령의 지위를 이용하여 선거에 대한 부당한 영향력을 행사하고 이로써 선거의 결과에 영향을 미치는 행위를 한 것이므로 선거에서의 중립의무를 위반하였다.

(2) 기자회견에서 특정 정당의 지지행위는 공선법 제60조 위반

공선법 제58조 제1항은 '당선'의 기준을 사용하여 '선거운동'의 개념을 정의함으로써, '후보자를 특정할 수 있는지의 여부'를 선거운동의 요건으로 삼고 있다. 그러나 이 사건의 발언이 이루어진 시기인 2004년 2월 18일과 2004년 2월 24일에는 아직 정당의 후보자가 결정되지 않았으므로, 후보자의 특정이 이루어지지 않은 상태에서 특정 정당에 대한 지지발언을 한 것은 선거운동에 해당한다고 볼 수 없다. 또한 여기서 문제되는 대통령의 발언들은 기자회견에서 기자의 질문에 대한 답변의 형식으로 수동적이고 비계획적으로 행해진 점을 감안한다면, 대통령의 발언에 선거운동을 향한 능동적 요소와 계획적 요소를 인정할 수 없고, 이에 따라 선거운동의 성격을 인정할 정도로 상당한 목적의사가 있다고 볼 수 없다. 그렇다면 피청구인의 발언이 특정 후보자나 특정 가능한 후보자들을 당선 또는 낙선시킬 의도로 능동적·계획적으로 선거운동을 한 것으로는 보기 어렵다.

(3) 중앙선거관리위원회의 선거법위반결정에 대한 대통령의 행위는 위헌

'헌법을 준수하고 수호해야 할 의무'가 이미 법치국가원리에서 파생되는 지극히 당연한 것임에도, 헌법은 국가의 원수이자 행정부의 수반이라는 대통령의 막중한 지위를 감안하여 제66조 제2항 및 제69조에서 이를 다시 한번 강조하고 있다. 이러한 헌법의 정신에 의한다면, 대통령은 국민 모두에 대한 '법치와 준법의 상징적 존재'인 것이다.

청와대 홍보수석이 발표한 내용은 그 취지에 있어서, 중앙선거관리위원회의 결정에 대하여 유감을 표명하면서, 현행 선거법을 '관권선거시대의 유물'로 폄하한 것이라 할 수 있다. 그러나 대통령이 현행법을 '관권선거시대의 유물'로 폄하하고 법률의 합헌성과 정당성에 대하여 대통령의 지위에서 공개적으로 의문을 제기하는 것은 헌법과 법률을 준수해야 할 의무와 부합하지 않는다. 물론, 대통령도 정치인으로서 현행 법률의 개선방향에 관한 입장과 소신을 피력할 수는 있으나, 어떠한 상황에서, 어떠한 연관관계에서 법률의 개정에 관하여 논의하는가 하는 것은 매우 중요하며, 이 사건의 경우와 같이 대통령이 선거법위반행위로 말미암아 중앙선거관리위원회로부터 경고를 받는 상황에서 그에 대한 반응으로서 현행 선거법을 폄하하는 발언을 하는 것은 법률을 존중하는 태도라고 볼 수 없다.

모든 공직자의 모범이 되어야 하는 대통령의 이러한 언행은 법률을 존중하고 준수해야 하는 다른 공직자의 의식에 중대한 영향을 미치고, 나아가 국민 전반의 준법정신을 저해하는 효과를 가져오는 등 법치국가의 실현에 있어서 매우 부정적인 영향을 미칠 수 있다. 대통령 스스로가 법을 존중하고 준수하지 않는다면, 다른 공직자는 물론, 국민 누구에게도 법의 준수를 요구할 수 없는 것이다. 그러므로 대통령이 국민 앞에서 현행법의 정당성과 규범력을 문제삼는 행위는 법치국가의 정신에 반하는 것이자, 헌법을 수호해야 할 의무를 위반한 것이다.

(4) 대통령이 재신임 국민투표를 제안한 행위는 위헌

헌법 제72조는 "대통령은 필요하다고 인정할 때에는 외교·국방·통일 기타 국가안위에 관한 중요정책을 국민투표에 붙일 수 있다."고 규정하여 대통령에게 국민투표 부의권을 부여하고 있다. 국민투표는 직접민주주의를 실현하기 위한 수단으로서 '사안에 대한 결정', 즉 특정한 국가정책이나 법안을 그 대상으로 한다. 따라서 국민투표의 본질상 '대표자에 대한 신임'은 국민투표의 대상이 될 수 없으며, 우리 헌법에서 대표자의 선출과 그에 대한 신임은 단지 선거의 형태로써 이루어져야 한다.

대통령이 자신에 대한 재신임을 국민투표의 형태로 묻고자 하는 것은 헌법 제72조에 의하여 부여받은 국민투표부의권을 위헌적으로 행사하는 경우에 해당하는 것으로, 국민투표제도를 자신의 정치적 입지를 강화하기 위한 정치적 도구로 남용해서는 안 된다는 헌법적 의무를 위반한 것이다. 물론, 대통령이 위헌적인 재신임 국민투표를 단지 제안만 하였을 뿐 강행하지는 않았으나, 헌법상 허용되지 않는 재신임 국민투표를 국민들에게 제안한 것은 그 자체로서 헌법 제72조에 반하는 것으로 헌법을 실현하고 수호해야 할 대통령의 의무를 위반한 것이다.

(5) 대통령 측근의 권력형 부정부패 부분은 기각

헌법 제65조 제1항은 '대통령…이 그 직무집행에 있어서'라고 하여, 탄핵사유의 요건을 '직무' 집행으로 한정하고 있으므로, 위 규정의 해석상 대통령의 직위를 보유하고 있는 상태에서 범한 법위반행위만이 소추사유가 될 수 있다.

첫째, 썬앤문 및 대선캠프 관련 불법정치자금 수수 등에 관한 소추사유들은 피청구인이 대통령으로 취임하기 전에 일어난 사실에 바탕을 두고 있는 것이어서 대통령으로서의 직무집행과 무관함이 명백하므로, 피청구인이 그러한 불법자금 수수 등에 관여한 사실이 있는지 여부를 살필 것 없이 탄핵사유에 해당하지 않는다.

둘째, 측근비리에 관한 소추사유 중 피청구인이 대통령으로 취임한 후에 일어난 사실에 바탕을 두고 있는 것은, 최도술이 청와대 총무비서관으로 재직하는 동안 삼성 등으로부터 4억7백만원을 수수하였다는 부분, 안희정이 2003년 3월부터 같은 해 8월까지 10억원의 불법자금을 수수하였다는 부분, 여택수 및 양길승에 관한 부분이다. 그러나 이 사건 변론절차에서 현출된 모든 증거에 의하더라도 피청구인이 위 최도술 등의 불법자금 수수 등의 행위를 지시·방조하였다거나 기타 불법적으로 관여하였다는 사실이 인정되지 않으므로 이를 전제로 한 이 부분 소추사유는 이유없다.

4. 노무현 대통령을 파면하지는 않음

헌법재판소법은 제53조 제1항에서 "탄핵심판청구가 이유 있는 때에는 헌법재판소는 피청구인을 당해 공직에서 파면하는 결정을 선고한다."고 규정하고 있는데, 위 규정은 헌법 제65조 제1항의 탄핵사유가 인정되는 모든 경우에 자동적으로 파면결정을 하도록 규정하고 있는 것으로 문리적으로 해석할 수 있으나, 직무행위로 인한 모든 사소한 법위반을 이유로 파면을 해야 한다면, 이는 피청구인의 책임에 상응하는 헌법적 징벌의 요청, 즉 법익형량의 원칙에 위반된다. 따라서 헌법재판소법 제53조 제1항의 '탄핵심판청구가 이유 있는 때'란, 모든 법 위반의 경우가 아니라, 단지 공직자의 파면을 정당화할 정도로 '중대한' 법위반의 경우를 말한다. 한편, 대통령에 대한 파면결정은, 국민이 선거를 통하여 대통령에게 부여한 '민주적 정당성'을 임기 중 다시 박탈하는 효과를 가지며, 직무수행의 단절로 인한 국가적 손실과 국정 공백은 물론이고, 국론의 분열현상, 즉 대통령을 지지하는 국민과 그렇지 않은 국민간의 분열과 반목으로 인한 정치적 혼란을 가져올 수 있다. 따라서 대통령에 대한 파면효과가 이와 같이 중대하다면, 파면결정을 정당화하는 사유도 이에 상응하는 중대성을 가져야 한다.

'대통령을 파면할 정도로 중대한 법위반이 어떠한 것인지'에 관하여 일반적으로 규정하는 것은 매우 어려운 일이나, 대통령의 직을 유지하는 것이 더 이상 헌법수호의 관점에서 용납될 수 없거나 대통령이 국민의 신임을 배신하여 국정을 담당할 자격을 상실한 경우에 한하여, 대통령에 대한 파면결정은 정당화되는 것이다. 그런데 이 사건에서 인정되는 대통령의 법위반이 헌법질서에 미치는 효과를 종합하여 본다면, 대통령의 구체적인 법위반행위에 있어서 헌법질서에 역행하고자 하는 적극적인 의사를 인정할 수 없으므로, 자유민주적 기본질서에 대한 위협으로 평가될 수 없다. 따라서 파면결정을 통하여 헌법을 수호하고 손상된 헌법질서를 다시 회복하는 것이 요청될 정도로, 대통령의 법위반행위가 헌법수호의 관점에서 중대한 의미를 가진다고 볼 수 없고, 또한 대통령에게 부여한 국민의 신임을 임기 중 다시 박탈해야 할 정도로 국민의 신임을 저버린 경우에 해당한다고도 볼 수 없으므로, 대통령에 대한 파면결정을 정당화하는 사유가 존재하지 않는다.

Ⅴ. 이 결정이 가지는 의미

헌법재판소는 이 사건 결정에서 노무현 대통령의 경인지역 6개 언론사 기자회견에서의 발언, 한국방송기자클럽 초청 대통령 기자회견에서의 발언이 공선법 제9조의 공무원의 중립의무를 위반했고, 중앙선거관리위원회의 선거법 위반 결정에 대한 대통령의 행위와 대통령의 재신임 국민투표 제안행위는 헌법에 규정된 대통령의 헌법수호의무를 위반했다고 보았다. 즉 노무현 대통령이 헌법 제65조 제1항과 헌법재판소법 제48조에 규정된 "직무집행에 있어서 헌법이나 법률을 위반"한 점은 인정했다. 그러나 헌법재판소법 제53조 제1항의 '탄핵심판청구가 이유 있는 때'란, 모든 법 위반의 경우가 아니라, 법익형량의 원칙에 따라 공직자의 파면을 정당화할 정도로 '중대한' 법 위반의 경우를 말한다고 판시함으로써 헌법이나 법률 위반의 '중대성'을 탄핵인용의 요건으로 추가하면서 탄핵기각결정을 내렸다. 그리고 대통령의 직을 유지하는 것이 더 이상 헌법수호의 관점에서 용납될 수 없거나 대통령이 국민의 신임을 배신하여 국정을 담당할 자격을 상실한 경우에 해당하는지 여부를 이 '중대성' 판단의 기준으로 제시하였다.

이 결정은 또한 탄핵심판사건에 관해서는 재판관 개개인의 개별적 의견 및 그 의견의 수 등을 결정문에 표시할 수는 없다고 판시하였다. "심판의 변론과 결정의 선고는 공개한다. 다만, 서면심리와 평의는 공개하지 아니한다."고 규정한 헌법재판소법 제34조 제1항에 의하면 헌법재판소의 평의는 공개하지 않도록 되어 있으므로 개별 재판관의 의견을 결정문에 표시하기 위해서는 이와 같은 평의의 비밀에 대해 예외를 인정하는 특별규정이 있어야만 가능한데, 헌법재판소법 제36조 제3항은 "법률의 위헌심판, 권한쟁의심판 및 헌법소원심판에 관여한 재판관은 결정서에 의견을 표시하여야 한다."라고 규정하여 탄핵심판을 제외하고 있다는 점을 근거로 들었다. 그 후 이에 대한 비판이 일자 이 결정 약 1년여 후인 2005년 7월 29일에 국회는 헌법재판소법 제36조 제3항을 개정하여 "심판에 관여한 재판관은 결정서에 의견을 표시하여야 한다."로 바꿈으로써 탄핵심판을 포함한 모든 다섯 가지 헌법재판소 심판유형에서 재판관들은 결정서에 반드시 각자의 의견을 표시해야 하게 되었다.

박근혜 대통령 탄핵사건

— 헌재 2017. 3. 10 2016헌나1 —

Ⅰ. 심판대상

박근혜 대통령이 직무집행에 있어서 헌법이나 법률을 위반했는지 여부 및 대통령에 대한 파면결정을 선고할 것인지 여부

Ⅱ. 사실관계의 요지

피청구인이 국회의 결정에 따라 대통령직에서 물러나겠다는 담화를 발표하였지만, 국회는 특별위원회를 구성하여 민간인에 의한 국정농단 의혹 사건에 대한 국정조사를 진행하였고 특별검사의 임명도 이루어졌다. 이어 국회는 우상호 등 171명의 의원이 발의한 '대통령(박근혜)탄핵소추안'을 본회의에 상정하였다. 그 후 피청구인에 대한 탄핵소추안이 제346회 국회(정기회) 제18차 본회의에서 재적의원 300인 중 234인의 찬성으로 가결되었고, 소추위원은 헌법재판소법 제49조 제2항에 따라 소추의결서 정본을 헌법재판소에 제출하여 피청구인에 대한 탄핵심판을 청구하였다.

Ⅲ. 주　　문

피청구인 대통령 박근혜를 파면한다.

Ⅳ. 결정 이유의 주요 논점 및 요지

1. 탄핵소추는 적법함

첫째, 탄핵소추사유는 그 대상 사실을 다른 사실과 명백하게 구분할 수 있을 정도의 구체적 사실이 기재되면 충분하다. 이 사건 소추의결서의 헌법 위배행위 부분은 소추사유가 분명하게 유형별로 구분되지 않은 측면이 있지만, 소추사유로 기재된 사실관계는

법률 위배행위 부분과 함께 보면 다른 소추사유와 명백하게 구분할 수 있을 정도로 충분히 구체적으로 기재되어 있다.

둘째, 국회의 의사절차에 헌법이나 법률을 명백히 위반한 흠이 있는 경우가 아니면 국회 의사절차의 자율권은 권력분립의 원칙상 존중되어야 하고, 국회법 제130조 제1항은 탄핵소추의 발의가 있을 때 그 사유 등에 대한 조사 여부를 국회의 재량으로 규정하고 있으므로, 국회가 탄핵소추사유에 대하여 별도의 조사를 하지 않았다거나 국정조사결과나 특별검사의 수사결과를 기다리지 않고 탄핵소추안을 의결하였다고 하여 그 의결이 헌법이나 법률을 위반한 것이라고 볼 수 없다.

셋째, 국회법에 탄핵소추안에 대하여 표결 전에 반드시 토론을 거쳐야 한다는 명문규정은 없다. 또 이 사건 소추의결 당시 토론을 희망한 의원이 없었기 때문에 탄핵소추안에 대한 제안 설명만 듣고 토론 없이 표결이 이루어졌을 뿐, 의장이 토론을 희망하는 의원이 있었는데도 토론을 못하게 하거나 방해한 사실은 없다.

넷째, 탄핵소추안을 각 소추사유별로 나누어 발의할 것인지, 아니면 여러 소추사유를 포함하여 하나의 안으로 발의할 것인지는 소추안을 발의하는 의원들의 자유로운 의사에 달린 것이고, 표결방법에 관한 어떠한 명문규정도 없다.

다섯째, 탄핵소추절차는 국회와 대통령이라는 헌법기관 사이의 문제이고, 국회의 탄핵소추의결에 따라 사인으로서 대통령 개인의 기본권이 침해되는 것이 아니다. 국가기관이 국민에 대하여 공권력을 행사할 때 준수하여야 하는 법원칙으로 형성된 적법절차의 원칙을 국가기관에 대하여 헌법을 수호하고자 하는 탄핵소추절차에 직접 적용할 수 없다.

여섯째, 헌법재판은 9인의 재판관으로 구성된 재판부에 의하여 이루어지는 것이 원칙이다. 그러나 현실적으로는 일부 재판관이 재판에 참여할 수 없는 경우가 발생할 수밖에 없다. 이에 헌법과 헌법재판소법은 재판관 중 결원이 발생한 경우에도 헌법재판소의 헌법 수호 기능이 중단되지 않도록 7명 이상의 재판관이 출석하면 사건을 심리하고 결정할 수 있음을 분명히 하고 있다. 그렇다면 헌법재판관 1인이 결원이 되어 8인의 재판관으로 재판부가 구성되더라도 탄핵심판을 심리하고 결정하는 데 헌법과 법률상 아무런 문제가 없다.

2. 박근혜 대통령이 직무집행에 있어서 헌법이나 법률을 위반함

헌법 제65조는 대통령이 '그 직무집행에 있어서 헌법이나 법률을 위배한 때'를 탄핵사유로 규정하고 있다. 여기에서 '직무'란 법제상 소관 직무에 속하는 고유 업무와 사회통념상 이와 관련된 업무를 말하고, 법령에 근거한 행위뿐만 아니라 대통령의 지위에서 국정수행과 관련하여 행하는 모든 행위를 포괄하는 개념이다. 또 '헌법'에는 명문의 헌법 규정뿐만 아니라 헌법재판소의 결정에 따라 형성되어 확립된 불문헌법도 포함되고, '법률'에는 형식적 의미의 법률과 이와 동등한 효력을 가지는 국제조약 및 일반적으로 승인된 국제법규 등이 포함된다.

　　헌법재판소법 제53조 제1항은 '탄핵심판 청구가 이유 있는 경우' 피청구인을 파면하는 결정을 선고하도록 규정하고 있다. 대통령을 탄핵하기 위해서는 대통령의 법 위배 행위가 헌법질서에 미치는 부정적 영향과 해악이 중대하여 대통령을 파면함으로써 얻는 헌법 수호의 이익이 대통령 파면에 따르는 국가적 손실을 압도할 정도로 커야 한다. 즉, '탄핵심판청구가 이유 있는 경우'란 대통령의 파면을 정당화할 수 있을 정도로 중대한 헌법이나 법률 위배가 있는 때를 말한다.

(1) 헌법과 국가공무원법 등의 공익실현의무 위반

　　헌법 제7조 제1항은 국민주권주의와 대의민주주의를 바탕으로 공무원을 '국민 전체에 대한 봉사자'로 규정하고 공무원의 공익실현의무를 천명하고 있고, 헌법 제69조는 대통령의 공익실현의무를 다시 한 번 강조하고 있다. 대통령은 '국민 전체'에 대한 봉사자이므로 특정 정당, 자신이 속한 계급·종교·지역·사회단체, 자신과 친분 있는 세력의 특수한 이익 등으로부터 독립하여 국민 전체를 위하여 공정하고 균형있게 업무를 수행할 의무가 있다. 대통령의 공익실현의무는 국가공무원법 제59조, 공직자윤리법 제2조의2 제3항, '부패방지 및 국민권익위원회의 설치와 운영에 관한 법률' 제2조 제4호 가목, 제7조 등 법률을 통해 구체화되고 있다.

　　피청구인은 최서원이 추천한 인사를 다수 공직에 임명하였고 이렇게 임명된 일부 공직자는 최서원의 이권 추구를 돕는 역할을 하였다. 피청구인은 사기업으로부터 재원을 마련하여 재단법인 미르와 재단법인 케이스포츠를 설립하도록 지시하였고, 대통령의 지위와 권한을 이용하여 기업들에게 출연을 요구하였다. 이어 최서원이 추천하는 사람들을 미르와 케이스포츠의 임원진이 되도록 하여 최서원이 두 재단을 실질적으로 장악할 수 있도록 해 주었다. 그 결과 최서원은 자신이 실질적으로 운영하는 주식회사 플레이그라운드 커뮤니케이션즈와 주식회사 더블루케이를 통해 위 재단을 이권 창출의 수단으로 활용할 수 있었다. 피청구인은 기업에 대하여 특정인을 채용하도록 요구하고 특정 회사와 계약을 체결하도록 요청하는 등 대통령의 지위와 권한을 이용하여 사기업 경영에 관여하였다. 그 밖에도 피청구인은 스포츠클럽 개편과 같은 최서원의 이권과 관련된 정책 수립을 지시하였고, 롯데그룹으로 하여금 5대 거점 체육인재 육성사업을 위한 시설 건립과 관련하여 케이스포츠에 거액의 자금을 출연하도록 하였다. 피청구인의 이러한 일련의 행위는 최서원 등의 이익을 위해 대통령으로서의 지위와 권한을 남용한 것으로서 공정한 직무수행이라 할 수 없다. 피청구인은 헌법 제7조 제1항, 국가공무원법 제59조, 공직자윤리법 제2조의2 제3항, 부패방지권익위법 제2조 제4호 가목, 제7조를 위반하였다.

(2) 기업의 재산권 및 기업경영의 자유를 침해

피청구인은 직접 또는 경제수석비서관을 통하여 대기업 임원 등에게 미르와 케이스포츠에 출연할 것을 요구하였다. 대통령의 재정·경제 분야에 대한 광범위한 권한과 영향력, 비정상적 재단 설립 과정과 운영 상황 등을 종합하여 보면, 피청구인의 요구는 임의적 협력을 기대하는 단순한 의견제시나 권고가 아니라 사실상 구속력 있는 행위라고 보아야 한다. 공권력 개입을 정당화할 수 있는 기준과 요건을 법률로 정하지 않고 대통령의 지위를 이용하여 기업으로 하여금 재단법인에 출연하도록 한 피청구인의 행위는 해당 기업의 재산권 및 기업경영의 자유를 침해한 것이다.

피청구인은 롯데그룹에 최서원의 이권 사업과 관련 있는 하남시 체육시설 건립 사업 지원을 요구하였고, 안종범으로 하여금 사업 진행 상황을 수시로 점검하도록 하였다. 피청구인은 현대자동차그룹에 최서원의 지인이 경영하는 회사와 납품계약을 체결하도록 요구하였고, 주식회사 케이티에는 최서원과 관계있는 인물의 채용과 보직 변경을 요구하였다. 그 밖에도 피청구인은 기업에 스포츠팀 창단 및 더블루케이와의 계약 체결을 요구하였고, 그 과정에서 고위공직자인 안종범 등을 이용하여 영향력을 행사하였다. 피청구인의 이와 같은 일련의 행위들은 기업의 임의적 협력을 기대하는 단순한 의견제시나 권고가 아니라 구속적 성격을 지닌 것으로 평가된다. 아무런 법적 근거 없이 대통령의 지위를 이용하여 기업의 사적 자치 영역에 간섭한 피청구인의 행위는 해당 기업의 재산권 및 기업경영의 자유를 침해한 것이다.

(3) 국가공무원법 제60조의 비밀엄수의무 위반

피청구인의 지시와 묵인에 따라 최서원에게 많은 문건이 유출되었고, 여기에는 대통령의 일정·외교·인사·정책 등에 관한 내용이 포함되어 있다. 이런 정보는 대통령의 직무와 관련된 것으로, 일반에 알려질 경우 행정 목적을 해할 우려가 있고 실질적으로 비밀로 보호할 가치가 있으므로 직무상 비밀에 해당한다. 피청구인이 최서원에게 위와 같은 문건이 유출되도록 지시 또는 방치한 행위는 국가공무원법 제60조의 비밀엄수의무를 위반한 것이다.

(4) 세월호 참사에 대한 대응조치가 생명권 침해는 아님

피청구인은 행정부의 수반으로서 국가가 국민의 생명과 신체의 안전 보호의무를 충실하게 이행할 수 있도록 권한을 행사하고 직책을 수행하여야 하는 의무를 부담한다. 하지만 국민의 생명이 위협받는 재난상황이 발생하였다고 하여 피청구인이 직접 구조 활동에 참여하여야 하는 등 구체적이고 특정한 행위의무까지 바로 발생한다고 보기는 어렵다. 세월호 참사에 대한 피청구인의 대응조치에 미흡하고 부적절한 면이 있었다고 하여 곧바로 피청구인이 생명권 보호의무를 위반하였다고 인정하기는 어렵다.

3. 박근혜 대통령을 파면함

피청구인은 최서원에게 공무상 비밀이 포함된 국정에 관한 문건을 전달했고, 공직자가 아닌 최서원의 의견을 비밀리에 국정운영에 반영하였다. 피청구인의 이러한 위법행위는 피청구인이 대통령으로 취임한 때부터 3년 이상 지속되었다. 피청구인은 국민으로부터 위임받은 권한을 사적 용도로 남용하여 적극적·반복적으로 최서원의 사익추구를 도와주었고, 그 과정에서 대통령의 지위를 이용하거나 국가의 기관과 조직을 동원하였다는 점에서 법 위반의 정도가 매우 중하다. 대통령은 공무 수행을 투명하게 공개하여 국민의 평가를 받아야 한다. 그런데 피청구인은 최서원의 국정 개입을 허용하면서 이 사실을 철저히 비밀에 부쳤고, 그에 관한 의혹이 제기될 때마다 이를 부인하며 의혹 제기 행위만을 비난하였다. 따라서 권력분립원리에 따른 국회 등 헌법기관에 의한 견제나 언론 등 민간에 의한 감시장치가 제대로 작동될 수 없었다. 이와 같은 피청구인의 일련의 행위는 대의민주제의 원리와 법치주의의 정신을 훼손한 것으로서 대통령으로서의 공익실현의무를 중대하게 위반한 것이다.

결국 피청구인의 이 사건 헌법과 법률 위배행위는 국민의 신임을 배반한 행위로서 헌법수호의 관점에서 용납될 수 없는 중대한 법 위배행위라고 보아야 한다. 그렇다면 피청구인의 법 위배행위가 헌법질서에 미치게 된 부정적 영향과 파급 효과가 중대하므로, 피청구인을 파면함으로써 얻는 헌법수호의 이익이 대통령 파면에 따르는 국가적 손실을 압도할 정도로 크다고 인정된다.

V. 이 결정이 가지는 의미

박근혜 대통령에 대한 이 탄핵사건은 우리 헌법재판소에 접수된 두 번째 탄핵심판 사건이었으며, 첫 번째인 노무현 대통령에 대한 탄핵사건이 기각결정이 내려진 데 비해, 인용결정이 내려지면서 피청구인인 박근혜 대통령을 파면한 사건이다. 헌법재판소는 박근혜 당시 대통령이 직무집행에 있어서 헌법과 국가공무원법 등의 공익실현의무를 위반하고 헌법상 기업의 재산권 및 기업경영의 자유를 침해했으며 국가공무원법 제60조의 비밀엄수의무를 위반했음을 인정하면서 직무상 위헌·위법행위를 했음을 인정하였다. 그리고 이러한 직무상 위헌·위법행위의 '중대성'을 판단함에 있어서는 노무현 대통령 탄핵사건에서의 판단기준을 그대로 적용하여, "국민의 신임을 배반한 행위로서 헌법수호의 관점에서 용납될 수 없는 중대한" 위헌·위법행위에 해당한다고 보았고, 법익형량의 원칙도 그대로 적용하여 "피청구인을 파면함으로써 얻는 헌법수호의 이익이 대통령 파면에 따르는 국가적 손실을 압도할 정도로 크다."고 하면서 피청구인에 대해 파면결정을 내린 역사적 사건이다.

통합진보당 사건
— 헌재 2014. 12. 19. 2013헌다1 —

I. 심판대상

1. 피청구인의 목적이나 활동이 민주적 기본질서에 위배되는지 여부
2. 피청구인에 대한 해산결정을 선고할 것인지 여부와 피청구인 소속 국회의원에 대한 의원직 상실을 선고할 것인지 여부

※ 피청구인의 전신이라 할 수 있는 민주노동당의 목적과 활동은 피청구인의 목적이나 활동과의 관련성이 인정되는 범위에서 판단의 자료로 삼을 수 있으나, 민주노동당의 목적이나 활동 자체가 이 사건 심판의 대상이 되는 것은 아님.

II. 사실관계의 요지

청구인은 피청구인의 목적과 활동이 민주적 기본질서에 위배된다고 주장하면서 피청구인의 해산 및 피청구인 소속 국회의원에 대한 의원직 상실을 구하는 이 사건 심판을 청구하였다.

III. 주 문

1. 피청구인 통합진보당을 해산한다.
2. 피청구인 소속 국회의원 김ㅇ희, 김ㅇ연, 오ㅇ윤, 이ㅇ규, 이ㅇ기는 의원직을 상실한다.

IV. 결정 이유의 주요 논점 및 요지

1. 심판청구는 적법함

대통령이 직무상 해외 순방 중인 경우에는 국무총리가 그 직무를 대행할 수 있으므

로, 국무총리가 주재한 국무회의에서 이 사건 정당해산심판 청구서 제출안이 의결되었다고 하여 그 의결이 위법하다고 볼 수 없다. 국무회의에 제출되는 의안은 긴급한 의안이 아닌 한 차관회의 심의를 거쳐야 하나, 의안의 긴급성에 관한 판단은 정부의 재량이므로, 피청구인 소속 국회의원 등이 관련된 내란 관련 사건이 발생한 상황에서 제출된 이 사건 정당해산심판청구에 대한 의안이 긴급한 의안에 해당한다고 본 정부의 판단에 재량의 일탈이나 남용이 있다고 단정하기 어렵다.

2. 피청구인의 목적이나 활동이 민주적 기본질서에 위배됨

(1) 정당해산심판제도의 의의와 정당해산심판의 사유

정당해산심판제도는 정당 존립의 특권 특히 정부의 비판자로서 야당의 존립과 활동을 특별히 보장하고자 하는 헌법제정자의 규범적 의지의 산물로 이해되어야 한다. 그러나 이 제도로 인해서 정당 활동의 자유가 인정된다고 하더라도 민주적 기본질서를 침해해서는 안 된다는 헌법적 한계 역시 설정되어 있다.

정당해산심판의 사유에 있어 정당의 목적이나 활동 중 어느 하나라도 민주적 기본질서에 위배되어야 정당은 해산된다. 헌법 제8조 제4항의 '민주적 기본질서'는, 개인의 자율적 이성을 신뢰하고 모든 정치적 견해들이 상대적 진리성과 합리성을 지닌다고 전제하는 다원적 세계관에 입각한 것으로서, 모든 폭력적·자의적 지배를 배제하고, 다수를 존중하면서도 소수를 배려하는 민주적 의사결정과 자유와 평등을 기본원리로 하여 구성되고 운영되는 정치적 질서를 말한다. 이러한 민주적 기본질서를 부정하지 않는 한 정당은 다양한 스펙트럼의 이념적 지향을 자유롭게 추구할 수 있다.

민주적 기본질서 '위배'란 민주적 기본질서에 대한 단순한 위반이나 저촉을 의미하는 것이 아니라 정당의 목적이나 활동이 민주적 기본질서에 대한 실질적 해악을 끼칠 수 있는 구체적 위험성을 초래하는 경우를 가리킨다. 그리고 강제적 정당해산은 핵심적인 정치적 기본권인 정당 활동의 자유에 대한 근본적 제한이므로 헌법 제37조 제2항이 규정하고 있는 비례의 원칙을 준수해야만 한다.

(2) 피청구인의 목적

정당의 강령은 그 자체로 다의적이고 추상적으로 규정되는 것이 일반적이고, 피청구인이 지도적 이념으로 내세우는 진보적 민주주의 역시 그 자체로 특정한 내용을 담고 있다고 보기 어렵다. 진보적 민주주의는 이른바 자주파에 의해 피청구인 강령에 도입되었다. 자주파는 이른바 민족해방(National Liberation, NL) 계열로 우리 사회를 미 제국주의에 종속된 식민지 반(半)봉건사회 또는 반(半)자본주의사회로 이해하고 민족해방 인민민주주의혁명이 필요하다고 주장하고 있다. 이들은 한국사회를 신식민지 국가독점자본주의 사회로 파악하고 계급적 지배 체제의 극복을 중시했던 민중민주(People's Democracy, PD) 계열 또는 평등파와 구별된다.

진보적 민주주의 실현을 추구하는 경기동부연합, 광주전남연합, 부산울산연합의 주요 구성원 및 이들과 이념적 지향점을 같이하는 당원 등 피청구인 주도세력은 자주파에 속하고 그들의 방침대로 당직자 결정 등 주요 사안을 결정하며 당을 주도하여 왔다. 피청구인 주도세력은 과거 민혁당 및 영남위원회, 실천연대, 일심회, 한청 등에서 자주·민주·통일 노선을 제시하면서 북한의 주장에 동조하거나 북한과 연계되어 활동하고, 북한의 주체사상을 추종하였다. 이들은 북한 관련 문제에서는 맹목적으로 북한을 지지하고 대한민국 정부는 무리하게 비판하고 있으며, 이석기가 주도한 내란 관련 사건에도 다수 참석하였고 이 사건 관련자를 적극 옹호하고 있다.

피청구인 주도세력은 우리나라를 미국과 외세에 예속된 천민적 자본주의 또는 식민지 반자본주의 사회로 인식하고 있고, 자유민주주의 체제가 자본가 계급의 정권으로서 자본가 내지 특권적 지배계급이 국가권력을 장악하여 민중을 착취 수탈하고 민중의 주권을 실질적으로 강탈한 구조적 불평등사회로 인식하고 있다. 피청구인 주도세력은 이러한 자유민주주의 체제의 모순을 해소하기 위해 민중이 주권을 가지는 민중민주주의 사회로 전환하여야 하는데 민족해방문제가 선결과제이므로 민족해방 민중민주주의혁명을 하여야 한다고 주장한다. 그런데 피청구인 주도세력은 자유민주주의 체제에서 사회주의로 안정적으로 이행하기 위한 과도기 정부로서 진보적 민주주의 체제를 설정하였다. 한편, 피청구인 주도세력은 연방제 통일을 추구하고 있는데, 낮은 단계 연방제 통일 이후 추진할 통일국가의 모습은 과도기 진보적 민주주의 체제를 거친 사회주의 체제이다.

피청구인 주도세력은 우리 사회가 특권적 지배계급이 주권을 행사하는 거꾸로 된 사회라는 인식 아래 대중투쟁이 전민항쟁으로 발전하고 저항권적 상황이 전개될 경우 무력행사 등 폭력을 행사하여 자유민주주의 체제를 전복하고 헌법제정에 의한 새로운 진보적 민주주의 체제를 구축하여 집권한다는 입장을 가지고 있다. 이들의 이러한 입장은 이석기 등의 내란 관련 사건으로 현실로 확인되었다.

(3) 피청구인의 활동

이석기를 비롯한 내란 관련 회합 참가자들은 경기동부연합의 주요 구성원으로서 북한의 주체사상을 추종하고, 당시 정세를 전쟁 국면으로 인식하고 이석기의 주도 아래 전쟁 발발 시 북한에 동조하여 대한민국 내 국가기간시설의 파괴, 무기 제조 및 탈취, 통신교란 등 폭력 수단을 실행하고자 회합을 개최하였다.

내란 관련 회합의 개최 경위, 참석자들의 피청구인 당내 지위 및 역할, 이 회합이 피청구인의 핵심 주도세력에 의하여 개최된 점, 회합을 주도한 이석기의 경기동부연합의 수장으로서의 지위 및 이 사건에 대한 피청구인의 전당적 옹호 및 비호 태도 등을 종합하면, 이 회합은 피청구인의 활동으로 귀속된다.

그 밖에 비례대표 부정경선, 중앙위원회 폭력 사태 및 관악을 지역구 여론 조작 사건 등은 피청구인 당원들이 토론과 표결에 기반하지 않고 비민주적이고 폭력적인 수단으로 지지하는 후보의 당선을 관철시키려고 한 것으로서 선거제도를 형해화하여 민주주의 원리를 훼손하는 것이다.

(4) 피청구인의 진정한 목적과 활동

피청구인 주도세력은 폭력에 의하여 진보적 민주주의를 실현하고 이를 기초로 통일을 통하여 최종적으로 사회주의를 실현한다는 목적을 가지고 있다. 피청구인 주도세력은 북한을 추종하고 있고 그들이 주장하는 진보적 민주주의는 북한의 대남혁명전략과 거의 모든 점에서 전체적으로 같거나 매우 유사하다. 피청구인 주도세력은 민중민주주의 변혁론에 따라 혁명을 추구하면서 북한의 입장을 옹호하고 애국가를 부정하거나 태극기도 게양하지 않는 등 대한민국의 정통성을 부정하고 있다. 이러한 경향은 이석기 등 내란 관련 사건에서 극명하게 드러났다.

이러한 사정과 피청구인 주도세력이 피청구인을 장악하고 있음에 비추어 그들의 목적과 활동은 피청구인의 목적과 활동으로 귀속되는 점 등을 종합하여 보면, 피청구인의 진정한 목적과 활동은 1차적으로 폭력에 의하여 진보적 민주주의를 실현하고 최종적으로는 '북한식 사회주의를 실현'하는 것으로 판단된다.

(5) 피청구인의 목적이나 활동이 민주적 기본질서에 위배됨

북한식 사회주의 체제는 조선노동당이 제시하는 정치 노선을 절대적인 선으로 받아들이고 그 정당의 특정한 계급노선과 결부된 인민민주주의 독재방식과 수령론에 기초한 1인 독재를 통치의 본질로 추구하는 점에서 우리 헌법상 민주적 기본질서와 근본적으로 충돌한다. 피청구인은 진보적 민주주의를 실현하기 위해서는 전민항쟁이나 저항권 등 폭력을 행사하여 자유민주주의체제를 전복할 수 있다고 하는데, 이는 모든 폭력적·자의적 지배를 배제하고, 다수를 존중하면서도 소수를 배려하는 민주적 의사결정을 기본원리로 하는 민주적 기본질서에 정면으로 저촉된다.

내란 관련 사건, 비례대표 부정경선 사건, 중앙위원회 폭력 사건 및 관악을 지역구 여론 조작 사건 등 피청구인의 활동들은 내용적 측면에서는 국가의 존립, 의회제도, 법치주의 및 선거제도 등을 부정하는 것이고, 수단이나 성격의 측면에서는 자신의 의사를 관철하기 위해 폭력·위계 등을 적극적으로 사용하여 민주주의 이념에 반하는 것이다.

피청구인이 북한식 사회주의를 실현한다는 '숨은 목적'을 가지고 내란을 논의하는 회합을 개최하고 비례대표 부정경선 사건이나 중앙위원회 폭력 사건을 일으키는 등 활동을 하여 왔는데 이러한 활동은 유사상황에서 반복될 가능성이 크다. 더구나 피청구인 주도세력의 북한 추종성에 비추어 피청구인의 여러 활동들은 민주적 기본질서에 대해 실질적 해악을 끼칠 구체적 위험성이 발현된 것으로 보인다. 특히 내란 관련 사건에서 피청구인 구성원들이 북한에 동조하여 대한민국의 존립에 위해를 가할 수 있는 방안을 구체적으로 논의한 것은 피청구인의 진정한 목적을 단적으로 드러낸 것으로서 표현의 자유의 한계를 넘어 민주적 기본질서에 대한 구체적 위험성을 배가한 것이다.

이상을 종합하면, 피청구인의 위와 같은 진정한 목적이나 그에 기초한 활동은 우리 사회의 민주적 기본질서에 대해 실질적 해악을 끼칠 수 있는 구체적 위험성을 초래하였다고 판단되므로, 우리 헌법상 민주적 기본질서에 위배된다.

(6) 비례의 원칙에도 위배됨

피청구인은 적극적이고 계획적으로 민주적 기본질서를 공격하여 그 근간을 훼손하고 이를 폐지하고자 하였으므로, 이로 인해 초래되는 위험성을 시급히 제거하기 위해 정당해산의 필요성이 인정된다. 대남혁명전략에 따라 대한민국 체제를 전복하려는 북한이라는 반국가단체와 대치하고 있는 대한민국의 특수한 상황도 고려하여야 한다.

위법행위가 확인된 개개인에 대한 형사처벌이 가능하지만 그것만으로 정당 자체의 위헌성이 제거되지는 않으며, 피청구인 주도세력은 언제든 그들의 위헌적 목적을 정당의 정책으로 내걸어 곧바로 실현할 수 있는 상황에 있다. 따라서 합법정당을 가장하여 국민의 세금으로 상당한 액수의 정당보조금을 받아 활동하면서 민주적 기본질서를 파괴하려는 피청구인의 고유한 위험성을 제거하기 위해서는 정당해산결정 외에 다른 대안이 없다. 정당해산결정으로 민주적 기본질서를 수호함으로써 얻을 수 있는 법익은 정당해산결정으로 초래되는 피청구인의 정당활동 자유의 근본적 제약이나 민주주의에 대한 일부 제한이라는 불이익에 비하여 월등히 크고 중요하다.

결국, 피청구인에 대한 해산결정은 민주적 기본질서에 가해지는 위험성을 실효적으로 제거하기 위한 부득이한 해법으로서 헌법 제8조 제4항에 따라 정당화되므로 비례의 원칙에 어긋나지 않는다.

3. 피청구인 소속 국회의원의 의원직은 상실됨

국회의원은 국민 전체의 대표자로서 활동하는 한편, 소속 정당의 이념을 대변하는 정당의 대표자로서도 활동한다. 공직선거법 제192조 제4항은 비례대표 국회의원에 대하여 소속 정당의 해산 등 이외의 사유로 당적을 이탈하는 경우 퇴직된다고 규정하고 있는데, 이 규정의 의미는 정당이 자진 해산하는 경우 비례대표 국회의원은 퇴직되지 않는다는 것으로서, 국회의원의 국민대표성과 정당기속성 사이의 긴장관계를 적절히 조화시켜 규율하고 있다.

　엄격한 요건 아래 위헌정당으로 판단하여 정당 해산을 명하는 것은 헌법을 수호한다는 방어적 민주주의 관점에서 비롯된 것이므로, 이러한 비상상황에서는 국회의원의 국민 대표성은 부득이 희생될 수밖에 없다. 해산되는 위헌정당 소속 국회의원이 의원직을 유지한다면 위헌적인 정치이념을 정치적 의사 형성과정에서 대변하고 이를 실현하려는 활동을 허용함으로써 실질적으로는 그 정당이 계속 존속하는 것과 마찬가지의 결과를 가져오므로, 해산 정당 소속 국회의원의 의원직을 상실시키지 않는 것은 결국 정당해산제도가 가지는 헌법 수호 기능이나 방어적 민주주의 이념과 원리에 어긋나고 정당해산결정의 실효성을 확보할 수 없게 된다. 이와 같이 헌법재판소의 해산결정으로 해산되는 정당 소속 국회의원의 의원직 상실은 위헌정당해산 제도의 본질로부터 인정되는 기본적 효력이다.

Ⅴ. 이 결정이 가지는 의미

　헌법재판소는 재판관 8(인용) : 1(기각)의 의견으로, 피청구인 통합진보당을 해산하고 그 소속 국회의원은 의원직을 상실한다는 인용결정을 내렸다. 피청구인이 북한식 사회주의를 실현한다는 '숨은 목적'을 가지고 내란을 논의하는 회합을 개최하는 등 활동을 한 것은 헌법상 민주적 기본질서에 위배되고, 이러한 피청구인의 실질적 해악을 끼치는 구체적 위험성을 제거하기 위해서는 정당해산 외에 다른 대안이 없으며, 피청구인에 대한 해산결정은 비례의 원칙에도 어긋나지 않고, 위헌정당의 해산을 명하는 비상상황에서 국회의원의 국민 대표성은 희생될 수밖에 없으므로 피청구인 소속 국회의원의 의원직 상실은 위헌정당해산 제도의 본질로부터 인정되는 기본적 효력이라고 판단한 것이다. 같은 인용 취지의 안창호, 조용호 재판관의 보충의견도 개진되었다.

　이에 대하여 김이수 재판관은 홀로 반대의견을 개진하였다. 정당해산의 요건은 엄격하게 해석하고 적용하여야 하는데, 피청구인에게 은폐된 목적이 있다는 점에 대한 증거가 없고, 피청구인의 강령 등에 나타난 진보적 민주주의 등 피청구인의 목적은 민주적 기본질서에 위배되지 않으며, 피청구인의 지역조직인 경기도당이 주최한 행사에서 이루어진 이석기의 발언 등 내란 관련 활동은 민주적 기본질서에 위배되지만 그 활동을 전체 당원 수가 10만여 명에 이르는 피청구인 정당의 책임으로 귀속시킬 수는 없다고 보았다. 또한 피청구인에 대한 해산결정은 그것을 통해 달성할 수 있는 사회적 이익이 통상적인 관념에 비해 크지 않을 수 있는 반면에, 피청구인의 해산결정으로 인해 초래될 사회적 불이익은 민주주의 체제의 가장 중요한 요소인 정당의 자유 및 정치적 결사의 자유에 대한 중대한 제약을 초래하고 소수자들의 정치적 자유를 심각하게 위축시키는 등 민주 사회의 순기능에 장애를 줄 만큼 크므로, 피청구인에 대한 해산은 정당해산의 정당화사유로서의 비례원칙 준수라는 헌법상 요청을 충족시키지 못한다고 주장했다. 한편, 헌법재판소는 청구인이 신청한 정당활동정지가처분신청은 기각하였다.

    이 사건은 헌법재판소에 접수된 최초의 정당해산심판 사건이었으며, 특히 이 사건에서 정당해산심판에 대해 인용결정이 이루어져 통합진보당의 해산으로 이어졌다는 점에서 당시 상당한 사회적 파장을 낳았다. 더욱이 해산되는 위헌정당 소속 국회의원이 의원직을 유지하느냐와 관련해 종래 의원자격상실설과 의원자격비상실설의 학설 대립이 있는 등 학계에 논란이 있었는데, 헌법재판소는 이 결정에서 피청구인 소속 국회의원의 의원직 상실은 위헌정당해산제도의 본질로부터 인정되는 기본적 효력이라고 하면서 주문에 "피청구인 소속 국회의원 김ㅇ 희, 김ㅇ 연, 오ㅇ 윤, 이ㅇ 규, 이ㅇ 기는 의원직을 상실한다."고 명기함으로써 통합진보당을 해산 이외에 통합진보당 소속 국회의원 5명의 의원직도 상실시키는 결정을 내렸다는 점에 주목을 요한다.

찾아보기

저자약력

서울대학교 법과대학 사법학과 졸업
서울대학교 대학원 법학석사과정 졸업(법학석사)
서울대학교 대학원 법학박사과정 수료
미국 UC 버클리 로스쿨 L.L.M. 및 J.S.D.과정 졸업(법학석사, 법학박사)
미국 UC 버클리 로스쿨 객원연구원
건국대학교 법과대학 조교수
서강대학교 법과대학 부교수
헌법재판소 헌법연구위원
사법시험, 행정고시, 외무고시, 입법고시, 7급 공무원시험, 서울시 지방공무원시험,
　독학사시험 등 출제위원 및 선정위원 역임
현재 서강대학교 법학전문대학원 교수
　　　제27대 한국헌법학회 회장

주요저서

사법적극주의와 사법권 독립
미국의 전자정부법제
기본권 영역별 위헌심사의 기준과 방법(공저)
헌법주석서 Ⅰ, Ⅱ, Ⅲ, Ⅳ(공저)
제1기 헌법재판소: 헌법재판의 황무지에 단단한 초석을 놓다
제2기 헌법재판소: 헌법재판의 기틀을 다지다
Legal Reform in Korea(공저)
Litigation in Korea(공저)

제2판
헌법판례정선

초판발행   2011년 11월 10일
제2판발행   2021년   2월 25일

지은이   임지봉
펴낸이   안종만 · 안상준

편 집   장유나
기획/마케팅 조성호
표지디자인   박현정
제 작   고철민 · 조영환

펴낸곳   (주) **박영사**
           서울특별시 금천구 가산디지털2로 53, 210호(가산동, 한라시그마밸리)
           등록 1959. 3. 11. 제300-1959-1호(倫)
전 화   02)733-6771
f a x   02)736-4818
e-mail   pys@pybook.co.kr
homepage   www.pybook.co.kr
ISBN   979-11-303-3849-1 93360

* 파본은 구입하신 곳에서 교환해 드립니다. 본서의 무단복제행위를 금합니다.
* 저자와 협의하여 인지첩부를 생략합니다.

정 가   39,000원